WBC 성경주석

히브리서(상)

솔로몬

WORD BIBLICAL COMMENTARY

Volume 47A

Hebrews 1–8

WILLIAM L. LANE

NELSON REFERENCE & ELECTRONIC

목 차

편집자 서문

본 성경 주석 전집(WBC: Word Biblical Commentary)이 세상에 나오기까지는 수년 간의 기획 과정이 필요했다. 1977년에 본 전집의 편집위원회 위원들은 발행인들과 회합한 자리에서 몇 가지 뚜렷한 특징을 지닌 새로운 성경 주석의 발간 가능성을 면밀하게 검토했다. 그러한 특징이 무엇인지는 독자들이 이 주석서들을 진지한 자세로 읽어 내려가는 과정에서 금방 알게 될 것이다. 하지만 본 성경 주석이 당초에 목표로 삼은 것이 과연 얼마나 완벽하게 성취되었는지는 오로지 시간만이 말해 줄 수 있을 것이다.

우선, 우리는 우리와 뜻을 같이하면서 세계 도처의 대학교, 신학교 등에서 가르침의 사역에 종사하고 있는 학자들을 되도록 폭 넓게 선발하여 본 성경 주석의 기고자로 삼기 위해 많은 노력을 기울여 왔다. 매우 다양한 교단적 배경을 지닌 본서 기고자들의 폭 넓은 시야는 가히 "복음주의적"—성경을 하나님의 계시로 받아들이고 기독교 복음의 진리와 능력을 자신의 생명처럼 여긴다는 적극적이고 역사적인 의미에서—이라 불려지는 것이 마땅하다.

다음으로, 본 전집에 포함된 주석서들은 처음부터 『WBC 성경주석』의 일환으로 쓰여진 책들이다. 오늘날 성경 주석 분야에서 상당한 호평을 받고 있는 몇몇 전집들이 영어 이외의 언어로 쓰여진 저작들을 영어로 번역한 것에 비하여, 본 성경 주석은 오로지 처음부터 영어로 쓰여진 책들만이 포함되어 있다. 또한 본 전집의 주석가들은 성경 원문을 각자 나름대로 영어로 번역한 다음, 그 번역된 성경 본문을 자신들의 주해와 주석의 바탕으로 삼는 것을 원칙으로 삼았다. 나아가서 본 전집의 대표적인 특징으로는, 그 내용이 어디까지나 성경적인 언어를 바탕으로 하면서도 각계 각층의 독자들—공부하는 학생들, 현재 목회 사역에 종사하고 있는 교역자들 그리고 이 분야를 전공하는 학자들이나 교수들—이 성경에 대한 신학적 이해를 학문적이면서도 실제적으로 쌓아 나갈 수 있고, 또 그들에게 현실적인 도움이 될 수 있도록 구성되어 있다는 점을 들 수 있다.

마지막으로, 본 성경 주석의 구성 양식에 관하여 몇 마디 말을 덧붙이고자 한다. 우리는 여러 계층의—그리고 상이한 수준의—독자들을 의식하여, 확실하게 구분되는 몇 개의 단락으로 나누어 책의 내용을 구성했다. 예를 들어, 번역된 성경 본문의 바탕을 이루는 히브리어와 헬라어 원문에 관하여 좀더 깊이 있게 공부하려는 독자들은 본 성경 본문의 "원문주해"를 살펴보고, 현대 신학자들이 어떠한 해석을 내리고 있는지에 관심이 있다면 "참고문헌" 및 "양식/구소/배경"을 참조하면 될 것이다. 또한 어떤 성경 본문의 의미 및 그 본문에 포함된 성경적 계시를 좀더 폭 넓은 관점에서 이해하려면 "주석"과 "해설"을 보면 된다. 그러므로 본 성경 주석을 펼쳐 든 사람이라면 누구나 자신에게 유익한 자료들을 얻을 수 있으리라 믿어 의심치 않는다.

이상과 같은 우리의 목표가 상당히 만족스러운 수준까지 달성될 때, 우리 편집자들이 당초에 의도했던 것들이 구체적으로 실현됨과 아울러 본 전집의 기고자들이 흘린 땀방울도 충분한 보상을 받을 수 있게 될 것이다.

책임 편집자 : 데이비드 허바드(David A. Hubbard)
글렌 바커(Glenn Barker)
구약 편집자 : 존 와츠(John D. W. Watts)
신약 편집자 : 랠프 마틴(Ralph P. Martin)

저자 서문

Word Biblical Commentary의 히브리서 주석에 기여해달라는 초청을 받았을 때, 나는 히브리서 기독론에 관한 논문의 예비적인 연구를 발전시키고 있었다. 그 리서치는 예수와 구속에 관한 저자의 이해에 대한 특성과 풍성함을 깨닫게 해주었고, 위기의 시기에 공동체에 대한 목회적 관심의 깊이에 경각심을 일깨어주었다. 따라서 나는 나 자신을 그 본문에 침잠할 기회와 그것이 촉발시킨 논증에 참여하게 되는 것을 환영했고, 협력하여 양 프로젝트를 발전시킬 수 있다는 확신을 가졌다. 나는 포괄적인 주석, 특히 히브리서처럼 복잡하고 풍부하게 조직된 문서의 주석을 준비해달라는 초청은 창피를 당할 수 있는 초청이라는 사실을 그때는 잊었다. 당신은 이에 대해 충분히 알지 못할 것이다. 확신이 능력을 능가한다. 그러고 나서 확신이 흔들릴 수 있다.

내가 히브리서 본문의 논증에 활발하게 참여했던 사람들 중에 나의 테이블을 갖다 놓았을 때, 모든 참여자들은 언어적으로 능통했음이 전제되었음을 얼른 깨달았다. 그들은 적어도 11개의 서구 유럽어를 말하고 있었다. 그리고 설상가상으로 그들 중에 주석의 내용에 일치가 없었다는 사실도 알았다. 그들은 모두 본문을 충실히 따르고 있다고 주장하지만, 서로의 이야기를 듣거나 배우려고 하지 않는 경향이 있었다.

주석을 쓴다는 것은 경쟁하는 주장과 의견들 중에서 상대적인 장점들을 식별하여 자주 활용하는 것이다. 책임 있는 해석은 결코 개인적인 씨름의 문제가 아니다. 주석을 쓰는 것은 공조적인 사건이다. 통찰의 자주권은 없다. 아울러 나는 학문적인 연구 내에서의 본문의 논증으로부터 나 자신을 자주 분리하였고, 세부적으로 그리고 전체적으로 본문을 듣는 방법을 다시금 습득하면서, 본문 앞에 앉아 단순히 앉아 있는 것을 자주 시도했다. 지난 12년을 나는 책임 있게 듣는 능력을 단련하기 위해서 본문과 지속적인 대화를 하는데 헌신했다. 그리고 듣는 것이 격리 속에서 이루어지는 것이 아니기 때문에 본문에 의해 촉발된 논증으로 자주 돌아갔다. 이 과정에서 동료들은 이 주석을 기다리는데 자주 인내하지 못하고 내가 무엇을 하고 있는지를 물었다. 그때마다 나는 나와 본문 사이에 있는 목도리를 풀고 있다고 반응했다.

주석의 임무는 본문의 논증을 조직하고 요약하는 것일 뿐만 아니라, 사실적인 방식으로 그 논증에 기여하는 것이다. 정경 본문의 권위에 신학적인 헌신을 하고 있는 사람에게서, 그것은 매우 요구되는 의무이다. 어느 것도 쉬운 결정을 하고 논증을 발전시켜서는 안 된다. 원문에 충실하고 현대의 독자들에게 강하게 그것의 의도를 교신하는, 궁극적인 중요성에 관한 본문의 논증에 대한 결정과 분명한 현대적 용어로 그 의미를 표현하는 것이 중요하다. 나는 본문에 대한 나 자신의 종합적인 반응을 줌으로써만이 아니라 다소 덜 알려진 참여자들을 논증에 소개함으로써 본문의 논증에 기여하기를 추구했다. 여기에 제시된 주석을 뒷받침하는 것은 본문의 주장에 대한 헌신이 창조적인 주해적 통찰력을 위한 필수 조건이라는 확신이다.

주석을 준비했던 사람들, 특히 마이클(O. Michel)과 스피크(C. Spicq) 그리고 전공논문, 학위논문, 소논문들이 나에게 격려를 해주었고, 가르침을 주었다. 그것들은 비전의 여러 각도에서 히브리 본문을 볼 수 있도록 자극하였다. 히브리서의 증거들을 해석하기를 추구했던 많은 은사 있는 학자들과 교류할 수 있는 것은 높은 특권이다. 그들이 결론에서 다양함은 본문의 신선한 탐구에 대한 자극이었다.

나는 히브리서에 관한 완간되지 않은 논문에 관심을 불러일으키고, 자주 나를 위해 그것들을 확보해줌으로써 도움을 주었던 사람들에게 특히 빚을 졌다. 허메네이아(Hermeneia) 시리즈에서 히브리서에 관한 아트리지(H. W. Attridge)의 주석이 이용 가능해졌을 때 나는 네덜란드에 있었고, 유감스럽게도 나는 본 주석의 마지막 단계에서만 그것을 접근하는 기쁨을 가졌다.

주석의 준비에서 주요한 문제는 한 단위의 본문 내에서 구조적, 문법적, 통사적, 또는 신학적 본질의 문제에 관한 집중이 전체로서의 그 단위를 조각적인 인식을 촉진시켜 마치 개별적인 항목에 대한 집중이 전체로서의 문서의 식별을 방해할 수 있는 것처럼 작용한다는 사실이다. 주석을 이용함에 있어서 발생할 수 있는 심각한 문제는 개별 항목에 대한 주석가의 관심이 본문의 세부사항들에 대한 관심으로 방향 짓게 하여 전체로서의 문서와 항목의 진술에 관한 흐름에서 떠날 수 있게 한다는 사실이다.

따라서 이 주석에서 독자들은 특별한 항목에 관한 주석을 살피기 전에 히브리서에서 식별되는 다섯 가지 주요 갈래들에 대한 서론을 각기 읽을 것을 조언한다. 이것은 개별 항목에 대비되는 것으로서 이해를 위한 목회적인 요지를 제공한다. 그리고 개별적인 항목으로 돌아왔을 때, 먼저 해설을 읽는 것이 도움이 된다. 해설은 본문의 개별 단위들의 주석을 살피기 전에 항목의 개관에 해당하는 것이기 때문이다.

이 주석은 전공자들과 신학생들을 위한 것이지만, 목사들과 교회의 선생들을 위한 것이기도 하다. 나는 영어로 주로 작업을 하는 사람들이 이 연구물을 접근할 수 있도록, 서구 유럽어에서 히브리서에 관해 행해진 의미 있는 작품을 선사하기를 추구했다. 이것은 교회에 대한 사랑의 산물이다. 이 주석은 히브리서의 학문적 현주소를 결정하는데 중요한 자료를 제공할 것이다. 또한 그것은 하나님에 대한 확고한 헌신을 위한 본문의 주장을 발전시키는 일을 추구할 것이다. 하나님은 히브리서가 주어진 사람들과 별다르지 않은 문화에 살고 있는 사람들, 하지만 순서와 구조와 의미가 다른 문화 속에서 살고 있는 사람들에게 그의 아들 속에서 결정적으로 말씀하기를 계속하신다.

히브리서는 우리가 살고 있는 세상과는 거리가 있고 무거워 보인다는 평판을 받는다. 결과적으로 히브리서는 교회의 예전과 설교에서, 신학교의 커리큘럼에서, 그리고 평신도들이 이 히브리서 본문을 헌신적으로 읽음에 있어서 소홀히 해왔다. 히브리서의 주석이나 전공논문, 학위논문, 그리고 문서의 부족현상은 분명히 없다. 본서를 연구하는 과정에서 나는 컴퓨터 세대, 즉 "과도한 정보"의 상당한 해석들을 인식할 수 있었다. 하지만 히브리서는 강의실, 강단 그리고 신도들의 좌석에서 크게 인식되지 못하고 잘 사용하지 않는 경향이 있다.

아이러니하게도, 히브리서는 궁극적인 확신과 궁극적인 헌신을 위한 요청이다. 제임스 올두이스(James Olthuis)는 히브리서를 "확신의 책"이라고 묘사한다: 그것은 생(生)과 사(死)에 관한 궁극적인 문제를 궁극적인 실재와 부닥치게 함으로써 확신의 문제를 연관시킨다. 말씀하시고, 창조하시고, 계약하시고, 약속하시고, 부르시고, 헌신하시는 분으로서의 하나님이 인간 가족에게 반응하시는 방식에 관한 히브리서의 설명은, 불안정하고, 근심을 자극하는 사회 속에서 살고 있기 때문에 실패로 고통하는 남녀들에게 새로운 생명을 불어넣는 것으로 의도되어 있다. 히브리서는 선물로서의 성경에 관한 특징에 참여한다. 그것은 교회가 독점적으로 필요로 하는 선물이다.

다른 사람들에 대한 나의 빚은 막대하지만 특별히 규정하기가 쉽지 않다. 나는 특히 나를 학문으로 매우 많이 훈련시켜 주신 두 은사에게 빚을 졌다. 그들을 기념하여 이 책을 바친다. 많은 대학원생들이 나의 연구에 도움을 주었다: Robert Herron, Kern Trembath, Joseph Causey, Paul Schmidgall, Bedford Smith, Jack Thomas,

Bill Bailey, Alan Carter, David Ornam, Michael Card, Brian Yorton, Chris Steward, Pat Cely, Greg Salyer, Roy Swisher, 그리고 Alan Lewis. 나는 그들에게 심심한 사의를 표한다. 나는 동료인 Joe Trafton과 Jim Davis에게 특별히 감사의 빚을 지고 있다. 내가 본문에 대한 어떤 결정을 해야 하지만 다른 지원들을 발견할 수 없을 때, 그들과 논의하여 결정하였다.

주석을 쓰는 일은 단체적으로 협력하는 경험을 행복하게 해주었다. 나는 Venezuela, Aragua, Maracay에 있는 복음주의 신학교의 Robert Hanna에게 감사한다. 그는 나의 문법적인 질문에 응해 주었고, 아직 출판되지 않은 그의 유용한 '문법적 도움'(Grammatical Aid)이라는 책의 복사본을 나에게 친절하게 제공해 주었다.

1981년에 처음 그리고 1988년과 1989년에 또 다시 영국 캠브리지의 틴델 하우스가 자신들의 학문적인 이상적 배열과 장엄한 자료 수집물에 대한 접근을 허락한 것은 나의 연구의 시작과 완성에 필수적이었다. 1981-82년에 MN의 Collegeville에서의 에큐메니컬 문화연구소에서 1년을 보냈는데, 그곳의 책임자인 Robert Bilheimer 박사의 따뜻한 지원은 히브리서 상권인 첫 8장을 탈고하는 것을 가능하게 했다. 1988-89년에 암스테르담의 공동체에서 YWAM의 사람들과 보낸 한해는 협조적인 환경에서 주석을 완성하는 의무로 되돌아갈 수 있게 해주었고, 선교사역에의 참여를 통해 나의 시각을 단련할 수 있었다. 나는 마틴(R .P. Martin) 박사와 로시(L. A. Losie) 박사의 주의 깊은 원고 교정에 감사하며, 이 책의 출판을 통하여 원고교정을 보아온 Word Books의 편집진들에게도 또한 감사를 드린다.

내가 진 가장 커다란 빚은 이 주석을 쓰는 일에 부족함을 느낄 때마다 나를 믿어주며 끊임없이 격려해준 아내 브렌다(Brenda)에게 있다. 우리는, 내가 씨름하고 있었던, 본문이 제기한 문제를 자주 나누었다. 끊임없이 올바른 질문을 본능적으로 하는 그녀의 능력은 나에게 해결의 방향을 제시해주었다. 그녀는 주석의 모든 부분의 완성을 기뻐하였고, 이 원고의 대부분을 타이핑해 주었다. 어느 날 그녀가 나의 작업 원고에 살짝 끼어준 한 장의 종이에 담겨진 충고에 특별히 감사한다: "이 주석은 주의 것입니다. 최선을 다하세요!"

나는 또한 나의 딸인 Debra Gensheimer가 밀어준 일에 대해서도 감사한다. 그녀는 내 원고의 타이핑을 완료했고, 출판업자를 위한 복사를 준비해주었다. 만약 Ben Burgoyne 부부의 은혜로운 환대를 언급하지 않는다면, 나는 실례를 범하게 될 것이다. 이들 부부는 주위의 산만함이 없이 서론 부분을 준비할 수 있는 훌륭한 환경을 그들의 가정을 이용하여 제공해주었다.

이 주석을 쓴 것은 하나님과 교회에 대한 사랑과 헌신의 행동이다. 이 주석이 우리가 히브리서라 부르는 강론에서 소유하는 놀라운 은사에 관심을 돌리게 함으로써 교회와 공동체를 섬길 수 있게 되기를 소원한다.

윌리암 레인(William L. Lane)
1991년 6월 12일
시애틀의 워싱톤에 소재하고 있는
Seattle Pacific University 종교학부

약어표

A. 일반적인 약어

A	Codex Alexandrinus
ad	comment on
Akkad.	Akkadian
א	Codex Sinaiticus
act	active
adj	adjective
adv	adverb
aor	aorist
Ap. Lit.	Apocalyptic Literature
Apoc.	Apocrypha
Aq.	Aquila's Greek Translation of the OT
Arab.	Arabic
Aram.	Aramaic
B	Codex Vaticanus
C	Codex Ephraemi Syri
c.	*circa*, about
cent.	century
cf.	*confer*, compare
chap(s).	chapter(s)
cod., codd.	codex, codices
conj	conjunction
consec	consecutive
contra	in contrast to
D	Codex Bezae
dittogr	dittography
DSS	Dead Sea Scrolls
ed.	edited by, editor(s)
e.g.	*exempli gratia*, for example
et al.	*et alii*, and others
ET	English translation
EV	English Versions of the Bible
f., ff.	following(verse or verses, pages, etc.)
fem.	feminine
frag.	fragments
FS	*Festschrift*, volume written in honor of
ft.	foot, feet
fut	future
gen	genitive
Gk.	Greek
hap. leg.	*hapax legomenon*, sole occurrence
haplogr	haplography
Heb.	Hebrew
Hitt.	Hittite
ibid.	*ibidem*, in the same place
id.	*idem*, the same
i.e.	*id est*, that is
impf.	imperfect
ind	indicative
inf	infinitive
infra.	below
in loc.	*in loco*, in the place cited
lat	Latin
lit.	literally
loc. cit.	the place cited
LXX	Septuagint
masc	masculine
mg.	margin
MS(S)	manuscript(s)
MT	Masoretic text(of the Old Testament)

n.	note
n.d.	no date
Nestle^{26}	E. & E. Nestle(ed.) *Novum Testamentum Graece*^{26}, rev. by K. Aland et al.
NHC	Nag Hammadi Codex
no.	number
nom	nominative
n.s.	new series
NT	New Testament
obj	objective, object
obs.	obsolete
OG	Old Greek
OL	Old Latin
o.s.	old series
OT	Old Testament
p., pp.	page, pages
pace	with due respect to, but differing from
//	parallel(s)
par.	paragraph, parallel(s)
pass	passive
passim	elsewhere
pf	perfect
pl	plural
poss	possessive
prep	preposition
Pseudep.	Pseudepigrapha
ptcp	participle
Q	Quelle("Sayings" source for the Gospels)
q.v.	*quod vide*, which see
rev.	revised, reviser, revision
Rom.	Roman
Sam.	Samaritan recension
sc.	*scilicet*, that is to say
Sem.	Semitic
sg	singular
subj	subjective, subject
Sumer.	Sumerian
s.v.	*sub verbo*, under the word
sy	Syriac
Symm.	Symmachus
Tg.	Targum
Theod.	Theodotion
TR	Textus Receptus
tr.	translator, translated by
UBSGNT	The United Bible Societies Greek NT
Ugar.	Ugaritic
UP	University Press
u.s.	*ut supra*, as above
v, vv	verse, verses
viz.	*videlicet*, namely
Vg	Vulgate
v.l.	*varia lectio*, alternative reading
vol.	volume
x	times(2x=two times, etc.)

Note: 개인 사본을 나타내는데 사용된 텍스트의 각주와 수들은 *Novum Testamentum Grace*, ed. E. & E. Nestle, rev. K. Aland et al. 26th ed.(Stuttgart: Deutsche Bibelgesellschaft, 1979)에서 발견한 것들이다. 이 헬라어 신약성경의 판본은 '본문' 해석 항목을 위한 근거가 된다.

B. 번역본 약어

AmT	Smith & Goodspeed, *The Complete Bible, An American Translation*
ASV	American Standard Version of Revised Version(1901)
AV	Authorized Version=KJV
Basic	*The New Testament in Basic English*
Beck	W. F. Beck, *The New Testament in the Language of Today*
GNB	*Good News Bible*=Today's English Version
JB	*Jerusalem Bible*
JPS	Jewish Publication Society, *The Holy Scriptures*
KJV	King James Version(1611) =AV
Knox	R. A. Knox, *The Holy Bible*
Moffatt	J. Moffatt, *A New Translation of the Bible* (NT 1913)
NAB	*The New American Bible*
NASB	*The New American Standard Bible*
NCV	New Century Version
NEB	*The New English Bible*
NIV	The New International Version(1978)
NJB	*New Jerusalem Bible*(1985)
Phillips	J. B. Phillips, *The New* Testament in Modern *English*
RSV	Revised Standard Version (NT 1946, OT 1952, Apoc. 1957)
RV	Revised Version, 1881-85
TEV	Today's English Version

C. 참고자료 약어

AB	Anchor Bible
ACR	*Australasian Catholic Record*
ACW	Ancient Christian Writers
Aeg	*Aegyptus*
AEPHE	*Annuaire de l'École practique des Hautes Études*
AER	*American Ecclesiastical Review*
AIPHO	*Annuaire de l'Institute de Philologie et d'Histoire Orientales*
AJBA	*Australian Journal of Biblical Archaeology*
AJBI	Annual of the Japanese Biblical Institute
AJPh	*American Journal of Philosophy*
AJT	*American Journal of Theology*
ALBO	Analecta lovaniensia biblica et orientalia
ALGHJ	Arbeiten zur Literatur und Geschichte des hellenistischen Judentums

ALUOS	Annual of Leeds University Oriental Society
AnBib	Analecta biblica
Ang	*Angelicum*
Angelos	*Angelos: Archiv für neutestamentliche Zeitgeschichte und Kulturkunde*
ANRW	*Aufstieg und Niedergang der römischen Welt*
Anton	*Antonianum*
Anvil	*Anvil*
APOT	R. H. Charles(ed.), *Apocrypha and Pseudepigrapha of the Old Testament*
ARG	*Archiv für Reformationsgeschichte*
ASem	*Asbury Seminarian*
AsiaJT	*Asia Journal of Theology*
ASNS	*Annuaire de la societé Nathan Söderblom*
AsSeign	*Assemblées du Seigneur*
ASTI	*Annual of the Swedish Theological Institute*
ATh	*L'Année Théologique Augustinienne*
ATR	*Anglican Theological Review*
AusBR	*Australian Biblical Review*
AUSS	*Andrews University Seminary Studies*
BA	*Biblical Archaeologist*
BAG	W. Bauer, W. F. Arndt, and F. W. Gingrich, *Greek-English Lexicon of the NT*(1957)
BAGD	W. Bauer, W. F. Arndt, F. W. Gingrich, and F. W. Danker, *Greek-English Lexicon of the NT*(1979)
BASOR	*Bulletin of the American Schools of Oriental Research*
BBB	Bonner biblische Beiträge
BDF	F. Blass, A. Debrunner, and R. W. Funk, *A Greek Grammar of the NT*
BenM	*Benediktinische Monatsschrift zur Pflege religiösen und geistigen Lebens*
BeO	*Bibbia e oriente*
BETL	Bibliotheca ephemeridum theologicarum lovaniensium
BETS	*Bulletin of the Evangelical Theological Society*
BFCL	*Bulletin des Facultés Catholiques de Lyon*
BFCT	Beiträge zur Förderung christlicher Theologie
BGBE	Beiträge zur Geschichte der biblischen Exegese
BHK	R. Kittel, *Biblia hebraica*[7]
Bib	*Biblica*
BibLeb	*Bibel und Leben*
BibOr	Biblica et orientalia
BibRev	*Biblical Review*
BibTh	*Biblical Theology*
BIOSCS	*Bulletin of the International Organization*

	for Septuagint and Cognate Studies
BIRBS	*Bulletin of the Institute for Reformation Biblical Studies*
BJRL	*Bulletin of the John Rylands University Library of Manchester*
BLit	*Bibel und Liturgie*
BR	*Biblical Research*
BSac	*Bibliotheca Sacra*
BT	*The Bible Translator*
BTB	*Biblical Theology Bulletin*
BU	Biblische Untersuchungen
Burg	*Burgense*
BV	*Biblical Viewpoint*
BVC	*Bible et vie chrétienne*
BW	*The Biblical World*
BZ	*Biblische Zeitschrift*
BZNW	Beihefte zur *ZNW*
CB	*Cultura bíblica*
CBQ	*Catholic Biblical Quarterly*
CBQMS	Catholic Biblical Quarterly - Monograph Series
CCER	*Cahiers du Cercle Ernest-Renan*
CentBibQ	*Central Bible Quarterly*
CGTC	Cambridge Greek Testament Commentaries
Chr	*Christus*
CJT	*Canadian Journal of Theology*
ClBib	Clarendon Bible
CleM	*Clergy Monthly*
ClRev	*The Classical Review*
CMech	*Collectanea Mechliniensia*
CNT	Commentaire du Nouveau Testament
Coll	*Colloquium*
CollTh	*Collectanea Theologica*
ConNT	*Coniectanea neotestamentica*
CQR	*Church Quarterly Review*
CrozQ	*Crozer Quarterly*
CSion	Cahiers Sioniens
CSEL	Corpus scriptorum ecclesiasticorum latinorum
CTJ	*Calvin Theological Journal*
CTM	*Concordia Theological Monthly*
CTom	*Ciencia Tomista*
CurrThMiss	*Currents in Theology and Mission*
CV	*Communio Viatorum*
DACL	*Dictionnaire d'archéologie chrétienne et de liturgie*
DBSup	*Dictionnaire de la Bible, Supplément*
Div	*Divinitas*
DivThom	*Divus Thomas*
EAJT	*East Asia Journal of Theology*
EBib	Études bibliques
EE	*Estudios Eclesiásticos*
EEv	*Études Évangéliques*
EKKNT	Evangelisch-Katholischer Kommentar zum Neuen Testament
Enc	*Encounter*
ErJb	*Eranos Jahrbuch*
ERT	*Evangelical Review of Theology*
EstBib	*Estudios bíblicos*
EstFran	*Estudios Franciscanos*

ETL	*Ephemerides theologicae lovanienses*
ETR	*Études théologiques et religieuses*
EuA	*Erbe und Auftrage: Benediktinische Monatsschrift*
EV	*Esprit et Vie*
EvJ	*Evangelical Journal*
EvMz	*Evangelische Missionszeitschrift*
EvQ	*Evangelical Quarterly*
EvT	*Evangelische Theologie*
Exp	*Expositor*
ExpTim	*Expository Times*
FGNK	Forschungen zur Geschichte des neutestamentlichen Kanons und der altkirchlichen Literatur
FM	Faith and Mission
FRLANT	Forschungen zur Religion und Literatur des Alten und Neuen Testaments
FV	*Foi et Vie*
GBTh	Gegenwartsfragen biblischer Theologie
GCS	Griechische christlichen Schriftsteller
GJ	*Grace Journal*
GOTR	*Greek Orthodox Theological Review*
Greg	*Gregorianum*
GThT	*Gereformeered Theologisch Tijdschrift*
GTJ	*Grace Theological Journal*
GL	*Geist und Leben*
HBK	Herders Bibel Kommentar
HDR	Harvard Dissertations in Religion
Her	*Hermathena*
Hermes	*Hermes: Zeitschrift für klassische Philologie*
HeyJ	*Heythrop Journal*
HibJ	*Hibbert Journal*
Hist	*Historia*
HKNT	Handkommentar zum Neuen Testament
HNT	Handbuch zum Neuen Testament
HNTC	Harper's NT Commentaries
HTR	*Harvard Theological Review*
HUCA	*Hebrew Union College Annual*
IB	*Interpreter's Bible*
IBS	*Irish Biblical Studies*
ICC	International Critical Commentary
IDB	G. A. Buttrick(ed.), *Interpreter's Dictionary of the Bible*
IEJ	*Israel Exploration Journal*
IlRev	*Iliff Review*
Int	*Interpretation*
It	*Itala*
ITQ	*Irish Theological Quarterly*
JAC	Jahrbuch für Antike und Christentum
JBL	*Journal of Biblical Literature*
JBR	*Journal of Bible and Religion*
JDT	*Jahrbuch für deutsche Theologie*

JETS	*Journal of the Evangelical Theological Society*
JHS	*Journal of Hellenic Studies*
JJS	*Journal of Jewish Studies*
JNES	*Journal of Near Eastern Studies*
JPTh	*Jahrbücher für protestantische Theologie*
JQR	*Jewish Quarterly Review*
JRS	*Journal of Roman Studies*
JSJ	*Journal for the Study of Judaism in the Persian, Hellenistic and Roman Period*
JSNT	*Journal for the Study of the New Testament*
JSNTSup	JSNT Supplement Series
JSOT	*Journal for the Study of the Old Testament*
JSS	*Journal of Semitic Studies*
JTSB	*Jahrbuch der theologischen Schule Bethel*
JTS	*Journal of Theological Studies*
Jud	*Judaism*
KD	*Kerygma und Dogma*
KNT	Kommentar zum Neuen Testament
LCC	Library of Christian Classics
LCL	Loeb Classical Library
LD	Lectio divina
LexTQ	*Lexington Theological Quarterly*
LPGL	G. W. H. Lampe, *Patristic Greek Lexicon*
LQHR	*London Quarterly and Holborn Review*
LSJ	Liddell-Scott-Jones, *Greek-English Lexicon*
LV	*Lumière et Vie*
LQ	*Lutheran Quarterly*
MCM	*Modern Churchman*
Mel Theol	*Melita Theologica*
MeyerK	H. A. W. Meyer, *Kritisch-exegetischer Kommentar über das Neue Testament*
MGWJ	*Monatsschrift für Geschichte und Wissenschaft des Judentums*
MM	J. H. Moulton and G. Milligan, *The Vocabulary of the Greek Testament*
MNTC	Moffatt NT Commentary
MPTh	*Monatsschrift für Pastoral Theologie*
MQR	*Methodist Quarterly Review*
MTS	Münchener theologische Studien
MTZ	*Münchener theologische Zeitschrift*
Mus	*Muséon*
NAWG	Nachrichten der Akademie der Wissenschaften in Göttingen
NBl	*New Blackfriars*
NC	*Nineteenth Century*
NedTTs	*Nederlands theologisch Tijdschrift*
Neot	*Neotestamentica*
NewDocs	*New Documents Illustrating Early Christianity*, ed. G. H. R. Horsley

NGWG	*Nachrichten der Gesellschaft der Wissenschaften zu Göttingen*
NIBC	New International Biblical Commentary
NICNT	New International Commentary on the New Testament
NIDNTT	*New International Dictionary of New Testament Theology*
NJDT	*Neue Jahrbücher für Deutsche Theologie*
NKZ	*Neue kirchliche Zeitschrift*
NorTT	*Norsk Teologisk Tidsskrift*
NovT	*Novum Testamentum*
NovTSup	Novum Testamentum, Supplement
NPNF	Nicene and Post-Nicene Fathers
NRT	*La nouvelle revue théologique*
NTD	Das Neue Testament Deutsch
NThS	*Nieuwe Theologische Studiën*
NTS	*New Testament Studies*
NTStud	*The New Testament Student*
NTTS	New Testament Tools and Studies
OCD	*Oxford Classical Dictionary*
OGI	*Orientis Graeci Inscriptiones Selectae*, ed. W. Dittenberger
OLZ	*Orientalische Literaturzeitung*
OPTT	*Occasional Papers in Translation and Textlinguistics*
OTS	*Oudtestamentische Studiën*
PCSBR	*Papers of Chicago's Society of Biblical Research*
PG	J. Migne, *Patrologia graeca*
PRS	Perspectives in Religious Studies
PSB	*Princeton Seminary Bulletin*
PTR	*Princeton Theological Review*
QuartRev	*Quarterly Review*
RAC	*Reallexikon für Antike und Christentum*
RB	*Revue biblique*
RBén	*Revue bénédictine*
RCB	*Revista de cultura biblica*
RDT	Revue Diocésaine de *Tournai*
RefRev	The Reformed Review
REJ	*Revue des études juives*
ResQ	*Restoration Quarterly*
RevExp	*Review and Expositor*
RevistB	Revista bíblica
RevistCal	*Revista Calasancia*
RevistCatT	*Revista Catalana de Teologia*
RevQ	*Revue de Qumran*
RevRéf	*Revue Réformee*
RevScRel	*Revue des sciences* religieuses
RGG	*Religion in Geschichte und Gegenwart*
RHPR	*Revue d'histoire et de philosophie religieuses*
RHR	*Revue de l'histoire des religions*

RivB *Rivista biblica*
RNT Regensburger Neues Testament
RPLHA *Revue de Philologie de Littérature et d'Histoire Anciennes*
RSPT *Revue des sciences philosophiques et théologiques*
RSR *Recherches de science religieuse*
RTP *Revue de théologie et de philosophie*
RTR *Reformed Theological Review*
SacDoc *Sacra Doctrina*
Sal *Salesianum: Pontificio ateneo salesiano*
SB Sources bibliques
SBFLA *Studii Biblici Franciscani Liber Annuus*
SBLASP Society of Biblical Literature Abstracts and Seminar Papers
SBLDS SBL Dissertation Series
SBLMS SBL Monograph Series
SBLSCS SBL Septuagint and Cognate Studies
SBT Studies in Biblical Theology
SC Sources chrétiennes
ScC *Scuola cattolica: Revista di scienze religiose*
ScEccl *Sciences ecclésiastiques*
Schol *Scholastik*
ScEs *Science et Esprit*
Scr *Scripture*
ScrHier *Scripta hierasolymitana*
SE *Studia Evangelica*
SEÅ *Svensk exegetisk årsbok*
Sem *Semitica*
Serv *Servitium*
SJT *Scottish Journal of Theology*
SNT Studien zum Neuen Testament
SNTSMS Society for New Testament Studies Monograph Series
SNTU Studien zum Neuen Testament und seiner Umwelt, Serics A
SP *Studia Patristica*
SPAW Sitzungsberichte der preussischen Akademie der Wissenschaften
SPB Studia postbiblica
SpTod *Spirituality Today*
SR *Studies in Religion/Sciences religieuses*
ST Studia theologica
STK Svensk teologisk *kvartalskrift*
Str-B [H. Strack and] P. Billerbeck, *Kommentar* zum Neuen Testament
StudBibTh *Studia Biblica et Theologica*
StudNeot Studia neotestamentica, Studia
SUNT Studien zur Umwelt des Neuen Testaments
SWJT *Southwestern Journal of Theology*
TBei *Theologische Beiträge*
TBl *Theologische Blätter*

TBT	*The Bible Today*
TCh	*The Churchman*
TD	*Theology Digest*
TDNT	G. Kittel and G. Friedrich (ed.), *Theological Dictionary of the New Testament*
TF	*Theologische Forschung*
TGI	*Theologie und Glaube*
ThBullMDC	*Theological Bulletin: McMaster Divinity College*
ThEduc	*Theological Educator*
Th	*Theology*
Theol(A)	*Theologia*
THKNT	Theologischer Hand-kommentar zum Neuen Testament
ThEv	*Theologica Evangelica*
ThRev	*Theological Review*
ThViat	*Theologia Viatorum*
TLZ	*Theologische Literaturzeitung*
TNTC	Tyndale New Testament Commentaries
TPQ	*Theologisch-Praktische Quartalschrift*
TRev	*Theologische Revue*
TRu	*Theologische Rundschau*
TS	*Theological Studies*
TSK	*Theologische Studien und Kritiken*
TToday	*Theology Today*
TTZ	*Trierer theologische Zeitschrift*
TU	Texte und Untersuchungen
TY	*Tantur Yearbook*
TynBul	*Tyndale Bulletin*
TZ	*Theologische Zeitschrift*
UCB	Die Urchristliche Botschaft
USQR	*Union Seminary Quarterly Review*
VC	*Vigiliae christianae*
VD	*Verbum domini*
VL	Vetus Latina
VoxEv	*Vox Evangelica*
VS	Verbum salutis
VSpir	*Vie spirituelle*
VT	*Vetus Testamentum*
VTSup	Vetus Testamentum, Supplements
WesThJ	*Wesleyan Theological Journal*
WMANT	Wissenschaftliche Monographien zum Alten und Neuen Testament
Wor	*Worship*
WTJ	Westminster Theological Journal
WUNT	Wissenschaftliche Untersuchungen zum Neuen Testament
WW	*Word and World*
ZAW	*Zeitschrift für die alttestamentliche Wissenschaft*
ZKT	*Zeitschrift für Katholische Theologie*
ZNW	*Zeitschrift für die neutestamentliche Wissenschaft*
ZRGG	*Zeitschrift für Religions- und Geistesgeschichte*

ZST	*Zeitschrift für systematische Theologie*	*ZWT*	*Zeitschrift für wissenschaftliche Theologie*
ZTK	*Zeitschrift für Theologie und Kirche*	*ZZ*	*Zeichen der Zeit*

D. 성경, 외경, 위경의 약어

구 약

Gen	1 Sam	Esth	Lam	Mic
Exod	2 Sam	Job	Ezek	Nah
Lev	1 Kgs	Ps(Pss)	Dan	Hab
Num	2 Kgs	Prov	Hos	Zeph
Deut	1 Chr	Eccl	Joel	Hag
Josh	2 Chr	Cant	Amos	Zech
Judg	Ezra	Isa	Obad	Mal
Ruth	Neh	Jer	Jonah	

신 약

Matt	1 Cor	1 Thess	Philem	1 John
Mark	2 Cor	2 Thess	Heb	2 John
Luke	Gal	1 Tim	Jas	3 John
John	Eph	2 Tim	1 Pet	Jude
Acts	Phil	Titus	2 Pet	Rev
Rom	Col			

외 경

1 Kgdms	1 Kingdoms	Sir	Ecclesiasticus(Wisdom of Jesus the son of Sirach)
2 Kgdms	2 Kingdoms	Bar	Baruch
3 Kgdms	3 Kingdoms	Ep Jer	Epistle of Jeremy
4 Kgdms	4 Kingdoms	S Th Ch	Song of the Three Children (or Young Men)
1 Esd	1 Esdras	Sus	Susanna
2 Esd	2 Esdras	Bel	Bel and the Dragon
Tob	Tobit	Pr Man	Prayer of Manasseh
Jdt	Judith	1 Macc	1 Maccabees
Add Esth	Additions to Esther	2 Macc	2 Maccabees
4 Ezra	4 Ezra		
Wis	Wisdom of Solomon		

3 Macc	3 Maccabees
4 Macc	4 Maccabees

E. 유대, 위서 및 초대교부 문헌 약어

Adam and Eve	*Life of Adam and Eve*
Apoc. Abr.	*Apocalypse of Abraham* (1st to 2nd cent. A.D.)
2-3 Apoc. Bar.	Syriac, Greek *Apocalypse of Baruch*
Asc. Isa.	*Ascension of Isaiah*
Apoc. Mos.	*Apocalypse of Moses*
As. Mos.	(See *T. Mos.*)
Apoc. Elijah	*Apocalypse of Elijah*
1-2-3 Enoch	Ethiopic, Slavonic, Hebrew *Enoch*
Ep. Arist.	*Epistle of Aristeas*
Jub.	*Jubilees*
Mart. Isa.	*Martyrdom of Isaiah*
Odes Sol.	*Odes of Solomon*
Pss. Sol.	*Psalms of Solomon*
Sib. Or.	*Sibylline Oracles*
T. 12 Patr.	*Testaments of the Twelve Patriarchs*
T. Abr.	*Testament of Abraham*
T. Judah	*Testament of Judah*
T. Levi	*Testament of Levi*, etc.
Apoc. Pet.	*Apocalypse of Peter*
Apost. Const.	*Apostolic Constitutions*
Gos. Eb.	*Gospel of the Ebionites*
Gos. Eg.	*Gospel of the Egyptians*
Gos. Heb.	*Gospel of the Hebrews*
Gos. Naass.	*Gospel of the Naassenes*
Gos. Pet.	*Gospel of Peter*
Gos. Thom.	*Gospel of Thomas*
Prot. Jas.	*Protevangelium of James*
Barn.	*Barnabas*
1-2 Clem.	*1-2 Clement*
Did.	*Didache*
Diogn.	*Diognetus*
Herm. Man.	Hermas, *Mandates*
Sim.	*Similitudes*
Vis.	*Visions*
Ign. *Eph.*	Ignatius, *Letter to the Ephesians*
Magn.	*Letter to the Magnesians*
Phld.	*Letter to the Philadelphians*
Pol.	*Letter to Polycarp*
Rom.	*Letter to the Romans*
Smyrn.	*Letter to the Smyrnaeans*
Trall.	*Letter to the Trallians*
Jos., *Ag. Ap.*	Josephus, *Against Apion*
Ant.	*The Jewish Antiquities*
J. W.	*The Jewish War*
Life	*The Life*
Mart Pol.	*Martyrdom of Polycarp*
Pol. *Phil.*	Polycarp, *Letter to the Philippians*
Iren. *Adv. Haer.*	Irenaeus, *Against All Heresies*
Tert. *De Praesc. Haer.*	Tertullian, *On the Proscribing of Heretics*

F. 사해사본과 관련된 문헌 약어

CD	Cairo(Genizah text of the) Damascus(Document)
Hev	Naḥal Ḥever texts
Mas	Masada texts
Mird	Khirbet Mird texts
Mur	Wadi Murabbaʿat texts
P	Pesher(commentary)
Q	Qumran
1Q, 2Q, 3Q, etc.	Numbered caves of Qumran, yielding written material; followed by abbreviation of biblical or apocryphal book
QL	Qumran literature
1QapGen	*Genesis Apocryphon* of Qumran Cave 1
1QH	*Hôdāyôt*(*Thanksgiving Hymns*) from Qumran Cave 1
1QIsa[a,b]	First or second copy of Isaiah from Qumran Cave 1
1QpHab	*Pesher on Habakkuk* from Qumran
1QM	*Milḥāmāh*(*War Scroll*)
1QS	*Serek hayyaḥad*(*Rule of the Community, Manual of Discipline*)
1QSa	Appendix A(*Rule of the Congregation*) to 1QS
1QSb	Appendix B(*Blessings*) to 1QS
3Q15	Copper Scroll from Qumran Cave 3
4QFlor	Florilegium(or *Eschatological Midrashim*) from Qumran Cave 4
4QMess ar	Aramaic "Messianic" text from Qumran Cave 4
4QPrNab	Prayer of Nabonidus from Qumran Cave 4
4QTestim	*Testimonia* text from Qumran Cave 4
4QTLevi	*Testament of Levi* from Qumran Cave 4
4QPhyl	Phylacteries from Qumran Cave 4
11QMelch	*Melchizedek* text from Qumran Cave 11
11QtgJob	*Targum of Job* from Qumran Cave 11

G. 탈굼 문헌 약어

Tg. Onq.	*Targum Onqelos*
Tg. Neb.	*Targum of the Prophets*
Tg. Ket.	*Targum of the Writings*
Frg. Tg.	*Fragmentary Targum*
Sam. Tg.	*Samaritan Targum*
Tg. Isa.	*Targum of Isaiah*
Pal. Tgs.	*Palestinian Targums*
Tg. Neof.	*Targum Neofiti I*
Tg. Ps.-J.	*Targum Pseudo-Jonathan*
Tg. Yer. I	*Targum Yerušalmi I**
Tg. Yer. II	*Targum Yerušalmi II**
Yem. Tg.	*Yemenite Targum*

Tg. Esth I, II	*First or Second Targum of Esther*	*optional title	

H. 랍비 작품 약어

ʾAbot R. Nat.	*ʾAbot de Rabbi Nathan*	*Pesiq. R.*	*Pesiqta Rabbati*
ʾAg. Ber.	*ʾAggadat Berešit*	*Pesiq. Rab Kah.*	*Pesiqta de Rab Kahana*
Bab.	*Babylonian*	*Pirqe R. El.*	*Pirqe Rabbi Eliezer*
Bar.	*Baraita*	*Rab.*	*Rabbah*(following abbreviation for biblical book: *Gen. Rab.*=*Genesis Rabbah*)
Der. Er. Rab.	*Derek Eres Rabba*		
Der. Er. Zut.	*Derek Eres Zuta*		
Gem.	*Gemara*		
Kalla	*Kalla*	*Sem.*	*Semaḥot*
Mek.	*Mekilta*	*Sipra*	*Sipra*
Midr.	*Midraš*; cited with usual abbreviation for biblical book; but *Midr. Qoh.*=*Midraš Qohelet*	*Sipre*	*Sipre*
		Sop.	*Soperim*
		S. ʿOlam Rab.	*Seder ʿOlam Rabbah*
		Talm.	*Talmud*
		Yal.	*Yalquṭ*
Pal.	*Palestinian*		

I. 미쉬나와 관련된 문헌의 논문 및 책자 약어

책자의 약어는 다음과 같이 지칭된다: *m.*(Mishnah), *t.*(Tosepta), *b.*(Babylonian Talmud), and *y.*(Jerusalem Talmud).

ʾAbot	*ʾAbot*	*ʿEd.*	*ʿEduyyot*
ʿArak.	*ʿArakin*	*ʿErub.*	*ʿErubin*
ʿAbod. Zar.	*ʿAboda Zara*	*Git.*	*Gittin*
B. Bat.	*Baba Batra*	*Hag.*	*Hagiga*
Bek.	*Bekorot*	*Hal.*	*Halla*
Ber.	*Berakot*	*Hor.*	*Horayot*
Besa	*Beṣa*(=*Yom Tob*)	*Hul.*	*Hullin*
Bik.	*Bikkurim*	*Kelim*	*Kelim*
B. Meṣ.	*Baba Meṣiʿa*	*Ker.*	*Keritot*
B. Qam.	*Baba Qamma*	*Ketub.*	*Ketubot*
Dem.	*Demai*	*Kil.*	*Kilʾayim*

Ma'as.	*Maa'śerot*
Mak.	*Makkot*
Makš.	*Makširin(=Mašqin)*
Meg.	*Megilla*
Me'il.	*Me'ila*
Menah.	*Menahot*
Mid.	*Middot*
Miqw.	*Miqwa'ot*
Mo'ed	*Mo'ed*
Mo'ed Qat.	*Mo'ed Qatan*
Ma'aś. Š.	*Ma'aśer Šeni*
Našim	*Našim*
Nazir	*Nazir*
Ned.	*Nedarim*
Neg.	*Nega'im*
Nez.	*Neziqin*
Nid.	*Niddah*
Ohol.	*Oholot*
'Or.	*'Orla*
Para	*Para*
Pe'a	*Pe'a*
Pesah.	*Pesahim*
Qinnim	*Qinnim*
Qidd.	*Qiddušin*
Qod.	*Qodašin*
Roš. Haš.	*Roš Haššana*
Sanh.	*Sanhedrin*
Šabb.	*Šabbat*
Šeb.	*Šebi'it*
Šebu.	*Šebu'ot*
Šeqal.	*Šeqalim*
Sota	*Sota*
Sukk.	*Sukka*
Ta'an.	*Ta'anit*
Tamid	*Tamid*
Tem.	*Temura*
Ter.	*Terumot*
Ṭohar.	*Ṭoharot*
T. Yom	*Tebul Yom*
'Uq.	*'Uqsin*
Yad.	*Yadayim*
Yebam.	*Yebamot*
Yoma	*Yoma(=Kippurim)*
Zabim	*Zabim*
Zebaḥ	*Zebahim*
Zer.	*Zera'im*

J. 나그 함마디 문헌 약어

Acts Pet. 12 Apost.	*Acts of Peter and the Twelve Apostles*
Allogenes	*Allogenes*
Ap. Jas.	*Apocryphon of James*
Ap. John	*Apocryphon of John*
Apoc. Adam	*Apocalypse of Adam*
1 Apoc. Jas.	*First Apocalypse of James*
2 Apoc. Jas.	*Second Apocalypse of James*
Apoc. Paul	*Apocalypse of Paul*
Apoc. Pet.	*Apocalypse of Peter*
Asclepius	*Asclepius 21-29*
Auth. Teach.	*Authoritative Teaching*
Dial. Sav.	*Dialogue of the Savior*
Disc. 8-9	*Discourse on the Eighth and Ninth*
Ep. Pet. Phil.	*Letter of Peter to Philip*
Eugnostos	*Eugnostos the Blessed*
Exeg. Soul	*Exegesis on the Soul*
Gos. Eg.	*Gospel of the Egyptians*

Gos. Phil.	*Gospel of Philip*
Gos. Thom.	*Gospel of Thomas*
Gos. Truth	*Gospel of Truth*
Great Pow.	*Concept of our Great Power*
Hyp. Arch.	*Hypostasis of the Archons*
Hypsiph.	*Hypsiphrone*
Interp. Know.	*Interpretation of Knowledge*
Marsanes	*Marsanes*
Melch.	*Melchizedek*
Norea	*Thought of Norea*
On Bap. A	*On Baptism A*
On Bap. B	*On Baptism B*
On Bap. C	*On Baptism C*
On Euch. A	*On the Eucharist A*
On Euch. B	*On the Eucharist B*
Orig. World	*On the Origin of the World*
Paraph. Shem	*Paraphrase of Shem*
Pr. Paul	*Prayer of the Apostle Paul*
Pr. Thanks	*Prayer of Thanksgiving*
Prot. Jas.	*Protevangelium of James*
Sent. Sextus	*Sentences of Sextus*
Soph. Jes. Chr.	*Sophia of Jesus Christ*
Steles Seth	*Three Steles of Seth*
Teach. Silv.	*Teachings of Silvanus*
Testim. Truth	*Testimony of Truth*
Thom. Cont.	*Book of Thomas the Contender*
Thund.	*Thunder, Perfect Mind*
Treat. Res.	*Treatise on Resurrection*
Treat. Seth	*Second Treatise of the Great Seth*
Tri. Trac.	*Triparite Tractate*
Trim. Prot.	*Trimorphic Protennoia*
Val. Exp.	*A Valentinian Exposition*
Zost.	*Zostrianos*

주석 참고문헌

Andriessen, P., and Lenglet, A. *De Brief aan de Hebreeën.* Roermond: Roman and Zonen, 1971. **Aquinas, T.** "Ad Hebraeos." In *Super Epistolas S. Pauli Lectura.* ed. R. Cai. Turin/Rome: Marietti, 1953. **Attridge, H. W.** *A Commentary on the Epistle to the Hebrews.* Hermeneia. Philadelphia: Fortress, 1989. **Barclay, W.** *The Epistle to the Hebrews.* Daily Study Bible. Philadelphia: Westminster, 1957. **Bénétreau, S.** *L'Épître aux Hébreux.* Vol. 1. Commentaire Evangélique de la Bible 10. Vaux-sur-Seine: ÉDIFAC:, 1989. **Bleek, F.** *Der Brief an die Hebräer, erläutert dutch Einleitung, Uebersetzung und fortlaufenden Kommentar.* 2 vols. in 3. Berlin: Dümmler, 1828-40. **Bonsirven, J.** *Saint Paul, Épître aux Hébreux.* 2nd ed. *VS* 12. Paris: Beauchesne, 1953. **Bose, W. P. du.** *High Priesthood and Sacrifice: An Exposition of the Epistle to the Hebrews.* New York: Longmans, Green, 1908. **Bourke, M. M.** *The Epistle to the Hebrews.* Englewood Cliffs, NJ: Prentice Hall, 1990. **Bowman, G. M.** *Don't Let Go! An Exposition of Hebrews.* Phillipsburg: Presbyterian & Reformed, 1982. **Bowman, J. W.** *Hebrews.* Richmond: Knox, 1962. **Braun, H.** *An die Hebräer.* HNT 14. Tübingen: Mohr, 1984. **Bristol, L. O.** *Hebrews: A Commentary.* Valley Forge, PA: Judson, 1967. **Brown, R.** *Christ above All: The Message of Hebrews.* Downers Grove, IL: Inter-Varsity Press, 1982. **Bruce, A. B.** *The Epistle to the Hebrews, The First Apology for Christianity: An Exegetical Study.* 2nd ed. Edinburgh: Clark, 1899. **Bruce, F. F.** *The Epistle to the Hebrews.* NICNT Grand Rapids: Eerdmans, 1964. **Buchanan, G. W.** *To the Hebrews.* ab 36. Garden City, NY: Doubleday, 1972. **Calvin, J.** *The Epistle of Paul the Apostle to the Hebrews.* tr. W. B. Johnston. Grand Rapids: Eerdmans, 1963. **Casey, J.** *Hebrews.* Dublin: Veritas Publications, 1980. **Caudill, R. P.** *Hebrews: A Translation with Notes.* Nashville: Broadman, 1985. **Chadwick, G. A.** *The Epistle to the Hebrews.* London: Hodder & Stoughton, **Chilstrom, H. W.** *Hebrews: A New and Better Way.* Philadelphia: Fortress, 1984. **Chrysostom, J.** "Homiliae xxxiv in Epistolam ad Hebraeos." *PG* 63(1862) 9-256. ______. *Homilies on the Gospel of John and the Epistle to the Hebrews.* tr. P. Schaff and F. Gardiner. NPNF 14. New York: Scribner's, 1889. **Corbishley, T.** *Good News in Hebrews: The*

Letter to the Hebrews in Today's English Version. Cleveland: Collins & World, 1976. **Davidson, A. B.** *The Epistle to the Hebrews.* Edinburgh: Clark, 1882. **Davies, J. H.** *A Letter to Hebrews.* Cambridge Bible Commentary. Cambridge: UP, 1967. **Delitzch, F.J.** *Commentary on the Epistle to the Hebrews.* 2 vols. tr. T. L. Kingsbury. Edinburgh: Clark, 1871-72. **Edwards, T. C.** *The Epistle to the Hebrews.* New York: A. C. Armstrong and Son, 1903. **Ellingworth, P.** and **Nida, E.** *A Translator's Handbook on the Letter to the Hebrews.* New York: United Bible Societies, 1983. **Evans, L. H.** *Hebrews.* The Communicator's Commentary 10. Waco, TX: Word, 1985. **Farrar, F. W.** *The Epistle of Paul the Apostle to the Hebrews.* CGTC Cambridge: UP, 1894. **Feld, H.** *Der Hebräerbrif* Beiträge der Forschung. Darmstadt: Wissenschaftliche Buchgesellschaft, 1985. **Gooding, D.** *An Unshakeable Kingdom: The Letter to the Hebrews for Today.* Grand Rapids: Eerdmans, 1989. **Graf, J.** *Der Hebräerbrief.* Freiburg i/B: Wagner, 1918. **Grässer, E.** *An die Hebräer: 1. Hebr* 1-6. EKKNT 17/1. Zürich: Benziger, 1990. **Gromacki, R. G.** *Stand Bold in Grace: An Exposition of Hebrews.* Grand Rapids: Baker Book House, 1984. **Grosheide, F. W.** *De Brief aan de Hebreeën en de Brief van Jakobus.* 2nd ed. Kampen: Kok, 1955. **Guthrie, D.** *The Letter to the Hebrews.* TNTC Grand Rapids: Eerdmans, 1983. **Haering, T.** *Der Brief an die Hebräer.* Stuttgart: Calwer, 1925. **Hagner, D. A.** *Hebrews.* Good News Commentaries. San Francisco: Harper & Row, 1983. ______. *Hebrews.* NIBC 14. Peabody, MA: Hendrickson, 1990. **Hegermann, H.** *Der Brief an die Hebräer.* THKNT 16. Berlin: Evangelische Verlangsanstalt, 1988. **Héring, J.** l'Épître aux Hébreux. CNT 12. Neuchâtel: Delachaux & Niestlé, 1954. [ET *The Epistle to the Hebrews.* tr. A. W. Heathcote and P. J. Allcock. London: Epworth, 1970.] **Hewitt, T.** *The Epistle to the Hebrews.* TNTC London: Tyndale Press, 1960. **Hillmann, W.** *Der Brief an die Hebräer.* Düsseldorf: Patmos, 1965. **Hollmann, G.** *Der Hebr#äerbrief.* Die Schriften des Neuen Testaments 3. ed.. W. Bousset and W. Heitmüller. 3rd ed. Göttingen: Vandenhoeck & Ruprecht, 1917. **Hudson, J. T.** *The Epistle to the Hebrews.* Edinburgh: Clark, 1937. **Hugedé, N.** *Le sacerdoce du Fils: Commentaire de l'Épître aux Hébreux.* Paris: Editions Fischbacher, 1983. **Hughes, P. E.** *A Commentary on the Epistle to the Hebrews.* Grand Rapids: Eerdmans, 1977. **Javet, J. J.** *Dieu nous parla: Commentaire sur l'Épître aux Hébreux.* Collection "L'Actualité Protestante." Neuchâtel/Paris: Delachaux & Niestlé, 1945. **Jewett, R.** *Letter to Pilgrims: A Com-*

mentary on the Epistle to the Hebrews. New York: The Pilgrim Press, 1981. **Johnsson. W. G.** *Hebrews.* Knox Preaching Guides. Atlanta: John Knox, 1980. **Keil, K. F.** *Kommentar über den Brief an die Hebräer.* Leipzig: Deichert, 1885. **Kendrick, A. L.** *Commentary on the Epistle to the Hebrews.* Philadelphia: American Baptist, 1889. **Kent, H. A.** *The Epistle to the Hebrews, A Commentary.* Grand Rapids: Baker, 1972. **Ketter, P.** *Hebräerbrief, Jakobusbrief, Petrusbrief, Judasbrief: Übersetzt und erklärt.* HBK 16/1. Freiburg: Herder, 1950. **Kistemaker, S. J.** *Exposition of the Epistle to the Hebrews.* New Testament Commentary. Grand Rapids: Baker Book House, 1984. **Klijn, A. F. J.** *De Brief aan de Hebreeën.* Nijkerk: Callenbach, 1975. **Kuss, O.** *Der Brief an die Hebräer.* RNT 8/1. Regensburg: Pustet, 1966. **Lane, W. L.** *Call to Commitment: Responding to the Message of Hebrews.* Nashville: Nelson, 1985. **Lang, G. H.** *The Epistle to the Hebrews.* London: Paternoster, 1951. **Laubach, F.** *Der Brief an die Hebräer.* Wuppertal: Brockhaus, 1967. **Lenski, R. C. H.** *The Interpretation of the Epistle to the Hebrews and the Epistle of James.* Columbus, OH: Wartburg, 1946. **Lightfoot, N. R.** *Jesus Christ Today: A Commentary on the Book of Hebrews.* Grand Rapids: Baker, 1976. **Lünemann, G.** *Kritisch-exegetischer Handbuch über den Hebräerbrief.* MeyerK 13. Göttingen: Vandenhoeck & Ruprecht, 1878. **März, C.-P.** *Hebräerbrief.* Die neue echter Bibel, Neues Testament 16. Würzburg: Echter, 1989. **MacDonald, W.** *The Epistle to the Hebrews: From Ritual to Reality.* Neptune, NJ: Loizeaux, 1971. **McCaul, J. B.** *The Epistle to the Hebrews: A Paraphrastic Commentary with Illustrations from Philo, the Targums, the Mishna and Gemara, etc.* London: Longmans, Green, 1871. **Médebielle, A.** Épître aux Hébreux: Traduite et commentée. 3rd ed. SB 12. Paris: Letouzey et Ané, 1951. **Michel, O.** *Der Brief an die Hebräer.* 12th ed. MeyerK 13. Göttingen: Vandenhoeck & Ruprecht, 1966. **Moffatt, J.** *A Critical and Exegetical Commentary on the Epistle to the Hebrews.* ICC Edinburgh: Clark, 1924. **Montefiore, H.** *A Commentary on the Epistle to the Hebrews.* HNTC New York: Harper, 1964. **Morris, L.** *Hebrews.* Bible Study Commentary. Grand Rapids: Zondervan, 1983. **Nairne, A.** *The Epistle to the Hebrews.* CGTC Cambridge: UP, 1917. ______ *The Epistle to the Hebrews.* Cambridge Bible for Schools and Colleges. Cambridge: UP, 1921. **Narborough, F. D. V.** *Epistle to the Hebrews.* Clarendon Bible. Oxford: Clarendon, 1930. **Neighbour, R. E.** *If They Shall Fall Away: The Epistle to the Hebrews Unveiled.* Miami Springs: Conlay & Schaettle, 1940. **Neil, W.** *The*

Epistle to the Hebrews. 2nd ed.. TBC London: Black, 1959. **Newell, W. R.** *Hebrews: Verse by Verse.* Chicago: Moody Press, 1947. **Obiols, S.** *Epístoles de Sant Pau: Als Hebreus.* Montserrat: Monestir de Montserrat, 1930. **Owen, J.** *An Exposition of the Epistle to the Hebrews.* 7 vols. Edinburgh: Ritchie, 1812. **Pfitzner, V. C.** *Chi Rho Commentary on Hebrews.* Adelaide, S. Australia: Lutheran Publishing House, 1979. **Purdy, A. C.,** and **Cotton, J. H.** "The Epistle to the Hebrews." *IB* 11(1955) 575-763. **Reisner, E.** *Der Brief an die Hebräer.* Munich: Beck, 1938. **Rendall, F.** *The Epistle to the Hebrews.* London: Macmillan, 1888. **Riggenbach, E.** *Der Brief an die Hebräer.* 3rd ed. KNT 14. Leipzig: Deichert, 1922. **Robinson, T. H.** *The Epistle to the Hebrews.* 8th ed. MNTC London: Hodder & Stoughton, 1964. **Schierse, F. J.** *The Epistle to the Hebrews.* tr. B. Fahy. London: Burns & Oates, 1969. **Schlatter, A.** *Der Brief an die Hebräer ausgelegt für Bibelleser.* Stuttgart: Calwer, 1950. **Sdhneider, J.** *The Letter to the Hebrews.* tr. W. A. Mueller. Grand Rapids: Eerdmans, 1957. **Schulz, D.** *Der Brief an die Hebräer.* Breslau: Holaufer, 1818. **Seeberg, A.** *Der Brief an die Hebräer.* KNT Leipzig: Quelle & Meyer, 1912. **Smit, E.** *Die Brief aan die Hebreërs.* Pretoria: N. G. Kerkboekhandel Transval, 1982. **Smith, R. H.** *Hebrews.* Augsburg Commentary on the New Testament. Minneapolis: Augsburg, 1984. **Snell, A. A.** *New and Living Way: An Explanation of the Epistle to the Hebrews.* London: Faith, 1959. **Soden, H. von.** *Der Hebräerbrief.* 3rd ed. HKNT 3/2. Freiburg/Leipzig/Tübingen: Mohr, 1899. **Spicq, C.** *l'Épître aux Hébreux.* 2 vols. *EBib* Paris: Gabalda, 1952-53. ______. *l'Épître aux Hébreux: Traduction, notes critiques, commentaire.* SB Paris: Gabalda, 1977. **Stibbs, A. M.** *So Great Salvation: The Meaning and Message of the Letter to the Hebrews.* Exeter: Paternoster Press, 1970. **Strathmann, H.** *Der Brief an die Hebräer, übersetzt und erklärt.* 7th ed. *NTD* 9. Göttingen: Vandenhoeck & Ruprecht, 1963. **Strobel, A.** *Der Brief an die Hebräer. NTD* 9/2. Göttingen: Vandenhoeck & Ruprecht, 1975. **Stuart, M.** *A Commentary on the Epistle to the Hebrews.* 4th ed. Andover: W. F. Draper, 1876. **Teodorico, P.** *L'epistola agli Ebrei.* Torino/Rome: Marietti, 1952. **Theodoret.** *Interpretatio Epistulae ad Hebraeos. PG* 82. **Thompson, J. W.** *The Letter to the Hebrews.* Austin: Sweet, 1971. **Vaughan, C. J.** *The Epistle to the Hebrews.* London: Macmillan, 1890. **Weiss, B.** *Der Brief an die Hebräer.* 6th ed. MeyerK 13. Göttingen: Vandenhoeck & Ruprecht, 1897. **Westcott, B. F.** *The Epistle to the Hebrews: The Greek Text with Notes and Essays.* 3rd ed. London/New York: Macmillan, 1903. **Wettstein, J. J.** *H KAINH ΔIAΘHKH: Novum Testamentum Graecum editionis receptae cum lectionibus variantibus Codicum* mss, *editionum aliarum, versionum et patrum nec non commentatio pleniore ex scriptoribus veteribus hebrais, graecis et latinis historiam et vim verborum illustrante.* Vol. 2. Amsterdam: Dommer, 1752. **Wickham, E. C.** *The Epistle to the Hebrews.* London: Methuen, 1910. **Williamson, R.** *The Epistle to the Hebrews.* London: Epworth, 1965. **Wilson, R. McL.** *Hebrews.* New Century Bible Commentary. Grand Rapids: Eerdmans, 1987. **Windisch, H.** *Der Hebräerbrief.* 2nd ed. HNT 14. Tübingen: Mohr, 1931.

주요 참고문헌

Ahern, A. A. "The Perfection Concept in the Epistle to the Hebrews." *JBR* 14(1946) 164-67. **Alexander, J. P.** *A Priest for Ever: A Study of the Epistle Entitled "To the Hebrews."* London: Clarke, 1937. **Alfaro, J.** "Cristo glorioso, revelador del Padre." *Greg* 39(1958) 220-70. **Anderson, C. P.** "The Epistle to the Hebrews and the Pauline Letter Collection." *HTR* 59(1966) 429-38. ______. "Hebrews among the Letters of Paul." *SR* 5(1975-76) 258-66. ______. "The Setting of the Epistle to the Hebrews." Dissertation, Columbia University, 1969. ______. "Who Wrote 'The Epistle from Laodicea'?" *JBL* 85(1966) 436-40. **Anderson, R.** *The Hebrews Epistle in the Light of the Types.* London: Nisbet, 1911. **Andriessen, P.** *En lisant l'Épître aux Hébreux: Lettre au R. P. A. Vanhoye, Professeur à l'Institute Biblique Pontifical sur l interprétation controversée de certain passages.* Vaals: Abby St. Benedictusberg, 1977. ______. "L'Eucharistie dans l'Epître aux Hébreux." *NRT* 94(1972) 269-77. **Appel, H.** *Der Hebräerbrief: Ein Schreiben des Apollos an Judenchristen der korinthischen Gemeinde.* Leipzig: Deichert, 1918. **Archer, G. L.**, and **Chirichigne, G.** *Old Testament Quotations in the New Testament.* Chicago: Moody, 1983. **Asting, R.** *Die Heiligkeit im Urchristentum.* FRLANT 29. Göttingen: Vandenhoeck & Ruprecht, 1930. **Atkinson, B. F. C.** *The Theology of Prepositions.* London: Tyndale, 1944. **Attridge, H. W.** "Paraenesis in a Homily(*λόγος παρακλήσεως*): The Possible Location of, and Socialization in, the 'Epistle to the Hebrews.'" *Semeia* 50(1990) 211-26. **Aune, D.** *The New Testament in Its Literary Environment.* Philadelphia: Westminster, 1987. **Ayles, H. H. B.** *Destination, Date, and Authorship of the Epistle to the Hebrews.* London: Clay, 1899. ______. "The References to Persecution in the Epistle to the Hebrews." *Exp* 8th ser. 12(1916) 69-74. **Badcock, F. J.** *The Pauline Epistles and the Epistle to the Hebrews in Their Historical Setting.* London: SPCK, 1937. **Bacon, B. W.** "The Doctrine of Faith in Hebrews, James and Clement of Rome." *JBL* 19(1900) 12-21. **Baigent, J. W.** "Jesus as Priest: An Examination of the Claim that the Concept of Jesus as Priest May Be Found outside of the Epistle to the Hebrews." *VoxEv* 12(1981) 33-44. **Ballarini, T.** "Il peccato nell 'epistola agli

Ebrei.'" ScC 106(1978) 358-71. **Barbel, J.** *Christos Angelos: Die Anschauung von Christus als Bote und Engel in der gelehrten und volkstümlichen Literatur des christlichen Altertums.* Bottrop: Postberg, 1941. **Barnes, A. S.** "St. Barnabas and the Epistle to the Hebrews." *HibJ* 30(1931-32) 103-17. **Barrett, C. K.** "The Eschatology of the Epistle to the Hebrews." In *The Background of the New Testament and Its Eschatology.* ed. W. D. Davies and D. Daube. Cambridge: Cambridge UP, 1954. **Barth, M.** "The Old Testament in Hebrews: An Essay in Biblical Hermeneutics." In *Current Issues in New Testament Interpretation.* ed. W. Klassen and G. F. Snyder. New York: Harper & Row, 1962. **Bartlet, J. V.** "The Epistle to the Hebrews Once More." *ExpTim* 34(1922 23) 58 61. **Bartlet, V.** "Barnabas and His Genuine Epistle." *Exp* 6th ser. 6(1902) 28-30. ______. "The Epistle to the Hebrews as the Work of Barnabas." *Exp* 6th ser. 8(1903) 381-96. **Barton, G. A.** The Date of the Epistle to the Hebrews. *JBL* 57(1938) 195-207. **Batdorf, I. W.** "Hebrews and Qumran: Old Methods and New Directions." *FS F. Wilbur Gingrich.* ed. E. H. Barth and R. E. Cocroft. Leiden: Brill, 1972. **Bates, W. H.** "Authorship of the Epistle to the Hebrews Again." *BSac* 79(1922) 93-96. **Batiffol, P.** "L'attribution de l'Épître aux Hébreux à S. Barnabé." *RB* 8(1899) 278-83. **Beare, F. W.** "The Text of the Epistle to the Hebrews in P^{46}." *JBL* 63(1944) 379-96. **Behm, J.** *Der Begriff Διαθήκη im Neuen Testament.* Berlin: Runge, 1912. **Berger, K.** *Exegese des Neuen Testaments: Neue Wege vom Text zur Auslegung.* 2nd ed. Heidelberg: Quelle & Meyer, 1984. **Bickerman, E. J.** "En marge de l'Écriture." *RB* 88(1981) 19-41. **Bieder, W.** "Pneumatologische Aspekte im Hebräerbrief." In *Neues Testament und Geschichte.* FS O. Cullmann. ed. H. Baltensweiler and B. Reicke. Tübingen: Mohr, 1972. **Biesenthal, J. H. R.** *Das Trostschreiben des Apostels Paulus an die Hebräer.* Leipzig: Fernau, 1878. **Bietenhard, H.** *Die himmlische Welt im Urchristentum und Spätjudentum.* WUNT 2. Tübingen: Mohr, 1951. **Black, D. A.** "The Problem of the Literary Structure of Hebrews." *GTJ* 7(1986) 163-77. ______. *Linguistics for Students of New Testament Greek: A Survey of Basic Concepts and Applications.* Grand Rapids: Baker, 1988. **Black, M.** "The Christological Use of the Old Testament in the New Testament." *NTS* 18(1971-72) 1-14. **Blass, F.** "Die rhythmische Komposition des Hebräers." *TSK* 75(1902) 420 60. **Bligh, J.** *Chiastic Analysis of the Epistle to the Hebrews.* Heythrop: Athenaeum, 1966. ______. "The Structure of Hebrews." *HeyJ* 5(1964) 170-77.

Bodelschwingh, F. V. "Jesus der Mittler des Neuen Testaments nach dem Zeugnis des Hebräerbriefs." In *Lebendig und Frei:* Bethel bei Bielefeld: Anstalt Bethel, 1949. **Bolewski, H.** "*Christos Archiereus:* Über die Entstehung der hohepriesterlichen Wurdenamens Christi." Dissertation, Halle, 1939. **Bonnard, P.** "Actualité de l'Épître aux Hébreux." *FV* 62(1963) 283-88. **Bonsirven, J.** "La sacerdoce et le sacrifice de Jésus-Christ après l'Épître aux Hébreux." *NRT* 71(1939) 641-60, 769-86. **Bornhäuser, K.** *Empfänger und Verfasser des Briefes an die Hebräer.* BFCT 35/3. Gütersloh: Bertelsmann, 1932. **Borchet, L.** "A Superior Book: Hebrews." *RevExp* 82(1985) 319-32. **Bornkamm, G.** "Das Bekenntnis im Hebräerbrief." *TBl* 21(1942) 56-66. **Bover, J. M.** "La esperanza en la Epístola a los Hebreos." *Greg* 19(1938) 110-20. ______. "Inspiración divina del redactor de la Epístola a los Hebreos." *EE* 14(1935) 433-66. **Braun, H.** "*Die Gewinnung der Gewissenheit in dem Hebräerbrief.*" *TLZ* 96(1971) 321-30. ______. "Das himmlische Vaterland bei Philo und im Hebräerbrief." In *Verborum Veritas.* FS G. Stählin. ed. O. Böcher and K. Haacker. Wuppertal: Brockhaus, 1970. **Bristol, L. O.** "Primitive Christian Preaching and the Epistle to the Hebrews." *JBL* 68(1949) 89-97. **Brooks, W. E.** "The Perpetuity of Christ's Sacrifice in the Epistle to the Hebrews." *JBL* 89(1970) 205-14. **Brown, J. V.** "The Authorship and Circumstances of 'Hebrews'—Again!" *BSac* 80(1923) 505-38. **Brown, R.** "Pilgrimage in Faith: The Christian Life in Hebrews." SWJT 28(1985) 28-35. **Bruce, F. F.** "Christianity under Claudius." *BJRL* 44(1961-62) 309-26. ______. "Kerygma of Hebrews." *Int* 23(1969) 3-19. ______. "Recent Contributions to the Understanding of Hebrews." *ExpTim* 80(1969) 260-64. ______. "The Structure and Argument of Hebrews." SWJT 28(1985) 6-12. ______. "'To the Hebrews' or 'To the Essenes'?" *NTS* 9(1963) 217-32. **Brüll, A.**, ed. *Das samaritanische Targum zum Pentateuch.* 5 vols. Frankfurt: Kaufmann, 1874-79. **Buchanan, G. W.** "The Present State of Scholarship on Hebrews." In *Judaism, Christianity and Other Greco-Roman Cults.* FS Morton Smith. ed. J. Neusner. Vol. 1. Leiden: Brill, 1975. **Büchel, C.** "*Der Hebräerbrief und das Alte Testament.*" *TSK* 79(1906) 508-91. **Büchsel, F.** *Die Christologie des Hebräerbriefs.* BFCT 27/2. Gütersloh: Bertelsmann, 1922. **Bullock, M. R.** "The Recipients and Destination of Hebrews." Dissertation, Dallas Theological Seminary, 1977. **Burch, V.** *The Epistle to the Hebrews: Its Sources and Its Message.* London: Williams & Norgate, 1936. ______. "Factors in the Christology of the Letter to the

Hebrews." *Exp* 47(1921) 68-79. **Burggaller, E.** "Das literarische Problem des Hebräerbriefes." *ZNW* 9(1908) 110-131. ______. "Neue Untersuchungen zum Hebräerbrief." *TRu* 13(1910) 369-81, 409-17. **Burns, D. K.** "The Epistle to the Hebrews." *ExpTim* 47(1935-36) 184-89. **Burtness, J. H.** "Plato, Philo, and the Author of Hebrews." *LQ* 10(1958) 54-64. **Burton, E. D.** *Syntax of the Moods and Tenses in New Testament Greek*. 3rd ed. Edinburgh: Clark, 1898. **Cabantous, J.** *Philon et l'Épître aux Hébreux ou essai sur les rapports del la christologie de l'Épître aux Hébreux avec la philosophie Judéo-Alexandrine*. Montauban: Granié, 1895. **Caird, G. B.** "The Exegetical Method of the Epistle to the Hebrews." *CJT* 5(1959) 44-51. ______. *The Language and Imagery of the Bible*. London: Duckworth, 1980. **Cambicr, J.** "Eschatologie ou héllenisme dans l'Épître aux Hébreux: Une étude sur *μένειν* et l'exhortation finale de l'épître." *Sal* 11(1949) 62-96. [Reissued as ALBO 2/12. Bruges/Paris: Descles de Brouwer, 1949.] **Campbell, A. G.** "The Problem of Apostasy in the Greek New Testament." Dissertation, Dallas Theological Seminary, 1957. **Campbell, J. C.** "In a Son: The Doctrine of the Incarnation in the Epistle to the Hebrews." *Int* 10(1956) 24-38. **Campbell, J. Y.** *Three New Testament Studies*. Leiden: Brill, 1965. **Campos, J.** "A Carta aos Hebreus como Apolo ã superasão de 'Certa Religiosidade Popular.'" *RCB* 8(1984) 122-24. **Carlston, C.** "Eschatology and Repentance in the Epistle to the Hebrews." *JBL* 78(1959) 296-302. ______. "The Vocabulary of Perfection in Philo and Hebrews." In *Unity and Diversity in New Testament Theology*. FS G. E. Ladd. ed. R. A. Guelich. Grand Rapids: Eerdmans, 1978. **Casey, R. P.** "The Earliest Christologies." *JTS* 10(1959) 253-77. **Cason, D. V.** "*ΙΕΡΕΥΣ* and *ΑΡΧΙΕΡΕΥΣ* (and Related Contexts) in Hebrews: An Exegetical Study in the Greek New Testament." Dissertation, Southern Baptist Theological Seminary, 1931. **Castelvechi, I.** *La homologia en la carta a los Hebreos: Estudio exegetico-teológico*. Montevideo: Pellegrini Impresares, 1964. **Cazelles, H.** et al. *Moïse, l'homme de l'alliance*. CSion 8:2-3-4. Paris/Tournai: Desclée, 1954. **Chapman, J.** "Aristion, Author of the Epistle to the Hebrews." *RBén*: 22(1905) 50-64. **Clarkson, M. E.** "The Antecedents of the High Priest Theme in Hebrews." *ATR* 29(1947) 89-95. **Cleary, M.** "Jesus, Pioneer and Source of Salvation: The Christology of Hebrews 1-6." *TBT* 67(1973) 1242-48. **Clements, R. E.** "The Use of the Old Testament in Hebrews." *SWJT* 28(1985) 36-45. **Cody, A.** *Heavenly Sanctuary and Liturgy in the Epistle to the Hebrews: The*

Achievement of Salvation in the Epistle's Perspectives. St. Meinrad, IN: Grail, 1960. **Collins, R. F.** *Letters That Paul Did Not Write: The Epistle to the Hebrews and the Pauline Pseudepigrapha.* Wilmington, DE: Glazier, 1988. **Combrink, H. J. B.** "Some Thoughts on the Old Testament Citations in the Epistle to the Hebrews." *Neot* 5(1971) 22-36. **Conner, W. T.** "Three Theories of the Atonement." *RevExp* 43(1946) 275-90. ______. "Three Types of Teaching in the New Testament on the Meaning of the Death of Christ." *RevExp* 43(1946) 150-66. **Constable, T. L.** "The Substitutionary Death of Christ in Hebrews." Dissertation, Dallas Theological Seminary, 1966. **Coppens, J.** "Les affinités Qumrâniennes de l'Épître aux Hébreux." *NRT* 84(1962) 128-41, 257-82. [Reissued as ALBO 4/1 (1962).] ______. "La portée messianique du Ps CX." *ETL* 32(1956) 1-23. **Cothenet, E., LeFort, P., Prigent, P.,** and **Dussaut, L.** *Les écrits de Saint Jean et l'Épître aux Hébreux.* Paris: Desclée, 1984. **Cotterell, P.,** and **Turner, M.** *Linguistics and Biblical Interpretation.* Downers Grove, IL: Inter-Varsity, 1989. **Cox, W. L. P.** *The Heavenly Priesthood of Our Lord.* Oxford: Blackwell, 1929. **Craddock, F. B.** *The Pre-Existence of Christ in the New Testament.* Nashville: Abingdon Press, 1968. **Cullmann, O.** *The Christology of the New Testament.* Rev. ed. Philadelphia: Westminster, 1963. **Culpepper, R. H.** "The High Priesthood and Sacrifice of Christ in the Epistle to the Hebrews." *ThEduc* 32(1985) 46-62. **Custer, S.** "Annotated Bibliography on Hebrews." BV 2(1968) 45-68. **Dahms, J. V.** "The First Readers of Hebrews." *JETS* 20(1977) 365-75. **Dalbert, P.** *Die Theologie der hellenistisch-jüdischen Missionsliteratur unter Ausschluss von Philo und Josephus. TF* 4. Hamburg: Evangelischer, 1954. **Daly, R. J.** "The New Testament Concept of Christian Sacrificial Activity." *BTB* 8(1978) 99-107. **D Angelo, M. R.** *Moses in the Letter to the Hebrews.* SBLDS 42. Missoula, MT: Scholars, 1979. **Daniélou, J.** "La session à la droite du Père." SE 1(1959) 689-98. **Daube, D.** "Rabbinic Methods of Interpretation and Hellenistic Rhetoric." *HUCA* 22(1949) 239-64. **Dautzenberg, G.** "Der Glaube in Hebräerbrief." *BZ* 17(1963) 161-77. **Davies, J. H.** "The Heavenly Work of Christ in Hebrews." SE〉 4(1968) 384-89. **Déaut, R. le.** "Apropos a Definition of Midrash." *Int* 25(1971) 259-82. ______. *La nuit pascale.* Rome: Institute Biblique Pontificale, 1963. **Deichgräber, R.** *Gotteshymnus und Christushymnus in der frühen Christenheit: Untersuchungen zu Form, Sprache und Stil der frühchristlichen Hymnen.* SUNT 5. Göttingen: Vandenhoeck & Ruprecht,

1967. **Descamps, A.** "La Sacerdoce du Christ d après l'Épître aux Hébreux." *RDT* 9(1954) 529-34. ______. "La structure de l'Épître aux Hébreux." *RDT* 9(1954) 333-38. **Dey, L. K. K.** *The Intermediary World and Patterns of Perfection in Philo and Hebrews.* SBLDS 25. Missoula, MT: Scholars, 1975. **De Young, J. C.** *Jerusalem in the New Testament.* Kampen: Kok, 1960. **Dibelius, F.** *Der Verfasser des Hebräerbrief: Eine Untersuchung zur Geschichte des Urchristentums.* Strassburg: Heitz & Mundel, 1910. **Dibelius, M.** "Der himmlische Kultus nach dem Hebräerbrief." In *Botschaft und Geschichte: Gesammelte Aufsätze II: Zum Urchristentum und zur hellenistischen Religionsgeschichte.* Tübingen: Mohr, 1956. [Reprinted from *TBl* 21(1942) 1-11.] **Dickie, J.** "The Literary Riddle of the 'Epistle to the Hebrews.'" *Exp* 8th ser. 5(1913) 371-78. **Díez Macho, A.** *Neophyte 1: Targum Palestinense* MS *de la Biblioteca Vaticana.* 6 vols. Madrid/Barcelona: Consejo Superior de Investigaciones Cientificas, 1968-79. **Dimock, N.** *The Sacerdotium of Christ.* London: Longmans, Green, 1910. **Dinkler, E.** "Hebrews, Letter to the." *IDB* 2(1962) 571-75. **Dobschütz, E. von.** "Rationales und irrationales Denken über Gott in Urchristentum: Eine Studie besonders zum Hebräerbrief." *TSK* 95(1923-24) 235-55. **Dubarle, A. M.** "Rédacteur et destinataires de l'Épître aux Hébreux." *RB* 48(1939) 506-29. **Dukes, J. G.** "Eschatology in the Epistle to the Hebrews." Dissertation, Southern Baptist Theological Seminary, 1956. **Dunbar, D. G.** "The Relation of Christ's Sonship and Priesthood in the Epistle to the Hebrews." Dissertation, Westminster Theological Seminary, Philadelphia, 1974. **Dupont, J.** "'Assis à la droite de Dieu': L'interpretation du Ps 110,1 dans le Nouveau Testament." In *Resurrexit: Actes du Symposium International sur la Résurrection de Jésus, Rome, 1970.* ed. E. Dhanis. Rome: Vaticana, 1974. **Dussaut, L.** *Synopse structurelle de l'Épître aux Hébreux: Approche d analyse structurelle* Paris: Desclée, 1981. **Dyck, T. L.** "Jesus Our Pioneer: *ΑΡΧΗΓΟΣ* in Heb 2:5-18; 12:1-3, and Its Relation in the Epistle to Such Designations as *ΠΡΩΤΟΤΟΚΟΣ ΑΙΤΟΣ, ΠΡΟΔΡΟΜΟΣ, ΑΡΧΙΕΡΕΥΣ, ΕΓΓΥΟΣ, ΜΕΣΙΤΗΣ, ΠΟΙΜΗΝ* and to the Recurring Theme of Pilgrimage in Faith along the Path of Suffering Which Leads to Glory." Dissertation: Northwest Baptist Theological Seminary, 1980. **Eagar, A. R.** "The Authorship of the Epistle to the Hebrews." *Exp* 6th ser. 10(1904) 74-80, 110-23. ______. "The Hellenistic Elements in the Epistle to the Hebrews." *Her* 11(1901) 263-87. **Eccles, R. S.** "Hellenistic Mysticism in the Epistle to the Hebrews." Dissertation, Yale University, 1952. ______. "The Purpose of the Hellenistic Patterns in the Epistle to the Hebrews." In *Religions in Antiquity*. FS E. R. Goodenough. ed. J. Neusner. Leiden: Brill, 1968. **Edgar, S. L.** "Respect for Context in Quotations from the Old Testament." *NTS* 9(1962-63) 55-62. **Elbogen, I.** *Der jüdische Gottesdienst in seiner geschichtlichen Entwicklung*. 3rd ed. Frankfurt: Kaufmann, 1931. **Ellingworth, P.** "The Old Testament in Hebrews: Exegesis, Method and Hermeneutics." Dissertation, University of Aberdeen, 1977. **Ellis, E. E.** "Midrash, Targum and New Testament Quotations." In *Neotestamentica et Semitica*. FS Matthew Black. ed. E. E. Ellis and M. Wilcox. Edinburgh: Clark, 1969. **English, E. S.** *Studies in the Epistle to the Hebrews*. Traveler's Rest, SC: Southern Bible House, 1955. **Etheridge, J. W.**, ed. *The Targums of Onkelos and Jonathan ben Uzziel on the Pentateuch*. London: Longmans, Green, 1962-65. **Fairhurst, A. M.** "Hellenistic Influence in the Epistle to the Hebrews." *TynBul* 7-8(1961) 17-27. **Feld, H.** "Der Hebräerbrief: Literarische Form, religionsgeschichtlicher Hintergrund, theologische Fragen." *ANRW* 2.25.4(1987) 3522-3601. ______. *Martin Luthers und Wendelin Steinbachs Vorlesungen über den Hebräerbrief: Eine Studie zur Geschichte der neutestamentlichen Exegese und Theologie*. Wiesbaden: Steiner, 1971. ______. "Die theologischen Hauptthemen der Hebräerbrief-Vorlesung Wendelin Steinbachs." *Augustiniana* 37(1987) 187-252. **Fensham, F. C.** "Hebrews and Qumran." *Neot* 5(1971) 9-21. **Fenton, J. C.** "The Argument in Hebrews." SE 7(1982) 175-81. **Fernández, J.** "La teleíosis o perfección cristiana en la epistola a los Hebreos." *CB* 13(1956) 251-59. **Feuillet, A.** "L'attente de la Parousie et du Jugement dans l'Épître aux Hébreux." *BVC* 42(1961) 23-31. ______. "Les points de vue nouveaux dans l'eschatologiede l'Épître aux Hébreux." SE 2(1964) 369-87. ______. *The Priesthood of Christ and His Ministers*. Garden City: Doubleday, 1975. **Field, F.** *Notes on the Translation of the New Testament*. Cambridge: Cambridge UP, 1899. **Field, J. E.** *The Apostolic Liturgy and the Epistle to the Hebrews*. London: Rivertons, 1882. **Filson, F. V.** "The Epistle to the Hebrews." *JBR* 22(1954) 20-26. ______. *"Yesterday": A Study of Hebrews in the Light of Chapter 13*. SBT 2nd ser. 4. Naperville: Allenson, 1967. **Fiorenza, E. Schüssler** "Der Anführer und Vollender unseres Glaubens: Zum theologischen Verständnis des Hebräerbriefes." In *Gestalt und Anspruch des Neuen Testaments*. ed. J. Schreiner. Würzburg: Echter, 1969. **Fitzer, G.** "Auch der Hebräerbrief legitimiert nicht eine Opfertodchristologie zur Frage der Intention des Hebräerbriefes und seiner Bedeutung für die Theologie." *KD* 15(1969) 294-319. **Fitzmyer, J. A.** "The Use of Explicit Old Testament Quotations in Qumran Literature and in the New Testament." *NTS* 7(1960-61) 297-333. **Floor, L.** "The General Priesthood of Believers in the Epistle to the Hebrews." *Neot* 5(1971) 72-82. **Fonseca, L. G. da.** "*Διαθήκη*—Foedus an testamentum?" *Bib* 8(1927) 31-50, 161-81, 290-319, 418-41; 9(1928) 26-40, 143-60. **Ford, J. M.** "The First Epistle to the Corinthians or the First Epistle to the Hebrews." *CBQ* 28(1966) 402-16. ______. "The Mother of Jesus and the Authorship of the Epistle to the Hebrews." *TBT* 82(1976) 683-94. **Forkman, G.** *The Limits of the Religious Community.* Lund: Gleerup, 1972. **Fransen, I.** "Jésus Pontife parfait du parfait sanctuaire (Épître aux Hébreux)." *BVC* 20(1957) 262-81. ______. "Jesus, wahrer Hoherpriester des wahren Bundeszeltes." *BLit* 25(1957-58) 172-82, 218-25, 261-69. **Friedrich, G.** "Beobachtungen zur messianischen Hohepriestererwartung." *ZTK* 53(1956) 265-311. **Galinsky, G. K.** *The Herakles Theme.* Leiden: Brill, 1972. **Galot, J.** "Le sacrifice rédempteur du Christ selon l'Épître aux Hébreux." EV 89(1979) 369-77. **Gamble, J.** "Symbol and Reality in the Epistle to the Hebrews." *JBL* 45(1926) 162-70. **Gammie, J. G.** "A New Setting for Psalm 110." *ATR* 51(1969) 4-17. ______. "Paraenetic Literature: Toward the Morphology of a Secondary Genre." *Semeia* 50(1990) 41-77. **Gardiner, F.** "The Language of the Epistle to the Hebrews as Bearing upon Its Authorship." *JBL* 7(1887) 1-25. **Garrard, L. A.** "The Diversity of New Testament Christology." *HibJ* 55 (1956-57) 213-22. **Gayford, S. C.** *Sacrifice and Priesthood.* 2nd ed. London: Methuen, 1953. **Gelin, A.** "Le sacerdoce du Christ d'après l'Épître aux Hébreux." In *Études sur le Sacrement de l'Ordre.* Lyon: LePuy, 1957. **Gemés, I.** "Alianca no Documento de Damasco e na Epístola aos Hebreus: Una contribuicão a questão: Qumran e as origens do Christianismo." *RCB* 6(1969) 28-68. **Gifford, E. H.,** ed. *Eusebii Pamphilli Evangelicae Praeparationis.* 4 vols. Oxford: Oxford University, 1903. **Gilbert, G. H.** "The Greek Element in the Epistle to the Hebrews." *AJT* 14(1910) 521-32. **Giversen, S.** "Evangelium Veritatis and the Epistle to the Hebrews." *ST* 13(1959) 87-96. **Glaze, R. E.** "Introduction to Hebrews." *ThEduc* 32(1985) 20-37. ______. *No Easy Salvation: A Careful Examination of Apostasy in Hebrews.* Nashville: Broadman, 1966. **Gnilka, J.** "Der Erwartung des messianisches Hohepriesters in den Schriften von Qumran und im Neuen Testament." *RevQ* 2(1960) 395-426. **Goguel, M.** "La seconde géneration chrétienne." *RHR* 136(1949) 31-57, 180-208. **Gooding, D.** *An Unshakeable Kingdom: Studies on the Epistle to the Hebrews.* Toronto: Everyday Publications, 1976. **Goodspeed, E. J.** "First Clement Called Forth by Hebrews." *JBL* 30(1911) 157-60. ______. "The Problem of Hebrews." *JBR* 22(1954) 122. **Goppelt, L.** *Typos: Die typologische Deutung des Alten Testaments im Neuen.* BFCT 2/43. Gütersloh: Bertelsmann, 1939. **Gordon, V. R.** "Studies in the Covenantal Theology of the Epistle to the Hebrews in Light of Its Setting." Dissertation, Fuller Theological Seminary, 1979. **Gornatowski, A.** *Rechts und Links im antiker Aberglauben.* Breslau: Nischkowsky, 1936. **Gotaas, D. S.** "The Old Testament in the Epistle to the Hebrews, the Epistle of James, and the Epistle of Peter." Dissertation, Northern Baptist Theological Seminary, 1958. **Gourgues, M.** *A la droite de Dieu: Résurrection de Jésus et actualisation du Psaume 110:1 dans le Nouveau Testament. EBib* Paris: Gabalda, 1978. ______. "Lecture christologique du Psaume CX et fête de la Pentecôte." *RB* 83(1976) 5-24. ______. "Remarques sur la 'structure centrale' de l'Épître aux Hébreux." *RB* 84(1977) 26-37. **Graham, A. A. K.** "Mark and Hebrews." SE 4(1968) 411-16. **Grass, K. K.** *Ist der Brief an die Hebräer an Heidenchristen gerichtet?* St. Petersburg: Köhne, 1892. **Grässer, E.** "Zur Christologie des Hebräerbriefes: Eine Auseinandersetzung mit Herbert Braun." In *Neues Testament und christliche Existenz.* FS H. Braun. Tübingen: Mohr, 1973. ______. "Die Gemeindevorsteher im Hebräerbrief." In *Vom Amt des Laien in Kirche und Theologie.* FS G. Krause. ed. H. Schröer and P. G. Müller. Berlin: de Gruyter, 1982. 67-84. ______. *Der Glaube im Hebräerbrief.* Marburg: Elwert, 1965. ______. "Der Hebräerbrief 1938 1963." *TRu* 30(1964) 138-236. ______. "Der historische Jesus im Hebräerbrief." *ZNW* 56(1965) 63-91. ______. "Rechtfertigung im Hebräerbrief." In *Rechtfertigung.* FS E. Käsemann. ed. J. Friedrich, W. Pöhlmann, and P. Stuhlmacher. Tübingen: Mohr, 1976. ______. "Das wandernde Gottesvolk zum Basismotivdes Hebräerbriefes." *ZNW* 77(1986) 160-79. ______. *Texte und Situation.* Gütersloh: Mohn, 1973. **Greer, R. A.** "The Antiochene Exegesis of Hebrews." Dissertation, Yale University, 1965. ______. *The Captain of Our Salvation: A Study in the Patristic Exegesis of Hebrews.* BGBE 15. Tübingen: Mohr, 1973. **Griffin, H.** "The Origin of the High Priestly Christology of the Epistle to the Hebrews." Dissertation, University of Aberdeen, 1978. **Grogan, G. W.** "The New Testament Interpretation of the Old Testament." *TB* 18(1967) 54-76. **Grothe, J. F.** "Was Jesus the Priestly Messiah? A Study of the New Testament's Teaching of Jesus' Priestly Office against the Background of Jewish Hopes for a Priestly Messiah." Dissertation, Concordia Seminary, 1981. **Guthrie, D.** "The Epistle to the Hebrews." In *New Testament Introduction*. Vol. 3. Chicago: Inter-Varsity, 1962. **Guthrie, G. H.** "The Structure of Hebrews: A Textlinguistic Analysis." Dissertation, Southwestern Baptist Theological Seminary, 1991. **Gyllenberg, R.** "Die Christologie des Hebräerbriefes." *ZST* 11(1934) 662-90. ______. "Die Komposition des Hebräerbriefs." *SEÅ* 22-23(1957 58) 137-47.: **Haering, T.** "Gedankengang und Grundgedanken des Hebräerbriefs." *ZNW* 18(1917-18) 145-64. **Hagen, K.** *Hebrews Commenting from Erasmus to Beza 1516-1598*. BGBE 23. Tübingen: Mohr, 1981. ______. *A Theology of Testament in the Young Luther: The Lectures on Hebrews*. Leiden: Brill, 1974. **Hagner, D. A.** "Interpreting the Epistle to the Hebrews." In *The Literature and Meaning of Scripture*. ed. M. A. Inch and C. H. Bullock. Grand Rapids: Baker, 1981. 217-42. ______. *The Use of the Old and New Testaments in Clement of Rome*. Leiden: Brill, 1973. **Hamerton-Kelly, R. G.** *Pre-Existence, Wisdom, and the Son of Man: A Study of the Idea of Pre-Existence in the New Testament*. SNTSMS 21. Cambridge: Cambridge UP, 1973. **Hammer, P.** "The Understanding of Inheritance (*κληρονομία*) in the New Testament." Dissertation, Heidelberg University, 1958. **Hamp, V.** "Ps 110, 4b und die Septuaginta." In *Neues Testament und Kirche*. FS R. Schnackenberg. ed. J. Gnilka. Freiburg: Herder, 1974. **Hanna, R.** *A Grammatical Aid to the Greek New Testament*. Vol. 2: *Romans to Revelation*. Hidalgo, Mexico: Saenz, 1979. **Hanson, A. T.** "Christ in the Old Testament according to Hebrews." SE 2(1964) 393-407. ______. "The Gospel in the Old Testament according to Hebrews." *Theol* 52(1949) 248-52. **Harder, G.** "Die Septuagintazitate des Hebräerbriefs: Ein Beitrag zum Problem der Auslegung des Alten Testaments." In *Theologia Viatorum*. ed. M. Albertz. Munich: Kaiser, 1939. **Harnack, A.** "*Probabilia über die Adresse und den Verfasser des Hebräerbriefs.*" *ZNW* 1(1900) 16-41. **Harris, J. R.** "Menander and the Epistle to the Hebrews." *ExpTim* 44(1932-33) 191. ______. "An Orphic Reaction in the Epistle to the Hebrews." *ExpTim* 40(1928-29) 449-51. ______. "Side- Lights on the Authorship of the Epistle to the Hebrews." In *Side-Lights on New Testament Research*. London:

Kingsgate, 1908. **Harrison, E. F.** "The Theology of the Epistle to the Hebrews." *BSac* 121(1964) 333-40. **Harrison, M. P.** "Psalm 110 in the Epistle to the Hebrews." Dissertation, Southern Baptist Theological Seminary, 1950. **Harrop, C. K.** "The Influence of the Thought of Stephen upon the Epistle to the Hebrews." Dissertation, Southern Baptist Theological Seminary, 1955. **Harvill, J.** "Focus on Jesus: The Letter to the Hebrews." *SpTod* 37(1985) 336-47. ______. "Focus on Jesus(Studies in the Epistle to the Hebrews)." *ResQ* 22(1979) 129-40. **Hatch, E.,** and **Redpath, H. A.** *A Concordance to the Septuagint and the Other Greek Versions of the Old Testament.* 2 vols. Oxford: Clarendon, 1897. **Hatch, W. H. P.** "The Position of Hebrews in the Canon of the New Testament." *HTR* 29(1936) 133-51. **Hay, D. M.** *Glory at the Right Hand: Psalm 110 in Early Christianity.* SBLMS 18. Nashville: Abingdon, 1973. **Heigl, B.** *Verfasser und Adresse des Briefes an die Hebräer: Eine Studie zur neutestamentlichen Einleitung.* Freiburg i/B: Wagner, 1905. **Henderson, M. W.** "The Priestly Ministry of Jesus in the Gospel of John and the Epistle to the Hebrews." Dissertation, Southern Baptist Theological Seminary, 1965. **Héring, J.** "Eschatologie biblique et idéalisme platonicien." In *The Background of the New Testament and Its Eschatology.* ed. W. D. Davies and D. Daube. Cambridge: Cambridge UP, 1954. **Heris, C. V.** *The Mystery of Christ, Our Head, Priest and King.* Cork/Liverpool: Mercier, 1950. **Herrmann, L.** "L'épi&198;tre aux (Laodicéens et 1 apologie aux) Hébreux." *CCER* 15(1968) 1-16. **Hession, R.** *From Shadow to Substance: A Rediscovery of the Inner Message of the Epistle to the Hebrews Centered around the Words Let Us Go On.* : Grand Rapids: Zondervan, 1977. **Higgins, A. J. B.** "The Priestly Messiah." *NTS* 13(1967) 211-39. **Hill, D.** *Greek Words and Hebrew Meanings.* SNTSMS 5. Cambridge: Cambridge UP, 1967. **Hill, H. E.** "Messianic Expectation in the Targum of the Psalms." Dissertation, Yale University, 1955. **Hillmann, W.** "Glaube und Verheissung: Einführung in die Grundgedanken des Hebräerbriefes (10,32 13,25)." *BibLeb* 1(1960) 237-52. ______. "Der Höhenpriester der künftigen Güter: Einführung in die Grundgedanken des Hebräerbriefes (4,14 10,31)." *BibLeb* 1(1960) 157-78. ______. "Lebend und wirksam ist Gottes Wort: Einführung in die Grundgedanken des Hebräerbriefes(1,5 4,13)." *BibLeb* 1(1960) 87-99. ______. "Das Wort der Mahnung: Einführung in die Grundgedanken des Hebräerbriefes." *BibLeb* 1(1960) 17-27. **Hillmer, M. R.** "Priesthood and Pilgrimage: Hebrews in

Recent Research." *ThBullMDC* 5(1969) 66-89. **Hoekema, A. A.** "The Perfection of Christ in Hebrews." *CTJ* 9(1974) 31-37. **Hoennicke, G.** "Der Hebräerbrief und die neuer Kritik." *NKZ* 29(1918) 347-68. ______. "Die sittlichen Anschauungen des Hebräerbriefes." *ZWT* 45(1902) 24-40. **Hofius, O.** *Katapausis: Die Vorstellung vom endzeitlichen Ruheort im Hebräerbrief.* WUNT 11. Tübingen: Mohr, 1970. ______. *Der Vorhang vor dem Thron Gottes: Eine exegetisch-religions-geschichtliche Untersuchung zu Hebräer 6,19f. und 10,19f.* WUNT 14. Tübingen: Mohr, 1972. **Holbrook, F. B.,** ed. *Issues in the Book of Hebrews.* Silver Spring, MD: Biblical Research Institute, 1989. **Holtz, T.** "Einführung in die Probleme des Hebräerbriefes." ZZ 23(1969) 321-27. **Holtzmann, O.** "Der Hebräerbrief und das Abendmahl." *ZNW* 10(1909) 251-60. **Hoppin, R.** *Priscilla, Author of the Epistle to the Hebrews and Other Essays.* New York: Exposition, 1969. **Horton, C. D.** "The Relationship of the Use of Tenses to the Message in the Epistle to the Hebrews." Dissertation, Southern Baptist Theological Seminary, 1953. **Hoskier, H. C.** *A Commentary on the Various Readings in the Text of the Epistle to the Hebrews in the Chester Beatty Papyrus* P*46.* London: Quaritch, 1938. **Houlden, J. L.** "Priesthood in the New Testament and the Church Today." SE 5(1968) 81-87. **Howard, G.** "Hebrews and the Old Testament Quotations." *NovT* 10(1968) 208-16. **Howard, W. F.** "Studia Biblica, XIII: The Epistle to the Hebrews." *Int* 5(1951) 80-91. **Hughes, G.** *Hebrews and Hermeneutics: The Epistle to the Hebrews as a New Testament Example of Biblical Interpretation.* SNTSMS 36. Cambridge: Cambridge UP, 1979. **Hughes, P. E.** "The Blood of Jesus and His Heavenly Priesthood in Hebrews." *BSac* 130(1973) 99-109, 195-212, 305-14; 131(1974) 26-33. ______. "The Christology of Hebrews." SWJT 28(1985) 19-27. **Humphrey, J. F.** "The Christology of the Epistle to the Hebrews." *LQHR* 14(1945) 425-32. **Hunt, B. P. W. S.** "The 'Epistle to the Hebrews': An Anti-Judaic Treatise?" SE 2(1964) 408-10. **Hunter, A. M.** "Apollos the Alexandrian." In *Biblical Studies.* FS William Barclay. ed. J. R. McKay and J. F. Miller. Philadelphia: Westminster, 1976. 147-56. **Hurst, L. D.** "Apollos, Hebrews, and Corinth: Bishop Montefiore's Theory Examined." *SJT* 38(1985) 505-13. ______. "The Background and Interpretation of the Epistle to the Hebrews." Dissertation, Oxford University, 1981. [Published as *The Epistle to the Hebrews: Its Background of Thought.* SNTSMS 65. Cambridge: Cambridge UP, 1990.] ______. "Eschatology and 'Platonism' in the Epistle to the Hebrews." SBLASP(1984) 41-74. **Hutaff, M. D.** "The Epistle to the Hebrews: An Early Christian Sermon." *TBT* 99(1978) 1816-24. **Huxhold, H. N.** "Faith in the Epistle to the Hebrews." *CTM* 38 (1967) 657-61. **Immer, K.** "Jesus Christus und die Versuchten: Ein Beitrag zur Christologie des Hebräerbriefes." Dissertation, Halle, 1943. **Jansen, A.** "Schwäche und Vollkommenheit des Hohepriesters Christus: Ein Beitrag zur Christologie des Hebräerbriefes." Dissertation, Gregorian Pontifical University, 1957. **Jeffrey, P. J.** "Priesthood of Christ in the Epistle to the Hebrews." Dissertation, University of Melbourne, 1974. **Johnson, S. L.** "Some Important Mistranslations in Hebrews." *BSac* 110(1953) 25-31. **Johnsson, W. G.** "The Cultus of Hebrews in Twentieth-Century Scholarship." *ExpTim* 89(1977-78) 104-8. ______. "Defilement and Purgation in the Book of Hebrews." Dissertation, Vanderbilt University, 1973. ______. "Issues in the Interpretation of Hebrews." *AUSS* 15(1976-77) 169-87. ______. "The Pilgrimage Motif in the Book of Hebrews." *JBL* 97(1978) 239-51. **Jones, C. P. M.** "The Epistle to the Hebrews and the Lucan Writings." In *Studies in the Gospels.* FS R. H. Lightfoot. ed. D. E. Nineham. Oxford: Oxford University, 1957. **Jones, E. D.** "The Authorship of Hebrews xiii." *ExpTim* 46(1934-35) 562-67. **Jones, P. R.** "The Figure of Moses as a Heuristic Device for Understanding the Pastoral Intent of Hebrews." *RevExp* 76 (1979) 95-107. **Kallenbach, W. D.** *The Message and Authorship of the Epistle "To the Hebrews."* St. Paul: Northland, 1938. **Käsemann, E.** *Das wandernde Gottesvolk: Eine Untersuchung zum Hebräerbrief.* 4th ed. FRLANT 55. Göttingen: Vandenhoeck & Ruprecht, 1961. [ET: *The Wandering People of God.* tr. R. A. Harrisville and I. L. Sandberg. Minneapolis: Augsburg, 1984.] **Katz, P.** "The Quotations from Deuteronomy in Hebrews." *ZNW* 49(1958) 213-23. **Keck, L. E.** "The Presence of God through Scripture." *LexTQ* 10(1975) 10-18. **Kennedy, G. A.** *New Testament Interpretation through Rhetorical Criticism.* Chapel Hill, NC: University of North Carolina Press, 1984. **Kennedy, H. A. A.** "The Significance and Range of the Covenant-Conception in the New Testament." *Exp* 8th ser. 10(1915) 385-410. **Kidner, D.** "Sacrifice Metaphors and Meaning." *TynBul* 33(1982) 119-36. **Kirkpatrick, E.** "Hebrews: Its Evangelistic Purpose and Literary Form." Dissertation, Southern Baptist Theological Seminary, 1941. **Kistemaker, S.** *The Psalm Citations in the Epistle to the Hebrews.* Amsterdam: Van Soest, 1961. **Kitchens, J. A.** "The Death of Jesus in the Epistle to the Hebrews." Dissertation,

New Orleans Baptist Theological Seminary, 1964. **Klappert, B.** *Die Eschatologie des Hebräerbriefs.* Munich: Kaiser, 1969. **Knox, E. A.** "The Samaritans and the Epistle to the Hebrews." *TCh* 22(1927) 184-93. **Knox, W. L.** "The Divine Hero Christology of the New Testament." *HTR* 41(1948) 229-49. **Koester, H.** *Introduction to the New Testament.* Vol. 2: *History and Literature of Early Christianity.* Philadelphia: Fortress, 1982. **Koester, W.** "Platonische Ideenwelt und Gnosis im Hebräerbrief." *Schol* 4(1956) 545-55. **Kögel, J.** "Der Begriff teleiou'n im Hebräerbrief." In *Theologische Studien Martin Kähler dargebracht.* Leipzig: Deichert, 1905. **Kosmala, H.** *Hebräer, Essener, Christen: Studien zur Vorgeschichte der frühchristlichen Verkündigung.* SPB 1. Leiden: Brill, 1959. **Kuss, O.** "Über einige neuere Beiträge zur Exegese des Hebräerbriefes." *TGl* 42(1952) 186-204. ______. "Der theologische Grundgedanke des Hebräerbriefes: Zur Deutung des Todes Jesu im Neuen Testament." *MTZ* 7(1956) 233-71. ______. "Der Tod Jesu im Hebräerbrief." *MTZ* 7 (1956) 1-22. ______. "Zur Deutung des Hebräerbriefes." *TRev* 53(1957) 247-54. ______. "Der Verfasser des Hebräerbriefes als Seelsorger." *TTZ* 67(1958) 1-12, 65-80. **Lach, S.** "Les Ordonnances du culte Israélite dans la Lettre aux Hébreux." In *Sacra Pagina: Miscellanea Biblica Congressus Internationalis Catholici de Re Biblica.* ed. J. Coppens, A. Descamps, and E. Massaux. Paris: Gabalda, 1959. **Laflamme, R.**, and **Gervais, M.**, ed(s). *Le Christ hier, aujourd hui et demain: Colloque de Christologie tenu à l'Université Laval (21 et 22 mars 1975).* Quebec: l Université Laval, 1976. **Lampe, G. W. H.** "Hermeneutics and Typology." *LQHR* 190(1965) 17-25. ______. "Typological Exegesis." *Theol* 56(1953) 201-8. **Lane, W. L.** "Hebrews: A Sermon in Search of a Setting." SWJT 28(1985) 13-18. **Larcher, C.** *L'actualité chrétienne de l'Ancien Testament d'après le Nouveau Testament.* Rome: Institute Biblique Pontifical, 1962. **Larrañaga, V.** *L'Ascension de Notre-Seigneur dans le Nouveau Testament.* Rome: Institute Biblique Pontifical, 1938. **Larsson, E.** "Om Hebréerbrevets syfte." *SEÅ* 37-38(1972-73) 296-309. **LaSor, W. S.** "The Epistle to the Hebrews and the Qumran Writings." In *The Dead Sea Scrolls and the New Testament.* Grand Rapids: Eerdmans, 1972. 179-90. **Laub, F.** *Bekenntnis und Auslegung: Die paränetische Funktion der Christologie im Hebräerbrief.* BU 15. Regensburg: Pustet, 1980. **Legg, J. D.** "Our Brother Timothy: A Suggested Solution to the Problem of Authorship of the Epistle to the Hebrews." *EvQ* 40(1968) 220-23. **Lehne, S.** *The New Covenant in Hebrews. JSNTSup*

44. Sheffield: *JSOT*, 1990. **Leivestad, R.** *Christ the Conqueror: Ideas of Conflict and Victory in the New Testament.* New York: Macmillan, 1954. ______. "Jesus som forbillede ifølge Hebréerbrevet." *NorTT* 74 (1973) 195-206. **Leon, H. J.** "The Jews of Rome in the First Centuries of Christianity." In *The Teacher's Yoke.* FS H. Trantham. ed. E. J. Vardaman and J. L. Garrett. Waco, TX: Baylor UP, 1964. **Leonard, W.** *The Authorship of the Epistle to the Hebrews.* London/Vatican: Polyglott, 1939. **Leschert, D.** "Hermeneutical Foundations of the Epistle to the Hebrews: A Study in the Validity of Its Interpretation of Some Core Citations from the Psalms." Dissertation, Fuller Theological Seminary, 1991. **Lewis, T. W.** "The Theological Logic in Hebrews 10:19-12:29 and the Appropriation of the Old Testament." Dissertation, Drew University, 1965. **Lewis, W. M.** "St. Paul's Defense before King Agrippa, in Relation to the Epistle to the Hebrews." *BW* 13(1899) 244-48. **Lidgett, J. S.** *Sonship and Salvation: A Study of the Epistle to the Hebrews.* London: Epworth, 1921. **Lindars, B.** *New Testament Apologetic: The Doctrinal Significance of the Old Testament Quotations.* London: SCM, 1961. ______. "The Rhetorical Structure of Hebrews." *NTS* 35(1989) 382-406. **Linss, W. C.** "Logical Terminology in the Epistle to the Hebrews." *CTM* 37(1966) 365-69. **Linton, O.** "Hebréerbrevet och 'den historiske Jesus.'" *STK* 26(1950) 335-45. **Loader, W. R. G.** "Christ at the Right Hand: Ps. cx. 1 in the New Testament." *NTS* 24 (1977-78) 199-217. ______. *Sohn und Hoherpriester: Eine traditionsgeschichtliche Untersuchung zur Christologie des Hebräerbriefes.* WMANT 53. Neukirchen/Vluyn: Neukirchener Verlag, 1981. **Loane, M. L.** "The Unity of the Old and New Testaments as Illustrated in the Epistle to the Hebrews." In *God Who is Rich in Mercy.* FS D. B. Knox. ed. P. T. O'Brien and D. G. Peterson. Homebush West, NSW: Lancer, 1986. 255-64. **LoBue, F.** "The Historical Background to the Epistle to the Hebrews." *JBL* 75(1956) 52-57. **Loew, W.** *Der Glaubensweg des Neuen Bundes: Eine Einführung in den Brief an die Hebräer.* UCB Berlin: Akademie, 1941. **Loewerich, W. von.** "Zum Vertändnis des Opfergedankens im Hebräerbrief." *TBl* 12(1933) 167-72. **Lohmann, T.** "Zur Heilsgeschichte des Hebräerbriefes." *OLZ* 79(1984) 117-25. **Longacre, R. E.** *An Anatomy of Speech Notions.* Lisse, Belgium: de Ridder, 1976. ______. "Some Fundamental Insights of Tagmemics." *Language* 41(1965) 66-76. ______. *Tagmemics.* Waco, TX: Word, 1985. **Longenecker, R. N.** *Biblical Exegesis in the Apostolic*

Period. Grand Rapids: Eerdmans, 1975. **Louw, J. P.** *The Semantics of New Testament Greek.* Philadelphia: Fortress, 1982. **Luck, U.** "Himmlisches und irdisches Geschehen im Hebräerbrief: Ein Beitrag zum Problem des 'historischen Jesus' im Urchristentum." *NovT* 6(1963) 192-215. **Lueken, W.** *Michael: Eine Darstellung und Vergleichung der jüdischen und der morgenländisch-christlichen Tradition vom Erzengel Michael.* Göttingen: Vandenhoeck & Ruprecht, 1898. **Lussier, E.** *Christ's Priesthood according to the Epistle to the Hebrews.* Collegeville, MN: Liturgical, 1975. **Luther, J. H.** "The Use of the Old Testament by the Author of Hebrews." Dissertation, Bob Jones University, 1977. **Luther, M.** *Vorlesungen über den Hebräerbrief.* ed. E. Hirsch and H. Rückert. Berlin: de Gruyter, 1929. **Lyonnet, S.** "Bulletin d'exégèse paulinienne (V): Épître aux Hébreux." *Bib* 33(1952) 240-57. _____, and **Sabourin, L.** *Sin, Redemption and Sacrifice.* AnBib 48. Rome: Pontifical Biblical Institute, 1970. **Maar, O.** "Philo und der Hebräerbrief." Dissertation, Vienna, 1964. **Mack, B. L.** *Logos und Sophia: Untersuchungen zur Weisheitstheologie im hellenistischen Judentum.* SUNT 10. Göttingen: Vandenhoeck & Ruprecht, 1973. ______. *Rhetoric and the New Testament.* Minneapolis, MN: Fortress, 1990. **MacKay, C.** "The Argument of Hebrews." *CQR* 168(1967) 325-38. **MacNeil, H. L.** *The Christology of the Epistle to the Hebrews.* Chicago: Chicago University, 1914. **MacRae, G. W.** "Heavenly Temple and Eschatology in the Letter to the Hebrews." *Semeia* 12(1978) 179-99. **Madsen, N. P.** *Ask and You Will Receive: Prayer and the Letter to the Hebrews.* St. Louis: CBP Press, 1989. **Maeso, D. G.** "Lengua original, autor y estilo de la epístola a los Hebreos." *CB* 13(1956) 202-15. **Manson, T. W.** *Ministry and Priesthood: Christ s and Ours.* Richmond: John Knox Press, 1958. ______. "The Problem of the Epistle to the Hebrews." *BJRL* 32(1949-50) 1-17. **Manson, W.** *The Epistle to the Hebrews: An Historical and Theological Reconsideration.* London: Hodder & Stoughton, 1951. **Marchant, G. J. C.** "Sacrifice in the Epistle to the Hebrews." *EvQ* 20(1948) 196-210. **Marcos, J. R.** *Jesús de Nazaret y su glorificación: Estudio de la exegésis patrística de la formula "Sentado a la diestra de Dios" hasta el Concilio de Niceo.* Salamanca/Madrid: Instituto Superior de Pastoral, 1974. **Marshall, I. H.** *Kept by the Power of God: A Study of Perseverance and Falling Away.* London: Epworth, 1969. **Mauro, P.** *God's Apostle and High Priest.* New York: Revell, 1912. ______. *God's Pilgrims: Their Danger, Their Resources, Their*

Rewards. Rev. ed. Boston: Hamilton Brothers, 1918. **Maxwell, K. L.** "Doctrine and Parenesis in the Epistle to the Hebrews, with Special Reference to Pre-Christian Gnosticism." Dissertation, Yale University, 1952. **Mayser, E.** *Grammatik der griechischen Papyri aus der Ptolemäerzeit, mit Einschluss der gleichzeitigen Ostraka und der in Äegypten verfassten Inschriften.* 2 vols. Berlin/Leipzig: Teubner, 1906-34. **McCown, W. G.** "Holiness in Hebrews." *WesThJ* 16(1981) 58-78. ______. "*Ο ΛΟΓΟΣ ΤΗΣ ΠΑΡΑΚΛΗΣΕΩΣ*: The Nature and Function of the Hortatory Sections in the Epistle to the Hebrews." Dissertation, Union Theological Seminary, Richmond, 1970. **McCullough, J. C.** "Hebrews and the Old Testament." Dissertation, Queen's University, Belfast, 1971. ______. "The Old Testament Quotations in Hebrews." *NTS* 26(1979-80) 363-79. ______. "Some Recent Developments in Research on the Epistle to the Hebrews." *IBS* 2(1980) 141-65. **McDonald, J. I. H.** *Kerygma and Didache: The Articulation and Structure of the Earliest Christian Message.* SNTSMS 37. Cambridge: Cambridge UP, 1980. **McGaughey, D. H.** "The Hermeneutic Method of the Epistle to the Hebrews." Dissertation, Boston University, 1963. **McNamara, M.** *The New Testament and the Palestinian Targum to the Pentateuch.* AnBib 27. Rome: Pontifical Biblical Institute, 1966. ______. *Targum and Testament: Aramaic Paraphrases of the Hebrew Bible, A Light on the New Testament.* Shannon: Irish UP, 1972. **McNicol, A. J.** "The Relationship of the Image of the Highest Angel to the High Priest Concept in Hebrews." Dissertation, Vanderbilt University, 1974. **McNicol, J.** "The Spiritual Value of the Epistle to the Hebrews." *BibRev* 15(1930) 509-22. **McRay, J.** "Atonement and Apocalyptic in the Book of Hebrews." *ResQ* 23(1980) 1-9. **Mealand, D. L.** "The Christology of the Epistle to the Hebrews." *MCM*22 (1979) 180-87. **Méchineau, L.** *L Epistola agli Ebrei secondo le risposte della Commissione Biblica.* Rome: Pontifical Biblical Commission, 1917. **Médebielle, A.** *L'Expiation dans l'Ancien Testament et Nouveau Testament.* 2 vols. Rome: Institut Biblique Pontifical, 1923. **Medico, M. dal.** *L'auteur de l'Épître aux Hébreux.* Rome: Pontifical Biblical Institute, 1914. **Meeter, H. H.** *The Heavenly High Priesthood of Christ.* Grand Rapids: Eerdmans-Sevensma, 1916. **Ménégoz, E.** *La théologie de l'Épître aux Hébreux.* Paris: Fischbacher, 1894. **Mercier, R.** "La Perfección de Cristo y de los Cristiános en la carta a los Hebreos." *RevistB* 35(1973) 229-35. **Merle, G.** *La christologie de l'Épître aux Hébreux.* Montauban: Granié, 1877. **Metzger, B. M.**

"The Formulas Introducing Quotations of Scripture in the NT and the Mishnah." *JBL* 70(1951) 297-307. ______. *A Textual Commentary on the Greek New Testament: A Companion Volume to the United Bible Societies' Greek New Testament (third edition)*. London/New York: United Bible Societies, 1971. **Michaelis, W.** *Zur Engelchristologie im Urchristentum.* GBTh 1. Basel: Maier, 1942. **Michel, O.** "Die Lehre von der christlichen Vollkommenheit nach der Anschauung des Hebräerbriefes." *TSK* 106(1934-35) 333-55. **Mickelsen, A. B.** "Methods of Interpretation in the Epistle to the Hebrews." Dissertation, University of Chicago, 1950. **Miller, P. D.** *The Divine Warrior in Early Israel.* Cambridge, MA: Harvard UP, 1973. **Milligan, G.** "The Roman Destination of the Epistle to the Hebrews." *Exp* 4(1901) 437-48. ______. *The Theology of the Epistle to the Hebrews with a Critical Introduction.* Edinburgh: Clark, 1899. **Milligan, W.** *The Ascension and Heavenly Priesthood of Our Lord.* London: Macmillan, 1891. **Minear, P. S.** "An Early Christian Theopoetic?" *Semeia* 12(1978) 201-14. ______. *New Testament Apocalyptic.* Nashville: Abingdon, 1981. **Moe, O.** "Der Gedanke der allgemeinen Priestertums im Hebräerbrief." *TZ* 5(1949) 161-69. ______. "Das Priestertum Christi im *NT* ausserhalb des Hebräerbriefs." *TLZ* 72(1947) 335-38. **Moffatt, J.** "The Christology of the Epistle to the Hebrews." *ExpTim* 28(1916-17) 505-8, 563-66; 29(1917-18) 26-30. ______. *Jesus Christ the Same.* The Shaffer Lectures for 1940 in Yale University Divinity School. New York: Abingdon-Cokesbury, 1940. **Molero, X. R.** "El sacerdocio celeste de Cristo." *Est Bib* 22(1963) 69-77. **Monod, V.** *De titulo epistolae vulgo ad Hebraeos inscriptae.* Montalbani: Granié, 1910. **Mora, G.** *La Carta a los Hebreos como Escrito Pastoral.* Barcelona: Herder, 1974. ______. "Ley y sacrificio en la carta a los Hebreos." *RCB* 1(1976) 1-50. **Morgenthaler, R.** *Statistik des neutestamentlichen Wortschatzes.* Zürich: Gotthelf, 1958. **Morin, J.** "L'Église dansl'Épître aux Hébreux." In *L'Église dans la Bible.* Paris/Bruges: Desclée de Brouwer, 1962. **Morris, L.** *The Apostolic Preaching of the Cross.* Grand Rapids: Eerdmans, 1955. **Moule, C. F. D.** "Commentaries on the Epistle to the Hebrews." *Theol* 61(1958) 228-32. ______. *An Idiom-Book of New Testament Greek.* 2nd ed. Cambridge: UP, 1960. ______. "The Influence of Circumstances on the Use of Christological Terms." *JTS* ns 10(1959) 247-63. ______. "The Influence of Circumstances on the Use of Eschatological Terms." *JTS* ns 15(1964) 1-15. ______. *The Sacrifice of Christ.* Greenwich: Seabury Press,

1957. **Moulton, J. H.** *A Grammar of New Testament Greek: I. Prolegomena.* 3rd ed. Edinburgh: Clark, 1908.—and **Howard, W. F.** *A Grammar of New Testament Greek: II. Accidence and Word-Formation.* Edinburgh: Clark, 1920. **Moulton, W. F.**, and **Geden, A. S.** *A Concordance to the Greek Testament according to the Texts of Westcott and Hort, Tischendorf and the English Revizers.* 4th ed. Rev. H. K. Moulton. Edinburgh: Clark, 1963. **Moxnes, H.** *Theology in Conflict.* NovTSup 53. Leiden: Brill, 1980. **Müller, P. G.** *ΧΡΙΣΤΟΣ ΑΡΧΗΓΟΣ: Der religionsgeschichtliche und theologische Hintergrund einer neutestamentlichen Christusprädikation.* Frankfurt a/M.: Lang, 1973. ______. "Die Funktion der Psalmzitate im Hebräerbrief." In *Freude an der Weisung des Herrn.* ed. E. Haag and F. L. Hossfeld. Stuttgart: Katholisches Bibelwerk, 1986. 223-42. **Murray, J.** "The Heavenly, Priestly Activity of Christ." In *Collected Writings of John Murray.* ed. I. Murray. Vol. 1. Edinburgh: Banner of Truth Trust, 1976. 44-58. ______. "Jesus the Son of God." In *Collected Writings of John Murray.* Vol. 4. Edinburgh: Banner of Truth Trust, 1982. 58-81. **Murray, R.** "Jews, Hebrews and Christians: Some Needed Distinctions." *NovT* 24 (1982) 194-208. **Nairne, A.** *The Epistle of Priesthood: Studies in the Epistle to the Hebrews.* Edinburgh: Clark, 1913. **Nakagawa, H.** "Christology in the Epistle to the Hebrews." Dissertation, Yale University, 1955. **Nash, R. H.** "The Notion of Mediator in Alexandrian Judaism and the Epistle to the Hebrews." *WTJ* 40(1977) 89-115. **Nauck, W.** "Zum Aufbau des Hebräerbriefes." In *Judentum, Urchristentum, Kirche.* FS J. Jeremias. ed. W. Eltester. BZNW 26. Giessen: Töpelmann, 1960. **Neeley, L. L.** "A Discourse Analysis of Hebrews." *OPTT* 3-4(1987) 1-146. **Nellessen, E.** "Lateinische Summarien zum Hebräerbrief." *BZ* 14(1970) 240-51. **Nestle, E.** "On the Address of the Epistle to the Hebrews." *ExpTim* 10(1898-99) 422. **Neufeld, V. H.** *The Earliest Christian Confessions.* NTTS 5. Grand Rapids: Eerdmans, 1963. **Nicolau, M.** "El Reíno des Dios en la carta a los Hebreos." *Burg* 20(1979) 393-405. **Nicole, R.** "C. H. Dodd and the Doctrine of Propitiation." *WTJ* 17(1955) 117-57. **Nida, E. A., Louw, J. P.,** et al. *Style and Discourse: With Special Reference to the Text of the Greek New Testament.* Cape Town: Bible Society, 1983. **Nikiprowetsky, V.** "La Spiritualisation des sacrifices et le cult sacrificial au Temple de Jérusalem chez Philon d Alexandrie." *Sem.* 17(1967) 98-114. **Nissilä, K.** *Das Hohepriestmotiv in Hebräerbrief: Eine exegetisce Untersuchung.* Helsinki: Oy Liitun Kirjapaino, 1979. **Nomoto,**

S. "Herkunft und Struktur der Hohepriestervorstellung im Hebräerbrief." *NovT* 10(1968) 10-25. ______. "Die Hohenpriester-Typologie im Hebräerbrief: Ihre traditionsgeschichtliche Herkunft und ihr religionsgeschichtlicher Hintergrund." Dissertation. Hamburg, 1965. **Norden, E.** *Agnostos Theos: Untersuchungen zur Formengeschichte religiöser Rede.* Leipzig: Teubner, 1913. **Oepke, A.** *Das neue Gottesvolk in Schrifttum, Schauspiel, bildender Kunst und Weltgestaltung.* Gütersloh: C. Bertelsmann, 1950. **Olson, S. N.** "Wandering but Not Lost." WW 5(1985) 426-33. **Osborne, G.** "Soteriology in the Epistle to the Hebrews." In *Grace Unlimited.* ed. C. Pinnock. Minneapolis: Bethany Fellowship, 1975. **Otto, C. W.** *Der Apostel und Hohepriester unseres Bekenntnis.* Leipzig: Deichert, 1861. **Oudersluys, R. C.** "Exodus in the Letter to the Hebrews." In *Grace upon Grace.* FS L. J. Kuyper. ed. J. I. Cook. Grand Rapids: Eerdmans, 1975. 143-52. **Padolski, M. V.** *L idée du sacrifice de la Croix dans l'Épître aux Hébreux.* Paris: Gabalda, 1935. **Padva, P.** *Les citations de l Ancien Testament dans l'Épître aux Hébreux.* Paris: Danzig, 1904. **Parker, H. M., Jr.** "Domitian and the Epistle to the Hebrews." *IlRev* 36(1979) 31-43. **Perdelwitz, R.** "Das literarische Problem des Hebräerbriefs: 1. Der literarische Charakter des Schreibens. 2. Der Verfasser. 3. Die Addressaten." *ZNW* 11(1910) 59-78, 105-23. **Perdue, L. B.** "The Social Character of Paraenesis and Paraenetic Literature." *Semeia* 50(1990) 5-39. **Perkins, D. W.** "A Call to Pilgrimage: The Challenge of Hebrews." *ThEduc* 32(1985) 69-81. **Perowne, T. T.** *Our High Priest in Heaven.* 2nd ed. London: E. Stock, 1894. **Pevella, C. M.** "De justificatione secundum Epistolam ad Hebraeos." *Bib* 14(1933) 1-21, 150-69. **Pérez, G.** "Autenticidad y canonicidad de la Carta a los Hebreos." *CB* 13(1956) 216-26. **Perry, M.** "Method and Model in the Epistle to the Hebrews." *Theol* 77(1974) 66-74. **Peterson, D. G.** "An Examination of the Concept of 'Perfection' in the 'Epistle to the Hebrews.'" Dissertation, University of Manchester, 1978. [Published as *Hebrews and Perfection: An Examination of the Concept of Perfection in the "Epistle to the Hebrews."* Cambridge: Cambridge UP, 1982.] ______. "The Ministry of Encouragement." In *God Who Is Rich in Mercy.* FS D. B. Knox. ed. P. T. O Brien and D. G. Peterson. Homebush West, NSW: Lancer, 1986. 235-53. ______. "Towards a New Testament Theology of Worship." RTR 43(1984) 65-73. **Pinto, L. di.** *Volontà di Dio e legge antica nell Epistola agli Ebrei: Contributo ai fondementi biblici della teologia morale.* Naples: Gregorian, 1976.

Pittard, C. R. "The Person and Work of Christ in the Epistle to the Hebrews." Dissertation, Southern Baptist Theological Seminary, 1926. **Plessis, P. J. du.** *ΤΕΛΕΙΟΣ*: The Idea of Perfection in the New Testament. Kampen: Kok, 1959. **Ploeg, J. van der.** "L'exégèse de l'Ancien Testament dans l'Épître aux Hébreux." *RB* 54(1947) 187-228. **Plooij, D.** *Studies in the Testimony Book.* Amsterdam: Noord-Hollandsche, 1932. **Plumptre, E. H.** "The Writings of Apollos." *Exp* ns 1(1885) 329-48, 409-35. **Pollard, E. B.** "Notes on the Old Testament Citations in the Epistle to the Hebrews." *CrozQ* 1(1924) 447-52. **Powell, C. H.** *The Biblical Concept of Power.* London: Epworth, 1963. **Powell, D. L.** "Christ as High Priest in the Epistle to the Hebrews." SE 7(1982) 387-99. **Pretorius, E. A. C.** "Christusbeeld en Kerkmodel in die Hebräerbrief." *ThEv* 15(1982) 3-18. ______. "*Diathēkē*; in the Epistle to the Hebrews." *Neot* 5(1971) 37-50. **Prince, A.** "An Investigation into the Importance of Perseverance in the Christian Life as Presented in Five Warning Passages in Hebrews." Dissertation, Southwestern Baptist Theological Seminary, 1980. **Prümm, K.** "Das neutestamentliche Sprach- und Begriffsproblem der Vollkommenheit." *Bib* 44(1963) 76-92. **Purdy, A. C.** "The Purpose of the Epistle to the Hebrews." *Exp* 8th ser. 19(1920) 123-39. ______. "The Purpose of the Epistle to the Hebrews in the Light of Recent Studies in Judaism." In *Amicitiae Corolla.* ed. H. G. Wood. London: University of London, 1933. **Quentel, J.** "Les destinataires de l'Épître aux Hébreux." *RB* 9(1912) 50-68. **Rábanos, R.** "Sacerdocio de Melquisedec, sacerdocio de Aarón, sacerdocio de Cristo." *CB* 13(1956) 264-75. **Rahlfs, A.,** ed. *Septuaginta: Id est Vetus Testamentum graece iuxta* LXX *interpretes.* 4th ed. 2 vols. Stuttgart: Württembergische Bibelanstalt, 1950. **Ramsay, W. M.** "The Date and Authorship of the Epistle to the Hebrews." In *Luke the Physician.* London: Hodder & Stoughton, 1908. **Rawlingson, A. E. J.** "Priesthood and Sacrifice in Judaism and Christianity." *ExpTim* 60(1949) 116-21. **Reid, R.** "The Use of the Old Testament in the Epistle to the Hebrews." Dissertation, Union Theological Seminary, New York, 1964. **Rendall, F.** *Theology of the Hebrew Christians.* London: Macmillan, 1886. **Rendall, R.** "The Method of the Writer to the Hebrews in Using Old Testament Quotations." *EvQ* 27(1955) 214-20. **Renner, F.** *An die Hebräer: Ein pseudepigraphischen Brief.* Münsterschwarz: Vier-Türme, 1970. **Rice, G. E.** "Apostasy as a Motif and Its Effect on the Structure of Hebrews." *AUSS* 23(1985) 29-35. **Riddle, D. W.**

"Hebrews, First Clement, and the Persecution of Domitian." *JBL* 43(1924) 329-48. **Riehm, E.** *Der Lehrbegriff des Hebräerbriefes2*. Basel: Balmer & Riehm, 1867. **Rienecker, F.** *A Linguistic Key to the Greek New Testament*. Grand Rapids: Zondervan, 1976. **Riggenbach, E.** "Der Begriff der *ΔΙΑΘΗΚΗ* im Hebräerbrief." In *Theologische Studien*. FS T. Zahn. Leipzig: Deichert, 1908. ______. "Der Begriff der *ΤΕΛΕΙΩΣΙΣ* im Hebräerbrief: Ein Beitrag zur Frage nach der Einwirkung der Mysterienreligion auf Sprache und Gedankenwelt des Neuen Testaments." *NKZ* 34(1923) 184-95. ______. *Historische Studien zum Hebräerbrief*. Vol. 1: *Die ältesten lateinischen Kommentare zum Hebräerbrief*. FGNK 8/1. Leipzig: Deichert, 1907. **Rissi, M.** *Die Theologie des Hebräerbriefs*. WUNT 44. Tübingen: Mohr, 1987. **Ritschl, A.** "Über die Leser des Hebräerbriefs." *TSK* 39(1866) 89-102. **Robertson, A. T.** *A Grammar of the Greek New Testament in the Light of Historical Research*. Nashville: Broadman, 1934. **Robertson, O. P.** "The People of the Wilderness: The Concept of the Church in Hebrews." Dissertation, Union Theological Seminary, Richmond, 1966. **Robinson, J. A. T.** *Redating the New Testament*. London: SCM, 1976. **Robinson, W.** *The Eschatology of the Epistle to the Hebrews*. Birmingham, AL: Overdale College, 1950. ______. "The Eschatology of the Epistle to the Hebrews: A Study in the Christian Doctrine of Hope." Enc 22(1961) 37-51. **Rogers, E. W.** *Him That Endured*. London: Pickering & Inglis, 1965. **Roloff, J.** "Der mitleidende Hohepriester: Zur Frage nach der Bedeutung des irdischen Jesus für die Christologie des Hebräerbriefes." In *Jesus Christus in Historie und Theologie*. FS H. Conzelmann. ed. G. Strecker. Tübingen: Mohr, 1975. **Ross, A.** "The Message of the Epistle to the Hebrews for Today." *ExpTim* 51(1942-43) 161-68. **Rowell, J. B.** "Our Great High Priest." *BSac* 118(1961) 148-53. **Rusche, H.** "Glauben und Leben nach dem Hebräerbrief." *BibLeb* 12(1971) 94-104. **Rylaarsdam, J. C.** "Jewish-Christian Relationships: The Two Covenants and the Dilemmas of Christology." In *Grace upon Grace*. FS L. J. Kuyper. ed. J. I. Cook. Grand Rapids: Eerdmans, 1975. **Sabourin, L.** "Auctor Epistulae ad Hebraeos ut interpres Scripturae." *VD* 46(1968) 275-85. ______. "Il sacrìficio di Gèsu e le Realtà cultuali." *BcO* 10(1968) 25-37. ______. *Priesthood: A Comparative Study*. Leiden: Brill, 1973. ______ "Sacrificium et liturgia in Epistula ad Hebreos." *VD* 46(1968) 235-58. **Saito, T.** *Die Mosevorstellungen im Neuen Testament*. Bern/Frankfurt: Lang, 1977. **Salmon, G.** "The Keynote of the Epistle to the Hebrews." *Exp* 2nd ser. 3(1882)

81-93. **Salom, A. P.** "*Ta Hagia* in the Epistle to the Hebrews." *AUSS* 5(1967) 59-70. **Sandegren, C.** "The Addressees of the Epistle to the Hebrews." *EvQ* 27(1955) 221-24. **Sanders, J. T.** *The New Testament Christological Hymns.* SNTSMS 15. Cambridge: Cambridge UP, 1971. **Sanford, C. J.** "The Addressees of Hebrews." Dissertation, Dallas Theological Seminary, 1962. **Saydon, P. P.** "The Master Idea of the Epistle to the Hebrews." *Mel Theol* 13(1961) 19-26. **Schaefer, J. R.** "The Relationship between Priestly and Servant Messianism in the Epistle to the Hebrews." *CBQ* 30(1968) 359-85. **Schäfer, K. T.** *Untersuchungen zur Geschichte der lateinischen Übersetzungen des Hebräerbriefes.* Freiburg: Herder, 1929. **Scheller, E. J.** *Das Priestertum Christi im Anschluss an den hl. Thomas von Aquin.* Paderborn: Schöniagh, 1934. **Schenke, H. M.** "Erwägungen zum Rätsel des Hebräerbriefes." In *Neues Testament und christliche Existenz.* FS H. Braun. Tübingen: Mohr, 1973. **Schick, E.** *Im Glauben Kraft empfangen Betrachtungen zum Brief an die Hebräer.* Stuttgart: Katholisches Bibelwerk, 1978. **Schiele, F. M.** "Harnack's 'Probabilia' Concerning the Address and the Author of the Epistle to the Hebrews." *AJT* 9(1905) 290-308. **Schierse, F. J.** *Verheissung und Heilsvollendung: Zur theologischen Grundfrage des Hebräerbriefes.* MTS 1/9. Munich: Zink, 1955. **Schildenberger, J.** "Psalm 109(110): Christus, König und Priester." *BenM* 20(1938) 361-74. **Schille, G.** "Die Basis des Hebräerbriefes." *ZNW* 48(1957) 270-80. ______. "Erwägungen zur Hohenpriesterlehre des Hebräerbriefes." *ZNW* 46(1955) 81-109. ______. *Frühchristliche Hymnen.* Berlin: Akademie, 1962. **Schillebeeckx, E.** "Die Welt der Zukunft und die grosse Gnade Gottes: Der Hebräerbrief." In *Christus und die Christen.* Freiburg: Herder, 1977. **Schlatter, A.** *Der Glaube im Neuen Testament.* 5th ed. Stuttgart: Calwer, 1963. **Schmidgall, P.** "The Influence of Jewish Apocalyptic Literature on the Book of Hebrews." Dissertation, Western Kentucky University, 1980. **Schmitz, O.** *Die Opferanschauung des späteren Judentums und die Opferaussagungen des Neuen Testaments: Eine Untersuchung ihres geschichtlichen Verhältnisses.* Tübingen: Mohr, 1910. **Schoonhoven, C. R.** "The 'Analogy of Faith' and the Intent of Hebrews." In *Scripture, Tradition, and Interpretation.* FS E. F. Harrison. ed. W. W. Gasque and W. S. LaSor Grand Rapids: Eerdmans, 1978. 92-110. **Schröger, F.** "Der Gottesdienst der Hebräerbriefgemeinde." *MTZ* 19(1968) 161-81. ______. "Der Hebräerbrief paulinisch?" In *Kontinuität und Einheit.* FS F. Mussner. ed. P. G. Müller and

W. Stenger. Freiburg/Basel/Vienna: Herder, 1981. 211-22. ______. "Das hermeneutische Instrumentarium des Hebräerbriefverfassers." *TGl* 60(1970) 344-59. ______. *Der Verfasser des Hebräerbriefes als Schriftausleger.* Regensburg: Pustet, 1968. **Schubert, P.** "Der Verbindung von Königtum und Priestertum in der Vorgeschichte der Christusoffenbarung: Eine Voruntersuchung der Christologie des Hebräerbriefs." Dissertation, Leipzig, 1955. **Scott, E. F.** "The Epistle to the Hebrews and Roman Christianity." *HTR* 13(1930) 205-19. ______. *The Epistle to the Hebrews: Its Doctrine and Significance.* Edinburgh: Clark, 1923. **Scott, W. M. F.** "Priesthood in the New Testament." *SJT* 10(1957) 399-415. **Selph, B. K.** "The Christology of the Book of Hebrews." Dissertation, Southwestern Baptist Seminary, 1948. **Sen, F.** "La Carta a los Hebreos en el Canon y en el corpus paulino." *CB* 25(1968) 35-40. **Shuster, I.** "I destinatari dell' epistola agli Ebrei." ScC 66(1938) 641-65. **Siegman, E. F.** "The Blood of the Covenant." *AER* 136(1957) 167-74. **Silva, M.** *Biblical Words and Their Meanings: An Introduction to Lexical Semantics.* Grand Rapids: Zondervan, 1983. ______. "Perfection and Eschatology in Hebrews." *WTJ* 39(1976) 60-71. **Simon, M.** *Hercule et le Christianisme.* Paris: Publications de la faculté de Strasbourg, 1955. **Simpson, E. K.** "The Vocabulary of the Epistle to the Hebrews." *EvQ* 18(1946) 35-38, 187-90. **Slot, W.** *De Letterkundige Vorm van de Brief aan de Hebreeën.* Gröningen: Wolters, 1912. **Smalley, S. S.** "The Atonement in the Epistle to the Hebrews." *EvQ* 33(1961) 36-43. **Smith, J.** *A Priest for Ever: A Study of Typology and Eschatology in Hebrews.* London/Sydney: Sheed and Ward, 1969. **Smith, L.** "Metaphor and Truth in Hebrews." NBl 57(1976) 227-33. **Smith, R. B.** "Apostasy in the Book of Hebrews." Dissertation, Southern Baptist Theological Seminary, 1959. **Smith, R. W.** *The Art of Rhetoric in Alexandria: Its Theory and Practice in the Ancient World.* The Hague: Nijhoff, 1974. **Smits, C.** *Oud testamentische Citaten in het Nieuw Testament.* Malmberg: Hertogenbosch, 1963. **Soden, H. von.** "Der Hebräerbrief." *JPTh* 10(1884) 435-93, 627-56. **Solari, J. K.** "The Problem of *Metanoia* in the Epistle to the Hebrews." Dissertation, Catholic University of America, 1970. **Sowers, S. G.** *The Hermeneutics of Philo and Hebrews: A Comparison of the Interpretation of the Old Testament in Philo Judaeus and the Epistle to the Hebrews.* Richmond: Knox, 1965. **Spicq, C.** "Alexandrinismes dans l'Épître aux Hébreux." *RB* 58(1951) 481-502. ______. "Contemplation, théologie et vie morale d après l'Épître aux Hébreux." *RSR* 39(1951) 289-300. ______. "L'Épître aux Hébreux, Apollos, Jean-Baptiste, les Hellénistes et Qumran." *RevQ* 1(1958-59) 365-90. ______. "Hébreux(Épître aux)." *DBSup* 7:226-79. ______. "L'Origine johannique de la conception du Christ-prêtre dans l'Épêtre aux Hébreux." In *Aux sources de la tradition chrétienne.* FS M. Goguel. Neuchâtel/Paris: Delachaux & Niestlé, 1956. ______. "La perfection chrétienne d après l'Épître aux Hébreux." In *Bibliothèque de la faculté Catholique de Théologie de Lyon* 5. FS J. Chaine. ed. G. Villepelet. Lyon: Facultés Catholiques, 1950. ______. "Le Philonisme de l'Épître aux Hébreux." *RB* 56(1949) 542-72; 57(1950) 212-42. ______. "La théologie des deux alliances dans l'Épître aux Hébreux." *RSPT* 33(1949) 15-30. ______. *Vie chrétienne et pérégrination selon le Nouveau Testament* LD 71. Paris: Cerf, 1972. **Stadelmann, A.** "Zur Christologie des Hebräerbriefes in der neueren Diskussion." In *Theologische Berichte.* Vol. 2. ed. J. Pfammatter and F. Furger. Zürich: Zwingli, 1973. **Stagl, H.** "Pauline Authorship of the Epistle to the Hebrews according to Mt. Sinai Arabic Manuscript 151." *RefRev* 21(1961) 14, 51-53. **Staples, A. F.** "The Book of Hebrews in Its Relationship to the Writings of Philo Judaeus." Dissertation, Southern Baptist Theological Seminary, 1951. **Stine, D. M.** "The Finality of the Christian Faith: A Study of the Unfolding Argument of the Epistle to the Hebrews, Chapters 1-7." Dissertation, Princeton Theological Seminary, 1964. **Stöger, A.** "Der Hohepriester Jesus Christus." *TPQ* 100 (1952) 309-19. **Stott, W.** "The Conception of 'Offering' in the Epistle to the Hebrews." *NTS* 11(1962-63) 62-67. **Stuart, S. S.** "The Exodus Tradition in Late Jewish and Early Christian Literature: A General Survey of the Literature and a Particular Analysis of the Wisdom of Solomon, II Esdras and the Epistle to the Hebrews." Dissertation, Vanderbilt University, 1973. **Suárez, P. L.** "Cesárea, lugar de composición de la Epístola a los Hebreos?" *CB* 13(1956) 226-31. ______. "Casárea y la Epístola 'ad Hebraeos.'" In *Studiorum Paulinorum Congressus Internationalis Catholici 1961.* AnBib 17 18. Rome: Pontifical Biblical Institute, 1963. **Swetnam, J.** "Form and Content in Hebrews 1-6." *Bib* 53(1972) 368-85. ______. "Form and Content in Hebrews 7-13." *Bib* 55(1974) 333-48. ______. *Jesus and Isaac: A Study of the Epistle to the Hebrews in the Light of the Aqedah.* AnBib 94. Rome: Biblical Institute Press, 1981. ______. "On the Literary Genre of the 'Epistle' to the Hebrews." *NovT* 13(1969) 261-69. **Synge, F. C.** *Hebrews and the Scriptures.* London: SPCK,

1959. **Tabachovitz, D.** *Die Septuaginta und das Neue Testament.* Lund: Gleerup, 1956. **Tasker, R. V. G.** *The Gospel in the Epistle to the Hebrews.* London: Tyndale, 1956. ______. "The Text of the 'Corpus Paulinum.'" *NTS* 1(1954-55) 180-91. **Taylor, C. D.** "A Comparative Study of the Concepts of Worship in Colossians and Hebrews." Dissertation, Southern Baptist Theological Seminary, 1957. **Tenney, M. C.** "A New Approach to the Book of Hebrews." *BSac* 123(1966) 230-36. **Teodorico, P.** "Alcuni aspetti dell' ecclesiologia della Lettera agli Ebrei." *Bib* 24(1943) 125-61, 323-69. ______. *La Chiesa della Lettora agli Ebrie.* Torin/Rome: Marietti, 1945. ______. "Il sacerdozio celeste di cristo della lettera agli Ebrei." *Greg* 39(1958) 319-34. **Terra, J. E. M.** "A Libertação Escatológica na Epístola aos Hebreus: O Povo de Deus a Caminho do Santúario." *RCB* 2(1978) 325-43. **Thayer, J. H.** "Authorship and Canonicity of the Epistle to the Hebrews." *BSac* 24(1867) 681-722. **Theissen, G.** *Untersuchungen zum Hebräerbrief.* SNT 2. Gütersloh: Mohn, 1969. **Thien, F.** "Analyse de l'Épître aux Hébreux." *RB* 11(1902) 74-86. **Thiselton, A.** "Semantics and New Testament Interpretation." In *New Testament Interpretation: Essays on Principles and Methods.* ed. I. H. Marshall. Grand Rapids: Eerdmans, 1977. 75-104. **Thomas, J.** "The Use of Voice, Moods and Tenses in the Epistle to the Hebrews." Dissertation, Western Kentucky University, 1980. **Thomas, K. J.** "The Old Testament Citations in Hebrews." *NTS* 11(1964-65) 303-25. ______. "The Use of the Septuagint in the Epistle to the Hebrews." Dissertation, University of Manchester, 1959. **Thompson, J. W.** *The Beginnings of Christian Philosophy: The Epistle to the Hebrews.* CBQMS 13. Washington, DC: The Catholic Biblical Association of America, 1981.

______. *Strategy for Survival: A Plan for Church Renewal from Hebrews.* Austin, TX: Sweet, 1980. ______. "'That Which Abides': Some Metaphysical Assumptions in the Epistle to the Hebrews." Dissertation, Vanderbilt University, 1974. ______. "The Underlying Unity of Hebrews." *ResQ* 18(1975) 129-36. **Thrall, M. E.** *Greek Particles in the New Testament.* Linguistic and Exegetical Studies. Grand Rapids: Eerdmans, 1962. **Thurston, R. W.** "Philo and the Epistle to the Hebrews." *EvQ* 58(1986) 133-43. **Thüsing, W.** "Erhöhungsvorstellung und Parusieerwartung in der ältesten nach-österlichen Christologie." *BZ* 11(1967) 95-108, 205-22; 12(1968) 54-80. ______. "Das Opfer der Christen nach dem Neuen Testament." *BibLeb* 6(1965) 37-50. **Thyen, H.** *Der Stil der jüdisch-hellenistischen Homilie.* FRLANT 47. Göttingen:

Vandenhoeck & Ruprecht, 1955. **Tiede, D. L.** *The Charismatic Figure as Miracle Worker.* SBLDS 1. Missoula, MT: Scholars, 1972. **Torm, F.** "Om teleiou'n: Hebraeerbrevet." *SEÅ* 5(1940) 116-25. **Torrance, J. B.** "The Priesthood of Jesus." In *Essays in Christology for Karl Barth.* ed. T. H. L. Parker. London: Lotterworth Press, 1956. 153-73. **Torrey, C. C.** "The Authorship and Character of the So-Called 'Epistle to the Hebrews.'" *JBL* 30(1911) 137-56. **Toy, C. H.** *Quotations in the New Testament.* New York: Scribner s, 1884. **Trinidad, J.** "De sacrificio Christi in Epistola ad Hebraeos." *VD* 19(1939) 180-86, 207-12. **Trites, A. A.** *The New Testament Concept of Witness.* SNTSMS 31. Cambridge: Cambridge UP, 1977. **Tucker, M. A. R.** "The Gospel according to Prisca." *NC* 73(1913) 81-98. **Turner, G. A.** *The New and Living Way: A Fresh Exposition of the Epistle to the Hebrews.* Minneapolis: Bethany Fellowship, 1975. **Turner, N.** *A Grammar of New Testament Greek: III. Syntax.* Edinburgh: Clark, 1963. ______. *A Grammar of New Testament Greek: IV. Style.* Edinburgh: Clark, 1976. **Ubbrink, J. T.** "De Hoogepriester en zijn Offer in de Brief aan de Hebreeën." *NThS* 22(1939) 172-84. **Ungeheuer, J.** *Der grosse Priester über dem Hause Gottes: Die Christologie des Hebräerbriefes.* Würzburg: Stürtz, 1939. **Vaccari, A.** "Las citas del Antiquo Testamento en la Epístola a los Hebreos." *CB* 13(1956) 239-43. **Vaganay, L.** "Le Plan de l'Épître aux Hébreux." In *Mémorial Lagrange.* Paris: Gabalda, 1940. **Vandenbroucke, F.** *Les Psaumes et le Christ.* Louvain: Abbé Mont-César, 1955. **Vanhoye, A.** "Cristo Sumo Sacerdote." *RCB* 2(1978) 313-23. ______. "De aspectu oblationis Christi secundum Epistolam ad Hebraeos." *VD* 37(1959) 32-38. ______. "Discussion sur la structure de l'Épître aux Hébreux." *Bib* 55(1974) 349-80. ______. "De Sacerdotio Christi in Hebr." *VD* 47 (1969) 22-30. ______. "De sessione celesti in epistola ad Hebraeos." *VD* 44(1966) 131-34. ______. *Epistolae ad Hebraeos: Textus de Sacerdotio Christo.* Rome: Pontifical Biblical Institute, 1968-69. ______. *Homilie für haltbedürftige Christen: Struktur und Botschaft des Hebräerbriefes.* Regensburg: Pustet, 1981. ______. "L'Épître aux Éphésiens et l'Épître aux Hébreux." *Bib* 59(1978) 198-230. ______. "Le Dieu de la nouvelle alliance dans l'Épître aux Hébreux." In *Le notion biblique de Dieu.* BETL 41. Louvain: Louvain UP, 1976. 315-30. ______. "Les indices de la structure littéraire de l'Épître aux Hébreux." SE 2(1964) 493-509. ______. "Literarische Struktur und theologische Botschaft des Hebräerbriefs." *SNTU* 4(1979) 119-

47: 5(1980) 18-49. ______. *Le message de l'Épître aux Hébreux.* Paris: Cerf, 1977. ______. *Our Priest in God: The Doctrine of the Epistle to the Hebrews.* Rome: Biblical Institute Press, 1977. ______. *Prêtres anciens, prêtre nouveau selon le Nouveau Testament.* Paris: Cerf, 1980. ______. "Sacerdoce du Christ et culte chrétien selon l'Épître aux Hébreux." Chr 28(1981) 216-30. ______. *Situation du Christ, Hébreux 1-2.* LD 58. Paris: Cerf, 1969. ______. *Structure and Message of the Epistle to the Hebrews.* Rome: Pontificio Instituto Biblico, 1989. ______. *A Structured Translation of the Epistle to the Hebrews.* tr. J. Swetnam. Rome: Pontifical Biblical Institute, 1964. ______. "La structure centrale de l'Épître aux Hébreux (Héb 8/1-9/28)." *RSR* 47(1959) 44-60. ______. *La structure littéraire de l'Épître aux Hébreux.* 2nd ed. StudNeot 1. Paris/Bruges: Desclée de Brouwer, 1976. **Vansant, A. C.** "The Humanity of Jesus in the Epistle to the Hebrews." Dissertation, Southern Baptist Theological Seminary, 1951. **Venard, L.** "L'utilisation des Psaumes dans l'Épître aux Hébreux." In FS *E. Podechard.* Lyons: Faculté Catholique, 1945. **Viard, A.** "Le salut par la foi dans l'Épître aux Hébreux." *Ang* 58(1981) 115-36. **Vis, A.** *The Messianic Psalm Quotations in the New Testament.* Amsterdam: Hertberger, 1936. **Vitti, A. M.** "Le bellezze stilistiche nella Lettera agli Ebrei." *Bib* 7(1936) 137-66. ______. "La lettera agli Ebrei." *RivB* 3(1955) 289-310. ______. "Il sacerdozio di Gesù Cristo." In *Conferenze Bibliche.* Rome: Pontifical Biblical Institute, 1934. ______. "Ultimi studi sulla Lettera agli Ebrei." *Bib* 22(1941) 412-32. **Vos, G.** "Hebrews the Epistle of the *Diathē kē* :." *PTR* 13(1915) 587-632; 14(1916) 1-61. ______. "The Priesthood of Christ in the Epistle to the Hebrews." *PTR* 4(1907) 423-47, 579-604. ______. *The Teaching of the Epistle to the Hebrews.* ed. and rev. J. Vos. Grand Rapids: Eerdmans, 1956. **Voulgaris, C. Π.** *Η ΠΡΟΣ ΕΒΡΑΙΟΥΣ ΕΠΙΣΤΟΛΗ: ΠΕΡΙΣΤΑΤΙΚΑ, ΠΑΡΑΛΗΠΤΑΙ, ΣΥΓΓΡΑΦΕΥΣ, ΤΟΠΟΣ ΚΑΙ ΧΡΟΝΟΣ ΣΥΓΓΡΑΦΗΣ.* Athens: University of Athens, 1986. **Vuyst, J. de.** *Oud en nieuw Verbond in de Brief aan de Hebreeën.* Kampen: Kok, 1964. **Waal, C. van der.** "The 'People of God' in the Epistle to the Hebrews." *Neot* 5(1971) 83-92. **Waddell, H. C.** "The Readers of the Epistle to the Hebrews." *Exp* 8th ser. 26(1923) 88-105. **Walden, H. E.** "The Christology of the Epistle to the Hebrews." Dissertation, Southern Baptist Theological Seminary, 1944. **Warfield, B. B.** "Christ Our Sacrifice." In *The Person and Work of Christ.* ed. S. G. Craig. Philadelphia: Presbyterian and

Reformed, 1950. 391-426. **Watson, J. K.** "L'Épître aux Hébreux." *CCER* 15(1968) 10-16. ______. "L'Épître aux Hébreux et l historicité." *CCER* 20(1972) 1-13. **Webster, J. H.** "The Epistle to the Hebrews." *BSac* 85(1928) 347-60. **Wengst, K.** *Christologische Formeln und Lieder des Urchristentums* SNT 7. Gütersloh: Bertelsmann, 1972. **Wenschkewitz, H.** "Die Spiritualisierung der Kultusbegriffe Tempel, Priester und Opfer im Neuen Testament." *Angelos* 4(1932) 70-230. **Werner, E.** *The Sacred Bridge.* London: Dobson, 1959. **Wette, W. M. L. de.** "Über die symbolisch-typische Lehrart des Briefes an die Hebräer." *TZ* 3(1822) 1-51. **Whitley, W. T.**. "The Epistle to the Hebrews." *RevExp* 3(1906) 214-29. **Wiefel, W.** "The Jewish Community in Ancient Rome and the Origins of Roman Christianity." In *The Romans Debate.* ed. K. P. Dornfried. Minneapolis: Augsburg, 1977. **Wikgren, A.** "Patterns of Perfection in the Epistle to the Hebrews." *NTS* 6(1959-60) 159-67. ______. "Some Greek Idioms in the Epistle to the Hebrews." In *The Teacher's Yoke.* FS H. Trantham. ed. E. J. Vardaman and J. L. Garrett. Waco, TX: Baylor UP, 1964. **Williams, A. H.** "An Early Christology: A Systematic and Exegetical Investigation of the Traditions Contained in Hebrews." Dissertation, Mainz, 1971. **Williams, S. K.** *Jesus' Death as Saving Event: The Background and Origin of a Concept.* HDR 2. Missoula, MT: Scholars, 1975. **Williamson, R.** "The Background to the Epistle to the Hebrews." *ExpTim* 87(1975-76) 232-37. ______. "The Eucharist and the Epistle to the Hebrews." *NTS* 21(1974-75) 300-12. ______. "Hebrews and Doctrine." *ExpTim* 81 (1969-70) 371-76. ______. *Philo and the Epistle to the Hebrews. ALGHJ* 4. Leiden: Brill, 1970. ______. "Philo and New Testament Christology." In *Studia Biblica 1978* III. *JSNTSup* 3. Sheffield: *JSOT* Press, 1980. 439-45. ______. "Platonism and Hebrews." *SJT* 16(1963) 415-24. **Willis, C. G.** "St. Augustine's Text of the Epistle to the Hebrews." sup 6(1962) 543-47. **Wilson, R. McL.** "Coptisms in the Epistle to the Hebrews?" *NovT* 1(1956) 322-24. **Winter, A.** "*ἅπαξ, ἐφάπαξ* im Hebräerbrief." Dissertation, Rome, 1960. **Worden, T.** "Before Reading the Epistle to the Hebrews." Scr 14(1962) 48-57. **Worley, D. R.** "God's Faithfulness to Promise: The Hortatory Use of Commissive Language in Hebrews." Dissertation, Yale University, 1981. **Wrede, W.** *Das literarische Rätsel des Hebräerbriefs.* FRLANT 8. Göttingen: Vandenhoeck & Ruprecht, 1906. **Yadin, Y.** *The Art of Warfare inBiblical Lands in the Light of Archaeological Study.* 2 vols. tr. M. Pearlman. New York: McGraw-Hill,

1963. ______. "The Dead Sea Scrolls and the Epistle to the Hebrews." *ScrHier* 4(1958) 36-55. **Young, F. M.** "Christological Ideas in the Greek Commentaries on the Epistle to the Hebrews." *JTS* 20(1969) 150-63. ______. *Sacrifice and the Death of Christ.* London: SPCK, 1975. ______. "The Use of Sacrificial Ideas in Greek Christian Writers from the New Testament to John Chrysostom." Dissertation, Cambridge University, 1967. **Young, J. A.** "The Significance of Sacrifice in the Epistle to the Hebrews." Dissertation, Southwestern Baptist Theological Seminary, 1963. **Zedda, S.** *Lettera agli Ebrei: Versione, introduzione, note.* Rome: Edizioni Paoline, 1967. **Zerwick, M.** *Biblical Greek, Illustrated by Examples.* tr. J. Smith. Rome: Pontifical Biblical Institute, 1963. —and **Grosvenor, M.** *A Grammatical Analysis of the Greek New Testament.* Vol. 2: *Epistles-Apocalypse.* Rome: Pontifical Biblical Institute, 1979. **Zimmer, F.** *Exegetische Probleme des Hebräer- und Galaterbriefes.* Hildburghausen: Gradow, 1882. **Zimmermann, H.** *Das Bekenntnis der Hoffnung: Tradition und Redaktion im Hebräerbrief.* BBB 47. Cologne/Bonn: Hanstein, 1977. ______. *Die Hohepriester- Christologie des Hebräerbriefes.* Paderborn: F. Schöningh, 1964. ______. *Neutestamentliche Methodenlehre: Darstellung der historische-kritischen Methode.* 7th ed. Stuttgart: Katholisches Bibelwerk, 1982. **Zorn, R.** "Die Fürbitte und Interzession im Spätjudentum und im Neuen Testament." Dissertation, Göttingen, 1957. **Zuntz, G.** *The Text of the Epistles: A Disquisition upon the 'Corpus Paulinum.'* Schweich Lectures, 1946. London: The British Academy, 1953. **Zupez, J.** "Salvation in the Epistle to the Hebrews." *TBT* 37(1968) 2590-95.

히브리서 1-8

서론

히브리서는 퍼즐을 좋아하는 사람들에게는 기쁨이 있다. 히브리서의 형태는 특이하고, 삶의 배경은 불확실하며, 논증은 익숙하지 않다. 히브리서는 규정되지 않은 것을 규정하는 의무에 참여하도록 초청한다. 규정되지 않은 것은 저자의 신원, 저자의 개념상의 배경, 수신하고 있는 공동체의 특징과 위치, 저작의 배경과 시기, 삶의 환경, 그 문서가 반응하고 있는 위기의 본질, 문학적 장르 그리고 작품의 목적과 기획이다. 학계는 이 규정되지 않은 이슈들을 활발하게 연구하고 논의하고 있을지라도, 진정한 일치에 이르지 못하고 있다.

텍스트들이 있는 한, 그것들로부터 역사를 재구성하는 도전이 있을 것이고, 역사적인 방법론은 이 일을 할 수 있는 유일하게 합리적인 수단이다. 그리고 역사적인 직관 행위는 재구성의 의무에서 본질적인 요소다. 이것은 다른 어떤 곳에서보다 히브리서의 경우에서 사실이다. 히브리서는 문학적 구조의 형태나 양태에서 독특하다. 저자, 목적, 그리고 의도된 청중들과 관련한 전통은 대립적이고 신뢰성이 없다. 텍스트 자체에 의해 제공되는 증거는 다양한 해석에 열려 있다. 이 사실은 히브리서에 관한 모든 진술이 개별적인 종합, 즉 해석적인 진술이라는 것을 계속적으로 상기시킨다. 해석은 겸손을 요구한다. 어느 비판적인 재구성도 본질적으로 임의적이고 탐험적인 것으로 제기해야 한다.

서론의 목적은 수세기의 과정에서, 특히 지난 수십여 년 동안에 히브리서가 촉발하고 있는 논증과 텍스트와의 끊임없는 상호작용에 비추어 규정되지 않은 이슈를 다루는 것이다. 이 주석에 의해 지원되는 종합은 히브리서가 실제적인 삶에 뿌리를 내린 설교라는 것이다. 히브리서는 제어할 수 없는 어떤 역경적 환경이 침투했음을 발견한 일군의 지역 남녀들의 모임에 수신하고 있다. 히브리서는 제자됨의 특권과 대가를 인식할 것으로 고동친다. 히브리서는 그리스도인의 헌신을 포기할 위험성에 있었던 나이 들고 지친 개인들의 나태한 신앙에 대한 민감한 목회적 반응이다.

히브리서는 새로운 위기에 직면해서 그들의 신앙을 확고히 하게 함으로써 그들을 강하하는 일을 추구하고 있다. 히브리서는 만약 그들이 헌신에 동요를 일으킨다면 발생할 수 있는 하나님의 심판을 경고하고 있고, 히브리서의 언약적 신실과 인내에 대한 권고는 예수와 그의 희생에 관한 의미의 신선한 이해에 근거를 두고 있다. 인간 군(family)과 유대하고 있는 대제사장이신 하나님의 아들로서의 예수는 하나님에 대한 신실과 인내의 최고의 모범이시며, 그의 희생적 죽음은 백성들이 하나님에게 제한없이 접근하고 적당한 때에 있게 될 도움의 확신을 확보했다.

저자

참고문헌

Albani, J. "Hebr. v,11 vi,8: Ein Wort zur Verfasserschaft des Apollos." *ZWT* 47(1904) 88-93. **Anderson, C. P.** "Hebrews among the Letters of Paul." *SR* 5(1975-76) 258-66. ______. "Who Wrote 'The Epistle From Laodicea'?" *JBL* 85(1966) 436-40. **Appel, H.** *Der Hebräerbrief: Ein Schreiben des Apollos an Judenchristen der korinthischen Gemeinde.* Leipzig: Deichert, 1918. **Ayles, H. H. B.** *Destination, Date and Authorship of the Epistle to the Hebrews.* London: Clay, 1899. **Barnes, A. S.** "St. Barnabas and the Epistle to the Hebrews." *HibJ* 30(1931-32) 103-17. **Bartlet, V.** "Barnabas and His Genuine Epistle." *Exp* 6th ser. 6(1902) 28-30. ______. "The Epistle to the Hebrews as the Work of Barnabas." *Exp* 6th ser. 8(1903) 381-86. **Bates, W. H.** "Authorship of the Epistle to the Hebrews Again." *BSac* 79(1922) 93-96. **Batiffol, P.** "L'attribution de l'Épître aux Hébreux à S. Barnabé." *RB* 8(1899) 278-83. **Biesenthal, J. H. R.** *Das Trostschreiben des Apostels Paulus an die Hebräer.* Leipzig: Fernau, 1878. **Bornhäuser, K. B.** *Empfänger und Verfasser des Briefes an die Hebräer.* BFCT 35/3. Gütersloh: Bertelsmann, 1932. **Bover, J. M.** "Inspiración divina del redactor de la Epistola a los Hebreos." *EE* 14(1935) 433-66. **Brown, J. V.** "The Authorship and Circumstances of 'Hebrews' Again!" *BSac* 80(1923) 505-38. **Campos, J.** "A Carta aos Hebreus como Apolo ã superasão de 'Certa Religiosidade Popular.'" *RCB* 8(1984) 122-24. **Chapman, J.** "Aristion, Author of the Epistle to the Hebrews." *RBén*; 22(1905) 50-64. **Collins, R. F.** *Letters that Paul Did Not Write: The Epistle to the Hebrews and the Pauline Pseudepigrapha.* Wilmington, DE: Glazier, 1988. **Dibelius, F.** *Der Verfasser des Hebräerbrief: Eine Untersuchung zur Geschichte des Urchristentums.* Strassburg: Heitz & Mundel, 1910. **Dubarle, A. M.** "Rédacteur et destinataires de l'Épître aux Hébreux." *RB* 48(1939) 506-29. **Eagar, A. R.** "The Authorship of the Epistle to the Hebrews." *Exp* 6th ser. 10(1904) 74-80, 110-23. **Ford,**

J. M. "The Mother of Jesus and the Authorship of the Epistle to the Hebrews." *TBT* 82(1976) 683-94. **Gardiner, F.** "The Language of the Epistle to the Hebrews as Bearing upon Its Authorship." *JBL* 7(1887) 1-25. **Harnack, A.** "Probabilia über die Adresse und den Verfasser des Hebräerbriefs." *ZNW* 1(1900) 16-41. **Harris, J. R.** "Side-Lights on the Authorship of the Epistle to the Hebrews." In *Side-Lights on New Testament Research.* London: Kingsgate, 1908. **Heigl, B.** *Verfasser und Adresse des Briefes an die Hebräer: Eine Studie zur neutestamentlichen Einleitung.* Freiburg i/B.: Wagner, 1905. **Herrmann, L.** "Apollos." *RSR* 50(1976) 330-36. **Hoppin, R.** *Priscilla: Author of the Epistle to the Hebrews, and Other Essays.* New York: Exposition, 1969. **Hunter, A. M.** "Apollos the Alexandrian." In *Biblical Studies.* FS W. Barclay. ed. J. R. McKay and J. F. Miller. Philadelphia: Westminister, 1976. 147-56. **Hurst, L. D.** "Apollos, Hebrews, and Corinth: Bishop Montefiore's Theory Examined." *SJT* 38 (1985) 505-13. **Kallenbach, W. D.** *The Message and Authorship of the Epistle "to the Hebrews."* St. Paul, MN: Northland, 1938. **Kirby, V. T.** "The Authorship of the Epistle to the Hebrews." *ExpTim* 35(1923-24) 375-76. **Kuss, O.** "Der Verfasser des Hebräerbriefes als Seelsorger." *TTZ* 67(1958) 1-12, 65-80. **Legg, J. D.** "Our Brother Timothy: ASuggested Solution to the Problem of the Authorship of the Epistle to the Hebrews." *EvQ* 40(1968) 220-23. **Leonard, W.** *The Authorship of the Epistle to the Hebrews: Critical Problem and Use of the Old Testament.* London/Vatican: Polyglott, 1939. **Lo Bue, F.** "The Historical Background of the Epistle to the Hebrews." *JBL* 75(1956) 52-57. **Maeso, D. G.** "Lengua original, autor y estilo de la epístola a los Hebreos." *CB* 13(1956) 202-15. **Manson, T. W.** "The Problem of the Epistle to the Hebrews." *BJRL* 32(1949) 1-17. **Méchineau, L.** *L Epistola agli Ebrei secondo le risposte della Commissione Biblica.* Rome: Pontifical Biblical Commission, 1917. **Medico, M. dal.** *L'auteur de l épître aux Hébreux.* Rome: Pontifical Biblical Institute, 1914. **Mora, G.** *La Carta a los Hebreos como Escrito Pastoral.* Barcelona: Herder, 1974. **Obiols, S.** *Epístoles de Sant Pau: Als Hebreus.* Montserrat: Monestir de Montserrat, 1930. **Perdelwitz, R.** "Das literarische Problem des Hebräerbriefs: 1. Der literarische Charakter des Schreiben. 2. Der Verfasser. 3. Die Addressaten." *ZNW* 11(1910) 59-78, 105-23. **Peterson, D. G.** "The Ministry of Encouragement." In *God Who Is Rich in Mercy.* FS D. B. Knox. ed. P. T. O Brien and D. G. Peterson. Honebush West, NSW: Lancer, 1986. 235-53. **Plumptre, E. H.** "The Writings of Apollos." *Exp* ns 1(1885) 329-48, 409-35. **Ramsay, W. M.** "The Date and Authorship of the Epistle to the Hebrews." *ExpTim*

5(1899) 401-22. **Schiele, F. M.** "Harnack's 'Probabilia' Concerning the Address and the Author of the Epistle to the Hebrews." *AJT* 9(1905) 290-308. **Schröger, F.** "Der Hebräerbrief paulinisch?" in *Kontinuität und Einheit.* FS F. Mussner. ed. P. G. Müller & W. Stenger. Freiburg/Basel/Vienna: Herder, 1981. 211-22. **Spicq, C.** "L'Épître aux Hébreux, Apollos, Jean-Baptiste, les Hellénistes et Qumran." *RevQ* 1(1959) 365-90. **Suarez, P. L.** "Cesarea y la Epistola 'ad Hebreos.'" In *Studiorum Paulinorum Congressus Internationalis Catholicus 1961.* AnBib 18. Rome: Pontifical Biblical Institute, 1963. 2:169-74. **Thayer, J. H.** "Authorship and Canonicity of the Epistle to the Hebrews." *BSac* 24(1867) 681-722. **Torrey, C. C.** "The Authorship and Character of the So-Called 'Epistle to the Hebrews.'" *JBL* 30(1911) 137-56. **Tucker, M. A. R.** "The Gospel according to Prisca." *NC* 73(1913) 81-98.

역사적인 지식의 한계는 저자의 신원을 적극적으로 밝히는 것을 차단한다. 저자의 신원과 관련한 어떤 확고한 전통도 초기 시대로부터 존재하지 않는다. 저자는 자신이 글을 썼던 공동체에 분명히 알려져 있었다(13:19). 하지만 13장의 간략한 개인적 언급은 저자의 신원을 확립할 수 있을 만큼 충분히 구체적이지 못하다. 저자를 언급하는 남성 대명사의 사용이 11:32의 형성에 비추어 타당할지라도, 히브리서의 저자는 익명이다.

저자가 바울의 범주에 있을 것이고, "우리의 형제"(13:23) 디모데와 여행을 기대하고 있을지라도, 그가 바울이 아니라 주님으로부터 직접 들었던 사람들이 복음을 전달했던 사람들 중에 포함되는 사람일 것임이 확실하다(2:3-4). 히브리서의 언어는 신약의 정교한 헬라어를 형성하고 있고, 어휘와 문장구성에서 바울의 표준보다는 훨씬 뛰어나다(참조. N. Turner, "The Style of the Epistle to the Hebrewsin Grammar, 4:106-13; Wikgren, "Some Greek Idioms," 145-53). 또한 이미지의 사용이 독특하다: 항구를 잃어버린 배(2:1), 해저를 붙들고 있는 닻(6:19), 영혼의 지극한 골수를 침투하고 쪼개는 날선 검(4:12), 머리 비틀기에 무기력하게 제압을 당하는 레슬링선수(4:13), 비에 젖어 풍요해진 들과 유용한 작물이나 무익한 잡초들을 생산하는 들(6:7-9). 이 모든 이미지들은 바울의 사용과는 거리가 멀다. 저자는 제사와 희생에 중심을 둔 제의적 관심의 개념적 세계 내에서 확고하게 움직이고 있다. 히브리서의 강조의 많은 것들이 바울의 강조와는 동떨어져 있다.

고대에 바울, 바나바, 누가 그리고 로마의 클레멘트의 이름들이 히브리서의 저자로서 교회 중심에서 언급되었다. 현재의 학계에서 아볼로, 실바, 집사 빌립, 브리스길라와 아굴라, 유다, 아리스톤, 그외의 사람들이 그들의 주창자들(보다 오래된 주요 자료들에 대한 유용한 개관과 보다 최근의 학계의 제안들에 대해서는 Attridge, 1-6; D. Guthrie, *New Testament Introduction*4, 668-82을 참조하라)을 발견한다. 이런 다양함은 저자의 신원을 확립하는 것이 불가능함을 강조해준다. 확신을 갖고 말할 수 있는 모든 것은 희랍성경 해석에 훈련을 받은 창의적인 신학자가 히브리서를 저작했다는 것이다. 저자에게서 "형성된" 유대교는 헬라적 유대교다. 그는 세련된 형태, 언어, 전통, 헬라적 유대교의 신학적 개념에 철저히 익숙해있다. 하지만 그는 헬라적 교회의 신학도 잘 알고 있다. 그는 확실히 헬라적 유대 그리스도인이다.

히브리서의 저작으로부터, 저자에 관한 그럴듯한 추론들을 많이 이끌어낼 수 있다. 그는 건축학적인 마인드를 소유하고 있다. 그는 논지를 확고히 하고 그 다음에 분석의 방식으로 그것을 전개한다. (그의 뛰어난 추론에 관해서는 W. C. Linss, "Logical Terminology in the Epistle to the Hebrews," *CTM* 37[1966]365-69을 보라.) 예를 들어, 서두(히 1:1-4)에서 지고의 말씀을 통하여 인간역사에 개입하시는 하나님에 대한 강조가 주어진다. 그는 말씀하시는 하나님이시다. 선지자들을 통하여 주어진 계시는 다양함과 충만함에 관한 것으로 요약된다(1:1). 하나님은 아들을 통하여 궁극적이고 결정적인 말씀을 언급하셨다(1:2a). 히브리서의 장엄한 서문은 모든 강화(discourse)의 표제다: 하나님이 말씀하셨다! 논증이 전개하고 있는 것처럼, 말씀하시는 분은 교대적으로 하나님이시고, 성자이시고 성령이시다. 전개의 몇 가지 요소가 채택되어 최후의 결정적인 경고로 재확인된다: "너희는 삼가 말씀하신 자를 거역하지 않도록 주의하라"(12:25).

저자가 극대의 효과를 거두기 위해서 자료를 구성하고 있는 방식은 그가 수사학에 공식적으로 훈련을 받았다는 가정을 하게 만든다(아래의 "수사학적 분석"을 보라). 그는 능력의 수단과 매개로서의 언어를 이해했다. 언어를 경기로서 인식했고, 그것을 유대 기독교적 선교의 봉사에 효과적으로 사용했다. 그는 언어의 능력을 변호의 도구로서의 문어적 텍스트로 위탁하는 것이 준비되었다. 본문의 목소리가 하나님과 교회에 대한 헌신으로부터 공동체를 산란케 하는 다른 목소리에 대한 반응으로서 언급된다.

저자의 수사학적인 기술은 보편적으로 인식된다. 스피크(C. Spicq)는 히브리서에서 발견되는 형태적인 특징과 수사학적인 고안의 인상적인 목록을 모아놓았다

(1:351-78). 저자는 풍부한 어휘와 교화된 어법을 소유했다. 히브리서의 전체적으로 4942의 단어들 중에서 저자는 1038개의 사로 다른 단어들을 사용한다. 그리고 1038개의 단어 중에서 169개는 신약성경의 히브리서에서만 발견된다(Morgenthaler, Statistik, 164).

저자는 헬라적인 표준에 의해 교육을 잘 받은 사람임이 분명하다. 저자는 필로가 가졌던 것과 유사한 교육적 배경을 가진 것으로 합당하게 추론할 수 있다. 그는 거의 확실히 김나지움(교육기관)이나 사적인 수사학교에서 훈련의 혜택을 받았다(로마 시대에 수사적인 훈련이 융성했던, 예를 들어, 알렉산드리아의 일차와 이차 교육의 수준에 관해서는 R. W. Smith, *The Art of Rhetoric in Alexandria*, 110-54을 보라; H. I. Marrou, *A History of Education in Antiquity*[London: Sheed & Ward, 1956] 232-42을 참조하라). 아마도 수사학적인 훈련과 분명히 연관지을 수 있는 표시인 "웅변의 사람"(학문이 많은 사람－한글개역)(*ἀνὴρ λόγιος*－아네르 로기스, 행 18:24)으로서 알렉산드리아의 아볼로를 누가가 묘사하고 있는 것을 상기하는 것은 자연스럽다(참조. E. Orth, Logios [Leipzig: Teubner, 1926] 46은 누가의 표현이 수사적인 능력을 가진 학자를 의미한다고 진술한다). 필로는 수사학적인 훈련을 가진 사람들을 언급하는 동일한 표현을 사용한다(예. *On the Posterity and Exile of Cain* 53; *On the Embassy to Gaius* 142, 237, 310; *Life of Moses* 1.2; 이것과 행 18:24-28에 분명한 수사적인 함축에 관해서는 B. W. Winter, "Philo and Paul among the Sophists," Dissertation, Macquarrie University, North Ryde, NSW, 1989, 183-85을 보라). 히브리서에 대한 저자의 이런 묘사에 대한 적절성은 아볼로가 히브리서를 실제로 썼다고 하는 주장이 인기가 있음에서도 알 수 있다.

저자는 대단히 종교적인 사람으로 특징지어질 수 있다. 그에게서 기독교는 하나님의 새로운 제의적 행위의 표현이다. 존슨(W. G. Johnsson)은 제의적 범주가 저자의 잠재의식 속에 들어 있다고 제기하고, 그는 자연스럽게 정결의 수단으로서의 "피"와 같은 제의적 전제로부터 논증한다. 저자는 70인경의 제의적 언어에 흠뻑 젖어 있다. 게다가 그는 제의와 제의적 희생이 흔하고, 오염, 피 그리고 정화와 같은 사상의 구조가 경건한 종교인들의 흔한 속성이었던 사회에서 살았다. 유대 제의로 지탱되는 언급은 있지만 이교적인 희생에 관한 어느 언급도 두드러지게 없는 것은 그의 유대적 배경을 반영해준다(Johnsson, "Defilement," 443-44).

히브리서는 언급되는 제의적 구조 내에서 기독론과 원시 기독교 종말론의 독특한 혼합이라는 것이 증명된다. 그리스도의 희생적인 성취로 말미암아 새로운 언약의 약속된 종말론적 축복의 실현에 대한 저자의 초점으로 말미암아 저자가 준비했던 강화(講話)는 도전적인 권고를 위한 수단이 된다.

마지막으로 저사는 위기 시에 공동체에 대한 긴급한 호소를 특징짓는 초기 기독교 전통을 개작한 목회적인 신학자였다(참조. O. Kuss, *TTZ* 67[1958] 1-12, 65-80; Mora, *La Carta*). 그는 자신의 공동체를 위한 구원역사의 은사 있는 설교자요 해석자였다. 성령에 의해 훈련된 인간적 통찰, 성경의 주해, 그리고 상황의 식별은 구체적인 격려, 교훈 그리고 목회적 방향을 위한 커뮤니케이션의 고안에 모두 어떤 역할을 한다. 히브리서의 저자는, 로마의 주교였던 엘류데루스(Eleutherus)에 대한 추천서에서 A.D. 177에 리용과 비엔나의 교회에 동료 그리스도인들이 이레니우스를 묘사한 것처럼, "그리스도의 언약에 열심 있는 자"로서 묘사된다. 그는 직분이나 칭호에 의한 것보다 정신과 인싱으로 이끌었넌 카리스마적인 지도자인 것으로 보인디.

저자가 그의 강화를 준비했던 것은 개인적인 행동을 위한 대체물로서이다. 히브리서에서 우리는 어쩔 수없이 글을 썼던 저자의 존재를 느낄 수 있는데, 더 좋은 바람은 사람들에게 직접 말하는 것이었지만, 환경이 그로 하여금 "권면의 말"을 보내게 했다(13:22). 히브리서를 읽고 묵상함에 있어서, 당시의 사람들이 저자를 잘 알고 있었기 때문에, 저자의 설명과 관련하여서는 단편적이라는 느낌을 인식하는 것이 필요하다.

의도된 청중

참고문헌

Aguirre, R. "La casa como estructura base del christianismo primitivo: las iglesias domésticas." *EE* 59(1984) 27-51. **Anderson, C. P.** "Who Wrote 'The Epistle From Laodicea'?" *JBL* 85(1966) 436-40. **Andriessen, P.** "La communauté des Hébreux : étaitelle tombée dans le relâchment?" *NRT* 106(1974) 1054-66. **Appel, H.** *Der Hebräerbrief: Ein Schreiben des Apollos an Judenchristen der korinthischen Gemeinde.* Leipzig: Deichert, 1918. **Attridge, H. W.** "Paraenesis in a Homily (*λόγος παρακλήσεως*): The Possible Location of, and Socialization in, the 'Epistle to the Hebrews.'" *Semeia* 50(1990) 211-26. **Ayles, H. H. B.** *Destination, Date, and*

Authorship of the Epistle to the Hebrews. London: Clay, 1899. ______. "The References to Persecution in the Epistle to the Hebrews." *Exp* 8th ser. 12(1916) 69-74. **Badcock, F. J.** *The Pauline Epistles and the Epistle to the Hebrews in Their Historical Setting.* London: SPCK, 1937. **Banks, R.** *Paul s Idea of Community: The Early House Churches in Their Historical Setting.* Grand Rapids: Eerdmans, 1980. **Bornhäuser, K.** *Empfänger und Verfasser des Briefes an die Hebräer.* BFCT 35/3. Gütersloh: Bertelsmann, 1932. **Bornkamm, G.** *Early Christian Experience.* New York: Harper & Row, 1969, 123-93. **Brown, J. V.** "The Authorship and Circumstances of 'Hebrews'—Again!" *BSac* 80(1923) 505-38. **Bruce, F. F.** "Paul and Roman Christianity." In *Paul: Apostle of the Heart Set Free.* Grand Rapids: Eerdmans, 1977. 379-92. ______. "'To the Hebrews': A Document of Roman Christianity?" *ANRW* 25.4(1987) 3496-3521. **Bullock, M. R.** "The Recipients and Destination of Hebrews." Dissertation, Dallas Theological Seminary, 1977. **Dahms, J. V.** "The First Readers of Hebrews." *JETS* 20(1977) 365-75. **Dibelius, M.** "Rom und die Christen im ersten Jahrhundert." In *Botschaft und Geschichte.* ed. G. Bornkamm. Tübingen: Mohr, 1956. 2:177-228. **Dubarle, A. M.** "Rédacteur et destinataires de l'Épître aux Hébreux." *RB* 48(1939) 506-29. **Elliott, J. H.** "Patronage and Clientism in Early Christian Society: A Short Reading Guide." *Forum* 3(1987) 39-48. **Filson, F. V.** "The Significance of the Early House Church." *JBL* 58(1939) 105-12. **Ford, J. M.** "The First Epistle to the Corinthians or the First Epistle to the Hebrews." *CBQ* 28(1966) 402-16. **Frey, J. B.** "L Ancien Judaïsme, specialement à Rome, d après les inscriptions juives." In *Corpus Inscriptionum Judaicarum.* Rome: Pontificio Instituto di Archeologia Cristiana, 1936. liii cxliii. ______. "Le Judaïsme à Rome aux premiers temps de l Église." *Bib* 12(1931) 129-56. **Goguel, M.** "La second géneration chrétienne." *RHR* 136(1949) 31-57, 180-208. **Grass, K. K.** *Ist der Brief an die Hebräer an Heidenchristen gerichtet?* St. Petersburg: Köhne, 1892. **Harnack, A.** "Probabilia über die Adresse und den Verfasser des Hebräerbriefs." *ZNW* 1(1900) 16-41. **Heigl, B.** *Verfasser und Adresse des Briefes an die Hebräer: Eine Studie zur neutestamentlichen Einleitung.* Freiburg i/B.: Wagner, 1905. **Herrmann, L.** "L'épître aux (Laodicéens et l apologie aux) Hébreux." *CCER* 15(1968) 1-16. **Hurst, L. D.** "Apollos, Hebrews, and Corinth: Bishop Montefiore s Theory Examined." *SJT* 38(1985) 505-13. **Judge, E. A.** *The Conversion of Rome: AncientSources of Modern Social Tensions.* North Ryde, NSW: Macquarrie

Ancient HistoryAssociation, 1980. ______. *The Social Pattern of Christian Groups in the First Century*. London: Tyndale, 1950. ______ and **Thomas, G. S. R.** "The Origin of the Church at Rome: A New Solution?" RTR 25(1966) 81-94. **Klauck, H. J.** *Hausgemeinde und Hauskirche im frühen Christentum.* Stuttgart: Katholische Bibelwerk, 1981. **Knoch, O.** "Die frühe Kirche als Familie Gottes: Gedanken zur Erneuerung christliches Gemeinschaft." *GuL* 60(1987) 375-79. **Kraabel, A. T.** "Jews in Imperial Rome: More Archaeological Evidence from an Oxford Collection." *JJS* 30(1978-79) 41-58. **Kuss, O.** "Der Verfasser des Hebräerbriefes als Seelsorger." *TTZ* 67(1958) 1-12, 65-80. **Lane, W. L.** "Hebrews: A Sermon in Search of a Setting." SWJT 28(1985) 13 18. **Leon, H. J.** "The Jews of Rome in the First Centuries of Christianity." In *The Teacher's Yoke: Studies in Memory of Henry Trantham.* ed. E. J. Vardaman and J. L. Garrett. Waco, TX: Baylor University Press, 1964. 154-63. **Lewis, T. W.** "'...And if he shrinks back' (Heb X.38*b*)." *NTS* 22(1975-76) 88-94. ______. "The Theological Logic in Hebrews 10:19-12:29 and thc Appropriation of the Old Testament." Dissertation, Drew University, 1965. **Lo Bue, F.** "The Historical Background of the Epistle to the Hebrews." *JBL* 75(1956) 52-57. **Lorenzen, T.** "Das christliche Hauskirche." *TZ* 43 (1987) 332-52. **Malherbe, A. J.** *Social Aspects of Early Christianity*2. Philadelphia: Fortress, 1983. **Manson, T. W.** "The Problem of the Epistle to the Hebrews." *BJRL* 32(1949) 1-17. **Milligan, G.** "The Roman Destination of the Epistle to the Hebrews." *Exp* 6th ser. 4(1901) 437-48. **Monod, V.** *De titulo epistolae vulgo ad Hebraeos inscriptae.* Montalbani: Granié, 1910. **Mora, G.** *La Carta a los Hebreos como Escrito Pastoral.* Barcelona: Herder, 1974. 69-118. **Murphy-O Conner, J.** *St. Paul's Corinth: Texts and Archaeology.* Wilmington, DE: Glazier, 1983. 153-61. **Murray, R.** "Jews, Hebrews and Christians: Some Needed Distinctions." *NovT* 24(1982) 194-208. **Nauck, W.** "Freude im Leiden: Zum Problem der urchristlichen Verfolgungstradition." *ZNW* 46 (1955) 68-80. **Nestle, E.** "On thc Address of the Epistle to the Hebrews." *ExpTim* 10 (1898-99) 422. **Penna, R.** "Les Juifs à Rome au temps de l Apôtre Paul." *NTS* 28 (1982) 321-47. **Perdelwitz, R.** "Das literarische Problem des Hebräerbriefs: 1. Der literarische Charakter des Schreiben. 2. Der Verfasser. 3. Die Adressaten." *ZNW* 11 (1910) 59-78, 105-23. **Peterson, J. M.** "House-churches in Rome." *VC* 23(1969) 264-72. ______. "Some Titular Churches at Rome with Traditional New Testament Connexions." *ExpTim* 84(1973) 277-79. **Piana,**

G. la. "Foreign Groups in Rome during the First Centuries of the Empire." *HTR* 20(1927) 183-403. **Pitigliani, L.** "A Rare Look at Jewish Catacombs in Rome." *BAR* 6(1980) 32-43. **Quentel, J.** "Les destinataires de l'Épître aux Hébreux." *RB* 9(1912) 50-68. **Ritschl, A.** "Über die Leser des Hebräerbriefs." *TSK* 39 (1866) 89-102. **Robinson, J. A. T.** *Redating the New Testament.* London: SCM, 1976. 200-220. **Sampley, J. P.** *Pauline Partnership in Christ: Christian Community and Commitment in the Light of Roman Law.* Philadelphia: Fortress, 1981. 51-115. **Sandegren, C.** "The Addressees of the Epistle to the Hebrews." *EvQ* 27(1955) 221-24. **Sanford, C. J.** "The Addressees of Hebrews." Dissertation, Dallas Theological Seminary, 1962. **Schiele,F. M.** "Harnack's 'Probabilia' concerning the Address and theAuthor of the Epistle to the Hebrews." *AJT* 9(1905) 290-308. **Scott, E. F.** "The Epistle to the Hebrews and Roman Christianity." *HTR* 13(1930) 205-19. **Shuster, I.** "I destinatari dell' epistola agli Ebrei." ScC 66(1938) 641-65. **Theobald, M.** "'Wir haben hier keine bleibende Stadt, sonder suchen die zukünftige'(Hebr 13:14): Die Stadt als Ort der frühen christliche Gemeinde." *TGl* 78(1988) 16-40. **Vanhoye, A.** *Homilie für haltbedürftige Christen: Struktur und Botschaft des Hebräerbriefes.* Regensburg: Pustet, 1981. **Vogler, W.** "Die Bedeutung der urchristlichen Hausgemeinden für die Ausbreitung des Evangeliums." *TLZ* 107(1982) 785-94. **Waddell, H. C.** "The Readers of the Epistle to the Hebrews." *Exp* 8th ser. 26(1923) 88-105. **White, L. M.** "Domus Ecclesiae Domus Dei: Adaptation and Development in the Setting for Early Christian Assembly." Dissertation, Yale University, 1982. **Wiefel, W.** "The Jewish Community in Ancient Rome and the Origins of Roman Christianity." In *The Romans Debate.* ed. K. P. Donfried. Minneapolis: Augsburg, 1977. 100-119.

히브리서를 이해하게 만드는 삶의 정황에 관한 재구성을 작업 안(Proposal)으로서 임의적으로 작성할 수 있다. 문서 자체로부터 모을 수 있는 증거는 모호하고 다양한 해석에 열려 있다. 그럼에도 불구하고 초대 기독교 공동체를 위한 사회적이고 역사적인 배경을 세우려는 관심은 합법적이다. 이 문서를 삶의 정황 속에서 자리잡게 하는 것이 나의 관심이다. 방법론적으로 히브리서에 대한 사회적 배경을 세우기 위한 최초의 단계는 본문의 세부적인 사항에 근거하여 수신된 청중의 프로필을 스케치하는 것이어야 한다.

청중의 프로필

히브리서의 의사전달은 사회적인 배경에서 기독교적인 모습을 형성하고 있는 여타 사람들 그리고 지도자들과는 구분되는 특별한 지역의 무리들을 위해 준비된 것이다.(13:17, 24). 그들이 도시적인 배경에 자리잡고 있다는 주장은 "여기에 영구한 도성이 없다"(13:14)는 제기에 의해 지원되고 있을 뿐만 아니라 13:1-6에서 표현된 경구적인 관심의 범위와 초점에 의해서도 지원된다. 잘 알지 못하는 그리스도인 여행객들에 대한 환대(13:2), 감옥에 있는 사람들과 학대로 인해 고통하고 있는 다른 그리스도인들과의 동일한 마음(13:3), 결혼의 신성함과 성적인 책임에 대한 관심(13:4), 탐욕에 대한 경고와 지독한 물질주의의 멸망(13:5-6)은 도시적인 배경에 적합하고 자연스럽다.

의도된 청중은 거의 확실히 가정교회, 곧 도시의 다른 여러 지역을 통해 흩어져 있는 교회 중의 하나다. 초대 그리스도인들은 개인의 집의 일반 거실에서 만났다. 그들은 작은 그룹이었을 것임이 확실하며, 한 가족의 구성원들과 주변 이웃들 그리고 가까운 친구들이었을 것이다. 아마도 그들은 15명에서 20명을 넘지 않았을 것이다(참조. Banks, *Paul's Idea of Community*, 41-42; Murphy-O Connor, *St. Paul's Corinth*, 153-61). 그들이 가족 구성원들의 교제에 참여함을 통해 친밀하고 동질성의 감정을 경험했을지라도, 그 수가 태만으로 말미암아 줄어들었다(10:25). 히브리서에서 하나님의 "집"(3:6b; 10:21)으로 교회를 묘사한 것은 가정교회로 모이고 있다는 것을 의도적으로 함축하여 언급하고 있는 것이다.

이 공동체의 사회적 종교적 뿌리는 거의 확실히 유대 주거지와 헬라적 회당 생활에 참여하고 있는 곳으로 추적할 수 있다. 몇 가지 증거가 이런 추론을 지원한다. 그들의 권위의 근원은 옛 헬라역본의 성경이고, 특히 그 본문이 전통은 히브리 텍스트와는 구분된다. 그들은 성경 이야기에 매우 익숙해 있었다. 그리하여 저자는 어떤 설명 없이도(참조. 12:17, 이삭의 축복에서 제외된 에서의 이야기를 언급하면서 그는 "너희의 아는 바와 같이…"라고 말한다) 그것에 대해 언급한다.

저자가 청중과 감정적인 접촉을 세우는 히브리서의 서두는 상당한 정도로 '거룩한 지혜의 범주'에 초월적인 하나님의 아들을 도입한다(참조. W. L. Lane, "Detecting Divine Wisdom in Hebrews 1:1-4," *NTStud* 5[1982] 150-58). 시편 2장의 왕권적인 아들(히 1:2b)과 시편 110편의 왕권적인 제사장(히 1:3c)에 대한 암시로 형성된 개념적인 구조 내에서의 창조, 계시, 그리고 구속에서의 아들의 역할이 신조적인 형식으로 기술된다. 저자의 형식은 헬라적 유대 지혜 전통임을 분명히 알 수 있다. '거룩한 지혜'의 범주는 분명히 통용되었고 청중을 위해서 의미가 있었다. 1:3에서 특이하고 독특한 어휘의 집중은, 그 전승이 구두로 순환되었든지 쓰여진 형태로 순환되었든지 간에, Wis 7:24-27 안에 고착된 전통이 이제 규범이 된 그룹이 청중임을 암시한다. 이 그리스도인 모임의 뿌리는 신학적인 개념과 어휘에서 헬라적 회당에 의해 상당히 영향을 받은 디아스포라 유대교 속에 있다.

수많은 다른 세부사항들이 가정 교회의 구성원들이 헬라적 회당에서 영적으로 지적으로 양육 받았다는 견해를 지지하게 만든다. 예를 들어, 히브리서 2:2에서 저자는 옛 계시의 하늘의 중재자로서 천사들을 암시한다. 출애굽기 19장과 20장에서는 율법을 주심에 있어서 천사들이 배석했다는 것을 암시하지 않지만, 신명기 33:2에서 시내산에서 하나님이 나타나심을 축하하는 구절에서 모세는 하나님이 "거룩한 군단"(개역성경은 "일만 성도")과 함께 오셨다고 선언하고, 70인경은 "천사들이 그의 우편에 있었다"고 덧붙인다(참조. 68:17). 때때로 일세기 이전에 특히 헬라적 유대인들 중에서 천사들이 율법의 전달에 중재적인 역할을 했다는 확신이 퍼져 있었다(참조. 행 7:38, 53; 갈 3:19; Jos., *Ant.* 15.136). 히 2:2; 9:13; 10:28; 12:25에서 모세의 율법의 규범적인 특징에 대한 호소와 함께 히브리서 2:2에서 천사에게 할당된 적극적인 역할은 의도된 청중이 헬라 유대적 공동체와 지적으로 감정적으로 연관을 계속 유지했다는 것을 주장하는 경향이 있다.

이런 주장은 히브리서의 전개에서 모세의 중심성과 일치한다(참조. P. R. Jones, *RevExp* 76[1979] 95-107). 헬라적 유대교에서 모세의 중요성과 그가 받는 존경을 아무리 과장해도 지나치지 않다. 언급을 유대적 헬라 텍스트들에 제한한다면, Ezekiel the Tragedian에 의한 *The Exodus*(Eusebius, *Preparation for the Gospel* 9.29에 의해 보존된)의 한 구절을 상기하는 것이 필요할 것이다. 모세는 하나님이 자신을 하늘의 보좌로 올리고 유일무이한 권위의 상징으로서 왕관과 홀을 하사할 것이라는 꿈을 보았다.

모세가 구약에서 단 한번만(시 99:6) 제사장으로 지칭될지라도, 그의 레위 가문의 배경(출 2:1-10)과 하나님의 말씀과 하나님의 특권적인 비전에 대한 사역(출 33:12-34:35; 민 12:7-8)뿐만이 아니라, 제단에서의 봉사(출 24:4-8)는 그를 분명히 제사장적인 기능과 연관시킨다(참조. C. Hauret, "Moïse était-il prêtre?" *Bib* 40[1959] 509-21). 필로는 모세를 대제사장으로 묘사하는 것을 주저하지 않는다(예. *The Life of Moses* 2.66-186; *Who is the Heir?* 182; *On Rewards and Punish-*

ments 53, 56). 헬라적 유대 전통에서 모세는 하나님에게 신속하게 접근할 수 있다는 의미에서 최고의 완벽한 모범이다. 그러한 견해가 헬라적 유대 공동체에서 양육된 사람들의 공통된 특성이었다면, 이것이 모세와 예수가 히브리서에서 발전된 논증에서 결합되고 비교되는 이유를 설명해준다(예를 들어, 3:1-6; 8:3-5; 12:18-29; 13:20의 주석을 보라).

증거의 축적된 무게는 도시적인 배경의 다른 가정교회들과 느슨하게 연관된 한 작은 가정의 교제에 참여하고 있는 남녀들을 가리키는데, 그들의 신학적 어휘와 개념들은 헬라적 유대교의 풍부한 유산을 가진 것으로 알려진다.

과거의 위치와 현재의 위기

저자는 자신의 청중들을 개인적으로 알고 있었고, 곧 그들을 재방문하려고 예상하고 있었다(13:19, 23). 여러 가지 점에서 그는 그들의 과거의 경험에 관하여 어느 정도 알고 있음을 보여준다(2:3-4; 5:11-14; 6:9-11; 10:32-34을 보라). 예를 들어, 그는 그들이 예수의 사역을 둘러싸고 있는 원(原) 사건에 참여하지는 않았다는 것을 알고 있다. 그들은 예수로부터 직접 들었던(2:3) 다른 사람들의 설교에 대한 반응으로 믿음에 이르게 되었다. 이 순회 기독교전도자의 간증은 하나님의 부수적인 증거로 말미암아 효과가 있게 되었다. 하나님은 타당성과 진실성을 뒷받침하는 눈에 보이는 외적 증거로 그들의 구원의 설교를 승인했다(2:4). 언급된 말씀은 구속의 완성을 전조하는(6:9의 주석을 보라), 주님이 복음적인 선포를 통해 계속해서 말씀하시고 행하셨다는 것을 확증하는, 복음의 능력의 눈에 보이는 증거에 의해 보충되었다. 고대 이스라엘처럼, 기독교 회중은 계시 행위에 의해 형성되었다.

공동체에 처음 복음을 전파한 사람들은 그들과 함께 첫 번째 지도자들로 남았다(13:7의 주석을 보라). 지금은 고인이 된 지도자들의 활동은 가정교회의 생활에서 초기에 집중되었다. 그들의 권위는 그들이 선포하고 하나님이 유효케 하는 증거를 승인했던 구원의 말씀에 오직 근거했다(F. Laub, "Verkündigung und Gemeindeamt: Die Authorität der ἡγούμενοι Hebr 13,7.17.24," *SNTU* 6-7[1981-82] 171-77을 보라).

저자가 2:1("그러므로 모든 들은 것을 우리가 더욱 간절히 삼갈지니 혹 흘러 떠내려갈까 염려하노라")에서 청중에게 언급한 것은 정확히 이전의 지도자들이 설교했던 말씀에 대한 공동체의 현재의 반응에 관한 것이다. 2:1-4에서의 권고의 단위는 현재의 상황에서 청중들에게 언급하고 있는 크고 작은 일련의 항목들의 첫 부분이다(참조. 3:7-4:13; 5:11-6:12; 10:19-39; 12:14-29). 저자가 경고나 어떤 목회적 호소를 청중에게 언급하기 위해 자세를 취하고 있는 항목들은 히브리서의 사회적이고 역사적인 배경의 재구성에 의미 있는 이해를 갖게 한다. 그것들은 직접적인 방식으로 메시지의 요지를 청중과 연관시키며 저자가 그러한 정열적인 신실함으로 반응했던 상황을 알 수 있게 하는 방식의 누적된 인상을 전달한다.

예를 들어, 2:1-4의 구성은 공동체가 초기 기독교 운동에 대한 그들의 헌신에서 나태해졌다는 것을 암시한다(2:1-4의 주석을 보라). 바르트(M. Barth)가 1:5-14에서 천사들보다 성자(Son)의 우월함을 그리고 있는 것과 2:1-4의 엄숙한 경고간의 긴밀한 관계로부터 관찰했던 것처럼, "성경의 제시는 결국 이 사람을 위한 것만이 아니라 실제적인 유혹 속에 있는 회중들에 대한 형제애적인 봉사를 담고 있다"("The Old Testament in Hebrews," 57). 그 유혹은 그들에게 설교된 하나님의 말씀의 요청과 크리스천의 헌신의 진지함을 존중하지 않는 것인데, 결과적으로 공동체의 일부 회원이 "떨어져나갈"(2:1) 위험에 있었다. 혼란의 요인이 무엇인지는 이 시점에서 구체적이지 않다. 의도된 청중은 그들이 받은 구원의 메시지의 엄숙한 요지를 인식하고 그것에 대한 적극적인 반응을 재확인할 것을 요청 받고 있다.

히브리서 전체를 통해서 저자는 공동체가 하나님의 언급된 말씀에 대한 반응에서 우물쭈물하고 있다는 우려를 표명한다. 의미있게도, 그의 목회적인 관심은 청중 개개인들에게로 확장된다(3:12, 13; 4:1, 11; 6:11; 12:15의 주석을 보라). 그러한 암시는 가정 교회 내에 더 강하거나 약한 믿음의 사람들이 각기 있었다는 사실을 말해준다. 어떤 사람들은 다른 사람들보다 하나님에게서 떨어져나갈 위험스런 경향이 더욱 있었다. 의도된 청중은 분명히 경험이나 성향 또는 성숙에 있어서 단일하지가 않다(12:13, 15의 주석을 보라). "매일 서로를 격려하라"(3:13)는 교훈은 상호적인 격려를 위해서 가정의 권속들이 매일 서로 모였다는 것을 사실상 전제한다(10:25; 고로 Windisch, 31; Michel, 106).

의도된 청중에 관한 새롭고 의미 있는 정보는 5:11-6:12에서 공급된다. 히브리서를 쓰는데 동기부여를 한 역사적인 상황을 식별하기 위한 일에 이 경구적인 단위의 중요성이 일반적으로 인식되고 있다. 예를 들어 목회적인 돌봄의 문서로 히브리서를 탐구한 모라(G. Mora)는 5:11-6:12을 "히브리서의 해석을 위한 열쇠적인 본문"으로 묘사한다(*La Carta*, 18; Mora는 pp. 11-48, 69-118을 이 단위를 설명하는 것에 집중한다). 5:11에 영적으로 느슨해지고 있는 것에 대한 비판은 이전의 권고적인 단락(2:1; 3:7b 8a, 15, 4:1 2, 7b)에서 책임 있게 듣는 것에 관한 중요성을 재차 강조하고 있다.

이 구절들은 청중의 경험과 직접적으로 연관된다. 함축되고 있는 것은 복음에 대한 반응의 부족 그리고 그리스도인의 고백의 의미를 입증하고 믿음과 순종으로 반응하려고 하지 않는다는 것이다. 이 무감각한 성향을 단호히 점검하지 않는다면, 영적인 무기력증에 빠지고 믿음과 소망의 상쇄를 가져올 것이다.

5:12-14의 해석에 관한 열쇠는 아이러니의 존재에 관한 인식이다. 5:12에 수반된 책망은 그룹 외부에 있는 사람들과의 접촉을 삼가는 성향과 이것이 전제하는 확실성의 상실을 반영한다. 본문의 그러한 독법은 청중이 다른 사람들을 가르치는 사람들이 되어야 한다는 우연한 언급에 의해서 지지되는데, 왜냐하면 그들은 오랜 기간동안 그리스도인이었기 때문이다. "너희가 하나님의 말씀의 초보가 무엇인지 누구에게 가르침을 받아야 할 것이니"라는 관련한 진술은 공동체의 실제적인 상황에 관한 저자의 심사숙고한 판단인 것으로 통상적으로 받아들여진다.

그러나 이런 이해는 성숙한 신자들로서 그들에게 반응하는 그의 결심과 상보되기가 어렵다(6:1, 3의 주석을 보라). "너희가 젖이나 먹고 단단한 식물을 못 먹을 자가 되었도다"(5:12b)라는 저자의 반응은 아이러니하다. 통렬한 아이러니와 함께 저자는 도시생활에서 그리스도인으로서 책임 있는 삶을 위한 윤리적이고 신학적인 결과가 있는 성숙을 인식할 것을 청중들에게 요청한다.

5:13의 해석은 "의의 말씀을 경험하지 못한 자요", 또는 더 좋게는 "의의 말씀에 익숙하지 못한"이라는 구절의 적절한 이해에 의존한다. "의의 말씀"(*λόγος δικαιο-σύνης* - 로고스 디카이오수네스)이란 표현은 상당히 어렵고, 다양한 제안을 불러일으킨다. 이 주석에서 그 표현의 정확한 해석에 대한 열쇠를 폴리갑의 *Letter to the Philippians* 9:1이 제공하고 있다고 제기한다. 거기서 이 정확한 구절이 히브리서에서처럼 인내를 요청하는 것과 연관된다. "의의 말씀"은 기록에 상응하는 교훈을 담고 있다: 그리스도인은 제자도의 대가를 준비해야 한다. 설사 그 대가가 순교에 이르는 것이라 할지라도 말이다(5:13의 주석을 보라).

히브리서 5:13에 "의의 말씀을 경험하지(익숙하지) 못한"이라는 구절은 그룹의 행동을 형성하는 새로운 고통과 치욕의 위협, 심지어 순교이 폭력일 수도 있는 치욕임을 암시하며, 저자는 6:4-6에서 다시금 하나님의 아들을 못박고 공적인 치욕에 그를 드러나게 하는 전망을 언급한다.

이것이 본문의 정확한 독법이라면, 청중의 사회적인 역사를 치욕과 공개적인 학대에 대한 반응의 측면에서 읽을 수 있다. 처음부터 고통은 가정교회의 기독교 경험에 관한 구성 성분이었다. 사실상 10:32-34에서 저자는 그리스도에 대한 확고한 헌신을 가졌던 과거의 자세를 언급하고 학대의 압박 하에서 서로에게 현재와 곧 다가올 미래의 새로운 위험에 적절한 반응을 위한 패러다임을 형성하고 있다(아래의 "The Edict of Claudius"을 보라).

아마도 과거의 고통과 학대 그리고 손실에 대한 지울 수 없는 기억이 10:25에서 솔직하게 인식할 수 있는 공동체의 허약을 설명해주고, 5:11-14에서 관찰할 수 있는 외부인들과의 접촉을 피하는 일반적인 경향을 말해준다. 의도된 청중은 현재 믿음의 위기와 실패의 감정을 경험하고 있다.

루이스(T. W. Lewis)는 히브리서의 청중이 이사야 26:20("내 백성아 갈지어다 네 밀실에 들어가서 네 문을 닫고 분노가 지나기까지 잠간 숨을지어다")의 후퇴와 도망의 측면에서 삶의 양식을 해석하는 성경적 근거를 찾았다고 주장한다(*NTS* 22 [1975-76] 91-93). 히브리서 10:38-39에서 회피하고 있는 사람들을 하나님이 기뻐하지 않으신다는 분명한 언급과 함께, 히브리서 10:37의 성경의 인용에 대한 암시는 하박국 2:3-4의 인용에 의해 자격이 상당히 부여되고 있는데, 그것은 이 매력적인 제안을 어느 정도 빌리고 있다.

10:32-35에서 저자는 과거의 역경의 환경에서 공동체의 용기 있는 헌신의 자세를 제시함으로써 현재를 지원하는 담대함의 모델로서 청중의 편에서의 건강하지 못한 태도를 지적하는 것을 추구한다. 박해의 위기에서 신자들을 강하게 하였던 초기 기독교인들의 전통에 의존하고 있는(참조. Nauck, *ZNW* 46[1955] 68-80) 저자는 그 전통을 이 글을 보내고 있는 청중의 경험에 적용하였는데, 그들에게 이전의 충성을 필적할 수 있도록 격려하기 위해서다.

의도된 청중의 사회적 배경에 대한 탐구는 박해와 치욕과 처형에 노출되고 하나님의 간여를 통해 구조 받지 못한 남녀들의 신앙을 기념하는 것과 관련한 종결을 주고 있는 것으로 보인다(11:35b-38). 순교자의 범주는 예수에 대한 언급과 함께 영예가 주어지는데, 예수는 치욕을 당하면서도 십자가를 견디셨다(12:2). 예수가 보증이 없는 학대와 부끄러움과 고통스러운 죽음을 참아내셨다는 것(12:2-3)은 공동체가 실제로 견뎌야 할 고통에 관한 전망을 제공해주었다(참조. 12:4, "너희가 죄와 싸우되 아직 피흘리기까지는 대항치 아니하고"). 이 논쟁적인 어휘는 예수가 당한 치욕을 감수하면서 거룩한 경내의 안전함을 떠나 예수와의 공개적인 동일시를 무릅쓸 것을 청중들에게 요청하는 의도성을 갖고 있다.

의도된 청중의 사회적 위치

공동체의 사회적 위치에 대한 제안은 동방의 예루살렘에서 서방의 스페인에 이른다(참조. F. F. Bruce, *ANRW* 25.4[1987] 1313-17에서의 다양한 제안에 대한 개관; D. Guthrie, *New Testament Introduction*[4], 696-701). 이 주석에서 반영하고 있는 결정적인 판단은 의도된 청중이 로마 내에 또는 근처에 자리잡고 있다는 것이다. "이달리아에서 온 자들도 너희에게 문안하느니라"(13:24b)의 형식의 모호함은 잘 알려져 있다(아래의 13:24에 관한 원문주해 i를 보라). 그럼에도 불구하고 신약성경에서 제공하고 있는 아포 테스 이탈리아스(*ἀπὸ τῆς Ἰταλίας*)의 유일한 병행구에서 그 구절은 분명히 외곽 이탈리아 반도라는 의미에서 "이달리야에서"를 의미한다는 사실이 남는다. 그 표현은 아굴라와 브리스길라에 대한 언급에서 사용된다. 그들은 현재 고린도에 있었다. 그들은 글라디오가 유대인들을 로마에서 축출하는 포고령을 내렸을 때, "이달리야로부터" 여행했었다(아래의 "The Edict of Claudius"에서 논의된 Suetonius, *Claudius* 25.4을 참조하라).

사도행전 18:2에서 "이달리야"는 "로마"를 지칭한다. 이것은 역시 히브리서 13:24b를 읽는 가장 자연스러운 방법이다. 히브리서를 맺는 소절에서 저자는 로마 안에 또는 근처에 가정교회의 구성원들에게 현재 고향에서 멀리 떨어져 있는 이탈리아 크리스천들의 문안을 전한다(고로 Harnack, *ZNW* 1[1900] 16-41; Scott, *HTR* 13[1930] 205-19; F. F. Bruce, *ANRW* 25.4[1987] 3513-19; 다른 것들 중에서도 그렇다).

다음의 증거는 이 결정적인 판단을 지지하는 것으로 인용할 수 있다

(1) 히브리서 6:10-11과 10:33-34에서 다른 크리스천들의 지원에서 보여지는 청중들의 관대함에 대한 암시는 다른 자료에서 알려진 로마 기독교의 역사와 일치한다(참조. Ign. *Rom.*, Salutation; Dionysius of Corinth[Eusebius, *Church History* 4.23.10에 의해 인용됨]).

(2) 10:32-34에 청중이 감당한 초기의 고난에 관한 묘사는 A.D. 49에 축출에 관한 글라우디오의 칙령을 받은 사람들의 경험과 일치한다(아래의 "The Edict of Claudius"을 보라).

(3) 13:7, 17, 24에 "지도자"(*ἡγούμενοι* – 헤구메노이)로서 공동체의 리더십에 관한 표시를 신약성경 이외의 로마와 관련한 초기 기독교 자료들에서 발견할 수 있다(예. *1 Clem* 21:6; Herm *Vis.* 2.2.6; 3.9.7; 히 13:7의 주석을 보라).

(4) 히브리서는 먼저 로마에 알려졌고 사용되었다. 로마의 클레멘트는 고린도에 보내는 자신의 목회서신에서 로마교회들 중에서 히브리서의 순환에 관한 논박할 수 없는 증거를 제공한다. 클레멘트 1서 전체를 통해서 히브리서의 형태와 진술에 대한 두드러진 병행이 있을 뿐만 아니라 클레멘트는 *1 Clem.* 36:1-6에서 히브리서를 문자적으로 의존하고 있다(아래의 "The Edict of Claudius," "Stephen and the Hellenists"을 보라).

물론 성경본문이나 초기 기독교 전통으로부터의 확고한 증거가 없이 공동체에 대한 사회적 위치를 아주 명확하게 규정하는 것은 상당한 위험일 수 있다. 이 가정은 결코 증명할 수 있는 것은 아니다. 하지만 그렇게 하는 것이 다른 전제가 부족한 히브리서에 구체성을 줄 수 있고, 본문에 있을 법한 구조를 제공할 수 있다. 위험을 대가로 얻을 수 있는 것은 주석의 과정에서 주해적으로 검증할 수 있는 히브리서의 진술에 대한 사회적 배경의 의미다. 지원되는 세부사항들이 로마 내에 또는 근처에 가정교회를 규정하기에 충분하다면, 그때에 유대 공동체와 로마의 초기 가정교회에 관해 알려진 것이 청중의 삶에 영향을 미친 사회적 역동성의 일부를 재구성하는 일을 추구하는데 요구될 수 있다(Leon, "The Jews of Rome," 154-63; Penna, *NTS* 28[1982] 321-47; F. F. Bruce, "Paul and Roman Christianity," 379-92; Wiefel, "The Jewish Community in Ancient Rome," 100-119의 현재의 연구에 관한 가치 있는 요약들을 보라).

로마의 기독교는 본래 유대적이었고 분명히 분파적인 의미에서 유대적이었다(참조. 로마서에 대한 Ambrosiaster의 설명의 서문을 참조하라[H. J. Vogels in *CSEL* 81.1(1961) 6이 편집함]: "로마인들은 사도 중의 어느 누구에 의한 어떤 놀라운 역사의 표지도 보지 못하였을지라도, 그럼에도 불구하고, 유대적 의식에 따라 그리스도의 신앙을 포용했다; Hippolytus, *Apostolic Tradition* 20.5[부활주일에 세례를 위해 예비자들을 위한 성목요일의 세족례에 규정된 정결 대야가 분파적인 유대적 의식과 유사성을 보여준다]). 바울이 로마서를 썼을 때에는 이방인들의 상당한 유입이 기독교에 있었고, 권한의 균형이 이방인 지도부에 넘어갔다.

로마서 16:3-15에서 바울은 로마에서 몇몇 가정교회의 존재에 관한 인식을 보여주는데, 그 중에 하나가 유대 크리스천 지도자인 아굴라와 브리스길라와 관련이 있었다. 아굴라와 브리스길라는 유대인 축출에 대한 포고가 내려진 이후에 제국의 수도에서 지금 떠나 있다(롬 16:3-5; 다른 권속들의 교제에 대해서는 롬 16:10b, 11b, 14, 15을 보라. 문안의 전체 목록은 가족 권속들에 의해 구성되었을 가능성이 있다). 이 시기 동안에 로마의 그리스도인들은 가정교회의 그룹으로서 만난 것으로 보인다. 로마의 가장 오래된 유대 크리스천 회중은 아굴라와 브리스길라가 집주인과 후원자로서 기능했던 권속이었다(Wiefel, "The Jewish Community in Ancient Rome," 113).

2-3세기로 거슬러 올라가는 몇몇 이야기들의 건물에 관한 유적(하지만 그것은 시간이 흘러감에 따라 수정되었다)이 로마의 그러한 초기 가정교회들이 어떠했을 것이냐는 인상을 전달해준다. 커다란 저택의 유적들 속에 로마에 적어도 현존하는 세 개의 명목상의 교회들이 마루 밑에 보존되었거나 벽들 속에 남겨져 있다(참조. Peterson, *ExpTim* 84[1973] 277-79; id. *VC* 23[1969] 264-72). 1층은 상점들이 점유했던 것으로 보이며, 2층은 잘 사는 가정들이 점유한 것으로 보인다. 장인들과 기술자들의 사회적 세계와 이 건물의 연관이 아굴라와 브리스길라의 가정 교회에 대한 언급에 비추어 암시되고(롬 16:5), 이 부부의 건물은 일터, 거주지 그리고 모임장소로 사용되었음이 틀림없다. 로마의 초기 제국의 시대로부터의 통상적인 가정 건물에 대한 발굴은 아직 없지만, 패커(J. E. Packer)의 건물(*insulae*) 또는 아파트 건물에 관한 작품은 건물에 구분이 없이 인접한 단위들이 있었음을 가리켜준다("Housing and Population in Imperial Ostia and Rome," *JRS* 57[1967] 80-95).

로마서 16:3-15에서의 바울의 문안에 의해 전달된 인상은 서로 밀접한 관계가 없는 많은 작은 가정권속들의 모임에 관한 것이다. 바울의 문안의 한 가지 목적은 여러 가정교회들이 서로간의 관계를 별로 좋아하지 않았을 때에 연합의 의미를 강화하는 것이었을 것이다. 이그나티우스와 허마스는 심지어 2세기 몇 십년 간에도 로마는 단일한 한 주교의 행정적인 권위하에 구심적으로 조직되지 않았다는 증거를 제공한다. 일곱 개의 서신 중에 여섯 개에서 이그나티우스는 주교직의 중요성에 관해 주장한다. 로마서 서신(*Letter to the Romans*, 약 A.D. 110)에서 이 목회적인 관심과 관련한 그의 침묵을 로마에서 단일한 주교가 없었던 것으로 가장 잘 설명될 수 있다. 조금 더 뒤에 허마스(Hermas)는 "교회를 관장하는 장로들"에 관해서 오직 언급한다(*Vis.* 2.4.3; 3.9.7). 초기 가정교회는 어떤 조직적인 구조이었든 간에, 주로 헬라적 회당과 그리스 로마 권속들의 확대된 가정 구조로부터 기원했다고 간주할 수 있다. 또한 초기 가정교회는 상인 길드나 특별한 이익집단들에 의해 형성된 다른 자발적인 협회들로부터 관행을 빌려왔을 것이다(참조, Malherbe, *Social Aspects* 2, 88-91).

로마에 흩어져 있는 가정교회들의 확산은 다양성, 불일치, 그리고 독립적인 경향이 왜 교회의 초기 시대에 끊임없는 문제였는가를 암시해준다. 히브리서에는 청중과 현재에 지도자들로 인식된 사람들 간에 긴장의 증거가 있다(13:17-18의 주석을 보라). 히브리서에는 두 그룹을 사랑을 나누는 사회적인 배경으로 가져오려는 저자의 편에서의 분명한 목회적 관심이 있다(13:24a의 주석을 보라). 저자는 가정교회의 권속들을 자치적인 사회로서 간주하도록 허락하지 않으며, 또한 도시 안의 다른 가정의 그룹들과 분리하지 못하게 한다. 청중과 그들의 현 지도자간의 긴장에 관한 원인은 권속과 가정교회 내에 사회적 권위의 특권을 갖고 있는 주최자와 후원자로서의 가장(家長)과, 저자가 현재의 지도자들로서 인식하고 있는 사람들간의 긴장된 관계였음이 가능하다(바울에게 초점을 맞춘 암시적인 접근에 대해서는 L. M. White, "Social Authority in the House Church Setting and Ephesians 4:1-16," *ResQ* 31(1988) 209-28을 보라; 참조. J. H. Elliott, "Patronage and Clientism in early Christian Society: A Short Reading Guide," *Forum* 3[1987] 39-48). 청중의 편에서 분리하고자 하는 경향을 막기 위해서 저자는 도시 전역에 "모든 성도들에게" 자신의 문안을 전할 것을 요청한다(13:24a).

저작의 배경과 시기

참고문헌

Ayles, H. H. B. *Destination, Date, and Authorship of the Epistle of the Hebrews.* London: Clay, 1899. ______. "The References to Persecution in the Epistle to the Hebrews." *Exp* 8th ser. 12(1916) 69-74. **Bacon, B. W.** "The Doctrine of Faith in Hebrews, James and Clement of Rome." *JBL* 19(1900) 12-21. **Barton, G. A.** "The Date of the Epistle to the Hebrews." *JBL* 57(1938) 195-207. **Cockerill, G. L.** "Heb 1:1-14, *1 Clem* 36:1-6 and the High Priest Title." *JBL* 97(1978) 437-40. **Ellingworth, P.** "Hebrews and 1 Clement: Literary Dependence or Common Tradition?" *BZ* 23(1979) 262-69. **Ellis, E. E.** "Dating the New Testament." *NTS* 26 (1979-80) 487-502. **Freytag, W.** "Das Problem der zweiten Generation in der jungen Kirche." *EvMz* 1(1940) 198-210. **Goguel, M.** "La second géneration chrétienne." *RHR* 136(1949) 31-57, 180-208. **Goodspeed, E. J.** "First Clement Called Forth by Hebrews." *JBL* 30(1911) 157-60. **Hagner, D. A.** *The Use of the Old and New Testaments in Clement of Rome.* NovTSup 34. Leiden: Brill, 1973. 179-95. **Holtz, T.** "Einführung in die Probleme des

Hebräerbriefes." ZZ 23(1969) 321-27. **Mees, M.** "Die Hohepriester- Theologie des Hebräerbriefes im Vergleich mit dem ersten Clemensbrief." *BZ* 22(1978) 115-24. **Parker, H. M. Jr.** "Domitian and the Epistle to the Hebrews." *IlRev* 36(1979) 31-43. **Ramsay, W. M.** "The Date and Authorship of the Epistle to the Hebrews." *ExpTim* 5(1899) 401-22. **Riddle, D. W.** "Hebrews, First Clement, and the Persecution of Domitian." *JBL* 43(1924) 329-48. **Robinson, J. A. T.** *Redating the New Testament.* London: SCM, 1976. 200-220. **Welborn, L. L.** "On the Date of First Clement." *BR* 24(1984) 35-54.

히브리서의 저작에 대한 배경과 일반적인 연도를 분별함에 있어서, 역사 비평적인 패러다임에 근거한 두 가지 분석적인 원리의 지침을 받을 필요가 있다. (1) 문학적 본문은 히브리서가 저작된 배경에 대한 주요한 증거를 제공해준다. 이런 측면에서 문학적 본문은 히브리 저작의 시기에 대한 문서적인 증거를 제공해준다. (2) 본문 속에 언급된 사건들에 대한 초기의 가장 좋은 증거들을 찾는 것이 필수적이다.

저작의 배경

히브리서의 저작을 둘러싼 배경의 재구성은 오직 본문 자체에만 있다. 불가능하지는 않을지라도, 청중과 저자의 정확한 관계를 결정하는 것이 쉽지 않다. 13:17-19에서 저자는 자기 자신을 그 공동체가 순종과 복종을 해야하는 "지도자들" 중에 포함시킨다. 13:19b의 목적절("내가 더 속히 너희에게 돌아가기를 위하여")은 저자와 저자가 편지하고 있는 사람들이 서로 잘 알고 있었음을 분명히 함축한다. 그는 그의 목회적인 책임의 영역이 "권고의 말씀"(13:22)을 전하는 사람들에게 확대되어야함을 설복당한다. 그의 설교(1:1-13:21)는 말미에(13:22-25) 부가된 간단한 개인적 언급과 더불어 자신이 몸소 그곳에 갈 때까지 그들과 함께 하고 있다는 사실의 대체물로서 의도되었다(13:19, 23). (저자가 실제로 그가 설교했던 가정교회에 구성원이었다는 주장과 그가 다른 리더들의 주문, 즉 "다른 리더들이 교회의 모든 사람에 의해 잘 알려져 있고 존경받는 일종의 원로 지도자인 저자에게 글을 써줄 것을 호소했다"는 주장에 대해서는 B. Lindars, "The Rhetorical Structure of Hebrews," *NTS* 35[1989] 384-86을 보라.)

의도된 청중은 위기 속에 있는 회중이었다. 청중의 수에서도 이탈이 있었다(10:

25). 남아 있는 사람들 중에서도 믿음의 타당성에 대한 확신을 상실하고 있었다. 그들이 수용한 구원의 메시지에 대한 관심도 줄어들었다(2:1-4). 그 메시지는 이전에 그들에게 하나님의 새 언약 백성들로서의 신분의 의미를 가져다 주었다. 저자는 그들이 더 이상 성경과 설교에서의 하나님의 목소리를 들으려고 하지 않고 있다는 것을 함축한다(2:1; 3:7b-4:13; 5:11; 12:25). 그들은 자기 자신을 예수 운동에 일치시킨 직후에 보여주었던 담대한 헌신의 자세에서 분명히 후퇴하였다. 당시에는 공개적인 학대와 투옥 그리고 재산의 손실도 감내하였었다(10:32-34). 따라서 그들은 현재 무기력하고 낙심한 마음을 가진 것으로 묘사되고 있다(5:11; 6:12; 12:3, 12-13). 그들은 그들의 신분에 적대적인 사회적인 기후에서 신앙고백을 견지할 필요성에 지쳐 있었다(12:3-4).

저자에게 경각심을 주었던 한 가지 고려사항은 이전의 지도자들이 설교한 하나님의 말씀과 상충하는 것으로 간주했던 전통들에 대해서 무리들이 이끌림을 당하고 있었다는 사실이다(13:7-9). 이런 유혹 당함은 공동체와 현재의 리더들 사이에 해결되지 않는 긴장의 근원이었던 것으로 보인다. 또한 그것은 분리하려고 하는 무리의 경향을 설명해주는데, 그들은 권속들간의 교제에 대한 폭넓은 네트워크를 형성하려는 책임의식을 갖지 않았다(13:24). 불안정한 사회 종교적 요인들은 그들 구성원들을 사회-정치적 그리고 종교적 기후의 동요에 취약하게 만들면서, 가정교회의 안정성을 해치는 일에 합세하였다.

이 간단한 스케치는 히브리서가 두 번째 세대의 관심들에 대하여 언급한 저작임을 암시한다(참조. Freytag, *EvMz* 1[1940] 198-210; Goguel, *RHR* 136[1949] 31-57, 180-208). 문제의 근원이 재림(파루시아)의 지연, 사회적 추방과 임박한 박해(12:4; 13:13-14), 또는 열정의 일반적인 쇠퇴와 확신의 상쇄(3:14; 10:35)인지는 논쟁의 문제가 된다. 그것이 어떤 경우이든 간에, 위기 속에 있는 공동체의 증상 중에 하나는 그들의 소망이 흔들리고 있었다(3:6; 6:18-20; 10:23-25; 11:1). 저자는 그룹의 일부 구성원들이 배교의 중대한 위험 속에 있음을 감지했다. 저자는 그것을 살아 계신 하나님으로부터 배교하는 것으로 그리고 예수 그리스도를 다시 공적인 모욕에 처하게 하는 것으로 정의했다(6:4-6; 10:26-31). 그러한 행위는 언약적 신실성을 위반하는 것이며, 언약적 교제로부터 떨어져 나가는 것이다(참조. V. P. Verbrugge, “Towards a New Interpretation of Hebrews 6:4-6,” *CTS* 15[1980] 61-73). 저자는 회중 가운데 더 연약한 지체들이 하나님의 은혜를 거부하고 개인적인 부주의로 말미암아 새 언약의 공동체에 참여함을 상실할 것을 깊이 우려한다

(3:12-15; 4:1, 11; 6:4-8, 11; 10:26-31; 12:15-17, 25-29). 히브리서의 저작 배경의 증거를 위한 이런 독법은 저자가 채택한 목회적인 전략뿐만이 아니라 호소의 긴급한 목소리도 설명해준다.

저작의 시기: 일반적인 고려사항들

저자와 저자가 편지하고 있는 사람들은 예수로부터 직접 들었던 사람들의 설교에 대한 반응으로 믿음에 이르게 되었다(2:3-4). 뒤이어 이들은 형성기 동안에 공동체의 생활에서 주요한 역할을 하였다(13:7). 하지만 초창기에 말씀을 들었던 사람들은 이제 죽고 없다. 그들은 "하나님의 말씀을 과거에 말했기" 때문에, 그들의 설교는 공동체의 과거에 속한 것이었다. 공동체의 구성원들이 오랜 시기에 복음의 추종자였다는 언급과 더불어 이 사실은 히브리서의 저작 시기가 복음의 시작이나 기독교 운동의 이래로 적어도 30-40년은 지난 것으로 보이게 만든다. 따라서 히브리서에 할당할 수 있는 가장 이른 시기는 A.D. 60년경인 것으로 보인다.

저작시기를 위한 범위에 최대 한도는 히브리서가 클레멘트 1서에서 분명한 인용 없이 이미 적절히 사용되고 있다는 사실에 의해 설정된다(히 11:37의 사용에 대한 *1 Clem* 17:1을 보라. 히 1:3-5, 7에 대한 직접적인 문학적 인용에 대한 *1 Clem* 36:2-6을 보라. 히 1:7의 정확한 단어[70인경으로부터 변화 속에서]로 시 104[70인경]:4의 인용에 대한 *1 Clem* 36:3을 보라). 두 문서가 단지 공통된 전승을 공유하고 있다고 주장될지라도(고로 예를 들어, Theissen, *Untersuchungen*, 35-37), 클레멘트가 사실상 문자적으로 히브리서에 의존하였다는 것이 폭넓게 인식되고 있다(예를 들어 Renner, 31-37; Hagner, *The Use of the Old and New Testaments in Clement of Rome*, 179-95; Cockerill, *JBL* 97[1978] 437-40; Ellingworth, *BZ* 23[1979] 262-69; Braun, 3, 32; Attridge, 6-8을 보라. 히브리서와 *1 Clement* 사이에 유사성에 관한 충분한 논의를 위해서는 아래의 "Recognition in the West"을 보라).

A.D. 95-96의 전통적인 날짜가 클레멘트 1서에 할당되지만, 불충분한 근거를 갖는다(특히 Welborn, *BR* 24[1984] 35-54을 보라). 내적인 증거와 외적인 표증은 클레멘트 1서가 A.D 80과 140년 사이의 어느 시점에서 작성되었음을 가리킨다. 헤게시푸스(Hegesippus)가 고린도에서 A.D. 150년경에 보여졌고(Eusebius, *Church History* 3.16; 4.22), 몇 년 뒤에 고린도의 주교인 디오니시우스(Dionysius)가 공적

으로 가끔씩 그 서신을 읽을 것(Eusebius, *Church History* 4.12; 참조. Irenaeus, *Against Heresies* 3.3.3; Clement of Alexandria, *Stromata* 1.38.5; 4.105.1; 5.80.1)을 언급한 사실에 비추어 그 범위의 최대한도(즉 140년)는 그럴 것 같지 않다. 하지만 히브리서의 저작 시기와 관련한 확고한 추론을 로마의 클레멘트에 의한 히브리서의 사용에서 가져올 수 없다는 사실은 여전히 그대로 남는다.

히브리서의 저작 시기를 할당하는 최대한도는 예루살렘 성전이 로마에 의해 무너진 해인 A.D. 70년경에 확고히 둘 수 있음이 주장된다(예를 들어, Barton, *JBL* 57[1938] 205-7; F. F. Bruce, xiii; Vanhoye, *Situation du Christ*, 50; Renner, 137; Buchanan, 261; Strobel, 83; P. E. Hughes, 30-32; Robinson, *Redating*, 202). 이런 확신에 대한 근거는 아마도 당시에 예루살렘에서 제의적 관행이 있었음을 반영하면서 히브리서의 저자가 현재시제로 제의적 활동을 언급하고 있음이다(예. 7:27-28; 8:3-5; 9:7-8, 25; 10:1-3, 8; 13:10-11). 하지만 그 논증은 이치에 맞지 않다. 히브리서의 저자는 성전의 어느 형태나 당대의 제의적 관행에 전혀 관심을 보이고 있지 않다. 예를 들어, 9:1-10에서 저자는 성전에 대한 것보다 오히려 광야에서의 이스라엘의 장막에 대하여 관심을 집중하고 있다. 그 이유는 거의 확실히 출애굽기 25:40의 이전 사용으로 추적할 수 있는데, 거기서 모세는 시내산에서 하나님이 모세에게 보여준 형태에 따른 성소를 세울 것을 모세에게 가르치고 있다(8:5).

성소의 문제는 옛 언약과 새 언약과의 관계 그리고 둘 사이의 대조로 고려되어진다. 따라서 저자가 성전보다 장막에 관해 언급하는 것이 자연스러운데, 시내산에서의 옛 언약의 확립과 광야의 성소와의 관계 때문이다. 히브리서에서의 논증이 장막에 의해 발전되고 있다는 것은 그 기사의 현재 시제가 계속되고 있는 예루살렘의 성전 의식의 반영으로라기보다는 "특정한 시간에 한정되지 않는" 것으로 취해야 함을 암시한다. (성전이 파괴된 이후에 성전 자체와 그 희생을 묘사하는 데에 그러한 "특정한 시간에 한정하지 않는" 것의 특별한 사용에 대해서는 Jos., *Ant.* 4.224-57; *1 Clem* 41:2; *Barn.* 7-8; *Diogn.* 3을 보라.) 그것들은 히브리서의 저작 연대를 결정하는 것과 관련이 없다.

글라우디오의 칙령

참고문헌

Bacchiocchi, S. "Rome and Christianity until a.d. 62." *AUSS* 21(1983) 3-25. **Benko, S.** "The Edict of Claudius of a.d. 49 and the Instigator Chrestus." *TZ* 25(1969) 406-18. **Bruce, F. F.** "Christianity under Claudius." *BJRL* 44(1961-62) 309-26. **Howard, G.** "The Beginning of Christianity in Rome: A Note on Suetonius, Life of Claudius XXV.4." *ResQ* 24(1981) 175-77. **Janne, H.** "*Impulsore Chresto.*" In *Mélanges Bidez.* AIPHO 2. Brussels: Secrétariat de l Institut, 1934. 531-53. **Lampe, P.** *Die stadtrömischen Christen in der ersten beiden Jahrhunderten.* WUNT 2/18. Tübingen: Mohr, 1987. **Leon, H. J.** *The Jews of Ancient Rome.* Philadelphia: Jewish Publication Society, 1960. 23-27. **Melton, D. V.** "The Imperial Government and Christianity During the Principate of Claudius." Dissertation, University of Oklahoma, 1984. **Momigliano, A.** *Claudius The Emperor and His Achievement.* Rev. ed. Cambridge: Heffer and Sons, 1961. 31-32, 98-99. **Nock, A. D.** "Religious Developments from the Close of the Republic to the Death of Nero." In *The Cambridge Ancient History.* Vol. 10. ed. S. A. Cook et al.. Cambridge: UP, 1934. 465-511. **Piana, G. la.** "Foreign Groups in Rome during the First Centuries of the Empire." *HTR* 20(1927) 183-403. **Preuschen, E.** "Chresto Impulsore." *ZNW* 15(1914) 96. **Roth, C.** *The History of the Jews in Italy.* Philadelphia: Jewish Publication Society, 1946. 7-11. **Scramuzza, V.** *The Emperor Claudius.* Cambridge: Harvard UP, 1940. 145-56, 283-91. **Seston, W.** "L'-Empereur Claude et les chrétiens." *RHPR* 3(1931) 275-304. **Smallwood, E. M.** *Documents Illustrating the Principates of Gaius, Claudius and Nero.* Cambridge: Cambridge UP, 1967. ______. *The Jews under Roman Rule.* Leiden: Brill, 1981. **Vogelstein, H.** *The History of the Jews in Rome.* Trans M. Hadas. Philadelphia: Jewish Publication Society, 1940. **Winslow, D.** "Religion and the Early Roman Empire." In *The Catacombs and the Colosseum.* ed. S. Benko and J. J. O Rourke. Valley Forge, PA: Judson, 1971. 237-54.

히브리서의 저작을 위한 임의적인 연대를 정하기 위한 범위를 좁히는 일을 추구함에 있어서 나는, 본문에서 언급된 사건에 가장 이르고 좋은 증거를 찾는 것이 필요한, 분석적인 원리에 의해 특히 인도함을 받았다. 공동체의 과거에 구체적인 사건에 대한 가장 분명한 언급은 10:32-34이며, 거기에서 저자는 고통, 학대, 투옥, 그리고 재산의 상실에 대한 실제적인 경험을 상기한다. 문맥으로 볼 때, 그는 그룹의 과거 경험을 현재와 인접한 미래의 패러다임으로 만들고 있다. 그는 청중에게 고난과 소외에 대한 현재의 경험을 그리스도에게 흔들림 없이 헌신했던 과거의 자세에 비추어 새로운 시험이라고 여길 것을 호소한다. 저자는 공동체의 관심을 과거뿐만 아니라 미래로 돌림으로써 현재를 위한 그들의 결심을 강화하는 일을 추구하고 있다.

그 증거가 히브리 서신의 도착지를 로마로 지지하기에 충분히 강력하다면(위에 "The Social Location of the Intended Audience"을 보라), 그때에 10:32-34는 수신하고 있는 회중의 초기 역사에 대한 빛을 던져준다. 그 증거에 관한 나의 독법은, 이 사람들이 글라우디오 시대 이래로 크리스천이 되었고, 재산의 몰수에 대항하여 아무런 항거를 할 수 없을 정도로 공적인 조롱을 당해 왔다. 그들의 재산 손실이 무거운 벌금을 부과하거나 제기된 위반에 대한 재산을 몰수하는 당국자들의 공식적인 사법 조치로 인한 것인지(참조. Philo, *Against Flaccus* 10), 또는 그들의 집이 도시에서 추방되거나 투옥된 이후에 약탈을 당했는지는 결정할 수가 없다(참조. Philo, *Against Flaccus* 56). 정확한 상황이 어떠했든지 간에 크리스천들은 그들의 손실을 감사함으로 응대하였다(10:33-34의 주석을 보라).

10:32-34에서 감내한 고난에 대한 묘사는 A.D. 49에 글라우디오 황제에 의해 로마에서 축출 당한 유대 크리스천들이 겪은 고난에 적용할 수 있다. 그들 중에 아굴라와 브리스길라가 있는데, 그들은 A.D 49년이나 50년에 고린도에 도착했다. "글라우디오가 로마를 떠날 것을 모든 유대인들에게 명했기 때문이다"(행 18:2). 이 추방령은 A.D. 120년에 '케사르의 삶'(*Lives of the Caesars*)을 작성했던 슈토니우스(Suetonius)에 의해 알려졌다. 로마의 외국인 무리들과 관련한 글라우디오의 행위를 언급하고 있는 슈토니우스는 아무런 설명 없이 *Iudaeos impulsore Chresto adsidue tumultuantes Roma expulit*(*Claudius* 25.4)라고 언급한다.

이 진술은 모호하고 두 가지 방식 중 하나로 번역될 수 있다: "그는 크레투스(Chrestus)의 선동으로 끊임없이 혼란을 야기하고 있는 유대인들을 로마에서 추방했다" 또는 "유대인들이 크레투스(Chrestus)의 선동으로 끊임없이 혼란을 야기하고 있기 때문에, 글라우디오는 로마에서 그들을 추방했다." 첫 번째 번역은 글라우디오가 유대인들 중에서 혼란에 책임이 있는 사람들만을 오직 추방했다고 해석할 수 있다. 두 번째 번역은 그들이 빈번한 폭동에 가담했기 때문에 전체 유대인 공동체가 칙령에 영향을 받았다고 주장한다. 우리가 첫 번째 번역을 선호할 수 있는 이유는 로마에 유대 공동체가 여러 개의 지역적 회당으로 나뉘었다는 사실이다(Smallwood, *The Jews under Roman Rule*, 138). 가장 가능한 것은 추방령이 한두 개의 특별한 회당의 구성원들에게 내려졌다고 하는 것인데, 그들은 더 이상의 혼란이 없다는 보증이 있을 때까지 도시를 떠날 것을 명령받았다.

impulsore Chresto(Chrestus의 선동으로)에서 보여지는 유명한 혼란은 당시의 정책적 기록을 암시한다. 슈토니우스는 그것을 조심스럽게 평가함이 없이 단지 자신의 자료를 재생산한 것으로 알려져 있다(참조. Janne, *Impulsore Chresto*, 537-46). "크레투스"(Chrestus)("좋은" 또는 "유용한"을 의미하는)가 로마의 종들 사이에 매우 흔한 이름이었을지라도, 흔한 유대인의 이름은 아니었다. 레온(H. Leon)은 일세기에 로마에서 유대인들에 의해 사용된 550개의 이름들을 언급하고 있지만, "Chrestus"는 목록에 없다(*The Jews of Ancient Rome*, 93-121). "Chrestus"에 대한 왜곡된 언급은 로마의 유대 공동체 내에서 크리스천들이 있었음에 대한 증거임이 거의 확실하다. 유대인 지역에서 혼란의 근원은 유대 크리스천들에 의한 기독교 메시지의 전파였고, 특히 십자가에 못 박힌 예수가 유대인의 메시아였다는 주장을 전파한 것 때문이었다. 유대인 공동체는 폭력적인 논쟁에 가담했고, 곧 이것은 제국의 당국자들에게 좋지 못한 관심을 끌었다. 따라서 글라우디오는 가장 직접적으로 관련한 사람들에게 영향을 주는 추방령을 발행하였을 것이다.

Chrestus와 Christus(메시아)간의 혼돈은 충분히 자연스럽다. 고대에는 스펠링과 발음의 구분을 소홀히 하였다. 신약성경의 사본 전승에서도 사도행전 11:26; 26:28과 베드로전서 4:16에서 "크리스천"의 이름의 스펠링에서 혼돈이 있음을 반영하는데, 거기서 중요한 uncial codex Sinaiticus(ℵ)는 크레스티아노스(*Χρηστιανός*: 즉 *Chrestianos*)라고 읽는다. 심지어 그 구분이 알려진 뒤에도, 크리스천이 아니었던 사람들 중에 두 형태를 호환하여 사용하는 것이 꽤 흔하였다. 새 "미신"의 창시자를 흔한 노예 이름과 동일시하려는 충동은 저항하기 어려웠을 것이다. 몇몇 초기 변증학자들은 크리스천들을 매우 당황하게 이교도들이 자주 이 두 스펠링을 혼돈하고 있음을 불평한다(참조. Justin, *Apology* 1.4; Tertullian, *Apology* 3; Lactantius, *Divine Institutes* 4.7).

글라우디오의 칙령의 시기가 논쟁이 되어진다. 슈토니우스의 저작의 스타일은 혼란이나 추방령에 대한 시기와 관련한 어떤 결론도 허락하지 않는다. 유일하게 확고한 자료를 5세기의 역사가인 오로시우스(Orosius, *History* 7.6.15-16)가 제공한다. 그는 슈토니우스의 간단한 진술을 "요세푸스가 글라우디오의 통치 9년에 유대인들의 추방을 언급한다"(즉 A.D. 49년)라는 말과 함께 소개한다. 요세푸스의 현존하는 문서가 그러한 진술을 담고 있지 않을지라도, A.D 49년의 추방령의 날짜는 그럼 직하다. 정확한 것은 A.D. 47-52년의 시기일 것으로 보이는데, 그때에 글라우디오는 로마의 옛 제의들을 되살리고 외국의 제의들의 발전을 제어하는 운동을 벌였었다. A.D. 49년이라는 시기는 많은 책임 있는 학자들에 의해 받아들여진다(Nock, "Religious Developments," 500; Scramuzza, *The Emperor Claudius*, 145-56, 286-87; F. F. Bruce, *BJRL* 44[1961-62] 317; Melton, "The Imperial Government and Christianity," 54-63, 다른 사람들 중에서도). 이 시기는 델피(Delphi)에 있는 갈리오(Gallio)의 비명(inscription)에 의해 독립적으로 확증된다. 그것은 바울이 고린도에 들어가서 "최근에 도착한"(행 18:1-2) 아굴라와 브리스길라를 알게 되었을 때를 결정할 수 있게 만들어준다. (Gallio의 비명에 관해서는 Smallwood, *Documents Illustrating the Principates of Gaius, Claudius and Nero*, 105; 그 증거의 서로 다른 독법에 대해서는 J. Murphy-O Connor, *St. Paul's Corinth*[Wilmington, DE: Glazier, 1983] 129- 52, 173-76을 참조하라.)

요컨대, 가열찬 논쟁이 폭동으로 악화되었을 때, 글라오디오는 시민의 평화를 방해하는데 책임이 있다고 생각하는 교회 지도자들과 회당을 도시로부터 추방했다. 슈토니안이 제공하는 것은 "추방된 사람들은 주로 크리스천 선교사들과 회심자들이었다"(즉 *Chrestus라고 이름이 붙여진 유대 크리스천들*)고 주장한다(Smallwood, *The Jews under Roman Rule*, 216). 모욕, 공적인 남용, 특히 재산의 손실은 추방령의 상태에서는 통상적이었다. 그 증거에 관한 이런 독법이 정확하다면, 히브리서의 저자는 아굴라와 브리스길라와 더불어 로마로부터의 추방을 경험했던 일부 유대 크리스천들을 위해서 이 강화를 준비했다. 10:32-34에 이런 경험을 언급한 것은 A.D. 49년에 대한 것이다.

물론 히브리서는 후대에 그 공동체에 편지하고 있는 것이다. 새로운 위기가 나타나고 있다. 가정교회의 구성원들로 하여금 고난의 새로운 경험에 부닥치게 함으로써 말이다. 고통, 매질, 추방, 감금, 그리고 처형을 감내했던 믿음의 사람들에 대한 경험을 요약하는 항목들에서 절정을 이루면서, 죽는 것이 무서워 노예가 되고자한다는 것(2:15)과 낙심하는 마음(12:3), 그리고 청중들이 아직 피 흘리기까지는 대항하지 않았다는 사실에 대한 언급은 공동체가 지금 직면하고 있는 상황이 글라우디오의 통치 하에서 이전에 경험했던 것보다 더 심각함을 암시한다.

네로의 통치 하에 로마에서 그리스도인이 감내해야 했던 고통을 생각해 볼 수도 있다(Tacitus, *Annals of Rome* 15.44). 어떤 그리스천들은 재산만이 아니라 생명을 잃는 것도 경험했다. 히브리서는 아직 박해의 예봉을 경험하지 못했던 가정교회의 구성원들이나, 덜 그럴듯하지만, 그런 끔직한 사건 이후에 로마로 되돌아왔던 유대 크리스천들에게 편지하고 있는 것으로 보인다. 히브리서의 저작에 대한 연대를 로마의 대화재(A.D. 64)의 여파와 A.D. 68년 6월에 네로의 자살 사이에 있었던 불안정한 기간으로 대략 할당하는 것이 합리적이다. 저자의 파루시아에 대한 임박한 기대(10:25, 36-39)나 감옥에서 디모데가 풀려난 일에 대한 언급(13:23)과 같은 본문의 부수적인 특징들도 이런 상대적으로 이른 시기와 일치한다.

진정성

참고문헌

Burggaler, E. "Das literarische Problem des Hebräerbriefes." *ZNW* 9(1908) 110-31. **Filson, F. V.** *"Yesterday": A Study of Hebrews in the Light of Chapter 13.* Naperville: Allenson, 1967. **Jones, E. D.** "The Authorship of Hebrews xiii." *ExpTim* 46(1934-35) 562-67. **McCown, W. G.** "*Ο ΛΟΓΟΣ ΤΗΣ ΠΑΡΑΚΛΗΣΕΩΣ:* The Nature and Function of the Hortatory Sections in the Epistle to the Hebrews." Dissertation, Union Theological Seminary, Richmond, 1970. 120-38, 145-49. **Nitschke, H.** "Das Ethos des wandernden Gottesvolkes: Erwägung zu Hebr 13 und zu den Möglichkeiten evangelischer Ethik." *MPTh* 46(1957) 179-83. **Perdelwitz, R.** "Das literarische Problem des Hebräerbriefs." *ZNW* 11(1910) 59-78. **Simcox, G. A.** "Heb. xiii; 2 Tim. iv." *ExpTim* 10(1898-99) 430-32. **Spicq, C.** "L'authenticité du chapitre XIII de l'Épître aux Hébreux." *ConNT* 11(1947) 226-36. **Synge, F. C.** *Hebrews and the Scriptures.* London: S.P.C.K., 1959. **Tasker, R. V. G.** "The Integrity of the Epistle to the Hebrews." *ExpTim* 47(1935-36) 136-38. **Thompson, J. W.** "The Underlying Unity of Hebrews." *ResQ* 18(1975) 129-36. **Thurén, J.** *Das Lobopfer der Hebräer: Studien zum Aufbau und Anliegen von Hebräerbrief 13.* Åbo: Åbo Akademi, 1973. 49-70. **Torrey, C. C.** "The Authorship and Character of the so-called 'Epistle to the Hebrews.'" *JBL* 30(1911) 137-56. **Vanhoye, A.** "La Question littéraire de Hébreux xiii. 1-6," *NTS* 23(1976-77) 121-39. **Williams, C. R.** "A Word-Study of Hebrews 13." *JBL* 30.2(1911) 129-36. **Wrede, W.** *Das literarische Rätsel des Hebräerbriefs.* FRLANT 8. Göttingen: Vandenhoeck & Ruprecht, 1906. 3-5, 39-73.

1959년에 신게(F. C. Synge, *Hebrews and the Scriptures,* 43-52)는 현재 형태의 히브리서가 본래 두 가지 독립적인 자료를 융합한 것이라고 주장했다. 즉 하나는 특징상 교훈적이고 해석인 것들이고("증거의 책") 다른 하나는 유대 크리스천 운동과 동일시할 것을 유대인들에게 요청하는 것("권고")인데, 히브리서는 이것을 연합한 것이라고 주장했다. 후자의 문서에 그는 히브리서 2:1-4, 3:7-4:13; 5:11-6:12; 10:26-31; 12:18-29; 그리고 아마도 10:32-13:25의 자료의 항목을 할당했다. 그는 권고의 단위를 '증거의 책'에 후대에 삽입된 것으로 간주했다. 예를 들어, 히브리서 1:5-14와 2:5-16의 해석은 본질적인 연합을 소유하고 있고, 2:1-4의 권고는 실제로 논증의 흐름을 방해하고 있다는 관찰 하에서, 그는 2:1-4를 문맥에서 부차적인 것으로 결론지었다. 2:1-4와 다른 권고의 단위들간의 언어적이고 개념적인 유사성이 히브리서의 권고적인 단위의 모든 것들이 부차적인 삽입의 특징을 소유하고 있는 것으로 그로 하여금 확신케 하였다.

이런 전제는 그럴듯하지도 않고 필요하지도 않다. 이것은 히브리서 저작의 단일성을 증거하는 문학적이고 주제적인 고려들로 충분히 논박할 수 있다. 히브리서 2:1-4의 경우에, 예를 들어, 서두(히 1:1-4)에서 발견되는 예술적인 산문의 동일한 증거가 2:2-4에도 발견된다: 기술적으로 균형 잡힌 장문의 사용, 고저와 감각의 대구법, 두운법, 그리고 운율의 사용. 그러한 형태적인 특징은 양 단위가 동일한 저자에 의해 작성되었다는 것을 입증하는 문학적 증거를 제공해준다. 두 단위는 어휘와 개념에 의해 주제적으로 연합되어 있다(2:1-4의 주석을 보라). 본문에 2:1-4을 임의적으로 첨가하였다는 주장은 고백과 경험간의 모면할 수 없는 연합을 인식할 것을 청중에게 요청하고 있는 저자의 관심을 거짓되게 하는 것이다.

히브리서 1-12장의 진정성을 거의 보편적으로 인식할지라도, 13장의 진정성에 관해 사라지지 않는 의심이 있다. 히브리서의 마지막 장은 권고의 이전 단위(히 12:14-29)와 새로운 항목을 연결하는 저자의 통상적인 사려 없이 급격하게 시작하는 것으로 보인다. 급격함은 분위기와 주제에서도 첨예한 변화를 가중시킨다. 게다가 13장의 형태는 본문의 이전 항목과도 병행을 이루고 있지 않다. 권고의 조심스러운 발전이 바울이나 베드로의 서신에서 알려진 것처럼 초대교회의 일반적인 교훈의 특징을 보여주는 교리 문답식의 권고로 갑작스럽게 대체되고 있다(예. 살전 5:12-22; 롬 12:9-21; 13:8-10; 벧전 3:8-12). 그것의 마지막 항목은 10:19-12: 29에서의 클라이막스적인 권고와는 눈에 띄게 나르다. 더욱이, 13장의 내용은 히브리서의 나머지 부분과 이 항목을 구분시켜준다(13:1-25의 양식/구조/배경을 보라).

요컨대, 일관성, 형식 그리고 내용에 대한 고려가 히브리서의 진정성과 히브리서 13장의 진정성이나 적절성에 의문을 불러일으킨다고 주장한다(고로, Simcox, *ExpTim* 10[1898-99] 430-32; Jones, *ExpTim* 46[1934-35] 562-67; Nitschke, *MPTh* 46[1957] 179; 그리고 가장 최근에는 Buchanan, 229-45, 267-68).

그러나 내용과 진의에서, 이 항목의 자료와 이전 장간의 매우 분명한 연결에 비추어 볼 때 13장의 신성성을 의문하는 것은 불필요하다. 어휘의 특징, 오경과 시편의 인용에 습관적으로 호소하는 것, 주요 개념의 재현, 구조의 고려들은 모두 13장과 나머지 부분과의 동질성을 보여주는 경향이 있다(참조. Williams, *JBL* 30.2[1911] 129-36; Tasker, *ExpTim* 47[1935-36] 136-38; Spicq, *ConNT* 11[1947] 226-36; Filson, *Yesterday*, 22-26, 28-29; McCown, "*Ο ΛΟΓΟΣ ΤΗΣ ΠΑΡΑΚΛΗΣΕΩΣ*," 120-38, 145-49; Michel, 478-80; Thurén, *Das Lobopfer der Hebräer*, 57-70; Vanhoye, *NTS* 23[1976-77] 128-30). 이런 관찰은 13장의 진정성과 히브리서의 진실성에 대한 강력하고 축적된 논증을 형성한다.

다른 것들에 의해 발전된 진정성에 대한 논증은 1-12장에 책임이 있는 저자가 13장의 저작자라는 것을 보여주는 문학적 양식의 고려에 대한 호소로 인해 강화될 수 있다. 13:1-25에 대한 주석의 원문주해와 양식/구조/배경에서, 구절, 문장, 또는 단락 내에서의 교차법적인 구조(13:2, 4, 10, 14; 13:10-16), 언어유희(또는 말 재롱, 13:2, 18, 20, 22), 관심을 불러일으키고 유지하려는 특이한 어순(13:8, 11, 20), 우아한 양식(13:17), 언어의 리듬(13:3), 유음(13:4, 5, 9, 13, 14, 16), 소절의 두운 배열(13:5, 19), 강조하기 위한 문장구조의 의도적 사용(13:3, 4, 5, 9, 11, 12, 15, 18, 20), 그리고 고전적인 관용구의 사용(13:2, 5, 15, 17)에 대한 관심을 불러일으킨다.

종합적으로 이런 형태적인 요소들은 결과적으로 저자기 때문지 않은 시문을 가진 것과 동일시할 수 있는 분명한 문학적 사인(Sign, 표지)을 형성한다. 이것은 정확히 1-12장에 나타나는 문학적 사인(표지)과 같다. 그러한 의식적인 문학적 기술들의 표현은 13장의 진정성에 대한 논거를 제공하는데, 왜냐하면 그것들은 히브리서에 나오는 모든 구성 요소들로부터 축적된 것이기 때문이다. 전반적으로 13장은

1-12장에 책임이 있는 저자에 의해 초고된 것이고, 의심할 것도 없이 문서의 이전 항목들을 수반하는 것으로 구성되었다.

방법론적으로, 저작의 진실성을 위한 논거는 일관성 있는 논증을 제시함으로써 그리고 활발하게 그 전제를 증거함으로써 가장 효과적으로 발전시킬 수 있다. 자료의 경쟁적인 단위를 삽입적인, 빈약하게 통합된, 것으로서 간주할 때보다 전반적으로 구성 부분에 있어서 더 좋은 의미를 본문이 가질 때 그 논증은 확신을 가질 수 있다. 그것은 13장이 히브리서 1-12장에 표현된 관심과 개념적인 주제에서 분리할 수 없는 본질적인 메시지를 전달하고 있음을 주석에서 보이는 것이다.

요컨대, 이전 단락인 12:14-29와 13:1-21의 연결은 12:28로 말미암아 확립되어진다. 저자는 공동체에 감사를 불러일으키고, 감사를 통하여 하나님을 기꺼이 섬길 것을 촉구한다. 문맥에서 진정한 예배는 이미 경험한 언약적 축복과 미래에 변함없는 왕국에 들어갈 것에 대한 확신을 감사함으로 반응하는 것으로 규정된다. 예배의 개념은 거의 확실히 하나님을 기쁘시게 하는 삶의 양식을 포함하는 것으로 확대된다. 공동체의 구성원들은 삶의 모든 측면을 하나님께 헌신하는 봉사의 표현으로 간주해야 한다. 이것과 관련한 것이 13:1-21에서 제공되고 있는 구체적인 설명을 하게 만들었다(13:1-25의 양식/구조/배경을 보라).

장르

참고문헌

Attridge, H. W. "New Covenant Christology in an Early Christian Homily." *QuartRev* 8(1988) 89-108. ______. "Paraenesis in a Homily (*λόγος παρακλήσεως*): The Possible Location of, and Socialization in, the 'Epistle to the Hebrews.'" *Semeia* 50(1990) 211-26. **Bickermann, E. J.** "En marge de l'Écriture: III. Le titre de l'Épître aux Hébreux." *RB* 88(1981) 28-41. **Black, C. C. II.** "The Rhetorical Form of the Hellenistic Jewish and Early Christian Sermon: A Response to Lawrence Wills." *HTR* 81(1988) 1-18. **Bristol, L. O.** "Primitive Christian Preaching and the Epistle to the Hebrews." *JBL* 68(1949) 89-97. **Burggaller, E.** "Das literarische Problem des Hebräerbriefes." *ZNW* 9(1908) 110-31. **Clemen, C.** "The Oldest Christian Sermon." *Exp* 5(1896) 392-400. **Dickie, J.** "The Literary Riddle of the 'Epistle to the Hebrews.'" *Exp* 8th ser. 5(1913) 371-78. **Doty, W. G.** *Letters in Primitive Christia-*

nity. Philadelphia: Fortress, 1973. 21-47. **Feld, H.** "Der Hebräerbrief: Literarische Form, religionsgeschichtlicher Hintergrund, theologische Fragen." *ANRW* 2.25.4(1987) 3522-3601. **Gammie, J. G.** "Paraenetic Literature: Toward the Morphology of a Secondary Genre." *Semeia* 50(1990) 41-77. **Hutaff, M. D.** "The Epistle to the Hebrews: An Early Christian Sermon." *TBT* 99(1978) 1816-24. **Kirkpatrick, E.** "Hebrews: Its Evangelistic Purpose and Literary Form." Dissertation, Southern Baptist Theological Seminary, 1941. **Lane, W. L.** "Hebrews: A Sermon in Search of a Setting." SWJT 28(1985) 13-18. **Larsson, E.** "Om Hebréerbrevets syfte." SEÅ: 37-38 (1972-73) 296-309. **McGehee, M.** "Hebrews: The Letter Which Is Not a Letter." *TBT* 24(1986) 213-16. **Monod, V.** *De titulo epistolae vulgo ad Hebraeos inscriptae.* Montalbani: Granié, 1910. **Perdelwitz, R.** "Das literarische Problem des Hebräerbriefs." *ZNW* 11(1910) 59-78. **Perdue, L. G.** "The Social Character of Paraenesis and Paraenetic Literature." *Semeia* 50(1990) 5-39. **Peterson, D. G.** "The Ministry of Encouragement." In *God Who Is Rich in Mercy*. FS D. B. Knox. ed. P. T. O Brien and D. G. Peterson. Homebush West, NSW: Lancer, 1986. 235-53. **Slot, W.** *De letterkundige Vorm van de Brief aan de Hebreeën*. Groningen: Wolters, 1912. 94-103. **Stegner, W. R.** "The Ancient Jewish Synagogue Homily." In *Greco-Roman Literature and the New Testament*. ed. D. E. Aune. SBL Sources for Biblical Studies 21. Atlanta: Scholars Press, 1988. 51-69. **Swetnam, J.** "On the Literary Genre of the 'Epistle' to the Hebrews." *NovT* 11(1969) 261-69. **Thyen, H.** *Der Stil der jüdisch-hellenistischen Homilie*. FRLANT 47. Göttingen: Vandenhoeck & Ruprecht, 1955. **Torrey, C. C.** "The Authorship and Character of the So-Called 'Epistle to the Hebrews.'" *JBL* 30(1911) 137-56. **Übelacker, W. G.** *Der Hebräerbrief als Appell: Untersuchungen zu* exordium, narratio *und* postscriptum(*Hebr 1-2 und 13, 22-25*). Stockholm: Almqvist & Wiksell, 1989. **Vanhoye, A.** *Homilie für haltbedürftige Christen: Struktur und Botschaft des Hebräerbriefes*. Regensburg: Pustet, 1981. **Wills, L.** "The Form of the Sermon in Hellenistic Judaism and Early Christianity." *HTR* 77(1984) 277-99. **Wood, J.** "A New Testament Pattern for Preachers." *EvQ* 47(1975) 214-18. **Wrede, W.** *Das literarische Rätsel des Hebräerbriefs*. FRLANT 8. Göttingen: Vandenhoeck & Ruprecht, 1906.3 5, 39-73.

신약성경의 사본 전승에서 히브리서는 바울서신과 관련해서 독점적으로 나타난다. 이 문서의 가장 오래된 사본은 바울서신을 집합한 것, 즉 the Chester Beatty Papyrus(P[46])에서 발견되는데, 그것은 3세기 초로 거슬러 올라간다. 그것은 "히브리인들에게"로 명명되어 있는데, 바울서신들이 "로마인들에게" 또는 "고린도인들에게"라고 명명되어 있는 것과 동일한 방식이다. 사본에서 히브리서는 로마서 다음에 그리고 고린도전서 전에 위치한다. 몇몇 후대의 언설 사본들(uncial codices)(a, B, A, C, H, I, K, P)에서는 교회들에 대한 서신 다음에 자리잡고 있는데 즉 데살로니가후서 다음에 디모데전서 직전에 나온다. 신약성경의 서신의 순서와 히브리서의 연관은 독자들로 하여금 이 문서를 편지로 간주하게 만든다. 통상적으로 "히브리인들에 대한 편지" 또는 "히브리인들에 대한 서신"으로 언급한다.

하지만 그럼에도 불구하고, 히브리서는 고대의 편지 형태를 소유하고 있지 않다. 그것은 서신의 통상적인 규정들을 따르지 않고 있고, 당대의 일반적인 시기에서의 통상적인 서신들의 특징들을 갖지 않는다. (최근의 연구에 대한 도움이 되는 요약을 위해서는 W. G. Doty, *Letters in Primitive Christianity*, 특히 21-47을 보라.) 서두에서 저자는 자신이 누구인지 밝히지 않고, 또한 자신이 누구에게 편지를 쓰고 있는지를 확인하지 않는다. 그는 은혜와 평안에 대한 기도를 하지 않고 있으며, 감사나 복에 관한 표현도 없다. 이 문서는 주기적으로 장엄한 문장으로 시작하며, 하나님의 아들의 신성함을 찬양하면서 하나님이 그분을 통하여 마지막 말씀을 하셨다고 제기한다(히 1:1-4).

이 서두는 의심할 것도 없이 진정한 서론이며, 그것 이전에 어느 지령도 관용할 수 없다. (히브리서 본문이 전달되는 매우 이른 시기에 그 편지의 서신적인 지령이 복사되는 것이 중단되었다는 주장에 대해서는 로마서 16:25-27에서 "잃어버린" 규칙을 발견한 Renner, 94-119을 보라; Bickermann, *RB* 88[1981] 28-30, 36-41; 그리고 그 반응으로는 Vanhoye, *Situation du Christ*, 14-15을 보라.) 서두의 미려한 장문은 관심을 불러일으키고, 독자와 청중들로 하여금 즉시 관심 있게 참여하게 만든다. 히브리서는 마치 설교처럼 시작한다.

훈계나 설교 형태

이 첫 인상의 정확성은 저자 자신에 의해 확인된다. 문서의 끝 부분에 부착된 짤막한 개인적인 언급에서 저자는 자신이 "권면의 말"(*ὁ λόγος τῆς παρακλήσεως* – 호 로고스 테스 파라클레세오스)을 보냈다고 언급한다(13:22). 이 서술적인 구절은 비시디아의 안디옥의 회당장들이 바나바와 바울에게 내민 초대를 상기시키는데, 그들은 율법과 선지자를 공적으로 읽은 후에 회중에게 "권면의 말"을 해줄 것을 바울에게 요청했다(행 13:15). 바울은 그것에 응하여 회중에게 훈계나 교화하는 강론을 했다(행 13:16-41). "권면의 말"은 유대적 헬라 세계에서 그리고 초기 기독교 범주에서 설교를 위한 관용적이고 고정된 표현이었던 것으로 보인다(13:22의 주석을 보라).

일세기에 근접한 유대적 헬라 세계와 초기 기독교의 훈계 형태에 관한 고전적인 연구는 H. Thyen, *Der Stil des jüdisch-hellenistischen Homilie*(1955)의 탐구다. 다이엔은 일반적으로 이 시기에 헬라어로 되어 있는 많은 유대와 기독교 문서들은 유대-헬라적 훈계의 형태와 영향을 입었음을 반영한다고 제기한다. 그는 창세기에 관한 필로의 알레고리적인 주석, 클레멘트 1서, 마카비4서, 야고보서, 히브리서, 마카비1서와 3서의 일부분, 사도행전 7장의 스데반의 설교, 니나케 1-6, 16장, 바나바서, 허마스의 목자, 토빗서의 일부, 열두 족장의 증언(*Testaments of the Twelve Patriarchs*) 그리고 솔로몬의 지혜서(Wisdom of Solomon)에 관한 자신의 연구에 기반했다. 각기 이 주요한 자료를 위해서 그는 견유학파-스토아학파의 문장(헬레니즘의 대중적인 설교의 특별한 형태), 구약의 사용, 그리고 교훈적인 전승을 다루고 있는 다양한 방식들의 영향을 추적했다. 다음은 그로 하여금 히브리서를 유대-헬라적 회당 전통의 훈계적인 설교로 분류하도록 만든 요인들이다.

(1) 히브리서는 유대-헬라적 회당의 훈계적인 단위와 같이 공동적인(삼인칭의 일반적인 사용과는 반대되는 것으로서) "우리", 회중들을 호칭하는 "형제(*ἀδελφοί* -아델포이)의 사용, 해석에서 권고로 전환하는데 효과적인 운(*οὖν*, "그러므로"), 디아 투토(*διὰ τοῦτο*, "이 때문에"), 디오(*διό*, "따라서")와 같은 추론적인 불변화사나 구절의 사용, 청중을 직접적으로 부르는 복수 이인칭의 사용(뿐만 아니라 "우리"와 "당신" 사이를 오가는 전이), 개인적으로 온화한 분위기, 예증의 사용, 그리고 언급되는 사상의 묵시적 배경(Thyen, *Stil*, 7-39, 85-110)을 포함하는 수많은 특징들을 공유한다.

(2) 유대-헬라적 설교의 특징적인 자료는 70인경이다. 히브리서의 저자는 70인경을 상당히 잘 알고 있고, 그것을 독점적으로 사용했다. 게다가 유대-헬라적 설교는 오경과 시편을 매우 의존하는데 히브리서의 저자도 마찬가지다. 히브리서에서 성경 본문을 인용하는 방식은 유대-헬라적 설교 속에서 곧바로 식별되는 양태를 보여준다(Thyen, *Stil*, 17, 62, 67, 69-74).

(3) 히브리서의 저자는 유대-헬라적 회당 설교에서 반복된 견유학파-스토아학파의 문장에 잘 알려진 여러 개의 서로 다른 수사적 고안물들의 주도를 보여준다(Thyen, *Stil*, 43, 47, 50, 53, 58-59). 그 가운데 히브리서는 유대-헬라적 설교문학과 같이 수사적인 질문으로 성경의 인용을 도입하는 관행을 공유한다(Thyen, *Stil*, 73).

(4) 히브리서와 유대-헬라적 저자들 사이에 많은 접촉들, 특히 필로와 솔로몬의 지혜서의 저자와의 접촉, 성경의 사용, 그리고 저자가 사용했던 주해적인 방식은 모두 저자가 헬라적 유대-크리스천이었음을 증명한다(Thyen, *Stil*, 17).

(5) 전형적인 유대-헬라적 설교는 경구적인 교훈으로 결론을 맺는다. 히브리서 10:19-13:21은 이런 특질을 확인해준다(Thyen, *Stil*, 87-96, 106-10). 히브리서를 통하여 경구적으로 주어진 효과적인 사용에서 그 문서는 필로의 창세기에 관한 알레고리적 주석과 유사하다(Thyen, *Stil*, 10).

다이엔은 문서적인 의사전달로 보냈을 때 부가된 후기(13:22-25)를 제외하고서, 히브리서가 디아스포라 회당에 전달된 기술적으로 작성된 설교형태라고 결론지었다(Thyen, *Stil*, 17). 사실상 히브리서는 이 기간에 "완전하게 보존된 설교의 유일한 예"(Thyen, *Stil*, 106)이다.

히브리서의 장르를 설정하는데 중요한 발전을 이룬 다이엔의 책(영어로 된 다이엔의 논증의 요약을 위해서는 그리고 온건한 비평적 평가를 위해서는 J. Swetnam, *NovT* 11[1969] 261-69을 보라; 보다 최근의 디아스포라 회당 설교에 관한 연구를 위해서는 W. R. Stegner, "The Ancient Jewish Synagogue Homily," 51-69을 보라). 유대-헬라적 설교가 히브리서에 중요한 영향을 주었다는 것은 오늘날 공통된 견해에 속하며, 그레서(E. Grässer)의 판단에 따르면, 다이엔에 의해 "설득력 있게 확립되었다"(*TRu* 30[1964] 153; 참조. 160, 거기서 Grässer는 히브리서를 한 장소에서 다른 장소로 전달된 설교라고 칭한다).

스피크(C. Spicq)는 다이엔의 작품에 앞서 출판되었던 히브리서에 관한 자신의 당당한 주석에서, 히브리서를 "강화의 수사법과 설교의 형태"를 갖는 "변증적 논문"으로 이미 묘사했다. 다이엔의 책의 출판에 뒤이어 책을 쓴 마이클(O. Michel)은 히브리서에 관한 주석의 완숙한 여섯 번째 수정본에서 "히브리서는 아마도 우리에게 전수된 여러 독립적인 부분들로부터 형성된 첫 번째 완전한 기독교 초기 설교이다"(24; 참조. Braun, 1-2; Attridge, 13-14)라고 썼다. 어쨌든 다이엔의 작품은 히브리서의 장르나 형태의 더 발전된 연구에 관한 확고한 기초를 제공해준 것으로 보인다.

장르를 규정하기

다이엔의 책을 일반적으로 긍정적으로 수용함에도 불구하고, 보다 최근의 학자들은 동료들에게 기독교 시대의 2세기 중반 이전 시기에 유대와 기독교 설교가 어떤 것이냐에 대한 증거의 부족을 상기시킨다. 예를 들어, 코스터(H. Koester)는 "설교"와 "훈계"라는 용어가 부정확하고 모호하다는 것을 발견한다. 그는 장르가 규정되지 않았다는 근거 위에서 히브리서의 범주를 설교로 정하는데 의문을 불러일으킨다(*Introduction to the New Testament*, 2:273). 돈프리드(K. P. Donfried)는 설교와 훈계의 양식비평적인 의미를 무력하고 모호하고 추상적인 것으로 거부한다. 그는 독특한 활기를 가지고 "우리는 1세기에 그러한 장르의 유형에 관한 어느 것도 실제로 알 수가 없다", 그리고 "'설교'라는 용어는 아주 모호하고 애매해서 그것의 문학적 총칭에 관한 합법성이 증명될 때까지는 장르를 주장할 수 없다"고 제기한다(*The Setting of Second Clement in Early Christianity*[Leiden: Brill, 1974] 26).

이에 반응해서 1984년에 윌스(L. Wills)는 헬라적 유대 그리고 정확한 방식으로 재형성할 수 있는 초기 기독교적 웅변 설교의 공통된 형태에 관한 연구서를 출판했다(*HTR* 77 [1984] 277-99). 전형적인 설교로서 사도행전 13:16-41을 사용한 윌스는 전형적인 회당 권고 설교를 반영하는 것으로 보이는 논증의 확고한 패턴을 식별했다. 그는 사도행전 13:15에 근거하여 이 구어적인 형태에 임의적으로 "권면의 말"이라는 칭호를 적용했다. 그 유형은 세 부분으로 형식적으로 나뉜다.

(1) 권위적인 모범(*exempla*), 즉 성경 인용의 형태로의 증거, 과거나 현재로부터의 예증들, 또는 뒤이어지는 요지들을 천거하는데 인증되는 추론적인 해석 (2) 청중을 위한 관계를 나타나는, 이전의 예증으로부터 추론된 결론 (3) 마지막 권면. 이렇게 세 부분으로 이루어진 형태를 많은 기독교 초기 문서에서(히브리서, 클레멘트 1서, 사도행전의 다른 연설들, 고후 6:14-7:1, 고전 10:1-14, 베드로전후서, 이그나티우스의 서신들, 바나바서), 그리고 헬라 시대의 유대 자료(예. Susanna and Elders의 옛 70인경 역본, 거기서 수산나의 이야기는 모범[*exempla*]이 되고, 교훈적인 결론[63a절]과 권면[63b절]이 부가된다; Epistle of Jeremy, 거기서 우상숭배의 몇 가지 예증들은 모범[*exempla*]이 되고, 뒤이어 68절에 결론과 권면이 뒤따른다; 참조. *T. Reub.* 5:1-5; *T. Levi* 2:6-4:1; *T. Naph.* 1:1-8:2; Aristobulus [in

Eusebius, *Preparation for the Gospel* 13.12, 664*c* 666*d*]; 4 Macc 16:16-22; JosJW 5.362-415; 7.341-80)에서 발견할 수 있다.

"권면의 말"의 형태를 반영하는 이 문서들로부터, 윌스(Wills)는 "그것이 헬라적 회당 설교의 형태가 되었음을 추론적으로 가정할 수 있다"고 주장했다(Wills, *HTR* 77[1984] 293; 참조. 299, "이런 방식으로 접근했을 때, 헬라적 유대와 초기 기독교 문서의 상당수가 정확히 설교 또는 설교에 영향을 받은 것으로 일컬을 수 있게 되었다"). 모범(*exempla*)으로부터 결론과 마지막 권면에 이르는 발전은 헬라적 회당과 초기 가정교회의 구어적 설교에 적합한 축적된 힘을 실어주었다.

윌스에 의해 확인된 3부 형태의 영향을 드러내는 수많은 자료로부터 그 형태가 유동적이며, 다양한 방식으로 발전할 수 있음이 분명하다. 그것은 사도행전 13:16-41에서처럼 독자적으로 확립될 수 있거나 그 패턴이 보다 긴 설교 속에서 반복되는 것처럼 순환적인 형태로 확장될 수 있다(히 1:5-4:16; 8:1-12:28; *1 Clem* 4:1-13*a*; 37:2-40:1*b*; Ign., *Eph* 3:1-4:2; 5:1-36; 7:2-10:1). 히브리서의 저자는 매우 복잡한 설교적 본문을 형성하면서 후자 형태의 수정된 형태를 따른 것으로 보인다. 윌스가 히브리서의 모든 단락을 "권면의 말"의 패턴에 적응시키는 것이 불가능함을 인식했을지라도, 저자가 그 형태를 사용하여 그것을 보다 정교한 구조로 적응시켰다는 것을 주장할 수 있었다(*HTR* 77[1984] 280-83, 거기서 Wills는 히브리서 1-4장과 8-12장에서 논증의 패턴을 추적한다). 윌스는 주장하기를, 설교적 형태가 히브리서의 본문의 배경에 있다는 논증은 "어쩔 수 없는 것이 되었다"(299)고 말한다.

1988년에 출간된 뒤이은 작품에서 블랙(C. C. Black II)은 윌스에 의해 식별된 설교적 형태의 놀라운 일관성을 고전적인 수사학의 전례를 가지고 강조했다(*HTR* 81[1988] 1-18). 그는 "헬라적 유대와 초기 기독교 설교의 형태가 그리스 로마의 수사학의 표준과 제휴한 것으로 간주한다면, 윌스의 많은 인식적 직관은 상당한 설득을 얻게 되고, 그의 주장과 관련하여 남아 있는 문제들은 사라지게 된다"(Black, 4).

블랙은 "권면의 말"의 형태를 고전적인 수사학의 자리에 위치시켰다(4-16; 행 13:16-41의 전형적인 설교에 관한 블랙 자신의 분석에 대해서는 8-10을 보라. 그것은 바울의 설교를 "믿음을 발생시키는 것을 목적으로 한 대중 연설"로 간주한다[10]). 그는 고전적인 수사학의 주된 흐름은 헬라적 유대인과 크리스천들의 문화적 환경에 주요한 기여자임이 확실하다고 주장했다. 이런 관점에서 그는 '모범'에 근거한 논증의 순환적인 패턴이 왜 확신 있게 헬라적 청중에 의한 것으로 간주할 수 있는지의 이유에 관한 문제를 언급하였고, 고전적인 웅변과 "권면의 말"의 근본적인 일치를 보일 수 있었다(Black, 12-15). 그는 "이 헬라적 유대와 초기 기독교 설교의 구조는 아리스토텔레스(Aristotle)의 '수사학'(*Rhetoric*), 퀸틸리안(Quintilian)의 *Institutio oratoria*, 그리고 코니피시우스(Cornificius)의 *Rhetorica ad Herennium*와 같은 고대의 지침서들에 요약된 수사적 관례의 차원에서 완벽하게 이해할 수 있다"(Black, 11)고 주장했다. 그것이 히브리서를 포함하여 윌스가 호소했던 문서들의 특징인데, 그것들은 단지 눈으로만이 아니라 귀로도 그리고 설득하기 위한 의도로 쓰여진 것들이다(참조. Aristotle, *Rhetoric* 1.2.1355B).

블랙은 히브리서에 관해 기꺼이 자신의 논증을 설명하는데, 그는 히브리서를 대단히 정교하고 미묘한 증거의 형태를 보여주는 초기 기독교 설교로 간주한다(*HTR* 81[1988] 13). 블랙은 히브리서의 다양한 권고적 순환이 다양한 논증을 갖는 보완적 개념들을 증대하는 측면에서, 고전적인 지침서들이 "부연" 또는 "제련"으로 언급하는 것에 저자가 참여하고 있다고 지적했다(15). 그는 확립된 권고적인 패턴에서 저자가 확장된 해석을 제시하기 위해서 일탈하고 있는 히브리서 5:1-10:18에서 "권면의 말"의 형태의 긴 단절을 설명할 수 있었다. 저자는 확실히 청중들을 권고하고 있을 뿐 아니라 많은 사람들의 죄를 위한 예수의 능가할 수 없고 반복될 수 없는 제사장적 희생의 해석에 근거하여 그들의 현재의 확신을 강화하고 있음을 기억한다면 분명한 예외들은 사라진다(15, n. 42). 블랙은 히브리서에서 "현재의 신앙을 자극하는 대중적인 시도"(5)를 식별한다.

"권면의 말"의 형식에 대한 독립적인 접근은 1990년에 아트리지(H. W. Attridge, *Semeia* 50[1990], 215-17, 223)에 의해 출간되었다. 히브리서의 형식적인 특징의 귀납적인 분석에 근거하여 그는 "설교"나 "권면의 말"의 형태가 감미(J. G. Gammie, *Semeia* 50[1990], 41-77)에 의해 제공된 경구의 일반적인 부류 내에 하부 장르라고 주장한다. 아트리지는 히브리서의 중요한 단락의 구조적인 고안으로서의 형식적인 패턴에 관심을 갖는데(3:1-4:16; 8:1-10:18; 12:1-13), 그 패턴은 형식적인 서론(예. 3:1-6; 8:1-6; 12:1-3), 성경의 인용(예. 3:7-11; 8:7-13; 12:4-6), 해석이나 주제적 설명(예. 3:12-4:13; 9:1-10:18; 12:7-11), 그리고 적용(4:14-16; 10:19-21; 12:12-13)으로 구성된다. 이 형태적 패턴과 내용은 역시 히브리서의 다른 부분에서도 일부 반복된다(예. 7:1-28). 아트리지는 히브리서의 이 모든 단락에서 유추적인 형식의 패턴은 현대적 용어인 "설교"나 "훈화"를 사용하기에 적합한 경구적인 문학 장르 내에서 주요한 하부 장르로 규정해야 하는 구조적 특징이 있다고 주장한다. 하부 장르의 기술적인 문학적 지칭은 "권면의 말"(히 13:22; 행 13:15)이나 "중재"다.

아트리지의 분석은 히브리서의 훈계적 기능과 그것의 연합을 "중재"의 예증으로서 제기한다. 그는 이 설교적인 형태의 출현의 배경이 헬라적 도시 사회 세계에서의 회당이었다고 제기한다. 중재는 "비전통적인 환경에서 공동체를 위해 전통적인 성경을 실제화하는 새롭게 만들어진 수사적 형태"이다(Attridge, *Semeia* 50[1990] 217). 히브리서의 저자는 자신의 환경에서 사회적인 배척과 소외를 경험하고 있었던 크리스천 그룹의 헌신과 가치를 확인하기 위해서 이 형태를 조화시키고 있다 (Attridge, 219-23).

윌스(L. Wills), 블랙(C. C. Black II) 그리고 아트리지(H. W. Attridge)가 제공하고 있는 자료들에서 히브리서의 형태에 관한 분석들 사이에 긴장이 있음을 용인하는 것이 필요할지라도, 그들의 연구는 히브리서의 정의를 설교나 훈화로 규정하고 옹호하기에 충분하다.

장르의 숙고

히브리서의 구두적, 설교적 특징의 인식은 양식이나 구조의 중요한 특징에 관심을 불러일으킨다. 저자는 기술적으로 모인 회중들 가운데 자신이 참석하고 있다는 인상을 전하고, 준비한 설교를 실제적으로 전달하고 있다. 후기(13:22-25) 이전까지 그는 자신과 그룹을 분리시키고 있는 거리를 강조하는 경향이 있는 쓰기와 읽기와 같은 행동들을 언급하는 것을 삼가고, 오히려 말하기와 듣기의 행동을 강조한다. 그것이 대화시의 사람들에게 적절하고 자기 자신을 직접적인 방식으로 청중과 동일시하게 만들어주기 때문이다.

> 하나님이 우리의 말한 바 장차 오는 세상을 천사들에게는 복종케 하심이 아니라(2:5).
>
> 멜기세덱에 관하여는 우리가 할 말이 많으나 너희의 듣는 것이 둔하므로 해석하기 어려우니라(5:11).
>
> 사랑하는 자들아 우리가 이같이 말하나…(6:9).
>
> 이제 하는 말의 중요한 것은…우리에게 있는 것이라(8:1).

이것들에 관하여는 이제 낱낱이 말할 수 없노라(히 9:5).

내가 무슨 말을 더 하리요…일을 말하려면 내게 시간이 부족하리로다(11:32).

저자는 자신을 청중과 분리시키거나 쓰는 것을 필요하게 만드는 지형학적 거리의 감정을 축소하기 위해서 대화적인 분위기를 전제한다. 그는 자신의 작품을 말하기로서 인식한다. 말하기와 듣기를 언급함으로써 그는 청중들 가운데 자신이 같이 있음을 구축하려고 한다.

저자는 분명히 은사 있는 설교자다. 히브리서는 두운법, 수사적 명령법, 음운 현상, 관심을 불러오기 위한 특이한 어순, 그리고 수사적 효과를 확장하기 위한 문학적 고안물들의 기술적인 사용으로 특징지어진다. 히브리서의 문학적 구조에 특징적인 해석과 권면의 교대적 사용은 구두적 영향력의 효과적인 수단을 제공한다. 히브리서는 구체적인 공동체에 구두적인 전달을 위해 준비되었다. (Andriessen, *En lisant*, 60는 소위 *Epistle of Diognetus*이 동일한 장르의 문서라는 중요한 관찰을 했다. 그것은 독자가 아닌 청자를 전제하고[*Diog.* 1; 2:1-10; 3:1; 6:1; 7:1], 일인칭의 사용은 교대적으로 단수와 복수다.)

설교적 강화로서의 히브리서의 특징은 해석자와 독자가 구두에서 문서로, 문서에서 구두로의 급격한 전환에 민감할 것을 요청한다. 구두적 설교와 쓰여진 강론 사이에는 중요한 차이가 있다(참조. E. des Places, "Style parlé at style oral chez les écrivains grecs," in *Mélanges Bidez, AIPHO* 2[Brussels: Secrétariat de l Institut, 1934] 267-86). 화자와 청자와의 역동성이 각각의 경우에 분명하다. 저자는 13:22에서 그의 "권면의 말"이 문서로 축소되었음을 선언한다. 그처럼 그것은 위해서 쓰여진 청중과는 꽤 독립적인 삶을 갖는 현대의 독자들에게는 "딱딱하고" 연구를 위한 것으로 사용되어 보이지만, 그것은 분명히 본래의 의도가 아니다. 저자는 자신이 언급하고 있는 사람들에게 직접적으로 즉시 말하는 것을 선호하였을 것임이 확실하다(13:19, 23). 구두적 언어의 영역에서 화자와 청자는 소리의 세계 내에서 관계를 유지하고, 설사 지형적 거리와 자신의 설교를 문서로 축소하려는 요구가 있을지라도, 저자는 결코 구두적 영향력을 상실하지 않는다.

히브리서는 읽기와 가끔식의 묵상을 통해서가 아니라 구두로 메시지를 받을 청중의 그룹에 크게 읽혀지기 위해서 준비된 설교다. 문서를 크게 읽는 것은 구두적 행위와 관련되고, 설교를 공개적으로 읽는 것은 듣는 사람들에게 말로 행해지는 실제적 정보를 제공해준다. 이 미묘한 실제는 수사적 형태의 중요성과 설교에서의 표현의 민감성을 강조한다. 히브리서는 논리적인 것만큼 청각적으로 그 요지를 전달하려고 고안되었다. 사실상 의사전달의 사건에서 청각적인 고려는 자주 가장 결정적인 것으로 판명된다.

수사적인 분석

참고문헌

Attridge, H. W. "Paraenesis in a Homily(*λόγος παρακλήσεως*): The Possible Location of, and Socialization in, the 'Epistle to the Hebrews.'" *Semeia* 50(1990) 211-26. **Black, C. C. II.** "The Rhetorical Form of the Hellenistic Jewish and Early Christian Sermon: A Response to Lawrence Wills." *HTR* 81(1988) 1-18. **Clark, D. L.** *Rhetoric in Greco-Roman Education.* New York: Columbia University Press, 1957. **Clarke, M. L.** *Higher Education in the Ancient World.* Albuquerque: University of New Mexico Press, 1971. ______. *Rhetoric at Rome: A Historical Survey.* London: Cohen and West, 1966. **Cosby, M. R.** *The Rhetorical Composition and Function of Hebrews 11: In Light of Example Lists in Antiquity.* Macon, GA: Mercer UP, 1988. ______. "The Rhetorical Composition of Hebrews 11." *JBL* 107(1988) 257-73. **Daube, D.** "Rabbinic Methods of Interpretation and Hellenistic Rhetoric." *HUCA* 22(1949) 239-64. **Evans, C. F.** *The Theology of Rhetoric: The Epistle to the Hebrews.* London: Dr. Williams's Trust, 1988. **Haering, T.** "Gedankengang und Grundgedanken des Hebräerbriefs." *ZNW* 18(1917-18) 145-64. **Hay, D. M.** "What is Proof? Rhetorical Verification in Philo, Josephus, and Quintilian." SBLASP 2(1979) 87-100. **Kennedy, G. A.** *The Art of Persuasion in Greece.* Princeton: Princeton UP, 1963. ______. *The Art of Rhetoric in the Roman World* 300 b.c.—a.d. 300. Princeton: Princeton UP, 1972. ______. *Classical Rhetoric and Its Christian and Secular Tradition from Ancient to Modern Times.* Chapel Hill: University of North Carolina Press, 1980. ______. *New Testament Interpretation through Rhetorical Criticism.* Chapel Hill/London: University of North Carolina Press, 1984. **Lausberg, H.** *Elemente der literarischen Rhetorik*[3]. Munich: Heuber, 1967. ______. *Handbuch der literarischen Rhetorik: Eine Grundlegung der Literaturwissenschaft*[2]. 2 Vols. Munich: Heuber, 1973. **Lindars, B.** "The Rhetorical Structure of Hebrews." *NTS*

35(1989) 382-406. **Mack, B. L.** *Rhetoric and the New Testament.* Minneapolis: Fortress, 1990. **Marrou, H. I.** *A History of Education in Antiquity.* London/New York: Sheed & Ward, 1956. 194-205, 233-42, 284-91. **McCall, M. H.** *Ancient Rhetorical Theories of Simile and Comparison.* Cambridge: Harvard UP, 1969. **Nissilä, K.** *Das Hohepriestermotiv im Hebräerbrief: Eine exegetische Untersuchung.* Helsinki: Oy Liiton Kirjapaino, 1979. **Parunak, H. V. D.** "Transitional Techniques in the Bible." *JBL* 102(1983) 525-48. **Smith, R. W.** *The Art of Rhetoric in Alexandria: Its Theory and Practice in the Ancient World.* The Hague: Nijhoff, 1974. 73-154. **Smith, W. A.** *Ancient Education.* New York: Philosophical Library, 1955. **Übelacker, W. G.** *Der Hebräerbrief als Appell: Untersuchungen zu* exordium, narratio *und* postscriptum *(Hebr 1-2 und 13, 22-25).* Stockholm: Almqvist & Wiksell, 1989. **Vitti, A. M.** "Le bellezze stilistiche nella Lettera agli Ebrei." *Bib* 7(1936) 137-66. **Walden, J. W.** *The Universities of Ancient Greece.* New York: C. Scribner's Sons, 1910. **Watson, D. F.** "The New Testament and Greco-Roman Rhetoric: A Bibliography." *JETS* 31(1988) 465-72. **Wills, L.** "The Form of the Sermon in Hellenistic Judaism and Early Christianity." *HTR* 77(1984) 277-99. **Winter, B. W.** "Philo and Paul among the Sophists: A Hellenistic Jewish and Christian Response." Dissertation, Macquarrie University, North Ryde, NSW, 1988.

히브리서에서 저자의 목소리는 화자의 목소리다. 저자는 구어로 중요한 실마리를 청중들에게 제공할 필요가 있음을 이해했다. 강화의 한 단위가 어디에서 끝마쳐지고 다른 단위가 어디에서 시작하는지를 결정하는지 청자들을 돕기 위해서다. 그러한 단위들은 특히 쓰여진 강론에서는 필수적이다. 고대 문서에서 저작의 구성요소가 어디에서 시작하고 끝나는지를 가리키는 것이 없음을 상기하는 것이 필요할 것이다. 이것은 구어적 환경이 배어 있는 곳에서는 용인된 관례였나. 그러한 이유 때문에, 구어적인 실마리는 논증의 조직을 드러내기 위해서 조직될 필요가 있었다. 반복, 첫말의 반복, 인클루시오(*inclusio*), 응답법(*responsio*), 대구법, 유행어, 수사적 명령법, 청자들에 대한 직접화법, 수사적인 질문들, 인용어, 등등과 같은 구조들이 히브리서에 내재해 있는데, 청자들에게 구어적 도움을 제공할 필요가 있기 때문이었다. 그들은 그 내용에 일관된 들음을 제공하기 위해서 모인 그룹에게 강화를 읽어주는 사람을 두었는데, 이 때문에 쓰여진 텍스트는 구조와 발전의 감각을 전달하기 위해서 눈으로 보는 것을 위해서 고안된 것이 아니라 귀를 위해서 고안되었다. 그것은 지성에 호소하는 것만큼 감성에도 호소하였다. 강력하고 예술적인 산문은 논증의 대의를 전달해준다.

히브리서는 수사적인 용어로 가득하다(Spicq, 1:351-78의 광범위한 목록을 보라. 그리고 히브리서의 한 단위에서 수사적인 특징의 중요성에 도움이 되는 서론을 제공하는 Cosby, *JBL* 107[1988] 257-73을 보라). 그것은 언어의 예술적인 시행이 갖는 능력의 끊임없는 예증을 제공해준다. 코스비(M. R. Cosby)가 관찰한 것처럼, 히브리서에는 "헬라어 본문을 듣고 있는 귀에 유용한 설득적인 차원이 들어 있다"(258). 히브리서의 각 단위에 관한 이 주석의 '양식/구조/배경', '주석', 그리고 '해설' 항목에서 이런 차원을 인식하고 저자가 사용한 수사적 전략들을 민감하게 살피는 시도가 있을 것이다. 히브리서는 논증의 패턴이나 스타일에서 대단히 수사적인 강화이다. 그것은 수사적인 분석을 빌리고 있다.

히브리서가 고대의 수사적인 원리에 근거한 강화로서 발전되었다는 주장은 새롭지 않다. 그 사실을 이미 6세기에 주석가 헤밍슨(Niels Hemmingsen)의 작품에서 발견할 수 있다(*Commentaria in omnes Epistulas Apostolorum, Pauli, Petri, Iudae, Ioannis, Iacobi, et in eam quae ad Hebraeos inscribitur*[Frankfurt: Corvinus, 1579] 831; 참조. K. Hagen, *Hebrews Commenting from Erasmus to Beza 1516 1598*, 80-81). 20세기 초에 소덴(H. F. von Soden)은 저자가 일세기에 실천된 고전적인 수사적 관행에 경각심을 갖고 있었을 뿐 아니라, 히브리서가 수사 학교의 규칙에 따라 구성되었음을 히브리서의 발전이 보여주고 있다고 주장했다(*Urchristliche Literaturgeschichte: Die Schriften des Neuen Testaments*[Berlin: Duncker, 1905] 127-28). 그는 고전적 변론 수사학의 매우 개념적인 노선을 따라 문서의 구조를 분석함으로서 히브리서의 주석에서 이 개념을 발전시켰다(*Hebräerbrief*, 8-11).

프루이미온(*προοίμιον*)	프롤로그	히 1:1-4
프로데시스(*πρόθεσις*)의 설명과 함께	주제적 진술	히 1:5-4:16
디에게시스 프로스 피다노테타 (*διήγησις πρὸς πιθανότητα*)	사례의 가능성에 관한 진술	히 5-6장
아포데익시스 프로스 페이도 (*ἀπόδειξις πρὸς πειθώ*)	증거를 보임	히 7:1-10:18

에필로고스(ἐπίλογος)	결론	히 10:19-13:25

오늘날 히브리서를 변론적인 수사학과 동일시하는데 어느 누구도 소덴(von Soden)을 따르고 있지 않지만, 이 네 부분의 구조는 해링(T. Haering, *ZNW* 18 [1917-18] 153-63)과 윈디쉬(H. Windisch, 8)에 의한 약간의 개정을 거쳐 적용되었다.

지난 4반세기 동안에 수사적 비평은 구분되는 학문으로 발전했다. 그것의 관심은 신약성경의 문서에 관한 분석을 헬라어 그리고 헬라어에서 빌려오거나 수정한 로마식 형태에 의한 수사학의 개념에서 식별하였다. 이 발전은 그리스 로마의 수사학이 분명히 조직화되고, 신약시대로부터 현존하고 있는 지침서들에 의해 제시되었다는 사실에 의해 촉진되었다. 신약성경의 문서는 헬라적 문화의 배경 속에서 쓰여졌고, 그 문화의 교육적 중심은 수사학적 설득에 있었다. (예를 들어 알렉산드리아의 일차적 그리고 이차적인 학문에 관해서는 R. W. Smith, *The Art of Rhetoric in Alexandria*, 110-54을 보라.) 설사 신약성경의 저자가 수사학 학교에서 공식적인 훈련을 받지 못하였다할지라도, 시장과 도시 중심지의 어느 곳에서 공개적인 연설에 의해 영향을 받았을 것이다. 이런 이유 때문에, 그리스 로마의 지침서에서 논의된 것처럼 수사학적인 논증의 패턴이 히브리서와 같이 듣는 이들을 고려한 문서에 내재되어 있음을 예상할 수 있다. 주어진 사회적 맥락에서 설득과 그것의 기능의 역학을 이해하려는 관심은 수사학적인 분석에 본질적이며 히브리서와 확실히 밀접한 관계가 있다.

수사학적인 분석을 통한 히브리서에 대한 최근의 접근에서 린다스(B. Lindars)는 히브리서가 속하고 있는 수사학의 등급을 결정하는 것이 필요함을 관찰했다. 그런 결정이 본문의 해석과 밀접한 관계가 있을 것이기 때문이었다(*NTS* 35 [1989] 382-406). 따라서 그는 어떤 형식적인 분석도 없이 히브리서를 숙고적인 수사학(deliberative rhetoric)으로 분류해야 한다고 주장하는데, 히브리서가 권면과 설득으로 형성되어 있기 때문이다(383, 숙고적인 수사학을 "그것의 기능은 두 가지이며 권면과 설득으로 구성되어 있다"고 말하는 Quintilian, *Institutio oratoria* 3.8.6에 대한 언급도 들어 있다; Lindars는 히 13:22의 로고스 테스 파라클레세오스[*λόγος τῆς παρακλήσεως*]를 "행동에 걸맞는 권면"[386]으로 해석한다). 린다스의 문서의 타이틀은 오도하는 경향이 있는데, 왜냐하면 우연적인 언급은 예외로 할지라도, 그는 스스로 수사적인 구조에 관심을 두지 않는다. 그의 주된 관심은 히브리서의 수사적인 영향을 평가하는 것이지 실제적인 구조적 틀을 묘사하지는 않는다. 그는 청중들의 각각의 항목에 대한 의도적인 영향을 평가하기 위해서 본문에 구현된 방법과 수사학적인 목적의 관점에서 그 저작이 본질적으로 서신의 성격을 갖고 있다고 개관한다(390-402).

히브리서의 수사학적인 형태에 대한 연구의 보다 광범위하고 유용한 기여는 1989년에 위베레커(W. G. Übelacker, *Der Hebräerbrief als Appell*)에 의해 출간된 작품이다. 히브리서 본문에 대한 보다 상세한 접근에서 위베레커는 수사학적인 분석을 강화적 분석과 조화시킨다(아래의 "Discourse Analysis"을 보라). 그는 히브리서를 숙고적인 강화와 동일시하고, 다음과 같이 분류한다: 수사적인 *prooemium*(서언, 1:1-4), *propositio*(명확한 주제적 진술 또는 입증해야 할 것들에 대한 진술, 2:17-18)를 갖는 *narratio*(필연적인 배경에 대한 정보, 1:5-2:18), *probatio*와 *refutatio*(증거와 논박의 제시를 갖는 논증, 3:1-12:29)를 갖는 *argumentatio, peroratio* (결론, 13:1-21), 그리고 1:1-13:21의 강화를 권면이나 긴급한 호소와 동일시하는 *postscriptum*(후기, 13:22-25). 위베레커는 서론(히 1:1-4, 66-138)에 관한 광범위한 분석을 제공하는 반면에 서술(*narratio*, 히 1:5-2:18, 140-96)에 관해서는 덜 광범위한 취급을 한다. 설교의 잔재와 관련한 그의 제시는 본문의 이 두 최초의 단위에 관한 분석에서 나온다. 위베레커는 저자가 하나님과의 교제로 나아가기에 충분할 만큼의 죄에 대한 예수의 유일무이한 희생을 청중들이 수용할 수 있도록 설득하는데 고대의 수사학적인 관례를 사용하였다고 결론짓는다.

히브리서에 관한 위베레커의 수사학적인 분석은 1979년에 니실레의 핀란드어 논문(K. Nissilä, *Das Hohepriestermotiv im Hebräerbrief*, 15-19, 74-78, 143-47, 239-44)에서 이미 예상되었다. 니실레는 본문의 아홉 단위(2:14-18; 3:1-6; 4:14-16; 5:1-10; 7:26-28; 8:1-6; 9:11-15; 9:24-28; 10:11-14)를 취하여 구조, 스타일, 배경, 개념의 범위, 히브리서에서 다른 주요한 모티브와 대제사장의 모티브에 관한 관계, 그리고 대제사장의 모티브로 이루어진 수사학적인 사용과 관련한 분석을 하였다. 그는 대제사장의 모티브를 히브리서의 핵심적인 구조적 요소라고 결론짓고, 전체 강화를 그것으로 묶는다. 대제사장의 모티브는 청중을 가르치고, 훈계하고, 계몽하고 견책하는 수사학적인 요소로 기능한다. 니실레는 히브리서를 *exordium*(1:1-14), *narratio*(1:5-2:18), *argumentatio*(3:1-12:29), 그리고 *epilogus*(13:1-25)로 나누었다. 우리는 니셀레와 위베레커가 히브리서의 수사학적인 구조에 관한 평가를 설교라는 부분의 분석에 근거하여 하고 있음을 관찰하는 것이 중요하다.

린다스, 니실레, 그리고 위베레커에 의한 숙고적인 수사학으로서의 히브리서에 대한 분류는 블랙(C. C. Black II, *HTR* 81[1988] 5; 또한 D. E. Aune, *The New Testament in Its Literary Environment*[Philadelphia: Westminster, 1987] 212: "Hebrews is *epideictic*")에 의한 대중적인 수사학의 관례에 동등하게 확신 있게 호소하는 것과 긴장관계를 이룬다. 또한 아트리지(H. W. Attridge)는 히브리서를 숙고적인 요소가 거의 없는 대중적인 웅변으로 마지못해 분류하는데, "히브리서가 한 사람과 그 사람과 관련한 사건들의 중요성을 기념하고 있기 때문이다. 그 기념은 한 사람과 그 사건들과 관련한 가치와 헌신을 강화하는 것으로 작용한다. 하지만 이런 가치와 헌신을 강화함에 있어서 히브리서는 훈계와 구체적인 천거를 행한다"(*Semeia* 50[1990] 214).

히브리서를 "숙고적인" 또는 "대중적인" 것으로 분류하는 것은 이해하기가 어렵지 않다. 숙고적인 수사학은 청중을 설득하여 어떤 미래의 이득에 근거하여 선택하고 어떤 부적절한 행동을 하지 못하게 하는 것과 관계가 있다. 그것은 청중들로 하여금 미래를 위한 올바른 결정을 하게 영향을 주는 일을 추구한다. (수사학의 세 가지 형태에 관한 논의를 위해서는 Aristotle, *Rhetoric* 1.2.1358B; Cicero, *De inventione* 2.3.12-13; 2.51.155-58, 176; 2.58.176-77; Cornificius[?], *Rhetorica ad Herennium* 1.2.2; 3.2.2-3; 3.6.10-11; Quintilian, *Institutio oratoria* 3.4.12-16; 3.7.1-28; 3.8.1-6; 3.9.1을 보라.) 이것은 히브리서에서 많은 권면을 갖는 목회적 특징과 확실히 일치한다.

저자는 청중들을 그들이 갖고 있는 고백을 확고히 붙들도록 그리고 믿음의 자세를 포기하지 않도록 설득하는데 초점을 맞추고 있다. 하나님의 임재로부터 차단되지 않도록 하기 위해서다. 수사학자는 교사로 바뀌고, 이미 포용한 패턴에 침잠하도록 추구한다. 이것이 히브리서의 본질적인 기능임이 분명하며, 약속하신 분이 신실하시기 때문에 그룹의 구성원들이 한번 확고하게 붙든 소망과 확신을 버리지 않을 것을 권면한다(참소. 히 3:6, 14; 10:23, 35-39; 11:11, 다른 본문들 중에서도). 히브리서를 고전적인 언어의 틀 속에 억지로 밀어 넣을 수는 없다.

히브리서의 저자와 관련하여 인식해야 하는 것은 책임 있는 사람들은 수사적인 관례에 묶이지 않았다는 것이다. 표준적인 지침서에서의 수사학적인 조언은 연설의 측면에서 수어졌다. 논쟁은 필연적으로 연설적인 요소와 연관이 있다. 하지만 히브리서의 저자는 진지한 목회적 목적을 갖고 있으므로, 수사학적인 관례에 묶이지 않는다. 그는 엄격하게 형식과 내용의 고정된 규칙을 고수하려고 하지 않았다. 동일한 관찰이 필로와 관련한 루니아(D. Runia, "Philo's *De aeternitate mundi*: The Problem of Its Interpretation," *VC* 35[1981] 105-51)에 의해 강력하게 제시되었다. 루니아는 필로의 논문이 형태적인 근거로서는 당시의 수사학 그리고 철학 학교에서 훈련받았던 논제(thesis)의 장르를 갖지만, 필로는 이 수사학적인 관례를 자신의 목적에 맞게 적응시켰다는 것을 보여준다(Runia, 118, 139, 144, nn. 43, 46, 49; 논문에 관한 루니아의 수사학적인 분석에 관해서는 121-30을 보라).

수사학적인 고안물들을 히브리서에서 식별할 수 있지만, 동일시할 수 있는 수사학적인 구조가 있음은 덜 분명하다. 우리는 신약시대의 수사학적인 고안물들조차 철저히 이해하지 못하고 있음을 인식해야 한다. 히브리서에 관한 연구의 현재 상태는 어느 누구도 아직 지침서에서 규정된 수사학적인 형태를 엄격하게 일치시킬 수 있는 설교의 구조적 분석을 생산하지 못했다는 것이다. 설사 그렇게 하는 것이 가능했다할지라도, 분석을 적용하는데 조심해야 한다. 필로나 바울을 동일시할 수 있는 형태로 엄격하게 일치시킬 수가 없다(Winter, "Philo and Paul among the Sophists," 236-42, 248-51을 보라). 예를 들어, 베츠(H. D. Betz)는 갈라디아서 3장과 4장의 수사학적인 분석을 시도할 때 당황스러움을 인식했다(*Galatians: A Commentary on Paul's Letter to the Churches of Galatia*, Hermeneia[Philadelphia: Fortress, 1979] 129). 베츠는 갈라디아서 4:12에 변론에서 숙고적인 수사학으로의 의미 있는 수사학적인 전환이 있음을 관찰하지 못했다(G. W. Hansen, *Abraham in Galatians: Epistolary and Rhetorical Contexts*, *JSNTSup* 29[Sheffield: *JSOT*, 1989] 43-71을 보라; 수사학적인 기술과 서신의 항목에서 사용된 논증의 형태에 관한 Hansen의 분석에 대해서는 73-93을 보라. 나는 D. Runia and G. W. Hansen의 관찰에 대한 나의 관심을 불러오는 데에 B. W. Winter에게 빚졌다).

수사학적인 분석은 청각적으로 이해되고 강압적인 논증의 전개만큼이나 진술의 소리의 영향력을 의존했던 메시지를 전달함에 있어서 저자의 상당한 수사학적 기술에 관한 인식을 비추어준다. 저자는 분명히 헬라 수사학에 빚지고 있고, 히브리서에서 수사학적 형태의 사용에 관한 분명한 증거가 있다. 그리고 저자가 자신이 사용했던 수사학적 형태에 묶이지 않고 그것을 자신의 목적에 맞게 주조했다는 사실은 그가 그것을 얼마나 편하게 여겼는지를 가리켜주고, 그의 쓰여진 강화는 그 사실을 확인해준다.

수사학적인 분석은 저자가 추구했던 논증의 전략과 관련한 고전적인 준거의 틀을 물음으로써 히브리서의 해석을 발전시킬 수 있다. 논리적인 논증 이외의 다른 어떤 설득의 양식이 설교에 분명히 있는가? 설교의 저작과 어법은 그것의 효과에 어떻게 기여하는가? 히브리서가 적절한 반응을 보이는 수사학적인 상황과 관련하여 질문하는 것은 합법적이다. 하지만 헬라적 노시 중심지에서 회당과 유대학교에 준거를 두고 있는 논증과 설득의 양태에 관하여 질문하는 것이 또한 필요할 것이다. (아래의 "The Writer's Appropriation of the OT Text"을 보라).

강화분석

참고문헌

Berger, K. *Exegese des Neuen Testaments: Neue Wege vom Text zur Auslegung*[2]. Heidelberg: Quelle & Meyer, 1984. 11-32. **Black, D. A.** "Hebrews 1:1-4: A Study in Discourse Analysis." *WTJ* 49(1987) 175-99. ______. *Linguistics, Biblical Semantics, and Bible Translation: An Annotated Bibliography of Periodical Literature from 1961*. La Mirada, CA: Biola University, 1984. ______. *Linguistics for Students of New Testament Greek: A Survey of Basic Concepts and Applications*. Grand Rapids: Baker, 1988. **Cotterell, P.** and **Turner, M.** *Linguistics and Biblical Interpretation*. Downers Grove, IL: Inter-Varsity Press, 1989. **Dussaut, L.** *Synopse structurelle de l'Épître aux Hébreux: Approache d analyse structurelle*. Paris: Desclée, 1981. **Guthrie, G. H.** "The Structure of Hebrews: A Text-linguistic Analysis." Dissertation, Southwestern Baptist Theological Seminary, 1991. **Longacre, R. E.** *An Anatomy of Speech Notions*. Lisse, Belgium: de Ridder, 1976. ______. "Some Fundamental Insights of Tagmemics." *Language* 41(1965) 66-76. ______. *Tagmemics*. Waco, TX: Word, 1985. **Louw, J. P.** *The Semantics of New Testament Greek*. Philadelphia: Fortress, 1982. **Neely, L. L.** "A Discourse Analysis of Hebrews." *OPTT* 3-4(1987) 1-146. **Nissilä, K.** *Das Hohepriestermotiv im Hebräerbrief: Eine exegetische Untersuchung*. Helsinki: Oy Liiton Kirjapaino, 1979. **Schenk, W.** "Hebraerbrief 4, 14-16: Textlinguistic als Kommentierungsprinzip." *NTS* 26(1980) 380-96. **Übelacker, W. G.** *Der Hebräerbrief als Appell: Untersuchungen zu* exordium, narratio *und* postscriptum (*Hebr 1-2 und 13:22-25*). Stockholm: Almqvist & Wiksell, 1989.

쓰여신 의사전달로서의 히브리서는 강화 또는 본문-언어학적인 분석을 빌리고 있다. 상대적으로 이 새로운 분석의 형태는 성경 비평에 대한 현대의 언어학적 기술의 적용으로서 새로이 부상하고 있다. 1989년에 코터렐(P. Cotterell)과 터너(M. Turner)의 작품은 "현재 거기에 확고한 결론이나 일반적으로 용인된 공식, 고정된 방법론, 심지어 일치된 용어법도 없다"(*Linguistics*, 233)고 덧붙인다. 언어학은 단순히 인간의 언어에 관한 연구이고 특별히 커뮤니케이션의 사건을 효과 있게 하기 위해서 조화를 이루어야 하는 관계의 네트워크 내에서의 내적 역학에 관한 연구이다(예. 언어의 소리, 말의 의미, 문법, 어절의 군집, 문장, 그리고 단락; 참조. Black, *Linguistics*, 4-5). 강화 분석의 아직 어린 학문은 성경 본문의 해석에 유용한 분석의 도구와 관점을 개발하는데 노력하고 있다.

강화 분석의 적절한 관심은 의미의 일관성, 강화의 단위 내에서의 구성요소의 관계, 그리고 강화 내에서의 단위들의 한계에 대한 식별에 있다. 강화분석의 중요한 목표는 강화의 구성 단위를 형성하고 있는 개별적인 단락에 관한 이해이다. 왜냐하면 전체적인(또는 주요한) 강화를 이해하는 열쇠를 제공하는 것은 단어나 문장과 같은 개별적인 의미의 단위보다 단락이기 때문이다. 주요 강화의 의미의 내용은 각 문장의 의미적 내용의 요약 그 이상이다. 이것은 저자가 보다 큰 의미적 단위(즉 단락)를 형성하기 위해 문장들을 군집하고 있기 때문이다. 그것이 강화의 발전에서 다양한 의미적 기능을 할당해준다(Louw, *Semantics*, 97-98; Cotterell and Turner, *Linguistics*, 230-31).

강화분석의 근본적인 가설은 쓰여진 텍스트가 저자가 전달하고자 하는 주제의 개념 속에 그것의 기원을 갖고 있다는 것이다. 이 주제는 언어적 선택에 의해 표현되고 발전되며, 그것은 단락의 단위로 의미와 구조를 빚지고 있다. 저자의 주제의 발전을 이해하기 위해서는 어휘적, 문장 구조적, 그리고 수사학적인 차원에서 본문을 검사하는 것이 필요한데, 이것을 거스리(G. H. Guthrie)가 두발(J. S. Duvall)과의 논증에서 보여준다("The Structure of Hebrews," 105; 참조. Louw, *Semantics*, 94).

의사소통의 과정과 분석

의사소통의 과정	분석의 과정
기록된 본문	기록된 본문
↑	↓

언어 선택들: ← 어휘 분석
개별 단어들 ← 구문 분석
문 법 ← 수사 분석
양 식
↑ ↓
주제에 대한 권위적 개념 주제적 발전의 이해

어휘적, 문장구조적, 그리고 수사학적인 분석의 목표는 단락을 이해하는 것이며, 이 단락은 전반적으로 강화의 의미를 이해하는데 기본 단위가 된다(참조. Berger, *Exegese*, 111). 구성 단락간의 역학적 관계의 분석은 주요한 강화의 의미적 프로그램을 이해하기 위해서 궁극적으로 필요하다. 강화 분석은 저자가 주요 강화를 발전시키는 과정에서 언어적으로 단락과 구현된 강화(즉 강화를 식별하고 구분하는 단위, 그것은 시작과 끝을 갖고 있다)를 어떻게 특징짓고 있는가를 식별하는 것을 시도한다.

히브리서를 해석하기 위한 도구로서 강화 분석의 잠재적인 중요성은 닐리(L. L. Neeley, *OPTT* 3-4[1987] 1-146)에 의해서 증명되었다. 그녀의 연구는 당대의 언어학자인 롱아크리(R. E. Longacre, *Language* 41[1965] 66-76; *An Anatomy of Speech Notions*[1976]; *Tagmemics*[1985])가 발전시킨 분석강화의 방법에 기반하였다. 롱아크리는 강화를 발전시키는데 있어서 저자가 사용하는 네 가지 주요 시스템을 식별한다. (1) 문장들을 강화의 더 큰 단위, 즉 단락과 구현된 강화로 조합하기, (2) 강화의 단위의 언어적 기능을 반영하는 성분 구조, 중심(즉 구조적인)과 지원 정보간의 구별, (4) 의미의 구성. 넬리는 히브리서를 구성의 네 시스템에 근거하여 분석하는 노력을 시도한다(*OPTT* 3-4 [1987] 1).

롱아크리의 강화분석을 히브리서에 적용한 넬리는 설교 안에서 강화의 단위를 구분하기 위한 네 가지 기준을 제시한다. (1) 장르의 변화(예. 해석에서 권면으로), (2) 전환하는 서론 또는 결론(예. 인용부호와 같은 참조문, 반복, 요약), (3) 상대적으로 드문 언어적 방책물들의 사용(예. 수사학적 질문, 드문 불변화사, 호격들), (4) 이전에 구현된 강화와의 어휘적 의미적 일관성의 증거(예. 그녀가 샌드위치 구조라고 일컫는 인클시오[*inclusio*], 교차대구법, 그리고 특징적인 단어들의 추적; *OPTT* 3-4 [1987] 6-18). 넬리는 강화의 각기 더 큰 단위를 형성하는 다양한 구성요소들의 기능에 관심을 갖는다. 그녀는 잘 발전된 강화(그리고 구현된 강화)에서 '서론', 저자의 논증을 발전시키는 다양한 '요지들', 절정(즉 클라이막스), 그리고

'결론'(3-4, 23-25; 그녀는 "특별한 강화나 구현된 강화는 잘 형성된 강화가 되기 위해서 모두 네 가지 구성 요소의 형태를 가질 것을 요구하지 않는다"는 것에 동의한다[3]). 강화의 구성성분을 분별하는 것은 강화의 구조를 확인하는 것을 돕는다.

이런 고려에 근거하여 넬리는 전반적으로 강화의 구성성분들을 보여주는 히브리서에서의 강화(22)와 구현된 강화(141)의 더 큰 단위들을 구분한다. 그 구성성분은 '주제적 서론'(히 1:1-4), '요지' 1(구현된 강화 1, 히 1:5-4:13), '요지' 2(구현된 강화 2, 히 4:14-10:18), '절정'(구현된 강화 3. 히 10:19-13:19), '결론'(히 13:20-21), 그리고 '마무리'(히 13:22-25; 41). 따라서 넬리의 분석에 따르면, 히브리서는 세 가지 구현된 주요한 강화(요지 1, 2 그리고 절정)로 이루어지고, 하나의 서론과 결론에 의해 포괄된다. 설교의 끝에 형식적인 마무리는 강화의 주제적 발전과 관계가 없다.

나는 히브리서의 언급과 관련한 강화분석에 관한 넬리의 사용을 도입함에 있어서 거스리(G. H. Guthrie)에게 빚을 졌다. 거스리는 히브리서에서의 강화의 단위에 관한 넬리의 논증으로부터 히브리서의 언어적 구조에 관한 다음의 평가를 도출하였다("The Structure of Hebrews," 65, figure 10, "Linda Neeley's discourse analysis of the structure of Hebrews," 거기서 ED는 구현된 강화[embedded discourse]를 의미한다).

1:1-4 책에 대한 주제적 서론

구현된 강화 1(1:1-4:13): 하나님이 성자 속에서 우리에게 말씀하신다.

서론(1:1-4)

- ED 1a (1:1-2:18) 그리스도의 신성과 인성
- ED 1a1 (1:1-14) 신성
- ED 1a2 (2:1-18) 인성
- ED 1b (3:1-4:13) 마음을 굳게 하지 말라

구현된 강화 2 (4:14-10:18): 대제사장으로서의 성자는 죄에 대한 완전한 희생을 제공하셨고, 이것으로 우리를 위한 구원을 획득하셨다.

- ED 2a (4:14-6:20) 서론
- ED 2b (7:1-28) 초월적인 대제사장으로서의 그리스도
- ED 2c (8:1-10:18) 초월적인 사역자로서의 그리스도

구현된 강화 3 (10:19-13:21) 그러므로 믿음의 충만한 확신 속에서 참된 마음으로 하나님께 가까이 나아가자…우리의 고백을 확고히 하라…서로를 사랑과 선한 행위로 고무

할 것으로 생각하라.

ED 3a (10:19-39) 서론
ED 3b (11:1-40) 믿음의 인내
ED 3c (12:1-29) 경주를 행하라
ED 3d (13:1-21) 실제적인 권면
13:20-21 결론
13:22-25 마무리(형식적인 끝맺음)

넬리의 분석은 세상의 대부분의 언어 속에 내재된 커뮤니케이션의 식별할 수 있는 원리에 근거하여 일관된 커뮤니케이션의 행위로서 히브리서 본문을 분석하는 진지한 시도를 보여준다. 그것은 순전히 언어학적 접근이고, 주요한 강화의 언어학적 특징에만 관심을 둔다. 그녀는 문학적 고안물들, 즉 다양한 장르의 사용, 개별적인 단위들의 의미적 일관성, "구성요소들"(또는 자료의 하부단락)의 기능적 역할, 그리고 강화의 발전을 고려한다. 그처럼 그녀의 접근은 문학적 분석, 수사학적 비판, 그리고 개념적(또는 주제적) 분석으로부터의 주요한 요소들을 통합한다. 그녀는 의식적이든 무의식적이든 강화의 표면적 구조에 영향을 주거나 결정하는 사회적 또는 역사적 고려사항들에는 관심을 두지 않는다. 넬리에 의해 자극을 받은 원리들은 '현대적' 언어의 연구를 통해서 확인되어진다.

거스리(G. H. Guthrie)는 히브리서에 대한 강화 분석의 적용을 제련하는 시도에서 '고대의' 강화로 그것의 특징을 인식하는 강화에 대한 충분한 개념적인 접근을 가져온다. 그는 "수사학적-강화분석"이라는 명칭을 단 절충적인 접근을 고안했다("The Structure of Hebrews," 103-25). 그는 접두어 "수사학"(rhetorico-)을 "강화분석"을 지칭할 때에 덧붙인다. 고대 세계의 구두적이고 문학적인 환경에 민감할 필요가 있음을 강조하기 위해서다. 그러나 지배적인 방법론적 영향은 강화분석이나 본문언어학에 있으며, 그것은 수사학적이고 문학적인 분석에 본질적인 관심을 통합시킨다. 예를 들어, 수사학적인 분석의 주된 관심사인 히브리서 논증의 패턴의 분석은 강화분석의 "구성요소 분석"에 포함된다.

거스리의 취급방식은 히브리서의 구현된 강화 단위의 심사와 관련이 있다. 이 단계에서 그는 자기 자신을 단위의 경계에 관한 식별과 관련시키며 뿐만 아니라 단위의 의미론적 일관성의 차원에 관한 분석과도 연관시킨다. 그때에 그는 구현된 강화의 단위 분석에서 자신이 얻은 결과에 도움을 얻어 결합 분석과 구성요소들의 분석을 사용하여 히브리서의 주요한 강화를 심사한다("The Structure of Hebrews," 112

-25).

그의 연구의 주요한 기여는 '전환'으로 알려진 역학에 대한 관심이다. 그는 히브리서처럼 잘 쓰여진 강화에서 강화의 단위들 사이에 구조적이고 의미적인 중복이 공통적으로 있음을 인식한다. 거스리의 주요한 관심 중의 하나는 단위의 경계가 식별되고 옹호될 수 있는 척도를 구분하는 것이었다(109-11; 참조. Cotterell and Turner, *Linguistics*, 98-99). 장르의 변화, 포괄문(인클루시오[*inclusio*]), 그리고 단위의 경계를 구축하기 위한 불변화사의 사용에 호소하는 그는 결합 분석과 구성 요소 분석을 사용하는데, 주어진 강화의 단위의 독특성과 구조적인 진정성을 변호하기 위해서다. 그는 히브리서의 저자가 주요한 강화를 형성하는 강화 단위의 순서를 함께 묶는 전환적인 기술의 구체적인 형태를 9가지 이상을 식별한다(아래의 "Addendum: The Text-Linguistic Approach of G. H. Guthrie"을 보라).

거스리는 자신의 분석을 문장이나 "콜라"(cola, "콜론(:)의 복수")를 포함하는 단락(paragraph) 단위를 넘어서서 분석을 확장한다. 언어학적으로 "콜론"(colon)은 주어와 술어를 형성하는 중심적인 모체를 명확하게 또는 은밀하게 소유하는 문법적 구조의 단위다. 각각의 콜론을 개별적으로 분석함의 중요성이 콜라가 논증에 중심이 되는 명제들을 감지하는 수단을 제공한다는 것이다(Louw, *Semantics*, 67-158을 보라; 강화의 단일한 단위에 대한 이런 접근의 적용에 대해서는 Black, *WTJ* 49 [1987] 175-99; Schenk, *NTS* 26[1980] 380-96을 보라). 히브리서에 대한 콜론, 문장, 단락, 그리고 구현된 강화들에 대한 관심으로 거스리(Guthrie)는 강화로서의 히브리서에 관한 포괄적인 언어학적 분석을 제공할 수 있었다.

문학적 구조

참고문헌

Attridge, H. W. "The Uses of Antithesis in Hebrews 8-10." *HTR* 79(1986) 1-9. **Black, D. A.** "The Problem of the Literary Structure of Hebrews: An Evaluation and a Proposal." *GTJ* 7(1986) 163-77. **Bligh, J.** *Chiastic Analysis of the Epistle to the Hebrews*. Heythrop: Athenaeum, 1966. ______. "The Structure of Hebrews." *HeyJ* 5 (1964) 170-77. **Bruce, F. F.** "The Structure and Argument of Hebrews." SWJT 28 (1985) 6-12. **F. Büchsel**, "Hebräerbrief." *RGG*^{2} (1928) 2:1669-73. **Cladder, H.**

"Hebr. 1,1-5,10." *ZKT* 29(1905) 1-27. ______. "Hebr. 5,11-10,39." *ZKT* 29(1905) 500-524. **Descamps, A.** "La structure de l'Épître aux Hébreux." *RDT* 9(1954) 251-58, 333-38. **Dussaut, L.** *Synopse structurelle de l'Épître aux Hébreux: Approche d'analysis structurelle.* Paris: Cerf, 1981. **Gourgues, M.** "Remarques sur la 'structure centrale' de l'Épître aux Hébreux." *RB* 84(1977) 26-37. **Guthrie, G. H.** "The Structure of Hebrews: A Text-linguistic Analysis." Dissertation, Southwestern Baptist Theological Seminary, 1991. 16-34, 55-60. **Gyllenberg, R.** "Die Komposition des Hebräerbriefs." *SEÅ* 22-23(1957-58) 137-47. **Haering, T.** "Gedankengang und Grundgedanken des Hebräerbriefs." *ZNW* 18(1917-18) 145-64. **Nauck, W.** "Zum Aufbau des Hebräerbriefes." In *Judentum, Urchristentum, Kirche.* ed. W. Eltester. BZNW 26. Giessen: Töpelmann, 1960. 199-206. **Rice, G. E.** "Apostasy as a Motif and Its Effect on the Structure of Hebrews." *AUSS* 23(1985) 29-35. ______. "The Chiastic Structure of the Central Section of the Epistle to the Hebrews." *AUSS* 19(1981) 243-46. **Swetnam, J.** "Form and Content in Hebrews 1-6." *Bib* 53(1972) 368-85. ______. "Form and Content in Hebrews 7-13." *Bib* 55(1974) 333-48. **Thien, F.** "Analyse de l'Épître aux Hébreux." *RB* 11(1902) 74-86. **Vaganay, L.** "Le Plan de l'Épître aux Hébreux." In *Mémorial Lagrange.* Paris: Gabalda, 1940. 269-77. **Vanhoye, A.** "De structura litteraria Epistulae ad Hebraeos." *VD* 40(1962) 73-80. ______. "Discussion sur la structure de l'Épître aux Hébreux." *Bib* 55 (1974) 349-80. ______. "Les indices de la structure littéraire de l'Épître aux Hébreux." SE 2(1964) 493-509. ______. "Literarische Struktur und theologische Botschaft des Hebräerbriefs." *SNTU* 4(1979) 119-47; 5(1980) 18-49. ______. "La structure centrale de l'Épître aux Hébreux (Heb. 8/1 9/28)." *RSR* 47(1959) 44-60. ______. *Structure and Message of the Epistle to the Hebrews.* Rome: Pontificio Instituto Biblico, 1989. ______. *La structure littéraire de l'Épître aux Hébreux.* 2nd ed. StudNeot 1. Paris/Bruges: Desclée de Brouwer, 1976. ______. "Structure littéraire et thèmes théologique de l'Épître aux Hébreux." In *Studiorum Paulinorum Congressus Internationalis Catholicus 1961.* AnBib 17-18. Rome: Pontifical Biblical Institute, 1963. 2:175-81.

히브리서의 문학적 구조는 독특하게 복합적이고 감을 잡기가 어렵다. 1987년의 저술에 아운(D. E. Aune)은 단언적으로 진술할 때, "히브리서의 구조는 풀리지 않는 문제가 있다"(*The New Testament in Its Literary Environment*, 213)고 했다. 블랙(D. A. Black)이 관찰한 것처럼, 저자가 강화의 발전을 위해 마음속에 조심스럽게 기획한 구조를 가졌다할지라도, 히브리서를 강력한 연구의 대상으로 만든 사람들은 그의 배열을 쉽게 감지할 수가 없다(*GTJ* 7[1986] 164).

초기의 가정적 접근들

히브리서의 문학적 구조를 위한 탐구의 발전은 몇몇 학자들의 종합적인 노력으로 말미암아 이루어졌다. 그들은 각기 갖고 있는 유리한 관점에서 히브리서의 강화를 접근하였다. 예를 들어, 뷔흐셀(F. Büchsel)은 저자가 해석과 권면 사이를 교대적으로 사용하고 있는 것처럼, 장르의 차이에 관한 중요성에 관심을 불러일으켰다(*RGG*[2], 2:1669-73). 그의 통찰력은 질렌베르그(R. Gyllenberg, SEÅ; 22-23[1957 58] 137-47)에 의해 첨삭되었는데, 그의 연구는 히브리서의 문학적 구조에 관한 발견에 의미 있는 단서로 남아 있다.

히브리서 본문에 대한 접근에서 문학적 분석을 사용하는 사람들은 저자에 의해 공급되는 중요한 언어적 단서를 관찰했다. 20세기의 전환기에 다이엔(T. Thien)은 저자가 각 단위의 서론 직전에 주요한 주제를 역비례하는 순서(*inverse order, RB* 11[1902] 74-86)로 발전시키고 있다고 선언한다. 따라서 히브리서 2:17에서 예수는 "하나님의 봉사에서 자비롭고 신실하신 대제사장"으로 지칭되고 있는데, 3:1-5:10에서 저자는 예수에 대한 관심을 "신실하신 분"(3:1-4:13)으로 방향 짓고, 나아가서 예수를 "자비로우신 분"(4:14-5:10)으로 초점을 맞춘다. 이런 절차는 7:1-10:39에서도 반복된다. 5:9-10에서 예수는 "영원한 구원의 근원"으로 묘사되고, "멜기세덱과 같은 제사장"으로 간주된다. 그 다음의 주요한 갈래에 대한 권면적인 서론에 뒤이어(5:11-6:20), 저자는 예수의 개념을 멜기세덱과 같은 제사장으로 발전시키고(7:1-28), 나아가서 예수에 관한 주제를 영원한 구원의 근원으로서 발전시킨다(8:1-10:18). 10:36-39에서 저자는 11:1-12:29에서 발전되는 주제를 선언하는데, 즉 인내(10:36)와 믿음(10:38-39)을 이야기한다. 다이엔은 1:1-14를 강화에 대한 서론으로 13:1-25를 강화의 결론으로 생각했다.

1940년에 바가나이(L. Vaganay)는 다이엔의 제안을 취하여 발전시켰다. 그의 의미 있는 문서인 "Le Plan de l'Épître aux Hébreux"(269-77)은 히브리서의 문학적 구조의 현대적 논의의 시작을 알렸다(Michel, 29; H. Feld, 23-25; G. H. Guthrie,

"The Structure of Hebrews," 21). 히브리서 강화의 단위에 기여하는 문제에 집중한 바가나이는 문서의 구조에 관한 논증을 "연결어"(hook-word, *mot-crochets*)에 관한 인식으로 히브리서 전체를 발전시켰다. 연결어("hook-word")는 고대에 발전된 수사적인 고안물인데, 그것은 문서의 두 단위를 함께 묶는 것이다(참조. Michel, 29-31). 한 항목의 끝에 핵심단어를 갖는 서론과 다음 항목의 시작에 그 단어를 반복하는 것은 두 단위간의 전환을 형식적으로 특징짓는 일을 한다. 그 과정이 히브리서 전체를 통하여 유지되고 있고, 강화의 각 항목이 뒤이어지는 항목과 연관된다(Vaganay, "Le Plan," 271-72).

그러한 수사적 고안물을 저자가 사용하고 있다는 구조 분석에 기초하여 바가나이(Vaganay)는 주제적으로 균형 잡힌 히브리서의 요약을 제공할 수 있었다.

서론(1:1-4)
한 항목에서의 첫 번째 주제: 천사들보다 우월한 예수(1:5-2:18)
두 항목들에서의 두 번째 주제: 예수, 긍휼하시고 신실하신 대제사장(3:1-5:10)
  §1: 예수, 신실하신 대제사장(3:1-4:16)
  §2: 예수, 긍휼하신 대제사장(5:1-10)
세 항목들에서의 세 번째 주제: 예수, 영원한 구원의 근원, 완전한 제사장, 멜기세덱과 같은 대제사장(5:11-10:39)
 권면(5:11-6:20)
  §1: 예수, 멜기세덱과 같은 대제사장(7:1-28)
  §2: 예수, 완전한 제사장(8:1-9:28)
  §3: 예수, 영원한 구원의 근원(10:1-39)
두 항목들에서의 네 번째 주제: 믿음의 인내(11:1-12:13)
  §1: 믿음(11:1-12:2)
  §2: 인내(12:3-13)
오직 한 항목에서 다섯 번째 주제: 거룩해야할 필요성(12:14-13:21)
결론: 마지막 권고(13:22-25)

바가나이의 문서는 히브리서의 구조에 관한 평가에 이정표가 되었다.

히브리서의 문학적 구조를 확인하기 위한 또 다른 접근은 1954년에 데스캠프(A. Descamps)에 의해 제기되었다. 그는 "특징적인 용어들"(*RDT* 9[1954] 251-58, 333-38)에 관한 저자의 의식적인 사용에 관심을 불러일으켰다. "특징적인 용어들"에 관한 표현은 주요한 주제를 발전시키고 표현하는 강화의 항목 내에서의 핵심어나 동족어들에 관한 집중을 언급한다. 예를 들어, 데스캠프는 저자가 1:5에서 2:16에서 "천사들"이라는 용어를 열한 번이나 소개하고 있고, 그 지점 이후에 강화의 나머지 부분에서는 오직 두 번만 사용하고 있음을 관찰했다. 이 "특징적인 용어"에 집중하는 목적은 문서 단위의 주제적 한계를 식별하기 위한 것이다. 그것은 2:17-18에서 이어지는 단락의 논제에 관한 주제적 선언과 더불어 1:5에서 2:16으로 확장한다. "특징적인 단어들"의 사용은 문학적 고안물이고, 저자는 그것을 가지고 강화의 몇몇 항목들에 의미적 응집을 이룬다.

반 호여(A. Vanhoye)의 종합적 연구

반 호여는 히브리서의 문학적 구조를 드러내기 위한 이들 모든 제안적 연구접근을 이어받게 되었다. 그의 기념비적인 연구논문은 1963년 '서신으로서의 히브리서에 관한 문학적 구조'(*La structure littéraire de l'Épître aux Hébreux*, 2nd rev. ed., 1976)라는 이름으로 출판되었는데, 그는 티엔, 갈렌버그, 디스캠프의 연구와 특히 바가나이의 통찰을 자신의 히브리서의 문학적 구조에 대한 세심한 연구와 종합했다. 그는 강화 전체를 통하여 통일된 항목들의 시작과 끝을 공식적으로 가리키기 위해서 저자가 사용한 다섯 가지 문학적 고안들을 식별했다.

(1) 주제의 선언, (2) 전환적인 연결어들, (3) 장르의 변화, (4) 특징적 단어들, 그리고 (5) 포괄문, 다시 말해서, 항목의 시작과 끝이 두드러진 표현이나 핵심 단어의 반복에 의해 괄호로 묶여진 강화단위이다. 이들 문학적 장치들이 나타남은 강화 단위의 시작과 끝을 결정해주는 객관적인 수단들을 제공한다. 반 호여는 또한 전체로서의 강화 구성과 그것을 구성하고 있는 하위항목에서 대칭적 구조의 중요성을 강조한다.

반 호여는 연구논문 출간에 따른 격렬한 논쟁에서 지칠 줄 모르는 대화 파트너임을 증명하였다. 그는 자신이 주장한 세세한 부분들의 수정에는 개방된 시야를 보여주었지만, 그것의 본질적인 정확성은 확신하였다(특히 *Bib* 55[1974] 349-80과 *SNTU* 4[1979] 133-41을 보라; 영어로 된 히브리서의 구조에 대한 반 호여의 유용한 연구 요약은 Black, GTJ 7[1986] 168-73, 반 호여의 정밀한 연구의 적용은 173-76을 보라).

비록 히브리서의 문학적 연구에 대한 반 호여의 종합적 연구가 비판을 면할 수는 없었으나(예를 들면, T. C. G. JTS n.s.15[1964]137-41; Bligh, HeyJ 5[1964]170-

77; Swetnam, Bib 53[1964] 368-85, 아울러 Bib 55[1974] 333-48; Zimmermann, *Bekenntnis*, 20-22을 보라), 그것은 여전히 영향력 있고 중요한 것으로 남아있다(참조. Black, *GTJ* 7[1986] 168-76; Attridge, 16-27).

나는 반 호여의 연구를 신뢰한다. 심지어 문학적 구조 분석에 있어서 나의 주장과 다를 때조차도, 나는 반 호여의 연구를 인정하려고 노력한다. 히브리서의 문학적 구조에 대한 반 호여의 성숙한 연구의 세부사항들은 각 강화의 주요 다섯 갈래들의 서론(1:1-2:18; 3:1-5:10; 5:11-10:39; 11:1-12:13; 12:14-13:21)과 강화를 구성하는 각 갈래들의 양식/구조/배경에서 볼 수 있다.

녹크(W. Nauck)의 3부분으로 이루어진 연구개요

반 호여의 주장의 가치에 대해 비교적 덜 확신하고 있던 자들은 1960년에 녹크가 진전시킨 삼부적인 연구개요("Zum Aufbau des Hebräerbriefes," 199-206)의 수정된 것에 자신들을 제휴하려는 경향을 보였다. 녹크는 히브리서 구조에 관한 최근의 제안들과 대화한다. 녹크는 스피크(O. Spicq)와 미첼(O. Michel, 5th ed)의 영향력 있는 주석들에서 개진된 히브리서 구조에 관한 최근의 제안들과 대화했다.

그는 히브리서 4:13과 10:18에서 갈래의 요지들을 발견한, 미첼이 옹호한, 삼부적인 연구 개요에 끌리는 자신을 발견했다. 이러한 연구접근 방식의 강점은 히브리서의 구성에 있어서 권면(parenesis) 용어의 탁월함을 인식하는 것이다(Nauck, "Zum Aufbau," 201-3). 녹크는 자료의 권면적인 단락들이 히브리서의 세 가지 주요 갈래들을 조직적으로 구성하는 중요한 역할을 감당하는 것에 주목하였다.

그는 1:1-4:13이 1:2b-3의 서론에서 로고스-찬양과 4:12-13에서 갈래를 마감하는 지혜-찬양으로 구성되는 통일된 단위로 이해될 것을 제안하였다. 그리고 그는 마이클의 주장을 수정하여, 그 갈래를 4:14-10:18에서 4:14-10:31으로 확장하였다. 그는 히브리서의 저자가 강화의 중심 갈래를 시작(4:14-16)과 종결(10:19-23)에서 현저하게 유사한 형태들로 특징짓고 있고, 이것은 10:18절에서 구분적인 중단이 없음을 가리킨다고 주장하였다.

마지막 갈래(10:32-13:17)는 비슷한 유형의 권면으로 시작하고 끝나고 있다고 그는 주장하였다. 이러한 관점의 연구에 따르면, 히브리서는 세 개의 주된 갈래들로 구성된 강화라고 할 수 있는데, 그것은 시작과 종결의 평행구절들의 현시에 의해("Zum Aufbau," 200-203)에 의해 파악할 수 있다. 녹크의 주장은 미첼(제 6권과 이후의 그의 주석 판들, 29-35)과 다른 사람들(예를 들면, W. G. Kümmel, *Introduction to the New Testament*, rev. ed. [Nashville: Abingdon, 1975] 390; Zimmermann, *Bekenntnis*, 18-24; 녹크가 관찰한 4:14-16과 10:19-23 사이의 평행 구절의 중요성에 대한 것은 G. H. Guthrie, "The Structure of Hebrews," 59-60, 74 등을 참조하라)에 인정되었다.

일치된 의견의 부재

히브리서의 문학적 구조에 관한 일치된 의견이 현시점에서는 없다. 히브리서의 구조에 관한 주장들의 불일치의 범위는 거스리에 의해 가정적으로 제시되었다("The Structure of Hebrews," 37; D. Guthrie'의 분석은 그의 *New Testament Introduction*[4], 728-33에 제시되어 있다; Spicq, Michel, Attridge, F. F. Bruce의 연구는 각기 그들의 주석에 기초해 있다; 이 도표는 허락에 의해 게재되었다; 그림 1을 보라).

히브리서의 문학적 구조에 대한 일치된 의견의 부재에는 많은 이유들이 있다. 단락 구분의 경계선에 대한 범위들의 중요한 결정들과 저자에 의해 의식적으로나 무의식적으로 채택된 전환적 고안물들에 대한 파악은 방법론에 뿌리를 두고 있다. 나 자신의 방법론적인 문제들과의 씨름은 이 주석의 양식/구조/배경의 단락들에 반영될 것이고, 특히 3:1-4:14; 4:15-5:10; 12:14-29; 그리고 13:1-25의 경계 범위의 결정과 마지막 갈래의 서론인 12:14-13:25에서 그러하다.

강화에 고유한 요인들이 문학적 구조에 관한 확신 있는 결정에 도달하는 것을 어렵게 만든다. 마이클의 인식(26-28)한 것처럼, 특이한 교호적 배열 및 설명과 권면의 뒤섞임은 히브리서의 문학적 구조를 파악하고자 할 때 문제를 야기한다. 간단한 서문의 짧은 언급(예를 들면, 1:3, "죄를 정결케 하는 일을 마치시고")으로 도입되지만, 강화(9:11-10:18)의 훨씬 나중으로 그 전개를 연기하는 저자의 "전달 양식"은 구조적 분석에 진정한 난제를 발생시킨다. 논제들은 예시와 반복을 되풀이한다. 히브리서의 구조에 대한 적합한 연구접근 방법은 사상과 재현의 되풀이적인 사용을 평가할 수 있어야만 한다. 그것은 복잡하게 엮인 태피스트리의 실처럼 강화전체를 통한 주제들의 안과 밖의 구성을 설명할 수 있어야 한다.

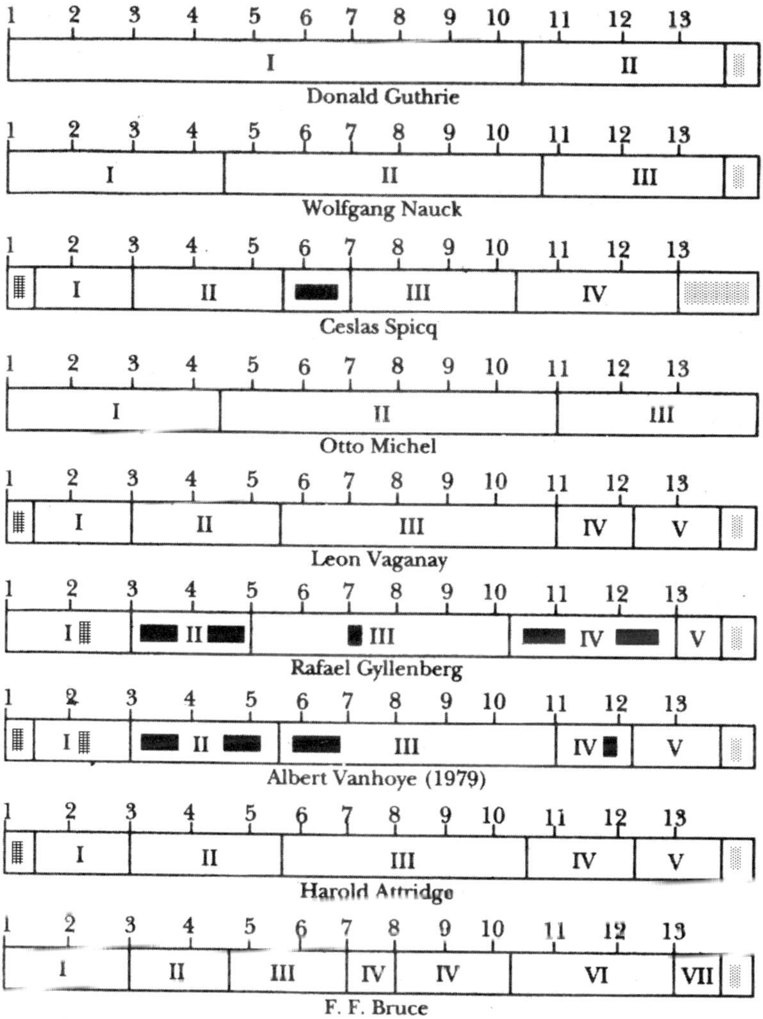

그림 1. G. H. 서스리에 의해 도표화된 히브리서의 문학적 구조에 관한 제안들, 히브리서의 구조적 갈래에 대한 연구접근: 1, 2, 3 등등=장(chapter) 구분들; Ⅰ, Ⅱ, Ⅲ 등등=주된 항목들; ▦ = 서론(서론이 개요에서 강조될 때; ░ = 부록 또는 결론; █ = 권면적 자료(그것이 개요에서 전략적 요소로서 강조될 때).

히브리서의 구조에 관한 주장들의 범위는 예술적이며 문학적인 히브리서 강화의 복잡성을 증명한다. 히브리서에서 공식적 구분들의 경계에 대한 탐구에서, 두 가지 고려사항들을 우선해서 고려해야 한다. 첫째로, 거기에는 자료의 배열을 위하여 고대의 문학적이며 수사학적인 전통이 질서 있는 양식으로 구성되어있다. 그것은 저자가 이들 전통들을 관찰하였음을 예상할 수 있다. 두 번째로, 기록에 있어 강화의 축약은 논증의 전개를 따름에 있어서 청중을 돕기 위한 구두적인 줄거리의 준비를 요구했다. 논증의 결정적 전환점을 표시하기 위한 전환적인 고안물들의 명백한 사용은 청각적으로 들려지고 이해되어지는 강화에 필수적이다. 그것의 난해함에도 불구하고, 히브리서의 문학적 구조를 위한 탐구는 적합하다. 이 탐구를 위한 연구에서, 본 주석은 문학적, 수사학적, 개념적 그리고 의미론적 분석들을 채택했다.

추가: G. H. 거스리의 본문-언어적 연구방법

강화분석이나 본문 언어의 상대적으로 새로운 학문의 도움으로(위의 "강화분석"을 보라), G. H. 거스리는 새로운 관점의 1991년 논문, "히브리서의 구조: 본문-언어학적 분석"(거스리의 방법에 대해서는, 위의 "강화 분석"을 보라)에서 히브리서의 구조에 관한 연구를 몰두하였다. 비록 나는 이 주석이 완성될 때까지 그의 연구를 접하는 기쁨을 누리지 못했지만, 그의 연구방법은 인상적이고 이후의 모든 히브리서 구조 연구들에 확실하게 영향을 줄 것이다. 특히 강화의 여러 단락들을 함께 묶는 히브리서 저자의 전환적 고안물들의 사용에 대한 거스리의 관심은 히브리서의 문학적 구조 연구에 커다란 진보를 이룰 것이다.

거스리는 히브리서의 구조에 관한 토의들에서 무시되기 쉬운 탐구 영역이 강화의 한 단락에서 다른 단락으로 유연하게 전환하는 저자의 방법이라는 것을 인식했다. 아마도 다른 어떤 고려 사항들보다도, 이 사실이 히브리서를 개요하는 현재의 시도에서 다양한 범위가 있음을 설명해준다.

거스리의 관심은 성격상 전환적인 강화의 요소들을 식별하고, 그러한 요소들을 발생시키는 전환적 유형들을 결정하는 것이었다. 그는 2개의 넓은 범주들로 그룹지을 수 있는 9개의 전환적 기법들을 파악했다. "구성적 전환들"은 전환에 의해 결합되는 두 단락의 구성요소들의 하나 또는 그 이상에 위치하는 것들이다. 구성 요소들은 항상 서론이나 결론에 위치하게 될 것이다. "매개적인 전환들"은 강화설교의 두 주된 항목들 사이에 위치한 본문의 단위에 의해 영향을 받는 것들이다. 이 경우에 전환적 단위는 강화 단위의 앞 부분도 뒷 부분의 단위에도 포함되지 않으며, 양쪽의 요소들을 모두 내포한다.

1. 구성적 전환들

a. 연결어들

저자는 한 항목의 '끝'과 다음 항목의 '시작'에 동일한 단어를 사용함으로써 강화의 두 단위간의 부드러운 전환을 이룬다. 거스리는 간단한 다이아그램으로 그 관계를 묘사하는데 거기서 상징적인 점(·)은 본문의 용어를 나타낸다(그림 2를 보라). 강화의 두 단위를 묶어주는 이런 전환적인 고안물의 사용에 관한 모범을 1:1-4/5-14과 2:10-18/3:1-6절에서 발견할 수 있는데, 거기서 연결어는 각기 "천사들"(*τῶν ἀγγέλων*－톤 앙겔론, 1:4/5)이나 "대제사장"(*ἀρχιερευς*－아르키에류스, 2:17/3:1)이다.

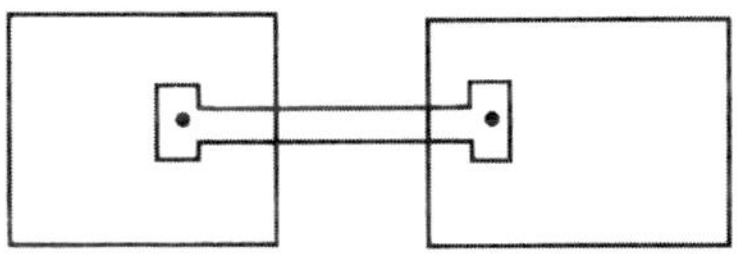

도표 2. 연결어들

b. 원거리 연결어들

강화의 해석적 단위를 권면이 뒤를 잇고, 나아가서 또 다른 해석이 그 권면을 뒤이을 때, 저자는 세 단위를 함께 묶기 위해서 적어도 두 군의 연결어들을 사용한다. 첫 번째 연결어는 해석의 단위를 권면과 단순히 연결해주고, 두 번째 연결어는 해석의 첫 번째 단위를 강화 해석의 다음 단위와 연결시켜준다. 연결어 기법에 관한 이런 변화는 전환을 효과적이게 할 뿐만 아니라, 해석의 단위들에서 저자가 점진적인 논증을 발전시키고 있고, 각각의 해석 단위는 이전의 권면 단위 위에 세워져 있음을 나타내준다.

주제의 발전을 위한 저자의 해석의 사용은 본질적으로 해석의 단위를 함께 묶어준다. 심지어 논증의 흐름이 권면의 삽입적인 단위에 의해 방해를 받을 때조차도 말이다. 거스리는 원거리 연결어의 사용을 다이아그램의 전환적인 고안물로서 예증한다(그림 3을 참조하라).

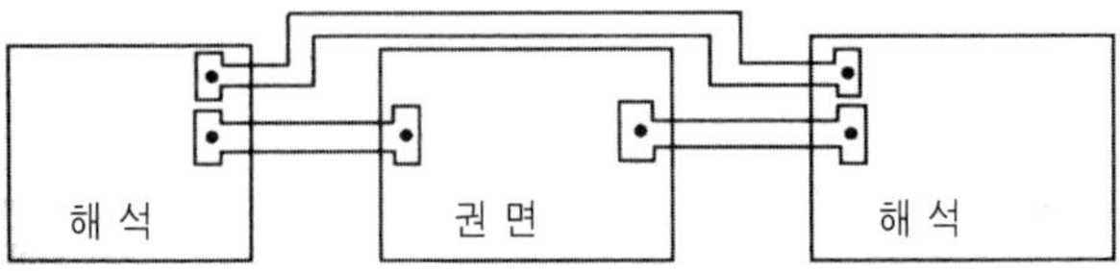

도표 3. 원거리 연결어들

저자가 결합하는 방식의 예증을 1:5-14/2:1-4/2:5-9이 제공한다. 1:5-14은 연결어 "구원"(σωτηρία – 소테리아, 1:4/2:3)에 의하여 결합된다. 2:1-4은 구어적 연결단어인 "말하다"(λαλεῖν – 랄레인, 2:3/2:5)와 "증거하다"(μαρτυρεῖν – 마르투레인, 2:4/2:6)에 의해 연결된다. 이 전환들은 단순한 연결어들의 통상적인 사용을 설명하고 있다. 그러나 1:5-14의 해석은, 2:5-9의 "오는"(멜레인[μέλλειν], 1:14/2:5)과 "천사들"(앙겔로스[ἄγγελος], 1:13/2:5) 등의 형식들에 의해 다음의 해석 단위와 연결 되어있다. 그 연결은 중요한데, 2:5-9에서 저자가 1:5-14에서 전개되나 2:1-4에서 중단되는 아들과 천사들에 대한 비교를 재개하고 있기 때문이다.

거스리는 2:10-18에서 5:1-10:25로 강력한 전환을 이루고 있는 2:17-18/5:1(τὰ πρὸς τὸν θεὸν…τὰς ἁμαρτίας – 타 프로스 톤 데온…타스 하마르티아스, "하나님의 일에 자비하고…백성의 죄를 구속하려 하심이라")과 멜기세덱에 대한 언급이 5:1-10을 7:1-28과 결합시키는 5:10/7:1에서 분리된 해석 단락들을 결합하기 위한 원거리 연결어들의 사용에 대한 또 다른 예증들을 발견한다. 원거리 연결어의 현시는 권면 단락에 의해 분리되었던 해석의 단위들을 함께 연결해주고자 하는 저자의 의도를 보여준다.

c. 연결 핵심 단어들

이 지칭은 특징적인 용어들, 즉 그 단위에 어휘적이고 의미론적인 응집을 주기 위해 강화의 단위에 사용되는 어휘나 동족어들을 사용하는 '세 개'의 전환적인 고안물들을 언급한다. 이 전환은 (1) 첫 단위의 결론에서 실제적으로 도입되었던 두 번째 단위의 특징적인 용어, (2) 서론의 이전 단위에서 뒤이어지는 단위로의 특징적인 용어의 반복 또는 (3) 이 둘의 조합에 의해 효력을 나타낸다. 거스리는 이 세 가지 패턴들을 다이아그램으로 묘사한다(도표 4, 5, 6을 보라).

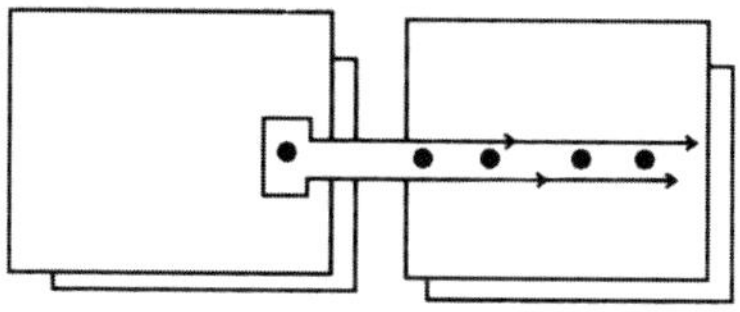

도표 4. 연결핵심 단어들: 유형 #1.

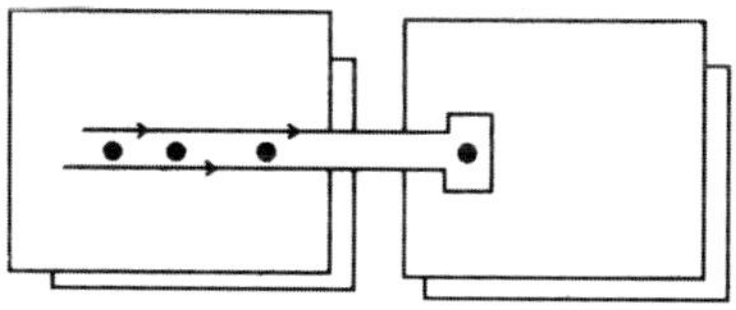

도표 5. 연결핵심 단어들: 유형 #2.

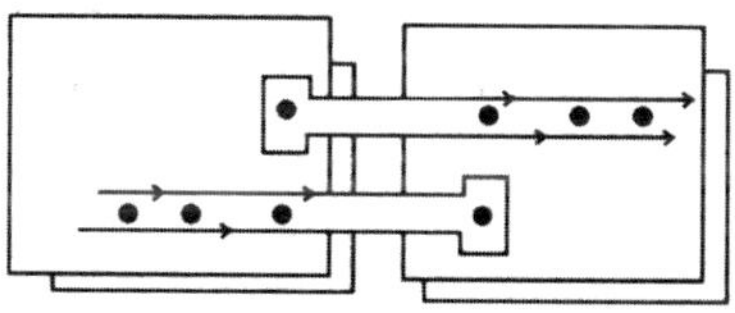

도표. 6. 연결핵심 단어들: 유형 #3.

첫 번째 유형의 분명한 예증은 서언(1:1-4)에서의 방법에서 분명히 보여지는데, 그것은 첫 번째 주된 갈래인 1:5-2:18과 연결되어 있다. 1:4의 의미론적 내용은 1:5-2:18의 전개, 즉 천사들에 비하여 하나님 아들의 탁월한 우월성에 대한 전조가 된다. 1:4의 “천사들”(ἄγγελοι – 앙겔로이)이란 용어는 1:5-2:18의 특징적인 용어나 “핵심어”를 도입하는데, 거기서 앙겔로이(ἄγγελοι)는 10번이 반복되지만 나머지 상황에서는 단 두 번만 나온다. 따라서 서언의 마지막 주장에서 저자는 그의 첫 번째 주요한 갈래의 주제를 선언하고, 그 갈래의 특징적인 용어가 되는 핵심어를 도입한다. 강화의 두 단락간의 효과적인 전환을 이루면서 말이다.

이전 단위로부터의 특징적인 용어가 뒤이어지는 단위의 시작에서 반복되는 두 번째 유형은 1:5-14이 2:1-4과 결합되는 방식에서 예증되는데, 1:5-14의 핵심어인 "천사들"(*ἄγγελοι* – 앙겔로이)이 2:2에서 반복된다.

세 번째 유형을 2:5-9과 2:10-18간의 접합이 형성되는 방식에서 알 수 있다. 그 전환은 2:5-9의 특징적인 용어인 "영광"(*δόξη* – 독세, 2:7, 9)이 2:10-18의 시작에서 반복될 때 형성되고(*εἰς δόξαν* – 에이스 독산, "영광으로"), 2:10-18의 두 특징적인 용어들은 2:5-9의 끝에서 도입된다. 이 용어들은 2:9에서 "고난"(*πάθημα* – 파데마)과 "죽음"(*θάνατος* – 다나토스)인데, 그것은 2:10-18의 논증, 즉 아들이 죽음의 고난을 경험하기 위해서, 인간 가족과 유대를 이루기 위해서, 천사들보다 한동안 낮아지셨다는 것을 전달하는데 중요한 역할을 한다. 파테마(*πάθημα*)의 동족어 형태는 인클루시오의 형태로 돕기 위해서 2:10과 18에서 나타나고, 다나토스(*θάνατος*)는 2:14-15에서 전개된다.

d. 중복적인 구성

"중복적인 구성"이란 지칭은 저자가 강화의 한 단락을 결론짓고 다음 단락을 도입하기 위해 동시적으로 사용하는 본문의 단위를 가리킨다. 거스리의 다이아그램에서 항목 A의 결론은 항목 B의 서론과 동등하다(도표 7을 보라). 히브리서에서 중복되는 구성의 두 가지 예증은 4:14-16과 10:19-25에 위치하고 있는데, 그것은 거스리의 분석에서 해석의 두 번째 주요한 움직임을 포괄하는 강화의 두 단위들이다.

첫 번째 단위인 4:14-16은 3:1-4:16에 결론을 제공한다. 4:14-15에서 "예수", "대제사장" 그리고 "신앙고백"이란 용어는 3:1의 형태와 인클루시오를 형성한다. 게다가 4:14-16은 3:1-4:13과 해석의 장르를 공유하는데, 청중에게 특별한 행위를 교훈한다. 따라서 그것은 3:1에서 4:16에 이르는 강화의 더 큰 단위에 없어서는 안 되는 필수적인 요소이다. 동시에 4:14-16은 5:10-10:18의 해석에 필수적이고 강화의 커다란 단위의 경계를 특징짓는 삼중적인 인클루시오의 도입을 제공한다. "천상을 통해" 들어간 대제사장으로서의 "예수"에 관한 언급은 4:14-16을 5:10-10:18의 두 가지 주요한 주제적 움직임, 즉 대제사장으로서의 아들의 임직(5:1-7:28)과 천상의 유일무이하고 온전히 충족한 희생 제의(8:3-10:18)를 개념적으로 연결시켜준다. 이런 방식으로 4:14-16은 3:1-4:16에 대한 적절한 결론을 제공하고 동등하게 4:14-10:18의 적절한 도입을 제공한다.

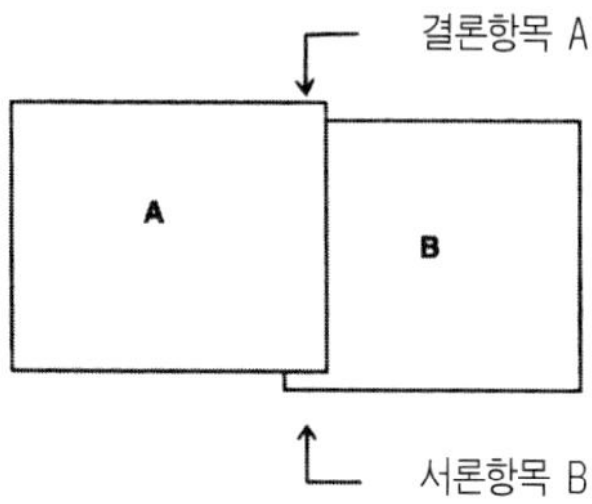

도표 7. 중복 구성들

4:14-16에서 도입되는 인클루시오의 하위적 괄호 묶음은 10:19-25에서 공급되며, 그것은 또한 뒤따르는 권면의 단락을 도입하는 역할을 한다. 개념적으로 10:19-25은 강화의 가장 중심적인 갈래와 연결되어 있는데, 그것은 대제사장으로서의 그리스도의 임직, 천상의 성소에서의 그의 충족적인 드려짐, 그리고 그가 이루었던 죄로부터의 결정적인 정결과 관련된다. 그것은 해석의 광범위한 단위에 대한 종결을 제공한다. 또한 10:19-13:19의 일관된 권면을 도입하면서, 강화의 나머지 부분에 적절한 다리를 제공한다. 따라서 10:19-25는 개념적으로 4:14-10:18에 결론이며 뒤이어지는 모든 것의 권면적인 서론에 해당한다.

e. 평행적 서론

저자는 전환을 효과적이게 하기 위해서 연속되는 강화의 두 단위의 시작에서 개략적으로 유사한 진술을 사용한다. 예를 들어, 5:1에서 저자는 "대제사장마다 사람 가운데서 취한 자이므로 하나님께 속한 일에 사람을 위하여 예물과 속죄하는 제사를 드리게 하나니"라고 진술하는데, 그것은 8:3에서도 약간의 변화만을 갖고 반복된다. 이런 반복적인 주제적 진술은 4:14-10:25에서 전개되는 두 주제, 즉 대제사장으로서의 아들에 대한 하나님의 임명(5:1-7:28) 그리고 그의 우월한 희생제사(8:3-10:18)를 반포한다.

5:1에서 "임명"(*καθίσταται* – 카디스타타이)에 대한 명확한 언급은 "헌물과 희생"과 관련한 진술에 선행하고, 8:3에서 헌물과 희생에 대한 언급은 아들의 임명에 대한 언급에 선행한다(*καθίσταται* – 카디스타타이). 이 유사한 서론은 청중들에게 논증과 그 전개의 흐름을 유념하게 만든다. 전환적인 고안물로서 5:1과 8:3에서 평행적(유사한)인 서론의 사용은 거스리에 의해 아래와 같은 다이아그램으로 묘사되

는데, 거기서 8:1-2은 여전히 다른 전환의 유형으로 기능한다(도표 8을 보라).

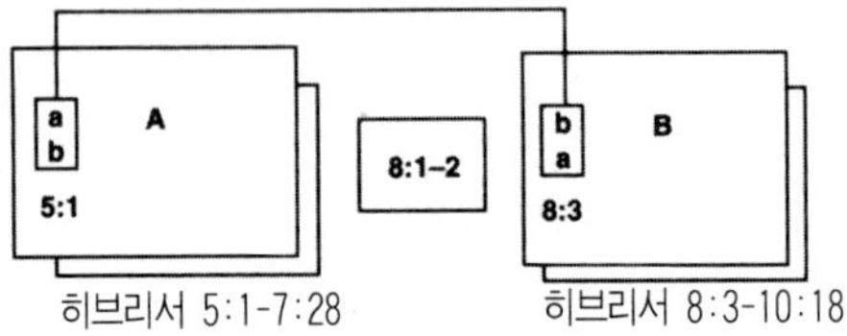

도표 8 평행적 서론

이 유형은 실제적인 반복을 통해 전환을 이룬다.

2. 매개적 전환들

매개적인 전환은 강화의 두 주요 항목 사이에 있는 본문의 단위에 의해 이루어지는 것들이다. 히브리서의 저자는 이 기법에 대한 두 가지 변화를 사용한다.

a. 직접적인 매개적 전환

이 지칭은 강화의 두 커다란 단위들을 연결하는 "돌쩌귀"로서 기능하는 본문의 단위를 나타낸다. 본문의 매개적 단위는 강화의 이전 항목에서 두드러진 요소를 그 시작에서 담고 있다. 그때에 그것은 뒤이어지는 강화의 항목에서 전개될 요소를 도입한다. 거스리는 다이아그램에서 강화의 움직임을 예증한다(도표 9를 보라).

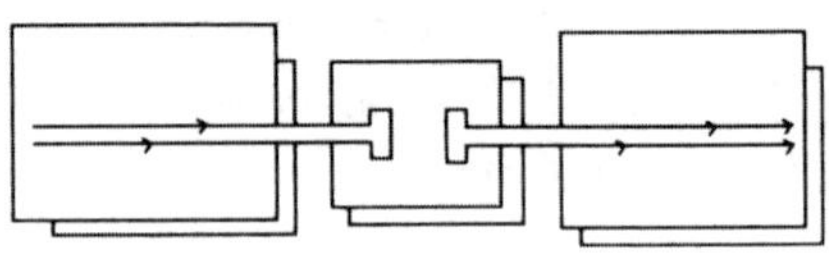

도표 9 직접적인 매개적 전환

5:1-7:28과 8:3-10:18 사이에 있는 작은 본문 단위인 8:1-2은 직접적인 매개적 강화의 기능을 예증한다. 8:1의 고백적인 진술은 강화의 이 시점에서 증거된 것들, 즉 예수는 우리를 위해 대제사장으로 임명되신 하나님의 아들임을 회고적으로 돌아

본다. 그는 이제 하나님의 우편에 좌정해 계신다. 그러나 이 진술을 뒤잇는 연속은 그의 보좌를 "하늘로" 지정하고 하늘의 성소, 즉 주님이 세우셨던 참 장막(8:1c-2)의 새로운 개념을 도입한다. 이 연속된 진술은 임명된 대제사장의 하늘의(따라서 우월한) 제사와 관련한 뒤이은 논의를 준비한다. "성소"(*τῶν ἁγίων*-톤 하기온)와 "장막(*τῆς σκηνῆς*-테스 스케네스)에 대한 암시가 처음으로 8:2에서 도입되지만, 각 용어는 8:3-10:18에서 전개되는 논증에서 두드러지게 나타난다. 8:1-2의 기능은 거스리의 도표 9에 자세한 설명이 나타나 있는 것처럼, 5:1-7:28과 8:3-10:18 사이의 직접적인 매개적 전환을 제공한다(도표 9).

b. 짜집은 매개적 전환

매개적 전환의 이런 변화에서, 거스리의 다이아그램에서처럼, 강화의 이전 단락과 다음 단락의 특징적인 요소들이 함께 얽혀 있다(도표 10을 보라).

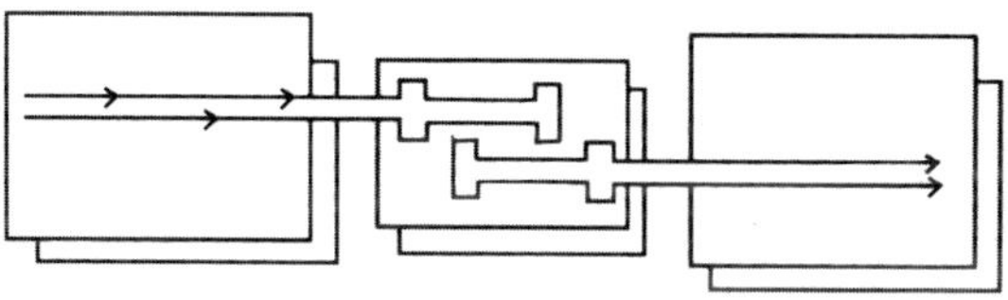

도표 10 짜집은 매개적 전환

이 전환적인 기법의 예증은 2:5-9에서 제공되는데, 그것은 천사에 대한 아들의 우월함과 관련한, 강화의 첫 번째 주요한 움직임(1:5-2:4)과 아들의 낮아지심의 필연성과 관련한 두 번째 주요한 움직임(2:10-18)간에 매개적 전환을 제공한다. 2:5-9의 매개적 전환 단위에서, 강화의 이전 단락과 다음 단락으로부터의 요소들은 서로 얽혀 있다. 1:5-2:4의 단위와 연결해주는 2:5-9의 의미론적이고 개념적인 요소들은 아들의 신분에 초점을 맞춘다. 그것들은 "복종하다"(*ὑποτάσσειν*-휘포타세인, 2:5, 8), "관을 쓰다"(*στεφανοῦν*-스테파눈, 2:7, 9)라는 형태와 "만물을 그 발아래 복종케 하셨느니라"(2:8)는 진술과 관련이 있다. 2:5과 2:10-18을 관련짓게 하는 핵심 어절은 "저를 잠간 동안 천사보다 못하게 하시며"(2:7)라는 진술과 "죽음의 고난받으심을 인한"이라는 수식어를 갖는 2:9에서의 그 어절의 반복이다.

2:5-9에서 저자는 청중들에게 시편 8:4-6을 도입하는데, 그 성경 인용이 아들의

우월한 신분(1:5-14의 주제)과 잠정적인 비하(2:10-18의 주제)를 반영하는 요소이기 때문이다. 그 세 단위들을 함께 묶어주는 공통된 줄거리는 천사와 아들의 관계이다. 성경의 인용에 대한 호소는 첫 번째 논증(아들의 초월적인 탁월함)에서 두 번째 논증(아들의 일시적 비하)으로 이동한다. 그처럼 2:5-9은 1:5-2:4이나 2:10-18에 독점적으로 속하지 않고, 강화의 두 단위 사이에 효과적인 전환을 이룬다.

히브리서의 저자가 강화의 전환을 이루기 위해 적어도 9가지 이상의 고안물들을 사용했다는 거스리의 진술(즉 연결어, 원거리 연결어, 핵심적인 연결어 사용의 세 유형, 중복적인 구성, 유사한 서론, 직접적인 매개적 전환들 그리고 짜집은 매개적 전환들)은 히브리서의 난해한 구조를 탐구하는데 많은 진전을 이루게 했다.

거스리의 또 다른 기여는 히브리서의 해석과 권면의 특색 있는 기능에 관한 인식이다. 해석적 단위의 기능은 주제의 발전, 점진성, 이전 단위 위에 세워진 각 단위의 해석이다. 강화의 권면 단위의 기능은 하나님의 말씀을 순종하는 것의 긴급성을 설명하고 그렇지 못한 실패의 결과를 규정하는 것이다. 각 장르에 특색 있는 기능이 할당되어 있기 때문에 히브리서에 관한 개요에서 해석과 권면을 예리하게 구분함이 필요하다는 것이 거스리의 내용이다. 그의 개요는 본문-언어학적 분석에 근거한 교호(교대)적 장르의 관계성에 대한 이해를 조명해 준다.

히브리서의 개요

1:1-4 서론

1:5-2:18 Ⅰ. 천사들과 관련된 아들의 위치

1:5-14 A. 천사들에 대한 아들의 우월성

→ ε. 권면: 우월하신 주의 말씀을 거부하는 것과 관련하여

2:1-4 (의미)

2:5-9 ab. 일시적으로 신분이 천사들보다 낮아지신 아들의 우월성 (매개적 전환)

2:10-18 B. 신분이 천사들보다 낮아지신 (즉, 사람들 가운데서) 아들의 고난과 죽음

3:1-6		ε. 신실성에 대한 권면
		(1) 예수의 신실성을 생각하라 — 모세보다 위대하신 분
3:7-19		(2) 불성실에 대한 이스라엘의 예
4:1-11		(3) 하나님의 안식에 들어감에 대한 권면
4:12-13		(4) 권면: 하나님의 말씀과의 관련하여
4:14-10:25	II. 시상의 희생제도와 관련한 우리의 대제사장이신 아들의 신분	(5) 마지막 권면: 굳게 붙잡고 가까이 나아가라
	(중복)	
4:14-16	서론: 우리는 하늘로 올라간 죄 없으신 대제사장을 갖고 있다	
5:1-7:28	A. 사람들 가운데서 물러나서 대제사장으로 임명되신 아들	
5:1-10	1. 서론: 사람들 가운데서 물러나서 멜기세덱의 반차를 따라 임명되신 아들	
5:11-6:20		ε. 권면적인 여담
		(1) 성숙의 필요
		(2) 권면: 타락과 관련하여
		(3) 인내하라
		(4) 아브라함의 인내와 하나님의 맹세에 대한 예증
7:1-10	2. 멜기세덱의 우월성	
7:11-28	3. 레위적 제사장들보다 우월하신 영원한 멜기세덱적 대제사장	
8:1-2	ab. 우리는 천상에서 사역하시는 그러한 대제사장을 갖고 있다 (매개적 선환)	
8:3-10:18	B. 천상의 대제사장의 더 좋은 제사	
8:3-5	1. 서론: 하늘의 제사를 드리기	

위하여 임명된 천상의 대제사장

8:6-13 2. 새 언약의 우월성

9:1-10:18 3. 새 언약 하에서 이루어지는 하늘의 영원한 제사의 우월성

ε. 인내에 대한 권면

(중복)

10:19-25

10:19-25 결론: 우리는 우리를 하늘로 취하실 대제사장을 갖고 있다 (1) 서론: 가까이 나아가서 굳게 붙들고 서로 격려하자

10:26-31 (2) 경고: 하나님의 말씀의 거부와 관련하여

10:32-39 (3) 인내하고 수용하라는 권면

11:1-40 (4) 이스라엘의 신실성의 예증

12:1-3 (5) 믿음의 완전자요 대장이신 예수를 생각하라

12:4-17 (6) 훈련과 인내의 관계성

12:18-24 (7) 우월한 새 이스라엘로서의 "너희들"

12:25-29 (8) 경고: 하나님의 말씀에 대한 거부와 관련하여

13:1-17 ε. 결론적 권면

13:18-25 결론과 끝

몇 가지 해석적인 언급이 도움이 될 것이다. 거스리에 따르면, 히브리서의 주제적 해석은 구현된 강화의 커다란 두 단위에 해당한다. 첫째는 천사와 아들의 관계성을 보여주고, 두 번째는 지상적 희생제사제도와 관련한 대제사장으로서의 아들의 위치를 보여준다. 이 커다란 단위는 각기 매개적 전환에 의해 구분되는 두 움직임으로 나뉜다. 해석적 단위로 지원되는 그 움직임은 논리적이고 공간적이다.

I. A. 더 높으신 아들(즉 높으신)

I. ab. 전환: 우월하신 아들이 낮아지다

B. 낮아지신 아들 (즉 인간 가족과 같이 되심으로써)

II. A. "사람 가운데 취하신" 아들(5:1)이 세상의 고난으로 온전히 되심으로써(5:7-9) 대제사장으로 임명되셨다

II. ab. 전환: 하늘의 참 장막의 사역자로 임명되신 대제사장

II. B. 천상의 대제사장은 우월한 제사를 드리신다

본문에 관한 거스리의 분석에 따르면, 2부 A와 B는 세 가지 상응하는 하부갈래들로 각기 나뉜다. A. 1과 B. 1은 서론이고, A. 2와 B. 2는 멜기세덱과 새 언약의 우월성을 구약성경구절에 근거하여(창 14장과 렘 31장) 각기 다루며, A. 3과 B. 3은 그 우월성을 제사장으로서 예수의 우월한 사역과 연관시킨다. 의미있게도 A. 3과 B. 3은 멘 운 구문(μὲν οὖν, "이제 그러므로…")으로 각기 도입된다.

강화의 권면적 단위들에서 경고적인 구절들의 모든 것은 하나님의 말씀에 반응하라는 동일한 근본적인 훈계를 반영한다. 3:1-4:16에 도입된 권면적 자료의 다섯 가지 갈래들(#1-5)은 10:19-12:3(#1-5)에서 역순으로 상응하는 요소들(#1-5)에 의해 균형을 이룬다.

강화의 두 요지에서 저자는 "중복적인 전환"(즉 4:14-16과 10:19-25)을 이용한다. 본문의 이 단위들은 각기 중요한 표현들의 군집을 이루는데, 그것은 강화의 중심 구획, 즉 움직임을 포괄하는 삼중적인 인클루시오를 형성한다. 각기 그것은 인내하고 하나님께 가까이 나아가라는 권면과 중심항목의 주요 주제를 혼합시킴으로써 결론과 서론을 제공한다. 권면적이고 해석적인 단위들이 포개지고 있는 요지는 주제적인 전개에서가 아니라, 공동체가 신앙고백을 굳게 붙들고(4:14-16; 10:10-25) 기독교적인 자세를 흔들림 없이 지속할 수 있는 힘을 얻는 수단으로서 아들을 생각하라(3:1-3; 12:1-3)고 격려하는 저자의 목표에 관한 실행에서다.

거스리의 제안은 본문의 상세한 분석에 비추어 진지한 고려를 해볼 만한 가치가 있다. 나는 이 부록을 통해 폭넓은 독법으로 그것을 공유할 수 있는 것에 기쁨을 느낀다.

목적과 계획

참고문헌

Attridge, H. W. "Paraenesis in a Homily (λόγος παρακλήσεως): The Possible Location of, and Socialization in, the 'Epistle to the Hebrews.'" *Semeia* 50(1990) 211

-26. **Black, D. A.** "The Problem of the Literary Structure of Hebrews: An Evaluation and a Proposal." *GTJ* 7(1986) 163-77. **Fenton, J. C.** "The Argument in Hebrews." *SE* 7(1982) 175-81. **Filson, F. V.** "*Yesterday": A Study of Hebrews in the Light of Chapter 13.* SBT 2nd ser. 4. Naperville: Allenson, 1967. 21, 27-30. **Grässer, E.** "Der Hebräerbrief 1938-1963." *TRu* 30(1964) 138-236. **Haering, T.** "Gedankengang und Grundgedanken des Hebräerbriefes." *ZNW* 18(1917) 145-64. **Lindars, B.** "The Rhetorical Structure of Hebrews." *NTS* 35(1989) 382-406. **Maxwell, K. L.** "Doctrine and Paraenesis in the Epistle to the Hebrews, with Special Reference to Pre-Christian Gnosticism." Dissertation, Yale University, 1952. **Nauck, W.** "Zum Aufbau des Hebräerbriefes." In *Judentum, Urchristentum, Kirche.* FS J. Jeremias. ed. W. Eltester. BZNW 26. Giessen: Töpelmann, 1960. 199-206. **Purdy, A. C.** "The Purpose of the Epistle to the Hebrews." *Exp* 8th ser. 19(1920) 123-39. ______. "The Purpose of the Epistle to the Hebrews in the Light of Recent Studies in Judaism." In *Amicitiae Corolla.* ed. H. G. Wood. London: University of London, 1933. 253-64. **Rice, G. E.** "Apostasy as a Motif and Its Effect on the Structure of Hebrews." *AUSS* 23(1985) 29-35. **Saydon, P. P.** "The Master-Idea of the Epistle to the Hebrews." *Mel Theol* 13(1961) 19-26. **Schoonhoven, C. R.** "The 'Analogy of Faith' and the Intent of Hebrews." In *Scripture, Tradition, and Interpretation.* FS E. F. Harrison. ed. W. W. Gasque and W. S. Lasor. Grand Rapids: Eerdmans, 1978. 92-110. **Stine, D. M.** "The Finality of the Christian Faith: A Study of the Unfolding Argument of the Epistle to the Hebrews, Chapters 1-7." Dissertation, Princeton Theological Seminary, 1964. **Übelacker, W. G.** *Der Hebräerbrief als Appell: Untersuchungen zu* exordium, narratio *und* postscriptum (*Hebr 1-2 und 13, 22-25*). Stockholm: Almqvist & Wiksell, 1989. 17, 32-36, 150-62, 197-222.

히브리서의 목적과 계획에 관한 고려는 이 문서의 문학적 구조의 평가와 필수적인 연관이 있다. 중요한 것은 이 설교의 해석적이고 권면적인 항목에 대해 저자가 할당하고 있는 특색 있는 역할이다. 그것은 이 강화의 전개에서 각각의 주요한 장르들과 관련하여 탐구하는 것을 필요하게 만든다. 해석적 항목들은 저자의 본질적인 목적이 어떻게 기능하는가? 권면 단락이 확증하고 있는 목적은 어떠한가? 직설법과 명령법, 논제와 훈계간의 의도된 관계성은 무엇인가? 해석자에게 요구되는 것은 위기시의 공동체에 대한 목회적 반응으로 준비된 설교의 저작에서 해석과 권면의 특별성과 상관성을 균형 있게 평가하는 것이다.

본문의 해석적이고 권면적인 단위의 장르와 목적간의 차이점들은 신약성경의 주해와 해석에 근본적인 조항이다(참조. Beger, *Exegese* 15, 36-58). 예를 들어, 바울서신의 대부분에서, 자료의 각 단락들은 보조적이지만 사도의 의사전달의 목적을 전개하는데 보충적이다. 하지만 권면이 해석에 산재해 있는 히브리서의 특이한 문학적 구조는 그러한 손쉬운 분석을 허락하지 않는다. 논제와 교훈간의 지속적인 교대는 강화의 두 구분되는 형태간의 본질적인 관계성에 대한 문제를 불가피하게 일으킨다. 권면의 단락들은 그리스도의 제사장직과 유일무이한 희생에 관한 해석의 흐름을 방해하면서 단지 삽입적인 일탈인가? 또는 해석은 권면이 되는 저자의 주요한 목적에 기초를 놓고 있는가?

장르의 변화는 강화의 움직임에 어떤 전환을 표시한다. 저자가 청중들을 직접적으로 호칭하면서 급격하게 해석에서 훈계로 전환할 때(예. 1:5-14/2:1-4), 권면 단위는 형태와 양식(그리고 2:1-4의 경우에 언어에 의해서)에 의해 해석과 구분된다.

히브리서에서 훈계가 논제보다 저자의 목적을 표현함에 있어서 우선한다는 것이 이 주석의 전제다. 논증이 권면을 돕고 있다. 히브리서는 목회지향적인 설교이고, 그것의 목표가 강화의 훈계적 항목에 표현되어 있다. 이 설교에 부록으로 첨부된 두드러지게 설명적인 어구에서, 저자는 전체 강화를 훈계 또는 '위로'(13:22, "권면의 말"[paraclesis])로 특징짓는다. '위로'의 모든 의미의 본질은 진심 어린 호소의 개념을 갖는다. 히브리서는 수신하고 있는 크리스천들을 위한 열정적이고 개인적인 관심에 대한 표현이다. '위로'의 설교에 관한 저자의 특징은 성경적이고 신학적인 해석이 훈계적인 목적에 종속됨을 암시한다. 히브리서는 수신하는 사람들로 하여금 기독교적인 고백을 유지하고 저자가 믿기에 재앙이 될 수 있는 행위의 과정에서 빠져 나올 것을 고무하고 격려하고 촉구하고 권면하기 위해 쓰여졌다. 저자는 수신자들에게 충성과 순종을 요청하고 고난을 감수하도록 주장하고 있다(참조. Michel, 26-27).

해석의 주요한 기능은 주제의 발전이다. 권면의 주요한 기능은 적절한 행위로 공동체를 고무시키는 것이고, 전개된 해석은 예수의 신분과 성취에 비추어 복음에 응답하는 것이 의미가 있음을 증명하는 것이다. 권면은 순종과 불순종에 대한 의미로 도전한다. 해석은 순종이 왜 적절히 보상을 받을 것인가를 보여주면서 교훈한다. 히브리서에서 해석은 권면에 본질적인 기초를 놓는다.

성경의 해석과 신학적인 전개는 궁극적으로 권면의 목적을 돕는다. 강화의 해석적 단위들은 그 자체로는 설 수 없고, 훈계를 위한 전제를 놓는다. 동시적으로 권면의 설득적 의미는 설교의 해석적인 항목에서의 강력한 주제적 발전에서 나온다. 예를 들어, 2:1-4에서 권면을 위한 근거가 1:1-14에서 제공된다. 이것은 구분되나 서로 보충적인 강화의 단위를 이루고, 논제가 교훈을 지원하는 방식을 예증해 준다. 해석과 권면의 이 중요한 상관관계에 대한 인식은 강화의 양 성분의 기능의 적절한 이해에 필수적이다(고로 정확하게는 Attridge, *Semeia* 50[1990]215; Nauck, "Zum Aufbau," 201-3; Michel, 29-35; Zimmermann, *Bekenntnis*, 17-24; Black, *GTJ* 7[1986]166-68; Lindars, *NTS* 35[1989]392).

히브리서의 목적은 가정교회의 지치고 힘들어하는 구성원들을 격려하고 고무하고 강화시켜 하나님이 그들에게 부여하셨던 은사와 자원에 비추어 새로운 고난에 부딪혀서도 용기과 활력으로 반응하게 하는 것이다. 저자의 의도는 그룹 내의 남녀들의 느슨해진 믿음에 견주어, 그들로 하여금 복음으로 말미암은 하나님의 절대적인 요청에 반응해서 활력 있게 사는 책임을 상기시키는 것이다. 그는 청자들에게 위기의 시기에 구원의 유일한 중재자로서의 예수 그리스도의 고백에 충실할 것을 촉구하고, 만약 그들이 크리스천의 헌신을 포기한다면 발생할 수 있는 하나님의 심판을 경고한다.

이 설교의 계획은 이런 강렬한 실천적 목적에 적합하다. 감동적인 언어로 하나님의 아들 속에서의 하나님의 계시의 최종성을 제시하는데, 그의 초월적인 신성은 영혼들을 섬기는 천사들보다 우월하며(1:1-14), 믿음의 권속에 종이었던 모세보다도 우월하다(3:1-6). 이런 배경 내에서 저자는 청자들에게 그들이 들었던 복음 메시지에 대한 무관심(2:1-4)이나 노골적인 불신앙(3:7-4:13)을 경고한다. 예수의 유일무이한 제사장직이 2:17-3:1과 4:14-5:10에서 도입되고, 7:1-10:18에서 길게 다루어진다. 제사장으로서 예수의 우월한 신성을 증거하는 세 가지 대조가 전개된다.

(1) 아론 계통의 제사장직의 일시적이고 덧없는 특징은 멜기세덱의 반차를 좇는 제사장의 영원한 사역의 전조가 된다(5:1-10; 7:1-28).

(2) 옛 언약 하에 장막에서의 제사장적 사역은 새 언약을 형성하고 있는 천상 성소에서의 예수의 제사장적 사역으로 대체되었다(8:1-9:28).

(3) 율법 하에서의 희생제사의 불충분성은 그리스도의 희생의 최종성과 효과성과 대조된다(10:1-18).

예수의 제사장직과 유일무이한 희생과 관련한 논제의 전개는 믿음과 인내와 소망으로만 피할 수 있는 배교와 미성숙과 관련한 훈계적 경고에 대한 본질을 제공한다(5:11-6:20; 10:19-39). 그 그룹은 끊임없는 인내를 권면 받는다. 그들은 종말론적인 신앙을 실천해야 한다. 종말론적 신앙은 미래에 적합하고, 미래의 확실성에 비추어 현재를 행동하게 한다. 저자는 청중들 앞에서 과거의 영웅들을 전시하고, 그들의 믿음은 하나님에 의해 증거되었으며(11:1-40), 나아가서 책임 있는 행동의 자극제로서 믿음의 지극한 모범인 예수에게 호소한다(12:1-3).

설교에 대한 신학적이고 목회적인 클라이막스에서(12:14-29), 저자는 하나님의 은혜로운 말씀을 거부한다면 닥치게 될 위험에 대해 회중에게 경고한다. 결론적인 권면은 하나님에 대한 예배와 고백적인 공동체와 무조건적인 동일시를 반영하는 삶의 양식을 증거하도록 그들에게 요청한다(13:1-25).

히브리서의 계획에 관한 분석은 본문의 세부사항에 대한 강력한 들음을 반영해야 한다. 여기에 제시된 분석에서는 논제와 훈계를 구분하는 시도가 주어지고, 공동체가 취약한 상태에 있는 위험을 드러내는 다섯 가지 경고 구절들(2:1-4; 3:7-19; 5:11-6:12; 10:19-39; 12:14-29)을 이탤릭체화 함으로써 강화에서 훈계의 수위성을 보여준다. 이 경고들은 저자의 목적과 계획에 필수적이다. 오른쪽 항목에 언급된 또 다른 구절들은 히브리서가 훈계를 따라 조직되어 있음을 어느 정도 시각적으로 표현해주고 있다.

분석에서 인위적인 점도 있다. 예를 들어, 3:7-19과 4:1-14 사이의 갈래는 단순히 편리를 따른 것이다. 그것이 논증의 흐름에서 4:1-4이 가데쉬의 이스라엘의 경험을 닮지 말라는 경고와 필수적으로 연관되어 있다는 사실을 흐리게 해서는 안 된다. 4:2-3, 5-7, 11-13이 분명히 하고 있는 것처럼, 이스라엘 백성들은 가데쉬에서 하나님에 대하여 불순종하는 마음을 가졌다. 게다가 11:1-40 자료의 커다란 단위는 형식상 해석적이지만 그것의 기능은 분명히 권면적이다. 12:1-13의 권면에 대한 정교한 기초를 제공하면서 말이다. 권면이 재연되고, 그것이 설교 전체를 통해 여러 단위들에 산재해 있다는 사실은 훈계가 통일된 전체로서 강화의 다양한 항목들을 응집시키고 있다는 것을 가리킨다. 히브리서의 지배적인 모티브는 권면이다.

히브리서의 분석

	논제	권면
1:1-2:18	Ⅰ. 아들을 통한 하나님의 계시	
1:1-4	A. 하나님은 아들 안에서	

궁극적인 말씀을 하셨다

1:5-14 B. 아들의 초월적인 신성

C. *첫 번째 경고*: 아들이 전달한 말씀을 무시하는 것의 위험성

2:5-9 D. 아들의 비하와 영광

2:10-18 E. 아들의 인간가족과의 유대

3:1-5:10 Ⅱ. 아들의 대제사장 성격

3:1-6 A. 예수가 그를 임명한 하나님께 충성했음을 생각하라

3:7-19 B. *두 번째 경고*: 하나님의 말씀을 믿는 것을 거부하는 것의 위험성

C. 하나님의 안식, 즉 하나님의 백성을 위한 안식의 축제에 들어가기를 힘써라

4:15-5:10 D. 우리의 믿음에 합당하신 대제사장
그는 긍휼하신 하나님의 아들이기 때문이다

5:11-10:39 Ⅲ. 아들의 대제사장적 사역

5:11-6:12 A. *세 번째 경고*: 영적인 미성숙의 위험성

6:13-20 B. 확신과 인내의 기초

7:1-10 C. 왕적 제사장인 멜기세덱

7:11-28 D. 멜기세덱과 같은 영원한 제사장 예수

8:1-13 E. 성소와 언약

9:1-10 F. 새로운 제의적 행위의 필연성

9:11-28 G. 그리스도의 보혈을 통한 단번의 정결

10:1-18 H. 그리스도의 단일하고 인격적인
죄의 희생의 궁극적 성격

10:19-39 I. *네 번째 경고*: 그리스도에 대한 불충성의 위험성

11:1-12:13 Ⅳ. 인내하는 믿음을 통한 하나님께
대한 충성

11:1-40 A. 믿음의 인내에 따른 승리

11:1-7 1. 노아 홍수 이전시대

11:8-22 2. 족장 시대

11:23-31	3. 모세 시대
11:32-40	4. 모세 이후 시대
12:1-13	B. 필요한 인내를 보여라
12:14-13:25	V. 적대적인 세계에서 그리스도인의 삶을 위한 적응
12:14-29	A. *마지막 경고*: 하나님의 은혜로운 말씀을 거부하는 것의 위험성
13:1-25	B. 신앙공동체 내에서 하나님이 받으실 만한 봉사를 하라

개념적 배경

히브리서의 개념적인 배경에 관한 문제는 이 강화의 개념과 주제가 추구하는 문화적이고도 개념적인 배경에 관한 식별과 관련이 있다. 어떤 특별한 개념적인 배경에 관한 전제는 그 문서의 독특한 특징을 규명하는 것을 의도한다. 지난 세기 동안에 히브리서는 다양하게 구분되는 배경을 갖고 있는 것으로 확인되었다. 참조물들을 편리하게 구분하기 위해서 히브리서에서 감지되는 지배적인 영향들을 식별할 수 있는 표제들 하에서 관련한 참고문헌들을 제시하는 것이 유용하리라고 본다. 또한 히브리서의 개념적 배경을 비기독교적 설정 속에 두고 있는 주장들과 히브리서를 기독교 전승의 주류에 위치시키거나 초대 기독교의 한 특별한 사상 군에 두고자 하는 사람들을 구분하는 것이 실재적일 것이다. 각각의 표제 하에 언급된 작품들은 한 주장의 주창자들과 그 주장을 비판하는 사람들을 포함한다. 이 주석을 준비함에 있어서 나는 허스트(L. D. Hurst)가 1981년에 완성한 히브리서의 개념적 배경에 대한 몇 가지 주장들의 연구를 접할 수 있는 기쁨을 누렸다(이제는 *The Epistle to the Hebrews: Its Background of Thought*, SNTSMS 65[Cambridge: Cambridge UP, 1990]으로 편친된 "The Background and Introduction of the Epistle to the Hebrews," Dissertation, Oxford University; 참고문헌을 허스트의 논문으로 하였는데, 내가 오직 논문의 형태로만 그의 작품을 접할 수 있었기 때문이다).

참고문헌

필로, 알렉산드리아 그리고 플라톤주의

Bietenhard, H. *Die himmlische Welt im Urchristentum und Spätjudentum.* WUNT 2. Tübingen: Mohr, 1951. **Braun, H.** "Das himmlische Vaterland bei Philo und im Hebräerbrief." In *Verborum Veritas.* FS G. Stälin. ed. O. Böcher & K. Haacker. Wuppertal: Brockhaus, 1970. 319-27. **Burtness, J. H.** "Plato, Philo and the author of Hebrews." *LQ* 10(1958) 54-64. **Cabantous, J.** *Philon et l'Épître aux Hébreux ou Essai sur les Rapports del la Christologie de l'Épître aux Hébreux avec la Philosophie Judéo-Alexandrine.* Montauban: Granié, 1895. **Cambier, J.** "Eschatologie ou héllenisme dans l'épître aux Hébreux: Une étude sur *μένειν* et l'exhortation finale de l'épître." *Sal* 11(1949) 62-96. **Carlston, C.** "The Vocabulary of Perfection in Philo and Hebrews." In *Unity and Diversity in New Testament Theology.* FS G. E. Ladd. ed. R. A. Guelich. Grand Rapids: Eerdmans, 1978. 133-60. **Cody, A.** *Heavenly Sanctuary and Liturgy in the Epistle to the Hebrews: The Achievement of Salvation in the Epistle s Perspective.* St. Meinrad, IN: Grail, 1960. **Dey, L. K. K.** *The Intermediary World and Patterns of Perfection in Philo and Hebrews.* SBLDS 25. Missoula, MT: Scholars, 1975. **Dibelius, M.** "Der himmlische Kultus nach dem Hebräerbrief." *TBl* 21(1942) 1-11. **Eagar, A. R.** "Hellenistic Elements in the Epistle to the Hebrews." *Her* 11(1901) 263-87. **Fairhurst, A. M.** "Hellenistic Influence in the Epistle to the Hebrews." *TynBul* 7-8(1961) 17-27. **Gamble, J.** "Symbol and Reality in the Epistle to the Hebrews," *JBL* 45(1926) 162-70. **Gilbert, G. H.** "The Greek Element in the Epistle to the Hebrews." *AJT* 14(1910) 521-32. **Hanson, R. P. C.** *Allegory and Event.* London: SCM, 1959. **Héring, J.** "Eschatologie biblique et idéalisme platonicien." In *The Background to the New Testament and Its Eschatology.* ed. W. D. Davies and D. Daube. Cambridge: Cambridge UP, 1954. 444-63. **Hurst, L. D.** "The Background and Interpretation of the Epistle to the Hebrews." Dissertation, University of Oxford, 1981. 5-68(now published as *The Epistle to the Hebrews: Its Background of Thought*, SNTSMS 65[Cambridge: Cambridge UP, 1990]). ______. "Eschatology and 'Platonism' in the Epistle to the Hebrews." SBLASP (1984) 41-74. **Luck, U.** "Himmlisches und irdisches Geschehen im

Hebräerbrief: Ein Beitrag zum Problem des 'historischer Jesus' im Urchristentum." *NovT* 6(1963) 192-215. **Maar, O.** "Philo und Hebräerbrief." Dissertation, University of Vienna, 1964. **Ménégoz, E.** *La théologie de l'Épître aux Hébreux.* Paris: Fischbacher, 1894. **Nash, R. H.** "The Notion of Mediator in Alexandrian Judaism and the Epistle to the Hebrews." *WTJ* 40(1977) 89-115. **Nikiprowetsky, V.** "La spiritualisation des sacrifices et le cult sacrificial au temple de Jérusalem chez Philon d'Alexandrie." *Sem.* 17(1967) 98-114. **Nomoto, S.** "Die Hohenpriester-Typologie im Hebräerbrief: Ihre traditionsgeschichtliche Herkunft und ihr religionsgeschichtlicher Hintergrund." Dissertation, University of Hamburg, 1965. **Schmitz, O.** *Die Opferanschauung des späteren Judentums und die Opferaussagungen des Neuen Testaments: Eine Untersuchung ihres geschichtlichen Verhältnisses.* Tübingen: Mohr, 1910. **Sowers, S. G.** *The Hermeneutics of Philo and Hebrews: A Comparison of the Old Testament in Philo Judaeus and the Epistle to the Hebrews.* Richmond: Knox, 1965. **Spicq, C.** "Alexandrinismes dans l'Épître auxHébreux." *RB* 58(1951) 481-502. ______. "Le Philonisme de l'Épître aux Hébreux." *RB* 56(1949) 542-72; 57(1950) 212-42. **Staples, A. F.** "The Book of Hebrews in Its Relationship to the Writings of Philo Judaeus." Dissertation, Southern Baptist Theological Seminary, 1951. **Thurston, R. W.** "Philo and the Epistle to the Hebrews." *EvQ* 58(1986) 133-43. **Wenschkewitz, H.** "Die Spiritualisierung der Kultusbegriffe Tempel, Priester und Opfer im Neuen Testament." *Angelos* 4(1932) 70-230. **Wette, W. M. L. de.** "Über die symbolisch-typische Lehrart des Briefes an die Hebräer." *TZ* 3(1822) 1-51. **Wikgren, A.** "Patterns of Perfection in the Epistle to the Hebrews." *NTS* 6(1959-60) 159-67. **Williamson, R.** *Philo and the Epistle to the Hebrews. ALGHJ* 4. Leiden: Brill, 1970. ______. "Philo and New Testament Christology." *ExpTim* 90(1980) 361-65. ______. "Platonism and Hebrews." *SJT* 16(1963) 415-24.

쿰란

Batdorf, I. W. "Hebrews and Qumran: Old Methods and New Directions." In FS F. W. Gingrich. ed. E. H. Barth and R. F. Cocroft. Leiden: Brill, 1972. 16-35. **Betz, O.** "The Eschatological Interpretation of the Sinai-Tradition in Qumran and in the NT." *RevQ* 6(1967) 89-108. **Braun, H.** "Qumran und das Neue Testament: Ein Bericht über

10 Jahr Forschung (1950 59): Hebräer." *TRu* 30(1964) 1-38. **Bruce, F. F.** "'To the Hebrews' or 'To the Essenes'?" *NTS* 9(1963) 217-32. **Buchanan, G. W.** "The Present State of Scholarship on Hebrews." In *Christianity, Judaism and Other Greco-Roman Cults.* FS M. Smith. ed. J. Neusner. Leiden: Brill, 1975. 1:299-330. **Carmignac, J.** "Le document de Qumran sur Melkisédeq." *RevQ* 27(1970) 348-78. **Coppens, J.** "Les Affinitiés Qumraêniennes de l'Épître aux Hébreux." *NRT* 84(1962) 128-41, 257-82. **Delcor, M.** "Melchizedek from Genesis to the Qumran Texts and the Epistle to the Hebrews." *JSJ* 2(1971) 115-35. **Fensham, F. C.** "Hebrews and Qumran." *Neot* 5(1971) 9-21. **Fitzmyer, J. A.** "Further Light on Melchizedek from Qumran Cave 11." *JBL* 86 (1967) 25-41. ______. "Now this Melchizedek...(Heb. 7:1)." *CBQ* 25(1963) 305-21. **Gemés, I.** "Alianca no Documento de Damasco e na Epístola aos Hebreus. Una contribuicão a questão: Qumran e as origens do Christianismo." *RCB* 6(1969) 28-68. **Gnilka, J.** "Der Erwartung des messianisches Hohenpriesters in den Schriften von Qumran und im Neuen Testament." *RevQ* 2(1960) 395-426. **Grothe, J. F.** "Was Jesus the Priestly Messiah? A Study of the New Testament's Teaching of Jesus Priestly Office against the Background of Jewish Hopes for a Priestly Messiah." Dissertation, Concordia Seminary, St. Louis, 1981. **Higgins, A. J. B.** "The Priestly Messiah." *NTS* 13(1967) 211-39. **Hurst, L. D.** "The Background and Interpretation of the Epistle to the Hebrews." Dissertation, University of Oxford, 1981. 69-114(see under "Philo, Alexandria, and Platonism" above). **Jonge, M. de,** and **Woude, A. S. van der.** "2Q Melchizedek and the New Testament." *NTS* 12(1965-66) 301-26. **Kosmala, H.** *Hebräer, Essener, Christen: Studien zur Vorgeschichte der frühchristlichen Verkündigung.* SPB 1. Leiden: Brill, 1959. **LaSor, W. S.** "The Epistle to the Hebrews and the Qumran Writings." In *The Dead Sea Scrolls and the New Testament.* Grand Rapids: Eerdmans, 1972. 179-90. **Spicq, C.** "L'Épître aux Hébreux, Apollos, Jean-Baptiste, les Hellénistes et Qumran." *RevQ* 1(1958-59) 365-90. **Woude, A. S. van der.** "Melchisedek als himmlische Erlösergestalt in den neugefundeneschatologischen Midraschim aus Qumran Höhle XI." OTS 14(1965) 354-73. **Yadin, Y.** "The Dead Sea Scrolls and the Epistle to the Hebrews." *ScrHier* 4(1958) 36-55.

묵시적 유대교

Barrett, C. K. "The Eschatology of the Epistle to the Hebrews." In *The Background of the New Testament and Its Eschatology.* ed. W. D. Davies and D. Daube. Cambridge: Cambridge UP, 1954. 363-93. **Hofius, O.** *Katapausis: Die Vorstellung vom endzeitlichen Ruheort im Hebräerbrief.* WUNT 11. Tübingen: Mohr, 1970. **Lueken, W.** *Michael: Eine Darstellung und Vergleichung der jüdischen und der morgenländisch-christlichen Tradition vom Erzengel Michael.* Göttingen: Vandenhoeck & Ruprecht, 1898. **MacRae, G. W.** "Heavenly Temple and Eschatology in the Letter to the Hebrews." *Semeia* 12(1978) 179-99. **McNicol, A. J.** "The Relationship of the Image of the Highest Angel to the High Priest Concept in Hebrews." Dissertation, Vanderbilt University, 1974. **McRay, J.** "Atonement and Apocalyptic in the Book of Hebrews," *ResQ* 23(1980) 1-9. **Schmidgall, P.** "The Influence of Jewish Apocalyptic Literature on the Book of Hebrews." Dissertation, Western Kentucky University, 1980. **Zorn, R.** "Die Fürbitte und Interzession im Spätjudentum und im Neuen Testament." Dissertation, University of Göttingen, 1957.

머카바 신비주의

Hurst, L. D. "The Background and Interpretation of the Epistle to the Hebrews." Dissertation, University of Oxford, 1981. 133-39(see under "Philo, Alexandria, and Platonism" above). **Hofius, O.** *Der Christushymnus Philipper 2.6-11.* Tübingen: Mohr, 1976. 87-88. ________. *Der Vorhang vor dem Thron Gottes: Eine exegetisch-religionsgeschichtliche Untersuchung zu Hebräer 6, 19f. und 10, 19f.* WUNT 14. Tübingen: Mohr, 1972. **Schenke, H.-M.** "Erwägung zum Rätsel des Hebräerbriefes." In *Neues Testament und christliche Existenz.* FS H. Braun. ed. H. D. Betz & L. Schrottroff. Tübingen: Mohr, 1973. 421-37. **Scholem, G.** *Major Trends in Jewish Mysticism.* New York: KTAV, 1954. **Williamson, R.** "The Background to the Epistle to the Hebrews." *ExpTim* 87(1975-76) 232-37.

사마리아

Bowman, J. "Early Samaritan Eschatology." *JJS* 6(1955) 63-72. **Cullmann, O.**

"Samaria and the Origins of the Christian Mission." In *The Early Church*. Philadelphia: Westminster, 1956. **Hurst, L. D.** "The Background and Interpretation of the Epistle to the Hebrews." Dissertation, University of Oxford, 1981. 125-32(see under "Philo, Alexandria, and Platonism" above). **Knox, E. A.** "The Samaritans and the Epistle to the Hebrews." *TCh* 22(1927) 184-93. **MacDonald, J.** "The Samaritan Doctrine of Moses." *SJT* 13(1960) 149-62. **Plummer, R.** "The Samaritan Pentateuch and the New Testament." *NTS* 22(1976) 441-43. **Scobie, C. H. H.** "The Origins and Development of Samaritan Christianity." *NTS* 19(1972-73) 390-414.

기독교 이전의 영지주의

Bornkamm, G. "Das Bekenntnis im Hebräerbrief." *TBl* 21(1942) 56-66. **Colpe, C.** "New Testament and Gnostic Christology." In *Religions in Antiquity*. FS E. R. Goodenough. ed. J. Neusner. Leiden: Brill, 1968. 227-43. **Eccles, R. S.** "Hellenistic Mysticism in the Epistle to the Hebrews." Dissertation, Yale University, 1952. ______. "The Purpose of Hellenistic Patterns in the Epistle to the Hebrews." In *Religions in Antiquity*. FS E. R. Goodenough. ed. J. Neusner. Leiden: Brill, 1968. 207-26. **Friedländer, M.** "La sect de Melchisédech et l'Épître aux Hébreux." *RÉJ* 5(1882) 1-26, 188-98; 6(1883) 187-99. **Giversen, S.** "Evangelium Veritatis and the Epistle to the Hebrews." *ST* 13(1959) 87-96. **Grässer, E.** "Das wandernde Gottesvolk zum Basismotiv des Hebräerbriefes." *ZNW* 77(1986) 160-79. ______. *Der Glaube im Hebräerbrief.* Marburg: Elwert, 1965. ______. "Zur Christologie des Hebräerbriefes: Eine Auseinandersetzung mit Herbert Braun." In *Neues Testament und christliche Existenz.* FS H. Braun. ed. H. D. Betz & L. Schrottroff. Tübingen: Mohr, 1973. **Hurst, L. D.** "The Background and Interpretation of the Epistle to the Hebrews." Dissertation, University of Oxford, 1981. 116-25(see under "Philo, Alexandria, and Platonism" above). **Käsemann, E.** *Das wandernde Gottesvolk: Eine Untersuchung zum Hebräerbrief*[4]. FRLANT 55. 1939. Göttingen: Vandenhoeck & Ruprecht, 1961[ET: *The Wandering People of God: An Investigation of the Letter to the Hebrews.* tr. R. A. Harrisville and I. L. Sandberg. Minneapolis: Augsburg, 1984]. **Koester, W.** "Platonische Ideenwelt und Gnosis im Hebräerbrief." *Schol* 4(1956) 545-55. **Maxwell, K. L.** "Doctrine and Parenesis in the Epistle to the Hebrews, with Special Reference to Pre-Christian

Gnosticism." Dissertation, Yale University, 1952. **Pearson, B. A.** "The Figure of Melchizedek in the First Tractate of the Unpublished Coptic-Gnostic Codex IX from Nag Hammadi." In *Proceedings from the XIIth International Congress of the International Association for the History of Religions*. ed. C. J. Bleeker, G. Widengren, and E. J. Sharpe. Leiden: Brill, 1975. 200-208. **Theissen, G.** *Untersuchungen zum Hebräerbrief*. SNT 2. Gütersloh: Mohn, 1969. **Thompson, J. W.** *The Beginnings of Christian Philosophy: The Epistle to the Hebrews*. CBQMS 13. Washington, DC: The Catholic Biblical Association of America, 1981. ______. "The Conceptual Background and Purpose of the Midrash in Hebrews VII." *NovT* 19(1977) 209-23. ______. "Heb. 9 and Hellenistic Concepts of Sacrifice." *JBL* 98(1979) 567-78. ______. "That Which Abides: Some Metaphysical Assumptions in the Epistle to the Hebrews." Dissertation, Vanderbilt University, 1974. ______. "That Which Cannot Be Shaken: Some MetaphysicalAssumptions in Heb. 12:27." *JBL* 94(1975) 580-87. **Waal, C. van der.** "The 'People of God' in the Epistle to the Hebrews." *Neot* 5(1971) 83-92. **Wilson, R. McL.** *Gnosis and the New Testament*. Oxford: Blackwell, 1968.

신비주의 종교

Riggenbach, E. "Der Begriff der *ΤΕΛΕΙΩΣΙΣ* im Hebräerbrief: Ein Beitrag zur Frage nach der Einwirkung der Mysterienreligion auf Sprache und Gedankenwelt des Neuen Testaments." *NKZ* 34(1923) 184-95.

히브리서에 관한 바울의 저작을 옹호할 수 없는 것이라고 생각한다면, 히브리서를 분별할 수 있는 개념적인 배경과 관련한 것들을 질문하는 것이 필요했다. 20세기 전반 동안에 지배적인 주장은 히브리서를 필로, 알렉산드리아 그리고 플라톤주의의 배경하에 읽을 때, 명확해진다는 것이었다. 스피크(C. Spicq)가 이런 주장에 자신의 학식의 무게를 빌렸을 때(RB 56[1949] 542-72; 57[1950] 212-42; RB 58[1951] 481-502) 그리고 두 권으로 된 히브리서에 관한 자신의 방대한 주석에서 그것을 설득력 있게 보여주었을 때, 중요한 교감을 얻었다. 알렉산드리아, 플라톤주의, 그리고 필로와 유사한 어떤 형태는 히브리서의 독특한 특징에 대한 설명을 제공했다. (히브리서에 관한 필로적인 영향을 지지하는 논증의 도움되는 요약을 위해서는 Hurst, "Background," 6-14을 보라.)

하지만 두 가지 독립적인 발전들이 그런 여론을 해체시켰다. 첫째로 쿰란의 분파적인 유대 문서들의 출판이 열정적으로 환영을 받았고, 옛 수수께끼들을 푸는 새로운 열쇠를 발견하기 위한 만족할 수 없는 탐구에서 학문적인 공동체의 관심을 그 지배적인 주장에서 돌려놓았다. 심지어 스피크(C. Spicq)조차도 히브리서가 기독교로 회심했던 필로주의자들의 작품이었다는 자신의 주장을 수정한 새로운 증거에 충분히 감동을 받았다. 그는 이제 히브리서의 저자가 아볼로였고, 알렉산드리아에서의 아볼로의 배경이 이전에 자신이 증명했던 필로와의 접촉들을 분명히 하게 만든다고 주장했다. 하지만 그는 최근에 예루살렘에서 안디옥으로 도망했던 쿰란과의 접촉을 가졌던 유대인 제사장들의 그룹에 편지하고 있었다(*RevQ* 1[1958-59] 365-90).

두 번째 발전은 더욱더 파격적이었다. 히브리서에 관한 필로적 영향을 지지하는 스피크의 논증은 핸슨(R. P. C. Hanson, Allegory, 83-86)과 쉬레거(F. Schröger, Verfasser, 301-7)에 의해 검증되었다. 그들은 필로와 히브리서 사이의 제기된 유사성은 필로와 관계없는 유대교의 다른 형태와 관련하여 만족스럽게 설명할 수 있음을 보여주었다. 날카로운 한방은 윌리암슨(R. Williamson)에 의해 제기되었는데, 그는 스피크에 의해 제기되었을 때 아무런 문제가 없었던 것으로 보였던 증거를 세심하게 연구하였다(*Philo and the Epistle to the Hebrews* [1970]). 윌리암슨은 스피크의 연구가 문제가 있고, 과장되었음을 보여주었다. 외관으로도 주해적인 방식으로도 두 저자는 "구약해석의 완전히 다른 학파에 속했음"(*Philo*, 576-79; 히브리서에 관한 필로적 영향을 반대하는 사례의 개관에 대해서는 Hurst, "Background," 14-22을 보라)을 보여줄 만큼 필로와 히브리서 저자간의 차이는 아주 두드러지고 근본적인 것이었다고 그는 결론지었다.

윌리암슨이 다루지 않았던 용어들에 관한 허스트(L. D. Hurst)의 광범위한 분석과 히브리서의 적절한 배경으로 유대 묵시의 신선한 탐구는 윌리암슨의 논증을 강화시켰고, 이전에는 플라톤적이었다고 판단되었던 히브리서에서의 요소를 유대 묵시적 배경 속에서 읽을 수 있게 하였다("Background", 22-68). 허스트는 필로와 히브리서의 저자는 성경의 옛 헬라역본에 근거한 공통된 개념적 배경을 공유했다고 결론짓는다. 필로는 플라톤적으로 어떤 구약의 주제를 발전시키는 것을 선택했고, 히브리서의 저자는 유대 묵시 그리고 원시적인 기독교 전통의 영향 하에서 종말론적으로 그것을 발전시키는 것을 선택했다. 이런 결론은 본 주석의 기저에 깔려 있는 연구에 의해 지지된다(1:1-2a; 2:5; 6:5; 8:5; 9:8, 11, 23-24; 10:20; 11:10,

16; 12:22, 26-28; 13:14).

쿰란 두루마리의 출판은 에센파와 동일시되었던 분파적인 유대교의 표현에 빛을 던져주었다. 쿰란을 히브리서의 의도된 청중의 개념적인 배경으로 주장하는 첫 번째 진지한 시도는 1955년에 아딘(Y. Yadin, *ScrHier* 4[1958] 36-55)에 의해 출간되었는데, 그것은 히브리서의 논증에 관한 독특한 특징들을 분류하고 있다. 그는 히브리서를 수신하고 있는 사람들이 이전에 쿰란 공동체의 일원이었고, 아울러 그들이 이전의 신앙의 일부를 견지하고 있었다고 주장했다(38). 이런 주장을 제기한 아딘은 히브리서의 논증과 쿰란의 분파적 신앙간의 몇몇 접촉점들을 식별했다.

다른 사람들이 재빨리 아딘의 주장을 따랐는데, 그들은 쿰란에서 새로운 언약의 공동체로서의 신자들과 관련한 것들 즉 제사장적인 메시아로서의 예수에 관한 개념, 그리고 히브리서에서 멜기세덱이라는 사람의 독특한 관심을 가진 것에 대한 개념적인 근거를 발견했다. 개념적인 배경에 대한 이런 구성은 부카난(G. W. Buchanan)과 휴스(P. E. Hughes)의 주석에 근간을 이룬다. 휴스는 아딘의 책에 대해 "히브리 서신의 목적과 상황을 설명하는데 가장 발전한 이론"이라고 언급했다.

두루마리와 히브리서 간에 두드러지는 언어적이고 개념적인 차이에는 별다른 고려가 주어지지 않았다. 쿰란의 두루마리는 히브리어와 아람어로 쓰여졌고, 개념에 있어서 셈어적이다. 히브리서는 독점적으로 헬라어로 쓰여져 있고, 개념에 있어서 헬라 유대적이다. 아딘과 그 주장을 지지하는 다른 사람들에 의해 제시된 논증의 상세한 고려는 다른 더욱 그럴듯한 설명들이 가능함을 보여주었다(참조. F. F. Bruce, *NTS* 9[1963] 217-32; Coppens, *NRT* 84[1962] 128-41, 257-82; Hurst, "Background," 72-114).

게다가 어떤 호소가 이루어지고 있는 구약본문에서 히브리서와 11QMelch에서의 멜기세덱의 역할의 개념에 관한 차이는 아주 근본적이어서 히브리서에서 발전된 논증에 11QMelch의 어느 영향도 차단할 정도이다(히 7:1-25의 주석을 보라). 쿰란이 히브리서에 대한 개념적인 배경을 제공한다는 것을 확증할 수 있는 건전한 근거는 없다. 구약의 전통적인 주제로 인한 유사성들은 쿰란과 히브리서 간의 두드러진 차이를 상쇄하기에는 불충분하다.

히브리서에 대한 개념적인 배경을 유대적 머카바(Merkabah)에서 발견할 수 있다는 주장은 1973년에 쉬네케("Erwägung zum Rätsel des Hebräerbriefes," 433-34)에 의해 개진되었다. 이 전승에서 유대적 신비주의는 하나님의 장엄하심을 강조하기 위한 초점으로서 하나님의 보좌에 대한 매력을 보여준다. 천상의 제의에 관심이 있는 히브리서는 이런 생생한 관심을 반영하는 것으로 보였다(예. 1:3, 6; 2:10; 4:16; 8:1; 12:2, 10, 14). 1976년에 윌리암슨(R. Williamson)은 이런 주장을 채택하여 발전시켰다(*ExpTim* 87[1975-76] 232-37). 그는 이 주장을 지원하는 열 가지 논증을 정돈하였고, 점증적인 무게를 더하여 호소하였다. 그는 머카바(Merkabah) 신비주의의 재건을 위해 호소했던 증거는 너무 오래된 것임을 인식하여 이런 경건의 형태와 히브리서 사이에 나타나는 유사성들은 구약에 공통적으로 빚을 지고 있다는 근거 위에서 설명할 수 있다는 것을 인정했다.

윌리암슨의 주장을 손상시키는 경향이 있는 반박은 후대의 머카바 신비주의의 중심이 되었던 구약 성경구절의 호소를 히브리서가 갖고 있지 않다는 것이었다(예. 단 7; 사 6; 시 97; 겔 1). 허스트는 그 주장에 관한 자신의 평가에서 윌리암슨이 호소했던 제기된 병행들은 다른 설명에서도 받아들일 수 있고, 그 영향은 히브리서를 다른 유대교의 표현이나 심지어 신약성경의 그밖에 다른 곳에서 반영되고 있는 기독교 전통에 집어넣을 수도 있음을 보여주었다("Background," 136-37). 이 유사한 많은 부분들은 시편과 묵시적 유대교에서 그들의 근원을 갖는다.

히브리서의 개념적인 배경은 기독교 이전의 영지주의에 있다고 하는 케제만(Käsemann)의 주장은 더욱더 영향이 있었다(*Das wandernde Gottesvolk*[ET: *The Wandering People of God*]). 케제만은 물질의 세상 노예에서 정신의 천상 영역으로 나아가는 자아의 천상순례에 관한 영지주의적 모티브가 히브리서의 배후에 있다고 감지하였다. 그는 히브리서 발전의 중심으로서 순례의 모티브를 인식하고 그 배경 하에서 히브리서에 대한 철저한 해석을 제공하였다. (그의 논증과 평가에 대한 개관을 위해서는 Hurst, "Background," 116-25을 보라.) 케제만의 주장은 그래서(Grässer, 특히 그의 연구논문인 *Der Glaube im Hebräerbrief*과 *An die Hebräer: 1. Teilband: Hebr 1-6*, EKKNT 17/1[Zürich: Benziger, 1990]을 보라), 다이센(G. Theissen, *Untersuchungen zur Hebräerbrief*), 그리고 히브리서에 대한 영지주의적-플라톤적 배경을 발견한 톰슨(J. W. Thompson, 특히 *The Beginnings of Christian Philosophy*)에 의해 지지되고 발전되었다.

학술적인 집단들에서 이 주장에 대한 지지가 강점을 보였을지라도, 그것은 많은 강력한 반대들에 의해 제한을 받았다. 그 가운데 주요한 것들은 다음과 같다. 케제만이 호소했던 자료들(Mandaean, Manichaean, Rabbinic, Hermetic, the *Acts of Thomas, Pistis Sophia, 3 Enoch*, the *Odes of Solomon*)은 후대의 것들이고, 히브리서를 선행하는 전통들을 반영함을 증명할 수 없다는 것이다.

게다가 일세기에 물질적인 영역에 사로잡힌 자들을 빛의 천상 영역으로의 순례로 이끌기 위해서 천상에서 아래로 내려오는 구속자의 신화에 관한 존재를 지지하는 어떤 문서적 증거도 없다(특히 Colpe, "New Testament and Gnostic Christology," 227-43을 보라). 유대 자료에서 멜기세덱을 최상의 사람의 도성인신으로 생각하였다는 근거 없는 주장도 지지를 받을 수가 없다. 마지막으로 히브리서의 개념적 배경을 적용할 수 있다고 하는 일세기의 어느 영지주의나 원시적인 영지주의의 존재를 어느 것도 구축할 수가 없다.

히브리서를 비기독교적 배경으로부터 조명하는 개념적 배경에 대한 요소들은 헬라어 구약성경, 헬라적 유대교 전승들(그것은 필로적이거나 플라톤적인 것을 말하는 것은 아니다), 그리고 묵시적 유대교의 해석들로부터의 영향들을 포함한다. 이 모든 요소들이 히브리서의 저자가 크리스천으로서 자신의 경험을 형성하였던 시기인 초대 기독교의 주류에 침투했음이 분명하다.

기독교적인 배경에 관한 주장들

참고문헌

원시 기독교 전통

Barrett, C. K. "The Eschatology of the Epistle to the Hebrews." In *The Background of the New Testament and Its Eschatology*. ed. W. D. Davies and D. Daube. Cambridge: Cambridge UP, 1954. 363-93. **Dukes, J. G.** "Eschatology in the Epistle to the Hebrews." Dissertation, Southern Baptist Theological Seminary, 1956. **Feuillet, A.** "Les points de vue nouveaux dans l'eschatologie de l'Épître aux Hébreux." *SE* 2(1964) 369-87. **Gordon, V. R.** "Studies in the Covenantal Theology of the Epistle to the Hebrews in Light of Its Setting." Disseration, Fuller Theological Seminary, 1979. **Klappert, B.** *Die Eschatologie des Hebräerbriefs*. Munich: Kaiser, 1969. **Peterson, D. G.** *Hebrews and Perfection: An Examination of the Concept of Perfection in the "Epistle to the Hebrews."* SNTSMS 47. Cambridge: Cambridge UP, 1982. **Silva, M.** "Perfection and Eschatology in Hebrews." *WTJ* 39(1976) 60-71. **Terra, J. E. M.** "A Libertação Eschatológica na Epístola aos Hebreus: O Povo de Deus a Caminho do Santúario." *RCB* 2(1978) 325-43.

바울

Anderson, C. P. "Hebrews among the Letters of Paul." *SR* 5(1975-76) 258-66. ______. "The Setting of the Epistle to the Hebrews." Dissertation, Columbia University, 1969. **Badcock, F. J.** *The Pauline Epistles and the Epistle to the Hebrews in Their Historical Setting.* London: SPCK, 1937. **Burch, V.** *The Epistle to the Hebrews: Its Sources and Message.* London: William & Norgate, 1936. **Hurst, L. D.** "The Background and Interpretation of the Epistle to the Hebrews." Dissertation, University of Oxford, 1981. 175-236(now published as *The Epistle to the Hebrews: Its Background of Thought,* SNTSMS 65[Cambridge: Cambridge UP, 1990]). **Schröger, F.** "Der Hebräerbrief paulinisch?" In *Kontinuität und Einheit.* FS F. Mussner. ed. P. G. Müller & W. Stenger. Freiburg/Basel/Vienna: Herder, 1981. 211-22. **Taylor, C. D.** "A Comparative Study of the Concepts of Worship in Colossians and Hebrews." Dissertation, Southern Baptist Theological Seminary, 1957. **Vanhoye, A.** "L'Épître aux Ephésiens et l'Épître aux Hébreux." *Bib* 59(1978) 198-230.

요한

Cothenet, E., LeFort, P., Prigent, P., and **Dussaut, L.** *Les écrits de Saint Jean et l'Épître aux Hébreux.* Paris: Desclée, 1984. **Henderson, M. W.** "The Priestly Ministry of Jesus in the Gospel of John and the Epistle to the Hebrews." Dissertation, Southern Baptist Theological Seminary, 1965. **Hickling, C. J. A.** "John and Hebrews: The Background of Hebrews 2:10-18." *NTS* 29(1983) 112-16. **Spicq, C.** "L'Origine johannique de la conception du Christ-prêtre dans l'Épître aux Hébreux." In *Aux Sources de la Tradition Chrétienne.* FS M. Goguel. Neuchâtel/Paris: Delachaux & Niestlé, 1956. 258-69.

다른 영향들

Ferris, T. E. S. "A Comparison of I Peter and Hebrews." *CQR* 3(1930-31) 123-27. **Graham, A. A. K.** "Mark and Hebrews." SE 4(1968) 411-16. **Jones, C. P. M.** "The Epistle to the Hebrews and the Lucan Writings." In *Studies in the Gospels.* FS R. H. Lightfoot. ed. D. E. Nineham. Oxford: Oxford UP, 1957. 113-43.

저자가 크리스천으로서 노출되었던 주요한 영향들 중에는 초기 기독교 운동의 종말론적인 시각이 있었다. 그는 예수의 사역이 역사의 마지막 국면을 출발시켰다는 이해를 원시 기독교와 공유한다(히 1:2a). 이런 통찰은 현 시대의 구조에 침투하는 그 시대의 능력의 경험에 의해 효력을 발생한다(2:3-4; 6:5의 주석을 보라). 저자는 하나님의 일정에서 다음 사건은 예수가 자신을 기다리고 있는 모든 사람들에 대한 구원의 실현을 가지오기 위해 나타나실 때인 '완성'이었다는 것을 확신했다(9:28의 주석을 보라. 10:25, 35-39을 참조하라). 그는 하나님이 자신의 백성들을 위해 준비하신 도성의 묵시적 현현을 진심으로 고대하는 초대 교회의 다른 사람들과 동일시하였다(11:10, 16; 12:22 24; 13:14). 원시 기독교 종말론과 유대 묵시의 관점이 히브리서의 개념적인 배경을 풍부히 둘러싸고 있다.

저자에 대한 두 번째 주요한 영향은 스데반과 초기 기독교 헬라주의자들(참고문헌과 함께 아래의 "Hebrews and the Theology of the Hellenistic Church"을 보라)과 관련한 전통이다. 허스트는 히브리서의 개념적인 배경에 대한 영향을 스스로 평가하면서 히브리서 저자에게 영향을 준 것으로 기독교 헬라주의에 대한 사례를 강화하였다("Background," 140-74).

세 번째 주요한 영향은 바울이나 바울과 알고 지내는 한 두어 사람과의 관계로 말미암은 것이다. 히브리서 13:23에 디모데에 대한 언급은 저자가 바울의 범주에 속하는 멤버였다는 암시를 그럴듯하게 제공해준다. 허스트의 장점은 이런 문제를 신선한 관점에서 추적한 것이다("Background," 140-74). 히브리서가 바울의 서신에 문학적으로 의존했다는 어떤 증거도 없을지라도, 저자가 의존했던 사도적 전통은 바울에 의한 어떤 전략적인 요지들에 영향을 받았을 가능성이 있다. 허스트는 바울의 신학과 히브리서의 신학간의 비교를 하게 해주는 다섯 가지 모범적인 모티브들을 취함으로써 이런 가능성을 탐구한다. 예를 들어, 바울과 히브리서의 저자는 독립적인 기독론적인 관점에서보다는 약속된 인간의 운명이라는 측면에서 시편 8:4-6을 해석하고 있는 것으로 보인다(참조. 고전 15:22-28; 롬 8:20; 히 2:6-9). 두 저자에게서 인간의 운명과 소명은 인간 예수 안에서 실현된다(Hurst, "Background," 181-89). 허스트는 바울과 히브리서의 저자가 동시에 접할 수 있었던 이전의 작품들을 가정한다.

허스트는 창조의 우주를 부양하는데 있어서 그리스도의 역할과 영광, 인간으로서의 그리스도의 겸손, 그의 순종과 뒤이은 승귀, 믿음의 개념 그리고 그리스도와의 연합의 개념과 관련하여 연구의 노선을 추적한다. 유사성은 일부 접촉의 형태를 설정하는 것으로 충분하다. 하지만 차이점은 문학적 접촉을 차단할 만큼 무수하다. 허스트는 히브리서의 저자가 바울이나 바울에게 영향을 받은 사도의 동역자 중 한 두 사람과 자신의 생각을 나누었을 것이라고 주장한다. 개념의 발전은 히브리 저자 자신의 것이지만 히브리서의 개념적인 배경을 형성시킨 영향은 바울이라는 것이다. 만약 이런 결론을 지지할 수 있다면 기독교 전통의 주류에 히브리서를 위치시키는 것이 훨씬 더 가능해진다.

본 주석에서 주요한 관심은 히브리서에서 발전되고 있는 풍부한 관점에서 히브리서의 진술을 해석하는 것이다. 바울의 신학이나 초대교회 내의 여타 사람들과 히브리서 저자 자신의 신학적인 이해를 구분하는 것이 때때로 강조된다(예를 들어, 4:1; 6:12, 13-20, 10:23, 35-36에서 "약속"에 관한 저자의 사용이나 4:2; 6:12; 10:22; 11:1에서 "믿음"에 관한 저자의 사용에 관해서 보라). 그렇다고 이것이 초대 기독교 전통이, 특히 교회의 헬라파들 속에 전달되었을 때, 히브리서 저자의 개념적인 배경에 확실히 영향을 미쳤다는 사실을 흐리게 해서는 안 된다.

구약 성경 원문의 중요성과 용도

참고문헌

Archer, G. L., and **Chirichigne, G.** *Old Testament Quotations in the New Testament.* Chicago: Moody, 1983. **Barth, M.** "The Old Testament in Hebrews: An Essay in Biblical Hermeneutics." In *Current Issues in New Testament Interpretation.* ed. W. Klassen and G. F. Snyder. New York: Harper & Row, 1962. 53-78, 263-73. **Betz, O.** "The Eschatological Interpretation of the Sinai-Tradition in Qumran and in the New Testament." *RevQ* 21(1967) 89-107. **Black, M.** "The Christological Use of the Old Testament in the New Testament." *NTS* 18(1971-72) 1-14. **Büchel, C.** "Der Hebräerbrief und das Alte Testament." *TSK* 79(1906) 508-91. **Caird, G. B.** "The Exegetical Method of the Epistle to the Hebrews." *CJT* 5(1959) 44-51. **Clements, R. E.** "The Use of the Old Testament in Hebrews." SWJT 28(1985) 36-45. **Combrink, H. J. B.** "Some Thoughts on the Old Testament Citations in the Epistle to the Hebrews." *Neot* 5(1971) 22-36. **Fabris, R.** "La lettera agli Ebrei e l'Antico Testamento." *RivB* 32(1984) 237-52. **Gotaas, D. S.** "The Old Testament in the Epistle to the Hebrews, the Epistle of James, and the Epistle of Peter." Dissertation, Northern Baptist Theological Seminary, 1958.

Grogan, G. W. "The New Testament Interpretation of the Old Testament: A Comparative Study." *TynBul* 18(1967) 59-68. **Guthrie, G. H.** "The Structure of Hebrews: A Text-linguistic Analysis." Dissertation, Southwestern Baptist Theological Seminary, 1991. 77-101. **Hanson, A. T.** "Christ in the Old Testament according to Hebrews." SE 2(1964) 393-98. **Kistemaker, S.** *The Psalm Citations in the Epistle to the Hebrews.* Amsterdam: Van Soest, 1961. **Lindars, B.** *New Testament Apologetic: The Doctrinal Significance of the Old Testament Quotations.* London: SCM, 1961. **Loane, M. L.** "The Unity of the Old and New Testaments as Illustrated in the Epistle to the Hebrews." In *God Who Is Rich in Mercy.* FS D. B. Knox. ed. P. T. O Brien and D. G. Peterson. Homebush West, NSW: Lancer, 1986. 255-64. **Longenecker, R. N.** *Biblical Exegesis in the Apostolic Period.* Grand Rapids: Eerdmans, 1975. **Metzger, B. M.** "The Formulas Introducing Quotations of Scripture in the NT and the Mishnah." *JBL* 70(1951) 297-307. **Müller, P. G.** "Die Funktion der Psalmzitate im Hebräerbrief." In *Freude an der Weisung des Herrn.* ed. E. Haag & F. L. Hossfeld. Stuttgart: Katholisches Bibelwerk, 1986. 223-42. **Oudersluys, R. C.** "Exodus in the Letter to the Hebrews." In *Grace Upon Grace.* FS L. J. Kuyper. ed. J. I. Cook. Grand Rapids: Eerdmans, 1975. 143-52. **Padva, P.** *Les citations de l'Ancien Testament dans l'Épître aux Hébreux.* Paris: Danzig, 1904. **Pollard, E. B.** "Notes on the Old Testament Citations in the Epistle to the Hebrews." *CrozQ* 1(1924) 447-52. **Smits, C.** *Oud-testamentische Citaten in het Nieuw Testament.* Malmberg: Hertogenbosch, 1963. **Stuart, S. S.** "The Exodus Tradition in Late Jewish and Early Christian Literature: A General Survey of the Literature and a Particular Analysis of the Wisdom of Solomon, II Esdras and the Epistle to the Hebrews." Dissertation, Vanderbilt University, 1973. **Swetnam, J.** *Jesus and Isaac: A Study of the Epistle to the Hebrews in the Light of the Aqedah.* AnBib 94. Rome: Biblical Institute Press, 1981. **Synge, F. C.** *Hebrews and the Scriptures.* London: SPCK, 1959. **Toy, C. H.** *Quotations in the New Testament.* New York: Scribner's, 1884. **Vaccari, A.** "Las citas del Antiquo Testamento en la Epístola a los Hebreos." *CB* 13(1956) 239-43. **Venard, L.** "L'utilisation des Psaumes dansl Épître aux Hébreux." In*Mélanges E. Podechard.* Lyons: Faculté Catholique, 1945. 253-64. **Vis, A.** *The Messianic Psalm Quotations in the New Testament.* Amsterdam: Hertberger, 1936.

18세기에 이르자, 벵겔(J. A. Bengel)이 히브리서 논증의 발전에서 구약, 특히 시편 2, 8, 10장의 역할에 관한 관심을 불러일으켰다(*Gnomon Novi Testamenti* [Tübingen: Schramm, 1742] 2.2.333-505[ET by C. T. Lewis and M. R. Vincent, *Gnomon of the New Testament*(Philadelphia: Perkinpine & Higgens, 1864)]). 벵겔은 구약성경으로부터 인용한 도입이 다루어지고 있는 논의의 출발점을 제공한다고 관찰했다. 예를 들어, 히브리서 2:5-18이 이러한 경우인데, 이에 관해서 벵겔은 "여기서 우리는 시편 8:5-9로부터의 명제와 요약을 관찰해야 한다"라고 썼다. 그것은 또한 5:4-7:28의 사례에 해당하는데, 그 구절에서 그는 "[그리스도의 제사장직]의 개요가 시편 2장과 110장에서 설정되었다"는 것을 관찰했다. 히브리서 7:1-28에서 시편 110:4의 사용에 관해 언급한 벵겔은 "그 사실은 풍성하게 설명되어 있다. 시편 110장이 묘사하는 것처럼 [그리스도]는 우리에게 위대한 대제사장이 되신다. (1) 멜기세덱의 반차에 따른(7:1-19), (2) 맹세와 더불어(7:20-22), (3) 영원히(7:23-24, 26-28)." 히브리서의 본문에 대한 조심스러운 주해적 접근에 근거하여 벵겔은 구약성경으로부터의 인용이 강화의 주제적 발전에 기능적으로 중심을 이룬다는 것을 보여주었다.

이 분별 있는 관찰도 히브리서의 구조와 논증에 관한 현재의 연구가 주목하는 관심을 항상 받지는 못했다. 카이어드(G. B. Caird)는 히브리서에서 저자의 논증이 네 가지 구약 원문 즉 시편 110:1-4, 시편 8:4-6, 시편 95:7-11, 그리고 예레미야 31:31-34(*CJT* 5[1959] 44-51)에 따른 항목으로 실제로 배열되어 있다고 주장한 것은 예외적이었다. 성경 인용의 사슬에 의해 도입된 첫 번째 항목에 뒤이은 각각의 항목에서 주요한 성경인용은 각 항목의 시작에 위치하고 있다. 나아가서 카이어드(47)는 저자에 의해 선택된 성경 본문이 옛 언약 제도의 비효과성에 대한 사례를 실제로 제기한다는 것을 관찰했다.

> [그] 논증은 네 항목으로 나뉘고, 각기 그것의 핵심으로서 옛 언약의 종교 제도의 비효과성과 상징적이거나 임시적인 본질을 선언하는 구약 성경구절을 갖는다. 모든 다른 성경의 언급들은 논증의 흐름을 조절하는 이 네 성경구절을 보조한다.

히브리서에서 옛 언약의 잠정적인 성격에 대한 성경의 증거에 그 논증이 기반하고 있다는 관찰이 카이어드로 하여금 네 번째 주요한 본문으로 (시편 40편보다는)

예레미야 31장을 간주하도록 이끌었다. 그의 주장의 매력은 저자가 주요한 인용을 선택한 배후의 합리성을 발견할 수 있었다는 것이고, 아울러 전개되는 논증의 주제적 발전에 서로간의 관계성들을 보여주었다는 것이다.

그러나 카이어드의 분석은 10:19-13:21의 권면이 히브리서의 구조와 주제적 배열에 통합되는 방식을 고려하지 않는다는 것이다. 그는 문서의 의도보다는 문서의 내용에 초점을 두는 경향이 있었다. 1989년에 월터스(J. Walters)는 개진되고 있는 논증에 히브리서의 구조를 연결시키는 증거에 관한 카이어드의 제시로 다시 돌아갔다("The Rhetorical Arrangement of Hebrews"는 KY의 Shakertown에서 모인 John Wesley 협회의 크리스마스 집회에 참석한 사람들에게 강연한, 출판되지 않은 문서다). 그는, 히브리서의 궁극적인 목표는 목회적이며, 신학적인 고려는 수신하고 있는 그룹으로부터의 적절한 반응을 이끌어내기 위해서 제공되고 있을 뿐이라는 것을 인식했다. 월터스는 히브리서에서 신학과 성경 주해가 권면적인 관심을 위한 것이라면, 마감하는 권면에 공동체에 적용하는 주요한 성경 본문의 사용을 기대해야 한다고 추론했다. 그는 전반적인 히브리서에서의 논증과 배열을 규정하는데 있어서 구약 성경 원문의 수사적 사용의 중요성을 증명하는데 힘썼다.

월터스는 저자가 자신의 논증을 각기 권면의 형태를 이루고 있는 여섯 개의 성경 해석의 시리즈로서 배열했다고 제기했다. 저자는 구약에서 핵심적인 본문을 도입하고, 그것의 종말론적인 중요성을 규명하며, 공동체를 위한 권면적인 의미를 끌어내고 있다. 이런 수사학적인 전략은 2:5에서부터 13:19에 이르는 전체 강화의 배열을 설명해준다. 히브리서의 논증은 그리스도의 대제사장적인 사역이 이제 약속된 "선한 일"(9:11)을 보증했다는 사실에 비추어 절대적인 신실함에 대한 종말론적인 호소에 방향이 맞추어져 있다. 월터스는 일단 이것을 인정한다면, "전체 문서는 성경의 인용에 따라 조직되고 권면을 향해 나아가는 구조, 즉 단순히 교리적 형식이 아니라 설교적인 강화에 탁월하게 적합한 구조에 균비로 해당한다"("Rhetorical Arrangement," 16)고 주장한다. 이런 논증을 증명하기 위해서 월터스는 카이어드의 분석을 다소 수정한다. 카이어드에 의해 주목을 받은 네 가지 주요 인용과 더불어, 그는 논증에 권면적인 결론을 실어주는 뒷부분의 두 개의 인용, 즉 하박국 2:3-4와 잠언 3:11-12에 관심을 기울인다.

강화의 배열과 논증을 세밀하게 세우는 과정에서 월터스는 권면적인 구절들이 여섯 개의 주요한 성경 인용들에 맞추어 정당히 단일하게 군집시킬 수 있다는 것을 보여준다. 다음의 도표는 그의 글에서 발췌한 것이다("Rhetorical Arrangement,"

18-19).

단락	구약	위치	권면
서론			
1:1-2:4	연결(Catena)		2:1-4
첫 번째 요지	"당신이 그에게 면류관을 씌우셨나이다"		
2:5-18	시편 8편	2:6-8	
두 번째 요지	"오늘"		
3:1-4:13	시편 95편	3:7-11	3:1-2, 12-14 4:1, 11
세 번째 요지	"영원한 제사장"		
	시편 110편	5:6	4:14-16 5:11-6:12
네 번째 요지	"새 언약"		
	예레미야 31장	8:8-12	10:19-29
다섯 번째 요지	"믿음으로"	10:37-38	10:32-36 12:1-2
여섯 번째 요지	"낙심하지 말라"		
12:3-13:19	잠언 3장	12:5-6	12:3-29 13:1-19
결론			
13:20-21			

월터스의 주장에 따르면, 10:19-13:19의 권면은 강화의 이전 항목들과 일치하는 것으로 보여진다. 그것은 동일한 수사적 배열을 보여준다. 주요한 인용으로서 하박국 2:3-4과 잠언 3:11-12의 중요성과 관련한 그의 통찰은 설교의 논증을 "최고의 권면적 결론으로 직접적으로 나아가게"(19) 한다.

거스리(G. H. Guthrie)는 1991년의 논문에서 히브리서의 구조적인 분석을 특히 어렵게 만드는 요인 중의 하나로 구약성경에 대한 저자의 사용을 고려하지 못한데 원인이 있음을 밝혔다("The Structure of Hebrews," 69, 77-101). 그는 설교의 주제적 발전, 확실한 구분의 형태, 그리고 항목들 사이의 전환들에 대한 인식은 히브리서의 배열과 논증을 규명하는데 있어서 구약의 기능들에 대한 이해에 자주 달려 있다고 주장한다. 카이어드, 월터스 그리고 거스리의 연구는 구약 원문을 저자가 사용한 것의 중요성을 강조한다.

저자는 구약성경에 어느 정도 빚지고 있는가

히브리서는 구약성경으로 충만하다. 저자는 구약원문을 활발하게 사용하여 신학지향적인 것뿐만 아니라 권면적인 단락을 발전시킨다. 모든 장은 암시적으로 또는 명시적으로 성경본문을 언급하는 것으로 특징지어진다. 성경에 대한 저자의 사용은 (이스라엘과 교회에 대한 긴급한 의미를 갖는) 옛 언약과 새 언약 하에서 하나님이 말씀하시는 것과 행하시는 것간의 연속성에 대한 확신을 표현하고 있다. 저자는 구속의 옛 경륜과 새 경륜간의 본질적인 연합과 발전을 전제한다. 구약성경에 대한 상세한 지식은 히브리서의 저사가 무엇을 말하려고 하는지를 이해하는데 필수적이다. 그는 청중들의 편에서 구약의 내용을 깊이 알고 있음을 전제한다.

히브리서에서 구약성경의 사용에 대한 어떤 고려를 생각해보려면, 구체적인 성경 본문들에 대한 인용이나 암시에 대한 목록 이상의 것들을 제공해야 한다. 바르트(M. Barth)는 명시적 인용(도입 형식어구에 의해 확인되는), 암시적 인용들(도입 형식어구가 없는 것들) 사이의 차이, 구약 본문에 대한 암시(인용과 암시를 구분하는 기준은 성경 본문의 정확한 단어에 일치하는가에 따라 상대적이다), 구약 자료의 요약(예. 히 1:1; 10:1-4), 그리고 구체적인 문맥과 상관이 없는 구약의 명칭이나 주제에 대한 단순한 언급들 간의 차이를 구분하는 것이 필요하다고 올바르게 주장했다("The Old Testament in Hebrews," 54).

심지어 히브리서에는 구약 본문에서 가져온 인용의 수에 대한 공통된 일치가 없다. 저자가 성경 본문을 인용하고 있는 빈도를 결정하지 못하는 어려움은 롱지네커(R. N. Longenecker, *Biblical Exegesis*, 164)에 의해 지적되었다.

> 신약성경의 어느 곳도 히브리 서신보다 성경 인용의 목록을 구분하기가 어렵지 않다. 한편으로 직접적인 인용과 소위 암시라고 부르는 것, 다른 한편으로 성경 어법의 사용이나 구약 성경 역사에 대한 언급을 구분하는 통상적인 문제에 직면할 뿐만 아니라 동일한 논의에서 되풀이하여 형식적으로 인용되는 구절들(시 95:7-11; 110:1-4) 그리고 어떤 확신 있는 열거를 좌절시킬 만큼 교묘하게 도입되는 여타 구들을 히브리서에서 부딪히게

된다.

론지네커는 히브리서에서 38개의 인용들이 있다고 주장한다. 카이어드는 오직 29개의 인용만이 있음을 발견한다(*CJT* 5[1959] 47). 스피크는 36개의 인용이 있음을 확인한다(1:331). 하지만 마이클은 32개의 인용만이 있을 뿐이라고 주장한다(151). 본 주석에서는 히브리서에서 31개의 명시적인 인용과 네 개 이상의 암시적 인용, 그리고 구약의 자료를 요약한 19개의 예증들이 있고, 성경 명칭이나 주제가 구체적인 문맥의 언급 없이 13개 이상이 인용되고 있다고 제기한다.

구약 본문에 대한 상세한 부분에 대한 광범위한 호소는 저자의 기획과 의도에 필수적인 요소다. 그것은 하나님의 계시의 충만함과 관련한, 기독교 공동체를 위해 구약 성경이 얼마나 풍부한 가치를 갖고 있는가를 보여준다.

저자의 신학을 위한 주요 근거들

다른 유대-헬라적 설교와 공통되게, 히브리서는 오경과 시편에 상당히 의존한다(참조. Thyen, *Stil*, 67). 저자는 구속에 대한 논증을 주로 오경에 근거하여 발전시킨다. 그의 인용 중에 12개는 "다섯 책"에서 발췌한 것이고, 그의 암시 중에 10개는 유대적 성경 항목에 대한 것이다. 구조적 본문이 시편 95:7b-11에 있는 히브리서 3:7-4:13에서처럼, 저자가 자신의 습관적인 접근에서 떠나 있는 것으로 보일 때조차도, 민수기 13-14장을 배후에 두고 시편을 읽고 있음이 분명하다(히 3:16-19의 주석을 보라).

이 예증에서 오경의 본문은 시편에서의 해석을 통해 접근되어진다. 저자는 이런 방식을 히브리서 7:1-25에서 다시 추구하고 있는데, 그 구절에서 창세기 14:17-20의 멜기세덱에 대한 간략한 언급이 시편 110:4에서의 멜기세덱에 대한 찬사를 통해 접근된다. 여호수아 6장에 근거한 역사적인 요약의 단일한 예외와 더불어, "요약적" 자료의 모든 것과 구체적인 성경 문맥에 대한 언급이 없이 도입되는 주제와 명칭들도 오경에서 파생한 것으로 보인다.

하지만 저자의 기독론을 발전시키기 위한 주요한 자료들은 시편에서 파생되었다. (참조. R. N. Longenecker, *Biblical Exegesis*, 167, 그는 직접적인 메시아적 예언들로 도입되는 삼하 7:14, 신 32:43 70인경 , 그리고 사 8:17의 예외적인 것들과 함께, "그리스도의 위격의 본질을 설명하는데 사용한 모든 성경의 부분들은 시편들로부터 전적으로 끌어온 것이라"고 주목한다.) 히브리서의 기독론은 성경 본문의 해석을 통해 주로 발전된다. 저자는 시편에서 17번을 인용하고 16번 이상을 시편 본문에서 암시한다. 전체 설교를 통해 시편 110:1과 4에 대한 반복되는 인용과 호소는 저자가 기독론에 대한 주요한 근거로 시편에 얼마나 의존하고 있는가를 가리켜준다.

인용의 양태

카도스 게그랖타이(καθὼς γέγραπται)라는 도입형식어구를 선호하는 바울과 달리, 히브리서의 저자는 동사형인 그라페인(γράφειν, "쓰다")과 함께 구약성경의 인용을 도입하지 않는다. 그가 선호하는 것은 레게인(λέγειν, "말하다")이라는 동사이다. 특히 그는 현재분사형인 레곤(λέγων, "말하고 있는")을 자주 사용한다. 저자는 인용하고 있는 성경 구절 속에서 하나님이 오늘도 말씀하고 계시다는 것에 설득받았다. 과거에 말씀하셨던 것을 지금도 역시 말씀하시고 계신 것으로 여긴다(G. Hughes, *Hebrews and Hermeneutics*, 35). 레게인(λέγειν)이 신약성경의 다른 저자들에 의해서 도입형식어구로 사용되고 있을지라도 그것은 보통 예언하는 화자의 이름이나 "성경"과 함께 복합된다(예. 롬 4:3; 9:15, 17, 25; 10:16, 19, 20, 21; 11:9).

두드러진 대조 속에서 히브리서의 저자는 보통 구약의 말씀들을 하나님이 직접적인 말씀으로 도입하고, 그리하여 현재시제와 능동태를 선호한다(Barth, "The Old Testament in Hebrews," 58-59). 하나님이 '이 순간에' 청중들에게 말씀하고 있는 것으로서 성경 인용을 표현하는 것이 다른 유대-헬라적 훈계의 문서에도 있지만(Thyen, *Stil*, 69-74), 구약성경 본문을 설명하는 이런 방식은 신약성경의 다른 곳에서는 유사한 것을 찾아볼 수가 없다.

저자는 구약성경의 인용을 위한 구체적인 언급을 하는데 전혀 관심이 없다. 드문 예외가 있을지라도(히 4:7; 9:20), 성경인용은 익명으로 제시된다. 성경 본문의 권위는 궁극적인 화자인 하나님에게 귀결된다. 히브리서의 35개의 인용 중에서 20개에서 하나님이 문맥의 문법적인 주이다(1:5a, 5b, 6, 7, 8-9, 10-12, 13; 4:4; 5:5, 6; 6:14; 7:17, 21; 8:5, 8-12; 10:30a, 30b, 37-38; 12:26; 13:5). 네 개의 인용은 성자에게 할당되고(2:12, 13a, 13b; 10:5-7), 나머지 다섯 개는 성령에게 귀속된다(3:7b-11; 아마도 4:3, 5, 7; 10:16-17).

물론 그러한 특징은 고정적이기보다는 "유동적"이다. 저자가 동일한 인용을 하나님이나 성령에게 동시에 할당할 수 있기 때문이다(예. 8:8-12; 10:15-17; 저자가 4:3-5, 7의 인용을 하나님에게 귀속했는지 성령에게 귀속했는지를 결정하기가 어렵다. 시편 95:7b-11의 최초의 인용은 성령에게 할당된다[히 3:7a]).

히브리서 4:4의 인용의 양태는 특별한 언급을 줄 만하다. 저자는 도입 동사형인 에이레켄(εἴρηκεν, "말했다")을 문맥의 문법적 주어인 하나님과 함께 사용하는데, 창세기 2:2의 "하나님이 일곱째 날에 안식하시니라"는 내레이터의 언급을 도입하기 위해서다. 하나님 자신이 이 말씀을 하셨다는 의미는 성경 본문의 궁극적인 근원이 하나님이시라는 저자의 확신을 반영한다. 인용된 말씀이 하나님으로부터 기원하였기 때문에 그것은 하나님이 "언급하신" 말씀으로 적절히 표현되어진다.

저자가 선호한 본문

참고문헌

Ahlborn, E. "Die Septuaginta-Vorlage des Hebräerbriefes." Dissertation, Göttingen University, 1966. **Harder, G.** "Die Septuagintazitate des Hebräerbriefs: Ein Beitrag zum Problem der Auslegung des Alten Testaments." In *Theologia Viatorum*. ed. M. Albertz. Munich: Kaiser, 1939. 33-52. **Howard, G.** "Hebrews and Old Testament Quotations." *NovT* 10(1968) 208-16. **Katz, P.** "The Quotations from Deuteronomy in Hebrews." *ZNW* 49(1958) 213-23. **McCullough, J. C.** "Hebrews and the Old Testament." Dissertation, Queen's University, Belfast, 1971. ______. "The Old Testament Quotations in Hebrews." *NTS* 26(1979-80) 363-79. **Thomas, K. J.** "The Old Testament Citations in Hebrews." *NTS* 11(1964-65) 303-25. ______. "The Use of the Septuagint in the Epistle to the Hebrews." Dissertation, University of Manchester, 1959.

저자가 헬라어로 된 성경을 읽었다는 실제적인 일치에 이르렀다(참조. E. Grässer, *TRu* 30[1964] 156-59; J. C. McCullough, "Some Recent Developments in Research on the Epistle to the Hebrews: II," *IBS* 3[1981] 28-31). 그러나 저자가 갖고 있었던 본문의 성격은 계속해서 논쟁이 되고 있다. 그 논쟁의 중요한 부분은 블렉(F. Bleek)이 자신의 주석에서 바울이 히브리서를 쓰지 않았다고 논증했을 때인 150년 전에 시작되었는데, 왜냐하면 바울이 Codex Vaticanus (B)와 유사한 헬라어 본문을 사용한 반면에 히브리서의 저자는 Codex Alexandrinus (A)와 유사한 헬라어 본문을 사용한 것으로 보이기 때문이었다(3:234). 알렉산드리아(Alexandrinus)에 관한 블렉의 진술의 많은 부분들이 신뢰할 수 없는 것임이 보여졌을지라도 (Katz, *ZNW* 49[1958] 217), 그의 관찰이 히브리서에서 구약본문에 대한 인용과 암시가 있는 뒤이은 본문 연구의 과정을 결정하게 했다.

저자의 텍스트에 대한 논의는 그의 원문의 상세한 부분이 주요한 사본들 중의 하나 또는 둘 다와 관계가 있는 것으로 관심을 갖는 경향이 있었다. 문제는 히브리서에서의 인용들이 알렉산드리아 사본과 바티칸 사본의 특징을 보여준다는 것이다. 그 증거를 평가하기 위해서 우리는 구약 헬라어 역본들과 관련하여 본문의 상황이 갖는 복합성을 인식해야 한다. 폭넓게 다양한 독법들이 신약시기 동안에 저자에게 가능했다. 히브리서의 저자는 자신이 쉽게 접근할 수 있는 헬라어본문의 형태를 사용했다. 아마도 그 헬라어 본문은 저자가 일원이었던 교회가 사용한 본문의 지역적 형태였을 것이다.

저자가 접근하였던 일세기의 본문과 4세기의 사본 B와 A로부터 알려진 "옛 헬라어 역본" 텍스트간의 주요한 차이들을 허용하는 것이 필요하다. 이 주석에서 "옛 헬라어 역본"(Old Greek Version)과 "그 70인경"에 대한 저자의 사용을 언급하는 것이 편리한 언급의 형태이지만 그것은 정밀성이 부족하다. (L. Greenspoon, "The Use and Abuse of the Term 'LXX' and Related Terminology in Recent Scholarship," *BIOSCS* 20[1987] 21-29을 보라.)

저자가 선호했던 본문에 관한 연구에서 한 가지 접근은 Codex Alexandrinus (LXX^A) 또는 Codex Vaticanus(LXX^B)로부터 알려진 옛 헬라어 텍스트로부터 히브리서에서 발견된 인용의 다양성을 설명하는 것을 추구했다. (K. J. Thomas는 1959년에 멘체스터 대학의 연구논문인 "The Use of the Septuagint in the Epistle to the Hebrews"을 요약하였는데, 그것은 *NTS* 11[1964-65] 303-25에서 이 연구의 노선을 추적했다.) 뒤이은 보다 오래된 연구는 히브리서의 인용에 관한 근거를 추구함에 있어서 LXX^A이 LXX^B에 대한 무비판적인 의존은 있을 수 없다는 것을 환기시켰다 (아주 정확하게는 Howard, *NovT* 10[1968] 208-16인데, 그는 히브리서가 인용한 자료에 관한 문제가 실제로 얼마나 복잡한지를 보여주었다; 더 자세한 것은 McCullough, *NTS* 26[1979-80] 363-79을 보라). 구약원문에 대한 인용과 암시에서 저자가 사용한 헬라어 본문의 형태와 관련한 현 논의의 진전된 대화는 이 주석 전체를 통하여 발견할 수 있을 것이다.

참고문헌

Barth M. "The Old Testament in Hebrews: An Essay in Biblical Hermeneutics." In *Current Issues in New Testament Interpretation.* ed. W. Klassen and G. F. Snyder. New York: Harper & Row, 1962. 53-78, 263-73. **Cohn-Sherbok, D.** "Paul and Rabbinic Exegesis." *SJT* 35(1982) 117-32. **Daube, D.** "Rabbinic Methods of Interpretation and Hellenistic Rhetoric." *HUCA* 22(1949) 239-64. **Davidson, R. M.** *Typology in Scripture: A Study of Hermeneutical τύπος Structures.* Andrews University Seminary Doctoral Dissertation Series. Berrien Springs, MI: Andrews UP, 1981. **Edgar, S. L.** "Respect for Context in Quotations from the Old Testament." *NTS* 9(1962-63) 55-62. **Ellingworth, P.** "The Old Testament in Hebrews: Exegesis, Method and Hermeneutics." Dissertation, University of Aberdeen, 1977. **Fitzmyer, J. A.** "The Use of Explicit Old Testament Quotations in Qumran Literature and in the New Testament." *NTS* 7(1960/61) 297-333. **Hughes, G.** *Hebrews and Hermeneutics: The Epistle to the Hebrews as a New Testament Example of Biblical Interpretation.* SNTSMS 36. Cambridge: Cambridge UP, 1979. **Lampe, G. W. H.**, and **Woollcombe, K. J.** *Essays on Typology.* SBT 22. London: SCM Press, 1957. ______. "Hermeneutics and Typology." *LQHR* 190(1965) 17-25. ______. "Typological Exegesis." *Th* 56(1953) 201-8. **Leschert, D.** "Hermeneutical Foundations of the Epistle to the Hebrews: A Study in the Validity of Its Interpretation of Some Core Citations from the Psalms." Dissertation, Fuller Theological Seminary, 1991. **Lewis, T. W.** "The Theological Logic in Hebrews 10:19-12:29 and the Appropriation of the Old Testament." Dissertation, Drew University, 1965. **Luther, J. H.** "The Use of the Old Testament by the Author of Hebrews." Dissertation, Bob Jones University, 1977. **McGaughey, D. H.** "The Hermeneutical Method of the Epistle to the Hebrews." Dissertation, Boston University, 1963. **Mickelsen, A. B.** "Methods of Interpretaton in the Epistle to the Hebrews." Dissertation, University of Chicago, 1950. **Ploeg, J. van der.** "L'exégèse de l'Ancien Testament dans l'Épître aux Hébreux." *RB* 54(1947) 187-228. **Reid, R.** "The Use of the Old Testament in the Epistle to the Hebrews." Dissertation, Union Theological Seminary, New York, 1964. **Rendall, R.** "The Method of the Writer to the Hebrews in Using

Old Testament Quotations." *EvQ* 27(1955) 214-20. **Sabourin, L.** "Auctor Epistulae ad Hebraeos ut interpres Scripturae." *VD* 46(1968) 275-85. **Schröger, F.** "Das hermeneutische Instrumentarium des Hebräerbriefverfasser." *TGl* 60(1970) 344-59. ______. *Der Verfasser des Hebräerbriefes als Schriftausleger.* Regensburg: Pustet, 1968. **Sowers, S. G.** *The Hermeneutics of Philo and Hebrews: A Comparison of the Interpretation of the Old Testament in Philo Judaeus and the Epistle to the Hebrews.* Richmond: Knox, 1965.

디아스포라에 흩어져 있는 학교와 회당의 당시 습관에 비추어 성경 본문을 사용한 저자의 방식과 관련하여 질문하는 것은 타당하다. 성경본문을 취급함에 있어서 당대의 랍비적 습관에 대한 편리한 개관은 콘 세르복(D. Cohn-Sherbok, *SJT* 35 [1982] 117-32)이 제공하였다. 콘 세르복의 책은 히브리서를 연구하는 사람들에게 구약 본문을 접근하는데 있어서 저자를 이끌어준 원리 몇 가지를 식별할 수 있도록 도와준다.(아래의 논의는 G. H. Guthrie, "The Structure of Hebrews," 88-90, 94-99에 빚을 졌다.)

1. **혼돈을 없애줌**. 잠재적인 혼돈이 있을 수 있는 성경 구절을 분명하게 하는 것이 랍비들 중에 공통된 습관이었다(시편 50:1의 랍비적 취급에 대해서는 Cohn-Sherbok, *SJT* 35[1982] 119을 보라). 히브리서에서 혼돈을 없애기 위한 예증은 2:8-9에서 발견할 수 있는데, 그 구절에서 저자는 시편 8:4-6에 관해 언급하고 있다. 절대적인 방식으로 "인간"에 대한 "모든 것"의 하나님의 복종케 하심을 강조한(2:8b) 저자는 "지금 우리가 만물이 아직 저에게 복종한 것을 보지 못하지만…영광과 존귀로 관 쓰신 예수를 보니"(히 2:8c-9)라고 언급한다. 저자의 관심은 시편 8:4-6의 성경 인용의 의도와 관련하여 어떤 혼돈을 막는 것이다

히브리서 2:8b에서 저자의 진술의 폭넓음은 공통된 인간 경험에 의해 손상을 당하지만, 실제적인 인식은 성경 본문이 수장한 실제와 모순을 일으키지 않는다. "우리가 만물이 아직 저에게 복종한 것을 보지 못한다"는 저자의 양보에서 "아직"이라는 잠정적인 표현이 중요하다. 그것은 궁극적으로 실현될 예언적인 선언을 시편에서 발견하였다는 것을 암시한다. 성경 본문은 제쳐놓을 수 없는 법적인 포고의 특징을 소유한다. 사실상 현재의 실현되지 않은 사건의 상태는, 마침내 모든 것이 약속된 복종은 일반적으로 "인간"에게가 아니라 예수님에 대한 언급이라는 것을 보여준다. 예수님 안에서 인간 소명의 진정한 표현을 발견한다.

2. **강화**. 콘 세르복은 지원적인 성경 진술을 인용함으로써 권면을 강화하는 공통된 랍비적 습관을 "강화로" 언급한다(*SJT* 35[1982] 119). 이런 원리의 예증을 히브리서 10:19-39가 제공한다. 그 구절에서 저자는 청중들에게 세례시의 고백에 머물 것을 훈계한다. 확장된 권면의 결론 부근에서 저자는 이사야 26:20과 하박국 2:3-4로부터 인용한 구절을 함께 가져오는 혼합된 인용을 도입한다. 그의 주된 관심은 성경의 경고에 있다. "뒤로 물러가면 내 마음이 저를 기뻐하지 아니하리라"(히 10:39의 주석을 보라). 충실함에 대한 권면은 성경 본문의 인용으로 강화된다.

3. **함축들**. 설교를 하는 과정에 랍비는 성경 본문의 함축된 것들을 이끌어내는 것이 통상적이었다(Cohn-Sherbok, *SJT* 35[1982] 121). 이런 습관은 저자가 히브리서 8:8-13에서 예레미야 31:31-34을 취급한데서 알 수 있다. 저자는 그 본문을 충분히 인용한 후에 청중들의 관심을 핵심어인 "새로운"에 집중시킴으로써 그 의미를 이끌어낸다: "새 언약이라 말씀하셨으니 첫 것은 낡아지게 하신 것이니 낡아지고 쇠하는 것은 없어져 가는 것이니라"(8:13). 성경의 의미에 대한 이런 관심의 또 다른 예증들은 2:8a; 3:16-19; 4:6-10; 7:11-12; 10:8-9; 12:7-10; 그리고 12:26-29에서 아주 두드러지게 발견할 수 있다.

4. **단어나 구절의 문자적 의미**. 랍비들은 자주 성경 본문의 특별한 단어나 구절의 문자적 의미에 호소한다(Cohn-Sherbok, *SJT* 35[1982] 125). 이런 호소의 형태는 히브리서에서도 마찬가지다. 그것이 히브리서 3:7-4:13의 확장된 권면에서 필수적인데, 그 구절에서 저자는 시편 95:7b의 "오늘"이라는 단어의 문자적 의미를 포착한다(히 3:13, 15; 4:7-8). 그것은 히브리서 7:11의 논증의 배후에도 마찬가지인데, 그 구절에서 저자는 "멜게세덱과 같이"라는 구절의 의미를 강조하며, 7:20-22에서 저자는 예수가 맹세로 제사장적 지위를 확인하였다고 주장한다. 또한 7:23-25에서 저자는 시편 110:4의 "영원한"이라는 성경적 표현의 중요성을 탐구한다. 그것은 히브리서 8:8-13의 예레미야 31:31-34과 히브리서 12:26-29의 하박국 2:6-7에 관한 저자의 해석의 열쇠다. 본문의 문자적 의미는 히브리서의 저자에게 매우 중요했다.

5. **해석의 또 다른 초기 랍비적 원리**들. 토셉타(*Tosepta*)는 성경의 사용에 대한 고대의 일곱 가지 지침을 힐렐(Hillel)의 관습과 관련시킨다(*Sanh.* 7.11). 힐렐은 초대 기독교 운동의 시작에 한 세대 정도 앞선 사람이다. 소위 "일곱 가지 *middôt*"(해석학적인 원리들)는 당대의 관습에 대한 법전 또는 당대의 관습에 부과된 제한들인 것으로 보인다(D. Moo, *The Old Testament in the Gospel Passion Narratives*

[Sheffield: Almond, 1983] 28). 히브리서의 저자는 이 일곱 가지 원리 중에 두 가지를 채택한다: *middôt: qal wāḥômer*(덜 중요한 사례에 적용한 것은 더 중요한 사례에 적용할 수 있을 것이다)와 *gĕzêrâ šāwâ*(성경의 두 구절에서 동일한 단어[또는 동족어]가 출현하는 것은 그것의 상호적인 관계에 관심을 불러오기 위한 것이다). 첫 번째 원리는 더 작은 것에서 더 큰 것에 대한 호소인데, 그것은 지중해 세계 전역의 고대 문학에서 발견된다. 두 번째 원리는 언어적 유추의 원리인데, 그것은 한 구절에서 다른 구절을 설명하기 위한 것이다.

히브리서의 저자는 2:2-4; 9:13-14; 10:28-29; 12:25에서 청중들에게 *qal wāḥômer*에 근거하여 호소한다. 2:2-4에서 저자는 모세의 율법을 무시함으로 적절하게 벌을 받는다면, 복음에 대한 무관심은 재앙이 될 것임이 틀림없다고 논증한다. 천사들이 전달한 메시지에 책임이 수반된다면, 하물며 주님이 선언한 구원의 메시지에는 더욱더 그렇지 않은가? 그 논증의 근본적인 전제는 전달자의 위엄이 전달된 메시지의 중요성과 최종성의 검증을 제공한다는 것이다. 성자의 초월적인 위엄(1:2-14)이 입증된 증거로 말미암아 공동체에 도달했던 구원의 메시지가 엄중한 관심을 불러일으켰음을 보여준다.

이런 논증의 호소는 10:28-29와 12:25에서 다시금 예리하게 들려진다. 9:13-14에서 저자는 염소와 황소의 피 그리고 붉은 암소의 재가 외적인 불결로부터 정결하게 해준다는 것을 동의하며, "하물며" 그리스도의 피는 더욱더 하나님의 백성들을 정결하게 하고 하나님에 대한 예배를 드릴 수 있도록 구비시켜 줄 것임을 제기한다. 각 사례의 논증의 배후에 하나님의 최종적인 말씀의 중재자로서 예수가 모세보다 더 위대하며 기독교의 메시지는 모세에게 주어진 계시보다 더 위대하다는 확신이 있다.

게제라 사와(*gĕzêrâ šāwâ*)의 예증을 히브리서 4:11과 5:5-6에서 발견할 수 있다. 4:1-11의 새로운 전개는 안식의 특징을 분명히 하기 위해서 창세기 2:2의 사용함으로써 시편 95:7b-11의 해석을 풍성하게 하고 있는데, 사막의 세대는 그 안식에서 배제되었다. 그 논증은 하나님이 시편 95편[70인경 94편]:11에서 "안식"(κατάπαυσις－카타파우시스)의 용어와 동족어인 70인경 창세기 2:2의 "쉬셨"(κατέπαυσεν－카테파우센)음을 진술하는데 사용하는 동사로 전환한다. 동족어의 사용은 시편 95:11에서 "내 안식"은 창세기 2:1-3에 따른 창조의 사역에 뒤이은 하나님의 최초의 안식의 측면에서 적절히 해석될 수 있다는 추론을 허락했다. 그 추론은 단어들의 유추에 근거한 것이다. 저자와 그가 글을 쓰고 있는 사람들이 헬라어로 된 성경 본문을 읽었다는 것은 이 경우에 중요했다. 왜냐하면 맛소라텍스트(MT)가 두 성경 구절에서 하나님의 안식을 묘사하기 위해 서로 다른 히브리 어근을 사용했기 때문이었다.

5:5-6에서 저자는 강화의 전개에 가장 중요한 성경 인용들 중에 두 가지, 즉 시편 2:7과 110:4을 같이 묶는다. 그 구절들은 호격 "너"(*σου*—수)의 강조 대명사에 근거하여 묶여진다. 저자는 시편 2:7과 110:4을 약속의 선언으로 정확하게 해석했다. 두 본문은 예수께서 자신의 직무에 임명되고 권능이 부여된 것에 따른 선포를 선언하다. 이 경우에 게제라 사와가 아들로서의 예수에 관한 제시에서 제사장으로서의 예수 논증으로의 전환을 효과적으로 특징짓는데 사용된다. 저자의 기독론의 주요한 모형인 "아들"과 "제사장"의 칭호를 연관짓는 의식적인 배려는 5:5-6의 시편 인용의 결합 속에서 분명하다.

6. **연쇄적인 인용들**. 랍비들은 연결어로 기능했던 반복적인 표현들에 근거하여 연쇄적인 성경 인용들을 함께 배열한다. 게제라 사와(*gĕzērâ šāwâ*)의 경우에서처럼, 그것들은 성경의 유추에 호소하였다. 하지만 이 경우에 유추적인 본문들의 상세한 해석과는 연관이 없다. 그러한 연쇄적 인용들 또는 하라즈(*hāraz*), 즉 "진주를 꿰는 것"은 주어진 주제를 위한 성경의 지지가 주는 강점을 나타내기 위해 도입되었다. 통상적인 랍비적 관행은 오경에서 어떤 구절을 인용하고 그 다음에 예언서와 성문서로부터 유사한 진술들을, 자주 게제라 사와로, 그 인용에 참여시키는 것이었다(Barth, "The Old Testament in Hebrews," 64; G. H. Guthrie, "The Structure of Hebrews," 97).

하라즈(*hāraz*)의 예증은 히브리서 1:5-13에 나타나는데, 그 구절에서 저자는 구절들의 세 짝과 결론적인 인용을 최소한의 코멘트를 가지고 연합시킨다. 이 경우에, 인용들은 회당의 예전에서 불려진 시편과 송시에서 주로 발췌된 것들이다. 인용들 중에 첫 번째 짝은 아들됨과 관련된다: 시편 2:7과 사무엘하 7:14는 "아들"(*υἱόσ*—휘오스)이라는 용어에 근거하여 함께 연합한다. 두 번째 짝은 아들과 관련하여 천사들의 종속적인 역할을 문서화한다: 신명기 32:43(헬라어 시집[Ode 2:43]에 부가된 성경의 송시의 형태에서)과 시편 104:4는 복수 용어인 "천사들"에 근거하여 연합된다.

세 번째 인용의 짝은 아들의 통치의 영원한 성격을 선언한다: 시편 45:6-7과 시편 102:25-27은 개념적인 대구법에 의해서만이 아니라(아들의 인내하는 본성), 인칭대명사 "너의"(*σου*—수)의 공통된 사용에 의해서도 연결되어 있는 것으로 보인다. 결론적인 인용은 설교 전체를 통하여 인용되고 암시되는 중요한 왕권 추대적인 본문, 즉 시편 110:1을 도입한다. (참조. J. W. Thompson, "The Structure and Purpose of the Catena in Heb 1:5-13," *CBQ* 38[1976] 352-63; R. Koops, "Chains of Contrast in Hebrews 1," *BT* 34[1983] 220-25; J. P. Meier, "Structure and Theology in Hebrews 1, 1-14," *Bib* 66[1985] 168-89.)

7. **예증적 목록들**. 고대의 고전에서 예증적 목록들을 자주 사용하여 청중이나 독자들에게 덕성을 함양하였다. 유대교는 헬라 사회에서 자리를 잡았을 때, 헬라주의에 의해 영향을 받아 자신의 목적을 위한 관행을 채택하고 적용하였다(참조. W. S. Towner, *The Rabbinical Enumeration of Examples*[Leiden: Brill, 1973] 100-116; M. R. Cosby, "The Rhetorical Composition and Function of Hebrews 11 in the Light of the Example-lists in Antiquity," Dissertation, Emory University, 1985, 114-37). 유대 지혜전통에서 나오는 문서들이 이를 위한 주요 근거를 위한 증거를 제공했다(Wis 10:1-11:1; Sir 44:1-49:16). 구약의 인물의 목록에 대한 의존은 유대 지혜 전통에서 새로웠던 구속 역사의 관심을 입증했다(고로 J. Fichtner, "Zum Problem Glaube und Geschichte in der israelitisch-jüdischen Weisheitliteratur," *TLZ* 76 [1952] 141-50).

이런 발전의 영향을 헬라적 회당의 예전과 설교에서 추적할 수 있는데(참조. W. S. Towner, *The Rabbinical Enumeration of Examples*, 95-117, 214-30), 그러한 목록들은 특색 있는 설교 형태, 즉 간증적인 목록을 형성한다. 그것들은 묵시적이고 교훈적인 목적을 이루고, 유대교가 관여하고 있는 선교적 전파에 효과적으로 사용되었다(참조. Thyen, *Stil*, 115-16; Cosby, "The Rhetorical Composition and Function of Hebrews 11," 114-61, 186-90, 260-63).

히브리서 11장에서 저자는 이 설교 형태를 사용하여 성경의 기록으로부터 입증된 모범들의 목록을 의존하는 자신의 기술을 보여준다. 이런 형태의 사용에서 특색 있는 것은 그들의 행동들, 반응들 그리고 죽음이 크리스천이 신앙의 내용을 형성한다는 사실보다 신실함에 대한 모델들의 긍정적인 모범적 기능에 덜 관심을 보여준다는 것이다(자세한 것을 위해서는 히브리서 11장의 주석 항목들을 보라). 이런 식으로 하나님에 의해 신실하다고 증명된 사람들의 목록은 크리스천들이 소망하는 복의 실제와 관련하여 지자의 세대에 증거하는 믿음의 증인들의 목록으로 바뀐다.

8. **예표론**. 예표론적인 해석은 히브리서의 논증을 발전시키는데 핵심역할을 한다. 예를 들어, 3:12-19에서 시편 95:7b-11의 예표론적인 해석은 가데쉬에서 이스

라엘이 대형에 대한 표상으로서 기독교 공동체와 관련되어 있음을 저자에게 암시했다. 4:1-11에서 발전된 안식의 신학은 원형(하나님의 최초의 안식, 4:4), 표상(여호수아 아래서 가나안에 정착함, 4:8) 그리고 대형(성취의 안식일 축제, 4:9)의 패턴을 고려한다.

1950년 이전에 예표론은 성경에서 하나님이 의도하시고 예언하신 '형상'에 대한 인식으로서 규정되는 경향이 있었다. 더욱 최근에 지배적인 경향은 예표론을 "하나님의 일관된 구속적 활동 내에서 회고적으로 인식된 역사적 *조화*"로 인식하였다(Davidson, *Typology in Scripture*, 94). 히브리서 저자에게서 이스라엘의 역사는 구속적인 역사이고, 구약의 표상에 대한 의미가 구원의 거룩한 계획의 특별한 관계에 자리잡고 있다. 구약성경의 예표론적인 해석은 구속의 옛 질서와 새 질서 사이의 역사적 조화에 달려있다.

8:1에서 10:18로 확장되는 히브리서의 중심 항목은 저자가 예표론을 사용하는 방식의 풍성한 예증을 제공한다. 8:1-5에서 지상의 성소와 하늘의 성소 사이의 대조는 알렉산드리아의 형이상학의 표현이 아니라 옛 언약과 새 언약 간의 예표론적인 관계를 설명하는 저자의 방식이다. 두 성소간의 관계는 본질적으로 *시간적인* 것이다. 구원역사를 이룸에 있어서 옛 언약은 필요했지만, 잠정적인 에피소드다. 저자는 각각의 예배를 위한 조항의 측면에서 옛 언약과 새 언약의 관계적 장점들을 고려한다(9:1, 9, 14).

천상의 예전은 종말론적인 실제이고, 시내산 언약의 제의적 조항들은 그것을 전조했다. 저자는 레위기에 적힌 율법의 준비를 통해 하나님께 접근할 수 있는 가능성은 더 이상 존재하지 않는다는 것을 보여주기 위해서 예표론을 사용하는데, 그것은 본질적으로 부적절하기 때문이었다. 하나님께 접근하는 것은 천상의 성소를 섬기는 그 유일한 제사장을 통해서만 가능하다.

장막과 예식이 성령에 의해 저자에게 드러난 통찰을 표현할 수 있는 어휘와 문법을 제공했다(히 9:8). 두 부분, 즉 앞부분과 뒷부분으로 장막을 구분하는 것이 본질적으로 장소적일지라도, 저자의 예표론적인 해석에서 그것은 시간적인 의미를 갖는다(9:8-10). 저자의 관심은 구원신학의 해석인데, 그것은 아들을 통해 결정적으로 명확하게 말씀하시는 하나님의 행위에 의해 도입되는 구속 역사의 시기에 관한 종말론적인 새로움을 인식한다(1:1-2a). 장막에서 제의적 약속과 행위에 대한 예표론적 호소(9:1-7)는 레위적 배열의 궁극적인 부적절성과 그리스도의 새로운 제의적 행위를 위한 필요성을 증명하는 것으로 의도된다(9:8-10).

성경 본문을 접근하는 이런 양식에서 저자는 속죄일의 의식에서 그리스도의 희생적 죽음과 뒤이어진 높아지심의 의미를 묘사하는 비교 요지를 발견했다(9:11-10:18). 그리스도가 구원을 보증한 구원 사건은 예전적인 행위 즉 그리스도의 단일하고 완전한 제사와 하늘 성소의 입성 하에서 생생하게 묘사된다. 저자가 히브리서에서 예표론의 사용을 전조했던 방식은 공동체에 지속적인 관심이 된다.

9. **훈계적인 미드라쉬**. 훈계적인 미드라쉬는 설교 사건에서 성경 본문의 해석에 대해 언급한다. 그것의 기능은 본문을 회중의 경험으로 가져오는 것이었다. 그것은 성경을 당 시대에 맞게 관련시킴으로써 그것을 더 이상 과거의 사건의 기록과 언어가 아니라 하나님이 직접적으로 청중에게 호소하시는 살아 있는 말씀으로 관련시킨다(2:5 9; 3:7-4:13; 6:13-20; 7:11-25; 8:7-13; 10:5-10, 15-18, 35-39; 12:5-13, 25-29). 히브리서에서 구약 본문에 대한 이런 접근은 아주 중요해서 히브리서와 유대교를 논의하는 다음 항목에서 확상하여 다루어진다.

이 지점에서 저자가 시편 110:4에 관해 만들고 있는 미드라쉬적 사용에 분명한, 성경에 대한 저자의 사용의 한 가지 측면을 언급하는 것으로 충분하다. 그는 5:6에서 청중에게 본문의 인용을 도입하고 그것을 다시금 5:10-11과 6:20에서 암시한다. 하지만 특징적인 형태로 그는 인용에 대한 전개를 7:11-25까지 연기한다. 성경 구절을 도입하지만 훈계에서 그것의 설명을 나중에 제공하는 습관은 청중의 관심을 불러일으키고 지원하기 위한 의도적인 고안인 것으로 보인다.

결론. 히브리서의 저자가 구약 본문을 사용하고 있는 방식에 대한 개관은 그가 유대교와 초기 유대 기독교의 주류에 서있던 사람임을 보여준다. 성경 해석의 특징을 결정짓는 요소는 그가 구약 본문을 사용했던 방법론이 아니라 역사, 종말론, 그리고 계시들 간에 상호 관계를 보여주는 그의 기독교신학이다(참조. G. Hughes, *Hebrews and Hermeneutics*, 36).

본문에 대한 접근은 예수와 관련한 확신으로 특징지어진나. 하지만 구약 본문과 그가 채택하고 있는 해석의 형태에 대한 접근을 인도했던 원리는 회당 설교에 의한 풍성한 삶에 익숙해 있었다는 것이다. 그의 청중은 철저히 구약 본문의 접근에 익숙해 있었던 것으로 추정되며, 구약성경 본문은 그들의 생활과 디아스포라 전역의 회당에서 예전과 설교에 노출되어 있는 훈계의 특징이다.

히브리서는 구약이 하나님의 구속의 말씀과 행위에 대한 유효하고 의미 있는 증언임을 보여준다. 그리스도인들은 아들을 통해 말씀하시는 하나님의 결정적인 행위에 견주어 이 증언을 이해해야 한다(1:1-2a). 구약의 말씀은 과거의 의미를 위해 인용되는 것이 아니라 오히려 현재의 의미를 위해 인용된다. 모든 성경은 인류 가족을 위한 변개할 수 없는 하나님의 구원의 계획에 대한 계시다. 구약 본문에 대한 저자의 사용은 위기 시에 가정교회의 구성원들과 구약의 관계를 강력하게 증거한다.

히브리서와 유대교: 신앙, 논박, 그리고 목회 전략

참고문헌

Beck, N. A. *Mature Christianity: The Recognition and Repudiation of the Anti-Jewish Polemic of the New Testament.* Knoxville: Susquehanna UP, 1985. **Bloch, R.** "Midrash." In *Approaches to Ancient Judaism: Theory and Practice.* ed. W. S. Green. Callaway, MT: Scholars Press, 1978. 29-50. **D'Angelo, M. R.** *Moses in the Letter to the Hebrews.* SBLDS 42. Missoula, MT: Scholars Press, 1979. 95-131. **Déaut, R. le.** "Apropos a Definition of Midrash." *Int* 25(1971) 259-82. **Eckert, W. P., Levinson, N. P.** and **Stör, M.**, ed(s). *Antijudaismus im Neuen Testament? Exegetische und systematische Beiträge.* Munich: Kaiser, 1967. **Ellis, E. E.** "Midrash, Targum and New Testament Quotations." In *Neotestamentica et Semitica.* FS M. Black. ed. E. E. Ellis and M. Wilcox. Edinburgh: Clark, 1969. 61-69. **Fischer, J.** "Covenant, Fulfilment and Judaism in Hebrews." *ERT* 13(1989) 175-87. **Harrisville, R. A.** *The Concept of Newness in the New Testament.* Minneapolis: Augsburg, 1960. 48-53. **Hunt, B. P. W. S.** "The 'Epistle to the Hebrews': An Anti-judaic treatise?" In *SE* 2(1964) 408-10. **Johnson, L. T.** "The New Testament's Anti-Jewish Slander and the Conventions of Ancient Polemic." *JBL* 108(1989) 419-44. **Jones, P. R.** "The Figure of Moses as a Heuristic Device for Understanding the Pastoral Intent of Hebrews." *RevExp* 76(1979) 95-107. **Klassen, W.** "To the Hebrews or against the Hebrews? Anti-Judaism and the Epistle to the Hebrews." In *Anti-Judaism in Early Christianity.* Vol. 2: *Separation and Polemic.* ed. S. G. Wilson. Waterloo, Ont.: Wilfred Laurier University, 1986. 1-16. **Kuss, O.** "Der Verfasser des Hebräerbriefes als Seelsorger." *TTZ* 67(1958) 1-12, 65-80. **Langmuir, G. I.** *History, Religion, and Antisemitism.* Berkeley: University of California, 1990. 275-305. **McNamara, M.** "Some Issues and Recent Writings on Judaism and the New Testament." *IBS* 9(1987) 136-49. **Miller, M. P.** "Targum, Midrash and the Use of the Old Testament in the New Testament." *JSJ* 2(1971) 29-82. **Mora, G.** *La Carta a los Hebreos como Escrito Pastoral.* Barcelona: Herder, 1974. **Neusner, J.** *What Is Midrash?* Philadelphia: Fortress, 1987. **Peterson, D. G.** "The Prophecy of the New Covenant in the Argument of Hebrews." RTR 38(1979) 74-81. **Pinto, L. di.** *Volontà di Dio e legge antica nell' Epistola agli Ebrei.* Naples: Pontificia Universitate Gregoriana, 1976. 23-33, 49-52. **Porton, G. G.** "Defining Midrash." In *The Study of Ancient Judaism.* ed. J. Neusner. New York: KTAV, 1981. 1:55-95. **Rylaarsdam, J. C.** "Jewish-Christian Relationships: The Two Covenants and the Dilemmas of Christology." In *Grace upon Grace.* FS L. J. Kuyper. ed. J. I. Cook. Grand Rapids: Eerdmans, 1975. 70-84. **Sandmel, S.** *Anti-Semitism in the New Testament?* Philadelphia: Fortress, 1978. **Sanger, D.** "Neues Testament und Antijudaismus: Versuch einer exegetischen und hermeneutischen Vergewisserung im innerchristlichen Gespräch." *KD* 34(1988) 210-31. **Synge, F. C.** *Hebrews and the Scriptures.* London: SPCK, 1959. **Vuyst, J. de.** *'Oud en Nieuw Verbond' in de Brief aan de Hebreeën.* Kampen: Kok, 1964. **Wright, A. G.** *Midrash: The Literary Genre.* Staten Island, NY: Alba House, 1968. 52-59, 64-67. **Young, F. M.** "Temple Cult and Law in Early Christianity." *NTS* 19(1972-73) 325-38. **Zeitlin, S.** "Midrash: A Historical Study." *JQR* 44(1953) 21-36.

히브리서 해석의 역사에 관한 호소는 신앙, 논박 그리고 목회 전략에 대한 문제의 중요성에 집중한다. 히브리서의 논증은 이전의 유대교의 형태에 대하여 논박하는데 사용되거나 오용되었다. 예수가 천사들, 모세, 여호수아 그리고 이스라엘에 대한 하나님의 은혜와 말씀의 다른 중재자들보다 뛰어남을 보여주는 *syncrisis*(비교)를 저자가 지속적으로 사용하고 있는 것은 기독교 해석자들에 의해 유대교를 비하하는 것으로 인용되었다. 장막과 옛 언약 하에서 예배 조항들과 관련한 표상과 전주들을 담고 있는 어휘의 사용은 희생 제의직 배열과 레위적 제사직을 경시함을 불러일으켰다. 이런 발전들은 유대교를 불신하는 과거의 사용에 비추어 히브리서를 해석하는 것의 어려움을 강조한다.

신약성경 본문과 주제를 유대인들과 유대교와 관련하여 경멸하는 것을 특징짓는 것에 사용할 때, 해석의 역사를 언급하는 중요성은 "반유대교"라는 확실치 않은 용어의 본질에 달려 있다. 그 용어의 불확실한 본질은 초대 그리스도인들이 스스로를 유대교의 더 커다란 범주로 여겼다는 것을 깨닫는다면 곧바로 자명해진다. 그 때문에 유대교를 비판하는 신약성경의 진술은 일세기의 유대인들 사이에서의 내적인 갈등 내에서 해석되어야 한다. 이런 갈등들은 토라와 할라카에 대한 다양한 태도에 뿌리를 내리고 있는데, 크리스천들은 예수에 대한 확신에 비추어 자신들의 입장을 형성하고 있었다. 신약성경의 진술을 그들의 배경에서 분리시키고, 반유대적으로 오해했을 때인 후대의 시기에 반기독교 유대주의를 언급하는 것이 적절하다. (특히 Sanger, *KD* 34[1988] 210-31을 보라.) 이것이 히브리서의 해석의 역사에 의해 정확히 보여진다.

"히브리인들에게"라는 표제는 원 문서의 일부는 아니었다. 그것은 정경화하는 과정에서 히브리서를 초대교회의 유대 선교에 위치시키기 위해 거의 확실히 첨가되었을 것이다. 히브리서에 나타나는 유대 기독교의 특징은 본문 그 자체에 근거하여 평가해야 한다. 본문과의 밀접한 독법은 저자와 청중이 성경 그리고 예수에 대해 들었던 사람들의 설교에 반응하기 전에 헬라적 유대교의 전통을 통해 양육 받았음을 암시한다(히 2:3-4; 13:7). 일세기에 헬라적 유대교는 결코 획일적이지 않았다. 헬라어를 말하는 로마세계 전역에 도시 중심지에서 나타났던 관행들과 다양한 유대적 경건을 나타내는데 이 지칭을 사용하는 것이 편리하다.

히브리서에는 성경의 규범적인 특징, 특히 토라에 관한 끊임없는 호소가 있다(2:2; 9:13; 10:28-29; 12:25-26). 예를 들어, 저자는 "천사들로 하신 말씀이 견고하게 되어 모든 범죄함과 순종치 아니함이 공변된 보응을 받았거든"(2:2)에 즉시 동의한다. 사법적인 표현들("법적으로 견고하게 되어", "모든 범죄함과 순종치 아니함", "공변된 보응을 받았거든")의 모음은 "천사들에 의해 전달된 메시지'가 시내산에서 모세에게 전달된 율법을 의미함을 확증한다. 천사들에게 할당된 긍정적인 역할과 토라에 대한 규범적인 성격에 호소함은 저자와 수신하고 있는 공동체가 보다 커다란 유대 공동체와 감정적으로 지적으로 계속해서 연관되어 있음을 암시한다.

히브리서 전체에서 그 논증은 성경 본문에 대한 현재의 헬라어 번역의 어휘에 근거하여 주해적으로 발전되고 있다. 이것은 헬라어 번역본이 히브리 원문과 다르다는 점에서 특히 분명하다(시 95:7b을 인용하는 113:7b-11; 시편 40:6-8을 인용하는 10:5-7). 저자는 자신이 수신하고 있는 사람들이 읽었던 것과 같은 헬라어 성경을 읽었다. 그는 청중들이 성경과 헬라어 전통에 일반적으로 익숙하다는 것을 전제하였다(예를 들어, 창 27:30-30과 관련하여 12:7에서 "너희의 아는 바와 같이"라고 말한다). 저자의 훈계 형태는 헬라적 유대 회당설교의 영향을 반영한다. (위의

"훈계나 설교형태" 와 "장르를 규정하기"를 보라). 히브리서는 헬라적 유대교에 의해 형성된, 특색 있는 유대적 정신을 담고 있는 유대-기독교 문서이다. 게다가 성경에 대한 저자의 끊임없는 반영은 "옛 이스라엘"과의 연속성을 전제한다.

히브리서를 유대 기독교인들에게 수신하고 있다고 보는 해석자들은 그 문서가 청중들로 하여금 유대교로 다시 물러서지 않도록 경고하기 위해 작성되었고, 저자는 이것을 반유대적 논박을 통해 이루었다고 자주 가정한다.(참조. Hunt, *SE* 2 [1964] 408-11; Synge, *Hebrews and the Scriptures*, 44, 그는 히브리인들에게[πρὸς Ἑβραίους – 프로스 헤브라이우스]라는 표지가 "유대인들에 대항하여"를 의미한다고 주장한다.) 이런 가정은 문학적 구조에서 히브리서가 해석과 권고, 논제와 권면(parenesis)이 산재해 있다는 관찰에 비추어 검증할 필요가 있다. 권면에 있어서 유대교와의 차이나 분리는 없다. 저자의 독특한 기독교적 관점은 오히려 그런 논제 속에서 표현된다. 히브리서에서 권면은 논제에 선행하는 것이기 때문에 이런 개괄은 중요한 관찰이다(위의 "목적과 계획"을 보라). 히브리서의 논증 항목에서 저자에 의한 만들어진 모든 주장들은 권면을 지원하고 있는데, 이 권면은 유대교와의 분리는 없다.

히브리서의 중심 주제

히브리서의 중심 주제는 성경과 기독교 설교의 행위에서 하나님의 목소리를 듣는 것의 중요성이다. 훈계의 서두는 말씀하시는 하나님에 대한 관심에 초점을 맞춘다. 이스라엘의 역사에 언급한 말씀을 통해 개입하시는 분으로서의 하나님에 대한 특징은 하나님이 궁극적인 말씀을 하신 분으로서의 아들의 특징을 도입한다(1:2-2a). 그 주제는 훈계의 전반에 걸쳐 다양하게 유지된다(2:1-4; 3:7b-4:13; 5:11; 10:23, 35-39; 11:11). 그것은 클라이막스적인 경고에서 반복된다. "너희는 삼가 말하신 자를 거역하지 말라"(12:25a). 하나님이 최종적인 말씀을 하신 아들의 초월적인 위엄과 구속의 성취는 아들을 통해 전달된 구원의 말씀을 무시하면 그것은 곧 재앙이 될 것임을 보여준다(2:1-4).

저자는 이런 논제를 성경의 해석과 기독교 경험의 실제에 대한 호소를 통해 부연한다. 히브리서의 전개는 훈계적인 미드라쉬의 유대적 전통을 확인해주고, 성경의 확장된 인용의 핵심어구들을 취하여 회중을 위해 상술한다(2:5-9; 3:7*b*-4:11; 8:6-13; 10:5-10, 15-18; 12:26-29). 회당의 훈계적 전통에서 발전한 성경에 대한 이런 접근은 그 본문을 설교를 통해 청중의 경험으로 가져온다.(Zeitlin, *JQR* 44 [1953] 21-36; Ellis, "Midrash, Targum and New Testament Quotations," 61-69; Wright, *Midrash: The Literary Genre*, 52-59, 64-67; le Déaut, *Int* 25[1971] 259-82; M. P. Miller, *JSJ* 2[1971] 29-82; Bloch, "Midrash," 29-50; Porton, "Defining Midrash," 55-95; McNamara, *IBS* 9[1987] 136-49.)

저자와 청중은 헬라적 회당 생활에 참여함을 통해 훈계적 미드라쉬에 철저히 익숙해 있었다. 저자는 훈계적 미드라쉬를 사용할 때, 헬라적 유대교의 동료들과의 밀접한 연관 속에서 그렇게 한다. 성경과 성경해석을 반영하는 행위는 하나님의 목소리를 어떻게 발견하는지에 대한 공통된 가정을 확실히 전제하고 있다. 그것은 성경이 다가올 일의 약속을 선언하고 있음을 전제한다. 이것이 성경의 철저한 유대적 이해이다. 히브리서에서 전개되는 변증은 저자와 청중들이 양육 받은 보다 커다란 유대 공동체의 전통, 이해, 지원과 새 언약의 공동체와의 연속성과 불연속성에 필연적으로 초점을 맞추게 될 것이다. 히브리서의 이런 측면을 검증함으로써 신앙, 논박, 그리고 목회 전략에 예리하게 초점을 맞출 것이다.

히브리서에서의 모세에 대한 취급

히브리서가 유대교에 대한 어떤 분명한 논박을 담고 있는지를 고려함에 있어서, 우리는 모세에 관한 저자의 취급을 먼저 고려하는 것이 유익할 것이라는 관찰을 하게 된다. 이스라엘의 언약과 제의의 중재자로서 모세의 모습은 히브리서에서 중심적인 중요성을 갖는다. 저자는 모세의 시대, 모세의 언약 그리고 모세의 제의를 예수를 통해 하나님에 의해 도입된 새로운 상황과 대조시킨다. 이것은 설교의 서두, 즉 선지자를 통해 조상들에게 언급하신 말씀과 아들을 통해 언급하신 말씀간의 대조에서 암시되었다(1:2-2a). 천사에 의해 중재된 모세의 율법은 예수에 대해 들었던 사람들과 주님에 의해 선포된 구원의 궁극성에 안착했을 때인 2:1-4에서 확인된다.

이런 접근은 히브리서 전체를 통해 견지된다. 옛 제의와 새 제의의 확장된 비교(4:15-10:31; 12:18-24)는 모세의 시대와 기독교 예배의 시대에 하나님에 대한 접근에 각기 초점을 맞춘다. 그것은 옛 제의의 중재자로서의 모세와 새 제의의 중재자로서의 예수간의 병행을 발전시킨다. 모세와 광야 세대에 대한 창조적인 언급으로 저자는 그리스도를 새 언약의 중재자로서 나타내고, 기독교의 존재에 관한 역동적인 특징을 규명한다. 모세는 단순히 예수에 비유되는 사람들 중 한 사람이 아니다. 오히려 모세와 예수는 설교 전체를 통해 같이 조화를 이룬다(특히 Jones, *RevExp* 76[1979] 95-107을 보라).

1:1-2:18에 하나님의 마지막 말씀의 중재자로서의 아들에게 요청되는 권위는 다른 일반적인 선지자들보다 하나님이 더욱더 친밀하고 직접적으로 말씀하신 사람으로서 모세의 유일한 권위를 비교하게 만든다(민 12:5-8). 히브리서 3:2-5에 민수기 12:7의 암시는 히브리서 3:1-6에서 모세에 대한 예수의 우월하심의 증명이 이미 설교의 서두 문장에서 예견되었음을 제기한다. 유대 전통의 일부 요소에서, 민수기 12:7의 모세에 대한 증언이 수반 드는 천사들보다 모세에게 더 높은 위치와 특권이 부여되었음을 증명하는데 사용되었다(D'Angelo, Moses in the Letter to *the Hebrews*, 95-131, 그는 민 12:6-8의 *Sipre Zuta*에 관심을 불러일으킨다[ed. H. S. Horowitz, 275-76] and *Sipre Num* 103[cd. H. S. Horowitz, 101-2]).

이런 해석이 헬라어를 말하는 디아스포라 유대 공동체들 사이에 전제되어 있다면, 그것은 아들이 먼저 천사들(1:4-2:16)에게, 그 다음에 천사보다 높은 모세에게 비유되는(3:1-6), 히브리서의 구조를 명확히 설명해준다. 예수가 천사들보다 우월하다는 성경의 근거 위에 전개될지라도, 계속해서 모세에 대한 예수의 우월성을 증명하는 것이 결코 불필요한 일이 아니다.

3:1-6에서 예수와 모세에 대한 비교는 설교의 구조 내에 전략적으로 자리잡고 있다. 모세를 존경해야 하는 것이 분명하게 주장되는데, 그가 하나님의 집의 모든 곳에서 신실하였기 때문이었다(3:2, 5). 저자는 예수가 모세보다 더 위대하신 존경을 받아야 한다는 것을 증명하는데 관심을 기울일지라도, 히브리서에서 모세에 대한 하대는 없다.

비교에 대한 저자의 사용

수사적인 선략으로서 비교의 사용은 히브리서 전체를 통해 나타난다. "우월한" 또는 "더 나은"의 의미를 갖는 비교급 형용사 크레이손/크레이톤(κρείσσων/κρείττων)과 비교급 부사 크레이톤(κρεῖττον)은 저자의 특징적인 언어 형태다. 그것은 히브리서에서 12번이나 반복되어 나타나고 저자의 논증에 기본을 이룬다. 이 용어의 특출함을 언급하는 클라센(W. Klassen)은 "'우월하거나' '더 나은'의 의미의 형용사 비교형은 기독교와 유대교의 관계성과 관련하여 히브리 서신에만 나타난다"

("To the Hebrews or against the Hebrews?" 6)고 주목한다.

저자는 공동체가 갖고 있는 것을 "하나님께 나아갈 수 있는 더 좋은 희망"으로 묘사한다(7:19). 시편 110:4을 묵상하면서, 저자는 "이와 같이 예수는 더 좋은 언약의 보증이 되셨느니라!"(7:22)고 외친다. 레위적 제사장들의 사역과 예수의 사역을 비교하면서 저자는 "이제 그가 더 아름다운 직분을 얻으셨으니 이는 더 좋은 약속으로 세우신 더 좋은 언약의 중보시라 저 첫 언약이 무흠하였더면 둘째 것을 요구할 일이 없었으려니와"(8:6-7)라고 제기한다. 12:18-29의 설교의 신학적이고 목회적인 클라이막스는 시내산에서의 이스라엘의 경험과 청중의 경험간의 정교한 비교다. 그들은 "시온산"에 와서 "새 언약의 중보이신 예수 즉 아벨의 피보다 더 낫게 말하는 뿌린 피" 앞에 섰다(12:24).

비교하는 용어들이 없어 보일 때조차도, 그 논증은 비교의 형태를 가정한다(예. 2:2-4; 3:3-6a; 5:4-10; 10:27-28; 12:25). 게다가 저자에 의해 그려진 비교는 주변적인 문제가 아니다. 그것은 "핵심 즉 언약, 소망, 약속, 율법, 하나님께 나아감" 등과 같은 중심적인 문제와 관련된다(Klassen, "To the Hebrews or against the Hebrews?" 7). 본문에서 전개된 상세한 비교는 이것이 히브리서의 논박적인 반 유대적 특징을 암시하는 것인지에 필연적으로 문제제기를 불러일으킨다.

이런 질문을 눈에 띠게 하는 것은 저자가 예수의 탁월함, 예수의 제사장적 사역 그리고 예수가 중재하신 언약을 언급하는 것에 제한을 두지 않는다는 사실이다. 저자는 목회적인 전략을 넘어서서 하나님에게 접근하기 위해 첫 언약의 조항에 의존하는 사람들, 즉 자기 자신을 유대교의 전통적인 관점과 구조에 일치시키는 사람들의 자원과 지원에 대한 비난적인 진술을 하는 것으로 보이는데, 히브리서의 비판적인 진술은 다음과 같다.

> 전엣 계명이 연약하며 무익하므로 폐하고 (율법은 아무 것도 온전케 못할지라) 이에 더 좋은 소망이 생기니 이것으로 우리가 하나님께 가까이 가느니라(히 7:18-19).

> 저 첫 언약이 무흠하였더면 둘째 것을 요구할 일이 없었으려니와(8:7).

> 새 언약이라 말씀하셨으매 첫 것은 낡아지게 하신 것이니 낡아지고 쇠하는 것은 없어져 가는 것이니라(8:13).

> 성령이 이로써 보이신 것은 첫 장막이 서 있을 동안에 성소에 들어가는 길이 아직 나타나지 아니한 것이라 이 장막은 현재까지의 비유니 이에 의지하여 드리는 예물과 제사

가 섬기는 자로 그 양심상으로 온전케 할 수 없나니 이런 것은 먹고 마시는 것과 여러 가지 씻는 것과 함께 육체의 예법만 되어 개혁할 때까지 맡겨 둔 것이니라(9:8-10).

율법은 장차 오는 좋은 일의 그림자요 참 형상이 아니므로 해마다 늘 드리는 바 같은 제사로는 나아오는 자들을 언제든지 온전케 할 수 없느니라 그렇지 아니하면 섬기는 자들이 단번에 정결케 되어 다시 죄를 깨닫는 일이 없으리니 어찌 드리는 일을 그치지 아니하였으리요 그러나 이 제사들은 해마다 죄를 생각하게 하는 것이 있나니 이는 황소와 염소의 피가 능히 죄를 없이 하지 못함이라(10:1-4).

그 후에 말씀하시기를 보시옵소서 내가 하나님의 뜻을 행하러 왔나이다 하셨으니 그 첫 것을 폐하심은 둘째 것을 세우려 하심이니라(10:9).

이러한 진술들은 반 유대적인가?
이 질문에 확실하게 대답하기 위해서 이 비판적 진술들을 설교 내에서의 문학적 배경을 회복하여 바라보는 것이 필요하다. 각각의 경우에 저자의 부정적인 코멘트들은 성경에 대한 반응이다. 옛 언약과 새 언약에 대한 평가와 각각의 중재자들의 사역에 대한 평가는 미드라쉬 즉 성경 본문의 해석으로부터 나온다. 저자는 성경에서 하나님이 근본적으로 새로운 것을 하실 것을 의도하셨던 진술을 발견한다. 각 경우에 저자는 하나님의 새로운 행동을 예수에 대한 확신의 차원에서 해석한다. 소모적인 시도를 하지 않고서도, 이 비판적인 관찰을 시편 110:4, 예레미야 31:31-34 그리고 시편 40:6-8의 저자의 독법과 관련하여 설명할 수 있다. 이 구절들은 제사장직, 언약 그리고 희생제사의 중요한 문제들을 각기 설명해준다.

새 제사장직

7:1-28에서 저자는 처음으로 자신이 왜 예수를 "멜기세덱과 같은"(5:6, 10; 6:20) 대제사장으로 묘사하는지를 설명한다. 물론 멜기세덱은 족장 아브라함의 삶에서 단일한 에피소드로 인해 성경에서 기억되는 역사적 인물이다. 멜기세덱은 아브라함을 만나서 그를 새롭게 하고 역사의 그림자로 물러났다(창 14:17 20). 시편 110:4("여호와는 맹세하고 변치 아니하시리라 이르시기를 너는 멜기세덱의 반차를 좇아 영원한 제사장이라 하셨도다")의 멜기세덱에 대한 특별한 해설이 없는 언급이 있을 때까지 이스라엘의 문학이나 뒤이은 역사에서 멜기세덱에 관한 언급을 찾아볼 수가 없다.

이 예언적인 진술은 하나님에 의해 설정된 레위적 제사장직이 약 350년 동안 이스라엘의 삶에서 대단히 높은 지위를 차지하였을 때에 만들어졌다. 그런데 갑자기 하나님은 새로운 것을 선언하신다: 하나님은 *멜기세덱과* 같은 제사장이 될 사람을 제사장직에 임명하실 것이다. "멜기세덱과 같은" 새로운 제사장은 자신의 제사장직을 하나님의 임명에 빚질 것이다. 더욱이 하나님은 그가 "영원한 제사장"이 될 것을 약속하신다. 이 약속의 성취는 맹세에 의해 보증되고, 이 맹세는 거룩한 목적의 변치 않는 특징을 강조한다.

히브리서의 저자가 성경의 예언을 묵상하였을 때, 그는 멜기세덱과 레위적 제사장간의 근본적인 차이를 인식했다. 레위적 대제사장의 임명은 토라에 의해 규제되었다. 모세의 율법에 따르면, 대제사장은 아버지의 편에서 아론의 반차를 따른 육체적 가계의 노선을 좇아야 했다. 아울러 어머니는 순전한 이스라엘 여성이어야 했다. 부모와 가계와 관련한 성경의 침묵은 멜기세덱의 제사장직의 유일무이함을 뚜렷하게 던져준다. 새 제사장이 아론과 다른 "멜기세덱과 같은" 제사장으로 특징지어지기 때문에 저자는 하나님이 율법의 변화를 선언하고 계신다고 추론했다(7:11-12).

멜기세덱과 레위적 제사장간의 두 번째 근본적인 차이가 있었다. 레위적 대제사장의 계승에 관한 설정된 노선이 있었다. 그러나 이것은 성경의 멜기세덱에 대해서는 그렇지 않다. 성경의 해석에 관여하고 있는 히브리서의 저자에게서 이것은 중요한 고려사항이었다. 성경은 멜게세덱의 어느 선임자도 언급하지 않고 있고, 어느 후계자에 대해서도 침묵한다. 결과적으로 멜기세덱의 삶과 활동에 관한 성경의 제한이 없다. 그는 그의 유일무이하고 끝나지 않는 제사장직의 권한을 부여하기 위해 어느 제사장적인 조상이나 후손도 요구하지 않았다. 따라서 성경의 차원에서 멜기세덱을 생각할 때마다 그를 영원한 제사장직을 소유한 것으로 생각하는 것이 필요하다. 예언의 말씀 속에 선언된 새 제사장직은 옛 제사장직과는 질적으로 다를 것이다.

그때에 두 가지 고려가, 하나님이 "멜기세덱과 같은" 제사장이신 분이 오실 것을 약속하셨을 때, 시편 110:4에서 새로운 종류의 제사장직을 왜 하나님이 말씀하셨는가를 저자에게 설명하는 것으로 보인다. (1) 그는 육체적인 가계의 법보다는 하나님이 직접 임명하신 제사장이 될 것이다. (2) 그는 "너는 영원히 제사장이 될 것이다"라는 어구에서 인식할 수 있는, 영원한 제사장직을 향유할 것이다.

이런 두 가지 고려가 히브리서의 저자에게 중요성을 갖는다. 그 두 가지는 저자가 예수의 제사장직에 관해 말할 때에 중요하다. 왜냐하면 그것은 저자에게 예수가

"멜기세덱과 같은" 제사장이라는 것을 증거하기 때문이었다. 그것은 왜 저자가 하나님에 의해 아들에게 선언된 경건한 임명의 선포로서의 시편 110:4의 예언적 말씀을 읽었는지를 분명히 해준다.

예수가 약속된 새 제사장이라는 것을 증명하는 세부적인 저자의 논증은 히브리서의 전개를 성경의 해석으로부터 한발자국씩 접근해 가는 것보다 이 시점에서는 덜 중요하다. 율법의 변화가 있고(히 7:12), 제사장직을 규제했던 율법은 폐하여졌다(7:18)는 평하적인 진술은 의도적으로 논증한 것은 아니다. 그것은 이스라엘의 제사장적 전통에서 놀라운 새 발전을 선언하는 예언적 말씀에 관한 묵상에서 나타난다. 그것은 반 유대적 논증으로 제시된 것이 아니라, 예언의 형성에 지지를 이끌어 내주는 성경 본문으로부터의 추론으로서 나타난다.

히브리서의 발전의 근거는 훈계적 미드라쉬의 유대적 전승에서 성경 본문의 해석과 적용이다. 이 결론은 신앙, 논박 그리고 목회 전략의 문제에 직접적인 이해를 가져다준다. 그것은 히브리서 8:6-13과 10:5-10에서의 예레미야 31:31-34[38:31-34 70인경]과 시편 40:6-8[39:7-9 70인경]에 대한 저자의 사용에 의해 확인된다.

새로운 언약

히브리서 8:6-13의 새로운 하늘의 대제사장 사역에서, 하나님의 우편에서의 왕적 좌정은 새로운 언약과 연관된다. 예수의 제사장적인 사역의 우월성의 평가는 비교로 표현되는데, 예수는 레위적 대제사장과 달리 새로운 언약의 중보자로서 하늘의 성소에 들어가셨다. 저자는 새 언약이 새 중보자를 요구한다고 전제한다. 언약적 희생으로서의 십자가의 죽음에 의하여, 예수는 예레미야 31:31-34의 새로운 언약을 시작하셨다. 예수가 하늘 성소로 들어가신은 그의 희생을 수납하시는 하나님의 보증이며, 그가 중재했던 우월한 언약 조항의 실현이다.

하나님이 그의 백성과 언약을 세우고자 약속하신 선지자적 예언은 질적으로 새로운 것이며(예레미야 31:31-34) 히브리서 8:8-12에서 전적으로 인용되었다. 예레미야 31:31-34에 호소함은 주목할 만하다(C. Wolff는 A.D. 70년과 예루살렘의 멸망까지 유대인의 자료에서 예레미야 31:31-34의 사용이 없다는 것을 보여준다. 심지어 "새로운 언약"에 대한 언급의 자료들에서조차[예를 들면, CD 6.18-19;8:21] 예레미야 31:31-34에 대한 암시가 없다. *Jeremia im Frühjudentum und Urchristentum*, TU 118[Berlin: Akademie, 1976]을 보라). 인용을 소개하기 위해 저자가 현재

시제 동사("그가 말씀하신다")를 사용한 것은 본문을 청중들과 동시대의 것으로 만들어준다. 그는 약속이 처음으로 선포되었던, 예레미야 시대의 관점에서 약속과 책망의 예언적 말씀을 심사한다.

긴 인용(히브리서 8:7-8a, 13)에 대한 서론적이며 결론적인 구절들은 시내산에서 완결된 "그 첫" 언약의 불완전하고 잠정적인 성격을 강조한다. 저자는 예언(8-9절을 보라)에 포함된 비난에 청중들의 관심을 유도한다. 히브리서의 이 지점에서, 예레미야 31:31-34의 인용은 근본적으로 옛 언약의 불완전한 성격을 드러내는 부정적인 기능을 한다. 나타난 이러한 추론의 유형은 히브리서 7:11-19의 레위적 배열의 비효과성에 관한 논지와 유사하다.

히브리서 8:7-8a의 두 언약의 취급은 저자의 종말론적인 전망을 드러낸다. 옛 언약의 폐기는 단순히 언약의 규정에 대한 이스라엘의 불성실 때문에 발생한 것이 아니다. 그것은 하나님 편에서 새로운 언약적 행위를 요구하는 새로운 하나님의 구속적 목적의 전개가 발생했기 때문에 일어났다. 저자는 이스라엘과 새로운 언약을 세우는 거룩한 의도를 선언하시는 하나님의 주도(8:8a)를 하나님이 첫 언약을 전적으로 잠정적인 성격으로 의도하셨다는 암시로서 간주한다.

인용구절들이 암시하는 비난에도 불구하고, 예레미야 31:31-34의 인용과 사용은 단순히 논박적이지만은 않다. 예레미야처럼, 저자는 변증법적인 용어로 옛 언약과 새 언약간의 관계를 보았다. 비록 옛 언약이 대체되었고 무효가 되었지만, 그것을 그림자와 모형으로서 인식한다. 하나님은 불연속성을 암시하는 새로운 것을 하실 것이지만, 옛 언약과 새 언약 사이에는 또한 진정한 연속성이 존재할 것이다.

새 언약의 중심적인 확언은 하나님의 선물로서 믿는 자의 마음속에 있는 율법의 존재의 보증이다(히 8:10). 그러한 선물에 관한 언급은 구약 성경 본문의 다른 곳에서는 발견되지 않는다. (가장 가까운 유사 구절은 하나님이 그의 백성에게 하나님을 알 수 있는 새로운 마음을 주실 것이라는 렘 24:7이다.) 새 언약에 본질적인 새로움의 특성은 토라를 제시하는 방법에 달려 있는 것이지, 내용의 새로움은 아니다. 하나님의 율법과 지식이 내적으로 하나님의 백성을 세울 것이다. 그 강조는 새 언약을 통한 하나님에 대한 인간 반응의 내적인 질에 있는 것이지 율법을 대신하고자 하는 것이 아니다. 따라서 새 언약은 하나님과 그의 백성간의 관계를 실현하며, 이것은 모든 언약적 계시의 핵심이다.

저자는 구속적 은혜가 예수의 제사장적인 사역에서 절정에 도달했다고 확신한다. 하늘 성소로 들어가신 대제사장의 종말론적인 입성(8:6)은 새 언약의 조항이 지금도 효력을 발휘하고 있음을 암시한다. 하지만 예레미야 31:31-34에서 저자의 호소는 기독교 공동체에 모세의 율법으로 삶을 규제하기를 계속하는 사람들과의 불연속뿐만 아니라 연속성도 암시한다.

그것이 히브리서 8:13의 비판적인 진술에 관한 관점을 제공하기 때문에 강조할 필요가 있는데, 그 구절에서 강조는 불연속성에 있다. 그 언약을 "새로운" 것으로 지칭함으로써 하나님은 시내산에서 확약된 언약이 쓸모 없게 되었고 구시대적인 것이 되었다고 선언했다는 논증은 저자에게서 하나님 자신이 그것의 타당성을 취소하셨다는 추론을 가져다주었다. 결과적으로 옛 질서는 사라져 가는 시점에 있다. 하나님의 새로운 행위가 옛 언약을 쓸모 없게 만들었다는 원리(참조. 히 7:11-12)는 유대 기독교적 관점을 반영한다. 예수의 제사장적인 중보로 모세의 레위적 제도들이 성취되고 대체되었다는 인식은 히브리서의 유대적 기독교의 보증이다.

두 가지 관찰이 적절하다. 첫째로, 예레미야 31:31-34이 히브리서에서 전개된 논지는, 동시대의 저자들에 의해서는 간과된, 성경의 중요한 선포를 인식하는 저자의 능력을 드러낸다. 청중을 위해 성경 본문으로부터 신학적 암시를 이끌어내는 절차는 유대의 훈계적 전통에서 채택한 것으로서, 훈계적 미드라쉬의 성격과 관습을 나타낸다. 둘째로, 여기서만이 아니라 그밖에 다른 훈계(예를 들면, 12:18-29)에서도 있는 옛 언약과 새 언약의 비교는 논박적인 히브리서의 반유대적 성격을 암시하는 것이 아니다. 저자의 이런 표현은 단순히 해석학적인 방법의 적용을 나타내는 것이며, 청중들이 의심해온 하나님의 약속의 변개할 수 없는 보증을 분명히 하기 위해서다. 그것은 목회적 전략의 표현이다.

새로운 희생제사

저자의 변증은 히브리서 10:5-10에서 더 발전된 형태를 띠게 되는데, 그는 그 구절에서 옛 언약의 비효과적인 희생제의가 예수의 충족한 희생으로 대체되었다는 것을 논증한다. 속죄일에 매년 드려지는 레위적 율법의 제의적 질서는 폐지되었다. 하나님의 봉사에 대한 새 언약 공동체의 성별을 위한 근거는 예수의 반복되지 않는 몸의 희생이다. 이 점을 전개하면서 히브리서의 저자는 훈계적 미드라쉬의 효과적인 사용을 만드는데, 그는 성경 본문의 일부를 인용하여 그것에 대해 언급한다. 그는 시편 40:6-8(39:7-9 70인경)에 호소하여 성경에서 예언한 것을 증거하는데, 율법이 규정한 희생제사에 대한 하나님의 뜻을 성취하기 위한 도구로서 우월한 지위를 하나님이 한 인간의 몸과 일치시키셨다는 것이다. 예언의 본문은 새 제의의 도착으로 말미암아 옛 제의의 중지를 함축한다고 저자는 추론했다.

시편 40:6-8의 말씀은 하나님에게 수신된 아들의 말로 들려진다. "보소서, 내가 왔나이다"라는 진술은 그분이 세상에 오셨을 순간에 시편의 구절들을 거룩한 아들에게 귀속시키는 성경본문의 근거를 제공했다. 하나님의 뜻을 행하기 위해 세상에 들어온 화자를 위해 하나님이 한 몸을 준비하셨다는 세부설명은 이 인용을 저자가 왜 선택했는지를 설명해준다. 거룩한 아들의 성육신과 적극적인 순종은 성경에 예언되었던 것임을 저자에게 가리켜주고, 또한 "예수 그리스도의 몸의 제사"는 율법에 규정된 제사보다 질적으로 우월하다는 논지에 주해적인 지지를 제공해주었다 (10:8-10).

저자에 관한 본문의 독법과 관련하여 폐지된 것은 되풀이되는 제사와 그것을 규정한 율법이다. 유효한 것으로 확인되는 것은 하나님의 뜻과 그리스도의 효과적인 희생간의 구조적인 연관이다. 시편과 예수 그리스도의 사건으로부터 인용되는 구절들은 저자에게 옛 종교적 질서가 명확하게 폐지되었다는 것을 확인해주었다. 하나님의 계획에서 두 구속적 질서는 타협할 수 없다. 하나는 다른 것을 배제한다. 첫 번째 질서의 억제는 새로운 관계적 질서의 유효함을 확인하기 위해서 나타난다. 이것은 본질적으로 히브리서 8:7-13의 예레미야 31:31-34에 근거하여 전개된 것과 동일한 논증이다. 저자에게서 예수 그리스도와 성경의 세부사항들은 신기원적인 변화의 대리자이며, 그것은 하나님의 백성들의 공동체를 위한 근본적으로 새로운 상황을 도입했다(참조. di Pinto, *Volontà di Dio*, 23-33, 49-52).

시편의 관점으로부터 저자는 예수와 그의 십자가 상에서의 죽음의 가치에 대해 바라본다. 십자가의 몸의 희생으로 예수는 하나님의 뜻을 자의로 온전하게 자기 것으로 만드셨다. 결과적으로 예수의 희생은 온전한 순종을 구현했고, 희생제사와 시편 40:6-8에 예정된 순종간의 불균형을 근절하였다. 예수의 희생제사는 시편에 언급된 인간의 소명을 성취하였다. 예수가 인간 가족과의 유대 속에서 하나님의 뜻을 포용했기 때문에 히브리서의 하나님의 새로운 백성들은 하나님의 봉사로 성별되었다고 저자는 추론했다.

결론

확신이 흔들리고 있고 고백을 포기하려는 위험에 있는 공동체를 목회적으로 섬기려는 저자가 성경을 읽고 성경 본문의 세부적인 것들을 사용하는 방법에 관한 이 세 가지 예들은 히브리서가 사실상 반유대적인지 아닌지에 대한 질문에 대답하기 위한 충분한 근거를 제공해준다. 비판적인 것과 동일시할 수 있는 히브리서에서의 이 진술은 저자가 공동체에 대한 자아이해에 중요했던 고려사항들을 증명하기 위해 성경 본문의 증거들을 가져오고 있는 문학적 문맥에서 나타난다. 그것들은 제사직, 언약, 그리고 희생과 관련이 있다. 각각의 경우에 저자는 공동체 앞에 가져오는 본문의 선택에서 창조적임을 보여준다. 어느 다른 신약성경의 저자도 시편 110:4, 예레미야 31:34 또는 시편 40:6-8을 인용하지 않았다. 그럼에도 불구하고 이 성경 본문들은 기독교 메시지의 타당성을 올바르게 인식하게 만드는 본문을 형성한다.

저자의 목회적 관심으로부터 공동체가 가졌던 예수에 대한 고백을 붙드는 문제는 매우 중요한데, 그것은 구원이냐 절대적인 상실이냐를 결정할 것이기 때문이다(3:12-15; 6:4-8; 10:26-31, 35-39; 12:14-17, 25-29). 저자의 우려는 단순히 공동체의 지체들이 회당으로 돌아가려는데 있는 것이 아니라 살아 계신 하나님으로부터 전적으로 돌아서는 것이었다(3:12-13)!

저자는 이 문제를 하나님이 성경과 아들을 통하여 언급하신 말씀에 근거하여 결정해야 한다는 것을 확신했다. 그 때문에 그는 공동체 앞에 성경 본문을 가져와서, 부정한 자들을 위한 결정적인 정결과 거룩하신 분 앞에 무제한적인 접근을 제공하는 새로운 질서를 하나님이 선언하셨다는 것을 증명한다. 이 선언은 예수의 유일무이한 제사장적 사역과 새로운 언약을 시작시킨 그의 희생을 가리킨다. 저자가 새로운 언약 공동체에 하나님에 대한 예배를 요청하고 있는 것은 이에 근거한 것이다(4:15-16; 7:24-25; 9:11-28; 10:19-25; 12:14, 18-29; 13:15-16). 이것은 바울이나 신약성경의 다른 저자와는 다른 시각을 대변한다. 그럼에도 불구하고, 히브리서의 저자가 하고 있는 것은 심오하게 유대적이다. 그는 신앙 공동체의 삶에서 성경의 역할에 관한 유대교의 이해를 충분히 공유하고 있다.

히브리서에서 채택한 목회적 전략들은 유대 기독교적 회중의 구성원들을 자극하여 그들이 시계추를 돌릴 수 없고, 그들의 기독교적 이해와 경험을 부정할 수 없다는 것을 인식하는데 모두 맞추어져 있다. 그들은 기독교인의 고백을 확고하게 붙들어야 한다.

그러나 히브리서가 반유대적 논박의 형태에 참여하고 있다는 전제는 용납될 수 없다. 확실히 저자는 유대적 기독교와 유대교간의 차이가 갖는 역사적이고 신학적인 노선들을 인식했다. 그는 하나님이 예수 안에서 구원을 이루시고 새 언약의 백성들을 창출하기 위해서 결정적으로 행하셨다는 것을 분명히 믿었다. 오로지 그러한 종말론적 관점으로부터 저자는 하나님의 마지막 말씀, 또는 옛 것을 시대착오적이게 만드는 새로운 분의 오심 또는 하나님의 아들의 성육신을 말할 수 있었다. 하지만 이것은 반유대주의가 아니다. 그것은 예수에 대한 저자의 확신에 의한 독특한 성경 독법을 갖는 묵상이다.

저자는 하나님이 옛 언약 속에서 행하셨다는 것을 충분히 인식했다. 예수 안에서 하나님의 결정적인 행위는 이스라엘의 생활에서 하나님의 거룩한 개입의 배경에서 발생했다. 하나님이 과거에 언급하셨던 말씀은 권위가 부여되어 있고, 심지어 그것이 단편적이고 부분적일 때도 마찬가지다. 그것은 저자와 저자가 글을 보냈던 사람들을 위한 규범으로 여전히 남아 있었다. 하나님의 성격은 불변하시다. 시내산에서 이스라엘처럼 히브리서의 저자에게서 기독교 공동체는 타오르는 불이신 하나님 앞에 서 있다(12:25-29). 단지 더 커다란 언약적 특권은 더 커다란 언약적 책임과 관련될 뿐이다. 히브리서의 저자는 공동체에 예수와의 값진 일치를 요청한다(13:12-14). 예수의 희생 사역은 이스라엘에 대한 하나님의 약속의 완성이었다. 그는 유대인의 정체성과 전통을 제쳐두지 않고 있으며, 신앙 공동체를 위한 성경 본문의 권위를 경시하고 있지도 않다.

목회적 반응으로서의 기독론

참고문헌

Alfaro, J. "Christo glorioso, revelador del Padre." *Greg* 39(1958) 220-70. **Baignent, J. W.** "Jesus as Priest: An Examination of the Claim that the Concept of Jesus as Priest May Be Found Outside of the Epistle to the Hebrews." *VoxEv* 12(1981) 33-44. **Bolewski, H.** "*Christos Archiereus*: Über die Entstehung der hohenpriesterlichen Wurdenamens Christi." Dissertation, University of Halle, 1939. **Bonsirven, J.** "La sacerdoce et le sacrifice de Jésus-Christ après l'Épître aux Hébreux." *NRT* 71(1939) 641-60, 769-86. **Brown, R.** *Christ above All: The Message of Hebrews.* Downers Grove, IL: Inter-Varsity Press, 1982. **Büchsel, F.** *Die Christologie des Hebräerbriefs.* BFCT 27/2. Gütersloh: Bertelsmann, 1922. **Burch, V.** "Factors in the Christology of the Letter to the Hebrews." *Exp* 47(1921) 68-79. **Clarkson, M. E.** "The Antecedents of the High Priest Theme in Hebrews." *ATR* 29(1947) 89-95. **Cox, W. L. P.** *The*

Heavenly Priesthood of Our Lord. Oxford: Blackwell, 1929. **Descamps, A.** "La Sacerdoce du Christ d après l'Épître aux Hébreux." *RDT* 9(1954) 529-34. **Dunbar, D. G.** "The Relation of Christ's Sonship and Priesthood in the Epistle to the Hebrews." Dissertation, Westminster Theological Seminary, 1974. **Feuillet, A.** *The Priesthood of Christ and His Ministers.* Garden City: Doubleday, 1975. **Fransen, I.** "Jésus Pontife parfait du parfait sanctuaire (Épître aux Hébreux)." *BVC* 20(1957) 262-81. **Gayford, S. C.** *Sacrifice and Priesthood2.* London: Methuen, 1953. **Grässer, E.** "Zur Christologie des Hebräerbriefes: Eine Auseinandersetzung mit Herbert Braun." In *Neues Testament und christliche Existenz.* FS H. Braun. Tübingen: Mohr, 1973. ______. "Der historische Jesus im Hebräerbrief." *ZNW* 56(1965) 63-91. **Griffin, H.** "The Origin of the High Priestly Christology of the Epistle to the Hebrews." Dissertation, University of Aberdeen, 1978. **Grothe, J. F.** "Was Jesus the Priestly Messiah? A Study of the New Testament's Teaching of Jesus' Priestly Office against the Background of Jewish Hopes for a Priestly Messiah." Dissertation, Concordia Seminary, 1981. **Gyllenberg, R.** "Die Christologie des Hebräerbriefes." *ZST* 11(1934) 662-90. **Hamerton-Kelly, R. G.** *Pre-Existence, Wisdom, and the Son of Man: A Study of the Idea of Pre-Existence in the New Testament.* SNTSMS 21. Cambridge: Cambridge UP, 1973. **Harrison, M. P.** "Psalm 110 in the Epistle to the Hebrews." Dissertation, Southern Baptist Theological Seminary, 1950. **Hay, D. M.** *Glory at the Right Hand: Psalm 110 in Early Christianity.* SBLMS 18. Nashville: Abingdon, 1973. **Henderson, M. W.** "The Priestly Ministry of Jesus in the Gospel of John and the Epistle to the Hebrews." Dissertation, Southern Baptist Theological Seminary, 1965. **Hillmann, W.** "Der Höhenpriester der künftigen Güter: Einführung in die Grundgedanken des Hebräerbriefes(4:14 10:31)." *BibLeb* 1(1960) 157-78. **Hughes, P. E.** "The Christology of Hebrews." SWJT 28(1985) 19-27. **Humphrey, J. F.** "The Christology of the Epistle to the Hebrews." *LQHR* 14(1945) 425-32. **Immer, K.** "Jesus Christus und die Versuchten: Ein Beitrag zur Christologie des Hebräerbriefes." Dissertation, University of Halle, 1943. **Jansen, A.** "Schwäche und Vollkommenheit des Hohepriesters Christus: Ein Beitrag zur Christologie des Hebräerbriefes." Dissertation, Gregorian Pontifical University, Rome, 1957. **Jeffrey, P. J.** "Priesthood of Christ in the Epistle to the Hebrews." Dissertation, University of Melbourne, 1974. **Kitchens, J. A.** "The Death of Jesus in the Epistle to the Hebrews." Dissertation, New Orleans Baptist Theological

Seminary, 1964. **Knox, W. L.** "The Divine Hero Christology of the New Testament." *HTR* 41(1948) 229-49. **Kuss, O.** "Der theologische Grundgedanke des Hebräerbriefes: Zur Deutung des Tod Jesu im Neuen Testament." *MTZ* 7(1956) 233-71. ______. "Der Tod Jesu im Hebräerbrief." *MTZ* 7(1956) 1-22. **Laub, F.** *Bekenntnis und Auslegung: Die paränetische Funktion der Christologie im Hebräerbrief.* BU 15. Regensburg: Pustet, 1980. **Leivestad, R.** *Christ the Conqueror: Ideas of Conflict and Victory in the New Testament.* New York: Macmillan, 1954. **Linton, O.** "Hebreerbrevet och 'den historiske Jesus.'" *STK* 26(1950) 335-45. **Loader, W. R. G.** *Sohn und Hoherpriester: Eine traditions-geschichtliche Untersuchung zur Christologie des Hebräerbriefes.* WMANT 53. Neukirchen/Vluyn: Neukirchener Verlag, 1981. **Lussier, E.** *Christ's Priesthood according to the Epistle to the Hebrews.* Collegeville, MN: Liturgical, 1975. **MacNeil, H. L.** *The Christology of the Epistle to the Hebrews.* Chicago: University of Chicago, 1914. **Manson, T. W.** *Ministry and Priesthood: Christ's and Ours.* Richmond: John Knox, 1958. **McNicol, A. J.** "The Relationship of the Image of the Highest Angel to the High Priest Concept in Hebrews." Dissertation, Vanderbilt University, 1974. **Meeter, H. H.** *The Heavenly High Priesthood of Christ.* Grand Rapids: Eerdmans-Sevensma, 1916. **Merle, G.** *La christologie de l'Épître aux Hébreux.* Montauban: Granié, 1877. **Moffatt, J.** "The Christology of the Epistle to the Hebrews." *ExpTim* 28(1916-17) 505-8, 563-66; 29 (1917-18) 26-30. ______. *Jesus Christ the Same.* The Shaffer Lectures for 1940 in Yale University Divinity School. New York: Abingdon-Cokesbury, 1940. **Moule, C. F. D.** "The Influence of Circumstances on the Use of Christological Terms." *JTS* ns 10(1959) 247-63. ______. *The Sacrifice of Christ.* Greenwich: Seabury Press, 1957. **Müller, P. G.** ΧΡΙΣΤΟΣ ΑΡΧΗΓΟΣ: *Der religionsgeschichtliche und theologische Hintergrund einer neutestamentlichen Christusprädikation.* Frankfurt a/M: Lang, 1973. **Nakagawa, H.** "Christology in the Epistle to the Hebrews." Dissertation, Yale University, 1955. **Nissilä, K.** *Das Hohepriestmotiv in Hebräerbrief: Eine exegetische Untersuchung.* Helsinki: Oy Liiton Kirjapaino, 1979. **Nomoto, S.** "Die Hohenpriester-Typologie im Hebräerbrief: Ihre traditionsgeschichtliche Herkunft und ihr religionsgeschichtlicher Hintergrund." Dissertation, University of Hamburg, 1965. **Padolski, M. V.** *L'idée du sacrifice de la croix dans l'Épître aux Hébreux.* Paris: Gabalda, 1935. **Pittard, C. R.** "The Person and Work of Christ in the Epistle to the Hebrews." Dissertation, Southern Baptist Theological

Seminary, 1926. **Rábanos, R.** "Sacerdocio de Melquisedec, sacerdocio de Aarón, Sacerdocio de Cristo." *CB* 13(1956) 264-75. **Roloff, J.** "Der mitleidende Hohepriester: Zur Frage nach der Bedeutung des irdischen Jesus für die Christologie des Hebräerbriefes." In *Jesus Christus in Historie und Theologie.* FS H. Conzelmann. ed. G. Strecker. Tübingen: Mohr, 1975. **Sabourin. L.** *Priesthood: A Comparative Study.* Leiden: Brill, 1973. **Schaefer, J. R.** "The Relationship between Priestly and Servant Messianism in the Epistle to the Hebrews." *CBQ* 30(1968) 359-85. **Schille, G.** "Erwägungen zurHohenpriesterlehre des Hebräerbriefes." *ZNW* 46(1955) 81-109. **Schubert, P.** "Der Verbindung von Königtum und Priestertum in der Vorgeschichte der Christusoffenbarung: Eine Voruntersuchung der Christologie des Hebräerbriefs." Dissertation, University of Leipzig, 1955. **Selph, B. K.** "The Christology of the Book of Hebrews." Dissertation, Southwestern Baptist Theological Seminary, 1948. **Stadelmann, A.** "Zur Christologie des Hebräerbriefes in der neueren Diskussion." In *Theologische Berichte* 2. ed. J. Pfammatter & F. Furger. Zürich: Zwingli, 1973. **Teodorico, P.** "Il sacerdozio celeste di cristi della lettera agli Ebrei." *Greg* 39(1958) 319-34. **Torrance, J. B.** "The Priesthood of Jesus." In *Essays in Christology for Karl Barth.* ed. T. H. L. Parker. London: Letterworth Press, 1956. 153-73. **Trinidad, J.** "De sacrificio Christi in Epistola ad Hebreos." *VD* 19(1939) 180-86, 207-12. **Ubbrink, J. T.** "De Hoogepriester en zijn Offer in de Brief aan de Hebreeën." *NThS* 22(1939) 172-84. **Ungeheuer, J.** *Der grosse Priester über dem Hause Gottes: Die Christologie des Hebräerbriefes.* Würzburg: Stürtz, 1939. **Vanhoye, A.** *Our Priest in God: the Doctrine of the Epistle to the Hebrews.* Rome: Biblical Institute, 1977. ______. "Sacerdoce du Christ et culte chrétien selon l'Épître aux Hébreux." Chr 28(1981) 216-30. ______. *Situation du Christ: Hébreux 1-2.* LD 58. Paris: Cerf, 1969, **Vansant, A. C.** "The Humanity of Jesus in the Epistle to the Hebrews." Dissertation, Southern Baptist Theological Seminary, 1951. **Vos, G.** "The Priesthood of Christ in the Epistle to the Hebrews." *PTR* 5(1907) 423-47, 579-604. **Walden, H. E.** "The Christology of the Epistle to the Hebrews." Dissertation, Southern Baptist Theological Seminary, 1944. **Warfield, B. B.** "Christ Our Sacrifice." In *The Person and Work of Christ.* ed. S. G. Craig. Philadelphia: Presbyterian and Reformed, 1950. 391-426. **Wengst, K.** *Christologische Formeln und Lieder des Urchristentum.* SNT 7. Gütersloh: Bertelsmann, 1972. **Williams, A. H.** "An Early Christology: A Systematic and Exegetical Investigation of the Traditions

Contained in Hebrews." Dissertation, University of Mainz, 1971. **Young, F. M.** *Sacrifice and the Death of Christ.* London: SPCK, 1975. **Zimmermann, H.** *Die Hohepriester-Christologie des Hebräerbriefes.* Paderborn: Bonifacius, 1964. **Zorn, R.** "Die Fürbitte und Interzession im Spätjudentum und im Neuen Testament." Dissertation, University of Göttingen, 1957.

성경의 저자는 대단히 높은 기독론을 갖고 있다. 이 높은 기독론은 하나님의 드러내심이 나사렛 예수 안에서 궁극적인 표현을 발견했다는 것을 인식하는 것이다. 하나님의 계시가 예수 이전에 분명하게 규정된 특징을 소유했을지라도, 그것은 단편적이고 불완전했다(히 1:1). 약속에 대한 거룩한 말씀은 성취를 요구했다. 신앙공동체에서 성경의 존재는 그 이상의 어떤 것에 대한 기대를 육성시켰다. 예수의 사역의 과정에서 예수가 일으킨 사건들은 "이 사람이 누구인가"라는 끊임없는 질문을 촉발시켰다. 그러나 그 질문에 대한 심오하고 지속적인 묵상을 하게 한 것은 예수의 십자가에 죽으심과 삼 일째 되던 날에 다시 살아나신 것이다. 예수의 부활이 없었다면, 나사렛 예수는 요세푸스의 유대역사(*Antiquities of the Jews*)에 단지 한 줄로 축소되었을 것이다. 당시의 여타 선지자들과 혁명가들처럼 말이다. 그는 대중 선생이나 갈릴리나 예루살렘에서 혼란을 일으킨 사람으로서 기억되었을 것이고, 그의 삶과 죽음에 대한 지속적인 의미를 갖지 못하였을 것이다. 많은 사람들이 십자가에 못 박혀 죽었다. 부활절 사건에 관한 묵상을 통하여, 하나님은 명확한 말씀을 하셨고, 예수를 통하여 인간 가족들의 구속을 위한 결정적인 결과를 시행하셨다는 것이 인식되었다.

부활절과 뒤이어지는 오순절의 성령 은사에 비추어, 예수의 정체성에 대한 질문의 이전 대답들이 부적절했다는 것이 분명해졌다. 예수의 위격과 선교에 관한 의미를 보다 적절하게 규명하고자 했을 때, 신약성경의 문서들은 격렬하게 교회에 증거했다. 새로운 어휘와 계통적 서술들에 대한 진정한 탐구가 있었다. 예수를 묘사하는데 사용된 개념적인 모델들의 다양성은 교회나 사회에서의 특별한 관심에 대한 반응에 더 적절하게 예수의 실제를 이해하려는 지속적인 관심의 인상을 전달하였다. 히브리서의 저자는 이러한 열심에 충심으로 참여하였다.

기독론의 관점에서 히브리서는 매우 특이하게 중요한 문서인데, 예수 그리스도에 대한 증거의 독특성과 명확성 때문이다. 그 증거의 열쇠는 히브리서의 기독론이 위기에 대한 목회적 반응이라는 인식이다. 권면하는 경고적 단락들에 의해 증명되는, 수신하고 있는 공동체의 편에서 힘을 얻지 못하는 것은 부적절한 기독론, 즉 저자가 강화의 해석 단락에서 전달하려고 애쓰는 부적절성 때문에 발생했다. 저자가 청중에게 방향을 맞추고 있는 일련의 권고에서 지적하려고 애쓰는 방종은 적어도 어떤 부족함에서 일부 기인하는데, 저자는 자신의 신학의 전개에서 그것을 고치려고 노력한다. 더 정확하게 말한다면, 독자들의 무기력은 그리스도에 관한 온전한 의미를 이해하지 못한데서 온다. 그들은 그 의미의 실재를 잃었기 때문에 그들의 고백을 포기하려고 하였던 것이다.

사회적인 소외와 박해가 현재에 활동하시는 하나님의 능력과 그 의지를 의심하도록 부추겼을 것이다. 공동체는 그들의 상황을 도우시는 하나님의 능력을 의심한 것으로 보인다. 역사하시는 하나님의 능력에 대한 의심은 하나님이 그리스도 안에서 분명하게 행하셨던 것을 의심하는 것과 긴밀하게 연관되어 있는 것으로 보인다. 저자의 목회적 임무는 공동체로 하여금 그리스도 안에서의 하나님의 결정적인 행위와 신자들을 위해 개입하시는 그리스도의 현재의 능력의 실제를 깨닫게 하는 것이었다.

다른 방식으로 설명하면, 저자는 예수에 대한 고백의 의미와 중요성을 새롭게 이해하도록 그들을 자극하는 것이었다. 그들은 그들의 고백을 붙드는 것이 필요하다는 것과 하나님이 그들로 붙들게 하신 조항에 대한 새로운 비전이 필요했다. 저자의 가장 강력한 격려는 가정교회의 지체들에게 그러한 성격과 성취 그리고 주님의 높이 되심을 상기하는 것이었다. 뒤이어지는 것은 암시적인 것일 뿐, 상세한 것은 주석 부분에서 제시될 것이다.

배합된 기독론

히브리서의 기독론은 풍성하게 배합되어 있다. 개별적인 모티브들과 구소들을 곧바로 알 수 있지만, 그것들은 서로 빈틈없이 플러가서, 지배적인 모티브에 대한 고려가 변함 없이, 지배적인 모티브와 조화되어 도입되고 있는, 이차적이고 삼차적인 주제에 관한 고려와 동시적으로 연관되어 있다.

저자가 자신의 설교를 여는 장엄한 부분에서 구성과 배합의 은유가 이미 암시되고 있다(1:1-4). 지배적인 모티브는 하나님의 아들로서의 예수의 모티브다. 저자의 개념의 풍성함은 한 시각이 재빠른 승계로 다른 시각을 좇아가는 것을 볼 때에 분명하다. 그는 예수를 영원하고, 본질적인 아들로서 묵상하는데, 이 아들은 하나님의 영광의 빛 속에서 그의 위격을 증거하며, 하나님의 존재의 정확한 대변자이다. 하나님은 예수를 통하여 우주를 창조하셨다(1:2c－3a). 저자는 예수를 도성인신하신 아들로서 그리고, 하나님은 이 아들을 통하여 결정적인 말씀을 하셨고(1:2a), 이 아들은 죄를 정결하게 하였다(1:3c). 저자는, 천사들보다 훨씬 높이 되시어, 하나님의 우편 영광의 보좌에 앉으신 초월적인 아들로서의 예수 앞에 경배한다(1:3d-4). 주마등이 지나갈 때 변화되는 형상처럼 저자는 영원한 아들, 성육신하신 아들, 높이 되신 아들을 바라본다.

지배적인 모티브가 하나님의 아들로서의 예수의 모티브일지라도, 부차적인 모티브의 도입이 재빨리 감지된다. 하나님이 이 아들을 통하여 우주를 창조하셨고, 이 아들은 강력한 말씀으로 지금도 모든 것을 지탱한다는 개념으로서의 아들(1:2c, 3b)은 또 다른 구조 즉 거룩한 지혜의 구조와 관련하여 그밖에 다른 구절들에서 표현된다. 저자는 드물고 생소한 어휘와 특별한 형태들을 선택하는데, 그밖에 다른 곳에서는 거룩한 지혜의 구절에서만 나타난다: 아들은 하나님의 영광의 광채요, 하나님의 존재의 정확한 대변자이다(참조. Wis 7:21-27).

저자는 아들에 관해 언급하지만, 그의 개념은 성경적이고, 지혜를 통하여 하나님이 그의 창조를 관련시키는 헬라적 유대 전통에 의해 주입되었다(잠 8:22-30; Wis 7:21-27). 게다가 지혜의 기능이 히브리서에서 아들에게 할당된다: 창조, 창조의 지탱, 계시 그리고 인간 군(family)에서 하나님과 가깝게 하는 의무. 저자는 예수가 거룩한 지혜였다는 것을 선언하지는 않는다. 그는 태초부터 하나님과 함께 있었던 위격적인 '말씀'을 언급하지는 않는다. 요한처럼 말이다(요 1:1-3). 그는 단지 지혜의 옷으로 아들을 옷 입힌다. 거룩한 지혜로서의 예수는 아들에 관한 묘사에 있어서 이차적인 주제다.

또한 히브리서에는 삼차적인 주제가 있다. 예수가 하나님의 우편 보좌에 앉은 것은 예수가 죄를 깨끗하게 한 후였다(1:3c, d). 서론에서 예수의 지상적 삶에 관한 유일한 암시의 근원은 지혜 전통이 아니다. 그것은 성육신과 십자가에 관한 묵상이다. 예수의 사역은 특색 있는 제의적 범주에서 처음부터 묘사되고 있다. 예수의 성취에 대한 이 간결하고 꾸밈이 없는 언급은 나중에 제사장직과 희생의 온전한 논의의 방향으로 기울어진다. 그리스도의 죽음의 효과는 죄로부터 깨끗하게 하는 것이다. 죄로 더러워짐은 하나님께로 나아가는 장벽을 세운다. 그것은 제거되어야 한다. 죄와 예배는 서로를 배제한다. 죄로 더러워진 것에서 정결케 함은 분명히 제사장적인 행위다. 저자가 예수의 죽음을 해석하기 위한 개념적인 구조를 이끌어내려고 하는 것은 9장과 10장에서 확인된다. 그 장에서 더러워짐과 정결케 됨의 범주가 논증의 핵심이 된다. 예수가 죄를 깨끗하게 했다는 1:13에서의 간단한 언급은 예수가 사람들의 속죄를 보증하는 우리의 위대한 대제사장이라는 논증의 상술을 예기(豫期)한다. 예수는 하나님께 드려지는 흠 없는 희생제물이기 때문이다(참조. 7:26; 9:13-14).

이 시점에서 저자는 예수가 제사장이라는 것을 말하지는 않는다. 이 삼차적인 주제는 하나님의 유일한 아들의 영광의 지배적인 모티브를 설명하는데 도입되어지는 단지 부차적인 모티브다. 히브리서에는 아들됨과 지혜와 제사장직의 모티브가 아주 기술적으로 통합되어 있어서 그것을 분리하거나 개별적으로 심사할 때 뛰어나게 배합되어 있는 진술을 변질시킬 위험이 있다.

낮아지고 높아지신 아들로서의 예수

히브리서 1:1-4:14에서 기독론의 지배적인 표현은 예수를 낮아지시고 높아지신 아들로 묘사한다. 이에 대한 주요한 이유는 저자가 공동체가 고백한 것을 계속 고수할 것을 권면하는 과정에서 예수를 "하나님의 아들"로 지칭할 때에 분명해진다(4:14). 이 문맥에서 하나님의 아들로서의 예수의 지칭은 거의 확실히 세례시에 가정교회의 지체들이 인식했던 고백에 관한 묵상이다: 예수는 하나님의 아들이시다. 고백을 고수할 것을 호소함은 그들이 영적인 신실함과 인내에 대한 관심의 부족을 보이고 있었을 때에 공동체의 신앙을 장려하고 있다. 예수의 아들됨에 관심을 집중함으로써 저자는 고백의 의미를 청중들과 탐구할 수 있었다.

또 다른 모티브는 설교의 초기 단락에서 도입되고 있다. 예수는 죽음의 두려움에 사로잡혀 있는 사람들의 변호를 할 수 있는 주역이시다. 그는 악마와 싸움으로써 그리고 죽음의 권세에서 역설적이게도 자신이 죽음을 통해 사망의 권세를 악마로부터 빼앗음으로써 신자들의 구원을 확보했다(2:10-16의 주석을 보라). 예수는 고통스러운 죽음을 통해 시험의 본질을 경험적으로 알고 있기 때문에 심각한 시험을 겪는 사람들을 도울 수 있는 사역을 행할 수 있다(2:17-18의 주석을 보라). 사람들의 변호자로, 또는 대제사장으로 예수를 묘사한 것은 공동체의 고백에 그것의 근거를 두고 있지 않다. 그것은 고백을 해석하고, 억압받는 공동체에 그것의 중요성을 규명하기 위한 부차적인 주제다. 강화를 진술하는 과정에서 이 상호 연관적인 구성들은 낮아지고 높아지신 하나님의 아들로서의 예수에 관한 해석에 통합된다.

히브리서의 기독론의 두드러진 특징 중에 하나는 저자가 이 개념으로 어떤 신학적 설명을 하기 전에 이미 예수가 대제사장으로 지칭된다는 것이다(2:17; 3:1; 4:14). 이 사실은 맨슨(W. Manson)으로 하여금 대제사장으로서의 예수의 직무는 공인된 기독교 신앙의 근본적인 진리였다는 것을 주장하게 만들었다(*The Epistle to the Hebrews*, 54, 108-9). 다른 학자들은 5:7-10의 저자의 구성 배후에 초기 기독교 "대제사장에 관한 찬양"을 감지했다. 그들은 대제사장으로서의 예수의 개념은 히브리서 저자의 독특한 가르침이 아니라 초대 교회의 신앙과 예전에 확고히 구축되어진 전통의 요소라는 결론을 내린다(참조. M. Rissi, "Die Menschlichkeit Jesu nach Hebr. 5, 7-8," *TZ* 11[1955] 28-45; Schille, *ZNW* 64[1955] 81-109; G. Friedrich, "Das Leid vom Hohenpriester im Zusammenhang vom Hebr. 4,14-5,10," *TZ* 18[1962] 95-115; T. Lescow, "Jesus in Gethsemane bei Lukas und im Hebräerbrief," *ZNW* 58[1967] 224-39; E. Brandenburger, "Text und Vorlagen von Hebr. V 7-10: Eine Beitrag zur Christologie des Hebräerbriefs," *NovT* 11[1969] 190-224). 이런 논쟁은 더 큰 논쟁의 일부에 해당한다. 1:1-4, 5:7-10과 7:26-28의 예수와 관련한 저자의 진술의 서정적인 특징은 저자의 기독론적인 개념들이 찬양과 신조들의 재구성한 단편들에서 추적된다는 일련의 제안들을 고무시킨다.

저자는 아마도 자신의 설교의 구성에 예전적인 자료들을 사용했을 것이다. 그러나 대제사장으로서의 예수의 개념이 초기 헬라적 교회의 공통된 속성이었다는 주장은 자료 재구성에 근거해서 입증될 수 없다. 그 요지는 전통에서 빌려왔다고 지지되는 초기 자료들을 재구성한 폭넓은 다양한 제안들 중에서도 어떤 비교가 만들어질 때에 확실히 분명해진다. 찬송적인 단편이 감지되는 각각의 구절들은 헬라어 마침표인데, 즉 이것은 예술적 산문의 확장되고, 조심스럽게 균형 잡힌 사례다. 히브리서의 저자는 복잡하면서 질서 있는, 하지만 명쾌한 장문의 대가다. 몇 가지 찬송적 명제들에 대한 나 자신의 탐구는 각각의 경우에 저자 자신이 그의 진술의 탄탄하고 연속적인 흐름과 그것이 싣고 있는 개념적인 의미에 책임이 있다고 결론짓게 만든다.

5:7-10의 경우에 그것은 더 명확해진다. 5:6에서 저자는 시편 110:4을 처음으로 인용하는데, 시편 2:7에서 그리스도를 아들로 호칭한 하나님이 또한 아들을 시편 110:4에서 제사장으로 호칭하고 있다는 것을 보여주기 위해서다. 그 다음에 저자는

5:7-9에서 아들의 낮아지심을 묘사하는 것으로 나아가는데, 시편집에서 동일하게 의미 있는 단어 즉 이 경우에 시편 116편에 대한 암시를 통해 그리한다. 그때에 이 단위는 아들이 하나님에 의해 멜기세덱과 같은 대제사장으로 지명되었다는 진술 즉 시편 110:4에 대한 분명한 암시로 5:10에서 마무리된다.

5:5-10의 증거는 저자가 예수의 개념을 시편 2, 110, 116장의 메시아적 해석에 근거하여 대제사장으로 형성하였다는 것을 암시한다(5:5-7의 주석을 보라). 시편 2:7("너는 내 아들이라 오늘날 내가 너를 낳았도다")과 시편 110:4("너는 멜기세덱의 반차를 좇아 영원한 제사장이라")은 임명의 유사한 선언으로 이해할 수 있다. 두 본문은 예수가 그의 직무로 임직되어 권능으로 부여되었다는 선언을 담고 있다. "아들"과 "제사장"의 칭호를 서로 연관시키는 의도적인 배려는 5:5-6의 시편 인용의 결합에서 분명하다. 그리스도의 아들됨과 제사장됨의 관계는 설교의 초두 문장에서 함축되었는데, 여기서 확실하게 주장된다. "아들"과 "제사장"은 저자의 기독론을 위한 주요한 모델들이다. 1:1-4:14에서 하나님의 아들로서의 예수에 관한 묘사가 지배적이고, 4:15-10:22에서 주요한 초점은 "제사장"과 "대제사장"의 지칭에 대한 것이고, 아들됨은 제사장직의 측면에서 해석된다.

예수에 대한 증언으로서 시편 110:4의 논의의 도입은 저자의 독보적인 기여에 해당한다. 이 시기의 어느 다른 기독교 저작자도 이 구절에 대한 관심을 갖지 않았지만, 히브리서는 어느 다른 성경 본문보다도 시편 110:4을 많이 언급한다. 그 구절에 대한 세 번의 인용과 더불어(5:6, 7:17, 21), 5, 6, 7장에는 그 구절을 여덟 번이나 암시한다. 이 각각의 암시들은 형태와 기능에서 특색이 있다.

히브리서에서 시편 110:4를 강조하는 주요한 이유는 저자의 제사장적 기독론에 대한 성경적 근거를 제공했다는 것이다. 본문은 예수가 하늘의 대제사장이라는 논증을 구체화하기 위해서 그 본문을 청중들에게 반복적으로 제기한다. 원 독자들은 예수가 멜기세덱과 같은 제사장이었다는 개념에 익숙하지 않았을 것을 안전하게 가정해볼 수 있는데, 이런 기독론적인 주제는 신약성경의 다른 곳에서는 발견할 수 없다.

시편 110:4의 주요한 해석은 히브리서 7장에 나타난다. 시편 110:4에 암시된 그리스도의 근본적으로 새로운 제사장직으로 구현된 개념에 대한 적절한 인식은 멜기세덱과 그의 제사장직의 탁월함에 대한 정확한 이해에 달려 있다. 저자는 그리스도의 영원한 제사장직에 대한 이해를 멜기세덱의 영원한 제사장직의 선별된 특징을 고려하는 것에서 얻을 수 있음을 확신했다. 그는 멜기세덱을 성취된 표상으로가 아니라 그가 발견할 수 있는 구약에 전조된 보다 높은 제사장직에 대한 증거로 취급한다. 멜기세덱은 조상의 가계와는 별도의 성격에 근거하고 율법과는 별개로 하나님이 임명한 우월한 제사장직의 선례로 본다. 멜기세덱은 구약의 제사장직의 공통된 해석의 예외를 대변하며, 이는 레위적 제사장직의 궁극적인 대체를 예기(豫期)한다. 멜기세덱의 '상징적인 의미는 계승자가 없는 제사장으로서의 영원한 그의 직무의 본질에 있다(위의 "New Priesthood").

7:1-10에서 멜기세덱에 대한 사용은 철저히 기독론적이다. 그는 독립적인 의미를 갖지 않고, 아들의 특징을 분명히 하기 위해서만 오직 도입된다. 그의 기능은 예언적이다. 그는 옛 반차(질서)의 불충족성과 새로운 반차의 우월성과 충족성을 가리키는 구약 예언의 예증이다. 저자가 시편 110:4의 관점에서 멜기세덱을 이해하고 있는 이유를 설명하는 것은 이런 확신에서다. 멜기세덱과 그의 제사장직의 "영원한" 성격이 증거하고 있는 것은 영원한 아들에 대한 관점에 달려 있다.

7:11-25에서 저자는 시편 110:4과 새로운 영원한 제사장의 의미로 직접적으로 방향을 돌린다. 그 예언은 하나님의 거룩한 서약에 기반하고 있는 새 제사장직과 율법에 기반하고 있는 옛 레위적 제사장직 간의 일련의 복잡한 비교에 대한 근거가 되고 있다. 시편 110:4의 세부적인 분석으로부터, 저자는 옛 제사장직, 희생제의, 언약이 새 제사장과 그의 희생과 그가 시작시킨 새 언약으로 대체되었다고 추론한다. 옛 질서는 그 목표를 이루지 못했다. 영적인 숨이 짧음으로 인해 고통 당했다. 하지만 사망에 영향을 받지 않는 생명이 부여된 예수의 제사장직이 그것을 대신했다.

제사장직에 의해 아들됨을 해석함으로써 저자는 공동체의 구성원들에게 아들이 현재의 역경과 경험할 미래의 환경에서 그들을 어떻게 도울 수 있는가를 보여줄 수 있었다. 아들과 레위적 제사장을 대조시킴으로써 저자는 그들을 종국에 완벽하게 구원하시는 성자의 능력을 보여줄 수 있었다. 7:1-25의 멜기세덱의 기독론의 주요한 목적은 성자의 영원한 제사장직의 효력을 증거하는 것이며, 성자가 현재에 그리고 종국에 공동체를 구원하실 수 있다는 것을 보여주는 것이었다. 예수가 하나님의 아들이라는 그들의 고백의 의미에 신선한 이해를 가져다주는 것이 저자의 의도다.

멜기세덱의 기독론은 분명히 공동체의 상황에 대한 목회적 반응이다. 그러나 그것은 히브리서에서 제사장적 기독론의 전개를 위한 유일한 근거도 아니고 그렇게 될 수도 없었다. 멜기세덱은 희생제의와는 상관이 없다. 그 때문에 7장을 마감하는 단락에서 저자는 시편 110:4의 근거를 뛰어넘는데, 아들의 죄 없음의 특징과 희생적인 죽음 그리고 높아지신 신분에 관해 언급하기 위해서다(26-28절). 이 구절들은 8:1-10:18에서 이어지는 해석에서만 충분히 탐구되는 주제들을 다룬다. 그것은 공동체에 정확하게 적합한 대제사장은 자기 자신의 유일무이한 몸을 드려 레위적 희생의 전체 제도를 일단락시킨 분이시다는 것을 확증한다. 예수는 결정적인 희생을 드릴 수 있었다. 그는 죄 없으신 대제사장이시기 때문이었다. 그의 희생의 충족은 그의 삶에서 영적으로 도덕적으로 완벽하심으로 인한 것이었다(4:15; 7:26).

공동체의 환경에 적합한 대제사장의 종류에 관한 묘사는 문자로 인한 것이 아니라 십자가로부터 발생했다. 그가 획득한 뒤이은 승귀는 하나님의 존전에 대한 접근을 방해받지 않게 했다(9:11-28; 10:11-14, 19-21). 이것은 완전하게 효과적이고 영원한 제사장직의 실행을 위한 근본적인 자격이다. 성취된 사실로서 이 사역의 숙고는 수신하고 있는 공동체의 안정에 특별한 중요성을 갖는다.

결론적인 관찰들

히브리서의 기독론적인 강조에 대한 간단한 개관은 몇가지 결론적인 관찰들에 대한 근거를 제공한다.

(1) 히브리서의 기독론은 문화적으로 예민하다. 그것은 공동체의 문화적 유산에 의존한다. 그러나 주로 문화에 대한 반응은 아니다. 문화적으로 예민한 표현은 효과적인 공동체를 위한 단지 수단을 제공한다. 기독론의 내용은 문화에 의해 결정되는 것이 아니라 규범으로 남아 있던 초대교회의 전통에 의해 결정된다.

(2) 히브리서의 특별한 기독론의 강조는 수신하고 있는 공동체의 생활환경에 대한 목회적 반응을 제공한다. 예수에 관한 저자의 제시의 형태와 청중들의 현재의 경험간의 밀접한 관계에 대한 분명한 증거가 있다. 각각의 주요한 기독론적 강조는 예수에 관한 해석을 제공하려는 저자의 의도를 반영한다. 그것은 억압받는 시기에 그들을 지탱케 해주는데 필요한 용기와 힘을 위한 근거를 제공함으로써 그들의 삶의 실제적 측면에서 공동체에 직접적으로 전달된다. 히브리서의 기독론은 완벽하게 상황적이다.

(3) 히브리서에서 특별한 종말론적 강조를 도입하고 발전시키고 있는 요지는 인급된 진술에 중요한 의미를 갖는다. 예수가 하나님의 아들이시라는 고백을 해석하는 과정에서 저자는 예수를 사람들의 번호자요 투사로 그리고 세사장으로서 언급한다(2:10-16; 12:1-4). 설교의 중심은 대제사장의 구조를 발전시키기 위해 유보된

다(7:1-10:18). 만약 투사의 모티브가 중심에서 소개되었다면, 구출의 개념이 지배적이었을 것이고, 기독론은 승리주의의 태도를 고양하였을 것이다. 히브리서는 높아지신 제사장으로 예수의 해석을 중심에 할당함으로써 지배적인 개념은 일관된 돌봄의 개념이 되고, 기독론은 확신 있는 신뢰의 태도를 고양한다.

(4) 히브리서에서 기독론을 표현하기 위한 인물과 구조의 사용은 대단히 선별적이다. 주요한 관심은 예수를 자기 자신을 백성들과 동일시한 분으로 그리고 변호의 사역에서 효과적으로 그들을 변호한 분으로 제시하는 것이었다. 동일시와 대변은 공동체에 새로운 헌신과 신실함을 요청하는데 핵심적인 고려사항이다. 그리스도를 설명하기 위해 히브리서에서 도입되는 이미지와 구조들은 이런 강조 주변에 모여 있다. 참피언은 죽음의 두려움으로 말미암아 노예가 된 사람들과 자기 자신을 동일시했고, 그리고 악마와의 전쟁에서 그들을 대변했다(2:10-16). 대제사장은 그의 사람들과 자기 자신을 동일시하고, 하늘의 성소에서 지금도 그들을 대변한다(2:17-18; 4:15; 5:7-10; 7:23-25; 8:1-2).

(5) 히브리서의 기독론은 풍부하게 통합된 종합체다. 저자에게서 통합적인 요소는 예수가 하나님의 아들이라는 고백이었다. 기독론에 대한 그의 표현에서 그는 고백의 의미를 해석하기 위해서 유추적인 특징들과 사려 깊은 구조들을 풍성하게 사용한다. 그의 기독론의 특징은 예수를 하나님의 도성인신하신 아들로 제시함으로써 모티브들을 합일하고 모으는 역동적인 방식이다.

히브리서와 헬라주의 교회의 신학

참고문헌

Bacon, B. W. "The Doctrine of Faith in Hebrews, James and Clement of Rome." *JBL* 19(1900) 12-21. ______. "St. Stephen's Speech: Its Argument and Doctrinal Relationships." In *Biblical and Semantic Studies*. New York: Scribner's Sons, 1902. 213-76. **Ballarini, T.** "Il peccato nell' epistola agli Ebrei." ScC 106(1978) 358-71. **Barrett, C. K.** "The Eschatology of the Epistle to the Hebrews." In *The Background of the New Testament and Its Eschatology*. ed. W. D. Davies and D. Daube. Cambridge: Cambridge UP, 1954. 363-93. **Bihler, J.** *Die Stephanusgeschichte*. Munich: Heuber, 1963. **Bover, J. M.** "La esperanza en la Epístola a los Hebreos." *Greg* 19(1938) 110-20. **Brown, R.**

"Pilgrimage in Faith: The Christian Life in Hebrews." SWJT 28(1985) 28-35. **Cambier, J.** "Eschatologie ou héllenisme dans l'Épître aux Hébreux: Une étude sur *μένειν* et l'exhortation finale de l'épître." *Sal* 11(1949) 62-96. **Dautzenberg, G.** "Der Glaube in Hebräerbrief." *BZ* 17(1963) 163-77. **Eagar, A. R.** "The Hellenistic Elements in the Epistle to the Hebrews." *Her* 11(1901) 263-87. **Eccles, R. S.** "The Purpose of the Hellenistic Patterns in the Epistle to the Hebrews." In *Religions in Antiquity.* FS E. R. Goodenough. ed. J. Neusner. Leiden: Brill, 1968. 207-26. **Fairhurst, A. M.** "Hellenistic Influence in the Epistle to the Hebrews." *TynBul* 7-8(1961) 17-21. **Fiorenza, E. Schüssler** "Der Anführer und Vollender unseres Glaubens: Zum theologischen Verständnis des Hebräerbriefes." In *Gestalt und Anspruch des Neuen Testaments.* ed. J. Schreiner. Würzburg: Echter, 1969. 262-81. **Fitzer, G.** "Auch der Hebräerbrief legitimiert nicht eine Opfertodchristologie: Zur Frage der Intention des Hebräerbriefes und seiner Bedeutung für die Theologie." *KD* 15(1969) 294-319. **Foerster, W.** "Stephanus und die Urgemeinde." In *Dienst unter dem Wort.* FS D. H. Schreiner. Gütersloh: Bertelsmann, 1953. 9-30. **Grässer, E.** *Der Glaube im Hebräerbrief.* Marburg: Elwert, 1965. _______. "Das wandernde Gottesvolk zum Basismotiv des Hebräerbriefes." *ZNW* 77(1986) 160-79. **Harrison, E. F.** "The Theology of the Epistle to the Hebrews." *BSac* 121(1964) 333-40. **Harrop, C. K.** "The Influence of the Thought of Stephen upon the Epistle to the Hebrews." Dissertation, Southern Baptist Theological Seminary, 1955. **Hengel, M.** "Zwischen Jesus und Paulus: Die Hellenisten, die Sieben und Stephanus (Apg 6:1-15; 7:54-8:3)." *ZTK* 72(1975) 151-206(ET: *Between Jesus and Paul: Studies in the Earliest History of Christianity*, tr. J. Bowden [Philadelphia: Fortress, 1983] 1-29). **Hillmann, W.** "Glaube und Verheissung: Einführung in die Grundgedanken des Hebräerbriefes(10,32-13,25)." *BibLeb* 1(1960) 237-52. **Hillmer, M. R.** "Priesthood and Pilgrimage: Hebrews in Recent Research." *ThBullMDC* 5(1969) 66-89. **Hurst, L. D.** "The Stephen Tradition." In "The Background and Interpretation of the Epistle to the Hebrews." Dissertation, University of Oxford, 1981. 140-74. **Huxhold, H. N.** "Faith in the Epistle to the Hebrews." *CTM* 38(1967) 657-61. **Johnsson, W. G.** "The Pilgrimage Motif in the Book of Hebrews." *JBL* 97(1978) 239-51. **Käsemann, E.** *Das wandernde Gottesvolk: Eine Untersuchung zum Hebräerbrief*[4]. FRLANT 55. Göttingen: Vandenhoeck & Ruprecht, 1961(ET: *The Wandering People of God*, tr. R. A. Harrisville and I. L. Sandberg[Minneapolis: Augsburg, 1984). **Lane, W. L.** "Stephenand the Mission of the Hellenists." In G. W. Barker, W. L. Lane, and J. R. Michaels. *The New Testament Speaks.* New York: Harper & Row, 1969. 134-42. **Loew, W.** *Der Glaubensweg des Neuen Bundes: Eine Einführung in den Brief an die Hebräer.* UCB. Berlin: Akademie, 1941. **Lohmann, T.** "Zur Heilsgeschichte des Hebräerbriefes." *OLZ* 79(1984) 117-25. **Manson, W.** *The Epistle to the Hebrews: An Historical Theological Reconsideration.* London: Hodder & Stoughton, 1951. 25-46. **McCown, W. G.** "Holiness in Hebrews." *WesThJ* 16(1981) 58-78. **Menchini, L. M.** *Il discorso di S. Stephano Protomartire nella Letterature e Predicazione Cristiana Primitiva.* Rome: Pontifical Biblical Institute, 1951. **Ménégoz, E.** *Le théologie de l'Épître aux Hébreux.* Paris: Fischbacher, 1894. **Milligan, G.** *The Theology of the Epistle to the Hebrews with a Critical Introduction.* Edinburgh: Clark, 1899. **Moule, C. F. D.** "Once More, Who Were the Hellenists?" *ExpTim* 70(1959) 100-102. **Moxnes, H.** *Theology in Conflict.* NovTSup 53. Leiden: Brill, 1980. **Olson, S. N.** "Wandering but Not Lost." WW 5(1985) 426-33. **Oudersluys, R. C.** "Exodus in the Letter to the Hebrews." In *Grace upon Grace.* FS L. J. Kuyper. ed. J. I. Cook. Grand Rapids: Eerdmans, 1975. 143-52. **Perkins, D. W.** "A Call to Pilgrimage: The Challenge of Hebrews." *ThEduc* 32(1985) 69-81. **Pesch, R.** "'Hellenisten' und 'Hebräer': Zu Apg 9:29 und 6:1." *BZ* 23(1979) 87-92. **Peterson, D. G.** "Towards a New Testament Theology of Worship." RTR 43 (1984) 65-73. **Pretorius, E. A. C.** "Christusbeeld en Kerkmodel in die Hebräerbrief." *ThEv* 15(1982) 3-18. **Rendall, F.** *Theology of the Hebrew Christians.* London: Macmillan, 1886. **Riehm, E.** *Der Lehrbegriff des Hebräerbriefes*[2]. Basel: Balmer & Riehm, 1867. **Rissi, M.** *Die Theologie des Hebräerbriefs.* WUNT 44. Tübingen: Mohr, 1987. **Robinson, W.** "The Eschatology of the Epistle to the Hebrews: A Study in the Christian Doctrine of Hope." Enc 22(1961) 37-51. **Rusche, H.** "Glauben und Leben nach dem Hebräerbrief." *BibLeb* 12(1971) 94-104. **Scharlemann, M. H.** *Stephen: A Singular Saint.* Rome: Pontifical Biblical Institute, 1968. **Schick, E. A.** *Im Glauben Kraft empfangen: Betrachtungen zum Brief an die Hebräer.* Stuttgart: Katholisches Bibelwerk, 1978. **Schierse, F. J.** *Verheissung und Heilsvollendung: Zur theologischen Grundfrage des Hebräerbriefes.* MTS 1/9. Munich: Zink, 1955. **Schlatter, A.** *Der Glaube im Neuen Testament*[5]. Stuttgart: Calwer, 1963. **Scott, J. J.** "The Church of Jerusalem: An Investigation of the Growth of Internal Factions and the Extension of Its Influence in the Larger Church." Dissertation,

University of Manchester, 1969. 98-133, 242-56. **Scroggs, R.** "The Earliest Hellenistic Christianity." In *Religions in Antiquity*. FS E. R. Goodenough. ed. J. Neusner. Leiden: Brill, 1968. 176-206. **Simon, M.** *St. Stephen and the Hellenists in the Primitive Church*. London: Longmans, Green & Co., 1958. **Spicq, C.** "Contemplation, théologie et vie morale d'après l'Épître aux Hébreux." *RSR* 39(1951) 289-300. ______. "La théologie des deux Alliances dans l'Épître aux Hébreux." *RSPT* 33(1949) 15-30. ______. *Vie chrétienne et pérégrination selon le Nouveau Testament*. LD 71. Paris: Cerf, 1972. **Teodorico, P.** "Alcuni aspette dell' ecclesiologia della Lettera agli Ebrei." *Bib* 24(1943) 125-61, 323-69. ______. *La Chiesa della Lettera agli Ebrie*. Torin/Rome: Marietta, 1945. **Theissen, G.** *Untersuchungen zum Hebäerbrief*. SNT 2. Gütersloh: Mohn, 1969. **Thompson, J. W.** *Strategy for Survival: A Plan for Church Renewal from Hebrews*. Austin, TX: Sweet, 1980. **Vanhoye, A.** *Homilie für haltbedürftige Christen: Struktur und Botschaft des Hebräerbriefes*. Regensburg: Pustet, 1981. ______. *Our Priest in God: The Doctrine of the Epistle to the Hebrews*. Rome: Biblical Institute, 1977. **Viard, A.** "Le Salut par la foi dans l'Épître aux Hébreux." *Ang* 58(1981) 115-36. **Williamson, R.** "Hebrews and Doctrine." *ExpTim* 81(1969-70) 371-76. **Worley, D. R.** "God's Faithfulness to Promise: The Hortatory Use of Commissive Language in Hebrews." Dissertation, Yale University, 1981.

스데반과 헬라주의자들

아람어를 말하는 예수의 사역과 초대 예루살렘 교회 그리고 헬라어를 말하는 이방인 도시에 대한 바울의 사역간의 문화적 교량으로서 헬라주의자들의 중요성은 보편적으로 인식되고 있다(참조. Moulc, *ExpTim* 70[1959] 100-102; Hengel, *ZTK* 72[1975] 151-206; Pesch, *BZ* 23[1979] 87-92). 예를 들어, 헹겔(M. Hengel)은 거대한 인구들이 밀집되어 있던 도시들을 향한 초대교회의 선교를 적용함에서 있어서 헬라주의자들의 중요성을 언급했다(*ZTK* 72[1975] 200).

예루살렘 교회의 초기 메시아 신앙을 새로운 범주 속에서 전세계적인 헬라주의 중심으로 확인하기 위해서 예루살렘으로부터의 추방을 강요당한 헬라주의자들은 신약성경에 표현된 신학의 많은 부분에 대한 형대를 잡아주었다. 정경의 형성에서 기독교는 갈릴리 사람들의 직접적인 업적보다, 주요한 후원자가 되었던 국제적인 유대인들의 개량된 대표자들의 업적에 더 영향을 받았다. 새로운 운동을 위한 강화(講話)의 언어로서 헬라어의 채택, 가이사랴, 안디옥, 알렉산드리아, 에베소 그리고 로마에 주요한 교회들의 설립, 특색 있는 선교 신학의 육성과 발전 등, 이 모든 것들은 헬라주의자들의 지속적인 기여였다. 신학적으로 예루살렘에서 로마로 가는 길은 기독교 헬라주의 형성의 중심지인 안디옥을 통해서였다.

1950년에 있었던 일련의 세미나 강의에서 맨슨(W. Manson)은 히브리서의 신학을 스데반, 빌립 그리고 "일곱" 중에 다른 지도자들로 대표되는 초대 헬라주의자들의 신학에서 근거를 찾고자 하였다(*The Epistle to the Hebrews*, 25-46). 그는 스데반이 세계 선교를 촉진하는 신학을 전개하고 언급했으며, 또한 히브리서의 저자가 이 풍부한 유산의 상속자였다고 단정했다. 이런 논지에 대한 맨슨의 전개는 산헤드린 앞에서의 스데반의 실제적인 연설에 관한 것이라기보다는 스데반의 처형에 뒤이어 예루살렘에서 추방된 헬라주의자들의 선교활동에 관련한 이야기에서 그것의 주요한 지지를 이끌어내었다(행 7:2-53). 그는 선교에의 참여가 세계선교의 성경적 지지에 대한 신학적 숙고가 있기 전에 이미 전제되었다고 추론했다. 스데반의 설교의 세부적인 것들에 비추어 맨슨의 제안을 검증해보는 것은 가치가 있다고 할 것이다.

요컨대, 스데반의 변증은 이스라엘의 구속 역사의 근본적인 재해석으로 간주할 수 있다. 이 계시자의 해석에서 그 강조는 순종과 불순종에 있다. 스데반은 하나님이 자신의 임재나 계시를 어느 한 곳에 한정하시지 않았다는 것을 주장한다(행 7:2, 4-7, 22-25, 48). 하나님은 그의 말씀이 모든 곳에 알려지고 순종되어지기를 원하셨다. 그의 가장 중요한 계시는 실제로 이스라엘의 약속된 땅 바깥에서 나타났다. 하나님의 소명은 그의 말씀에 대한 순종의 반응으로 순례 백성이 되는 것이다. 하지만 이스라엘은 순례를 거부했고, 끊임없이 하나님의 지속적인 약속의 반복을 인식하지 못했다.

스데반의 재해석은 역시 모세의 역할로 확장되었다. 기록된 연설의 거의 절반이 모세에게 집중되어 있다: 애굽에서의 모세, 미디안에서의 모세, 시내산에서의 모세(그러나 가시덤불 불꽃에서 천사에 의해 중재된 주님의 음성을 듣는 것만), 모세를 거부했던 히브리인들을 구원하기 위해 애굽으로 되돌아가는 모세. 옛 언약의 중재자로 모세에 대한 언급이 없는 것이 두드러진다. 연설의 결론에까지 연기된 천사에 의해 중재된 율법에 대한 단일하고 간결한 암시(행 7:38)가 있다: "너희가 천사의 전한 율법을 받고도 지키지 아니하였도다"(행 7:53). 뚜렷한 절제의 효과적인 수사적 기법에 의해 이스라엘에 대한 모세의 지극한 중요성은 율법에 관해서가 아니라 하나님에 대한 변함 없는 순종의 모범으로서 그리고 이스라엘에 그의 예언적 계승자의 오심을 선언하였던 선지자로서 규정된다(행 7:37).

동일하게 두드러지는 것은 모세의 형제요 첫 번째 레위적 대제사장인 아론의 의미를 재해석한 것이다. 아론은 "조상들"의 요청으로 금송아지를 만들었던 사람으로 대표된다(행 7:39-43). 그때에 이스라엘은 우상숭배자가 되어, 민족들 중에서 가장 비천한 백성들과 동일하게 되었다. 하나님에 대한 예배와 헌신의 영역에서 이스라엘 백성들은 하나님을 알지 못하는 사람들과 구분할 수 없게 되었다.

스데반의 연설은 헬라주의자들 중에서도 이스라엘의 역사와 율법의 의미와 성전제의에 관한 전통적인 유대적 이해에 심각한 차이가 있었음을 암시한다. 역사의 모든 단계에서 이스라엘은 하나님의 계명을 순종하는 것을 거부했다. 모세에 의해 전달된 살아 계신 말씀과 하나님에 의해 세움 받은 구조자들을 거부함으로써 말이다(행 7:9-10, 27-28, 35-36, 39, 51-52). 스데반에게서 이스라엘의 과거에서 가장 의미 있는 순간은 장막의 임시적인 본질과 잠정성으로 전형되는 광야의 순례였다(행 7:44-50).

헬라적 운동은 나사렛 예수에 대한 스데반과 여타 사람들의 헌신 이전에 실제로 시작되었다. 그것은 이스라엘의 교만한 구속 역사의 의례적 전통과는 대비된다. 국제적인 유대인들의 존재를 설명해주는 약속된 땅으로부터의 이동은 이스라엘의 불순종에 대한 하나님의 심판으로 성경에 자주 해석되어 있다. 그것은 이스라엘의 "성스러운 역사"가 사실상 반항과 불순종의 역사였다는 것을 강조했다. 스데반은 거룩한 역사를 가진 것에 대해 구성원들을 비판하는 것이 아니라, 하나님의 구속적이고 계시적인 활동이 이스라엘에 부과한 언약적 의무를 따라 살지 못한 지속적으로 심각한 실패에 대해 책망하고 있는 것이다.

스데반에게서 하나님의 백성들의 역사를 이해하는 열쇠는 순종과 불순종이다. 주님으로서의 예수에 대한 인식은 스데반과 다른 헬라주의자들이 표명한 통찰의 요소들을 "헬라적 교회"의 특색 있는 신학을 지칭하는 인식적 형태와 조합시켰다.

헬라적 전통에서 히브리서의 위치

히브리서의 저자는 교회의 헬라파 내에서 신학적이고 영적인 계도를 형성한 심오한 신학자였다. 그가 초대 교회의 전통을 반영하고 있는 것처럼, 그의 사상은 독특성과 정교함을 보여준다. 하지만 그의 주요한 강조들 중 몇 가지는 산헤드린에 대한 연설에서 스데반이 이미 언급한 신학적 모티브들을 발전시킨 것으로 인식할 수 있다.

히브리서의 개념에서 하나님의 인간 역사의 개입이 약속하신 방향으로 모두 나아가고 있음이 이스라엘의 역사에 대한 스데반의 재해석의 핵심이다(행 7:5-7, 17, 37-38, 52). 이런 사상을 전개함에 있어서 스데반은 순례와 약속의 모티브를 많이 만들고 있는데, 그것은 유목민으로 불렸던 아브라함(7:2-5a), 낯선 땅으로 팔려간 요셉(행 7:9), 이스라엘이 하나님의 방랑하는 백성이 되었던 출애굽의 사건(행 7:36-38, 44)에서 주요한 예증을 발견한다.

순례와 약속의 주제는 히브리서의 가장 특색 있는 관심 중 하나다. 저자는 기독교적인 삶의 개념을 하나님의 도성에 대한 순례로 발전시킨다. 그것은 히브리서 3:7-4:13의 본질을 형성하고 있는데, 그 관심은 불신앙과 불순종으로 인해 하나님이 약속하신 안식에 들어가지 못한 이스라엘의 광야의 경험에 초점을 맞춘다. 만약 신앙공동체의 사람들이 가데쉬에서의 이스라엘을 특징지었던 불순종을 따라간다면, 하나님의 약속에 의해 살아간다는 공동체의 확신(4:1-2, 6-7, 9-11)은 위험에 처해질 것이다.

히브리서 11:8-11에서 하나님에 의해 믿음의 사람으로 증거되었던 족장들의 순례는 순종의 모범으로서 읽혀진다. 저자는 이런 삶에서 그리스도인들은 현존하는 지속적인 도성이 없음을 분명하게 진술한다. 그들은 다가올 도성을 오로지 좇았다(13:14). 이런 관점으로만, 도성이나 본향을 추구하면서 장막에서 살았던 아브라함과 그의 가족들처럼, 그들이 하나님의 신실한 믿음의 사람들인지를 필적할 수 있을 것이다(11:10, 14, 16). 순례는 옛 언약과 새 언약 하에 하나님의 순종적인 백성들의 특징이고, 그것은 하나님이 그들을 위해 한 도성을 준비하셨기 때문에 헛되지 않다(11:10, 16). 하나님의 새로운 백성들은 순례의 세대로 그대로 남아야 하고, 인생에서 하나님의 소명에 항상 열려 있어야 한다.

순례로서의 그리스도인의 삶의 개념은 순례의 실제적인 경험을 열거하는 구약 전승에서 나왔을 뿐만 아니라, 하나님의 소명에 반응하는데 필요한 환경에 대한 새로운 신학적 목회적 이해에서 기인한다. 순례의 교회론은 생존의 교회론이다. 그것은 어떤 장소로부터의 분리를 함의하고, 고난과 관련이 있다(참조. Johnson, *JBL* 97[1978] 239-51; Barrett, "The Eschatology of the Epistle to the Hebrews," 373-83). 이런 이해가 스데반의 설교에 함축되어 있고, 그것은 헬라적 교회의 신학을 알려준다.

히브리서에서 이런 이해는 하나님이 약속의 형태로만 말씀하셨던 실제를 그리스도인들이 이 땅에서도 소유하고 있다는 심오한 신학적 통찰을 예리하게 표명한다. 저자는 신앙 공동체를 하나님의 약속의 유산으로 분명히 간주한다(참조. 1:14; 6:12, 17; 9:15). 다른 신약성경의 문서에 특징인 약속과 성취의 익숙한 패턴(즉 하나님이 조상들에게 약속하신 것은 예수를 보내심으로 이루셨다)은 히브리서에서 수정된다. 히브리서의 강조는 하나님이 조상들에게 약속하신 것을 새 언약 백성들에 대한 확신으로 반복하셨다는 사실에 있다. 그들은 예수의 제사장적 직무에서 약속의 궁극적인 성취의 보증을 발견한다(4:1; 8:6; 10:23, 36; 11:11, 39-40의 주석을 보라).

히브리서의 패턴은 강렬함으로 재확인된 약속이고, 아직 이루어지지 않은 미래의 성취다. 하나님의 계시가 이 땅에서 오직 약속으로 소유되었다는 사실은 신앙 공동체에 적절한 존재의 한 형태가 왜 순례인지를 설명해준다. 그리스도인들은 약속을 좇아야 하고, 약속을 고수해야 한다. 아브라함이나 광야에서의 이스라엘의 방랑에 대한 언급은 하나님의 약속에 의해 형성되고 지속되는 신앙과 순종의 삶을 신앙 공동체에 요청하는 유용한 수단이 된다.

훈계적으로 신학적으로 순례와 약속의 모티브를 전개하는 과정에서 저자는 신앙에 관한 특색 있는 이해를 규명한다. 바울에게서 신앙은 본질적으로 예수로 말미암아 하나님이 성취하신 구속 행위에 대한 확고한 헌신이다. 그것은 특히 십자가와 부활의 반성적인 회고와 관련된다. 그런데 히브리서의 신학적 관점은 상당히 다르다. 신앙은 약속하신 하나님에 대한 순종적인 신뢰로 표현되는 미래에 열려 있음이고, 지금은 보이지 않지만, 약속의 말씀에 기반하고 있기 때문에 확실한 진리에 대한 현재의 이해이다(4:1; 6:12; 11:1-2, 13, 39; 12:2).

아브라함이 아들 이삭을 바칠 수 있게 한 것은 하나님의 능력을 믿는 믿음이었다. 이삭의 생명은 하나님이 약속하신 말씀 성취의 핵심이었다(11:17-19). 모세가 바로의 진노를 도전하고 이스라엘을 노예상태에서 이끌어낸 것도 이런 믿음의 양태였다. 압박 하에서도 그는 확고하였는데, 믿음을 통해 "보이지 아니하는 자를 보는 것같이 하여 참았"기 때문이었다(11:26-27). 저자가 청중들에게 요청하고 있는 믿음은 미래에 대한 굳건한 신뢰다. 그것이 확신을 견지하여 현재에 책임 있는 행동을 하게 한다. 믿음에 관한 이 분명한 종말론적 이해는 순례의 모티브에 대한 추론이다. 이전에 스데반처럼 히브리서의 저자는 이스라엘 역사의 결과를 하나님의 목적에 대한 반항과 저항의 기록으로 발전시킨다(3:7-4:13). 그러나 그의 강조는 이스라엘의 불순종에 대한 기록을 예수에 대한 배신과 살인에서 그 정점을 가져온 스데반의 강조(행 7:51-53)와는 다르다. 히브리서의 저자는 이스라엘의 불순종의 역사를 반복할 위험이 있는 가정교회의 유대 기독교인 구성원들을 염려하고 있다. 그의 관심은 '약속을 받은 사람들과 그 약속의 실현에 참여하는 사람들간에 필연적인 연속성은 없다'는 헬라적 교회의 주요한 교의를 반영한다. 하나님의 참된 백성들의 두드러진 특징은 약속의 순종과 믿음이다(5:11-6:12의 주석을 보라).

저자는 하나님에게 신뢰를 두고, 사명을 주신 분에게 충실하였던 예수에게 관심을 돌림으로써 공동체에 이 근본적인 통찰을 불러일으킨다(2:13; 3:1-2; 12:2). 예수는 죽음의 고통을 통하여 경험적으로 순종을 배웠다(5:7-8). 제사장적인 행위로 하나님 앞에 나아가는 자격을 가지신 후에, 예수는 그를 순종하는 모든 사람들에게 영원한 구원의 근원이 되시었다(5:9). 고백의 낭송으로 충성을 서약했던, "사도시며 대제사장이신 예수"(3:1, 6, 14; 4:14)를 생각할 때, 공동체는 확고하게 그들의 확신과 세례 시의 고백을 견지할 수 있다.

공동체는 하나님께 불순종하였던 이스라엘을 닮아서는 안 되며, 예수의 인격적이고 충족적인 희생으로 제공된 하나님에 대한 새로운 접근의 충만한 혜택을 취해야 한다(10:19-22). 이 일에 실패하고, 뒷걸음치며, 진리의 지식을 받은 후에 고의로 죄짓는 것은 광야의 이스라엘이 경험한 반항과 죽음을 심각한 형태로 재발시키는 것이다(126-31, 35-39). 그렇게 되면 "오직 무서운 마음으로 심판을 기다리는 것과 대적하는 자를 소멸할 맹렬한 불만 있게"(10:27) 되는 것을 경험적으로 알게 될 것이다. "원수 갚는 것이 내게 있으니"(10:30)라고 말씀하신 하나님을 대면할 때에 말이다. 심판의 모티브와 그것의 결정적인 결과(참조. 9:27; 10:31; 12:25-27)를 묵상한 저자는, 아들로 말미암아 마지막 말씀을 주신 하나님의 놀라우신 특징을 잊어버릴 위험에 있는 새 언약 공동체에 그 사실을 적용하면서, 스데반의 논증을 논리의 결과로 가져온다.

스데반의 연설과 히브리서의 유사성은 히브리서의 저자가 초대 헬라주의자들에 의해 처음 언급된 신학적 관점과 제휴하였음을 암시한다. 강조의 차이는 헬라 교회의 특색 있는 신학의 성숙하고 발전된 표현을 히브리서가 제공하고 있음이다. 저자는 초대 교회 내의 주요한 신학자들처럼 인정을 받을 수 있다. 그는 교회의 봉사로 훈련받은 예리한 신학적 통찰과 최상의 정신을 소유했다.

현재도 논의가 계속되는 질문은 멜기세덱과 같은 영원한 대제사장으로서의 예수의 개념에 관한 원천과 관련이 있다. 이 개념이 저자가 처음으로 이해한 통찰인지, 아니면 저자가 초대 헬라주의자들의 신학적 유산의 일부분을 수용한 것인가?

저자가 그리스도의 대제사장에 대한 개념에 대해 어떤 신학적 해석을 주기 전에 그리스도를 대제사장으로 언급하고 있다는 사실(2:17-18; 3:1-2; 4:14-16)은 맨슨으로 하여금 그것이 헬라적 운동의 공통된 속성이었다고 주장하도록 만들었다(*The Epistle to the Hebrews*, 54). 그것은 가능하다. 하지만 5:1-10:18에서 이 주제의 발전은, 헬라주의자들에 의해 간직된 기독교 전통을 오래도록 의미 있게 묵상한, 카리스마적인 은사를 소유하고 있는 교사가 최초의 창조적 묵상의 특징을 갖고 있다고 해도 의심의 여지가 없다. (이 주제에 관한 보다 사려 깊은 판단에 관해서는 위의 "제사장직의 차원에서 해석되는 아들됨"을 보라.) 히브리서의 지속적인 가치 중 하나는, 기독교회의 신학, 예전, 경건, 그리고 실천을 풍부하게 하는 통찰을 보존하고 발전시킨, 헬라주의자들의 신학적 전통과의 연속성에 있다.

인식

참고문헌

Aland, K. *The Problem of the New Testament Canon.* London: Mowbray, 1962. **Anderson, C. P.** "The Epistle to the Hebrews and the Pauline Letter Collection." *HTR* 59(1966) 429-38. ______. "Hebrews among the Letters of Paul." *SR* 5(1975-76) 258-66. **Farmer, W. R.**, and **Farkasfalvey, D. M.** *The Formation of the New Testament Canon: An Ecumenical Approach.* New York/Ramsey/Toronto: Paulist, 1983. **Ferguson, E.** "Canon Muratori: Date and Provenance." In *Studia Patristica: Eighth International Congress on Patristic Studies.* ed. F. A. Livingstone. Oxford/New York: Pergamon, 1982. 677-83. **Gamble, H. Y.** *The New Testament Canon: Its Making and Meaning.* Philadelphia: Fortress, 1985. **Grant, R. M.** "Literary Criticism and the NT Canon." *JSNT* 16(1982) 22-44. **Gwilliam, G. H.** "The Epistle to the Hebrews in the Syrian Church." *ExpTim* 8(1896-97) 154-56. **Hatch, W. H. P.** "The Position of Hebrews in the Canon of the New Testament." *HTR* 29(1936) 133-51. **Käsemann, E.**, ed. *Das Neue Testament als Kanon: Dokumentation und kritischen Analyze zur gegenwärtige Diskussion.* Göttingen: Vandenhoeck & Ruprecht, 1970. **Meade, D. G.** *Pseudonymity and Canon: An Investigation into the Relationship of Authorship and Authority in*

Jewish and Earliest Christian Tradition. Grand Rapids: Eerdmans, 1986. **Metzger, B. M.** *The Canon of the New Testament: Its Origin, Development, and Significance.* Oxford: Clarendon, 1987. **Nellessen, E.** "Lateinische Summarien zum Hebräerbrief." *BZ* 14(1970) 240-51. **Ohlig, K. H.** *Die theologische Begründung des neutestamentlichen Kanons in der alten Kirche: Kommentare und Beiträge zum Alten und Neuen Testament.* Düsseldorf: Patmos, 1972. **Pérez, G.** "Autenticidad y canonicidad de la carta a los Hebreos." *CB* 13(1956) 216-26. **Riggenbach, E.** *Historische Studien zum Hebräerbrief: 1. Teil: Die ältesten lateinischen Kommentare zum Hebräerbrief.* FGNK 8/1. Leipzig: Deichert, 1907. **Sanders, J. A.** *Canon and Community: A Guide to Canonical Criticism.* Philadelphia: Fortress, 1984. **Sen, F.** "La carta a los Hebreos en el Canon y en el corpus paulino." *CB* 25(1968) 35-40. **Sundberg, A. C.** "Canon Muratori: A Fourth-Century List." *HTR* 66(1973) 1-41. **Thayer, J. H.** "Authorship and Canonicity of the Epistle to the Hebrews." *BSac* 24(1867) 681-722.

우리가 히브리서의 정경성을 합리적으로 추구하였을 때, 그것을 신약성경의 "느슨한 목적"으로 묘사할 수 있을 것이다. 히브리서는 서방과 동방 교회에서 본질적인 권위를 분명히 주장하였다. 하지만 그런 사실에도 불구하고, 믿음과 실천에 관한 교회 규칙의 구성요소로서 히브리서를 인정하는데 마지못해 했다.

서방의 인식

클레멘트 1서(*1 Clement*)는 로마의 기독교 공동체의 삶에 대한 히브리서의 영향의 증거를 제공한다. 이 목회 서신은 혼란을 겪고 있는 고린도 교회에 로마의 교회가 보낸 것이다. 이 서신이 익명일지라도, 이어지는 전통은 그 저작을 클레멘트에게 돌리는데, 그는 1세기를 마감하는 몇 십 년 또는 2세기 초 동안에 로마교회의 담임목사로 있었다(위의 "저작의 시기: 일반적인 고려사항들"을 보라). 클레멘트는 히브리서가 자신의 목회서신의 형성과 진술에 상당히 영향을 미쳤다는 논박할 수 없는 증거를 제공한다. (히브리서에 대한 문학적 인식을 반영하는 구절들은 클레멘트 1서[히 11:5-7]; 12:1-3[참조. 히 11:31]; 17:1[참조. 히 11:37]; 19:2 [참조. 히 12:1]; 21:9[참조. 히 4:12]; 27:2[참조. 히 6:18]; 36:1-6[참조. 히 1:3-13; 2:17-18; 4:15-16]; 43:1[참조. 히 3:2-5]이다.)

히브리서에 관한 클레멘트의 인식에 관한 정도는 특히 클레멘트1서(*1 Clem*) 36:1-6에서 반영된다.

> 우리가 구원을 발견한 사랑하는 예수 그리스도는 우리의 희생제물의 대제사장이시요 우리의 연약함을 변호하시고 도우시는 분이시도다. "위엄의 광채를 발하시는 분은 천사들과 비교할 수 없을 정도로 위대하시며, 탁월한 이름을 지니셨도다." 기록된바, "하나님은 천사들을 영으로 만드시고, 그의 사역자들을 타는 불꽃으로 만드시는도다." 하지만 하나님의 아들에 관하여 말씀하시기를 "너는 나의 아들이라. 오늘날 내가 너의 아비가 되리라. 내게 구하라. 그리하면 나는 족속들을 너의 기업으로 줄 것이요, 이 땅의 모든 것이 너의 것이 되게 하리라." 그리고 다시금 아들에게 말씀하신다. "내게 네 대적을 발등상이 되게 하기까지 네 우편에 앉으라."

예수를 "대제사장"과 "약한 자의 변호자"로 지칭하심(참조. 히 2:17-18; 4:15-16)은 히브리서 1:3-13에서 발췌한 구절들의 모음의 형태를 갖는 단락에서 나타난다. "광휘를 발하시는 그분은 천사들과 비교할 수 없을 정도로 위대하시며, 탁월한 이름을 지니셨도다"라는 서술구는 실제로 히브리서 1:3-4을 조합한 인용이다. 게다가 클레멘트가 시편 110:1을 하나님이 아들에 대한 호칭의 직접적인 용어로서 인용할 때, 그는 히브리서 1:13에서 저자가 사용한 도입형식어구에 문학적 의존을 하고 있음을 드러낸다. 이런 방식의 도입 인용은 히브리서의 전형이지만(1:5-13; 5:5-6; 7:17, 21), 클레멘트 1서에서는 여기서만 나온다(참조. G. L. Cockerill, "히 1:1-14, *1 Clem* 36:1-6 and the High Priest Title," *JBL* 97[1978] 437-40; P. Ellingworth, "Hebrews and 1 Clement: Literary Dependence or Common Tradition?" *BZ* ns 23[1979] 262-69).

클레멘트가 제기하는 연쇄적인 인용은 한 저자로 하여금 예수를 제사장으로서가 아니라 아들로 지칭하도록 초래하게 한 것이 두드러진다. 클레멘트로 하여금 히브리서 1장에 관한 부연설명을 예수의 대제사장 사역으로 연결시키게 하고 나아가서 예수를 "약한 자의 변호자요 도우시는 자"로 명명한 것은 히브리서에서의 대제사장으로서의 아들에 대한 제시다. 클레멘트는 히브리서 본문의 세세한 부분들을 분명히 알고 있었고, 아들과 대제사장으로서의 예수에 관한 독특한 제시를 의존했다. 클레멘트가 히브리서를 사용한 방식은 그가 히브리서의 권위를 인정했음을 보여준다.

히브리서의 반응에 대한 로마의 인식은 120년과 140년 사이에 로마에서 작성된 묵시적 예언인 '허마스의 목자'(*Shepherd of Hermas*)에서 증거된다. 이 문서는 회개의 적절한 실천과 관련하여 로마의 교회에서 제기된 문제들을 상고하고 있다. '허마스의 목자'에서 개진된 고찰들은 회개가 하나님에 의해 부여된 단 한번의 구원의 가능성인가라는 인식을 의문하는 과정을 시작하였는데, '허마스의 목자'의 저자는 자신에게 나타났던 천사로부터 받은 일부 가르침을 질문하는 장면에서 이에 관해 언급했다.

> "우리가 물로 내려가서 이전의 죄들의 방면을 받을 때 주어진 것 이외에 두 번째 회개는 없는가라는 것을 어떤 교사로부터 들었습니다." 그분은 저에게 말씀했습니다. "네가 정확히 들었다. 그러하도다. 죄의 방면을 받은 사람은 다시 죄를 지어서는 안 되고, 정결로 살아야 한다"(Mand. 4.3.1-2).

히브리서의 저자는 세례 시의 회개와 이런 방식의 죄용서 받음의 종말론적인 단일함을 정확히 표현한 것으로 알려진 허마스 이전 시기의 유일한 교사다. 히브리서가 로마의 기독교 공동체 내에서 분명히 순환되고 있었기 때문에, 히브리서는 허마스(*Hermas*)가 회개의 단일함에 관한 가르침을 받았던 자료였을 것이다. 허마스는 히브리서의 가르침에 관한 공식적인 인식 속에서, 하지만 히브리서에 대한 상당한 대조적 형태로, 두 번째 회개에 관한 예언적인 메시지를 발전시켰다(*Vis.* 2.2.4-5). (참조. K. Rahner, "Die Busslehre des Hirten des Hermas," *ZKT* 77[1955] 385-431; B. Poschmann, *Paenitentia secunda, die kirchliche Busse im ältesten Christentum bis Cyprian und Origenes*[Bonn: Hanstein, 1940] 38-52.)

이런 논쟁 속에서, 서방 교회는 히브리서보다는 궁극적으로 '허마스의 목자'(*Hermas*) 편에 섰다. (히브리서의 인지를 반영하는 '허마스의 목자'[*Hermas*]의 또 다른 구절들은 *Vis.* 2.2.7[참조. 히 11:33]; *Vis.* 2.3.2[참조. 히 3:13]; *Vis.* 3.7.2[참조. 히 3:13]; *Vis.* 4.2.4; *Sim.* 9.13.7[참조. 히 11:33]; *Sim.* 9.2.2[참조. 히 10:19-20]이다.)

저스틴도 분명히 히브리서를 알고 있었다(*Apology* 12.9[참조. 히 3:1]; *Dialogue* 13:1[참조. 히 9:13-14]; 19.3[참조. 히 11:5]; 19.4[참조. 히 5:6; 6:20; 7:1-2); 46.3; 56:1[참조. 히 3:5]; 67:9[참조. 히 12:21]; 96:1[참조. 히 7:17, 24]; 113.5[참조. 히 5:6, 10]; 121.2[참조. 히 4:12-13]). 이레니우스(Eusebius, *Church History* 5.26.3), 로마의 장로 가이오(c. a.d. 200; Eusebius, *Church History* 6.20.3), 그리고 히폴리투스(*Refutation of All Heresies* 6.30.9)도 히브리서를 알고 사용하였다. 이 세 사람 모두 바울이 저작자가 아니라고 인식하였다.

말시온의 *Apostolicon*(Tertullian, *Against Marcion*, 5)에 히브리서가 없는 것은

히브리서의 강력한 구약성경에 대한 의존과 유대 사상의 형태로 충분히 설명할 수 있다. 2세기 후반으로 거슬러 올라가며(참조. E. Ferguson, "Canon Muratori: Date and Provenance," 677-83), 로마 교회에서 권위가 있다고 인정된 문서들의 목록을 제공한 무라토리안 정경(Muratonian Canon)은 히브리서를 언급하지 않는다. 히브리서는 3세기와 4세기 초반에는 좀처럼 인용되지 않았다.

상당한 시기 동안 히브리서를 소홀히 한데 따른 중요한 영향은 서방에서 히브리서에 관한 특징이 되었던 것으로 보인다. 또한 히브리서의 저자가 배교 이후에 회개의 불가능성을 논증한 엄격성은 서방에서 2세기와 3세기에 히브리서에 대한 상대적인 소홀함과 서방교회가 4세기에 동방 교회로부터 압력을 받아 히브리서의 권위를 인정하는데 마지못해 했음을 설명해주는 이유가 될 것이다. 터툴리안(Tertullian, 약 A.D. 200-220)이 한 언급은 이와 관련해서 교훈적이나. 초기에 몬타누스파로 활동하던 시기에, 그는 서방교회가 채택한, 히마스가 도입한 세례후 회개의 가능성과 관련한 가르침을 반대했다. 자신의 입장을 지지하기 위하여 터툴리안은 히브리서 6:4-8을 인용했다.

> 그러나 나는 사도들의 특별한 친구였을 것으로 여겨지는 사람의 증언을 추가하기를 참으로 원합니다…하나님으로부터 적합한 권위를 갖고 있는 사람인 바나바의 표제를 [갖고 있는] 히브리인들에 대한 [문서]가 있습니다…그리고 물론 바나바의 서신은 묵시적인 "간음한 자의 목자"(Shepherd of Adulterers)보다 교회들 사이에서 더 일반적으로 인정되고 있습니다(*On Modesty* 20.3).

물론 "간음한 자의 목자"(Shepherd of Adulterers)는 허마스의 목자(*Shepherd of Hermas*)에 대한 암시이고, 두 번째, 즉 세례후의 회개와 관련한 그의 가르침은 터툴리안의 시대에 간음을 저질렀던 사람들에게로 확대되었다.

서방의 일부 교회 지도자들은 히브리서의 권위를 확실히 의심했다. 저작과 권위 사이의 구분에 대한 논쟁이 확대되었다. 히브리서의 저작사에 대한 견해의 다양성은 교회로 하여금 히브리서의 증언에 대해 듣는 것을 차단하게 하였다. 2세기말과 3세기초에 로마의 견해는 바울의 서신 정경에서 히브리서를 배제하는 것을 구체화했다. 모든 의도와 목적을 위한 히브리서의 목소리는 서방 교회에서 침묵을 지켰다. 심지어 히브리서의 권위가 4세기에 온전히 인정되고, 성경 정경에 속하는 것으로 인식되었을지라도, 히브리서가 서방교회의 사상, 생활, 그리고 예전에 상당한 영향을 끼쳤다는 증거가 거의 없다.

동방의 인정

초기 알레산드리아 교부들과 동방교회의 전반은 히브리서를 바울에게 속하는 것으로 여겼고, 히브리서의 본질적인 권위를 인정하였다. 히브리서를 초기 기독교의 유대 선교로 자리잡으면서, "히브리인들에게"(*πρὸς Ἑβραίους* – 프로스 헤브라이우스)라는 타이틀을 처음으로 문서의 사본에 추가한 것이 동방이었을 것이다. 히브리서는 판다누스(Pantaenus, dir A.D. 180)와 그의 제자인 알렉산드리아의 클레멘트(약 A.D. 200)(Eusebius, *Church History* 6.14.1-4)에게 이미 알려져 있었다.

히브리서는 바울 서신의 가장 이른 현존하는 사본, 즉 3세기초, 아마도 A.D. 200년만큼 이른 시기로 할당할 수 있는 Chester Beatty Papyrus II(P^{46})에서도 증거된다. 물론 북아프라카에서도 역시 3세기초에 터툴리안에 의해 알려졌다.

판타누스, 클레멘트, 그리고 오리겐에 의한 히브리서의 언급에서 두드러지는 것(Eusebius, *Church History* 6.14.1-4; 6.25.11-14)은 그들이 히브리서를 바울 서신의 집합 속에 포함된다고 인식하고 그런 연관을 정당화할 필요성을 느꼈다는 것이다(참조. Anderson, *HTR* 59[1966] 129-38). 이런 상황의 합법성을 변호하기 위해 클레멘트와 오리겐이 개진한 논증은 2세기말경에 동방에서 히브리서의 본질적인 권위의 인식에 대한 증거보다는 덜한 관심을 갖는다.

"옛 시대의 사람들[*ἀρχαῖοι ἄνδρες* – 아르카이오이 안드레스]은 그것을[즉 히브리서] 바울의 것으로 전수하였다"(Eusebius, *Church History* 6.25.13)라는 오리겐의 언급은 특별한 관심에 속한다. 히브리서가 확실히 바울의 저작이 아니라 할지라도, 초기의 전통은 히브리서의 개념적인 연속성에 대한 인식을 바울과 같은 인물의 진정한 초기 작품에 두었다. "바울"이란 이름은 바울 이후의 공동체에 수신하는 바울의 권위와 관련이 있다. 그들이 히브리서의 권위를 인식했을 때, 이 초기 교회 지도자들을 인식한 것은 이런 개념적인 연속성이다. 히브리서의 저작을 바울에게 돌리는 것은 히브리서의 본질적인 중요성에 대한 공개된 인식이 있었다.

유세비우스는 히브리서에 관한 바울의 저작권과 관련하여 서방에서 제기된 질문을 충분히 인식하고 있었지만, 바울의 작품에 속하는 14서신의 집합에 이 문서를 포함시켰다(*Church History* 3.5; 6.20.3). 아타나시우스도 히브리서를 바울의 14서신에 목록을 올렸다(*Festal Letter* 39.5). 신약 성경 사본 전승에서 히브리서는 독점적으로 바울의 서신과 관련하여 나온다. 그것이 전승에서 세 가지 서로 다른 입장을 견지하고 있을지라도 말이다(Hatch, *HTR* 29[1936] 133-51).

4세기 후반에 동방에서 시간을 보냈던 서방의 교부들의 영향 하에 히브리서가 바울의 14서신에 속한다는 동방과 서방간의 일치가 있었다. 예를 들어, 포티어의 힐라리(Hiliary of Poitiers)는 소아시아에서의 유배의 시기를 보냈는데, 그때에 그는 히브리서를 바울과 바울의 권위에 의해 쓰여진 것으로 간주했다. A.D. 367년에 힐라리는 히브리서의 바울 저작권에 대한 지지를 보낸 서방의 첫 교회 지도자가 되었다(*On the Trinity* 4.11).

그러나 서방의 견해에 대한 결정적인 영향은 제롬과 어거스틴에 의해 시행되었다. 제롬은 동방과 서방에서 히브리서와 관련한 다양한 의견을 경계하였다. 그는 히브리서의 인용에서 조심성을 가졌지만, 암묵적으로 히브리서를 바울의 서신인 것으로 취급했다. 그는 히브리서의 본질적인 권위와 신약성경에 히브리서가 포함될 수 있는 권리와 관련해서는 전혀 의심하지 않았다(*On Illustrious Men* 5; *Epistles* 53.8; 129.3). 어거스틴도 동등하게 히브리서의 저작과 관련한 논쟁을 경계하고 있었다. 그는 히브리서의 권위를 충분히 인식했고, 히브리서를 바울 서신 가운데 올려놓았다(*Christian Doctrine* 2.8; *City of God* 16.22).

이 두 사람에 의해 시행된 영향의 정도는 A.D. 397과 419년에 다시 한번 카르타고에서 모인 교회지도자들의 행동을 살펴봄으로써 측정할 수 있다. 397년의 카르타고의 회의는 히브리서의 권위를 공식적으로 인정하였다. 하지만 히브리서를 바울 서신 모음집에 맨 끝에 둠으로써 히브리서와 바울의 13서신을 구분하였다. 이것이 옛 라틴 사본 d, e, f 그리고 라틴 벌게이트역에서 히브리서가 점유한 위치다. A.D. 419에 카르타고에서 모인 사람들은, 제롬과 어거스틴의 영향을 반영하는 의견의 변화인, 바울 서신의 집합을 14서신으로 이루어졌다고 설명한다.

결론적인 관찰

궁극적으로 본문의 권위를 결정하는 것은 본문의 실제에 있다. 히브리서가 "공적이 있는" 본문이 아니었다면, 그것은 보존되지도 권위가 있는 것으로 인정받지도 못했을 것이다. 기독교 지도자들은 히브리서를 보존하였고, 또 긍정적인 결과들이 뒤따랐기 때문에 히브리서는 전수되고 전파되었다. 교회의 초기 세기에 히브리서의 사용에서 히브리서의 권위는 인정되었다. 클레멘트가 격려, 예전 그리고 기도를 위해 히브리서를 사용한 것이나, 회개에 관한 목회적 문제에 관해 허마스(Hermas)가 히브리서에 반응을 보인 관심은 이것을 증거한다. 두 문서의 경우에 히브리서에 대한 호소로 히브리서에 대한 인정을 보여준다. 초대교회의 관심은 실천, 경건, 경험적인 생생한 믿음, 영적인 효용에 있고, 히브리서는 그런 목소리가 들려질 것을 요구했다.

교회 생활의 매우 이른 시기에 히브리서에 의해 주장된 권위는 히브리서가 과거의 구체적인 사례에 민감한 목회적 반응 그 이상이라는 중요한 상기를 시켜준다. 유대 기독교 가정교회 구성원들을 파괴로 위협하는 상황은 일종의 촉매였다. 그것은 강화의 모든 장에 반영되고 있는 창조적으로 기도하는 사고를 불러일으켰다. 그러나 히브리서는 지역적인 상황에 대한 반응 그 이상이다. 그것은 계시에 대한 반응이다. 타락하고 불안정한 세상에서 그리스도인들이 때때로 직면하는 냉혹한 삶의 현실에 대한 반응으로 하나님으로부터 교회에 수신된 말씀을 전달한다. 신약 정경의 구성 요소의 일부로서 히브리서는 예수 그리스도로 말미암은 하나님의 행위의 결정적인 종말론적 특징과 하나님에 대한 흔들리지 않는 헌신의 긴급성을 본질적인 증거에 추가시켰다.

정경의 지위는 규범적인 지위를 반영하고 전달해준다. 그것은 히브리서의 규범적인 가치와 유용성의 고백이다. 정경은 텍스트를 보편화해준다. 즉 정경은 매우 특별한 텍스트를 취하여 그것에 생명을 부여한다. 그리하여 텍스트의 원래 생활환경과는 동일하지 않은 다양한 상황들에게 전달한다. 정경의 인정은 신자들의 공동체가 새로운 상황에 영적이고 신학적인 형성을 위한 이 특별한 텍스트에 의미를 만들 수 있었다는 고백적인 인식이다. 히브리서가 하나님의 비전의 향유에 필수불가결한 거룩의 실현으로 공동체를 가르치고, 교정하고, 세워주고, 이끌기 위한 믿음의 공동체에 의해 사용되었을 때, 교회 생활과 예수와 사도들과의 연속성 속에 있는 교회들을 형성하는 믿음의 규칙으로 기능하는 히브리서의 권위는 인정되었다.

텍스트

참고문헌

Aland, K., ed. *Die alten Übersetzungen des Neuen Testaments, die kirchenvaterzitate und Lektionare*. Berlin: de Gruyter, 1972. ______. *Kurzegefasste Liste der griechischen Handscriften des Neuen Testaments: Vol. 1. Gesamtübersicht*. Berlin: de Gruyter, 1963. ______. "Neue Neutestamentliche Papyri." *NTS* 3(1956-57) 261-86. ______. "Neue

Neutestamentliche Papyri II." *NTS* 9(1962-63) 303-16. ______. "Neue Neutestamentliche Papyri III." *NTS* 22(1975-76) 375-96. ______. *Studien zur Überlieferung des Neuen Testaments und seines Textes.* Berlin: de Gruyter, 1967. 91-136. ______ and **Aland, B.** *The Text of the New Testament: An Introduction to the Critical Editions and to the Theory and Practice of Modern Textual Criticism.* tr. E. F. Rhodes. Grand Rapids: Eerdmans, 1987. **Beare, F. W.** "The Text of the Epistle to the Hebrews." *JBL* 63(1944) 379-96. **Bensley, R. L.** *The Harklean Version of the Epistle to the Hebrews XI. 28 XIII. 25.* Cambridge: Cambridge UP, 1889. **Elliott, J. K.** "Keeping Up with Recent Studies: XV. New Testament Textual Criticism." *ExpTim* 99(1987) 40-45. **Harnack, A. V.** "Studien zur Vulgata des Hebräerbriefes." SPAW(1920) 179-201. [Reprinted in *Studien zur Geschichte des Neuen Testaments und der alten Kirche.* Berlin: de Gruyter, 1931. 191-234.] **Hoskier, H. C.** *A Commentary on the Various Readings in the Text of the Epistle to the Hebrews in the Chester Beatty Papyrus* P[45]. London: Quaritch, 1938. **Kim, Y. K.** "Palaeographical Dating of P[46] to the Later First Century." *Bib* 69 (1988) 248-57. **Metzger, B. M.** *The Text of the New Testament: Its Transmission, Corruption, and Restoration*[2]. New York/Oxford: Oxford UP, 1968. 247-56. ______. *A Textual Commentary of the Greek New Testament: A Companion Volume to the United Bible Societies Greek New Testament (Third Edition).* London/New York: United Bible Societies, 1971. 661-78. **Sanders, H. A.**, ed. *A Third-Century Papyrus Codex of the Epistles of Paul.* Ann Arbor: University of Michigan Press, 1935. **Schäfer, K. T.** *Üntersuchungen zur Geschichte der lateinischen Ubersetzung des Hebräerbriefes.* Freiburg im Breisgau: Herder, 1929. **Schofield, E. M.** "The Papyrus Fragments of the Greek New Testament." Dissertation, Southern Baptist Theological Seminary, 1936. **Tasker, R. V. G.** "The Text of the 'Corpus Paulinum.'" *NTS* 1(1954-55) 180-91. **Treu, K.** "Neue neutestamentliche Fragmente der Berlin Papy russammlung." *Archiv für Papyrusforschung* 18(1960) 37-48. **Willis, C. G.** "St. Augustine's Text of the Epistle to the Hebrews." SE 6(1962) 543-47. **Zuntz, G.** *The Text of the Epistles: A Disquisition upon the Corpus Paulinum.* Schweich Lectures, 1946. London: The British Academy, 1953.

히브리서의 텍스트는 잘 보존되었다. 그것이 바울 작품의 구성요소가 되는 것으로 기의 특별하게 전수되었기 때문일 것이다. 보존된 텍스트의 일부를 갖는 주요한 증거본들은 다음과 같다.

파피루스(PAPYRI)

p^{12} P. Amherst 3b (3세기): 1:1

p^{13} P. Oxyrhyncus (3세기/4세기) 2:14-5:5; 10:8-12; 10:29-11:13; 11:28-12:17

p^{17} P. Oxyrhyncus 1078 (4th cent.): 9:12-19

p^{46} P. Chester Beatty Ⅱ (A.D. 200): 1:1-9:16; 9:18-10:20, 22-30; 10:32-13: 25

p^{79} Berlin Staatliche Museen Inv. 6774 (7th cent): 10:10-12, 28-30.

대문자 사본(Uncial Codices)

א (01) 시내산 사본(Codex Sinaiticus, 4세기): 전부

A (02) 알렉산드리아 사본(Codex Alexandrinus, 5세기): 전부

B (03) 바티칸 사본(Codex Vaticanus, 4세기): 1:1-9:13

C (04) Ephraemi Syri Rescriptus 사본(5세기): 2:4-7:26; 9:15-10:24; 12:16- 13:25

D (06) Claromontanus 사본(6세기): 1:1-13:20, 헬라어와 라틴 MS의 두 언어

E (06^{abs}) Sangermanesis 사본(9세기): Claromontanus 사본의 복사본

H (015) Euthalianus 사본(6세기): 1:3-8; 2:11-16; 3:13-18; 4:12-15; 10:1- 7, 32-38; 12:10-15; 13:24-25

I (016) Freerianus 사본(5세기) 1:1-3, 9-12; 2:4-7, 12-14; 3:4-6, 14-16; 4: 3-6, 12-14; 5:5-7; 6:1-3, 10-13; 6:20-7:2; 7:7-11, 18-20; 7:27-8:1; 8:7-9; 9:1-4, 9-11, 16-19, 25-27; 10:5-8, 16-18, 26-29, 35-38; 11:6-7, 12-15, 22-24, 31-33; 11:38-12:1; 12:7-9, 16-18, 25-27; 13:7-9, 16-18, 25-27; 13:7-9, 16-18, 23-25

K (018) Mosquensis 사본(9세기): 전부

L (020) Angelicus 사본 (9세기): 1:1-13:9

P (025) Porphyrianus 사본(9세기): 전부
Ψ (044) Athous Laurae 사본(8세기/9세기): 1:1-8:10; 9:20-13:25
048 (5세기): 11:32-38; 12:3-13:4
0121b (10세기): 1:1-4:3; 12:20-13:25
0122 (9세기): 5:8-6:10
0227 (5세기): 11:18-19, 29
0228 (4세기): 12:19-21, 23-25
0252 (5세기): 6:2-4, 6-7

중요한 소문자 고대사본(MINUSCULES)

33 (9세기) 1739 (10세기)
81 (A.D. 1044) 1881 (14세기)
104 (A.D. 1087) 2464 (10세기)
326 (12세기)

역본들(Versions)

고대 라틴어(OL) 역본은 Codex Claromontanus(D)의 라틴어 란인 d로, 6:6-7:5; 7:8-18; 7:20-8:1; 9:27-10:9; 10:11-11:7을 담고 있는 6세기의 Freising 파편인 r로 그리고 10:1-13:25을 담고 있는 (9세기의) z로 대변된다. 언설 사본 F(010) Codex Augiensis(9세기)은 헬라어와 라틴터의 이중 페이지 란에 바울 서신들을 포함한다. 그러나 히브리서는 단지 라틴어로만 보존되었다.

콥틱역본(Coptic version, co)은 Sahidic(cop)와 Bohairic(cop)로 대변된다.

시리아역본(Syriac version, sy)은 Peshitta(p)와 Harclean(h) 번역으로 대변된다. Harclean 역본(hmg)에는 중요한 부가적 각주가 있다.

매우 초기의 사본들과 파편들이 혼합된 본문을 보존하고 있을지라도 주요한 증거들로 대변되는 텍스트의 형태는 주로 알렉산드리아 사본이다. 비잔틴 텍스트는 C K L와 많은 고대 사본들로 전해져 왔다. 서방 텍스트(Western text)는 D, F의 히브리서의 라틴어란, 그리고 고대 라틴어역본과 동일시되었다.

보존된 선집이 변질된 것으로 의심이 될 때 제기되는 사본전승에서 본문의 변화

와 추측적인 수정은 원본을 재구성하는 시도로 개별적인 근거 위에서 고려되어야 한다. 그럼에도 불구하고, 본문의 편집자들 사이에서 일치의 정도는 생각했던 것보다 훨씬 더 크다. 티센도르프(Tischendorf), 폰 소덴(von Soden), 포겔스(Vogels), 머크(Merk)와 바버(Bover)의 비평적인 판본과 Nestle-Aland[25]에서 채택된 텍스트와의 비교는 히브리서의 303절 중에 234절이 변화가 없음을 보여주는데, 이는 텍스트의 77.2%에 해당한다(K. Aland and B. Aland, *The Text of the New Testament*, 29-30을 보라). 편집자들이 채택한 전체적인 변화의 수는 71개다(어림잡아 한 페이지당 2.9개꼴). 이 주석에서 번역의 근거는 네슬판(Nestle-Aland 26th edition)이지만(Eberhard Nestle and Erwin Nestle, ed(s)., *Novum Testamentum Graece*, 26th ed., rev. K. Aland, M. Black, C. M. Martini, B. M. Metzger, and A. Wikgren [Stuttgart: Deutsche Bibelstiftung, 1979]), 다른 비판적인 판단을 갖는 것에도 역시 의존했다.

텍스트적인 질문들은 이 주석에서 통상적으로 '본문'에 대한 '원문주해'에서 다루어진다. 번역과 해석에 영향을 준 중요한 독법들은 1:3, 8, 12; 2:6, 9; 3:2, 6, 18; 4:2; 5:6, 7; 6:2, 18; 8:8, 11; 9:1, 11, 14, 19; 10:1, 11, 34, 38; 11:4, 11, 13, 17, 23, 37, 39; 12:1, 3, 4, 7, 15, 18, 24, 25, 27, 28; 13:6, 12, 15, 21, 25에 대한 '원문주해'에서 논의될 것이다.

1. 아들을 통한 하나님의 계시(1:1-2:18)

참고문헌

Black, D. A. "The Problem of the Literary Structure of Hebrews: An Evaluation and a Proposal." *GTJ* 7(1986) 163-77. **Bligh, J.** *Chiastic Analysis of the Epistle to the Hebrews.* Oxford: Heythrop College, 1966. ______. "The Structure of Hebrews." *HeyJ* 5(1964) 170-77. **Cladder, H.** "Hebr 1,1-5,10." *ZKT* 29(1905) 1-27. **Descamps, A.** "La structure de l'Épître aux Hébreux." *RDT* 9(1954) 251-58, 333-38. **Dussaut, L.** *Synopse structurelle de l'Épître aux Hébreux.* 5-32. **Gyllenberg, R.** "Die Komposition des Hebräerbriefs." SEÅ: 22-23(1957-58) 137-47. **Haering, T.** "Gedankengang und Grundgedanken des Hebräerbriefs." *ZNW* 18(1917-18) 145-64. **Nauck, W.** "Zum Aufbau des Hebräerbriefes." In *Judentum, Urchristentum, Kirche.* FS Joachim Jeremias. ed. W. Eltester. BZNW 26. Giessen: Töpelmann, 1960. 199-206. **Rice, G. E.** "Apostasy as a Motif and Its Effect on the Structure of Hebrews." *AUSS* 23(1985) 29-35. **Smothers, T. G.** "A Superior Model: Hebrews 1:1-4:13." *RevExp* 82(1985) 333-43. **Swetnam, J.** "Form and Content in Hebrews 1-6." *Bib* 53(1972) 368-85. **Thien, F.** "Analyse de l'Épître aux Hébreux." *RB* 11(1902) 74-86. **Vaganay, L.** "Le plan de l'Épître aux Hébreux." In *Mémorial Lagrange.* Paris: Gabalda, 1940. 269-77. **Vanhoye, A.** "Discussions sur la structure de l'Épître aux Hébreux." *Bib* 55(1974) 349-80. ______. "Les indices de la structure littéraire de l'Épître aux Hébreux." SE 2(1964) 493-509. ______. *La structure littéraire de l'Épître aux Hébreux.* StudNeot 1. Paris/Bruges: Desclée de Brouwer, 1963. ______. "Structure littéraire et thèmes théologiques de l'Épître aux Hébreux." In *Studiorum Paulinorum Congressus Internationalis Catholicus 1961.* Vol. 2. AnBib 18. Rome: Biblical Institute, 1963. 175-81. ______. *A Structured Translation of the Epistle to the Hebrews.* tr. J. Swetnam. Rome: Pontifical Biblical Institute, 1964. ______. "Thema sacerdotii praeparatur in Heb. 1, 1-2, 18." *VD* 47(1969) 284-97.

서론

잘 조직된 기획에 따라 세심하게 구성된 인상을 히브리서의 모든 페이지가 전달할지라도, 이 문서의 문학적 구조와 관련한 공통된 일치는 없다. 반 호여(A. Vanhoye, *La structure*, 11-32)는 비판적인 견해의 폭넓은 범위를 편리하게 개관하고 있는데, 그는 히브리서의 구조에 일치가 없으므로 이에 대한 신선한 질문의 탐구를 위한 의무를 발견했다. 그의 상세한 연구는 히브리서 작품의 계획을 발견하기 위한 개념적이고 문학적인 고려사항들의 중요성을 증명하였다.

저자의 의도는 직접적인 연설이다. 저자는 히브리서를 문서로 축소한 설교로 분류한다(13:22). 그것이 저자가 화자와 청자의 범주에서 자기 자신을 표현하는 이유를 설명해준다(참조. 2:5; 5:11; 8:1; 9:5; 11:32). 저자의 수사적인 양태는 형식적인 문서보다는 구어로 된 말의 특징을 더욱 갖고 있다. 저자는 말하는 것을 이해시켜야 한다는 확신으로 독자들에게 사상을 전하는 과정에서 의례적인 문학적 특징들을 제공했다. 그는 의도된 청중들이 이것을 곧바로 인식할 것으로 알았다. 그들은 회당과 교회에서 설교에 반복해서 노출되어 있음으로 말미암아 그러한 수사적 절차에 익숙했다(ibid., 34-49; id., *SE* 2[1964] 493-509). 이런 안정된 스타일의 기법에 대한 인식은 현대의 해석자들로 하여금 히브리서의 문학적 구조를 발견할 수 있도록 돕는다.

이 과정의 가장 중요한 것은 '주제의 선포'이다. 저자는 강화의 주요한 갈래들의 주제를 보여주는 간단한 형식들을 습관적으로 도입한다. 1:5-2:18로 확대되는 첫 번째 단위의 주제를 저자는 아들이 천사들보다 우월하다는 것을 확증할 때, 서두 또는 서론(1:1-4)의 말미에 공포한다(4절). 1:5-14에서 율법의 메시지를 중재했던 천사들에 대한 예수의 우월함이 성경의 진술에 대한 반복된 언급으로 증거된다.

이 단락은 아들로 말미암아 전달된 구속의 말씀의 권위를 존중하라는 진정한 권면으로 독자들을 준비시킨다. 예수와 천사간의 비유는 2:5-16에서 견지된다. 그 구절들에서 천사들보다 더 낮아지신 예수의 겸손은 그의 초월적인 위엄에 문제를 불러일으키지 않는다는 것을 보여준다. 그의 성육신(2:5-16)과 인간 가족과 같이 되심(2:10-18)은 구속의 성취를 위해 필수적이었다. 강화의 끝 무렵에 우연한 두 번의 언급(12:22; 13:2)은 별도로 하고, 2:16의 진술로("이는 실로 천사들을 붙들어 주려 하심이 아니요") 천사는 마지막으로 언급된다. 저자는 새로운 방향으로 독자들을 이끌려고 준비하며, 2:17-18에서 논증의 다음 단락에서 발전될 주제를 선포한다(Vanhoye, *SE* 2[1964] 496-97).

주제의 형식적인 선언으로 형성된 구조 안에서, 저자는 그의 사상의 구조를 드러내는 또 다른 문학적 암시들을 제공한다. 그는 포괄문(인클로시오[*inclusio*]), 즉 통일된 사상을 갖는 단락의 처음과 끝에 동일한 표현이나 구절을 도입하는 문학적 고안물을 사용한다. 그의 연설의 최초 단락에서 이 수사적인 절차의 두 가지 예증을 관찰할 수 있는데, 첫 번째 것은 통일된 단락으로 1:5-14를 식별하는 것을 돕는다.

1:5 "하나님께서 어느 때에 천사 중 누구에게…하셨으며"
1:13 "하나님께서 천사 중 누구에게…하기까지"

두 번째 포괄문은 2:5-16의 전개의 한계를 설정한다.

2:5 "하나님이 우리의 말한 바 장차 오는 세상을 천사들에게는 복종케 하심이 아니라"
2:16 "이는 실로 천사들을 붙들어 주려 하심이 아니요"

2:17-18의 기능이 다음의 주요한 갈래에 대한 주제를 공포하는 것이기 때문에 이 구절들은 포괄문 바깥에 놓여 있다. 그럼에도 불구하고, 저자의 수사적 과정에 근거하여 1:5-14, 2:1-4, 2:5-18을 연설의 첫 번째 주요한 갈래 내에, 구별되지만 관련이 있는, 단락으로 구분할 수 있을 것이다. 몇몇 단락간의 관계는 표제어의 관계에 의해 구축될 수 있는데, 새로운 단락의 시작에서 어떤 단어나 표현이 이전 단락의 끝에 반복될 수 있을 것이다(Vaganay, "Le plan," 269-77). 예를 들어, 저자의 논증의 최초의 설명은 '천사들'과 관련하여 서두(1:1-4)와 연계되어 있다.

1:4 "저가 천사(τῶν ἀγγέλων-톤 앙겔론)보다 얼마큼 뛰어남은"
1:5 "하나님께서 어느 때에 천사(τῶν ἀγγέλων-톤 앙겔론) 중 누구에게…하셨으며"

두 단락은 표현의 반복으로 서로 연결되어 있다. 결과적으로 주장에서 증명에 이르는 전환이 부드럽게 이루어진다.

사상의 더 큰 단위의 제한을 구분하는 또 다른 문학적 고안물은 '특징적인 용어들의 반복'이다. 이 기법은 저자가 논증의 다른 항목을 도입하기를 준비할 때만 바뀌는 인식적인 특징을 항목에 부여한다. 강화의 서두 부분에서 특징적인 용어는 '천사들'이다. 12개의 천사 단어 중에 10개가 1:1-2:18에 집중되어 나온다. 2:16 이후에 다른 특징적인 용어들의 도입은 사상의 다른 노선이 2:17-18에서 도입된다는 것을 독자들에게 일깨워 준다.

이 문학적 과정은 히브리서의 개념적인 전개에 우연적인 것이 아니다. 그것들은 저자가 논증의 과정을 증명하기 위해 의존할 수 있었던 전통적인 저작 기법이었다. 그 기법은 문서를 통하여 끊임없이 사용되고, 본문의 주해적 연구에 가치 있는 지원을 제공해준다.

또 다른 형태적 고안물들은 독자들에게 저자의 목회적 관심을 강조하는데 사용된다. 강화의 두 양태 즉 해석과 권면(특히 Gyllenberg, *SEÅ*: 22-23[1957-58] 137-47을 보라) 간의 변화는 관심을 사로잡고 흥미를 북돋운다. 이 연설의 최초 부분은 경건한 권면의 단락과 서로 분리되어 있는 두 해석 단락(1:5-14와 2:5-18)으로 구성되어 있다.

형식적인 수사적 절차에 근거하여 히브리서의 첫 주요한 갈래의 주제는 아들을 통한 하나님의 계시로 확인할 수 있다. 저자는 거룩한 아들과 말씀하시는 하나님의 관계성을 증거한다. 말씀으로 인간 역사에 개입하신 분으로서의 하나님의 특징은 하나님이 궁극적인 말씀을 하신 분으로서의 거룩한 아들의 특징의 전주곡인데(1:1-4), 이는 아들에 의해 전달된 구속의 말씀을 무시하는 것의 위험성을 드러내고(2:1-4), 성경의 연주는 아들의 초월적인 위엄을 확증해준다(1:5-14). 그때에 저자는 하나님이 언급하고 있는 사람들과 아들과의 유대를 보여준다(2:5-18). 그는 아들의 낮아지심과 영광을 생각하며(2:5-9), 죽음의 두려움으로 억압받는 인간의 고통과 함께 되신 예수의 동일성의 적절함을 확인해준다(2:10-18). 따라서 첫 주요한 갈래는 뒤이어지는 설교의 본체에 대한 근본적인 진술로서 기능하며, 그것은 "너희는 삼가 말하신 자를 거역하지 말라"(12:25)는 요점적인 호소에서 정점을 이룬다.

A. 하나님이 아들 안에서 궁극적인 말씀을 하셨다(1:1-4)

참고문헌

Attridge, H. W. "New Covenant Christology in an Early Christian Homily." *QuartRev* 8(1988) 89-108. **Black, D. A.** "Hebrews 1:1-4: A Study in Discourse Analysis." *WTJ* 49(1987) 175-99. **Bornkamm, G.** "Das Bekenntnis im Hebräerbrief." In *Studien zu Antike und Urchristentum: Gesammelte Aufsätze.* Vol. 2 Munich: C. Kaiser, 1963. 188-203. [Reprinted from *ThBl* 21(1942) 56-66.] **Bovon, F.** "Le Christ, la foi, et la sagesse dans l'Épître aux Hébreux(Hébreux 11 et 1)." *RTP* 18(1968) 129-44. **Charles, J. D.** "The Angels, Sonship and Birthright in the Letter to the Hebrews." *JETS* 33(1990) 171-78. **Cockerill, G. L.** "Heb 1:1-14, *1 Clem* 36:1-6 and the High Priest Title." *JBL* 97(1978) 437-40. **Dey, L. K. K.** *The Intermediary World and Patterns of Perfection in Philo and Hebrews.* SBLDS 25. Missoula, MT: Scholars, 1975. **Ellingworth, P.** "Paul, Hebrews and 1 Clement: Literary Dependence or Common Tradition?" *BZ* ns 23(1979) 262-69. ______. "Jesus and the Universe in Hebrews." *EvQ* 58(1986) 337-50. **Frankowski, J.** "Early Christian Hymns Recorded in the New Testament: A Reconsideration of the Question in the Light of Heb 1,3." *BZ* 27(1983) 183-94. **Garuti, P.** "Il prologo della lettera agli Ebrei(Eb 1,1 4)." *SacDoc* 34(1989) 533-56. **Gayford, S. C.** "The Aorist Participles in Heb 1:3; 7:27; 10:12." *Th* 7(1923) 282. **Grässer, E.** "Hebräer 1, 1-4: Ein exegetischer Versuch." In *Text und Situation: Gesammelte Aufsätze zum Neuen Testament.* Gütersloh: Mohn, 1973. 182-228. **Gray, W.** "Wisdom Christology in the New Testament: Its Scope and Relevance." *Th* 89(1986) 448-59. **Hamerton-Kelly, R. G.** *Pre-Existence, Wisdom, and the Son of Man.* SNTSMS 21. Cambridge: Cambridge UP, 1973. 243-58. **Hay, D. M.** *Glory at the Right Hand: Psalm 110 in Early Christianity.* SBLMS 18. Nashville: Abingdon, 1973. **Helyer, L. R.** "Arius Revisited: The Firstborn Over All Creation(Col 1:15)." *JETS* 31(1988) 59-67. **Hurst, L. D.** "The Christology of Hebrews 1 and 2." In *The Glory of Christ in the New Testament.* FS G. B. Caird, ed. L. D. Hurst and N. T. Wright. Oxford: Clarendon Press, 1987. 151-64. **Koops, R.** "Chains of Contrasts in Hebrews 1." *BT* 34(1983) 220-25. **Körte, A.** "*ΞΑΡΑΚΤΗΠ.*"

Hermes 64(1929) 69-86. **Lane, W. L.** "Detecting Divine Wisdom Christology in Hebrews 1:1-4." *NTStud* 5(1982) 150-58. **Laub, F.** *Bekenntnis und Auslegung.* 14-27. **Loader, W. R. G.** "Christ at the Right Hand Ps. CX.1 in the New Testament." *NTS* 24(1977-78) 199-217. **McNicol, A. J.** "The Relationship of the Image of the Highest Angel to the High Priest Concept in Hebrews." Dissertation, Vanderbilt University, 1974. 1-38, 204-8, 212-17. **Meier, J. P.** "Structure and Theology in Hebrews 1,1-14." *Bib* 66(1985) 168-89. **Normandy, R.** "Hebrews 1:1-2 and the Parable of the Wicked Husbandmen." *ExpTim* 100(1989) 371-75. **Parsons, M. C.** "Son and High Priest: A Study in the Christology of Hebrews." *EvQ* 60(1988) 195-215. **Pillai, C. A. J.** "In Many and Various Ways." *TBT* 21(1965) 1385-89. **Robinson, D. W. B.** "The Literary Structure of Hebrews 1:1 4." *AJBA* 2(1972) 178-86. **Sahlin, H.** "Adam-Christologie im Neuen Testament." *ST* 41(1987) 11-32. **Sanders, J. T.** *The New Testament Christological Hymns.* SNTSMS 15. Cambridge: Cambridge UP, 1971. **Tetley, J.** "The Priesthood of Christ in Hebrews." *Anvil* 5(1988) 195-206. **Übelacker, W. G.** *DerHebräerbrief als Appell: Untersuchungen zu* exordium,narratio *und* postscriptum*(Hebr 1 2 und 13,22 25)*. Stockholm: Almqvist & Wiksell, 1989. 66-138. **Ulrichsen, J.** "*Διαφορώτερον ὄνομα* in Hebr. 1,4. Christus als Träger des Gottesnamens." *ST* 38(1984) 65-75. **Vanhoye, A.** "Christologia a qua initium sumit epistula ad Hebraeos(Hebr 1, 2b, 3, 4)." *VD* 43(1965) 3-14, 49-61, 113-23. ______. *Exegesis Epistulae ad Hebraeos Cap. I II.* Rome: Pontifical Biblical Institute, 1968. 7-14, 25-76. ______. *Situation du Christ: Hébreux 1-2.* Paris: Cerf, 1969. 9-17, 51-117. **Vitti, A. M.** "'Quem constituit heredem universorum, per quem fecit et saecula'(Hebr. 1,2)." *VD* 21(1941) 40-48. **Welander, D. C. S. V.** "Hebrews 1:1-3." *ExpTim* 65(1954) 315. **Williamson, R.** "The Incarnation of the Logos in Hebrews." *ExpTim* 95(1983-84) 4-8. ______. *Philo and the Epistle to the Hebrews.* Leiden: Brill, 1970.

본 문

1 옛적에 선지자들로 여러 부분과 여러 모양으로
우리 조상들에게 말씀하신 하나님이
2 이 모든 날 마지막에 아들로 우리에게 말씀하
셨으니 이 아들을 만유의 후사로 세우시고 또 저
로 말미암아 모든 세계를 지으셨느니라

1 In the past God spoke to the fathers at various
times and in many ways through the prophets,
2 but in this final age[a] he has spoken to us by his
Son,[b] whom he appointed heir of everything, and who
yet[c] is the one through whom he created the world.[d]

3 이는 하나님의 영광의 광채시요 그 본체의 형상이시라 그의 능력의 말씀으로 만물을 붙드시며 죄를 정결케 하는 일을 하시고 높은 곳에 계신 위엄의 우편에 앉으셨느니라

3 This Son,[e] although the radiance of God's glory and the exact representation of his nature, and although sustaining the universe by his powerful word, yet made purification[f] for sins and then sat down at the right hand of the divine Majesty on high,

4 저가 천사보다 얼마큼 뛰어남은 저희보다 더욱 아름다운 이름을 기업으로 얻으심이니

4 having been exalted as far above the angels as the name[g] which he has inherited is superior to theirs.

원문주해

a. 에프 헤스카투 톤 헤메론(*ἐπ' ἐσχάτου τῶν ἡμερῶν*)은 흔한 70인경 관용구이며, 거기서 에프 헤스카투(*ἐπ' ἐσχάτου*)는 "이 마지막 날에"라는 단순 여격과 동의어다. 이 관용구는 저자의 표현이 70인경의 언어를 상당히 띠고 있다는 첫 번째 암시다. 참조. Turner, *Grammar*, 4:109-10.

b. 명사는 선지자(*τοῖς προφήταις* – 토이스 프로페타이스)와 대비되어 아들이 누구인가라는 본질적인 특징에 관심을 끄는데, 이는 무관사이다(*ἐν υἱῷ* – 엔 휘오).

c. 카이(*καί*)는 반의적인 효과를 준다(D. W. B. Robinson, *AJBA* 2[1972] 183, 185).

d. 70인경의 히브리어 패턴을 따르는 복수 아이오나스(*αἰῶνας*)는 "세상"이라는 의미로 사용된다. 참조. BDF §§4(2), 141(1).

e. 1-2절의 주어는 하나님(*ὁ θεὸς…ἐλάλησεν* – 호 데오스…엘랄레센)이지만, 3-4절의 주어는 관계대명사(*ὅς…ἐκάθισεν* – 호스…에카디센)로 대표되는 '아들'이다. 서두의 후반부가 관계사로 도입되기 때문에 구문론적으로 전반부에 의존하지만, 번역에서 주어의 변화를 표현하는 것이 적절하다. 3절에서 아들을 묘사하는 세 개의 용어들은 양보의 분사로 이해되는 현재분사로 연결되어 있다(*ὢν…φέρων τε* – 온…페론 테). 그것들은 부정과거 직설법(*ἐκάθισεν* – 에카디센, "앉았다")과 부수적인 부정과거 분사(*καθαρισμὸν… ποιησάμενος* – 카다리스몬…포이에사메노스, "정결하게 했다")로 표현되는, 주요한 주징에 의해 묘사된 사건들의 출현을 좋아하지 않는다는 사실을 가리킨다. Burton, *Moods*, 170; Moule, *Idiom-Book*, 102; D. W. B. Robinson, *AJBA* 2(1972) 183-84을 보라.

f. 본분과 신학 그리고 형태적인 고려들에 호소하는 준츠(Zuntz, *Text*, 43-45, 285)는 디 헤아우투 카다리스몬(*δι' ἑαυτοῦ καθαρισμόν*, P^{46} D^{gr*} 236 263 1739) 독법의 원형을 강력하게 주장했다. 그는 "스스로 죄를 정결케 하셨다"라고 번역했고, 그 주장 속에서 아들이 스스로 정결하게 하는 희생을 하셨다는 주요한 논증에 대한 기대를 발견했다. 그러

나 디 아우트(δι' αὐτοῦ)나 디 헤아우투(δι' ἑαυτοῦ)는 포이에사메노스(ποιησάμενος)의 모호한 중간태의 의미를 분명히 하기 위해서 본문에 추가되었을 것이다. 그 구절은 알렉산드리아 텍스트(ℵ A B 33 81)의 전형적인 것들에는 빠져 있고 서방의 증거본(it vg)에서도 마찬가지다. 참조. Metzger, *Textual Commentary*, 662.

g. 앙겔론(ἀγγέλων)과 오노마(ὄνομα)를 강조적인 자리에 둠으로써 천사들과 아들간의 대조를 강조한다(BDF §473[2]). 오노마(ὄνομα)는 헬라어 텍스트에서 마지막에 위치하는데, 이어지는 절(5절에서)과의 연결을 형성하기 때문이다.

양식/구조/배경

히브리서는 신약정경의 다른 문서와 구분되는 수사적이고 문학적인 특징을 갖고 있다. 단어와 문장의 구성은 예술적인 산문으로서의 작품임을 증거해 준다(BDF §§464, 486-87). 그것의 독특한 성격은 길고 인위적인 미사여구가 있는 서두의 진술에서 이미 증거되고 있다(1:1-4의 문법적인 분석을 위해선 BDF §464). 미사여구 문장은 훌륭하게 균형 잡힌 통일체로 수많은 절과 구들의 조직을 요청했고, 이는 예술적으로 발전된 산문의 특징이다(참조. Aristotle, *Rhetoric* 3.9, 1409a).

그러한 형식적인 우아함은 신약성경에는 드물지만, 히브리서에서는 상대적으로 빈번하게 나타난다(예. 1:1-4; 2:2-4, 14-15; 3:12-15; 4:12-13; 5:1-3, 7-10 등등). 서두의 네 절은 그 표현이 윤색된 학문적인 형태를 보여준다. 그의 교육의 정도는 아이소크러티즈(Isocrates)에 의해 천거된 수사적인 산문의 표준에 관한 그의 관찰 속에서 반영된다(참조. Moffatt, lvi-lix; Turner, *Grammar*, 4:106-8). 이것들은 리듬의 발전된 감각, 운율의 변화, 그리고 소리내어 읽을 때 소리의 집중을 요구하는 문학적 형태의 요소들의 수련을 포함한다.

> 두운법(1절에서 문자 π[p]로 시작하는 다섯 단어들: πολυμερῶς, πολυτρόπως, πάλαι, πατράσιν, προφήταις)
>
> 어순의 변화(4절의 형용사와 명사 사이에 자료의 삽입: κρείττων γενόμενος τῶν ἀγγέλων … διαφορώτερον παρ' αὐτοὺς κεκληρονόμηκεν ὄνομα)
>
> 소리의 대구법(3절: τῆς ὑποστάσεως αὐτοῦ…τῆς δυνάμεως αὐτοῦ)
>
> 감각의 대구법(1절: ἐπ' ἐσχάτου τῶν ἡμερῶν τούτων ἐλάλησεν ἡμῖν ἐν υἱῷ에 상응하는 πάλαι ὁ θεὸς λαλήσας τοῖς πατράσιν ἐν τοῖς προφήταις).

저자는 설교할 때에 요청되는 웅변가의 본능을 배양했다.

서두의 문학적 구조는 동심원적인 대칭(A B C C′ B′ A′)을 보여준다: 1절과 4

절의 개념적인 일치는 2절과 3절의 아들과 관련한 몇몇 진술들의 틀을 잡는 것을 돕는다(뒤이어지는 도표를 보라). 미사여구는 아들로 말미암은 계시의 궁극적인 의미를 강조함으로써 시작하고 끝난다. 아들을 통해 언급된 말씀으로 예언적인 계시의 완성 그리고 천사들의 지위와 칭호보다 우월한 그의 이름은 유사한 개념이다. 구약에서 하나님의 계시는 하나님의 말씀을 전달했던 인간 메신저들(선지자들)이나 천상의 메신저들(천사들)을 언급함으로써 묘사할 수 있을 것이다. 결과적으로 4절에서 전개된 비유에서 천사에 대한 언급은 급작스럽지 않다. 계시에 관한 초기 유대인들과 기독교인들의 개념에서 천사의 매개에 할당된 탁월한 역할에 익숙하지 않았던 사람들에게나 그리 보일 것이다(참조. Michl, Engel, *RAC* 5[1960] 59-110).

1절에서 선지자들을 통한 계시의 암시는 4절에서 천사들에 대한 언급으로 적절히 균형 잡힌다. 이 시리즈는 시편 2편에 근거한 단언으로 시작하여("이 아들을 만유의 후사로 세우시고"; 참조. 시 2:8), 시편 110편("…우편에 앉으셨느니라"; 참조. 시 110:1)에서 나오는 단언으로 끝난다. 각각의 경우에 아들과 관련한 선언의 자료는 왕권적 인물이 보좌에 앉을 것을 기념하는 대관식 시편이다. 개입되고 있는 확언은 하늘의 지혜를 창조, 계시, 화해의 대리자로서 높이는 유대 지혜 문헌(Wis 7:21-27; 9:2)에 익숙한 단언들로 구성되어 있다. 이 진술들의 첫 번째 것(2c절, "저로 말미암아 모든 세계를 지으셨느니라")은 3절의 주어의 변화에 따르는 것들과는 구분된다.

로빈슨(D. W. B. Robinson, *AJBA* 2[1972] 182-84)은 이런 배열이 두 가지 두드러진 균형을 형성한다는 것을 보여주었다: (1) 시편 2편의 왕권적인 아들은 창조의 대리자인 거룩한 지혜와 동일시되고(2b-c절), (2) 이 세상에서 하나님을 대표하며 창조를 지탱하고 있는 거룩한 지혜는 시편 110편의 왕권적인 제사장과 동일시된다(3a-b-c절). 핵심적인 중앙부분에서 사상의 교차법적인 구조(B C C′ B′)는 미사여구의 동심원적인 대칭을 보여주는 이전 처방(A A′)의 구조적 언급 안에서 설정할 수 있다.

A 호 데오스 랄레사스…엔 토이스 프로페타이스 …엘랄레신 엔 휘오(*ὁ θεὸς λαλήσας ·ἐν τοῖς προφήταις… ἐλάλησεν… ἐν υἱῷ*, 1 2a절)
"선지자들로…우리 조상들에게 말씀하신 하나님이…아들로 우리에게 말씀하셨으니"
B 혼 에데켄 클레로노몬 판톤(*ὃν ἔθηκεν κληρονόμον πάντων*, 2b절)
"이 아들을 만유의 후사로 세우시고"
C 디 우 카이 에포이에센 투스 아이오나스(*δι' οὗ καὶ ἐποίησεν τοὺς αἰῶνας*,

2c절)
"또 저로 말미암아 모든 세계를 지으셨느니라"
C′ 호스 온 아파우가스마…카이 카라크테르…페론 테 타 판타(*ὅς ὢν ἀπαύγασμα …καὶ χαρακτὴρ… φέρων τε τὰ πάντα*, 3a-b절)
"이는 하나님의 영광의 광채시요 그 본체의 형상이시라…만물을 붙드시며"
B′ 카다리스몬…포이에사메노스 에카디센 엔 덱시아(*καθαρισμὸν … ποιησάμενος ἐκάθισεν ἐν δεξια*, 3c절)
"죄를 정결케 하는 일을 하시고 높은 곳에 계신 위엄의 우편에 앉으셨느니라"
A′ 토수토 크레톤 게노메노스 톤 앙겔론 호소 디아포로테론 파르 아우투스 케클레로노메켄 오노마(*τοσούτῳ κρείττων γενόμενος τῶν ἀγγέλων ὅσῳ διαφορώτερον παρ' αὐτοὺς κεκληρονόμηκεν ὄνομα*, 4절)
"저가 천사보다 얼마큼 뛰어남은 저희보다 더욱 아름다운 이름을 기업으로 얻으심이니"

형태를 잡는 진술(A A′)은 아들을 통한 지극한 계시의 주제를 강조적으로 언급한다. 서두의 핵심(B C C′ B′)은 인상적인 방식으로 예수를 왕권적인 아들, 거룩한 지혜, 그리고 왕권적인 제사장으로 묘사한다

로메이어(Lohmeyer)와 케제만(Käsemann)에 의한 이전의 주장에 근거하여, 보른캄(Bornkamm, "Bekenntnis," 197-200)은 3절의 자료가 초기 기독교의 고백적 찬송이었다고 제기했다. 이 비평적인 판단은 많은 뒤이은 해석자들에 의해 채택되었다(예. Schille, *Frühchristliche Hymnen*, 42; Deichgräber, *Gotteshymnus*, 137-38; Sanders, *NT Christological Hymns*, 19-20; Wengst, *Christologische Formeln*, 179, 208). 예전적 형태의 구성에 빚을 진 것은 문장의 중간에 주어의 급작스러운 변화(1-2절의 하나님으로부터 3절에 아들로), 서두의 관계절(*ὅς*-호스)에 대한 선호, 관사가 없는 독립 분사를 사용한 분사형 확언의 존재, 첫 번째 소절에서 보기 드문 어휘가 집중된 것, 유연한 스타일, 형식적 대구법, 그리고 고양된, 성격상 신조적인 언어로 하나님의 아들을 제시한 것 등에서 암시된다.

유사한 기준이 찬송적인 자료가 들어 있음을 기대하게 만드는 다른 구절들과의 비교(빌 2:6-11; 골 1:15-20; 딤전 3:16; 벧전 3:18-22)는 샌더스(Sanders, 19)로 하여금 3절의 최초의 호스(*ὅς*)가 본래 이전에 하나님께 대한 감사와 연결되어 있었던 찬송의 도입을 알리는 것이라고 주장하게 했다. 보른캄은 나아가서 4절이 고백적인 찬송에 뒤이어지는 부분에 사실상 의존하고 있다고 주장했지만, 2절에서

는 "독립적인 그리스도에 대한 확언만"(198-99)을 발견했다.

초기 기독교 신경이나 찬송의 어느 집합적인 것이 없는 상태에서 예전적인 단편들의 인식을 제기하는 형식적 기준은 필연적으로 설득적이지 못하다(E. Schüssler Fiorenza, "Wisdom Mythology and the Christological Hymns," in *Aspects of Wisdom in Judaism and Christianity*, ed. R. Wilken[Notre Dame: UP, 1975] 19- 20). 그러나 보른캄이 소홀히 했던 한가지 세부적인 부분은 자신의 주장에 대한 지지의 정도를 빌려준 경향이 있다. 저자가 13절에서 110:1을 인용할 때, 그는 속격 에크 덱시온(*ἐκ δεξιῶν*)의 독법에서 옛 헬라어 역본(Old Greek version)을 따르고 있지만, 3절에서 이 구절을 암시할 때, 그는 여격인 엔 덱시아(*ἐν δεξιᾳ*)를 쓰고 있다. 게다가 히브리서에서 하나님의 우편에 있는 모든 다른 암시들(8:1; 10:12; 12:2)은 속격 에크 덱시온(*ἐκ δεξιῶν*)보다는 여격인 엔 덱시아(*ἐν δεξιᾷ*)를 사용함으로 3절과 일치하고 있다. 이런 변화에 대한 그럴듯한 설명은 그 암시가 시편의 텍스트보다는 예전적인 고백에 근거하고 있음이다(Hay, *Glory*, 35, 41).

그럼에도 불구하고, 서언이 예전적인 자료의 단편을 보존하고 있다는 주장에 제한적인 인정을 줄 수 있는데, 문학적 관점에서 3절은 보른캄과 다른 사람들이 주장하는 것만큼 그 문맥에서 구분되고 있지 않다. 2b절과 3절간의 분리는 유지될 수 없다. 예컨대 3절의 찬송의 시작을 암시하는 관계대명사는 앞선 "아들"에 의존하는 연속된 세 번째 관계사다: 온 에데켄…디 우 카이 에포이에센…호스…에카디센(*ὃν ἔθηκεν … δι' οὗ καὶ ἐποίησεν… ὅς…ἐκάθισεν*, "이 아들을…세우시고 또 저로 말미암아…지으셨느니라…앉으셨느니라"). 아들이 주어가 되는 것은 오직 세 번째 관계사절에서일지라도, 그리고 관계대명사가 주격으로 설정될지라도, 카라크테르 테스 휘포스타세오스 아우투(*χαρακτὴρ τῆς ὑποστάσεως αὐτοῦ*, "그 본체의 형상이시라")라는 표현에서 관계대명사의 존재는 3절을 미사어구의 첫 소절에 의해 공급되는 선행사, 즉 하나님과 연결시켜준다. 형식적인 기준은 2b절을 3절과 분리시키기에 불충분하고, 시편 2편과 110편에 대한 암시는 이 단위를 확고하게 같이 끼어 넣는다(D. W. B. Robinson, *AJBA* 2[1972] 180, 186; Hay, *Glory*, 41-43). 아들의 묘사에 관한 자료가 예전적 고백이라면, 그것은 2b절과 함께 시작해야 한다. 아들과 관련한 단언들이 전반적으로 단락의 구주에 철저히 통합되었다는 사실은 2b-3절의 배후에 어떤 자료의 전제를 덜 매력적이게 만든다

히브리서의 역사적 배경에 대한 중요한 단서는 4절의 천사에 대한 언급에서 자주 발견된다. 그것은 1:5-2:16에서 그리스도와 천사 사이에 전개된 대조를 도입한

다. 저자가 유대교에서 가장 높은 천사로 그리스도를 혼돈했다는 기독론의 이단적인 형태와 싸우는 것이 필요했다고 주장하기도 한다. 또 다른 대안적인 주장은 독자들이 천사 숭배의 잘못된 관행에 참여했다는 것이다. 양 경우에, 4절의 의도와 전반적인 히브리서의 의도가 논박적임을 제기한다(특히 McNicol, "Image of the Highest Angel," 1-38을 보라).

류켄(W. Lueken)은 이 주장에 대해 첫 번째로 전형적인 표현을 주었다(*Michael* [1898] 30-31, 143-49). 그는 히브리서가 쓰여졌을 때에는 유대교에 미가엘 천사장이 하늘의 대제사장으로 기능했다는 폭넓은 믿음이 있었음을 주장했다. 대제사장적인 천사의 유형에 관한 모델로 높아지신 그리스도의 제시는 히브리서를 수신하는 공동체에 그리스도의 특색 있는 성격과 역할의 윤곽을 흐리게 해놓았다. 따라서 저자의 의도는 유사한 기능을 귀속시키고 있는 천사적인 유형과 예수를 혼돈하지 않도록 하기 위한 것이었다는 주장이다.

바카(A. Bakker)는 그 이상의 논의를 해나가는데, 그는 히브리서를 수신하고 있던 공동체가 예수를 천사로 간주했다는 설득을 펼쳤다("Was Christ an Angel? A Study of Early Christian Docetism," *ZNW* 32[1933] 255-65). 더욱 최근에는, 야딘(Y. Yadin)이 쿰란의 부가적인 지원에 따른 진보적인 천사론에서 히브리서가 미가엘 사상에 대항하는 논박이었다고 제기했다(*ScrHier* 4[1958] 36-55, 특히 39-47; 참조. Hamerton-Kelly, *Pre-Existence*, 244-47).

4절이 천사 숭배를 강조했던 제의에 대항한 논증을 예기(豫期)한다는 또 다른 주장(W. Lueken, 134-39; Windisch, 17; T. W. Manson, "The Problem," 253-54; Jewett, 5-7, 20-27)은 히브리서와 골로새서간에 제기된 유사성에서 그것의 강점을 끌어온다. 사실상 맨슨은 히브리서 1-10장이 골로새의 "이단"에 대한 논박으로서 저작되었다고 주장했다.

히브리서의 역사적 배경에 대한 이런 접근들은 히브리 문서 그 자체에 의해서는 신뢰를 얻지 못한다. 그것은 그리스도의 천사에 대한 우월성과 관련하여 2:2에 천사에게 할당된 긍정적인 역할을 관련짓지 못하고 있고, 또한 전반적으로 히브리서에서 천사에 대한 어떤 논박적인 진술이 없다는 데에도 문제가 있다. 4절을 해석하기 위한 언급의 적절한 틀은 1:1-4의 구조적인 분석과 2:1-4에서 율법의 중재자로서의 천사들에 대한 언급이 제공한다.

주석

첫 단락은 이어지는 쓰여진 연설에 대한 서언으로 기능한다. 그것은 모든 다른 이전 계시 양태에 대한 하나님의 아들의 우월함에 대한 주제를 도입하고 있다. 이 주제는 첫 번째 절과 마지막 절에서 대조적인 표현을 갖는데, 아들에 의해 전달된 계시가 인간과 천사로 말미암아 전달된 계시와 대조된다. 저자의 관점은 분명히 하나님 중심적이다. 그는 독자들로 하여금 인간에게 전달된 주권적인 말씀으로 인간 역사에 개입하신 하나님과 곧바로 대면하게 만든다.

그러나 하나님과 궁극적인 말씀은 다른 것들과는 구분되는 한 분을 통해 언급되었는데, 그가 하나님과 맺고 있는 유일무이한 관계 때문이다. 일곱 서술부를 형성하고 있는 단락의 핵심은 시편 2편과 110편에 대한 묵상과 당대의 유대 지혜 신학의 흐름에 의해 촉발된 기대의 표현으로 거룩한 아들의 특징을 탐구한다. 아들은 그의 위격에 왕권적인 아들, 하나님의 지혜, 그리고 왕권적인 제사장의 특권과 속성을 연합하고 있다. 결과적으로 그는 하나님이 마지막 말씀을 하신 분으로 유일무이하게 자격이 부여되고 있다.

반호여(Vanhoye, *La structure*, 65-68)는 문장의 중간에 '하나님'에서 '아들'로 주어가 바뀌는 것의 영향은 1-2절과 3-4절의 두 단위에서 여러 미사여구 절들을 배열하기 위한 것임을 보여준다. 문법적으로, 두 번째 단위는 첫 번째 단위에 의존하는데, 그것은 관계사절로 시작하고 있기 때문이다. 그러나 그것의 의미심장한 표현은 두 번째 단위가 지배적인 단위인 것으로 보이게 하고, 첫 소절들을 머리말의 역할로 축소시키는 경향이 있다.

두 단위들은 나머지 절들이 의존하고 있는 중심적인 진술 주변에 형성되어 있다. 첫 단위의 중심은 "하나님이 마지막 날에 아들로 우리에게 말씀하셨다"(2a절)라는 주장에 있다. 선지자로 말미암은 계시에 대한 초점을 갖는 미사여구의 경건하고 장엄한 초기 진술이 이 신조에 앞서서 나오며, 아들의 위치와 성격을 간결하게 진술하는 두 관계절이 뒤따른다(2b-c절). 3-4절의 중심에는 "죄를 정결케 하는 일을 하시고 높은 곳에 계신 위엄의 우편에 앉으셨느니라"(3c절)는 신조가 나온다.

이런 선언은 아들의 구속적인 성취와 그것의 완성으로 인한 뒤이은 승귀를 요약한다. 그것은 아들의 초월적인 위엄을 효과적으로 암시하는 현재분사들(ὢν… φέρων τε – 온…페론 테)로 도입되는 두 협력 구들과 한편으로 아들의 탁월함을 제기하며 비교되고 있는 두 구성원들에 의해 조화 있게 균형 잡혀 있다. 미사여구의 두 단위들은 예술적으로 연합되어 있어서 첫 번째 것은 "아들"(*υἱῷ* – 휘오)이라는 단어로 끝을 맺고, 나아가서 그것은 상응하는 명사 "이름"(*ὄνομα* – 오노마)으로 끝나는 두 번째 단위를 준비한다.

1a "여러 부분과 여러 모양으로"(*πολυμερῶς καὶ πολυτρόπως* – 폴루메로스 카이 폴루트로포스). 수사적인 서두에서 폴루(*πολυ-*) 단어들의 두운체 조합의 사용이 이 시기에 흔한 습관이었을지라도(Moffatt, 2), 히브리서에서 첫 부사구는 문학적인 관례 그 이상을 갖는다. 이 폴루(*πολυ-*) 합성어는 강조적인 방식으로 구약 계시의 내용과 관련한 저자의 확신을 묘사한다. 그는 다양하고 충만하게 선지자들을 통해 부여된 계시를 개관하지만, 아들이 오기까지 하나님의 계시는 온전치 않은 채로 남아있었다는 것을 함축한다.

두 합성어는 신약성경에서 오직 여기서만 나타나고, 그것은 필로에게 빚을 졌음을 드러내고 있다고 주장하기도 한다(예. Spicq, 1:46). 하지만 필로가 폴루(*πολυ-*) 합성어와 폴루(*πολυ-*) 단어와 관련한 두운법을 좋아할지라도, 1:1에 발견되는 특별한 조합은 그의 문서에서 결코 나타나지 않는다. 필로의 작품에는 다양하고 변화가 있는 구약 성경 계시의 격조 높은 묘사에 상응하는 것은 사실상 아무것도 없다. 히브리서의 저자가 필로에게서 발견되는 어떤 것으로 표현이나 적용의 선택에 영향을 받았다는 증거는 없다(Williamson, *Philo*, 70-74, 133-34).

1b-2a 과거의 시간(*πάλαι* – 팔라이) 그리고 하나님의 결정적이고 클라이막스적인 단어의 언급으로 특징지어지는 현재의 시간(*ἐπ᾽ ἐσχάτου τῶν ἡμερῶν τούτων* – 에프 에스카투 톤 헤메론 투톤)에 대한 시간 언급에 함축된 대조는 구속 역사의 과정에서 두 시대의 계승에 관한 전통적인 유대교와 원시적인 기독교의 개념을 표현하고 있다. "마지막 날"로서의 현재 시간의 특징은 저자의 사상의 지배적인 종말론적 적용을 서술하고 표현하고 있다. 그는 어떤 결정적인 사건들이 약속의 성취와 구약 성경의 전조를 이루었고, 또한 어떤 다른 결정적이고 최종적인 사건들은 아직 발생하지 않았다고 확신하고 있다. 묵시적 종말론은 하나님의 구속적 행위의 전체 역사를 해석하는 범주를 저자에게 제공했다(Klappert, *Eschatologie*, 11-61; 시간과 역사의 주제에 관한 필로와 히브리서간의 근본적인 차이에 대해서는 Williamson, *Philo*, 142-59을 보라).

저자의 진술을 A.D. 70년에 예루살렘의 파괴를 유대의 묵시적 관점으로부터 바라보았던 어떤 동시대인이 전개한 시간적인 대조("이전 시대에, 심지어 옛 세대에서조차, 우리의 조상들이 돕는 자들과 의로운 자들 그리고 거룩한 선지자들을 가졌다…하지만 지금 의로운 자들은 눈살을 찌푸리고 있고, 선지자들은 잠들어 있다. 우리도 역시 그 땅에서 쫓겨나서 시온에서 유리되었다. 이제 우리는 전능하신 분과 그의 율법을 제이하고는 아무것도 없다", *2 Apoc. Bar.* 81:1, 3)와 비교할 때, 히브리서의 서두 소절에서 반영된 독특한 히브리서의 시각을 뚜렷하게 알 수 있다.

에프 에스카투 톤 헤메론(*ἐπ' ἐσχάτου τῶν ἡμερῶν*)은 과거와 구분되는 것으로 미래를 위한 셈어적인 시간적 관용구를 번역한 70인경의 표현이다(민 24:14; 렘 23:20; 25:19; 49:39; 단 10:14). 그러나 헬라적 유대문헌에서 에스카토스(*ἔσχατος*)의 의미는, 특히 종말론적인 문맥에서, 전문적인 의미를 갖는 표현을 나타내었다(G. W. Buchanan, "Eschatology and the End of Days," *JNES* 20[1961] 188-93).

히브리서에서 표현의 해석은 1절에서 선지자로 말미암은 하나님의 말씀에 대한 언급에 의해 결정된다. 헬라적-로마 시기에, 이스라엘에 대한 예언적 메시지가 종말론과 관련되었다는 확신이 퍼져 있었다. 쿰란으로부터 온 성경 본문의 수집이 기독교 이전 시기의 이 개념을 증거해 준다(4QFlor 1:15, 사 8:11의 인용에 뒤이은 "후대와 관련한 이사야 선지자의 책에 쓰여진 대로"; 참조. Sir 48:24-25). 히브리서에서 표현의 의미는 아들을 하나님이 마지막 결정적인 말씀을 하셨던 분으로서 특징짓는 것이다.

시간적 관용구는 하나님이 말씀하신 중심적인 확증을 증거한다. 하나님이 사람들을 돌보시고, 말씀을 통해 그들과 관련하고 계시다는 확신은 저자의 주요한 모티브로 발전된다. 서두의 소절들에서 저자는 청중들의 관심을 말씀하시는 하나님의 권위에 집중하게 한다. 하나님이 말씀하신 활동의 중심은 성경이었다. 저자는 습관적으로 성경에서 나온 구절들을 하나님의 직접적인 말씀으로 도입한다(예. 1:5-13; 5:5-6; 7:17, 21).

하나님의 말씀이 인간의 경험에서 살아있고 활동하고 계시다는 확신(4:12)은 히브리서를 통한 성경의 권위에 대한 호소를 뒷받침해주고, 이 설교의 결론에서 말씀하시는 하나님(12:25)을 거부하지 말라는 경건한 권고로 청중들을 준비시킨다. 조격적인 여격인 엔 휘오(*ἐν υἱῷ*, "하나님이 아들로 말씀하셨다")가 엔 토이스 프로페타이스(*ἐν τοῖς προφήταις*) 구의 해석을 수단적인 의미("선지자를 통해")로 부추길지라도, 그 구는 실제로 구약 성경을 언급하고 있다고 하는 것이 가능하나(눅 24:25; 요 6:45; 따라서 BAGD, 723).

하나님의 계속된 계시는 아들을 통한 계시로 궁극적인 표현을 찾았다. 하나님이 "선지자들로…아들로"(*ἐν τοῖς προφήταις…ἐν υἱῷ*-엔 토이스 프로페타이스…

엔 휘오) "말씀하셨다"는 보완적인 구들은 예수 그리스도 안에서 하나님의 계시는 이스라엘에 대한 하나님의 계시의 배경 안에서만 이해할 수 있음을 형성한다.

구약의 증거는 하나님의 결정적이고 클라이막스적인 말씀의 언급을 전조했다. 옛 언약 하에서 하나님의 자기 계시에 대한 단편적이고 다양한 특징은 조상들에게 하나님이 자기 백성들에게 계속해서 말씀하실 것이라는 기대를 일깨워주었다. 조상들의 자손이 된 사람들은 아들로 말미암아 언급된 말씀이 거룩한 계시로 특징지어지는 구체적인 역사의 확장을 형성했다는 것을 이해한다. 선지자의 사역은 이 역사를 준비하는 국면을 형성했다.

1-2a절에서 진술의 형태는 하나님의 자기계시의 연속성과 불연속성을 함축한다. 연속성의 요소는 하나님이 말씀하신 사건을 표현하는 절들(*ὁ θεὸς λαλήσας τοῖς πατράσιν…ἐλάλησεν ἡμῖν*–호 데오스 랄레사스 토이스 파트라신…엘랄레센 휘민) 속에서 강조된다. 불연속성은 '선지자들로 말미암은' 계시와 '아들로 말미암은' 계시간의 대조로 표현된다. 무관사인 엔 휘오(*ἐν υἱῷ*)는 질적인 것이다. 예수의 아들됨의 영원하고 본질적인 성격이 그로 하여금 하나님의 마지막 말씀을 하게 하신 분이 되게 했다. 계시의 두 구들 사이에서 대조는 사람인 선지자와 하나님과 유일무이한 관계를 향유하시는 아들과의 구분에 달려 있다. 7:28에서 유사한 구분이 인간인 대제사장과 하나님의 아들이신 분 사이에서 만들어진다.

하나님이 아들을 통해 말씀하셨던 것은 조상들에게 말씀하셨던 말씀의 의미를 명확하게 했다. 이런 관점에서 아들의 최근의 계시는 성취로서 간주된다(성취의 특징적인 어휘인, 플레로/플레로마[*πληρόω/πλήρωμα*]가 이 연설에서는 결코 나타나지 않을지라도).

2b 아들에 대한 언급은 단락의 핵심을 도입하고, 그것은 3절의 말미로 확장된다. 이 지점에서 저자는 초기 예전적인 전통의 단편을 도입하고 있는 것으로 보인다. 이것이 실제 그렇다면, 중재자와 상속자로서의 그리스도의 위엄을 기리는 전통이 전반적으로 이 단락의 구조에 철저히 통합되었을 것이다. 시편 2편의 왕권적인 아들과 시편 110편의 왕권적인 제사장에 대한 암시로 구성된 틀 안에서(3c절), 창조, 계시, 구속에서 아들의 역할이 신조적인 형태로 기술된다.

"이 아들을 만유의 후사로 세우시고"(*ὃν ἔθηκεν κληρονόμον πάντων*–혼 에데켄 클레로노몬 판톤). 아들은 상속자로 임명되었다. 그 절은 시편 2:8에 대한 분명한 암시를 담고 있는데, 시편의 구절은 왕권적인 아들의 간청에 반응해서 주권적인 하나님이 기업으로(*τὴν κληρονομίαν*–텐 클레로노미안) 민족(*ἔθνη*–에드네)을 줄 것을 확신 받는 내용이다.

롱 카머(H. Langkammer, "Den er zum Erben von allem *eingesetz* hat'[Hebr 1, 2]," *BZ* 10[1966] 273-80)는 히브리서와 창세기 17:5(상속자로 아브라함의 수여는 구속적인 역사의 시작을 특징짓는다)간의 진술의 문학적인 유사성을 관찰하였다. 그때에 아브람이 새로운 이름(참조. 히 1:4)과 "내가 너를 많은 족속(ἐθνῶν – 에드논)의 조상으로 세웠다"(τέθεικα – 테데이카)는 경건한 확신을 받았다. 히브리서에서 아들은 모든 창조의 우주적인 상속자로 수여받는다(창 17:5과 시 2:8에서처럼 단순히 모든 족속에 관한 것만이 아니다). 이 구절들간의 형식적인 유사성은 저자 또는 저자가 의존했던 예전적인 전통이 구속 역사의 시작을 아들의 성취와 연결하기 위해서 상속의 수여라는 구약성경의 모티브를 사용했다는 것을 암시한다.

"또 저로 말미암아 모든 세계를 지으셨느니라"(δι' οὗ καὶ ἐποίησεν τοὺς αἰῶνας – 디 후 카이 에포이에센 투스 아이오나스). 카이(καί)의 의미는 아마도 역접의 뜻으로 두 번째 절을 첫 번째 절과 연결시킨다: 아들은 상속자로 임명되었지만 그를 통하여 하나님은 세상을 창조하셨다. 이 절과 즉시 뒤이어지는 절들은 알렉산드리아 유대교 신학에서 거룩한 지혜에 관해 묘사하는 진술의 부류에 속한다(참조. Mack, *Logos*, 1973).

헬라적 유대인으로서 저자는 구약에서 그리고 솔로몬의 지혜서(Wisdom of Solomon)와 같은 후대의 문서와 지금 보존된 하나님의 지혜와 관련한 가르침에 철저히 익숙해 있었다. 그의 기독론의 전례들은 유대교의 지혜문헌에서 재발견된다. 알렉산드리아 신학에서 하나님의 지혜에 관한 묵상은 그에게 그리스도의 위격과 사역을 해석할 수 있는 범주와 어휘를 제공해주었다. 예수가 거룩한 아들로 도입될지라도(2a절), 그에게 귀속된 기능들은 하나님의 지혜의 기능이다: 그는 계시의 중재자요, 창조의 대리자요 보존자이며 하나님과 다른 사람들을 화해시키는 자다.

이런 기독론적인 확언들은 각기 솔로몬의 지혜서에서 거룩한 지혜의 역할과 관련한 선언들을 반영한다(참조. Wis 7:21-27). 거룩한 지혜의 범주를 예수에게 적용한다면, 하나님의 창조적인 활동과 그의 관계는 강화된다(참조. 잠 8:22-31; Wis 7:22; 9:2, 9). 예수가 하나님의 선재하신 아들이었다는 확신은 하나님이 같이 세상을 창조하셨던 분으로서의 예수의 동일시를 고무한다. 역으로 말해서 예수가 하나님과 세상을 창조하신 분이었다면, 그는 하나님의 선재하신 아들이었음이 틀림없다.

미사여구의 두 번 째 단위(3-4절)는 첫 번째 단위에서 도입된 세 단언들 – 아들을 통한 계시(2a절), 상속자로서의 아들의 신분(2b절), 창조에서 아들의 역할(3a절) – 을 발전시킨다. 이 요소들을 취하고 있는 순서는 아들(3a절), 창조(3b절), 그리고 상속(4절)의 논리적인 순서다.

3a "이는 하나님의 영광의 광채시요 그 본체의 형상이시라"(*ὅς ὢν ἀπαύγασμα …καὶ χαρακτὴρ* – 호스 온 아파우가스마…카이 카라크테르). 3-4절에 뒤이어지는 진술의 주어는 "아들"이다. 이것은 주격의 관계대명사로 나타난다. 첫 번째 선언에서 동의어적인 대구법에 첫 절의 두 요소의 배열은 의도적이다. 그것들은 동일한 것을 말하는 것을 의미한다. 윌켄스는 "독사(*δόξα*)와 휘포스타시스(*ὑπόστασις*)는 하나님의 영광이 그의 본성임을 나타내는 동의어이므로, 아파우가스마(*ἀπαύγασμα*)와 카라크테르(*χαρακτήρ*)는 아들의 동일한 기능을 표현한다"(*TDNT* 9:421)는 것을 관찰했다. 흔치 않고 독특한 어휘를 아들과 하나님과의 관계를 묘사하는데 집중시킨 것은 많은 해석자들로 하여금 찬송적인 단편을 3절에서 발견할 수 있음을 고무시킨 한 요인이 되었다.

아파우가스마(*ἀπαύγασμα*)는 신약성경의 그밖에 다른 곳에서는 발견할 수 없다. 그것은 상대적으로 다른 곳에서는 매우 드물다. 70인경에서는 하나님의 지혜의 구절을 찬양하는 문맥에서 오직 한번만 이 단어가 나온다: 지혜는 "영원한 빛으로부터 오는 광채[*ἀπαύγασμα* – 아파우가스마]요 하나님의 선하심의 형상(*εἰκών* – 에이콘)이다"(Wis 7:26). 저자는, 지혜와 영원하고 거룩한 빛간의 관계를 묘사하는, 70인경에서 사용한 단어를 빌려온 것으로 보인다. 그는 3절에서 그 단어를 사용하는데, 하나님과 아들 사이에 존재한다고 믿었던 관계를 표현하는 적절한 용어라고 보았기 때문이었다. 아들은 "하나님의 영광의 광채"시다.

카라크테르(*χαρακτήρ*)는 신약성경에서 오직 여기서만 나온다. 그것은 70인경에서는 세 번 발견되지만 비전문적인 의미에서다(레 13:28; 2 Macc 4:10; 4 Macc 15:4; 참조. *T. Sim.* 5:5). 필로는 이 용어에 대한 강력한 선호를 보여준다. 그 용어는 그의 작품에서 51번 나타나는데, 다양한 의미와 관련된다. 그는 영혼이 하나님의 형상(*χαρακτήρ* – 카라크테르)을 닮은 사람에게 자주 그것을 적용시킨다(*Allegorical Interpretation* 3.95; *On the Virtues* 52; *The Worse Attacks the Better* 83). 하지만 그 영혼이 거룩한 인을 새긴 것을 지니고 있는 보이지 않는 하나님의 형상과 비교한다면, 그 인의 도장은 영원한 로고스다(*ἧς ὁ χαρακτήρ ἐστιν ὁ ἀΐδιος λόγος*[헤스 호 카라크테르 에스틴 호 아이디오스 로고스]; *On Noah's Work as a Planter* 18).

그러나 3절에서의 표현에 제기된 "유사성"에 중요성을 과장하지 않는 것이 필요하다. 필로는 '하나님의 불변성에 관하여'(*On the Unchangeableness of God*, 55)라는 작품에서, 하나님의 존재는 "다른 명확한 특징이 없이"(*ἄνευ χαρακτῆρος*–아뉴 카라크테로스) "단순"(*ψιλὴν τὴν ὕπαρξιν*–프실렌 텐 휘파륵신)하다고 제기한다. 이것은 하나님의 본성이 어느 것도 그리고 어느 누구도 '본체의 정확한 형상'(*χαρακτὴρ τῆς ὑποστάσεως αὐτοῦ*–카라크테르 테스 휘포스타세오스 아우투)이라고 말할 수 없다는 것을 의미한다. 하지만 히브리서의 저자가 아들과 관련하여 선언하고 있는 것이 정확히 이것이다.

히브리서의 저자는 아파투가스마(*ἀπαύγασμα*)와 카라크테르(*χαρακτήρ*)와 같은 용어에 익숙했을 것이지만, 그는 이 독특한 어휘를 기독교적 고백을 하는데 가져왔다. 3a절에서 그는 예수 그리스도 안에서 하나님의 실제의 완벽한, 보이는 표현을 제공했다는 확신을 최대로 강조하기 위해서 카라크테르(*χαρακτήρ*)라는 단어를 사용했다. 만약 3a절의 형성이 알렉산드리아 유대교의 어휘와 개념에 어떤 빚을 지고 있다면, 한 특색 있는 기독교 사상가는 그것을 철저히 동화시키고 재형성하였다(참조. Williamson, *Philo*, 74-80).

아파우가스마(*ἀπαύγασμα*)로 예수에 대한 묘사는 히브리서 1장에서 발췌한 구들의 모음집처럼 보이는 클레멘트 1서의 단락에서 반복된다. 이 두드러진 사실은 전체 진술이 예수의 거룩한 제사장직을 보조하고 있다는 것이다.

> 우리가 구원을 발견한 사랑하는 예수 그리스도는 우리의 희생제물의 대제사장[*ἀρχιερεύς*–아르키에류스]이시요 우리의 연약함을 변호하시고 도우시는 분이시도다. 위엄의 광채[*ὅς ὢν ἀπαύγασμα τῆς μεγαλωσύνης αὐτοῦ*–호스 온 아파우가스마 테스 메갈론수네스 아우투]를 발하시는 그분은 천사들과 비교할 수 없을 정도로 위대하시며, 탁월한 이름을 지니셨도다." 기록된바…[시 104:4]. 하지만 주께이신 아들에 관하여 말씀하셨다…[시 2:7]. 그리고 다시금 그는 아들에게 말씀하신다…[시 110:1](*1 Clem* 36.1-6).

이 구절에 근거해서 다이센(Theissen, *Untersuchung*, 33-38)은 히브리서 1:1-14와 *1 Clem* 36.1-6가 예수를 이미 대제사장으로 지칭했던 공통된 예전적 전승에 각기 의존했음을 반영하는 것이라고 주장했다. 그는 예전의 원시적 형태가 36.1의 "대제사장", 아르키에류스(*ἀρχιερεύς*)를 담고 있는 클레멘드 1서에서 아주 충실하게 재현되고 있음을 증명하려고 하였다.

그러나 칵케릴(Cockerill, *JBL* 97[1978] 437-40)은 이 주장을 견지할 수 없음을 보여주었다. 클레멘트가 시편 110:1을 아들에 대한 하나님의 직접적인 호칭으로 인용할 때(히 1:13에서처럼), 그는 도입 형식에서 히브리서에 대한 의존을 드러낸다. 구약 성경의 인용을 도입하는 이런 방식은 히브리서에는 전형적이지만(1:5-13; 5:5-6; 7:17, 21), 클레멘트 1서에서는 여기서만 나온다. 게다가 "대제사장"이 아닌 "아들"의 지칭은 *1 Clem* 36.3-5과 히브리서 1:5-13에서 발견되는 연쇄적인 구약 인용에 더 적절하다.

마지막으로 거룩한 아들이 역시 대제사장이라는 것을 증명하기 위한 히브리서 저자의 지속적인 관심은, 만약 전승이 이런 연관을 이미 구축하였다고 한다면, 이해하기가 어렵다. 전승이 예수를 선재적인 아들로 언급했고, 그리고 히브리서에서 예수를 대제사장으로 제시한 것에 근거하여 클레멘트 1서의 저자가 히브리서 1장의 의역을 아르키에류스(*ἀρχιερεύς*)의 칭호와 연관지을 수 있었다고 추정하는 것이 훨씬 더 논리적으로 보인다(참조. M. Mees, "Die Hohepriester-Theologie des Hebräerbriefes im Vergleich mit dem ersten Clemensbrief," *BZ* 22[1978] 115-24). "위대한 자의 광채"(36.2)로 클레멘트가 예수를 묘사한 것은 히브리서 1:3의 본질을 인상적인 진술로 단순히 압축한 것이다(*ὅς ὢν ἀπαύγασμα··· ἐκάθισεν ἐν δεξιᾳ τῆς μεγαλωσύνης* – 호스 온 아파우가스마…에카디센 엔 덱시아 테스 메갈로수네스, "광채이시요…높은 곳에 계신 위엄의 우편에 앉으셨느니라").

3b "그의 능력의 말씀으로 만물을 붙드시며"(*φέρων τε τὰ πάντα τῷ ῥήματι τῆς δυνάμεως αὐτου* – 페론 테 타 판타 토 헤마티 테스 두나메오스 아우투). 창조에 대한 관계를 묘사하는 절은 선존재로서의 아들에 관한 묘사를 뒤따른다. 새로운 절은 하나님의 기능인 모든 창조된 존재의 섭리적인 통치를 아들에게 귀속시킨다. 하나님의 선 창조적인 지혜로서 아들은 하나님의 영광을 구현할 뿐만 아니라 우주에 하나님의 영광을 드러낸다. 전능한 말씀으로서 모든 것을 붙드시며, 만물로 하여금 섭리된 목적을 감당하게 하심으로써 말이다.

아들의 사역으로 우주적인 차원을 귀속시킴은 저자가 아들의 초월적인 위엄을 형성하였던 전체적인 평가에 의해 촉발되었다. 하나님을 온전하게 궁극적으로 드러내셨던 아들은 세상의 거룩한 통치를 공유해야 한다(참조. Williamson, *Philo*, 95-103). 이전의 구처럼, 3b절의 형성은 지혜서(Wis) 7에서 나왔을 것이다. 거기서 27절은 지혜가 "오직 한 분이실지라도, 그분은 모든 일을 할 수 있는 능력을 갖고 있고, 모든 것을 새롭게 하신다"라고 진술한다. 지혜서(Wis) 8:1은 이렇게 덧붙인다:

"지혜는 땅의 한쪽 끝에서 다른 쪽 끝까지 전능하게 임하신다. 지혜는 모든 것을 질서 있게 하신다." 아들의 초월적인 위엄은 알렉산드리아 신학의 거룩한 지혜에 대한 찬양에 사용한 것과 유사한 용어로 히브리서 1:3에서 고백된다.

3c "죄를 정결케 하는 일을 하시고"(*καθαρισμὸν τῶν ἁμαρτιῶν ποιησάμενος* - 카다리스몬 톤 하마르티온 포이에사메노스). 3절의 고백은 그리스도의 선존재와 성육신 그리고 승귀에서 그리스도의 위격과 가치를 개관한다. 그의 선존재는 지혜 전승에서 빌려온 범주에서 묘사될지라도, 특별한 절의 도입에 의해 그 절은 예리하게 수정된다. 거룩한 지혜의 화해하시는 활동은 근본적으로 교육적이다(Wis 7:27; 9:9). 죄로부터 깨끗하게 하기 위한 희생과 거룩한 지혜와의 관계는 없다(참조. Bovon, *RTP* 18[1968] 143). 따라서 서언에서 예수의 지상에서의 삶의 성취에 대한 유일한 언급의 근원은 지혜 전승이 아니라 성육신과 십자가에 관한 묵상이다.

아들의 사역을 명백한 제의적 범주에서 처음부터 묘사한 것은 의미가 있다. 예수의 성취에 대한 이 간단하고 꾸미지 않은 언급은 예수의 제사장직과 희생에 대한 뒷부분의 논의의 방향에 맞추어져 있다. 그리스도의 죽음의 효과는 죄로부터 깨끗게 하는(*καθαρισμόν* - 카다리스몬) 것이다. 여기서 죄는 제거해야 할 더러움으로 간주된다. 이런 이해는 70인경에 뿌리를 내리고 있는데, 거기서 카다리제인(*καθαρίζειν*)과 그 동족어들은 제단(참조. 출 29:37; 30:10; 레 16:19)이나 사람(레 16:30)과 연관해서 죄의 더러움의 제거와 상관이 있다. 이스라엘의 부정함이 제단에서 주님 앞에서 인정되었고, 희생의 동물의 피를 뿌림으로써 그들이 정결하게 되어야 했던 것은 이런 부정함에서였다. 이 피는 제단에 죄들을 덮고, 말소시켰다(참조. 출 30:10: *καθαρισμός*[카다리스모스]).

사람들의 정결은 대속의 행위로 피에 의해 유사하게 성취되었다(참조. 레 16:30). 정결은 제의적 생활에 참여함을 위해서는 본질적인 조건이다. 죄의 더러움은 제거되어야 할 하나님께 나아가는 장벽을 세운다(참조. Meeter, *Heavenly High Priesthood*, 155-57). 히브리서의 저자가 그리스도의 죽음을 해석하기 위해 이 개념적 틀에 의존한 것을 9장과 10장에서 확인할 수 있는데, 거기서 부정과 정결의 범주가 논증의 바탕이 된다. 카다리제인(*καθαρίζειν*)과 그것의 동족어의 다른 여섯 번의 출현은 이들 장에서 나타나고 있는 것은 의미가 있다(9:13, 14, 22, 23; 10:2, 22).

욥기 7:21의 옛 헬라어 역본에서 그 족장은 "주께서 어찌하여 내 허물을 사하여 주지 아니하시며 내 죄악을 제하여 버리지 아니하시나이까"(*ἐποιήσω⋯καθαρισ-*

μὸν τῆς ἁμαρτίας μου–에포이에소…카다리스몬 테스 하마르티아스 무)라고 반박한다. 마음에 이런 형식들을 염두에 둔 저자는 간결하게 "죄를 정결케 하시고"(καθαρισμὸν τῶν ἁμαρτιῶν ποιησάμενος–카다리스몬 톤 하마르티온 포이에사메노스)라고 말한다. 부정과거 분사는 단번에 모든 것을 행하신 결정적인 행위로서의 정결을 지칭한다. 중간태는 아들이 '몸소' 죄를 정결하게 하셨다는 것을 함축한다. 이 한번의 행위로 죄의 사악이 영원히 제거되었다. 따라서 속격 톤 하마르티온 포이에사메노스(τῶν ἁμαρτιῶν ποιησάμενος)는 아들의 죽음으로 말미암아 죄가 사하여졌다는 의미를 함축하는 목적격으로 해석해야 한다. 히브리서 1:3은 예수를 "제사장"으로 지칭하지는 않는다. 하지만 이 의미심장한 절에서 저자는 하나님의 독생자가 제사장도 된다는 것을 강력하게 함축한다.

"높은 곳에 계신 위엄의 우편에 앉으셨느니라"(ἐκάθισεν ἐν δεξιᾷ τῆς μεγαλωσύνης ἐν ὑψηλοῖς–에카디센 엔 덱시아 테스 메갈로수네스 엔 휲펠로이스). 문장론적으로 3절의 각기 분사절들은 문법적으로 3-4절의 주요한 주장을 제공하는 한정어 에카디센(ἐκάθισεν, "앉았다")에 의존한다. 이는 선행절의 경우에도 특히 중요한데, 정결하게 하고 보좌에 앉은 행위는 시간적으로 연속되는 것을 형성하기 때문이다("그는 죄를 정결하게 한 후에 보좌에 앉으셨다"). 이 두 절은 저자의 기독론의 주요한 주제, 즉 희생과 승귀를 선언한다. 서두 단락의 어떤 다른 선언도 강화의 본론에서 이와 비교할 수 있는 설명을 제공받지 못할 것이다.

아들이 하나님의 우편 보좌로 승귀하셨다는 선언은 시편 110:1에 대한 확실한 암시를 담고 있다. 왜냐하면 이것은 하나님 옆에 앉으신 분을 언급하는 유일한 성경본문이기 때문이다. 후대의 유대 문헌에서 시편은 하나님의 특별한 호의를 즐기는 어떤 개인을 지칭하는 것으로 해석되었다(참조. Hay, *Glory*, 21-33, 54-56).

기독교 이전의 문헌 양식에서 시편 110:1에 대한 분명한 암시는 일세기의 헬라적 유대 문서인 '욥의 증언'(*Testament of Job*, 33:3)에서 나타난다. 엘리후가 11번이나 "지금 너의 보좌의 영광은 어디에 있는가?"라고 비참해진 족장에게 물을 때, 욥은 "나의 보좌는 하늘의 세계에 있고, 그 영광과 광채가 하나님의 우편에 있도다"(ἐκ δεξιῶν τοῦ θεου–에크 덱시온 투 데우)라고 반응한다. 그밖에 다른 곳으로는 거룩한 지혜가 하나님의 보좌 옆에 앉은 것으로 묘사되고(Wis 9:4), 마지막 재앙의 밤에 애굽을 공격한 로고스는 "하늘의 왕권적인 보좌에서"(Wis 18:15) 내려온다.

하나님의 우편 보좌에 관한 개념은 당대에 아들의 왕권적인 권세와 비교할 수 없는 영광에 대한 인상을 전해주었을 것이다. 고대에 일반적으로 우편은 지극한 권위와 최고의 영예를 상징했다(예. 왕상 2:19, "따라서 밧세바는 솔로몬 왕에게 갔다…그리고 왕은 그녀를 만나기 위해서 일어나서는 그녀에게 절하였다. 그 다음에 그는 자신의 보좌에 앉았고, 왕의 어머니를 위한 자리를 내어주었다. 그녀는 왕의 우편에 앉았다; 참조. Hay, *Glory*, 52-58; Gornatowski, *Rechts und Links*; O. Nussbaum, "Die Bewertung von Rechts und Links in der römische Liturgie," *JAC* 5[1962] 158-71).

크리스천들은 신조적인 고백과 찬송에서 하나님의 우편에 아들이 좌정하신 개념에 익숙하였다. 그들은 그러한 언급이 부활 후의 그리스도의 승귀에 대한 것이었음을 즉시 인식했을 것이다. 히브리서에서 예수의 부활의 사실에 대한 직접적인 호소가 거의 없는 것이 이러한 이유를 설명해준다(참조. 13:20). 3절과 그밖에 다른 곳에서 하나님의 우편 보좌에 대한 암시는 예수의 부활, 승천 그리고 계속된 높아지심에 대한 포괄적인 언급으로 분명히 사용되었다(Hay, 43-45, 90).

여기서(그리고 8:1에서; 참조. *T. Levi* 3:9) 하나님에 대한 완곡한 표현으로 "위엄"이라는 단어(*μεγαλωσύνη*-메갈로수네)의 선택은 아들의 비교할 수 없는 영광에 대한 인상을 강화시켜준다. 동시적으로 그것은 하나님의 영원한 위엄을 확증해준다. "거룩한 위엄의 우편"에의 즉위는 하나님 아버지의 규칙과 서열을 손상함이 없이 아들의 지극한 승귀를 확증했다(참조. Hay, 91, 159). "높은 곳에"라는 엔 휩셀로이스(*ἐν ὑψηλοῖς*)의 첨가(참조. 시 92[93]: 4; 112[113]:5)는 그리스도 승귀의 하늘의 영역을 강조하고, 그러한 이미지의 공간적인 측면을 강화시킨다(참조. 8:1에서 "하늘에", 엔 토이스 우라노이스[*ἐν τοῖς οὐρανοῖς*]).

거기에서 아들을 영원에서 나오는 거룩한 영광의 광채로 묘사할지라도(3a절), 그의 낮아지심과 희생적인 죽음 이후에만 영광의 완전한 상태로 들어가셨다는 것을 수장할 수 있는 심오한 의미가 있다(참조. 2:9, "영광과 존귀로 관 쓰신"). 따라서 아들의 승귀는 하늘의 즉위로 묘사되고(3절), 그의 이름(4절)과 서열(5절)의 선언, 지극한 위엄에 대한 천사적인 존재들의 인식(6절), 그리고 그의 승귀의 신선한 언급(8-13절)에 의해 확인된다. 동일한 패턴을 신약의 다른 고백적인 구절에서 인식할 수 있다(빌 2:9-11; 딤전 3:16; 계 5:6-14; 참조. Käsemann, *Das wandernde Gottesvolk*, 58-71). 아들이 하나님의 우편으로 높아지신 것은 그가 하나님 자신의 권위와 권세로 통치하고 다스리신다는 것을 의미한다.

4 결론적인 절은 자연스럽게 아들의 승귀에 관한 중심적인 확언에서 나오고 그

것의 중요성을 진술한다. 아들의 초월적인 위엄은 그의 즉위의 선포와 천사보다 아들이 우월함에 대한 선언에 의해 비준된다. 새로운 이름의 획득과 천사보다 높아지심에 대한 모티브는 고백적인 성경의 그밖에 다른 곳에서도 발견되고(참조. 빌 2:9; 엡 1:20; 벧전 3:22), 초기 전승의 공통된 요소인 것으로 보인다(참조. Deichgräber, *Gotteshymnus*, 138). 4절에서 우월한 이름은 거의 확실히 5절에서 인용된 시편 2:7의 "나의 아들"의 발호이다(참조. Michel, 105; Hay, *Glory*, 109-10 등등).

히브리서는 가치판단을 위해 "보다 좋은", "보다 뛰어난"이라는 용어인 크레이톤(*κρείττων*)을 선호하는 경향을 보여준다(신약성경에서 19번 나타나지만, 히브리서에서 13번 나타난다). 이 묘사적인 용어는 드물게 사용하는 비교급인 "보다 탁월한"(*διαφορώτερος*-디아포로테로스)에 의해 보충되는데, 그것은 레위적 제사장과 대비되어 그리스도의 사역의 우월성을 묘사하는 8:6에서 다시금 사용된다(참조. Weiss, *TDNT* 9:64). 이 용어들은 질적인 판단을 표현하며, 아들이 천상의 세계에서 획득한 지위와 이름은 천사들이 향유하는 것보다 더욱 우월하고 고양된 것임을 선언한다.

"얼마큼 뛰어남"(*τοσούτῳ…ὅσω*-토수토…호소)이라는 표현은 탁월한 헬라어이지만 이와 정확히 일치하는 형태로는 신약성경에서 히브리서 10:25에서만 사용된다. 그것은 고전적인 저자들에게서는 매우 흔한 형식이고, 또한 헬라 시대에 훌륭한 문학적 헬라어를 사용하는 저자들 속에서 발견할 수 있다(*Ep. Arist.* 13, 182, 290; Sir 3:18; 4 Macc 15:5; Williamson, *Philo*, 93-95에서 논의된 Philo).

그리스도와 천사들의 비교는 천사적인 기독론에 관한 문제(즉 예수의 본성과 천사의 본성간의 혼돈)나 천사들을 숭배하는 잘못된 관행(위의 양식/구조/배경을 보라)에 의해 촉발된 것이 아니다. 그것은 선지자를 통한 계시가 아들을 통해 언급된 궁극적인 말씀과 대조되는 1-2a절의 병행을 제공한다. 4절의 천사는 1절의 선지자와 짝을 이루고 있다. 구약성경에서 천사는 계시와 구속에서 폭넓은 역할이 부여되었다(예. 출 3:2; 사 63:9). 천사들을 통해 율법이 선지자 중에 가장 위대한 모세에게 중재되었음은 흔히 알고 있었다(참조. *Jub.* 1:29; 행 7:38-39, 53; 갈 3:19; Jos., *Ant.* 15.5.3; 출 20:18에 대한 *Mek.*; 민 12:5에 대한 *Sipre* 102; *Pesiq. R.* 21). 저자와 독자들은 이 개념을 공유하고 있었다(2:2).

2:2에 "천사들로 하신 말씀"과 같은 유대 율법에 관한 묘사는 4절의 천사에 대한 언급을 해석하는데 결정적인 역할을 한다. 천사들보다 그리스도의 높아지심에 대한

주장은 그 우월함에 대한 해석을 준비시킨다(1:5-15). 그 해석은 그리스도의 계시가 천사들에 의해 중재된 것보다 훨씬 탁월하다는 사상에 기초가 된다(2:1-4)(참조. Spicq, 2:52-55).

따라서 서두의 단락은 선지자와 천사보다 하나님의 지극한 계시를 가지신 분으로서 아들의 탁월함에 대한 두 가지 언급으로 구조가 형성되어 있다. 4절은 최초의 소절에서 선언된 주제로 되돌아감으로써 서언을 종결짓는다. '선지자에서 천사로' 이동함은 의도적이다. 첫 번째 주요한 항목(1:5-2:18)의 주제로서 천사에 대한 아들의 우월함을 선언하는 것이 저자의 의도이기 때문이다.

해설

장엄한 서두의 진술은 전체 강화의 표제가 되고 있다. 그것은 하나님의 아들의 초월적인 위엄을 보여주기 위한 수단으로서 계시의 사건에 초점을 맞추고 있다. 예수에게 위탁된 최고의 계시는 서두의 구절에서 언급된 많은 다양한 에피소드들의 시원을 받는다. 이 개념적인 구조 내에서 저자는 왕권적인 아들(시편 2장)과 왕권적인 제사장(시 110편)의 즉위를 언급함으로써 탄탄하게 조직된 고백적 진술에서 거룩한 아들의 특징과 가치를 찬양한다. 하나님의 지혜의 범주로 아들을 제시하는 것은 보다 전통적인 선언들 사이에 삽입되어 있다. 창조, 섭리, 계시, 그리고 구속에 관해 말할 때, 거룩한 지혜를 언급하는 널리 퍼진 신학적인 경향의 근거는 디아스포라 유대교의 헬라적 회당의 지혜 전승의 발전이었다. 그 전승에서 지혜에 할당된 중재적인 역할이 히브리서에서 거룩한 아들에게 귀속된다.

히브리서의 서두 소절들에서 거룩한 지혜의 범주에서 아들에 대한 제시는 처음에는 놀랍다. 저자의 주요한 의도는 예수가 시편 110:4의 약속에 대한 상속자인 멜기세덱과 같은 대제사장이라는 교의를 발전시키는 것이다. 이것은 "아들이 죄를 정결케 한 후에"(3절) 하나님의 우편에 앉으셨다는 확언에서 예기(豫期)하고 있을지라도, 저자는 이 주제의 충분한 취급을 설교의 본론으로 미룬다. 하지만 서언의 예수에 대한 특색 있는 제시에 대한 이유들을 숙고적으로 제기할 수 있을 것이다.

지혜에 할당된 기능들을 수행하는 하나님의 아들로서 예수를 제시하는 저자의 결정은 자신이 말하는 것을 귀담아 듣게 하기 위한 목회적 관심에 의해 동기부여가 되었다. 거룩한 지혜의 범주는 분명히 독자들에게 통용되고 있었고, 의미가 있었다. 3절에서 특이하고 독특한 어휘를 집중적으로 사용한 것은 지혜서(Wis) 7:24-27에 보존된 전통이 회중들에게 규범적이었다는 것을 암시한다. 이 크리스천 회중은 신학적인 개념과 어휘에서 헬라적 회당에 의해 상당히 영향을 받고 있었다.

두 번째 관심이 서언에서의 언어의 선택에 영향을 미쳤다. 저자는 자신이 설교하고 있는 그룹에게 닥친 확실한 위험들을 인식하고 있었다. 그의 관심은 그들의 상황에 적절한 권면과 용기의 말씀을 제공하는 것이었다(13:22). 예수를 강력한 말씀으로 모든 것을 부양하시는 분으로 제시한 것은 압박을 받고 있는 시기에 예수가 하나님의 백성들을 붙드실 수 있음을 증명하였다. 말하자면 제국의 행정장관들의 법정이나 투기장이 그리스도인의 고백에 대한 처방이었을 때에 말이다.

한발 더 나아간 제안은 지혜의 형태로 예수를 제시한 것과 관련한 모험일 것이다. 회당과 교회 예전으로부터 독자들에게 익숙한 지혜 모티브를 취하여 자신이 전개하려고 하는 제사장 모티브와 연결한 것은 저자의 의도적인 배려였을 것이다. 히브리서 1:3의 일부를 인용한 클레멘트 1서(*1 Clem*) 36.1-4는 이런 제안에 대한 지지를 제공하는데, 클레멘트는 히브리서 2:17-3:1의 대제사장적 기독론의 측면에서 그 선언을 해석한다. 거룩한 지혜의 중재적인 기능이 성격상 제사장적이었다는 이해는 헬라적 교회에 널리 퍼져 있었을 것이다.

그러한 신학적 개념이 헬라적 회당에 일반화되었다면, 대제사장적 기독론을 보조하는 거룩한 지혜 기독론에 대한 원자료들은 히브리서의 저자가 왕권적 아들과 제사장으로 예수의 위엄과 관련하여 자신의 진술을 도입하게 위한 예전적 전통을 활용했을 때 이미 목전에 있었다. 거룩한 지혜 기독론은 대제사장적 기독론의 한 측면이다.

1:1-4에서 저자는 헬라적 유대교로부터 가져온 개념들의 단위들로 기독론의 정밀함을 가져다주었다. 그는 지혜의 범주들을 역사적 인물인, 예수에 대담하게 적용하였다. 히브리서의 저자는 하나님의 아들의 위엄과 업적과 관련한 정교하게 형성된 진술로 지혜 모티브와 제사장적인 모티브를 함께 가져온 창조적인 신학자였다.

서두의 단락은 저자가 아들에 의해 중재된 계시의 성격과 요구들과 관련하여 말해야 하는 모든 것의 확고한 기독론적인 기초를 설정한다. 아들에 관하여 세심하게 구성한 제시 속에서 지혜와 제사장의 논조를 함께 결합시킨 것은 하나님의 백성들을 붙드시는 예수의 관심 그리고 적대적인 세상에서 하나님의 백성들이 경멸의 대상이 되었을 때 그들을 강하게 하시고 변호하시는 예수의 능력을 확증할 수 있도록 독자들을 돕고 있다.

B. 아들의 초월적인 신성(1:5-14)

참고문헌

Allen, C. L. "Psalm 45:7 8(6-7) in Old and New Testament Settings." In *Christ the Lord.* FS D. Guthrie. ed. H. H. Rowden. Downers Grove, IL: Inter-Varsity Press, 1982. 220-42. **Allis, O. T.** "'Thy Throne, O God, Is for Ever and Ever.'" *PTR* 21 (1923) 236-66. **Andriessen, P.** "La teneur judéo-chrétienne de Hé I 6 et II 14B III 2." *NovT* 18(1976) 293-313. **Bakker, A.** "Was Christ an Angel?" *ZNW* 32(1933) 255-65 **Barth, M.** "The Old Testament in Hebrews: An Essay in Biblical Hermeneutics." In *Current Issues in New Testament Interpretation.* ed. W. Klassen and G. F. Snyder. New York: Harper & Row, 1962. 53-78, 263-73. **Bishop, E. F. F.** "Angelology in Judaism, Islam and Christianity." *ATR* 46(1964) 142-54. **Brady, C.** "The World to Come in the Epistle to the Hebrews." *Wor* 39(1965) 329-39. **Brown, R. E.** "Does the N.T. Call Jesus God?" *TS* 26(1965) 545-73. **Büchel, C.** "Der Hebräerbrief und das Alte Testament." *TSK* 79(1906) 508-91. **Caird, G. B.** "Son by Appointment." In *The New Testament Age.* FS B. Reicke. ed. W. C. Weinrich. Macon, GA: Mercer UP, 1984. 1:73-81. **Carr, G. L.** "The Old Testament Love Songs and Their Use in the New Testament." *JETS* 24(1981) 97-105. **Cernuda, A. V.** "La introducción del Primogénito, segun Hebr. 1, 6." *Est Bib* 39(1981) 107-53. **Charles, J. D.** "The Angels, Sonship and Birthright in the Letter to the Hebrews." *JETS* 33(1990) 171-78. **Combrink, H. J. B.** "Some Thoughts on the Old Testament Citations in the Epistle to the Hebrews." *Neot* 5(1971) 22-36, **Couroyer, B.** "Dieu ou Roi? Le vocatif dans le Psaume 45(vv 1-9)." *RB* 78(1971) 233-41, **Dupont, J.** "'Filius meus es tu' : L'interprétation du Ps 2,7 dans le N.T." *RSR* 35(1948) 522-43. **Dussaut, L.** *Synopse structurelle de l'Épître aux Hébreux.* 19-24. **Dyck, T. L.** "Jesus Our Pioneer." 60-76. **Fabris, R.** "La lettera agli Ebrei e l'Antico Testamento." *RivB* 32(1984) 237-52. **Fitzmyer, J. A.** "The Use of Explicit Old Testament Quotations in Qumran Literature and in the New Testament." *NTS* 7(1960 61) 297-333. **Galot, J.** "Existence personnelle et mission des anges." EV 99(1989) 257-63. **Glasson, T. F** "'Plurality of Divine Persons' and the Quotations in Hebrews 1:6ff." *NTS* 12(1965

-66) 270-72. **Harris, M. J.** "The Translation and Significance of *ὁ θεός* in Hebrews 1:8-9." *TynBul* 36(1985) 129-62. ______. "The Translation of *Elohim* in Psalm 45:7-8." *TynBul* 35(1984) 65-89. **Helyer, L. R.** "The *Prōtotokos* Title in Hebrews." *StudBibTh* 6(1976) 3-28. **Howard, G.** "Hebrews and Old Testament Quotations." *NovT* 10(1968) 208-16. **Hurst, L. D.** "The Christology of Hebrews 1 and 2." In *The Glory of Christ in the New Testament.* FS G. B. Caird. ed. L. D. Hurst and N. T. Wright. Oxford: Clarendon Press, 1987. 151-64. **Katz, P.** "The Quotations from Deuteronomy in Hebrews." *ZNW* 49(1958) 213-23. **Kistemaker, S.** *The Psalm Citations in the Epistle to the Hebrews.* Amsterdam: G. van Soest, 1961. **Koops, R.** "Chains of Contrast in Hebrews 1." *BT* 34(1983) 220-25. **Laub, F.** *Bekenntnis und Auslegung.* 20-22, 52-61. **Lewis, W. M.** "Bringing the First-Begotten into the World." *BW* 12(1898) 104-12. **Meier, J. P.** "Structure and Theology in Heb 1:1-14." *Bib* 66(1985) 168-89. ______. "Symmetry and Theology in the Old Testament Citations in Heb.1:5-14." *Bib* 66(1985) 504-33. **Oberholtzer, T. K.** "TheEschatological Salvation of Hebrews 1:5-2:5." *BSac* 148(1988) 83-97. **Old, H. O.** "The Psalms of Praise in the Worship of the New Testament Church." *Int* 39(1985) 20-33. **Padva, P.** *Les citations de l'Ancien Testament dans l'Épître aux Hébreux.* Paris: Danzig, 1904. **Parsons, M. C.** "Son and High Priest: A Study in the Christology of Hebrews." *EvQ* 60(1988) 195-215. **Pérez, A.** "Procedimientos derásicos del Sal 2, 7*b* en el Nuevo Testamento: 'Tu eres mi hijo, yo te he engendrado hoy.'" *Est Bib* 42(1984) 391-414. **Ploeg, J. van der** "L'exégèse de l'Ancien Testament de l'Épître aux Hébreux." *RB* 54(1947) 187-228. **Pollard, E. B.** "Notes on the Old Testament Citations in the Epistle to the Hebrews." *CrozQ* 1(1924) 447-52. **Rendall, R.** "The Method of the Writer to the Hebrews in Using Old Testament Quotations." *EvQ* 27(1955) 214-20. **Robson, E. A.** "A Biblical-Theological Exposition of Psalm 2:7 Considering the Sonship of the Messiah." Dissertation, Westminster Theological Seminary, 1963. **Sahlin, H.** "Adam-Christologie im Neuen Testament." *ST* 41(1987) 11-32. **Schröger, F.** *Der Verfasser des Hebräerbriefes als Schriftausleger.* Regensburg: Pustet, 1968. **Smith, W. R.** "Christ and the Angels." *Exp* 2nd ser. 1(1881) 25-33, 138 47; 2(1881) 18-27; 3(1882) 63-70, 128-39. **Sowers, S.** *The Hermeneutics of Philo and Hebrews.* Richmond: Knox, 1965. **Synge, F. C.** *Hebrews and the Scriptures.* London: SPCK, 1959. **Taylor, V.** "Does the New Testament Call Jesus God?"

ExpTim 73(1961-62) 116-18. **Tetley, J.** "The Priesthood of Christ in Hebrews." *Anvil* 5(1988) 195-206. **Thomas, K. J.** "The Old Testament Citations in Hebrews." *NTS* 11(1964-65) 303-25. **Thompson, J. W.** "The Structure and Purpose of the Catena in Heb 1:5-13." *CBQ* 38(1976) 352-63. **Tournay, R.** "Les affinitiés du Ps 45 avec le Cantique et leur interprétation messianique." In *Congress Volume: Bonn, 1962. VTSup* 9. Leiden: Brill, 1963. 168-212. ______. "Le Psaume 110." *RB* 67(1960) 5-14. **Übelacker, W. G.** *Der Hebräerbrief als Appell: Untersuchungen zu* exordium, narratio *und* postscriptum *(Heb 1-2 und 13, 22-25)*. Stockholm: Almqvist & Wiksell, 1989. **Vanhoye, A.** *Exegesis Epistulae ad Hebraeos Cap. I II.* Rome: Pontifical Biblical Institute, 1968. 81-136. ______. *Situation de Christ: Hébreux 1-2.* Paris: Cerf, 1969. 119-226. **Venard, I.** "L'utilisation des Psaumes dans l épiÆtre aux Hébreux." In *Mélanges E. Podechard.* Lyon: Facultés Catholiques, 1945. 253-64. **Vitti, A.** "Et cum iterum introducit primogenitum in orbem terrae(Hebr 1,6)." *VD* 14(1934) 306-16, 368-74; 15(1935) 15-21. **Warfield, B. B.** "The Divine Messiah in the Old Testament." *PTR* 14(1916) 379-416. **Williamson, R.** "The Incarnation of the Logos in Hebrews." *ExpTim* 95(1983-84) 4-8.

본 문

5 하나님께서 어느 때에 천사 중 누구에게 네가
내 아들이라 오늘날 내가 너를 낳았다 하셨으며
또 다시 나는 그에게 아버지가 되고 그는 내게 아
들이 되리라 하셨느뇨

5. For to which of the angels did God[a] ever say, "You are my Son; today I have become your Father"? And furthermore, "I will be his Father,[b] and he will be my Son"?

6 또 맏아들을 이끌어 세상에 다시 들어오게 하
실 때에 하나님의 모든 천사가 저에게 경배할지
어다 말씀하시며

6. And again,[c] when God brings his firstborn Son into the [heavenly] world, he says, "Let all God's angels worship him."

7 또 천사들에 관하여는 그는 그의 천사들을 바
람으로 그의 사역자들을 불꽃으로 삼으시느니라
하셨으되

7. In reference to the angels he says, "He makes his angels winds, his servants flames of fire."

8 아들에 관하여는 하나님이여 주의 보좌가 영영
하며 주의 나라의 홀은 공평한 홀이니이다

8. But referring to the Son he says, "Your throne, O God,[d] will endure for ever and ever, and righteousness[e] will be the scepter of your[f] kingdom.

9 네가 의를 사랑하고 불법을 미워하였으니 그러
므로 하나님 곧 너의 하나님이 즐거움의 기름을
네게 부어 네 동류들보다 승하게 하셨도다 하였
고

9. You have loved righteousness and hated lawlessness; therefore God, your God, has exalted you above your companions[g] by anointing you with the oil of joy."

10 또 주여 태초에 주께서 땅의 기초를 두셨으며 하늘도 주의 손으로 지으신 바라

11 그것들은 멸망할 것이나 오직 주는 영존할 것이요 그것들은 다 옷과 같이 낡아지리니

12 의복처럼 갈아 입을 것이요 그것들이 옷과 같이 변할 것이나 주는 여전하여 연대가 다함이 없으리라 하였으나

13 어느 때에 천사 중 누구에게 내가 네 원수로 네 발등상 되게 하기까지 너는 내 우편에 앉았으라 하셨느뇨

14 모든 천사들은 부리는 영으로서 구원 얻을 후사들을 위하여 섬기라고 보내심이 아니뇨

10. He also says, "Lord, in the beginning you laid the foundation of the earth, and your hands made the heavens.

11. They will perish, but you remain; they will all wear out like clothing.

12. You will roll them up like a cloak; like a garment[h] they will be changed. But you remain the same; you will never grow old."[i]

13. But to which of the angels has God ever said, "Sit at my right hand until I make your foes your footstool"?

14. Are not all angels serving spirits commissioned to render service to those who are to inherit salvation?

원문주해

a. 데오스(*θεός*)가 본문에 나타나지 않을지라도, 문맥은 하나님이 주어라는 것을 분명히 암시한다. 히브리서 1:5, 6, 7, 13; 3:15; 4:3, 4, 7; 5:5, 6; 6:14; 8:8; 10:15, 30에서 자주 그랬던 것처럼 말이다.

b. 에이스(*εἰς*)는 서술 주격을 대신해서 사용되고 있다. 참조. Moulton and Howard, *Grammar*, 2:463.

c. 팔린(*πάλιν*)은 레게이(*λέγει*) 또는 가정법 에이사가게(*εἰσαγάγη*)와 더불어 해석할 수 있다. 문맥상의 고려(5절)와 히브리서의 선호(2:13a, *b*; 4:5; 10:30)는 팔린(*πάλιν*)을 파루시아(참조. 9:28)에 대한 언급이라기보다 뒤이어지는 인용에 대한 도입 형식어로서 간주하는 결정을 지원해준다(참조. 9:28). (참조. Windisch, 15: "그러나 다시금 그는 말했다"; Helyer, *StudBibTh* 6[1976] 7-8.)

d. 코이네 헬라어에서 호격이 주어를 대신하고(참조. Moule, *Idiom-Book*, 32), 데오스(*θεός*)의 주격은 보통 호격으로 역할한다. 여기서 호격으로서 호 데오스(*ὁ θεός*)의 독법의 지지로는 Turner, *Grammar*, 4:15와 A. W. Wainwright, "The Confession Jesus is God in the New Testament," *SJT* 10(1959) 286-87; Schröger, *Verfasser*, 262-63을 보라.

e. 헤 라브도스 테스 유두테토스(*ἡ ῥάβδος τῆς εὐθύτητος*)라는 표현에서의 속격은 "의로운 홀" 또는 단순히 "의"를 의미하는 질적인 것이다.

f. 이문인 아우투(*αὐτοῦ*)가 초기의 좋은 지지(P^{46} ℵ B)를 받고 있고, 그것이 시편 45:7(=70인경 44:7)에서 인용된 구약의 구절과는 다르기 때문에 선호될지라도, 두 가지 고려사항이 수(*σου*)의 독법을 채택하는 것을 돕는다: (1) 수(*σου*)를 지지하는 외적인

증거들의 다양함과 무게(A D K P ψ 33 81 1739 *pc* it vg sy[ph] cop arm Tert, Chr, *Cyr.*, Euthalius), (2) 아우투(*αὐτοῦ*)를 인접한 문맥과 맞추어 해석하는 것의 본질적인 어려움(참조. Metzger, *Textual Commentary*, 662-63). 9절에서 이인칭 대명사를 담고 있다는 사실은 8절의 수(*σου*)의 진정성을 확인해준다. 아우투(*αὐτοῦ*)는 분명히 필사상의 오류일 것이다.

g. 파라(*παρά*) 전치사를 "하나님이 너의 동역자들보다 너를 기쁨의 기름으로 기름부으셨다"는 것을 의미하는 것으로 대안적으로 취할 수 있다.

h. 호스 히마티온(*ὡς ἱμάτιον*)이라는 말이 강력하게 지지된다(P[46] ℵ A B [D*] 1739 it[d e] arm eth). 저자는 분명히 시편 102:26의 인용에서 그 단어들을 삽입했다. 이는 의복이 갖고 있는 은유를 강조하기 위해서다. 주요한 증거본들에서 이 단어의 부재는 70인경에 대한 본문의 동화에 따른 결과일 것이다(그로 Metzger, *Textual Commentary*, 663).

i. 문자적으로는 "너의 눈이 결코 쇠하지 않을 것이요"이다(RSV, JB, NIV에서처럼).

양식/구조/배경

연설의 첫 번째 주요한 항목의 내적 구조(1:5-2:18)는 문학적 장르의 두 형태 즉 해석과 권면을 교차하는 저자의 습관적 형태를 보여준다. 천사에 대한 아들의 우월성을 증거하는 연쇄적인 구약성경 구절들(1:5-13)은 성격상 해석적이고, 2:1-4의 경건한 호소를 위한 기초를 놓는다. 그 다음에 이 권면은 더 발전된 해석이 뒤따라오는데, 그것은 천사들에 대한 아들의 관계를 분명히 규명한다. 전개과정에서 한 문학적 장르에서 다른 문학적 장르로 바뀌는 것은 세 개의 단락들의 한계를 인식할 수 있게 해준다: 1:5-14(해석), 2:1-4(권면), 그리고 2:5-18(해석)(참조. Vanhoye, *La structure*, 69).

구약성경에서 가져온 몇 가지 인용은 서언의 핵심(2*b*-3*c*절)에서 아들과 관련한 선언들을 받쳐주기 위해서 선택되었다. 종합적인 대구법이 아들에 관한 서두의 고백과 뒤이어지는 일련의 인용들 사이에 존재한다.

1:1-4	1:5-13
A 왕권적인 상속자로서 임명됨(2b절)	A´ 왕권적인 아들과 상속자로 임명됨(5-9절)
B 창조의 중재자(2c절)	B´ 창조의 중재자(10절)
C 영원한 본질과 선재적인 영광(3a, b절)	C´ 불변하는 영원한 본질(11-12절)
D 하나님 우편으로의 승귀(3c절)	D´ 하나님 우편으로의 승귀(13절)

따라서 1:5-14의 전개는 천사에 대한 아들의 우월성을 증명한다. 그의 초월적인

신성에 관한 교회의 고백을 강화하는 방식으로 말이다.

구조에 관한 고려가 집합적인 배열에서 분명히 엿보인다. 천사들에 대한 관심으로 방향을 돌리는 도입형식어를 반복함으로써, 저자는 그 단락을 세 단위들로 나누는데, 각기 아들과 천사들간의 대조적인 비교를 그리고 있다.

5절 "하나님이 천사 중 누구에게 말했는가?…"
7절 "천사들에 관하여 하나님은 말씀하신다…"
13절 "어느 때에 하나님이 천사 중 누구에게…말씀하셨는가?"

첫 번째 비교는 아들과 관련하여 언급된 두 인용들을 가져오고, 천사들과 관련한 세 번째 인용으로 결론을 맺는다. 아들의 신성과 천사들의 거룩성 간의 긴장은 6절의 역접(*δέ*-데)에 의해 충분히 표명된다. 5절에서 인용된 인정의 형식어들은 보좌에 오른 아들의 권리를 입증하며, 6절에서 그의 신성을 인식할 것을 천사들에게 요청하는 것을 정당화한다.

표제어인 (6절에서 발견되는) '천사들'을 반복함으로써 두 번째 비교는 첫 번째와 연결된다. 비교의 대조적인 성격이 불변화사들인 멘…데(*μὲν…δέ*)에 의해 강조된다.

7절 카이 프로스 멘 투스 앙겔루스 레게이(*καὶ πρὸς μὲν τοὺς ἀγγέλους λέγει*)…
"천사들에 관하여 말하기를…"
8절 프로스 데 톤 휘온(*πρὸς δὲ τὸν υἱόν*)…
"하지만 아들에 관하여는…"

아들과 천사가 5-6절에서 언급되는 순서는 먼저 아들이 나오고 그 다음에 천사들이었다. 이제 그 순서가 역전된다. 천사들에 대한 언급이 아들에 대한 언급에 앞서 나온다(7-12절).

세 번째 대조적인 비교(13-14절)는 전환 없이 뒤따라 나온다. 하지만 그것은 표현의 상세함으로 이전의 갈래들과 연결되어 있다. 시편 110:1b의 인용은 8절에서 확립된 보좌에 대한 언급에 적절하지만, 섬기는 영으로서 천사들에 대한 묘사는 7절("그의 천사들을 바람으로, 그의 사역자들을 불꽃으로 삼으시느니라")의 어휘를 반영한다. 첫 번째와 마지막 비교는 대관식 시편 중의 하나를 인용함으로써 이어지는 수사적 질문을 도입하고 있다(시 2:7을 인용하고 있는 5절; 시 110:1을 인용하고 있는 13절). 시편 2편과 110편의 인용으로 아들의 초월적인 신성의 성경적 증거의 그룹은 서언에서 고백을 형성한 동일한 시편들에 대한 암시로 적절한 대응들을 제공해준다(2*b*-3*c*절).

5-6절과 13-14절의 형식적인 문학적 유사성은 단락의 한계를 암시해준다. 하지만 13-14절의 구조적 기능은 구약성경의 인용들의 모자이크의 범위를 넘어선다. 구원 얻을 후사들에 대한 언급(14절)은 2:3에 구원의 메시지를 소홀히 하지 말 것에 대한 경건한 호소를 예기한다. 유사하게 시편 110:1(13절)의 인용에서 "네 발등상"이라는 구절은 2:5-8의 전통적인 이미지의 전개를 준비한다. 따라서 그리스도와 천사간의 마지막 세 번째 대조는 일련의 세 가지 대조적인 비교들을 결론짓고, 이어지는 단락에 대한 효과적인 전환을 제공한다(Vanhoye, *La structure*, 69-74; 참조. J. W. Thompson, *CBQ* 38[1976] 352-63).

몇몇 학자들은 1:5-14의 인용의 근거는 전통에서 나온 성경의 사화집이라고 주장했다(Käsemann, *Das wandernde Gottesvolk*, 107-8; Synge, *Hebrews*, 3-6; 53-54; Theissen, *Untersuchungen*, 34-37; Hay, *Glory*, 38-39). 그들은 1:5-14 내용의 상당 부분이 서신의 나머지 부분과 밀접하게 연관되어 있지 않다는 것을 주목하고, 그 구절의 부분적인 무관성은 저자가 전통적인 증언집에 도움을 얻었다면 이해할 수 있다고 추론했다. 히브리서 1:5-14과 클레멘트 1서 36.1-6간의 분명한 유사성은 이 주장에 대한 주요한 지원을 제공했다. 클레멘트 1서가 히브리서 1:3-4과 언어적 유사성들을 갖고 있다는 일련의 확증은 시편 104:4; 2:7-8; 110:1을 형성하는 연쇄적인 인용들에 의한 것이다. 첫 두 개가 인용되고 있는 순서가 바뀌어있을지라도 동일한 본문들이 히브리서 1:5, 7, 13에 인용되고 있다.

두 구절들의 기독론적인 개념과 용어는 어떤 문학적 관계성들을 담지하고 있는 것으로 보기에 충분하다. 이들 학자들은 히브리서와 클레멘트서가 공통된 자료로부터 즉 하나님의 아들의 신성을 증거하는 성경본문들의 집합으로부터 그것의 인용들을 의존했을 것임을 제기하였다. 클레멘트 1서의 용어에 근거하여, 쉴레(G. Schille)는 세례가 이 자료를 인용한 경우라고 주장했다("Die Basis des Hebräerbriefes," *ZNW* 48[1957] 274-76).

그러나 한가지 고려사항이 이런 매력적인 주장의 그럴듯함을 부정하게 만든다. 클레멘트의 세 번째 인용은 아들에 대한 하나님의 직접적인 호칭으로 도입되고 있다. 구약성경의 인용을 도입하는 이런 방식은 히브리서 1장의 전형적인 특징이지만, 클레멘트 1서에서는 어느 곳에서도 발견할 수가 없다. 카이 팔린 레게이 프로스 아우톤(*καὶ πάλιν λέγει πρὸς αὐτόν*, "다시금 하나님은 그에게 말한다", *1 Clem*

36.5a)라는 형식이 히브리서의 도입구절의 어느 것과도 정확하게 일치하지는 않지만, 그것의 모든 구성요소들은 히브리서 1:5-13에 내재되어 있다.

따라서 이 지점에서 클레멘트가 아마도 기억으로부터 히브리서 1장의 내용을 의역하면서 히브리서로부터 그 내용을 빌려왔다고 결론짓는 것이 더 좋다. 히브리서의 영향을, 히브리서에는 전형적이지만 구약성경 본문을 도입하는 클레멘트의 방식과는 조화가 되지 않는, 마지막 인용을 위한 도입형식어구의 보유 속에서 감지할 수 있다(G. L. Cockerill, "Heb 1:1-14, *1 Clem* 36:1-6 and the High Priest Title," *JBL* 97[1978] 438-39; Renner, *An die Hebräer*, 35). 히브리서의 저자는 전통적인 증언집에서 자신의 인용을 가져왔을지 모르지만, 이런 주장에 대한 지원을 *1 Clem* 36에서 가져올 수는 없다.

주석

1:5-14에서 일련의 인용들은 아들의 승귀로 인해 그의 신분이 천사들, 즉 옛 계시의 천상의 중재자들보다 우월함을 선언했던 4절의 확언을 정교하게 한다. 인용된 본문들은 각기 기독론적인 언급이 주어져 있다. 저자는 서언에서 높아지신 아들과 관련하여 이미 고백했던 것들을 상술하고 확증하기 위해서 그것들을 동시에 가져오고 있다(위의 양식/구조/배경을 보라).

일곱 개의 인용들은 세 그룹으로 배열되어 있다. 첫 그룹(5-6절)은 세 개의 인용들로 형성되어 있는데, 그 중에 첫 두 인용은 예수의 거룩한 아들됨의 증거를 제공하고(시 2:7; 삼하 7:14), 세 번째 인용(신 32:43[송시])은 서열에서 천사들보다 아들의 우월함을 증언한다. 두 번째 그룹(7-12절)을 가지고 저자는 확언에서 논증으로 이동한다. 그는 천사들과 관련한 한 인용(시 104:4)과 아들에 대해 언급하는 두 인용(시 45:6-7; 102:25-27)을 함께 가져오는데, 아들의 영원하고 불변하는 본성과 창조에서의 역할을 증거함으로써 아들이 우월하다는 결론을 실제화하기 위해서다. 마지막 그룹은 아들의 승귀(3절)에 관한 저자의 묵상을 최초로 유발시켰던 본문인 시편 110:1의 인용과 천사들의 하위적 서열과 신분에 관한 결론적인 주해적 언급으로 구성되어 있다(참조. Spicq, 2:15; Vanhoye, *Situation*, 121-23).

5 "하나님께서 어느 때에 천사 중 누구에게…하셨으며"(*τίνι γὰρ εἶπέν ποτε τῶν ἀγγέλων*-티니 가르 에이펜 포테 톤 앙겔론). 5절은 연결어인 가르(*γὰρ*)와 4절에 있었던 톤 앙겔론(*τῶν ἀγγέλων*)의 반복에 의해 서두의 단락과 연계되어 있

다. 아들과 관련한 본문들을 천사들을 언급하는 서술과 함께 앞에 둠으로써 사상의 새로운 단위로의 부드러운 전환을 확인시킨다. 제기된 질문은 수사적이며 부정의 반응을 요청한다.

시편 2편의 말들은 희생을 통하여 영광으로 입성하신 아들에게서만 온전히 입증된다. 천사들에게서는 유사한 그 어느 것도 확증할 수 없으며 확증하지 못할 것이다. 그러므로 이 질문의 형태는, 아들에게 직접적으로 언급하시는 하나님의 말씀으로 간주되는, 뒤이어지는 질문에 대한 인상적인 도입을 제공한다. 13절에 결론적인 인용을 도입하는 유사한 수사적 질문의 사용은 전체 일곱 개의 성경 인용들을 하나의 조화로운 단위로 묶어주는 포괄문(*inclusio*)을 형성한다.

높아지신 아들이 천사들보다 더 탁월한 이름을 받으셨다고 4절에서 선언한 저자는 이제 "내 아들"(*υἱός μου*－휘호스 무)이라는 이름을 식별한다. 그는 옛 헬라어 성경역본에서 두 구절들, 즉 시편 2:7과 사무엘하 7:14을 인용한다. 두 구절들은 초기 유대 전통(4QFlor 10:11, 18-19)에서 이미 가져왔던 유사한 메시아 본문들이다(참조. Dupont, *RSR* 35[1948] 522-43; D. Goldsmith, "Acts 13:33-37, a Pesher on II Samuel 7," *JBL* 87[1968] 321-23). 메시아 본문에서 핵심단어의 출현은 동일한 단어를 담고 있었던 다른 구약 본문들을 그것으로 끌어오는 자석처럼 기능할 수 있었다(참조. R. W. Thurston, "Midrash and Magnet Words in the New Testament," *EvQ* 51[1979] 22-39; Kistemaker, *Psalm Citations*, 61-64, 78).

이 경우에 사무엘하 7:14을 시편 2:7에 끌어올 수 있었던 핵심단어는 저자의 주요한 관심이었던 용어인 휘오스(*υἱός*)였다. 공통된 도입어구인 카이 팔린(*καὶ πάλιν*, 2:13*a*, *b*; 4:5; 10:30; 요 19:37; 롬 15:10-12; 고전 3:20)으로 합세한 두 인용들은 교차법(A B B′ A′)을 형성할 만큼 예술적으로 배열되어 있다. 첫 번째와 마지막 소절은 아들됨과 관련이 있고, 두 번째와 세 번째 소절은 아버지됨을 언급하는 것으로 구성되어 있다.

A 내가 내 아들이라
  B 오늘날 내가 너를 낳았다
  B′ 나는 그에게 아버지가 되고
A′ 그는 내게 아들이 되리라

두 구절에서 아들됨은 하나님의 선포와 선호에 따른 결과다. 바르트(M. Barth)가 말한 것처럼, "하나님 자신의 승언이 아들의 즉위와 왕권의 결정적인 요인이요 행위다"("The OT in Hebrews," 63).

서언에서 아들의 초월적인 신성에 관한 고백은 시편 2편과 110편에 대한 암시로 구성되어 있다. 이와 동일한 고백적인 구조가 1:5-14에서의 일련의 인용에 분명히 들어 있다. 2b절에서 시편 2:8에 대한 암시에 상응하는 최초의 인용이 시편 2편에서 나오는데, 시편 2:7은 언급된 분이 아들의 신분과 상속을 향유할 것임을 확증한다. 사무엘하 7:14의 경건한 선언이 아들이 향유하는 하나님 아버지와의 유일무이한 관계성에 대한 인상을 강화시켜준다. 좁은 의미에서 나단의 예언(삼하 7:14-대하 17:13)은 솔로몬에게 행해진 것이지만, "내게 자식을 세워"(*ἀναστήσω τὸ σπέρμα* – 아나스테소 토 스페르마)라는 아들됨의 약속을 선행하는 70인경에서 12절의 해석은 메시아적 해석을 고무하였다.

거룩한 약속은 계승자를 가리키는데, 그는 다윗의 세대를 뒤이어 하나님에 의해 세워질 것이요, 약속된 영원한 왕국의 합법적인 상속자가 될 것이다(참조. Harder, *ThViat* 1[1939] 33; Schröger, *Verfasser*, 262). 일세기에 그 구절이 분명히 메시아적 의미로 해석되었음을 쿰란(4QFlor 10:11)에서 뿐 아니라 요한복음 7:42("그리스도는 다윗의 씨로 또 다윗의 살던 촌 베들레헴에서 나오리라 하지 아니하였느냐")의 사무엘하 7:12의 분명한 암시에서 그 증거를 확실히 찾을 수 있다. 시편 2:7과 사무엘하 7:14을 결합함으로써 히브리서의 저자는 천사들의 위치가 아들의 신분에 종속적이라는 확언에 대한 강력한 성경적 지지를 제공한다. 아들만이 오직 아버지와의 유일무이한 관계를 향유하며, "내 아들"이라는 지칭에서 그 표현을 발견할 수 있다.

아들로서의 예수에 관한 저자의 지칭에서 해결되지 않은 어떤 긴장의 정도가 들어있는데, 왜냐하면 그 칭호를 선재하신 아들(3a-b절), 성육신하신 아들(2a절, 그 구절에서의 사용은 예언적일 것이다), 높아지신 아들에 적용할 수 있기 때문이다. 예수가 선재하신 하나님의 아들(참조. 5:8, "그가 아들이시라도"[*καίπερ ὢν υἱός* – 카이페르 혼 휘오스])일지라도, 그는 성육신, 희생적인 죽음 그리고 뒤이어진 승귀에 의해 아들됨의 경험의 새로운 차원으로 들어가셨다는 것이 저자의 분명한 확신이다. 이 새로운 차원을 합법적인 인정의 형식에서 그 표현을 찾을 수 있다: "네가 내 아들이라." 5절과 3c절과 4절간의 연관은 아버지의 우편 보좌에 앉으심이 휘오스(*υἱός*)라는 이름이 예수에게 수여되었을 때임을 확립해준다. 천사들이 구약의 구절에서 가끔 "하나님의 아들들"로 지칭되었을지라도(예. 시 29:1; 89:7; 욥 1:6), 예수만이 유일한 아들로서 하나님에 의해 인정된다(참조. Michel, 111).

6 아들이 천사들보다 우월함은 천사들과 관련한 대조되는 인용에서 신선한 지지를 얻는다. 인용의 도입형식어구는 완벽하지만, 해석자로부터 몇 가지 주해적인 결정을 요구한다. 모호함을 해결하기 위해서는 팔린(*πάλιν*)에 할당된 의미, 호탄…에이사가게(*ὅταν… εἰσαγάγῃ*)에서 부정과거 가정법 동사의 의미, 그리고 "세상"(*οἰκουμένη*-오이쿠메네)이라는 용어에 대한 언급의 결정에 달려 있다.

많은 해석자들(Nairne [1917], 33; Michel, 113; Andriessen, *NovT* 18[1976] 296-97, 299-300)은 "세상"(*οἰκουμένη*-오이쿠메네)에 "또 다른" 또는 "두 번째" 입성을 언급할 수 있도록 "다시"(*πάλιν*-팔린)를 동사 "들어오게 하다"(*εἰσαγάγῃ*-에이사가게)와 연관시킨다. 그들은 팔린(*πάλιν*)이 동사에 의해 뒤따라 나오는 히브리서의 모든 다른 부분에서 동사와 함께 해석된다는 것을 지적한다(4:7; 5:12; 6:1, 6). 그러나 더 결정적인 요소는 팔린(*πάλιν*)을 연결어로서 간주하는 것을 선호하는 것으로 생각하는 것이다. 저자는 인용들을 연이이 제시하는 것을 좋아하고 도입 형식어에서 팔린(*πάλιν*)에 대한 결정적인 선호를 보여준다(1:5; 2:13*a*, *b*; 4:5; 10:30). 그러므로 옛 라틴역(*deinde iterum cum inducit*)과 시리아역(Helyer, *StudBibTh* 6[1976] 7-8)의 해석적 전통을 따라, 팔린(*πάλιν*)을 연결어로서 해석하는 것이 더 좋을 것이다. 그것은 연속하는("그리고 다시 그는 말한다") 것이거나 약한 역접("하지만 그는 말한다")을 의미한다.

"들어오게 하다"라는 부정과거 가정법 동사의 의미를 문법적이고 구문론적인 근거 위에서만 결정할 수는 없다. "세상"(*οἰκουμένη*-오이쿠메네)으로 맏아들을 이끄심은 그가 천사들의 경배를 받는 경건한 요구 이전에 발생한 것이 분명하다. 그러나 시간적인 언급은 모호하다. 부정과거 가정법 동사는 미래 또는 현재에 사건을 함축할 것이다. 6a절에서 팔린(*πάλιν*)을 레게이(*λέγει*, "말하다")와 함께 읽는 결정이 에이사가게(*εἰσαγάγῃ*)의 시간적인 측면이 현재를 언급하고 있음을 함축할지라도, 문맥상의 고려들만이 관련된 시간적인 요소를 명확하게 할 수 있을 것이다(참조 Helyer, *StudBibTh* 6[1976] 7-9). 이런 결정을 위한 주요한 표현들은 프로토토코스(*πρωτότοκος*)와 오이쿠메네(*οἰκουμένη*)이다.

"맏아들"을 의미하는 프로토토코스(*πρωτότοκος*)는 이전 구절에서 휘오스(*υἱός*)에 대한 두 번의 언급에 의해 암시되었던 것으로 보인다. 그것은 서언(2b절)에서 있었던 그리스도의 임명에 관한 사상을 재개한다. 저자는 하나님이 다윗에 관해 언급하신 시편 89:27(카고 프로토투콘 테소마이 아우톤[*κἀγὼ πρωτότοκον θήσομαι αὐτόν*], "내가 또 저로 장자를 삼고 세계 열방의 으뜸이 되게 하여")(70

인경 88:28)을 암시하고 있는 것으로 보인다. 이 문맥에서 "장자"는 서열에서 최우선을 의미하는 영광의 칭호이다. 언약적 약속(시 89:27-28)과 하늘의 보좌(29절)에 관한 언급은 시편 89편을 이미 5절에서 인용한 시편 2편과 사무엘하 7장과의 밀접한 연관을 갖게 한다.

그러나 안드리센(*NovT* 18[1976] 295-97)은 6절에서 시편 89:27에 대한 암시를 찾는 것은 필연적이지 않다고 주장했다. 그는 6절과 신명기 6:10; 11:29 사이에 형태적인 언어의 유사성에 관심을 기울이는데, 그것은 약속된 땅으로의 이스라엘의 입성을 언급하고 있다.

> 히브리서: 호탄 데 팔린 에이사가게 톤 프로토토콘 에이스 텐 오이쿠메넨(*ὅταν δὲ πάλιν εἰσαγάγῃ τὸν πρωτότοκον εἰς τὴν οἰκουμένην*)
>
> 신명기: 호탄 에이사가게 세…에이스 텐 겐(*ὅταν εἰσαγάγῃ σε… εἰς τὴν γῆν*)

그는 세(*σε*, "너"[신명기])를 프로토콘(*πρωτότοκον*, "맏아들"[히브리서])으로 대체한 것은 단지 이스라엘이 야훼의 첫 자손(출 4:22; "이스라엘은 내 아들 내 장자라"(*υἱὸς πρωτότοκός μου Ἰσραήλ* – 휘오스 프로토토코스 무 이스라엘, 참조. 민 11:12; 호 2:1; 11:1, 3-4; 렘 31:9; MSS 70, 248에 Sir 17:17-18: "그는 모든 족속을 위한 통치자를 임명하셨지만 이스라엘은 주가 훈련으로 공급하시는 주의 분깃이요 장자라[*πρωτόγονος* – 프로토고노스]")이라는 전통을 반영한다고 제기한다.

6절의 도입 어구들을 이런 배경하에서 읽는다면, 구성 요소들은 모두 신명기에서 나온 것이다. 하나님이 이스라엘을 약속된 가나안 땅으로 데리고 가신 것처럼, 맏아들을 "세상"(*οἰκουμένη* – 오이쿠메네)으로 데리고 들어가셨다는 것을 저자는 암시하기를 원한다. 어떤 이해로 읽든지 간에 프로토토코스(*πρωτότοκος*)라는 칭호는 아들과 상속자의 모티브를 전개하는 문맥에 적절하다. 그것은 천사들에 대한 예수의 우월성을 표현하는데 잘 맞는다.

오이쿠메네(*οἰκουμένη*)의 의미가 역시 논쟁이 되어진다. 헬라어 성경에서 오이쿠메네(*οἰκουμένη*)는 척박한 불모지와 대조되는 거주할 수 있는 땅을 의미한다(예. 출 16:35, *εἰς τὴν οἰκουμένην* – 에이스 텐 오이쿠메넨). 파생적인 의미로, 그 용어는 사람이 사는 세계를 의미한다. 결과적으로 해석자들의 다수는 오이쿠메네(*οἰκουμένη*)로의 아들의 입성을 그의 성육신(Spicq, 2:17)이나 파루시아(Michel, 113; Käsemann, *Das wandernde Gottesvolk*, 68-74)로 구분했다. 하지만 문맥은 다른 방향을 가리킨다. 그것은 승귀로 이어진 아들의 희생적인 죽음을 언급한다(3b-4절).

그때에 오이쿠메네(οἰκουμένη)는 성육신이나 파루시아와 관련된 것이 아니라, 그의 희생적인 죽음에 뒤이은 천상의 세계로의 입성과 관련된다. 성육신에서 세상(에이스 톤 코스몬[εἰς τὸν κόσμον], 10:5)으로의 그리스도의 입성은 "천사들보다 낮아지신"(2:7, 9) 치욕과 관련되지만, 오이쿠메넨(οἰκουμένην, 6절)으로의 입성은 천사들보다 높아지신 그의 승귀와 보좌(3-6절)를 의미했다(참조. G. Johnston, "οἰκουμένη ανδ κόσμο" in the New Testament," *NTS* 10[1964] 352-54). 문맥은 오이쿠메네(οἰκουμένη)가 아들이 승천 시에 입성했던 종말론적인 구원의 천상 세계로 이해되어야 할 것을 요구한다(참조. Schierse, Verheissung, 96; A. Vanhoye, "L' οἰκουμένη dans l'Épître aux Hébreux," Bib 45[1964] 248-53; Andriessen, *NovT* 18[1976] 293-304; Helyer, StudBibTh 6[1976] 10-12).

이 해석은 오이쿠메네(οἰκουμένη)가 "장차 오는 세상"(오이쿠메넨 텐 멜루산[οἰκουμένην τὴν μέλλουσαν]으로 명명되는 2:5에서 확인된다. 6절의 오이쿠메네(οἰκουμένη)를 2:5의 온전한 표현에 비추어 해석함의 타당성은 아들에 대한 천사들의 복종과 관련한 두 구절들에서 이어진다. 게다가 2:5에서 "우리의 말한 바"(περὶ ἧς λαλοῦμεν－페리 헤스 랄루멘)라는 부가된 구는 두 구절들을 함께 연관짓도록 만든다. 따라서 6절에서 서두의 형식은 천사들이 승귀하신 아들에 경배를 할 것을 명령받았을 때의 경우로 간주하게 만든다. 특히 본문의 이런 이해에 대한 분명한 후대의 증거를 A.D. 2세기에 만들어졌을 것으로 보이는 묵시적 작품이 제공한다(*Ascension of Isaiah* (10:7-15; 11:23-32). 거룩한 아들이 성육신으로 세상에 내려오셨을 때, 그는 천사들에 의해 인정받지 못하지만, 그가 아버지의 우편으로 올라가셨을 때, 그는 그의 영광을 보여주고, 천사들의 경배를 받았다(Vanhoye, *Bib* 45[1964] 253, n, 2에서 인용함).

그 인용은 본래 신명기 32장에서 발견되는 "모세의 찬송"에서 취해신다. 이 잘 알려진 구절은 뒤이어 신명기의 그것의 문맥에서 발췌되어 성전, 회당, 그리고 교회의 예전적인 사용을 위해 채택되었다(참조. Elbogen, *Gottesdienst*, 169; H. Schneider, "Die biblischen Oden im christlichen Altertum," *Bib* 30[1949] 28-65). 헬라어를 말하는 유대인들 중에 그것이 잘 알려짐은 헬라어 시편에 부가된 송시들 중에 삽입됨으로 증명되고 있고, 뿐만 아니라 일세기에 저사늘 속에서 그것에 대한 구체적인 인급에 의해서도 그러하다(4 Macc 18:6, 9, 18, 19; Philo, *The Worse Attacks the Better* 114; *Allegorical Interpretation* 3.105; *On Noah's Work as a Planter* 59).

요한계시록 15:3에서 천상에서의 모세의 찬송을 부르는 것에 대한 언급은 교회의 예전적인 사용에 대한 그것의 초기 적용을 반영한다. 후대에 그것은 부활절 전야의 일부로서 노래불러졌다(Schneider, *Bib* 30[1949] 35). 히브리서의 인용은 송시에 제공된 번역에서 신명기 32:43과 정확히 일치한다: "모든 하나님의 천사들이 그를 찬양하게 하라"(*καὶ προσκυνησάτωσαν αὐτῷ πάντες οἱ ἄγγελοι θεου* – 카이 프로스쿠네사토산 아우토 판테스 호이 앙겔로이 데우, Ode 2:43). Codex A, 55와 저스틴(Justin, *Dialogue* 130)에 의해 증거되는 본문의 형태는 예전적인 전통에서 익숙했을 것으로 추정된다(참조. Schröger, *Verfasser*, 49). 신명기 32:43(LXX$^{A/B}$)의 고대 헬라어역에서 명령의 주체는 "천사(*οἱ ἄγγελοι* – 호이 앙겔로이)가 아니라 "하나님의 아들"(*υἱοὶ θεοῦ* – 휘오이 데우)이다. 히브리서의 저자는 의도적으로 송시들에서 발견되는 독법을 선택한 것으로 보인다. 왜냐하면 그것은 아들에 대한 천사들의 복종을 가리키는 것으로 금방 적용할 수 있었기 때문이었다(Kistemaker, *Psalm Citations*, 20-23; Combrink, *Neot* 5[1971] 27; Helyer, *StudBibTh* 6[1976] 6-7, 20; 참조. Katz, *ZNW* 49[1958] 217-19). 원래의 문맥에서 그 명령은 하나님에 대한 경배나 경의를 언급하는 것이었으나 히브리서의 저자는 그 본문을 높아지신 아들과 관련한 예언적인 선언으로 이해한다. 천사들이 아들을 예배할 것을 명령받는 것은 아들의 초월적인 탁월함 때문이다.

7 도입의 새로운 형식어는 천사와 아들과 관련한 대조적인 진술의 두 번째 설정을 가져온다. 그것은 멘…데(*μὲν… δέ*) 구조를 통해 전개된다: "천사들에 관해서는…이지만 아들에 관해서는…"(*καὶ πρὸς μὲν τοὺς ἀγγέλους λεγει… πρὸς δε τὸν υἱόν* – 카이 프로스 멘 투스 앙겔루스 레게이…프로스 데 톤 휘온…, 7, 8절). 범위(7-12절)와 아들을 언급하는 인용들의 충분함에 의해 첫 번째 대조와 구분된다. 천사들의 지위를 묘사하는 인용의 두 소절은 영원하신 아들을 묘사하는 13소절에 뒤따라 나온다. 저자는 아들이 천사들보다 우월하다는 확언에 대한 근거를 제공하는데 세심하다. 천사들의 불변하지 못함과 관련한 인용의 도입은 주로 영원하고 불변하신 아들의 특징을 강조하기 위한 것이다.

그 인용은 약간의 사소한 변화를 동반한 시편 104:4의 70인역을 반영한다. 그것은 헬라어성경에 대한 저자의 의존의 두드러진 예를 제공해주는데, 그 본문은 이런 형식에서만 그에게 유용하였기 때문이다(참조. Schröger, *Verfasser*, 262; Kistemaker, *Psalm Citations*, 23-24, 27-28). 맛소라텍스트(MT)는 하나님의 주권적인 의지의 도구로서 바람과 불만을 언급한다: "하나님은 바람을 그의 사자로 만드시고 불꽃을 그의 종으로 만드신다." 구약성경에서 자주 바람과 불은 신현을 위한 하나님의 거룩한 도구였다. 이 형태 속에서 그 본문은 천사들을 통하여 하나님의 뜻을 시행하시는 그의 초월성의 증거로서(참조. *Exod. Rab* 25.86*a*: "그들은 하나님의 뜻에 따라 앉고 서며, 남성 또는 여성의 형태로 나타나거나 심지어 바람과 불로 나타난다"), 또는 천사들의 우월한 능력에 대한 언급으로(참조. *Tg.* 시 104:4: "하나님은 그의 천사들을 바람과 같이 빠르게 만드시고 불꽃처럼 강하게 하신다") 랍비적 전통에서 인용되었다.

그러나 70인경에서 천사들은 높임을 받지 않는다. 하나님으로부터 그들의 각각의 형태와 서열 그리고 의무를 수여 받는 천사들의 불안정한 본성을 언급함으로 본문에서 대상이 역전된다: "하나님이 그의 천사들을 바람으로 만드시고 그의 종들을 불꽃으로 만드신다." 피조된 질서에 속하는 것들로서 천사들은 하나님의 창조적 활동에 종속되고 바람과 불의 요소적인 세력으로 전환되고 있다. 히브리서의 저자는 이런 해석적인 전통에 의존하고 있다. 천사들의 덧없고 변하는 형태는 피조된 질서 위에 서 있고 변화나 변질이 있을 수 없는 아들에 대한 열등성을 강조한다(참조. Kuss, 37; Michel, 117; Thompson, *CBQ* 38[1976] 357).

8-9 7절에 함축된 대조는 이어지는 시편에서의 두 인용에 의해 증거된다. 그것은 아들이 피조된 세계에 천사들처럼 속하지 않았다는 것을 형성한다. 첫 인용의 도입에서 역접 데(δέ)는 보좌에 영원히 앉으신 아들과 존재가 무상한 천사들을 대조하고 있음을 암시한다. 그 인용은 시편 45:6-7의 70인경과는 사소한 부분에서만 다르다(참조. Kistemaker, *Psalm Citations*, 24-25). 영원한 왕국의 모티브는 시편 45편을 영원한 보좌의 구축을 약속한 사무엘하 7장("나는 그 나라 위를 영원히 견고케 하리라", 3절; "네 위가 영원히 견고하리라", 16절)의 범위 내에 있게 만든다. 시편 45:6의 신술과 언어적인 대구는 이 확장된 구절이 사무엘하 7:14(5절)을 포함하는 메시아 증언들의 십합에 왜 첨가되었는지를 암시해준다(고로 Kistemaker, *Psalm Citations*, 78). 한편으로 서언에서 하나님의 우편보좌에 좌정함(3c절)에 대한 심상은 시편 45편에 보좌와 관련한 진술을 상기하기에 역시 충분했을 것이다.

아들에 대한 시편 45:6-7의 적용은 그가 6절에서 천사들에 대한 경배를 받을 것이라는 시심과 일치한다. 저자는 하나님에게 해당되었던 구절을, 예배의 합법적인 대상으로서 예수에게 적용하는 것을 주저하지 않는다. 하지만 그 인용은 단지 독립적인 고백으로 남는다. 그것은 이 설교의 어느 지점에서도 자세한 설명을 제공받지 못한다. 그 인용이 초대교회의 예전에서 예수에게 적용되었을 가능성이 있다. 이 인용에서 저자의 주요한 관심은 신격에 관한 설명이 아니라, 아들이 시행한 지배의 영원한 성격에 관한 것이다. 아들이 신격의 특성을 공유하고 있다는 함축은 그의 영원한 통치에 대한 언급을 오직 강화하고, 불변하시는 아들과 변하는 천사들간의 대조를 예리하게 한다.

이런 문맥에서 "영원히"(*εἰς τὸν αἰῶνα τοῦ αἰῶνος*-에이스 톤 아이오나 투 아이오노스)라는 구절은 불변성의 특징을 제공한다(참조. Thompson, *CBQ* 38[1976] 358). 아들의 영원한 본성에 대한 저자의 강조는 영원성이 그에게서 기독론적인 범주라는 첫 번째 암시이며, 이는 설교의 중심에서 점차적인 중요성을 갖는다(참조. 5:5; 6:20; 7:3, 17, 21, 24, 28).

저자가 왜 시편 45:6의 인용을 7절을 포함하는 것으로 확대했는지를 알기란 더욱더 어렵다. 두 구절들은 초기 증언집에서 단일한 인용으로 결합되었을 것이다. 왜냐하면 그것들은 저스틴(Justin, *Dialogue* 56; 하지만 63[시 45:6-11]; 86[시 45:7]을 참조하라)과 이레니우스(Irenaeus, *Against Heresies* 3.6.1; 4.33.11; *Demonstration* 47)에 의해서는 한 단위로 인용되고 있기 때문이다. 7절에서 히브리서의 저자의 관심의 요지는 인용의 결론적인 말씀에 있는 것으로 보인다: "너의 동류보다"(*παρὰ τοὺς μετόχους σου*-파라 투스 메토쿠스 수). 비교의 의미로 취해진 전치사 파라(*παρά*, "그 이상", "보다")는 그리스도와 천사들간에 그려진 대조를 강화한다. 천사들이 하나님의 뜻을 행하는 도구로 참여할지라도(참조. 7, 14), 그리고 이런 의미에서 아들의 동류일지라도, 하나님은 '그에게' 우월한 직무를 할당하셨다. 천사들의 기능은 봉사하는 것이고, 아들의 기능은 통치하는 것이다. 천사들은 끊임없는 변화에 종속적이지만 아들은 변하지 않고 그의 통치는 의에 대한 헌신을 반영한다. 그것이 왜 하나님이 그를 기쁨으로 관을 씌우셨는지를 설명해준다(참조. 12:2). 확대된 인용의 두 구절들은 거룩한 하나님의 아들과 천사들간의 근본적인 대조를 표명한다.

10-12 카이(*καί*)라는 접속사에 의해 두 번째 확대된 인용과 첫 번째 인용과의 결합은 구약성경 본문의 단순한 연결에 대한 인상을 전해준다. 그러나 그 인용은 아들의 영원한 본질에 관한 논조를 시작하고 끝을 맺을 수 있도록 의도적으로 배열되어 있다.

8절 "하나님이여 주의 보좌가 영영하며."

12절 "주는 여전하여 연대가 다함이 없으리라."

창조주의 영원성의 속성은 그의 보좌의 지속성에 상응하며, 이는 변화가 있는 천사들과 변함 없이 지속적인 아들의 특징간의 대조를 강화시킨다.

이 지점까지(5-9절) 성경의 인용들은 예수가 "만유의 후사"로 임명되신(2b절) 하나님의 아들이시라는 교회의 고백을 뒷받침한다. 이제 시편 102:25-27은 높아지신 아들과 창조와의 관계성을 구체화하기 위해서 도입되었다. 그 인용은 아들이 창조의 중재자요 지탱자시라는 2c절과 3b절의 확언을 발전시킨다. 그 인용은 세계의 설립과 해체에 대한 거룩한 아들의 책임을 할당하고 있다. 유대 신학은 창조의 순간에 참석했고, 또 우주의 통치에서 하나님을 도왔던 존재로서 천사들에게 뛰어난 역할을 할당했다(참조. 욥 38:7; 계 7:1; 14:18; 16:5). 하지만 저자는 아들을 통하여 하나님이 우주를 창조하셨음을 확언한다. 주권적인 말씀을 통하여 우주를 붙드시는 분은 천사가 아니라 아들이시다(참조. Williamson, *Philo*, 188).

원 문맥에서 시편 102:25-27은 하나님의 불변하시는 특징을 언급한다. 시편기자는, 피조된 질서들의 변화와 부패에 종속되지 않는 야훼의 능력을, 영향을 받고 죽음에 노출되어 있는 자신의 능력과 대조한다. 하지만 70인경에서 의도적인 히브리서의 오역은 그 구절의 기독론적인 적용의 문을 열었다. 24절(EV 23절, "그가 영향을 주었다")의 어근 ענה/ʿ-n-h는 "그가 응답했다"(ἀπεκρίθη, Vg *respondit*)로 번역되었다. 이는 23-28절이 야훼의 응답이 되는 결과를 낳았다. 따라서 시편 102:25-27은 하나님이 아닌 거룩한 지혜 또는 메시아의 창조적인 활동을 언급하는 것이 되었음이 틀림없다(참조. B. W. Bacon, "Heb 1, 10-12 and the Septuagint Rendering of Ps 102, 23," *ZNW* 3[1902] 280-85).

70인경 텍스트와 몇 가지 다른 점들을 그 인용에서 관찰할 수 있다. 수(σου, "너")는 강조하기 위해서 카타르카스(κατ' ἀρχάς, "태초에", 10절) 앞에 두어져 있다. 그것은 새로운 인용을 아들과 관련하여 수(σου)라는 말로 결론을 맺는 이전 인용과 직접적인 연관을 맺게 한다. 미래형인 디아메네이스(διαμενεῖς, "네가 영존할 것이라")를 현재형인 디아메네이스(διαμένεις, "네가 영존하리라", 11절)로 전환한 것은 무시간적인 아들의 본질의 특성에 관한 보다 적절한 표현을 제공한다. 알라세인(ἀλλάσσειν, "변하다")에서 망투를 접는 행위를 암시하는 엘리세인(ἑλίσσειν, "개누다")으로의 변화는 저자에게 생생한 이미지의 변화를 제공한다. "그것들은 변할 것이요"(καὶ ἀλλαγήσονται – 카이 알라게손타이, 12b절) 앞에 11절에서 반복된

"의복처럼"(*ὡς ἱμάτιον*–호스 히마티온)의 첨가는 옷의 이미지를 두드러지게 만들고, 피조된 질서가 자주 변개되는 일상성을 강조한다. 각각의 본문의 변화는 저자 자신의 해석을 돕는다(Schröger, *Verfasser*, 263; Kistemaker, *Psalm Citations*, 26-27, 79-80).

시편 102:25-27은 피조된 질서의 무상함과 영원하고 불변하는 아들의 본성간의 근본적인 구분을 지원하고 있기 때문에 이 논증에서 도입되었다(참조. Schröger, 69). 천사들의 영역인 하늘과 땅은 모두 피조된 질서에 속해 있고, 그것은 변하고 부패한다. 그 인용이 해석에서 나중 시점에서 선택되고 발전되는 몇 가지 의미 있는 논조들을 도입한다. 영원성의 개념은 우주의 멸망과 아들의 "영속"간의 대조에서 그 표현을 발견한다: "그것들은 멸망할 것이나 오직 주는 영존할 것이요"(*αὐτοὶ ἀπολοῦνται, σὺ δὲ διαμένεις*–아우토이 아폴룬타이, 수 데 디아메네이스). 톰슨(Thompson, *CBQ* 38[1976] 260-61)은 그 인용에서 디아메네이스(*διαμένεις*)의 존재는 1:5-13의 성경인용들을 포괄하는데 중요하다고 주장했다. 연설의 말미에 저자는 신학적으로 의미가 있는 문맥에서 규칙적으로 메네인(*μένειν*)의 형태를 사용하는데, 이는 세상의 구조에서 "존속"할 수 없는 것과 대조하여 그리스도인의 유산을 형성하는 천상의 "존속하는" 실제를 묘사하기 위해서다(참조. 10:34; 12:25-27; 13:14).

"의복처럼 갈아입을 것이요"(*ὡς ἱμάτιον παλαιωθήσονται*–호스 이마티온 팔라이오데손타이)라는 표현에서 "쇠하다" 또는 "낡아지다"라는 말의 팔랄이운(*παλαιοῦν*)은 저자에게서 역시 신학적으로 의미가 있다. 예를 들어, 8:13에서 그 용어는 궁극적인 유효성을 결여하고 있는 레위적 제의의 임시적인 특징을 전달하는 것으로 소개된다. 마지막으로, "주는 영존할 것이요"(*συ δὲ διαμένεις*–수 데 디아메네이스, 11절)라는 진술과 병행을 이루고 있는 "[하지만] 주[너]는 여전하여"(*σὺ δὲ ὁ αὐτός*–수 데 호 아우토스)는 결론에 가까운 클라이막스, 즉 예수 그리스도는 어제나 오늘이나 영원히 "동일하시"(*ὁ αὐτός*–호 아우토스, 13:8)다는 고백임을 예기한다. 시편 102:25-27의 표현과 어휘는 분명히 저자에게 그리스도인의 존재의 탁월한 특징을 표현하는 중요한 범주를 제공했다.

그러나 이 문맥에서 강조점은 질서를 뛰어넘는 아들과 대조되는, 천사들을 포함하는, 창조된 질서의 변화에 있다. 그 인용은 변화의 공통된 이미지에 있다: 의복처럼 낡아질 것이요 그것들이 옷과 같이 변할 것이나 주는 "여전"하리라. 따라서 10-12절의 논증은, 천사들의 변화가 아들의 영원하고 불변하는 특징과 대조되는,

7-8절의 논증과 유사하다.

13 세 번째 그룹에서(13-14절), 저자는 일련의 인용들을 소개했던 문학적 고안물로 되돌아간다. 아들에 관해 언급하고 있는 본문은 천사들과 관련한 수사적 질문에 의해 앞에 두어진다. 5절과 13절의 인용에 대한 도입은 그 단락을 함께 묶는 포괄문(*inclusio*)을 형성한다. 일련의 성경인용에서 도입적이고 결론적인 인용들로서 시편 2:7과 110:1은 교회의 고백과 그 고백에 대한 저자의 해석에 관한 틀로 함께 조합되어 있다. 단일한 인용과 주해적 언급으로 구성되어 있는 세 번째 단위의 간결성은 문학적 배열을 균형지으려는 저자의 세밀함을 반영한다. 그는 길고 중심적인 부분(7-12절)을 본문과 해석의 간략한 단위(5-6, 13-14절)로 기술적으로 지원했다.

13절의 데(δέ)는 세 번째 단위를 이전 논증과 관련시킨다. 시편 110:1의 인용은 아들과 천사(참조. 3c절)와 관련한 확내된 묵상을 촉발시킨 것으로 보이는 본문으로 되돌아가게 한다. 시리즈에서 결론적이고 클라이막스적인 인용처럼, 그 본문은 특별한 강조가 주어진다. 그것은 이전 구절들에서 논증했던 모든 것을 요약한다: 천사들은 승귀하신 아들보다 열등하고, 결코 아들의 직위나 영광을 공유할 수 없다.

저자는 하나님과 아들간의 대화로서의 시편 110:1을, 말하자면, 이 땅의 교회가 우연히 엿듣는 것으로 인용한다(참조. Barth, "The OT in Hebrews," 62). 3절에서 그것은 거룩한 아들이 스스로 하나님 우편에 앉으셨던 것을 함축하지만(참조. 8:1; 10:12-13; 12:2), 13절의 인용은 아들이 좌정한 것을 하나님의 초대에 의해 이루어진 것으로 설명한다(Hay, *Glory*, 86).

14 결론적인 수사적 질문은 사실상 7절에서 인용된 시편 104:4에 대한 주해적 코멘트이다. "부리는 영"(λειτουργικὰ πνεύματα – 레이투르기카 프뉴마타)으로서의 천사들에 대한 지칭은 인용에서 핵심어들, 즉 프뉴마타(πνεύματα)와 레이투르구스(λειτουργούς)를 반영한다. 천사들이 구원의 상속자들에 대한 봉사의 사명으로 보내졌다는 주장은 성경 본문으로부터의 논리적인 추론이다. 천사들은 구속의 경륜에서 분명히 그들의 자리를 갖고 있지만, 아버지의 우편에서는 아니다. 그들은 인간 세계에서 봉사로 위임되었다(참조. Strathmann, *TDNT* 4:231). 사실상 독자들은 "구원 얻은 사람들"(οἱ μέλλοντες κληρονομεῖν σωτηρίαν – 호이 멜론테스 클레로노메인 소테리안)이다. 이런 서술은 구원의 기업에 들어감이 새로운 계시의 중심 주제임을 전해준다(참조. 2:3-4; 9:15).

14절에서 수사적 인용은 청중들에게 결단을 요청하는 것으로 의도되었다. 그것은 확고한 대답을 요청한다. 청중들은 거룩한 임재와 영광을 공유하도록 초청 받은 아들과 대비되는 천사들이 적대적인 세상에서 억압받고 혼란스러워 하는 사람들을 돕기 위한 사명으로 보내졌음을 인식해야 한다.

해설

1:5-13에서 구약성경을 연속하여 인용한 것은 아들의 높아지심을 통해 그가 천사들보다 우월한 지위를 획득하였다는 4절의 주장을 정교히 한다. 성경 본문은 아들의 초월적인 신성을 보여주기 위해서 사용되었다. 일곱 개의 인용들은 하나님이 아들에게 말씀하시는 것들의 연속으로 제시되었고 이 땅의 교회는 그것을 엿듣는 것이 허락된 것으로 설정되어 있다. 그리고 그 인용들은 하나님 자신의 증언이 아들의 천상 좌정에 결정적인 요인인 것으로 구성되어 있다. 따라서 함축적으로 청중들은 예수 안에 확신을 보여줌으로써 아들의 초월적인 가치를 인식하도록 초대받는다(참조. 1:1-4; 3:1, 14).

인용된 성경 구절들은 예전적 전승에서 이미 청중들에게 익숙했던 것으로 추정된다. 한 개의 인용을 제외하고 모든 인용들이 회당과 교회를 위한 찬송집으로 제공되었던 시편집에서 발췌된 것이다. 한 개의 예외는 '모세의 찬송'에서 인용된 것인데, 그것은 시편집에 부가된 송시로서의 헬라적 회당의 예배에 삽입되었다. 5절과 13절에서 지원되는 인용들이 수사적 지문으로 도입될지라도, 저자의 관심은 어떤 엄격한 말의 의미로 공식적인 증명을 제시하고자 하는 것은 아니다.

1:5-14의 내용의 상당 부분이 연설의 더 발전된 단계와 긴밀하게 관계를 맺지 못하고 있음을 관찰할 수 있다는 사실과 더불어 논리적 논증의 부재는 그 인용들이 다른 목적을 돕고 있음을 분명히 보여준다. 그것들은 예수의 아들됨과 서열에 대한 성경적 증거를 단지 요약하고, 옛 계시의 천상의 중재자들보다 아들이 더 우월함을 설정하고 있다. 따라서 그 인용들은 교회의 고백(1:2b-4)을 강화하고 주에 의해 선포되는 구원의 말씀을 존중하라는 엄중한 경고(2:1-4)를 준비한다.

C. 첫 번째 경고: 아들에 의해 전달된 말씀을 무시하는 위험성 (2:1-4)

참고문헌

Auffret, P. "Note sur la structure littéraire d Hb II. 1-4." *NTS* 25(1978-79) 166-79. **Bachmann, M.** "'…gesprochen durch den Herrn'(Hebr 2, 3): Erwägungen zum Reden Gottes und Jesu im Hebräerbrief." *Bib* 71(1990) 365-94. **Bandstra, A. J.** "The Law and Angels: *Antiquities* 15.136 and Galatians 3:19." *CTJ* 24(1989) 223-40. **Bieder, W.** "Pneumatologische Aspekte im Hebräerbrief." In *Neues Testament und Geschichte.* FS O. Cullmann. ed. H. Baltensweiler and B. Reicke. Tübingen: Mohr, 1972. 251-59. **Bishop, E. F. F.** "Angelology in Judaism, Islam, and Christianity." *ATR* 46 (1964) 142-54. **Exum, J. C.**, ed. *Signs and Wonders: Biblical Texts in Literary Focus.* Atlanta: Scholars Press, 1989. **Feuillet, A.** "Le 'commencement' de l'économie Chrétienne d après Hé II. 3-4; Mc I. 1 et Ac I. 1-2." *NTS* 24(1977-78) 163-74. **Galot, J.** "Existence personnelle et mission des anges." EV 99(1989) 257-63. **Grässer, E.** "Das Heil als Wort: Exegetische Erwägungen zu Hebr 2, 1-4." In *Neues Testament und Geschichte.* FS O. Cullmann. ed. H. Baltensweiler and B. Reicke. Tübingen: Mohr, 1972. 261-74. **Malan, F. S.** "Salvation in the New Testament: Emphases of the Different Writers." *ThViat* 17(1989) 1-20. **Moule, C. F. D.** "The Vocabulary of Miracle." In *Miracles: Cambridge Studies in Their Philosophy and History.* ed. C. F. D. Moule. London: Mowbray, 1965. 235-38. **Mugridge, A.** "Warnings in the Epistle to the Hebrews: An Exegetical and Theological Study." RTR 46(1987) 74-82. **Oberholtzer, T. K.** "The Eschatological Salvation of Hebrews 1:5-2:5." *BSac* 145 (1988) 83-97. **Rice, G. E.** "Apostasy as a Motif and Its Effect on the Structure of Hebrews." *AUSS* 23(1985) 29-35. **Selby, G. S.** "The Meaning and Function of *Suneidēsis* in Hebrews 9 and 10." *RestQ* 28(1985-86) 145-54. **Silbermann, L. H.** "Prophets/Angels: LXX and Qumran Psalm 151 and the Epistle to the Hebrews." In *Standing before God.* FS J. M. Oesterreicher. New York: Ktav, 1981. 91-101. **Syzoulka, P. E.** "The Contribution of Hebrews 2:3-4 to the Problem of Apostolic Miracles." Dissertation, Dallas Theological Seminary, 1967. **Teodrico, P.** "Metafore nautiche in Ebr 2,

1 e 6, 19." *RevistB* 6(1958) 33-49. **Toussaint, S. D.** "The Eschatology of the Warning Passages in the Book of Hebrews." *GTJ* 3(1982) 67-80. **Trites, A. A.** *The New Testament Concept of Witness.* SNTSMS 31. Cambridge: Cambridge UP, 1977. **Übelacker, W. G.** *Der Hebräerbrief als Appell: Untersuchungen zu* exordium, narratio *und* postscriptum(*Hebr 1-2 und 13,22-25*). Stockholm: Almqvist & Wiksell, 1989. 150-62, 189-90. **Vanhoye, A.** *Exegesis Epistulae ad Hebraeos Cap. I II.* Rome: Pontifical Biblical Institute, 1968. 137-46. ______. *Situation du Christ: Hébreux 1-2.* Paris: Cerf, 1969. 228-54. **Whitaker, M.** "'Signs and Wonders': The Pagan Background." *SE* 5(1968) 155-58.

본 문

1 그러므로 모든 들은 것을 우리가 더욱 간절히 삼갈지니 혹 흘러 떠내려 갈까 염려하노라	**1** We must pay the closest[a] attention, therefore, to what we have heard, so that we do not drift off course.
2 천사들로 하신 말씀이 견고하게 되어 모든 범죄함과 순종치 아니함이 공변된 보응을 받았거든	**2** For since[b] what was once spoken by God[c] through the angels proved to be valid, and every infringement and disobedience received the appropriate punishment,
3 우리가 이같이 큰 구원을 등한히 여기면 어찌 피하리요 이 구원은 처음에 주로 말씀하신 바요 들은 자들이 우리에게 확증한 바니	**3** how shall we escape if we disregard[d] a salvation as great as this?[e] First announced by God through the Lord himself, it was guaranteed to us by those who heard him,
4 하나님도 표적들과 기사들과 여러가지 능력과 및 자기 뜻을 따라 성령의 나눠 주신 것으로써 저희와 함께 증거하셨느니라	**4** while God, according to his own will,[f] plainly endorsed their witness[g] by signs and wonders and many kinds of miracles and by distribution of the gifts[h] of the Holy Spirit.

원문주해

a. 코이네 헬라어에서는 최상급 형태를 사용을 기피하는 경향이 있었고, 비교급이 그 위치를 차지하는 압박을 받았다(참조. BDF §§60[1], 244). 비교급 부사인 페리소테로스(περισσοτέρως)가 이런 경향을 예증해주고, 아마도 여기서뿐 아니라 신약성경에서 나타나는 곳마다 최상급의 의미를 갖는다. 참조. Phillips: "그러므로 우리는 가장 커다란 관심을 기울여야 합니다."

b. 그 번역은 일등급의 조건절을 반영한다(에이[εἰ]는 조건절의 어떤 시제에 직설법

을 더한 것), 그것은 진술의 진리를 전제한다.

c. 하나님의 이름을 거명하는 것을 피하기 위해서 신약성경에서 수동태를 자주 사용한다(BDF §130[1]). 수동의 랄레데이스(λαληθείς, 2절)와 랄레이스다이(λαλεῖσθαι, 3절)는 천사들을 통하여 그 다음에 아들을 통하여 말씀하시고 있는 분이 하나님이시라는 함축을 담고 있다. 주어로서 하나님을 갖는 능동태의 동일한 동사가 1:1-2에서 나타난다: 호 데오스 랄레사스…엘라레센(ὁ θεὸς λαλήσας… ἐλάλησεν).

d. 부사적 분사인 아멜레산테스(ἀμελήσαντες)는 조건적인 의미로 사용된다, 즉 "우리가 상관하지 않는다면"(참조. Burton, *Moods*, 436).

e. 2-4절은 긴 관련된 장문을 형성한다. 영어 형태를 고려한 번역에서는 그것이 상실된다.

f. 그 번역은 결론구인 카타 텐 아우투 델레신(κατὰ τὴν αὐτοῦ θέλησιν)이 전체 진술에 자격을 부여하고 있고, 단순히 성경의 은사에 대한 분배만이 아니라는 것을 반영해준다.

g. 수네피마르투레오(συνεπιμαρτυρέω)라는 용어는 비성경헬라어(아리스토텔레스, 폴리비우스, 풀타르크)에서는 흔하지만 70인경에서는 나타나지 않는다. 신약성경에서는 오직 여기서만 나타난다. 그것은 "동시에 증거를 보이다"를 의미한다(참조. H. Strathmann, *TDNT* 4:510; Trites, *Witness*, 77).

h. 문자적으로는 "성령의 분배"[μερισμοι – 메리스모이]이지만, 성령으로부터 나오는 다양한 은사들에 대한 분명한 언급과 관련이 있다.

양식/구조/배경

저자가 해석으로부터 권면으로 전환할 때, 웅변가로서의 그의 은사가 풍부한 수사적 형태와 어휘 속에서 보여진다. 수사적인 질문(3절, "어찌 피하리요")이 뒤따라 나오는 웅변적인 명령법의 사용(1절, "더욱 간절히 삼갈찌니")은 연설문이 특징이다(참조. Turner, *Grammar*, 4:107). 조심스럽게 구성된 장문(2-4절)은 히브리서에서 "어찌"라는 형태를 취하는 수사학의 특징(*syncrisis*)을 사용하고 있다(참조. 2:3; 8:6; 9:14, 10:28-31). 웅변술의 표준적인 기술인 두운법, 즉 문자 π의 사용이 2절에서 나타나고, 거기서 파사 파라바시스 카이 파라콘(πᾶσα παράβασις και παρακοη, "모든 범죄함과 순종치 아니함")은 격조 높은 문장의 형태를 제공한다. 4절에서 독립소유격의 효과적인 사용은 신-(σιν-)의 리듬에 의해 보충되는데, 그것은 긴 문장의 마지막 절을 마무리한다: "표직들과 기사들과(τέρασιν – 테라신) 여러 가지 능력과(δυνάμεσιν – 두나메신) 및 자기 뜻을(θέλησιν – 델레신) 따라 성령의 나눠주신 것으로써"(이 단락의 다른 음성학적 효과에 대해서는 Auffret, *NTS* 25[1978-79] 174, n. 1을 참조하라).

어휘의 가장 두드러진 특징은 관용적인 헬라어 어법에서 70인경이 인정한 언어로부터 멀리 떨어져있다는 것이다. 프로세케인(*προσέχειν*, 1절)은 해양 전문용어인데, 항구에 (배를) 붙들어매는 것을 의미하며(LSJ, 1512), 그 반대인 "흘러 떠내려가는"(*παραρρεῖν*—파랄레인)을 가져온다(참조. Teodorico, *RevistB* 6[1958] 33-49. 테오도리코는 프로세케인[*προσέχειν*]이 배가 떠내려가지 못하도록 해저에 닻을 매는 것을 나타낸다고 제기한다; 닻의 해양적 비유는 6:19에 나타난다). 2-4절에 법적인 용어들이 모여있는 것은 또 다른 예증을 제공한다. 속어로 베바이오스(*βέβαιος*, "견고한")는 로고스(*λόγος*)와 관련하여 자주 나타난다. 그것은 확고한, 확실한, 또는 법적으로 타당한 "말"을 의미한다.

파피루스에서 그것은 사실상 법적인 보호를 함축하는 전문 용어다. 하지만 베바이오스(*βέβαιος*)는 70인경에서 드물게 나오며, 베아이운 톤 로곤(*βεβαιοῦν τὸν λόγον*, "말씀이 견고하게 되어")라는 표현은 전혀 나타나지 않는다(A. Deissmann, *Bible Studies*[Edinburgh: Clark, 1903] 104-9; Schlier, *TDNT* 1:600-601). "공변된", "정당한"(*ἔνδικος*—엔디코스)은 고전 문학 시대에서부터 법적인 문맥에서 나타나지만 70인경에는 없고, 신약성경에서는 오직 여기와 로마서 3:8에서만 발견된다. "보응"(*μισθαποδοσία*—미스다포도시아)은 "보상하다", "상을 받다"라는 다소 공통된 헬라적 표현인 아포디도나이 톤 미스돈(*ἀποδιδόναι τὸν μισθόν*)에 근거하여 저자가 만든 단어인 것으로 보인다(BAGD, 523). 그것은 히브리서와 후대의 교회문헌에서만 나타난다(BAGD, 523). "처음에 말씀하신"(*ἀρχὴν λαβοῦσα λαλεῖσθαι*—아르켄 라부사 랄레이스다이)이라는 구는 어설프게 보이지만 고전 헬라어와 일치한다. "함께 증거하다"(*συνεπιμαρτυροῦντος*—수네피마르투룬토스)는 비성경 헬라어에서 잘 알려져 있지만(아리스토텔레스, 폴리비우스, 풀타르크), 70인경에서는 나타나지 않고, 신약성경에서는 여기서만 발견된다(Strathmann, *TDNT* 4:510).

특이한 단어들과 관용구들이 많이 나타나고, 70인경의 어휘를 삼가는 것은 이 단락에서 저자가 기존의 단어나 구들에 의지하는 것보다 더 인상적인 방식으로 독자들의 삶과 사상에 도전하려는 의지를 갖고 있었음을 암시한다. 구조적으로 이 단락은 조건을 표현하는 설명적인 장문(2-4절)이 뒤따르는 직접적인 진술(1절)로 구성되어 있다. 그 상황에서 천사들에 의해 전달된 메시지와 관련한 조건문은 주님에 의해 전달된 구원의 메시지와 관련한 귀결절에 정확히 상응한다(참조. Vanhoye, *La structure*, 74-77). 반호여는 서두의 진술(1절)과 귀결절을 도입하는 수사적 질문(3a절)간의 사상의 발전된 일치를 주목했다. 들은 것에 유념할 것을 말하는 호소는 주님에 의해 선포된 구원의 메시지를 무시하는 위험성을 예기한다. 유사하게 경로에서 이탈하여 흘러 내려가는 것에 대한 경고는 "어찌 피하리요?"라는 질문에 담겨 있는 재앙을 고려한다(*La structure*, 265; 더 복합적인 분석을 위해서는 Auffret, *NTS* 25[1978-79] 166-79을 참조하라).

저자는 자신의 작품을 청중들이 수용할 것을 요구하는 권면의 말씀 즉 실제적인 설교로 묘사한다(13:22). 이 단락은 전체로서의 히브리서의 이런 설명을 타당하게 하는 일련의 크고 작은 단락들의 첫 번째 부분에 해당한다(참조. 3:12-4:13; 5:11-6:12; 10:19-39; 12:14-29). 저자가 청중들에게 경고나 호소로 연설하는 이 단락들은 히브리서의 역사적 배경에 중요한 의미를 갖는다. 그것들은 설교의 진의를 직접적인 방식으로 공동체와 연관짓고, 아울러 그러한 열정적 진실로 저자가 반응했던 상황을 그가 어떻게 여기고 있는가에 대한 축적된 인상을 전달해준다.

1:5-14와 2:1-4의 엄숙한 경고간의 긴밀한 연관은 "성경 해석 자체는 이 사람을 위한 것이 궁극적인 목적이 아니며, 그것은 실제적인 유혹 속에 있는 회중들에 대한 형제애적인 봉사라"는 것을 증명해준다(Barth, "The Old Testament in Hebrews," 57). 그 유혹은 그리스도인의 헌신의 엄숙함을 소홀히 하게 하여 일부 사람들을 "경로에서 이탈하여 흘러 떠내려 가게"하는 결과를 초래했다. 그리스도인의 메시지에서 이런 관심이 상당히 약화되었다. 마음을 흐트러뜨리는 원인이 이 시점에서는 정확이 무엇인지가 구체적이지 않을지라도, 천사들에게 부여된 긍정적인 역할과 2절에 모세 율법의 규범적인 특징에 대한 호소는 수신하고 있는 그리스도인들이 유대 공동체와 감정적이고 지적인 연관을 계속 맺고 있음을 암시해준다. 그들은 받은 구원의 메시지의 엄숙한 의미를 인식하고, 그것에 대한 응답을 확고히 하는 것이 필요했다.

저자는 청중들과 자기 자신을 분명히 동일시한다. 그는 그들에게 수여된 권면과 경고의 범주에 자기 자신을 포함시킨다. 인칭대명사인 "우리"의 사용이 권고의 따스한 분위기를 가져올지라도, 호소의 진지함은 공동체의 안정과 생명을 심각하게 위협했던 상황의 실존을 가리킨다.

신게(F. C. Synge, *Hebrews*, 44-52)는 2:1-4을 내삽으로 간주해야 한다고 주장한다. 그는 보는 권면적인 구절들에 기여했던 자료로 그것을 할당했다. 1:1-14과 2:5-16의 해석이 내적인 일치를 형성하고 있고, 그리고 그 권면이 논증의 흐름을 실제로 방해하고 있다는 관찰로부터, 그는 2:2-4이 문맥에 부차적이라고 결론지었다. 이런 통일성과 권면의 다른 단위들간의 언어적이고 개념적인 유사성들이 그로 하여금 현재의 형태의 히브리서는 두 문헌 자료, 즉 본질상 교훈적이고 해석적인 것과 회심에 대한 요구를 담고 있는 다른 것을 융합한 것이라고 확신케 했다.

그러나 이런 가정은 필요하지도 않고, 그럴듯하지도 않다. 또한 문헌의 저작적 단일성을 증명해주는 문학적 주제적 고려들이 이런 주장을 충분히 논박할 수 있다. 서언(1:1-4)에서 발견되는 예술적인 산문의 동일한 증거가 2:2-4에서 재현된다: 기술적으로 균형 잡힌 장문의 사용, 소리와 감각의 대구법, 두운법, 그리고 리듬. 그러한 형태적인 특징들이 문학적 용법을 형성하고, 그것은 두 단락(1:1-4와 2:2-4)이 한 저자에 의해 작성되었다는 것을 입증해준다. 서언(1:1-2a)에서 언급했던 하나님에 대한 언급은 2:1-4에서 들었던 말씀을 유념할 것에 대한 엄숙한 호소를 준비시킨다. 주제적으로 두 단락은 어휘와 개념에 의해 연합된다(참조. Vanhoye, *Situation*, 252-54). 문맥에서 2:1-4을 임의적으로 떼어내는 것은 신앙과 경험 사이의 설명할 수 없는 연합을 청중들로 하여금 인식할 것을 요청하는 저자의 관심을 거짓되게 만든다.

주석

1 이전의 신학적 진술과 2:1-4의 주요한 호소간의 연속된 관계성은 천사들보다 아들의 비교할 수 없는 우월함의 고백이 전제되어 있음을 함축한다. "그러므로 그것이 필요하다"(*διὰ τοῦτο δεῖ* – 디아 투토 데이)라는 논리적 명령법을 표명한다: 그리스도가 천사들보다 위대하시는 사실로부터 아들을 통해 전달된 계시가 궁극적인 엄숙성을 가져야한다는 것이 논리적으로 뒤따른다. 저자는 기독교 전승에 대한 고수가 필요한 한가지라고 주장한다. 이 문맥에서 "삼갈지니"(*περισσοτέρως προσέχειν* – 페리소테로스 프로세케인)는 고백한 신앙(이 신앙이 없이는 구원의 목표에 도달할 수 없음)을 '고수할 것'을 촉구 받는 3:6, 14; 10:23의 동족어 카테케인(*κατέχειν*)과 유사하다(참조. Grässer, "Das Heil als Wort," 271). 그 용어는 공동체가 그리스도에 대한 헌신에 느슨해져 있었고, 또 그리스도인의 메시지를 소홀히 하고 있었다는 것을 암시한다.

전승에 대한 언급에서 저자가 익숙한 "복음"(*εὐαγγέλιον* – 유앙겔리온)을 사용하고 있지 않다. "들은 것"(*τοῖς ἀκουσθεῖσιν* – 토이스 아쿠스데이신)으로 케리그마를 지칭함은 하나님의 언급된 말씀으로서의 서언의 계시에 대한 제시와 적절히 일치한다. 계시는 들려진 말씀이다. 1:1-4과 2:1-4간의 주제적 연관을 인식할 필요가 있다. 만약 역사의 마지막 시기에 하나님이 우리들(*ἡμῖν* – 헤민)에게 아들 속에서(1:2a), 하나님의 궁극적인 말씀을 하셨다면, 우리들(*ἡμᾶς* – 헤마스)은 들은 것을 유념하여 삼가야한다(2:1). 그 언급은 1장에서 암시하는 것처럼, 아들에게, 아들 속에서, 아들에 대해 말씀하셨던 것을 의미하는 포괄적인 것이다.

공동체가 조심할 것을 요청 받는 위험성은 경로에서 이탈하여 흘러 떠내려갈 것(*μήποτε παραρυῶμεν* – 메포테 파라루오멘)에 대한 염려다. "배를 항구에 붙들어 매는, 또는 닻을 해저에 내리는"이라는 프로세케인(*προσέχειν*)의 해양적인 뉘앙스를 적절히 인식한다면(Teodorico, *RevistB* 6[1958] 33-39), 고정된 지점을 갖지 못하고 흘러 떠내려가는 배의 이미지는 부주의와 관심의 부족으로 진리를 확고히 붙들지 못한데 대한 생생한 비유를 제공해준다. 잠언 3:21에서(70인경), 파랄레인(*παραρρεῖν*)은 훈계와 지혜를 상실했다는 것을 의미한다. 저자는 독자들에게 그리스도인의 구원의 실제를 상실할 위험에 있다는 것을 경고한다.

2 이어지는 세 절들은 기독교 전통을 고수할 필요성을 강화하도록 의도한 비유를 전개하고 있다. 모세 율법에 대한 무관심이 적절히 벌을 받았다면 복음에 대한 무관심은 불가피하게 재앙이 될 것임이 틀림없다. 2절의 가장 두드러진 특징은 법적인 표현들을 모아놓고 있다는 것인데("견고하게 함", "모든 범죄함과 순종치 못함", "공변된 보응을 받았거든"), 그것은 "천사들로 하신 말씀이" 시내산에서 전달된 율법을 의미하는 것임을 확증해준다.

출애굽기 19장과 20장에서 율법의 수여시에 천사들이 배석했는지에 대한 지침은 없다. 하지만 신명기 33:2의 시내산의 신현을 찬양하는 구절에서, 모세는 하나님이 "거룩한 무리들"과 왕림하셨음을 선언하고, 70인경은 "천사들이 하나님의 우편에 있었다"(*ἐκ δεξιῶν αὐτοῦ ἄγγελοι μετ' αὐτοῦ* – 에크 덱시온 아우투 앙겔로이 메트 아우투; 참조. 68:17)고 주가한다. 때때로 일세기 이전에는 천사들이 율법의 전달에서 중재적인 역할을 했다는 확신이 퍼져 있었다. 토라의 내용이 "천사들의 임재"에 의해 모세에게 언급되었을 때를 쥬빌리서(*Book of Jubilees*, 1:27; 2:1, 26-27; 등등)에서 마카비 시대만큼 이른 시기에 그 표현을 찾을 수 있다. 스데반은 시내산에서 모세에게 말했던 천사들을 이야기한다(행 7:38; 참조. 53절). 반면에 바울은 율법을 "천사들로 말미암아 중보의 손을 빌은" 것으로 묘사한다(갈: 3:19; 참조. 요 7:19).

일세기 말경에 요세푸스는 "우리는 하나님으로부터 매우 탁월한 가르침을 배우고, 천사들[δι' ἀγγέλων – 디 앙겔론]이나 사자들로부터 율법의 매우 거룩한 부분을 배운다"(*Ant.* 15.36)라고 썼다. 유사한 진술이 랍비적 전승의 초기 모음집에서 나타난다(출 20:18에 관한 *Mek.*; 민 12:5에 관한 *Sipre* 102; *Pesiq. R.* 21). 히브리서에서 "천사들로 하신 말씀"은 하나님이 예언자들을 통해 하셨던 말씀에 대한 대안적인 표현이다(1:1b). 그 말씀은 합법적으로 타당한(ἐγένετο βέβαιος – 에게네토 베바이오스) 것으로 증명되었는데, 정확히 그것은 하나님에 의해 언급된 말씀이었기 때문이었다(랄레데이스[λαληθείς], 수동태는 말씀하셨던 분이 하나님이셨음을 함축한다).

"범죄함"(παράβασις – 파라바시스)과 "불순종"(παρακοή – 파라코에)은 하나님의 뜻의 의도적인 저항과 관련이 있다. 옛 언약 하에서 모세의 포고령에 대한 모든 불법과 율법 속에서 표현된 하나님의 뜻에 대한 저항은 적합한 보응을 받았음을 이 사상은 표현한다. 명사 파라코에(παρακοή)는 70인경에서는 나타나지 않지만 하나님의 목소리를 듣지 않으려는 것을 함축한다(참조. Kittel, *TDNT* 1:233; Schneider, *TDNT* 5:740). 공동체 내에서 이런 경향이 나타남은 하나님의 심판을 발발하기 전에 제어되어야 할 필요가 있었다. 1절의 형성("들은 것을 우리가 더욱 간절히 삼갈지니", 아쿠스데신[ἀκουσθεῖσιν])이 파라코에(παρακοή)라는 용어의 선택을 가져왔다. "공변된 보응"(μισθαποδοσία – 미스다포도시아)이라는 용어를 만듦으로써 저자는 청중들의 관심을 사로잡고, 옛 언약 하에서 하나님의 계시에 대한 부주의와 경시는 적절하고 정당한 벌을 가져왔다는 것을 그들에게 상기시킨다(참조. Priesker, *TDNT* 4:702).

3-4 들은 것을 유념하여 삼갈 것을 언급하는 긴급한 호소(1절)는 구원의 말씀을 경시함은 재앙적인 결과를 초래한다는 경고를 예기했다. 하나님의 말씀에 대한 관심의 부족(ἀμελήσαντες – 아멜레산테스)은 "공변된 보응"(ἔνδικον μισθαποδοσίαν – 엔디콘 미스다포도시안, 2b절)을 받게 된다. 이와 관련한 이스라엘의 경험(참조. 3:7-4:11)은 아들 속에서의 하나님의 계시에 대하여 무감각하고 무반응했던 사람들의 섬뜩한 사례를 제공했다. 하나님의 계시된 뜻에 대한 옛 언약 하에서의 부주의는 이미 공변된 보응을 초래했다. 하나님의 백성들은 하나님이 아들을 통해 궁극적인 말씀을 선언하셨다는 것을 이스라엘 못지 않게 예상할 수 있다. 이런 면에서 하나님의 새 백성들과 옛 백성들간의 특징은 상관관계가 있다. 그들은 모두 계시에 특권을 부여받은 상속자들이었다.

"이같이 큰 구원"(*τηλικαύτης… σωτηρίας* – 텔리카우테스…소테리아스)이란 구문의 풍성한 표현에서 발견할 수 있는 하나님의 새 백성들이 향유하는 특권의 위대한 정도는 그들이 더 커다란 책임과 더 커다란 위험에 직면해 있음을 단순히 의미한다. 저자는 크리스천의 책임에 대한 이해를 위한 모델로 두 번 더 되돌아가며, 각각의 경우에 그는 독자들에게 그 문제를 심각하게 제기한다(10:28-31; 12:25; 특히 Auffret, *NTS* 25[1978-79] 177-79를 참조하라). 결과적으로 3절의 수사적인 질문("어찌 피하리요?", *πῶς ἡμεῖς ἐκφευξόμεθα* – 포스 헤메이스 에크퓩소메다)은 회피할 가능성이 없는 대답을 요청한다.

회중들이 받은 구원의 말씀의 특징은 하나님이 더 이상 천사들의 중재를 통해서가 아니라 독생자이신 주님을 통해 말씀하신다는 사실로 규정된다. "주로 말씀하신"(*λαλεῖσθαι διὰ τοῦ κυρίου* – 랄레이스다이 디아 투 큐리우)은 역사의 마지막 시기에 하나님이 "아들로"(*ἐν υἱῷ* – 엔 휘오, 1:2a) 말씀하셨다는 서언의 확증을 재개한다. "천사들로 하신 말씀"(*ὁ δι' ἀγγέλων λαληθεὶς λόγος* – 호 디 앙겔론 랄레데이스 로고스, 2절)과 "주로 말씀하신 구원"(*σωτηρίας ἥτις… λαλεῖσθαι διὰ του κυρίου* – 소테리아스 헤티스…랄레이스다이 디아 투 큐리우, 3절)간의 구조적인 대구법은 아들이 천사들보다 비교할 수 없을 정도로 탁월하다는 증명(1:5-14)을 전제한다. 천사들로 말미암아 전달된 말씀이 이에 대한 책임을 요구하고 있기 때문에, 주님에 의해 전달된 구원의 말씀은 하물며 더 하지 않은가? 3b-4절들이 구원(*σωτηρίας* – 소테리아스)의 자격을 심사하고, 살펴보고 있는 구원의 특별한 특징에 대한 인상을 논증한다.

히브리서의 저자는 설교 활동에 사실상 관심이 있다. 그는 시간의 흐름을 인식하고 있기에 예수의 사역의 시기와 자기 자신의 시대를 구분한다. 그는 구원의 시작을 특징지었던 사건들에 참여하지는 않았다. 하지만 그는 그와 그의 독자들을 믿음에 이르게 한 전승의 특징을 묘사함으로써 과거와 현재와의 연속성을 주장한다.

"처음에 주로 말씀하신 바요"(*ἀρχὴν λαβοῦσα λαλεῖσθαι διὰ τοῦ κυρίου* – 아르켄 라부사 랄레이스다이 디아 투 큐리우). 기독교적인 질서의 기초가 주님의 사역으로 추적된다. 본문은 주님의 활동으로 뿌리를 내린 교회에 관한 심오한 개념을 담고 있다(참조. Feuillet, *NTS* 24[1977-78] 163-66). 구원의 말씀은 주님으로 말미암아 선언된 것으로 시작되었다. 그러나 예수의 사역에서 말씀과 행위의 연합에 관한 저자의 개념은 주로서(*κύριος* – 큐리오스) 예수에 대한 지칭의 근본이 되고 있다. 예수의 말씀은 단지 구원에 대한 정보가 아니라 "죄의 정결"(*καθαρισμὸς τῶν ἁμαρτιῶν*－카다리스모스 톤 하마르티온, 1:3; 참조. 9:14; 10:10)과 관계가 있다. 예수는 하나님의 말씀을 구현하고, 성취하였다. 아들은 구원의 종말론적인 사건이다(참조. 1:2). 이런 포괄적인 의미 속에서 선포의 연속된 단계를 이루신 예수의 사역, 희생적인 죽음 그리고 승귀가 구원의 말씀의 "시작"(*ἀρχή*－아르케)을 특징지었다(참조. Grässer, "Das Heil als Wort," 263-66).

"들은 자들이 우리에게 확증한"(*ὑπὸ τῶν ἀκουσάντων εἰς ἡμᾶς ἐβεβαιώθη*－휘포 톤 아쿠산톤 에이스 헤마스 에베바이오데). 주님의 사역은 하나님의 최종적인 계시의 첫 번째 단계다. 두 번째 단계는 말씀의 정확성을 보증하는 의미에서 말씀을 인증하는(*ἐβεβαιώθη*－에베바이오데) 것이 이어진다. 구원의 말씀이 주님의 말씀과 행위를 목격했던 사람들에 의해 주님의 말씀을 듣는 특권을 갖지 못했던 사람들에게 선포되는 것이다. 이런 증거와 관련해서 사도적 무리들을 생각할 필요는 없다. 히브리서에서 사도의 직무는 오직 예수에게만 보유되고 있음이 의미가 있다(3:1). 저자가 커다란 기독교 공동체 내에서 인식하고 있는 가장 높은 직무는 한 "청자"의 직무인데, 즉 그는 주님의 말씀을 들었기 때문에 예수가 선포하신 진리와 관련해서 증거할 수 있었다. "청중들"(*τῶν ἀκουσάντων*－톤 아쿠산톤)에 관한 언급에서 모든 관심은 구속의 말씀을 공동체에 전달했던 사람들의 직무에 있지 않고 그 메시지에 집중되어 있다(참조. Grässer, "Das Heil als Wort," 263-66).

"하나님도…저희와 함께 증거하셨느니라"(*συνεπιμαρτυροῦντος τοῦ θεοῦ*－수네피마르투룬토스 투 데우). 말씀을 전하고(*λαλεῖσθαι*－랄레이스다이) 듣는(*τῶν ἀκουσάντων*－톤 아쿠산톤) 행위의 결과는 전승이었다. 하지만 전승은 하나님의 수반하는 증거로 말미암아 효력을 발휘하는데, 하나님은 구원의 전파를 그것의 진정성을 확증하는 증거로 승인하셨다(4절). 현재분사("하나님이 증거하셨다"고 번역되는)는 확증하는 증거가 전파의 최초행위에 한정되어 있지 않고 공동체의 삶 내에서 여전히 계속해서 보여지고 있다는 것을 함축한다. 그러나 그 어휘가 능력의 의미 있는 표증을 나타내는 4절에서의 강조는 외적으로 보여지는 증거에 해당하는데, 그것은 공동체에 전달된 메시지를 유효하게 한다. 언급된 말씀은 구원의 완성을 전조하는 복음의 외적인 증거에 의해 보완되고(참조. 6:5), 주님은 선교사들을 통하여 전파하고 역사를 계속하신다(참조. Trites, *Witness*, 77, 150, 217).

"표적들과 기사들"(*σημεῖα καὶ τέρατα*－세메이아 카이 테라타)은 용어들간의 원천적인 구분을 주장할 수 없는 고정된 표현으로 간주할 수 있다(참조. Hofius, *NIDNTT* 2:627). 부자연스럽고 괴상한 것을 나타내는, 원래 이교도 어휘인 "기사들"(τέρας – 테라스)(참조. Whitaker, *SE* 5[1968] 155-58)을 70인경에서 이스라엘을 위한 하나님의 구속 활동의 범주로 가져옴으로 인해, "기사들"(τέρατα – 테라타)은 계시를 위한 수단이 되었다. 그 용어는 자주 "표적"(σημεῖον – 세메이온)과 연합함으로, 세메이아 카이 테라타(σημεῖα καὶ τέρατα)는 출애굽 사건에 대한 일반적인 숙어가 되었고, 백성들과 하나님과의 관계 그리고 하나님의 목적을 나타내었다(출 7:3; 신 4:34; 6:22; 7:19; 29:2; 참조. Moule, "The Vocabulary of Miracle," 235-38). 이 구절들은 4절에서 그 표현에 대한 성경적 배경을 제공하는 반면에 마가복음 16:20(긴 마침에서)은 그 본문의 가장 이른 해석을 제공한다(히 2:3-4과 막 16:20간의 유사성에 대한 상세한 분석을 위해서는 J. P. van Casteren, "L'epilogue canonique du second évangile[Mc 16, 9-20]," *RB* 10[1902] 240-43을 보라).

"여러 가지 능력"(ποικίλαις δυνάμεσιν – 포이킬라이스 두나메신)은 능력으로 그들의 행사에 관여하시는, 공동체에 대한, 하나님의 관심을 유사하게 표명한다. 성령을 통해 하나님은 능력의 분여자로서 증거하신다(참조. C. H. Powell, *Power*, 107-16, 130-42). 성령 은사(μερισμοῖς – 메리스모이스)의 수여는 선포된 말씀을 증거하는 것을 돕는다. 회중들이 받은 말씀에 대한 하나님의 보증의 논박할 수 없는 증거를 제공하는 것은 공동체의 삶 속에 나타나는 은사의 영원한 보존이다(참조. 6:4-5). 표적과 기사들, 여러 가지 능력과 영적인 은사들로 지원되는 증거는 하나님의 뜻에 뿌리내려 있다(κατὰ τὴν αὐτοῦ θέλησιν – 카타 텐 아우투 델레신). 저자의 마지막 단계는 전체 시리즈에 자격을 부여하는 것인데, 이는 단지 시리즈의 마지막 부분만을 의미하지 않는다(또한 Rengstorf, *TDNT* 7:260을 보라).

이 증거의 목적이 하나님이 그리스도 안에서 명확하게 말씀하신 것을 확인하는 것이기 때문에, 불신앙과 부주의함은 마음의 적적인 불순종의 표현으로 간주될 수 있다(참조. 3:7-8, 12, 15; 4:7).

해설

해석의 흐름을 순간적으로 차단하는 2:1-4에서, 저자는 선포에서 적용으로 전환한다. 목회적인 관심으로 그는 설교에서 최초 단락의 의미를 독자들의 직접적인 상황과 연관시킨다. 천사들에 대한 예수의 우월함에 대한 고백적인 설명의 목적은 아들이 전달한 계시의 새로운 말씀의 궁극적인 의미를 강조하는 것이었다. 논증의 근본적인 전제는 전달하는 사람의 특징이 그의 메시지의 중요성과 최종성의 시험(test)을 제공한다는 것이다. 아들의 초월적인 신성은 하나님에 의해 보증된 증인들로 말미암아 공동체에 이르게 된 구원의 메시지가 엄격한 주목을 받아야함을 보여준다.

기독교 전승은 회중들로 하여금 하나님의 말씀과 행위를 대면하게 했다. 이스라엘처럼 기독교 공동체는 계시의 행위에 의해 구성되었다. 전승과 믿음의 공동체를 불러모았던 헌신에 대한 형편없는 무관심은 하나님의 백성들을 거룩한 심판에 이르게 하였다는 것을 이스라엘이 겪은 경험이 증명하였다. 저자가 전달하고자 하는 것은 바로 이런 위험성이다. 복음의 설교가 그 자체로 사법적인 활동이었음을 강조함으로써 저자는 구원의 메시지의 초월적인 특징에 일치하는 반응을 청중들로부터 요구한다.

D. 아들의 수난과 영광(2:5-9)

참고문헌

Attridge, H. W. "New Covenant Christology in an Early Christian Homily." *QuartRev* 8(1988) 89-108. **Brady, C.** "The World to Come in the Epistle to the Hebrews." *Wor* 39(1965) 329-39. **Brock, S. P.** "Hebrews 2:9b in Syriac Tradition." *NovT* 27(1985) 236-44. **Brown, D.** "Hebrews 2:5-9." *ExpTim* 7(1895/96) 133-34. **Childs, B.** "Psalm 8 in the Context of the Christian Canon." *Int* 18(1969) 20-31. **Coppens, J.** "Le Fils de l'homme dans le dossier paulinien." *ETL* 52(1976) 309-30. **Dukes, J.** "The Humanity of Jesus in Hebrews." *ThEduc* 32(1985) 38-45. **Dyck, T. L.** "Jesus our Pioneer." 39-50. **Ellingworth, P.** "Jesus and the Universe in Hebrews." *EvQ* 58(1986) 337-50. **Elliott, J. K.** "When Jesus Was Apart from God: An Examination of Hebrews 2:9." *ExpTim* 83(1971-72) 339-41. **Ellis, E. E.** "Midrash, Targum and New Testament Quotations," In *Neotestamentica et Semitica*. FS M. Black. ed. E. E. Ellis and M. Wilcox. Edinburgh: Clark, 1969. 61-69. **Fabris, R.** "La lettera agli Ebrei e l'Antico Testamento." *RivB* 32(1984) 237-52. **Feld, H.** "Der Humanistenstreit um Hebräer 2, 7(Psalm 8, 6)." *ARG* 61(1970) 5-35. **Frede, H. J.** "Der Text des Hebräerbriefs bei Liudprand von Cremona." *RBén*: 96(1986) 94-99. **Garnet, P.** "Hebrews 2:9: *χάριτι or χωρίς*?" sup 18(1983/85) 321-25. **Giles, P.** "The Son of Man in the Epistle to the Hebrews." *ExpTim* 86(1974-75) 328-32. **Glenn, D. R.** "Psalm 8 and Hebrews 2: A Case Study in Biblical Hermeneutics and Biblical Theology." In *Walvoord: A Tribute*. ed. D. K. Campbell. Chicago: Moody Press, 1982. 39-51. **Grässer, E.** "Beobachtungen zum Menschensohn in Hebr. 2, 6." In *Jesus und der Menschensohn*. FS A. Vogtle. ed. R. Pesch and R. Schnackenburg. Freiburg/Basel/Vienna: Herder, 1975. 404-11. **Grogan, G. W.** "Christ and His People: An Exegetical and Theological Study of Hebrews 2:5-18. *VoxEv* 6(1969) 54-71. **Harnack, A. von.** "Zwei alte dogmatische Korrekturen im Hebräerbrief." SPAW(1929) 63-73. **Henderson, A.** "Hebrews 2:9." *ExpTim* 7(1895-96) 332-34. **Hickling, C. J. A.** "John and Hebrews: The Background of Hebrews 2.10-18." *NTS* 29(1983) 112-16. **Hurst, L. D.** "The Background and Interpretation of the Epistle to the Hebrews." Dissertation, Oxford University, 1981. 181-89. ______. "The Christology of Hebrews 1 and 2." In *The Glory of Christ in the New Testament*. FS G. B. Caird. ed. L. D. Hurst and N. T. Wright. Oxford: Clarendon Press, 1987. 151-64. **Kistemaker, S.** *The Psalm Citations in the Epistle to the Hebrews*. Amsterdam: G. van Soest, 1961. **Kögel, J.** *Der Sohn und die Söhne: Eine exegetische Studie zu Hebräer 2:5-18*. Gütersloh: Bertelsmann, 1904. **Kouto, J. K. M.** "Humanité et autorité du Christ-PreÆtre: Une approche exégético-théologique de Hé. 2, 5-18; 3, 1-6 et 4, 15-5, 10." Dissertation, Pont. Univ. Urbaniana, Rome, 1985. **Laub, F.** *Bekenntnis und Auslegung*. 61-66. **Linton, O.** "Le *Parallelismus Membrorum* dans le Nouveau Testament: Simple remarques." In *Mélanges Bibliques*. FS B. Rigaux. ed, A. Descamps and A, de Halleux. Gembloux: Duculot, 1970. 488-507. **Louis, C. J.** *The Theology of Psalm 8: A Study of the Traditions of the Text and the Theological Import*. Washington, DC: Catholic University of America, 1946. **Melbourne, B. L.** "An Examination of the Historical -Jesus Motif in the Epistle to the Hebrews." *AUSS* 26(1988) 281-97. **Miller, D. G.** "Why God Became Man: FromText to Sermon on Heb. 2:5-18." *Int* 23(1960) 3-19. **Minear, P. S.** *New Testament Apocalyptic*. 126-34. **Oberholtzer, T. K.** "The Eschatological Salvation of Hebrews 1:5-2:5." *BSac* 145(1988) 83-97. **Oberholzer, J. P.**

"What Is Man···?" In *De Fructu Oris Sui.* FS A. Van Selms. ed. I. H. Eybers, F. C. Fensham, et al. Leiden: Brill, 1971. 141-51. **O Neill, J. C.** "Hebrews II.9." *JTS* ns 17(1966) 79-82. **Parsons, M. C.** "Son and High Priest: A Study in the Christology of Hebrews." *EvQ* 60(1988) 195-215. **Pryor, J. W.** "Hebrews and Incarnational Christology." RTR 40(1981) 44-50. **Ringgren, H.** "Psalm 8 och Kristologin." SEring 37-38(1972-73) 16-20. **Sahlin, H.** "Adam-Christologie im Neuen Testament." *ST* 41(1987) 11-32. **Schröger, F.** *Der Verfasser des Hebräerbriefs als Schriftlausleger.* Regensburg: Pustet, 1968. 79-87. **Seeberg, A.** "Zur Auslegung von Hebr. 2:5-18." *NJDT* 3(1894) 435-61. **Übelacker, W. G.** *Der Hebräerbrief als Appell: Untersuchungen zu* exordium, narratio *und* postscriptum *(Hebr 1-2 und 13,22-25)*. Stockholm: Almqvist & Wiksell, 1989. 163-82. **Vanhoye, A.** *Exegesis Epistulae ad Hebraeos Cap. I II.* Rome: Pontifical Biblical Institute, 1968. 147-87. ______. "L'*οἰκουμένη* dans l'Épître aux Hébreux." *Bib* 45(1964) 248-53. ______. *Situation de Christ: Hébreux 1-2.* Paris: Cerf, 1969. 255-305. **Wallis, W. B.** "The Use of Psalms 8 and 110 in I Corinthians 15:25-27 and Hebrews 1 and 2." *JETS* 15(1972) 25-29.

본 문

5 하나님이 우리의 말한 바 장차 오는 세상을 천사들에게는 복종케하심이 아니라

6 오직 누가 어디 증거하여 가로되 사람이 무엇이관대 주께서 저를 생각하시며 인자가 무엇이관대 주께서 저를 권고하시나이까

7 저를 잠간 동안 천사보다 못하게 하시며 영광과 존귀로 관 씌우시며

8 만물을 그 발 아래 복종케 하셨느니라 하였으니 만물로 저에게 복종케 하셨은즉 복종치 않은 것이 하나도 없으나 지금 우리가 만물이 아직 저에게 복종한 것을 보지 못하고

9 오직 우리가 천사들보다 잠간 동안 못하게 하심을 입은 자 곧 죽음의 고난 받으심을 인하여 영광과 존귀로 관 쓰신 예수를 보니 이를 행하심은 하나님의 은혜로 말미암아 모든 사람을 위하여 죽음을 맛보려 하심이라

5 Now[a] it is not to angels that he has subjected the heavenly world to come, about which we are speaking.

6 Somewhere someone has testified, saying, "What[b] is man that[c] you take thought for him, or the son of man that you should care for him?

7 You made him for a little while[d] lower than the angels; you crowned him with glory and splendor;[e]

8 you put everything in subjection under his feet." Now in putting everything in subjection to him, he left nothing out of his control. But in fact[f] we do not yet see everything subject to his control.

9 But we see Jesus, who for a little while was made lower than the angels so that by the grace of God[g] he might taste death for everyone,[h] because of the suffering of death crowned with glory and splendor.[i]

원문주해

a. 새로운 단락의 시작에 적절한 "이제"라는 의미로 가르(*γάρ*)의 관용적인 번역에 대해서는 Moffatt, 21을 보라.

b. P46과 몇몇 중요한 권위 있는 사본들(C* P 104 917 1288 1319 1891 2127 d vgtol bo)은 티(*τί*, "무엇이")를 대신해서 티스(*τίς*, "누가")라고 읽고, 준츠(*Text*, 48-49)는 이런 독법을 원래의 것이라고 주장한다. 그는 저자가 인자 기독론을 지지하는 것에 관심을 끌기 위해서 의도적으로 본문을 변경시켰다고 주장했다. 그는 6절을 "사람이(호 안드로포스[*ὁ ἄνθρωπος*]에 대한 모음축합으로써 기식을 갖는 한드로포스[*ἅνθρωπος*]) 무엇이기에 하나님이 저를 생각하시며, 참으로(70인경에서처럼 에[*ἤ*,, "또는]를 대신해서 곡절 악센트가 붙은 고전적인 헤[*ἦ*]) 인지기 무잇이기에 하나님이 저를 찾으시는가"라고 번역했다. 그는 다수의 사본들에서 티(*τί*)가 있는 것을 70인경에 대한 동화로 설명했다. 하지만 Tasker, *NTS* 1(1954-55) 185의 비판을 보라.

c. 6절에서 두 번의 호티(*ὅτι*)의 출현은 결과적인 의미("따라서")를 갖는데, 이는 인용에서 결과적인 히브리어 접속사의 사용과 일치한다(참조. F. M. Abel, *Grammaire du grec biblique*[Paris: Gabalda, 1927] 79[353]; Moulton, *Grammar*, 3:318).

d. 브라쿠 티(*βραχύ τι*)라는 표현은 질적이거나("못하게") 또는 시간적("잠깐 동안")인 것이다. 시편 8편에서 그것은 거의 확실히 질적인 것이고, 이것은 NIV에서 이 절의 번역에 영향을 주었다("당신이 그를 천사들보다 약간 못하게 하셨다"). 그러나 히브리서 저자의 이해는 인용 부분이 9절에서 취해졌고, 브라쿠 티(*βραχύ τι*)라는 표현이 강조를 위해 앞에 두어졌을 때에 분명해진다: 예수는 천사들보다 "잠깐 동안" 낮아지셨다. 에라스무스(Erasmus)와 파리의 인문주의자 제이콥 파버 스타플런시스(Jacobius Faber Stapulensis, Feld, *ARG* 61[1970] 5-35) 사이의 인문주의 논쟁 이래로 이것은 그 표현의 지배적인 이해가 되었다. 고로 RSV, NEB, NASB, JB, TEV 등등.

e. 저자는 인용에서 "당신이 손으로 만드신 작품 위에 그를 두셨나이다"라는 절을 생략했다(P46 B Dc K L *al*에 의해 지지를 받는 더 짧은 독법을 따라). 이 발늘을 포함하는 것의 상당한 지지(ℵ A C D* P ψ 33 1739 it vg syp.h with * co arm aeth *al*)는 거의 확실히 시편 8:7의 70인경 본문에 대한 필사상의 동화 때문일 것이다(참소. Metzger, *Textual Commentary*, 663-64).

f. 8절에서 데(*δέ*)의 역접적인 의미에 대해서는 BDF §447(1)을 보라.

g. 카리티 데우(*χάριτι θεοῦ*, "하나님의 은혜")라는 독법의 텍스트상의 지지는 매우 강력하다(P46 ℵ A B C D 33 81 330 614 it vg co *al*). 그럼에도 불구하고, 동방과 서방에서 코리스 데우(*χωρὶς θεοῦ*, NEBmg: "하나님으로부터 소외된") 독법이 3세기만큼 이른 시기에 강력하게 증거되었다는 인상적인 교부적 증거가 있다.

그것이 0121*b*와 424**에 있는 MS 1739에서 그리고 페쉬타의 세 사본들과 벌게이트의 MS G에서만 지금 발견될지라도, 오리겐(Origen), 암브로스(Ambrose), 제롬(Jerome)이 그렇게 사용했고, 많은 교부들이 그것을 올바른 독법으로 채택했다. 하르낙(SPAW [1929] 63-73: 카리티 데우[*χάριτι θεοῦ*]는 후대의 서기관들에 의한 본문의 "교리적인" 수정이다), 준츠(Zuntz, *Text*, 34-35: 코리스 데우[*χωρὶς θεοῦ*, "하나님으로부터 떨어진"]는 수난에 관한 저자의 개념과 일치한다[참조. 5:7f.; 11:26; 12:2; 13:12-13]; 게다가 코리스[*χωρίς*]는 저자가 좋아하는 단어이고, 히브리서에서 무관사의 명사가 뒤따른다), 오닐(O'Neill, *JTS* n.s. 17[1966] 79-82: 코리스 데우[*χωρὶς θεοῦ*, 하나님으로부터 동떨어진]는 천사들보다 못한 처지를 대변하는 하나님으로부터의 공간적인 거리를 표명한다. 그리고 엘리오트(J. K. Elliott, *ExpTim* 83[1971-72] 339-41: 코리스 데우[*χωρὶς θεοῦ*]는 죽음 속에 있는 그리스도가 하나님으로부터 분리되었다는 것을 의미하는데, 그가 사단의 영역 즉 죽음에 들어갔기 때문이다)는 그것을 원본적인 것으로 옹호했다. 이 저자들은 카리티(*χάριτι*)가 코리스(*χωρίς*)로 오인되거나 의도적으로 코리스(*χωρίς*)로 변경될 수 있는 본질적인 불가능성에 호소하며, 반면에 코리스 데우(*χωρὶς θεοῦ*)의 정확한 의미를 해석하기 어려운 점이 더 수긍하기 쉬운 카리티 데우(*χάριτι θεοῦ*)로 이 독법의 변화를 촉발시켰을 것으로 생각한다. 하지만 코리스 데우(*χωρὶς θεοῦ*) 독법은 "모든 것"(*τὰ πάντα*－타 판타)이 하나님을 포함하지 않는다는 것을 설명하기 위해서 부가적인 어구 주석(고전 15:27이 암시하는)으로서 기원했을 것이다. 이 난외주는 후대의 서기관들에 의해 카리티 데우(*χάριτι θεοῦ*)의 정정으로 오인되어, 9절의 본문에 도입되었다(고로 Metzger, *Textual Commentary*, 664; Tasker, *NTS* 1[1954-55] 184; Vanhoye, *Situation*, 295-99; P. E. Hughes, "Note on the Variant Reading *χωρὶς θεοῦ*' 'Apart from God': 2:9]," in *Commentary*, 94-97; et al.). 카리티 데우(*χάριτι θεοῦ*)가 10절에 뒤이어지는 에트레펜…아우투 [데오](*ἔπρεπεν… αὐτῷ[θεῷ]*)에 잘 들어맞는다.

h. 그 번역은 9절의 어절의 순서보다는 저자에 의해 의도된 의미를 반영한다. 헬라어 텍스트에서 그 절들이 교차법적인 형태로 배열되어 있어서 첫 절("천사들보다 잠간 동안 못하게 하심을 입은 자")이 네 번째 절("하나님의 은혜로 말미암아 모든 사람을 위하여 죽음을 맛보려 하심이라")에 의해 보강되고 있다는 것을 인식하는 것이 중요하다. 번역에서 절의 순서를 재배열함으로써만 의도된 의미를 표현할 수 있다. 이것은 TEV와 P. E. Hughes, 90-91에 의해 적절히 인식되었다.

i. 그 번역은 예수가 죽음을 당하셨기 때문에 영광과 존귀로 관을 쓰셨다는 주해적인 결정을 반영한다. 헬라어 텍스트에서 문장의 중간에 강조적인 위치에 있는 두 절들은 히브리서 1:3c에 있는 낮아지심과 높아지심의 동일한 연쇄적인 패턴("죄를 정결케 하는 일을 하시고 높은 곳에 계신 위엄의 우편에 앉으셨느니라", 참조. F. F. Bruce, 38)을 표현한다.

양식/구조/배경

"천사들보다 못하게"(9절) 되셨다는 예수의 겸손이 그의 초월적인 신성에 의문을 불러일으키지 않는다는 요지를 가지면서, 아들과 천사들간의 비교가 5-9절에서 유지된다. 새로운 단락의 도입은 장르의 변화에 의해 감지되는데, 저자는 훈계(2:1-4)에서 해석(2:5-9)으로 전환한다. 그 해석은 설교적 미드라쉬의 형태를 갖고 있는데, 확대된 인용의 주요 구문들을 취하여 청중들을 위해 상술하고 있다(참조. 관련 서적 목록을 갖고 있는 Ellis, "Midrash, Targum," 61-69). 이 단락은 시편 8편의 인용과 해석이 지배적이어서, 저자가 1:5-13에서의 인용을 보충하는 두 번째 일련의 구약성경구절(6-8, 12-13절)을 도입하고 있음을 간과할 수 있을 정도다.

5절과 16절에서의 진술의 형태로 형성된 포괄문(inclusio)은 새로운 단위의 경계를 알려준다.

> 5절 우 가르 앙겔로이스 휘페탁센(*οὐ γὰρ ἀγγέλοις ὑπέταξεν*)
> "천사들에게는 복종케 하심이 아니라"
> 16절 우 가르 데푸 앙겔론 에필람바네타이(*οὐ γὰρ δήπου ἀγγέλων ἐπιλαμβάνεται*)
> "이는 실로 천사들을 붙들어 주려 하심이 아니요"

5절에서 천사들에 대한 언급은 1:5-14에서 전개된 비교를 재개하고, 뒤이어지는 시편 8:5-7(70인경)과의 주해적인 상호관계를 예기한다. 하지만 9절 이후에 그 해석은 또 다른 전환을 취한다. 저자는 천사들에 초점을 맞추고 있는 것이 아니라 하나님과 백성들과 아들의 유대에 초점을 맞춘다. 16절에서 천사들에 대한 언급은 오로지 문학적이다. 그것은 그 단위를 도입시킨 병행적인 진술과 균형을 맞추기 위한 것이다(5절)(참조. Vanhoye, *La structure*, 78-81). 이런 방식으로 그 항목을 구성함으로써 저자는 1:5에서 소개된 아들과 천사들간의 비교를 마무리짓고 있다. 설교 속에서 발전되고 있는 사상의 다음 단위는 17-18절이 신선한 어휘에 의해 신언되는데, 그것은 연설의 첫 주요 길래를 결론짓고 있다. 포괄로 형성된 그 항목은 (1) 아들의 고난과 영광(5-9절), (2) 인간 가족과의 아들의 유대(10-18절)를 탐구하는 두 단락으로 자연스럽게 나뉜다.

처음 단락의 전개는 휘포타세인(*ὑποτάσσειν*, "복종하다", "복종케")에 대한 언어유희와 밀접하게 연관되어 있다. 하나님이 장차 오는 세상을 복종케(휘페탁센 [*ὑπέταξεν*])한 것은 천사들에게가 아니라(5절)는 선언은 시편 8:7의 클라이막스적인 후렴구 속에 있는 동일한 동사형태의 사용을 예기한다("만물을 그 발 아래 복종케[ὑπέταξας – 휘페탁시스]하셨느니라"[8a절]). 이것은 나아가서 전체 인용의 해석에 대한 열쇠를 저자에게 제공한다.

> 만물을 그 발 아래 복종케(ἐν τῷ γὰρ ὑποτάξαι – 엔 토 가르 휘포탁사이) 하셨느니라 하였으니 만물로 저에게 복종케 하셨은즉 복종치 않은(ἀνυπότακτον – 안위포타크톤) 것이 하나도 없으나 지금 우리가 만물이 아직 저에게 복종한(ὑποτεταγμένα – 휘포테타그메나) 것을 보지 못하고.

형태의 반복된 변화는 수사적으로 효과적이다. 그것은 긴장의 요소를 가져오는데, "하지만 예수를 보니"(τὸν δὲ… βλέπομεν Ἰησουν – 톤 데…블레포멘 예순)라는 9절의 강조적이고 미루어진 진술이 있을 때까지 그것이 경감되지 않고, 인용의 후반부가 8-9절의 미드라쉬적인 언급을 취하여 포함시킨 방식은 형태적인 변화의 또 다른 표현을 추가시킨다. 저자는 시편 8:6-7의 선언을 예수가 경험한 세 단계를 묘사하는 독립적인 진술로 연관짓는다: (A) 성육신과 고난("저를 잠깐 동안 천사보다 못하게 하시며"[7a절]); (b) 승귀("영광과 존귀로 관 씌우시며"[7b절]); (C) 마지막 승리("만물을 그 발 아래 복종케 하셨느니라"[8a절]). 이런 진술을 순서 C(8b-c절), A(9a절), B(9b절)로 언급함으로써 저자는 전체 해석을 예수가 다른 사람들을 위해서 고난 당하신 죽음의 결과로 들어가신 높아지신 영광의 관점을 보조하게 했다(참조. Vanhoye, *La structure*, 78-79; Grogan, *VoxEv* 6[1969] 56).

주석

5 "우리의 말한 바"(περὶ ἧς λαλοῦμεν – 페리 헤스 랄루멘)는 설명절이며, 이는 1:5-14와 이 시점에서 해석의 재개간의 사상의 연속성을 강조한다. 이전에 일련의 구약성경의 인용은 아들의 초월적인 신성 특히 그의 승귀를 보여주었고, 저자는 이제 예수의 특징과 위험을 증명하는 또 다른 구약성경 구절들을 살피려 하고 있다. 시편 110:1을 천사들에게 적용할 수 있다는 사상은 1:13에서 수사적으로 개진되었다가 단지 거부되었다(1:14). 하나님의 우편보좌에 앉으라는 초대는 오직 아들에게만 해당된다. 원수들을 누르심과 관련하여 시편 110:1의 자세한 설명 없는 인용은 2:5에서 장차 세상의 복종에 대한 언급 그리고 저자가 자신이 말하고 있는 것의 예증이 되는 시편 8:5-7(70인경)에 대한 호소를 언급한다.

"천사들에게는 복종케 하심이 아니니라"(Οὐ γὰρ ἀγγέλοις ὑπέταξεν – 우 가르 앙겔로이스 휘페탁센). 천사들에 대한 언급은 1:13-14에 수사적으로 개진된 논증을 재개한다. 하나님이 천사들에게 지상 세계의 관리를 맡기셨을지라도, 그들의 특권은 장차 하늘의 세상으로 확장하지 못한다. 이런 형성은 신명기 32:8에 대한 암시를 반영하는데, 그것은 세상에 대한 천사들의 통치를 언급한다(참조. Andriessen, *NovT* 18[1976] 295, n. 3). 고대 헬라역본(Old Greek version)에 그 본문은 다음과 같이 쓰여있다.

> 지극히 높으신 자가 열국의 기업을 주실 때, 인종을 분정하실 때에 하나님의 천사들의 수효대로(한글개역: "이스라엘 자손의 수효대로") 민족들의 경계를 정하셨도다.

"하나님의 천사들의 수효대로" 열국의 경계를 정하셨다는 것은 세상 민족들이 천사들에게 복종하게 되었다(*ὑπέταξεν*—휘페탁센)는 것을 함축했다. 그러나 하나님의 새로운 백성들의 유산은 현 세상에 있지 않고 아들의 보좌로의 취임으로 시작된 새 창조에 있다. 따라서 가르(*γάρ*)의 기능은 이런 새로운 확증을 이 시점까지 전개된 아들의 탁월성에 관한 주제와 연결시키는 것이다. 복종은 "천사들에게가 아니라" 아들에게다(참조. Grogan, *VoxEv* 6[1969] 56).

"장차 오는 세상을"(*τὴν οἰκουμένην τὴν μέλλουσαν*—텐 오이쿠메넨 텐 멜루산). 저자는 하나님의 천사들이 아들을 경배하도록 명함 받았던 때인 승귀 시에, 그 아들의 입성을 하늘의 실제 세계인 텐 오이쿠메넨(*τὴν οἰκουμένην*)으로 이미 확인했다(1:16의 주석을 보라). 그는 이제 아들의 좌정으로 시작된 새 창조를 텐 오이쿠메넨 텐 멜루산(*τὴν οἰκουμένην τὴν μέλλουσαν*, "장차 오는 세상")으로 지칭함으로써 다시금 그 사상을 취한다. 이 독특한 지칭은 "내세"(*μέλλοντας αἰῶνος*—멜론타스 아이오노스, 13:14), 또는 "영구한 도성"(*πόλιν…τὴν μέλλουσαν*—폴린…텐 멜룬산)과 동등한 표현이며, 이는 하나님의 종말론적인 나라의 형성을 선포하는 시편의 일련의 진술들을 반영한다

> 여호와께서 통치하시니(*ἐβασίλευσεν*—에바실류센) 스스로 권위를 입으셨도다 여호와께서 능력을 입으시며 띠셨으므로 세계도(*τὴν οἰκουμένην*—텐 오이쿠메넨) 견고히 서서 요동치 아니하도다
>
> (시편 92[MT 93]:1)
>
> 열방 중에서는 이르기를 여호와께서 통치하시니 세계가(*τὴν οἰκουμένην*—텐 오이쿠메넨) 굳게 서고 흔들리지 못할찌라
>
> (시편 95[MT 96]:10)

히브리서 12:28에서 "진동치 못할 나라"에 대한 분명한 암시는 저자가 글을 쓸

때에 이 구절들을 염두에 두었다는 것을 가리킨다. 그것들은 구원의 종말론적인 영역의 지칭으로서 "장차 올 세상"의 온전한 의미를 충분히 정당화시켰다. 공동체는 이미 이런 실제의 영향을 경험하기를 시작했었다(2:4; 6:4-5; 참조. Vanhoye, *Bib* 45[1964] 249-53). 그 표현은 모든 관계가 하나님의 아들의 주권을 반영할 때인 종말을 예기한다(참조. 8절).

5절의 기능은 구약성경 인용들의 두 연쇄를 연결하여준다. 첫 번째 인용들(1:5-13)은 천사들에 비하여 높아지신 예수의 우월성을 전개하고, 두 번째 인용들(2:6-16)은 아들이 천사들보다 열등한 조건을 가정했고 또 죽음에 복종했다(9절)는 근거 위에서 예수의 우월성에 대항하는 반대들에 대하여 논박한다. 하나님이 천사들에게 장차 올 하늘의 세계의 관리를 맡기시지 않고 높아지신 아들에게 맡겼다는 사실이 상기하는 것은 뒤이어지는 인간의 조건과 예수와의 유대에 관한 해석을 적절한 관점으로 가져온다(참조. Coppens, *ETL* 52[1976] 326).

6-8a "오직 누가 어디 증거하여 가로되"(*διεμαρτύρατο δέ πού τις λέγων* – 디에마르투라토 데 푸 티스 레곤). 인용 형식의 모호함은 성경의 신비적인 특징에 관한 히브리서 전체의 강력한 강조와 일치한다. 구약성경에서 말씀하시는 분은 하나님이시기 때문에 하나님의 말씀을 언급했던 사람의 신원은 그리 중요하지 않다. 모호한 암시로도 충분하다. 논증의 근본적인 중요성은 그것의 자료에 있지 않고 말씀된 것의 실제적인 권위에 있다(참조. 4:4). 그 형식은 성경의 증거적 특징을 강조한다(*διεμαρτύρατο* – 디에마르투라토). 70인경 시편 8:5-7(MT 8:4-5)의 인용에서, 저자는 자신이 언급하고 있는 것의 확증을 발견한다.

시편 8편은 하나님 앞에서 인류의 피조됨을 묵상하는 경외의 표현을 담고 있다. 주님에 의해 기억되고 보호되며, 천상의 존재보다 못하게 창조되었으며 영광과 존귀로 관을 쓴 인간 존재는 하나님의 창조의 질서에 대한 책임을 갖는 주권적인 피조물의 신분이 부여되었다(Oberholzer, "What Is Man…?" 147). 그 묘사는 창세기 1:26-28에 표현된 하나님의 뜻과 일치한다. 하나님의 형상으로 창조된 인간은 땅을 정복하고 모든 것을 복종케 하는 문화적 위임을 부여받았다. 그 목표는 죄와 죽음에 의해 좌절되었지만, 시편기자가 표현한 경이의 감정은 그것을 잊었었다는 것을 가리킨다. 하나님의 뜻의 상기와 기념이 창조의 시기에 인간의 지배 하에 두어졌던 모든 것이 장차 올 세상에서 인간에게 복종할 것이라는 기대를 일깨워주었다(참조. Kistemaker, *Psalm Citations*, 103-4).

신약성경에서 시편 8편은 거의 불가피하게 시편 110:1과 관련하여 인용되었다

(고전 15:25-27; 엡 1:20-22; 참조. 빌 3:21; 벧전 3:22). 만물이 발등상에 복종할 것을 언급하는 두 구약 성경 본문을 연합한 배열은 그리스도인 저자들이 의존했던 공통된 주해적 전승에 대한 증거를 제공한다. 히브리서에서 시편 8:5-7의 인용은 서로 상관함이 없이 시편 110:1(1:13)의 인용에 뒤이어 나온다(참조. Lindars, *New Testament Apologetic*, 50-51, 168-69; Loader, *NTS* 24[1977-78] 209- 13). 그 인용은 고대헬라역본(Old Greek version)임을 확인해주지만, "주의 손으로 만드신 것을 다스리게 하시고"(시 8:7a[MT 6a])라는 절은 생략되어 있다.

저자가 인용의 두 번째 소절에서 사람의 아들 또는 두 번째 아담으로서 예수에 대한 언급을 발견했다는 것은 공통된 주장을 갖는다. 저자로 하여금 시편 8편을 분명한 기독론적 의미로 다루게 한 것은 사실상 본문의 이런 부분이다(참조. Cullmann, *Christology*, 188; F. F. Bruce, 35-36; Buchanan, 38-51; Giles, *ExpTim* 86[1974-75] 328-32; 등등). 그러나 복음서에서 예수가 자기 자신을 지칭했던 칭호는 단일하게 관사가 있는 표현인 호 휘오스 투 안드로푸(*ὁ υἱὸς τοῦ ἀνθρώπου*, "사람의 아들")이다. 유일한 예외는 요한복음 5:27인데, 거기서 관사가 없는 것은 분명히 다니엘 7:13(70인경)에 대한 암시로부터 기인했다. 휘오스 안드로푸(*υἱὸς ἀνθρώπου*)가 시편 8편에서 무관사라는 사실은 히브리서의 저자가 그 지칭에서 기독론적인 칭호를 발견하지 않았다는 전제를 지지해준다. 그는 시편 8:5을 인용하지만, 대표라는 의미에서 예수가 인류를 위해 예비된 소명을 이루었음을 강조하기를 원했기 때문이다. 그는 안드로포스(*ἄνθρωπος*, "사람", "인류")와 휘오스 안드로푸(*υἱὸς ἀνθρώπου*, "사람의 아들", "죽을 운명의")라는 병행적인 표현이 완벽하게 동의어를 이루고 있으며, 그런 사실의 측면에서 해석되어야 한다는 것을 이해했다. 저자는 본문에 자신의 해석을 적용할 때, 인용의 최초 소절에 관심을 보이지 않고, 다만 자기 자신을 시편 8:6-7에만 한정한다. 시편 8편의 인용을 이휘에서 복음서의 인자 기독론에 함축된 언급을 발견함이 없이 곧바로 예수에게 적용했다(또한 F. H. Borsch, *The Son of Man in Myth and History*[Philadelphia: Westminster Press, 1967] 237-38; Grässer, "Beobachtungen," 409-14; Coppens, *ETL* 52[1976] 324-29을 보라).

시편 8:5(=시 8:6 70인경)의 히브리 본문의 의미는 모호하다; 히브리 구절의 근본은 "하나님보다 낮은"(RSV) 또는 "천상의 존재보다 낮은"(NIV)을 의미할 수 있었다. 헬라어 번역자들은 그것을 천사들로(*παρ' ἀγγέλους* – 파라 앙겔루스) 명시적으로 언급함으로써 그 모호함을 해결하였고, 이 해석은 탈굼(*Targum*)에서도 발견된다. 천사들보다 거룩한 아들의 비교할 수 없는 우월성을 유지하려면, 본문의 이런 요소는 해석을 요했다.

8b-9 인용한 성경본문에 대한 저자의 해설은 그의 관심의 요지를 정확히 암시한다. 그것은 후렴에서 인류의 장엄한 운명의 기획이다: "만물을 그 발 아래 복종케 하셨느니라"(8a절). 그는 이 주제를 취하여 이중부정어에 호소함으로써 이 용어의 절대성을 강조한다: 만물(τὰ πάντα – 타 판타)을 복종케 함으로써 하나님은 그의 조정을 받지 않는(ἀνυπότακτον – 아누포탁톤, 8b절) 것이 아무것도 없게 하셨다(οὐδέν – 우덴). 부정어 실명사인 우덴(οὐδέν)을 부정어 부사인 아누포탁톤(ἀνυπότακτον)으로 보충한 의미는 창조의 영역에 속한 모든 것을 포괄하는 "만물"이라는 집합적 표현을 강조하기 위해서다(Kistemaker, *Psalm Citations*, 103-4). 5절에서 "그가 복종했다"라는 휘페탁센(ὑπέταξεν)의 이전 사용은 "복종케 하셨은즉"(ἐν τῷ γὰρ ὑποτάξαι – 엔 토 가르 휘포탁사이)과 8b절의 "복종치 않은"(ἀνυπότακτον – 아누포탁톤)이라는 표현을 준비했는데, 그것은 5절이 시작했던 사상을 재개한다. "만물"의 복종은 궁극적으로 "장차 올 세상"과 관련한 것이다.

물론 인간의 경험은 8b절에서 진술의 광범위함을 비웃을 것이며, 저자는 즉시 "지금 우리가 만물이 아직(οὔπω – 우토) 저에게 복종한 것을 보지 못하고"를 덧붙인다. 우토(οὔπω)라는 시간적인 표현은 중요하다. 그것은 저자가 그 인용에서 궁극적으로 성취될 예언을 발견하였음을 가리키기 때문이다. 저자는 시편 8:7b을 법적인 선포, 즉 아직은 연기된 실제로 간주한다(참조. Michel, 71; Kistemaker, *Psalm Citations*, 104-5). 현재 사건의 미완성 상태에 대한 인식이 그로 하여금 약속된 복종이 일반적으로 인간(8절)에 대한 것이 아니라 하나님의 "만유의 후사"(κληρονόμον πάντων – 클레로노몬 판톤, 1:2)로 임명하신 예수(9절)에 대한 언급임을 알게 한다.

이런 이해는 9절에서 명시적이 되는데, 그 구절에서 저자가 히브리 텍스트의 동의어적인 병행을 언급함이 없이 시편 8:6의 두 소절을 해석했음이 분명하다. 시편 기자의 관점으로부터 천상의 존재보다 "못하게 하신" 것이 "영광과 존귀로 관 쓰게" 되었다. 하지만 저자에게서 병행의 두 구성은 주님의 생애의 두 국면을 표현했다. 그는 첫 번째 소절은 예수의 일시적인 비하와 관련되는 반면에 두 번째 소절은 뒤이은 승귀와 영광을 언급한다고 설명한다. 본문의 이런 기독론적인 독법은 뒤이어지는 병행의 첫 구성원(시 8:7a)의 생략을 책임진다.

저자에 의해 재현된 세 소절들은 믿음의 고백을 형성하는데, 그것은 구속의 드라마의 세 연속된 시간을 기념한다. 즉 성육신, 승귀, 그리고 예수의 마지막 승리. 첫 번째 것은 과거를 담고 있고, 두 번째 것은 현재를 세 번째 것은 미래를 담고 있다. 원래의 셈 계통의 병행에서 멀어진 것은 그 인용의 독특한 신앙고백적 이해를 나타낸다(Linton, *Le Parallelismus Membrorum*, 495-96; 참조. Delling, *TDNT* 8:42). 9절에서 이것은 어떤 빛을 던져주는가? 다음의 대답들을 제시할 수 있을 것이다.

(1) 예수 안에서 우리는 인간의 참된 소명이 나타났음을 알 수 있다. 특별한 방식으로 예수는 모든 창조물들을 위한 하나님의 계획을 이루시고, 시편 8편에 따른 모든 인류를 위해 항상 의도되었던 것을 보여주신다. 그는 지극한 영광과 주권을 회복하신 분이시다. 그의 낮아지심과 높아지심의 경험은 시편 8:7에서 계시되고 시편 110:1에서 약속된 만유의 절대적인 복종이 이루어질 것임을 보증한다.

(2) "천사보다 못하게 하신"이라는 예수의 비하에 근거하여 그의 우월성을 반대하는 것은 견지될 수 없다. 그가 순종하신 비하는 오직 잠정적이다. 그것은 "잠깐 동안"만 지속되었고, 이미 높아지신 영광으로 바뀌었다. 이와 관련해서 8:6b의 소절이 9절에서 반복될 때, "잠깐 동안"(*βραχύ τι* - 브라쿠 티)이라는 표현이 어순이 바뀌어 강조적인 위치로 나오는 것을 주목하는 것이 중요하다.

7절 엘라토사스 아우톤 브라쿠 티 파르 앙겔루스(*ἠλάττωσας αὐτὸν βραχύ τι παρ' ἀγγέλους*)
"저를 잠간 동안 천사보다 못하게 하시며"
9절 브라쿠 티 파르 앙겔루스 엘라토메논(*βραχύ τι παρ' ἀγγέλους ἠλαττωμένον*)
"잠간 동안 천사들보다 못하게 하심을 입은 자"

이런 변화로 강조가 구속의 성취에 필요했던 비하의 순간적인 특징에 맞추어진다(참조. Kistemaker, *Psalm Citations*, 105-6).

(3) 저자가 예수의 인간 되심과 죽음에 초점을 맞춤에 적합한 것으로서 연설에서 처음으로 고유한 이름인 예수를 도입할 때, 그는 그 이름을 그 절과 농격어구에서 뒷부분에 위치시킨다(톤 데… 블레포멘 예숨[*τὸν δὲ… βλέπομεν Ἰησοῦν*]). 특이한 어순은 관심을 불러일으킬 것을 의도하였다. 그것은 강조일 뿐만 아니라 놀람의 요소를 전달한다(즉 우리는 잠깐 동안 천사들보다 낮아지신 분 – 예수 – 이 우리를 위해서 승리적으로 죽음을 다루실 것을 안다!). 일곱 개의 다른 경우에 저자는 고유한 이름을 도입하는데, 각각의 경우에 문장의 말미에 그것을 둔 것은 커다란 강조를 부여한다(3:1; 6:20; 7:22; 10:19; 12:2, 24; 13:20). 신약성경의 다른 저

자에게서 이에 상응하는 경우는 없다(Westcott, 33; Grässer, "Beobachtungen," 409).

(4) 인간의 상태로 낮아지신 예수의 목적은 호포스(ὅπως-) 절에 의해 표현된다. 즉 그는 "모든 사람을 위하여"(*ὑπὲρ παντός*-휘페르 판토스, 9d절) 죽음을 맛보셨다. 9절의 네 절들은 사상에서 교차법을 표현하는데, 첫 번째 절("천사들보다 못하게 되신")은 네 번째 절에서 그것의 완성을 발견하게 된다. 인간과 같이 되시고 죽음에 노출되신 예수의 복종은 구속의 사역에 필요했다. "죽음을 맛보셨다"는 표현은 셈어적이다. 그것이 구약성경에서는 발견되지 않을지라도, 랍비 문헌에서 자주 나온다(예. *Gen. Rab.* to 1:31; 3:22; *b. Yoma* 78b). 팔레스타인 오경 탈굼(Palestinian Pentateuch Targumargum)의 완전한 교정본인 코덱스 네오피티(Codex Neofiti I)에서 "죽음의 잔을 맛보신"이라는 완전한 셈계통의 표현인 두 예증이 있다(신 32:1; 참조. R. le Déaut, "Goûter le calice de la mort," *Bib* 43[1962] 82-86).

저자는 예수가 다른 사람들을 위해 당하신 십자가의 지독한 죽음의 엄청난 실제를 암시하기 위해 셈계통의 표현을 사용하고 있다. 이것이 "하나님의 은혜로 말미암아"(*χάριτι θεοῦ*-카리티 데우) 일어났다는 것은 하나님의 은혜로운 성향을 보여준다. 하나님은 인간의 실패를 구속자를 보내심으로 그들의 운명을 바꾸어놓으셨다. 구속자의 죽음으로 말미암아 많은 사람들이 아들됨과 영광의 경험으로 인도함을 받게 되었다(10절; 참조 12:15).

(5) 헬라어 문장의 중간에 강조적인 위치에 있는 두 절들은 역시 사상의 연쇄를 표현한다: 예수가 죽음을 당하셨기 때문에 영광과 존귀로 관을 쓰셨다. 저자가 예수의 죽음에 관해 말할 때마다. 그는 동사 파스케인(*πάσχειν*, "고난 받다")과 그것의 파생어들을 사용한다. "죽음을 맛보다"(*γεύσηται θανάτου*-규세타이 다나투)라는 동의어적인 표현이 암시하는 것처럼, "죽음의 고난 받으심을 인하여"(*διὰ το πάθημα τοῦ θανάτου*-디아 토 파데마 투 다나투)라는 절에서, 그 언급은 죽음에 속하는 고난을 말한다. 이것은 연설에서 예수의 죽음에 관한 첫 번째 명시적인 언급이며, 동의어 반복의 의미(히브리서에서 파스케인[*πάσχειν*]이 "죽다"라는 의미를 보유하고 있기 때문에)는 그것에 특별한 강조를 주는 것이다(참조. Michaelis, *TDNT* 5:917, 934-35). 영광과 존귀로 관 쓰셨다는 것은 예수가 고난 당하신 죽음의 직접적인 결과였다(12:2).

이런 이해는 저자가 시편 8:6의 확언을 읽는 독특한 방식에서 나온 것이다. "영광과 존귀로"(δόξῃ καὶ τιμῇ – 독세 카이 티메)라는 표현은 제사장으로의 아론의 서임을 상기시키는데, 그때에 하나님은 아론을 "영화롭고 아름답게"(70인경 출 28:2, 40) 하셨다. 예수가 영광과 존귀로 관 쓰셨다는 진술에서 그의 대제사장에 관한 또 다른 예기(豫期)를 발견하는 것이 적절한데, 그것은 2:17-18까지는 공식적으로 도입되지 않는다(참조. Michel, 71, n. 3; Strathmann, 84).

해설

해석을 재개함에 있어서 저자는 독자들에게 예수가 인간과 같이 되신 것을 묵상하게 한다. 초월적인 하나님의 아들은 인간의 조건을 입으셨는데, 인간을 위해 하나님이 계획하신 영광스러운 뜻을 이루시기 위해서 몸소 죽음에 처하심으로 그리 하셨다. 그 계획은 시편 8편을 알려주는데, 그것은 인간존재의 피조됨과 복종을 인급하고 있지만, 역시 영광과 존귀 그리고 그들을 창조하신 우주적인 권위에 관한 것을 언급하고 있다. 불행하게도 하나님의 뜻에 의해 함축된 약속은 자연에 대한 인간의 제한된 지배 속에서는 쉽게 성취되지 않았다. 세상에서 죄와 죽음으로 말미암아 실제로 그것은 좌절되고 실패로 나타났다. 그럼에도 불구하고, 그것은 예수에 의해 보증되었다. 그는 구속의 성취를 통해 시편기자의 비전을 실제로 가져오기 위하여 온전한 인간의 상태를 취하셨다.

구약성경의 가르침에는 인류에 관한 심오한 예견의 논조가 있다. 시편기자의 말은 미래를 내다보고 있고 그 미래는 예수의 인격과 사역과 밀접하게 연관되어 있다. 잠깐 동안 "천사보다 못하게 되신" 예수의 겸손은 비하와 치욕이 승귀에 필요한 전주적인 사건의 연쇄를 작동하였다. 제사장적인 영광과 존귀로의 그의 대관과 서임은 죄와 사망의 권세를 분쇄했고, 계획된 영광의 온전한 실현으로 인간이 인도함을 받을 것이라는 확신을 세공한다. 예수 안에서 청자들은 하나님이 그들을 위해 계획하신 장엄한 운명에 들이길 수 있는 서약을 발견하게 된다.

E. 인간과 아들의 유대(2:10-18)

참고문헌

Andriessen, P. "La teneur judéo-chrétienne de Hé: I 6 et II 14b III 2." *NovT* 18(1976) 293-313. **Attridge, H. W.** "New Covenant Christology in an Early Christian Homily." *QuartRev* 8(1988) 89-108. **Ballarini, T.** "ARCHEGOS(Atti 3,15; 5,31; Ebr. 2, 10; 12, 2): autore o condottiero?" *SacDoc* 16(1971) 535-51. **Bonus, A.** "Heb. II.16 in the Peshitta Syriac Version." *ExpTim* 33(1921-22) 234-36. **Carlston, C. E.** "The Vocabulary of Perfection in Philo and Hebrews." In *Unity and Diversity in New Testament Theology.* FS G. E. Ladd. ed. R. A. Guelich. Grand Rapids: Eerdmans, 1978. 133-60. **Clarkson, M. E.** "The Antecedents of the High-Priest Theme in Hebrews." *ATR* 29(1947) 89-95. **Dhôtel, J. C.** "La 'sanctification' du Christ d'après Hébreux II, 11." *RSR* 47(1959) 515-43; 48(1960) 420-52. **Doormann, E.** "'Deinen Namen will ich meinen Brüdern verkünden'(Hebr 2, 11-13)." *BibLeb* 14(1973) 245-52. **Dukes, J.** "The Humanity of Jesus in Hebrews." *ThEduc* 32(1985) 38-45. **Dunkel, F.** "Expiation et Jour des expiations dans l'Épître aux Hébreux." *RevRéf* 33(1982) 63-71. **Dussaut, L.** *Synopse structurelle de l'Épître aux Hébreux.* 26-32. **Dyck, T. L.** "Jesus Our Pioneer." 3-59. **Frede, H. J.** "Der Text des Hebräerbriefs bei Liudprand von Cremona." *RBén*; 96(1986) 94-99. **Grogan, G. W.** "Christ and His People: An Exegetical and Theological Study of Hebrews 2:5-18." *VoxEv* 6(1969) 54-71. **Hickling, C. J. A.** "John and Hebrews: The Background of Hebrews 2:10-18." *NTS* 29(1983) 112-16. **Horbury, W.** "The Aaronic Priesthood in the Epistle to the Hebrews." *JSNT* 19(1983) 43-71. **Hurst, L. D.** "The Christology of Hebrews 1 and 2." In *The Glory of Christ in the New Testament.* FS G. B. Caird. ed. L. D. Hurst and N. T. Wright. Oxford: Clarendon Press, 1987. 151-64. **Knauer, P.** "Erbsünde als Todesverfallenheit: Eine Deutung von Rom 5,12 aus dem Vergleich mit Hebr 2,14f." *TGl* 58(1968) 153-58. **Knox, W. L.** "The Divine Hero Christology of the New Testament." *HTR* 41(1948) 229-49. **Kögel, J.** *Der Sohn und die Söhne: Eine exegetische Studie zu Hebräer 2:5-18.* Gütersloh: Bertelsmann, 1904. **Kouto, J. K. M.** "Humanité et autorité du Christ-PreÆtre: Une approche exégético-théologique de Hé. 2, 5-18; 3, 1-6 et 4, 15-5, 10." Dissertation, Pont. Univ. Urbaniana, Rome, 1985. **Laub, F.** *Bekenntnis und Auslegung*. 66-104. **Longman, T.** "The Divine Warrior: The New Testament Use of an Old Testament Motif." *WTJ* 44(1982) 290-307. **McPheeters, W. M.** "The Testing of Jesus." *BibRev* 4(1919) 517-36. **Miller, D. G.** "Why God Became Man: From Text to Sermon on Hebrews 2:5-18." *Int* 23(1960) 3-19. **Minear, P. S.** *New Testament Apocalyptic*. 126-34. **Müller, P. G.** *ΧΡΙΣΤΟΣ ΑΡΧΗΓΟΣ: Der religionsgeschichtliche und theologische Hintergrund einer neutestamentlichen Christusprädikation*. Bern: Lang, 1973. **Parsons, M. C.** "Son and High Priest: A Study in the Christology of Hebrews." *EvQ* 60(1988) 195-215. **Plessis, P. J. du.** *ΤΕΛΕΙΟΣ: The Idea of Perfection in the New Testament*. Kampen: Kok, 1959. **Roloff, J.** "Der mitleidende Hohepriester: Zur Frage nach der Bedeutung des irdischen Jesus für die Christologie des Hebräerbriefes." In *Jesus Christus in Historie und Theologie*. FS H.Conzelmann. ed. G. Strecker. Tübingen: Mohr, 1975. 143-66. **Scott,J. J.** "*Archēgos* in the Salvation History of the Epistle to the Hebrews." *JETS* 29(1986) 47-54. **Seeberg, A.** "Zur Auslegung von Hebr. 2:5-18." *NJDT* 3(1894) 435-61. **Silva, M.** "Perfection and Eschatology in Hebrews." *WTJ* 39(1976) 60-71. **Simpson, E. K.** "The Vocabulary of the Epistle to the Hebrews. I." *EvQ* 18(1946) 35-38. **Tascon, V.** "Jesucristo, sacerdote misericordioso y fiel." *CTom* 100(1973) 139-90. **Tetley, J.** "The Priesthood of Christ in Hebrews." *Anvil* 5(1988) 195-206. **Übelacker, W. G.** *Der Hebräerbrief als Appell: Untersuchungen zu* exordium, narratip *und* postscriptum*(Hebr 1-2 und 13,22-25)*. Stockholm: Almqvist & Wiksell, 1989. 163-85, 190-96. **Vanhoye, A.** "Le Christ, grand-prêtre selon Héb. 2, 17-18." *NRT* 91(1969) 449-74. ______. *Exegesis Epistulae ad Hebraeos Cap. I II.* Rome: Pontifical Biblical Institute, 1968. 174-217. ______. *Situation du Christ: Hébreux 1 2.* Paris: Cerf, 1969. 305-87. **Vernet, J. M.** "Cristo, él que abre el camino." *Sal* 47(1985) 419-31 **Wikgren, A.** "Patterns of Perfection in the Epistle to the Hebrews." *NTS* 6(1960) 159-67. **Woschitz, K. M.** "Das Priestertum Jesu Christi nach dem Hebräerbrief." *BLit* 54(1981) 139-50.

본 문

10 만물이 인하고 만물이 말미암은 자에게는 많
은 아들을 이끌어 영광에 들어가게 하시는 일에

10 In bringing[a] many sons to glory, it was appro-
priate that God, for whom and through whom[b]

저희 구원의 주를 고난으로 말미암아 온전케 하심이 합당하도다	everything exists, should make the champion who secured their salvation[c] perfect through suffering.
11 거룩하게 하시는 자와 거룩하게 함을 입은 자들이 다 하나에서 난지라 그러므로 형제라 부르시기를 부끄러워 아니하시고	11 For the one who consecrates human beings and those whom he consecrates are all of one origin. That is why Jesus does not blush to call them his brothers,
12 이르시되 내가 주의 이름을 내 형제들에게 선포하고 내가 주를 교회 중에서 찬송하리라 하셨으며	12 when he says, "I will declare your name to my brothers; in the presence of the congregation I will praise you."
13 또 다시 내가 그를 의지하리라 하시고 또 다시 볼지어다 나와 및 하나님께서 내게 주신 자녀라 하셨으니	13 He also says, "I will trust him"; and furthermore, "Here am I and the children whom God has given me."
14 자녀들은 혈육에 함께 속하였으매 그도 또한 한 모양으로 혈육에 함께 속하심은 사망으로 말미암아 사망의 세력을 잡은 자 곧 마귀를 없이 하시며	14 Since the children share a mortal human nature,[d] he too shared in their humanity so that by his death he might break the power of the one who holds the power of death (that is, the devil)
15 또 죽기를 무서워하므로 일생에 매여 종노릇 하는 모든 자들을 놓아주려 하심이니	15 and liberate those who all their lives were held in slavery by their fear of death.
16 이는 실로 천사들을 붙들어 주려 하심이 아니요 오직 아브라함의 자손을 붙들어 주려 하심이라	16 (For of course[e] it is not angels that he takes hold to help,[f] but Abraham's descendants.)
17 그러므로 저가 범사에 형제들과 같이 되심이 마땅하도다 이는 하나님의 일에 자비하고 충성된 대제사장이 되어 백성의 죄를 구속하려 하심이라	17 This means that it was essential[g] for him to be made like these brothers of his in every respect, in order that he might become a merciful and faithful high priest in the service of God,[h] to make propitiation with regard to the sins of the people.[i]
18 자기가 시험을 받아 고난을 당하셨은즉 시험받는 자들을 능히 도우시느니라	18 Because[j] he himself suffered death, having been put to the test,[k] he is able to help those who are being tested.

원문주해

a. 분사 아가곤타(ἀγαγόντα)와 부정사 텔레이오사이(τελειῶσαι, 즉 온전케 하시는 하나님)의 표현되지 않은 주어와의 일치 그리고 "그리스도의 사역과 연합으로서의 인류를 위한 그것의 결과를 그리고 있는" 이전의 부정과거로서의 시제에 관한 해석에 대해서는 P. E. Hughes, "Note on the Significance of the Participle ajgagovnta (2:10)," *Commentary*, 101-2을 보라.

b. 원인(δι' ὅν–디 혼)과 대리(δι' οὗ–디 후)의 개념은 사례에 따라 온전하게 구분된다. 참조. TEV: "만유를 창조하시고 보존하시는 하나님."

c. 번역의 근거는 10절의 주석에서 제시된다.

d. 사륵스 카이 아미마(σὰρξ καὶ αἷμα)라는 어구는 "개인이든 종족이든간에, 그의 피조됨으로 하나님과 구분되는 인간을 위해 형성된 유대적(구약성경은 아닐지라도) 용어"다(Behm, *TDNT* 1:172). 그 문맥은 "죽을 인간의 본성"이란 번역을 정당화한다(참조. BAGD 22, 743-44). 어구의 역(αἵματος καὶ σαρκός – 아히마토스 카이 사르코스)이 다른 곳에서 증거된다(Philo, *Who Is the Heir of Divine Things* 57; 신약에서는 엡 6:12; Justin, *Apology* 66.2; *Dialogue* 135.6).

e. 신약성경에서 오직 여기서만 나타나는 고전적인 불변화사인 데푸(δήπου)는 청중들에 의해 공유된 정보의 호소를 특징짓는다(BDF §441[3]). 전체의 진술은 본질상 삽입구적이다.

f. 에피람바네타이(ἐπιλαμβάνεται)의 의미는 논쟁이 되어진다. 70인경에서 그 동사는 사람들을 돕기 위해 그들의 손을 잡으시는 하나님에 관해 사용되어지는 반면에(렘 38[MT 31]:32, "내가 그들의 열조의 손을 잡고 애굽땅에서 인도하여 내던"[ἐπιλαβομένου μου τῆς χειρὸς αὐτῶν – 에피람보메누 무 테스 케이로스 아우톤], 히 8:9에서 인용됨), 도움을 위해 붙드는 사상은 Sir 4:11("지혜는 지혜를 찾는 사람들에게 그 아들을 높이고, 도움(ἐπιλαμβάνεται – 에피람마네타이)을 준다")에서 분명하다. 16절에서 에피람바네타이(ἐπιλαμβάνεται)의 반복은 대조적인 대구를 강화하는 효과를 준다(BDF §491). 그러나 번역에서 대조 악절(樂節)을 반영하는 것은 성가신 일이 될 것이다.

g. 미완료 동사인 오페일렌(ὤφειλεν)은 과거의 의무를 표현하는데 사용된다(참조. Moulton, *Grammar*, 3:90-91).

h. 타 프로스 톤 데온(τὰ πρὸς τὸν θεόν)이라는 어구는 고전적인 용법에서 자주 있었던 목적 대격의 예증을 제공하지만, 코이네에서 거의 전적으로 여격으로 대치되었다(BDF §160; Moule, *Idiom-Book*, 33).

i. 부정사와 함께 있는 에이스 토(εἰς τό)는 목적을 표현하는데 사용된다(참조. Burton, *Moods*, 409). 일라스케스다이(ἱλάσκεσθαι)를 "구속하다"로 번역하는 것과 타스 하마르티아스(τὰς ἁμαρτίας)를 목적 대격으로 이해하는 것에 관해서는 Morris, *Apostolic Preaching*, 174-77을 보라.

j. 엔 호(ἐν ᾧ)의 의미는 원인적이다(참조. Zerwick, *Biblical Greek*, 119; BAGD 261 [IV 6d]).

k. 시험과 고통과의 관계는 논쟁이 되어진다. 예를 들어, 부르톤(Burton)은 페이라스테이스(πειρασθείς)를 수단의 부사적 분사로 사용하여 "그가 시험을 받음으로 고통했다"로 번역했다(*Moods*, 433). 그러나 문맥(그것은 죽음의 두려움에 관해 언급된다, 5절), 히브리서의 "죽음의 고난"에서 파스코(πάσχω)의 특별한 의미(2:9의 주석을 보라), 그리고 죽음의 고난과 시험간의 유사한 관계를 고려하는 것이 필요하다. 참조. Michaelis,

TDNT 5:917: "2:18에서 페이폰덴 페이라스데이스(*πέπονθεν πειρασθείς*)는 예수의 죽음을 독점적으로 언급한다."

양식/구조/배경

이 단락에서 저자는 그의 연설의 첫 번째 주요한 항목을 결론짓고, 3:1-5:10에서 전개되는 새로운 단위의 사상을 준비한다. 2:5-9과의 연관은 9절과 10절 사이에 일련의 상응하는 것들에 의해 확고하게 구축되어 있다. 연결어로서 9절의 데오스(*θεός*, "하나님")를 반복하는 대신에, 저자는 10절에 확대된 완곡한 표현으로 그것을 대치한다. "만물이 인하고 만물이 말미암은 자에게는"(*ἔπρεπεν γὰρ αὐτῷ δι' ὃν τὰ πάντα καὶ δι' οὗ τὰ πάντα*–에프레펜 가르 아우토 디 혼 타 판타 카이 디 우 타 판타)는 이전 구절의 "하나님의 은혜로 말미암아"(*χάριτι θεοῦ*–카리티 데우)에 상응한다. 9절의 일반적인 "모든 사람"(*παντός*–판토스)이 "많은 아들"(*πολλοὺς υἱούς*–폴루스 휘우스) 어구로 더 정확하게 표현된다. "많은 아들을 이끌어 영광에 들어가게 하시는"(*εἰς δόξαν*–에이스 독산) 표현은 시편 8:6b의 독사(*δόξα*-, "영광")에 대한 언급으로 분명히 암시된다.

마지막으로 9절에서 "죽음의 고난"(*τὸ πάθημα τοῦ θανάτου*–토 파데마 투 다나투)과 "죽음을 맛보려 하심이라"(*γεύσηται θανάτου*–규세타이 다나투)는 10절에서 "고난으로 말미암아 온전케 하심이"(*διὰ παθημάτων τελειῶσαι*–디아 파데마톤 텔레이오사이)라는 표현에서 또 다른 형태로 반복된다. 이런 언어적이고 개념적인 일치는 뒤이어지는 단락에서 저자가 시편 8편에 근거하여 언급을 취하여 확대할 것임을 청중들에게 경각시킨다(참조. Vanhoye, *La structure*, 79).

이전 단락에서처럼 2:10-18은 훈계적인 미드라쉬의 형태를 가정한다. 그 해석은 세 개의 성경을 인용하고 발전시킨 것에 의존한다. 예수가 다른 이들을 자신의 형제라고 부르고 있는 진술(아델푸스[*ἀδελφούς*], 11절)은 첫 번째 인용에서 나오며, 그것은 "내 형제들"(토이스 아델포이스 무[*τοῖς ἀδελφοῖς μου*], 12절)이라는 중요한 표현을 담고 있다. 그 인용은 예수가 "형제들과 같이"(*τοῖς ἀδελφοῖς*–토이스 아델포이스) 되셨다는 것이 핵심인 17절에서의 진술도 준비하고 있다.

두 번째 인용에서 도입된 신뢰의 논조("내가 그를 의지하리라", *ἐγὼ ἔσομαι πεποιθὼς ἐπ' αὐτῷ*–에고 에소마이 페포이도스 에프 아우토)는 17절에서 신뢰할(*πιστός*–피스토스) 분으로서 예수에 관한 묘사를 준비한다. 그 구절에서 문맥은 예수가 하나님의 부르심에 응답하여 신뢰할 만하였다는 것을 형성한다(참조. 3:1-6).

세 번째 인용에서 주요한 용어는 "자녀"(τὰ παιδία – 타 파이디아, 13b절)인데, 그것은 14-15절에서 의미심장한 진술로 즉시 취해진다("자녀들은[τὰ παιδία – 타 파이디아] 혈육에 함께 속하였으매"). 인용과 해석의 형태는 훈계적인 미드라쉬의 특징을 갖고 있고, 여기서 예수가 인간과 같이 되셨음을 강조한다.

단위의 구조는 불변화사들의 풍부한 사용에 의해 충분히 감지된다. 이전 단락과의 연관은 10절의 등위접속사 가르(γάρ)에 의해 구축되는데, 그것은 하나님의 아들과 하나님에 의해 기업을 받는 아들들간의 유대를 함축하는 진술을 도입한다(참조. 톤 아르케곤 테스 소테리아스 아우톤[τὸν ἀρχηγὸν τῆς σωτηρίας αὐτῶν], "저희 구원의 주를"). 10절에서 함축된 것이 11절에서 명시적이 된다. 인간을 하나님에게 성별시킨 아들과 성별되어진 자녀들은 한 기원을 갖는다(ἐξ ἑνὸς πάντες – 엑스 에노스 판테스). 아들과 아들들이 된 사람들간의 연합은 12절과 13절의 인용에서 예증을 찾는 반면에 이런 유대의 의미는 14-18절에서 상술된다. 그 해석은 불변화사들인 에피 운(ἐπεὶ οὖν, "고로 때문에", 14절), 가르 데투(γὰρ δήπου, "이는 실로", 16절), 추론적인 호덴(ὅθεν, "그러므로"), 그리고 청중들을 위한 전개의 관계를 요약하는 엔 호 가르(ἐν ᾧ γάρ, "때문에", 18절)로 서로 연계를 갖는다.

이런 배경 내에서 14-15절의 미사여구 문장은 예술적인 산문의 예증을 제공하고, 저자는 단일한 한 문장에서 병행과 동심원적인 대칭을 사용한다.

A 자녀들은
　B 혈육에 함께 속하였으매
A′ 그도 또한
　B′ 한 모양으로 혈육에 함께 속하심은
} 병행구조

C 사망으로 말미암아
　D 곧 마귀를 없이 하시며
　D′ 사망의 세력을 잡은 자
　　(한글개역은 D와 D′가 바뀌어 나온다)
C′ 또 죽기를 무서워하므로
} 동심원적인 대칭

리듬의 규칙이 삽입적인 코멘트 즉 "곧 마귀"에 의해 순간적으로 깨지지만, 곧바로 재개된다.

E 일생에 매여
F 종노릇하는 :
F′ 모든 자들을
E′ 놓아주려 하심이니

} 동심원적인 대칭

병행 대칭은 "자녀들"이 된 사람들과 아들(성자)간의 유사성을 강조하는 반면에, 동심원적인 대칭은 먼저 아들과 마귀간의 대조를 그 다음에 자유와 노예간의 대조를 발전시킨다(Vanhoye, *La structure*, 80). 대칭에 대한 관심은 그 환경이 문어에 대한 의존을 요구할 때, 구어의 효력을 추구하는 수사적 상황을 반영한다. 이것은 저자가 대화적인 자세를 전제하고 청자들을 위한 어구를 반복할 때인 16절에서도 역시 분명하다.

이는 실로 천사들을 붙들어 주려(*ἐπιλαμβάνεται* – 에필람바네타이) 하심이 아니요 오직 아브라함의 자손을 붙들어 주려(*ἐπιλαμβάνεται* – 에피람바네타이) 하심이라.

대조적인 대구의 형태로 진술함으로써, 나아가서 마지막 단어의 확립으로 대구를 강화함으로써(즉, 대조 악절[樂節]), 저자는 청자들의 관심을 사로잡을 수 있음을 확신할 수 있었다(참조. Turner, *Grammar*, 4:107).

1:14에 표현된 주제, 즉 천사들에 대한 아들의 비교할 수 없는 우월성에 관한 주제가 1:5-2:16에서 발전된다. 2:17-18의 기능은 아주 복합적이다. 그것은 추론적인 호덴(*ὅθεν*, "그러므로")에서 분명한데, 이 구절들은 첫 번째 사상의 주요 단위를 결론으로 가져오는 것을 돕는다. 그것들은 저자가 처음부터 만들기를 원했던 요지를 의미심장한 서술로 축소한다. 하지만 그것은 3:1-5:10에서 전개되는 주제도 역시 선언한다. 인간과 아들의 유대에 관한 목적은 그가 "하나님의 일에 자비하고 충성된 대제사장이 되"는 것이었다(17절). 특징적인 형태로 이 내용들이 연설의 다음 단위에서 역순으로 취해진다.

저자는 3:1-4:14에서 하나님에 대한 예수의 충성과 청중들을 위한 그것의 의미에 관심을 집중하는 반면에, 4:15-5:10에서 하나님의 일에 대제사장으로서의 그의 긍휼을 전개한다(참조. Vanhoye, *La structure*, 39-42, 81-83). 2:17-18에서 남아있는 절들은 사람들의 죄에 대한 속죄(참조. 9:1-10:18)와 심각하게 시험을 받고 있는 사람들에 대한 도움의 확장(참조. 10:19-13:6; 참조. Kistemaker, *Psalm Citations*, 101)을 언급함으로써 연설의 충분한 진의를 예기(豫期)한다.

2:1-4의 권면적인 항목에서 청중들이 자신들의 정박지에서 이탈한 경향을 보여

주고 있으며, 심지어 그들이 받았던 기독교 메시지에 대하여 심각할 정도로 관심의 부족을 보이고 있음이 분명하다. 그러나 그 지점에서는 왜 그들이 헌신에 혼란을 보이고 있는지를 가리키지 않았다. 처음으로 예수에 대한 충성은 대가를 요구하고 있다는 강력한 암시가 나타난다. 그것이 청중들을 시험에 노출시켰다(18절). 그 공동체는 죽음의 두려움에 이르게 할 정도로 심각한 환경에 처해 있었다(14절). 그러한 용어를 보증하는 세부적인 것들이 구체적이지는 않지만, 연설이 전개됨에 따라 회중들 내에서 믿음의 위기에 봉착케 만드는 상황에 대한 더 명확한 암시가 있게 될 것이다.

예수를 "용사"(한글개역 "주", champion, ἀρχηγός – 아르케고스, 10절)와 "대제사장"(ἀρχιερεύς – 아르키에류스, 17절)으로 제시함은 대단히 의미가 있는데, 기독론적인 칭호들이 연설이 이루어진 상황의 민감한 부분을 반영하는 것으로 추정할 수 있기 때문이다. 인접한 문맥에서 세공한 관점으로부터 이 칭호들을 해석하는 것이 필요하다. 그것은 또한 연설의 역사적 배경과 독자들의 상황에 대하여 어느 정도 빛을 던져주고 있음을 예기(豫期)할 수 있다.

주석

"합당하도다"(ἔπρεπεν γὰρ αὐτῷ – 에프레펜 가르 아우토). 저자의 의도는 9절의 마지막 절 그리고 특히 "하나님의 은혜로 말미암아"라는 표현에 관한 언급을 제공하기를 원했다. 도입적인 구절은 에프레펜 가르 아우토(ἔπρεπεν γὰρ αὐτῷ)는 예수가 "하나님의 은혜로"(χάριτι θεοῦ, – 카리티 데우) 다른 사람들을 위해 죽음을 맛보았다는 선언을 정당화한다. "하나님에게 합당하도다"(πρέπει θεῷ – 프레페이 데오)라는 형식이 70인경이나 신약성경의 어느 곳에서도 발견되지 않을지라도, 필로(*Allegorical Interpretation* 1.48; *On the Eternity of the World* 41; *On the Confusion of Tongues* 175)와 요세푸스(*Ag. Ap.* 168)뿐만 아니라 세속 저사들에게서도 발견된다(참조. M. Pohlenz, τὸ πρέπον, NGWG[1933] 53-92; Williamson, 88-93). 그것은 신정론에 관한 질문이 "하나님에게 합당하도다"(ἔπρεπεν θεῷ – 에프레펜 데오)라는 반응을 요구했던 교육적이고 종교적인 배경을 반영한다. 그것은 여기서 예수의 경험 속에서 일어났던 것이 하나님에 관해 알려신 특징과 목적에 일치했음을 확인해준다.

인간이 창조 받은 바 목적으로 이끄시는 하나님의 의도는 인간의 경험에 의해 조롱을 받는 것으로 나타났다. 아들이 자기 자신을 인간의 상태와 동일시하고 고난과 죽음을 통해 인간을 구원하신다는 것을 하나님이 은혜롭게 선포하심은 시편 8편에서 찬양된 근본적인 의도와 전적으로 일치했다. 예수의 고난은 목표를 이루는데 합당했고(*ἔπρεπεν*-에프레펜), 하나님의 확고한 목적에 따라 경험되었다.

하나님을 "만물이 인하고 만물이 말미암은 자"(*δι' ὃν τὰ πάντα καὶ δι' οὗ τα πάντα*-디 혼 타 판타 카이 디 우 타 판타)로 완곡하게 표현한 것은 헬라 성경의 그밖에 다른 곳에서는 발견할 수 없지만, 문맥에는 전적으로 합당하며, 그것은 창조에서 인간을 위한 하나님의 목적의 성취와 관련된다. 만유를 창조하시고 보존하시는 하나님은 인류를 위한 계획을 이루실 그러한 방법으로 행하실 수 있는 분이시다. 완곡한 표현의 사용은 히브리서의 다른 곳에서도 나타난다(참조. 1:3; 8:1: 메갈로수네[*μεγαλωσύνη*], "거룩한 주재"). 그것은 수사적인 장식이 아니라 구속적인 사명으로 아들에 대한 하나님의 거룩한 임명에 대한 보충이다(참조. du Plessis, *ΤΕΛΕΙΟΣ*, 217-18).

"많은 아들을 이끌어 영광에 들어가게 하시는 일에"(*πολλοὺς υἱοὺς εἰς δόξαν ἀγαγόντα*-폴루스 휘우스 에이스 독산 아가곤타). 하나님의 확고하신 목적은 많은 자녀들을 영광에 들어가게 하는 것이다. "많은 아들"이란 표현에서 "많은"(*πολλοί*-폴로이)의 사용은 포괄적이다. 그 형용사는 예수의 구원하시는 사역이 적용되는 모든 사람들을 포함한다(참조. Jeremias, *TDNT* 6:536-42). 저자는 예수가 거룩한 뜻의 성취를 보증했고, 그들의 "아들됨"이 아들과의 관계에 의해 형성된 커다란 무리들을 그리고 있다(참조. Kögel, *Sohn*, 52-53). 그 표현은 9절의 "모든 사람"(*ὑπὲρ παντός*-휘페르 판토스)의 범위를 결정짓는다. "많은 아들"의 미래의 영광은 예수의 승귀로 말미암아 예수에 의해 향유되는 현재의 영광으로 보증된다. 분사 아가곤타(*ἀγαγόντα*, "들어가게 하시는")는 격, 성, 그리고 수에서 "챔피언(용사 또는 승리자)"(톤 아르케곤[*τὸν ἀρχηγόν*], 한글개역으로는 "주")라는 인접한 명사와 일치하기 때문에, "많은 아들을 영광에 들어가게 하는" 행위를 그리스도에게 맡긴 사람들이 있다(예. du Plessis, *ΤΕΛΕΙΟΣ*, 219; Grogan, *VoxEv* 6[1969] 61-62).

예수는 "리더"이다(톤 아르케곤[*τὸν ἀρχηγόν*]). 디벨리우스(Dibelius)는 이런 해석의 변화를 촉구하였다. 그는 10절의 어휘가 신비적 제의의 영향을 나타낸다고 주장하였다. 자기 자신을 완전하게 입문하여, 많은 아들을 영광에 들어가게 한 선구자로서 예수를 제시함은 헬라적 비법 전수자를 상기시킨다("Der himmlische Kultus," 170-72; 참조. Käsemann, *Das wandernde Gottesvolk*, 82-90).

그러나 그 분사는 부정사 텔레이오사이(τελειῶσαι, "온전케 하다")의 표현되지 않은 주어, 즉 하나님과 일치한다. 만약 아가곤타(ἀγαγόντα)가 아르케곤(ἀρχηγόν)에 자격을 주는 것으로 의도되었다면, 폴루스(πολλούς)가 관사 톤(τόν) 뒤에 나왔을 것이다(Moffatt, 31; du Plessis, *ΤΕΛΕΙΟΣ*, 214). 하나님이 많은 아들을 들어가게 하시는 모티브는 구약성경에서 익숙하다. 특히 하나님의 주도하심이 자주 강조되는 애굽에서의 탈출과 연계해서 그렇다(예. 출 3:8, 17; 6:6-7; 7:4-5, passim; 참조. J. Schreiner, "Führung Thema der Heilsgeschichte im Alten Testament," *BZ* 5[1961] 2-18; Müller, *ΧΡΙΣΤΟΣ ΑΡΧΗΓΟΣ*, 114-48).

저자는 하나님의 인도하심의 목표를 시편 8:6b(70인경)로부터의 진술에서 그리고 있는 영광(δόξαν－독산)으로 들어가는 것으로 이해한다. 저자는 그것을 "영광(δόξῃ－독세)과 존귀로 관쓰셨"다고 7절에서 인용하였다. '영광'이라는 용어의 구속적인 관계는 뒤이어지는 어구인 "그들의 구원"(τῆς σωτηρίας αὐτῶν－테스 소테리아스 아우톤)에서 분명하다. 그 언급은 장차 올 세상(참조. 5절)에서 구속받은 사람들이 보유한 유산에 대한 것이다.

예수를 "그들의 구원을 보증한 용사"(τὸν ἀρχηγὸν τῆς σωτηρίας αὐτῶν－톤 아르케곤 테스 소테리아스 아우톤, 한글개역은 "저희 구원의 주")로 지칭함은 흥미롭다(참조. 12:2; 행 3:15; 5:31). 헬라어 아르케고스(ἀρχηγός)는 유대와 세속 자료에서 넓은 범위의 뉘앙스를 전달한다(참조. Delling, *TDNT* 1:487-88; Ballarini, *SacDoc* 16[1971] 535-51; Müller, *ΧΡΣΤΟΣ ΑΡΧΗΓΟΣ*, 18-42, 68-102). 주어진 문맥에서 그것의 의미는 문화적일 뿐만 아니라 문학적인 고려들에 근거하여야만 할 수 있다. 녹스(W. L. Knox)는 "헬라적 유대주의는 주변으로부터 항상 대중의 종교 언어의 색채를 수신하고 있었고, 70인경과 헬라적 회당의 기도자들로부터 일반적인 혼합에 기여하고 있었다"는 것을 적절히 강조했다.

결과적으로 "우리가 갖는 모든 것은 궁극적으로 종교적이지만, 수사적이고 대중적인 철학에 의해 형성되고 교회의 용어를 포함한 헬라적 세계의 예전적이고 훈계적인 용어로 전달된 개념들의 공통된 축적의 사용이다"(*HTR* 41[1948] 239, 242).

이런 건전한 관찰에 근거하여 그는 히브리서 2:10, 18의 용어가 헬라적 세계의 가장 대중적인 제의적 인물들, 말하자면 인류를 구원하기 위해서 하늘에서 지상으로 내려온 "신적 영웅"에 관한 묘사와 찬사와 아주 유사한 것을 보여준다고 주장했다. 예수가 신적인 기원을 가실지라도, 인간 본성을 수용하고 있다. 그는 인간을 섬기며 시험을 경험하고 궁극적으로 죽음을 당한다. 죽음과 부활을 통해 그는 완전에 도달하고, 하늘로의 승귀를 얻으며 구속의 영역에서의 성취를 특징짓는 새로운 이름이나 칭호를 부여받는다.

녹스가 관찰했듯이 이런 묘사는 이방세계의 거룩한 영웅적 인물(그 중에 헤라클레스가 가장 유명했다)과 동일한 빛에서 예수를 대변했다. 그것이 인류에 대한 봉사로 승귀를 얻으신 구속자에 관한 헬라적 개념이었고, 히브리서의 저자로 하여금 예수의 절대적인 인간됨과 인간에게 다가오는 모든 고통을 경험하셨다는 주장을 가능하게 했다고 저자는 결론지었다. 하나님의 우편으로의 예수의 승귀는 봉사의 삶과 죽음의 고난으로 얻어진 것이었다(Knox, *HTR* 41[1948] 234-35, 245-47).

이 시사적인 제안은 그 단락의 전개에서 강력한 지지를 얻는다. 헬라적 세계의 개념에 공통된 축적에 익숙해 있던 청중들은 전설적인 영웅 헬라클레스가 "용사"(한글개역은 "주", *ἀρχηγός*-아르케고스)와 "구원자"(*σωτήρ*-소테르)로 지칭되었다는 것을 알고 있었다. (문학적 자료, 비문 그리고 동전에 관한 유용한 모음들에 대해서는 Simon, *Hercule et le Christianisme*; Galinsky, *The Herakles Theme*; Tiede, *Charismatic Figure*, 71-100을 참조하라.)

그들은 14-16절에 억압받는 하나님의 백성들을 도우러 오신 주인공으로서 예수에 관한 암시에 비추어 10절의 아르케고스(*ἀρχηγός*)라는 용어를 거의 해석했을 것이다. 죽음의 권세를 잡고 있었던 자와의 철회할 수 없는 필사의 싸움을 하고 있었던 그는 악마의 집정으로 인해 노예가 되었던 모든 사람들을 구하기 위해서 죽음의 권세자를 이겼다. 예수의 성취에 관한 이런 표현은 헤라클레스의 유명한 승리, 즉 "죽음의 어두운 옷을 입고 있는 군주"인 사망과의 싸움을 상기하게 만들었다(Euripides, *Alcestis*, ll. 843, 844; 아래의 14-15절의 주석을 참조하라). 예수를 주 창자로 묘사하는 문맥에서 그를 아르케고스(*ἀρχηγός*)로 지칭함은 대중적인 헬레니즘의 헤라클레스 전통에 임의적으로 의존했던 용어로 저자가 청중들에게 예수를 대변할 것을 의도하였음을 암시한다(참조. W. Manson, *The Epistle to the Hebrews*, 103-4; 12:2의 주석을 참조하라).

헬레니즘에서 그 용어의 문화적 뉘앙스에 민감하고 19절의 문학적 문맥에 적합한 아르케고스(*ἀρχηγός*)의 번역은 "용사"(챔피언, 한글개역은 "주")이다. 이런 번역은 제기되는 다른 번역보다 선호된다("지도자": NEB, JB, 참조. Müller, *ΧΡΙΣΤΟΣ ΑΡΧΗΓΟΣ*, 111-13, 279-92, 300-1; "인도자": 참조. Ballarini, *SacDoc* 16[1971] 535-41, "개척자": RSV; 참조. Käsemann, *Das wandernde Gottesvolk*, 81-82; "주인": NIV). 왜냐하면 "챔피언"이 10절만의 관점으로 아르케고스(*ἀρχηγός*)의 해석

을 제한하지 않고 전체로서의 단락의 독특한 색채를 고려하기 때문이다. 예수는 사람들과 동일시됨을 감내한 죽음을 통해, 더 구체적으로는 죽음을 통해 자신의 백성들의 구원을 보증하셨던 "챔피언"이시다.

"고난으로 말미암아 온전케 하심이"(*διὰ παθημάτων τελειῶσαι*–디아 파데마톤 텔레이오사이). 예수가 "고난으로 말미암아 온전케" 했다는 진술은 70인경의 동사 텔레이운(*τελειοῦν*)의 특별한 의미에 의존하고 있다. 오경의 제의적인 본문에서 그 동사는 제사장을 직무로 거룩하게 하는 행위를 의미하는데 사용된다(출 29:9, 29, 33, 35; 레 4:5; 8:33; 16:32; 21:10; 민 3:3). 통상적인 관용구는 "손을 채우다"(*τελειοῦν τὰς χεῖρας*–텔레이운 타스 케이라스)이고, 출애굽기 29:33에서 이 표현은 "제사장적인 직무를 위해 성별하고 구비하는" 하기아제인(*ἁγιάζειν*)이라는 동사로 명료하게 된다. 그 셈어적 관용구는 "성별되어 의복을 입은 제사장"(*ὁ ἱερεὺς… τετελειωμένου ἐνδύσασθαι τὰ ἱμάτια*–호 히에류스…테텔레이오메누 엔두사스다이 타 히마티아)에 관해 언급하는 텔레이운(*τελειῶσαι*)으로 번역될 수 있었다는 것은 레위기 21:10에서 증명된다. 그 동사의 제의적 의미는 10절의 텔레이오사이(*τελειῶσαι*)의 의미를 분명히 해주고(참조. du Plessis, *ΤΕΛΕΙΟΣ*, 94-103, 121, 213-15; Delling, *TDNT* 8:82-84), 10-11절의 온전과 성별의 개념과의 밀접한 연관을 설명해준다(NEB에서 11절의 해석, 즉 "거룩케 하는 제사장과 그가 거룩하게 하는 사람들은 한 근원이다"를 참조하라).

실바는 강화의 종말론적인 특징이 히브리서에서 예수의 온전에 관한 개념의 열쇠를 제공한다는 것을 적절하게 관찰했다. 제의적 논조가 텔레이오사이(*τελειῶσαι*)의 사용의 배경을 제공할지라도, 하나님의 약속의 성취로서 예수의 종말론적인 승귀는 그것의 구체적인 지칭을 형성한다(*WTJ* 39[1976] 62-68; 참조. Klappert, *Eschatologie*, 54-57). 9절에서 발견되는 고난과 승귀의 패턴은 10절에서 고난과 온전에 대한 언급에서 동의어를 발견한다(참조. Silva, 66).

이 문맥에서 예수의 "온전"(참조. 5:8-9; 7:28)은 기능적인 의미를 갖는다. 그것은 예수가 그 직무로 완전하게 구비되었다는 개념을 강조한다. 하나님은 예수가 제사장적인 행위로 그 앞에 나아올 수 있게 자격을 구비하였다. 하나님은 예수를 고난으로 말미암아 자기 백성들의 제사장으로 온전케 하셨다. 그것은 예수로 하여금 그의 구속적인 사명을 이루게 하였다(참조. Grogan, *VoxEv* 6[1969] 60-61, 67). 따라서 "고난으로 말미암아 온전케 했다"라는 표현은 10-16절의 "챔피언" 모티브와 17-18절에서 대제사장으로서 예수에 관한 제시로 이동하는 그 단락의 충분한 전개를 예기(豫期)한다.

11 "거룩하게 하시는 자와 거룩하게 함을 입은 자들이"(*ὅ τε γὰρ ἁγιάζων καὶ οἱ ἁγιαζόμενοι*-호 테 가르 하기아존 카이 호이 하기아조메노이). 10절의 텔레이오사이(*τελειῶσαι*)의 제의적 성격은 11절의 성별에 대한 언급에 의해 확인된다. 그 어휘는 이스라엘 백성들이 하나님의 임재로 받아들여지기 위해서 하나님과 하나님의 봉사로 성별되거나 성화되었던 구약의 의미로 사용된 것으로 보인다(참조. Procksch, *TDNT* 1:89-97). "거룩하게 하시는 자"(*ὁ ἁγιάζων*-호 하기아존)는 오경에서 하나님의 개념을 반영하는 것으로 보이는데, 거기서 하나님은 "나는 너희를 성별케 하는 주시라"(*ἐγὼ κύριος ὁ ἁγιάζων ὑμᾶς*-에고 큐리오스 호 하기아존 휘마스: 출 31:13; 레 20:8; 21:15; 22:9, 16, 32; 참조. 겔 20:12; 37:28)는 말로 자신을 구분하신다. 그러나 그 언급은 분명히 예수에 대한 것이고, 그는 자신의 피로 하나님의 봉사로 사람들을 거룩하게 하는 분으로서 13:12에서 분명히 거명된다. 심지어 10:14은 그리스도인들을 거룩함 받은 자로서 묘사하고 있다(*τοὺς ἁγιαζομένους*-투스 하기아조메누스). 죄악에서 깨끗하게 하는 것은 거룩으로서의 성화의 개념에 필연적인 결과이고, 히브리서에서 성화에 대한 언급들은 규칙적으로 예수의 보혈피의 제공에 관한 진술과 제휴한다(참조. 9:13; 10:10, 14, 29; 13:12). 하나님의 봉사로 온전히 거룩하게 되신 분(참조. 10:5-10)만이 다른 사람들을 거룩하게 하는 능력을 행사할 수 있으시다(Procksch, *TDNT* 1:103).

11절에서 저자의 의도가 유대(하나됨)에 관한 것을 언급하고 있을지라도, "거룩하게 하시는 분"으로서의 예수와 성별을 필요로 하는 사람들로서의 그리스도인들에 관한 묘사는 하나님의 초월적인 아들과 "아들들"이 된 사람들간의 근본적인 차이를 충분히 정의하고 있다.

"다 하나에서 난지라"(*ἐξ ἑνὸς πάντες*-엑스 헤노스 판테스). 예수와 하나님의 백성들간의 질적인 차이에도 불구하고, 그들은 공통된 기원에 근거한 일치를 공유하고 있다. "다"(*πάντες*-판타스)는 11절에서 언급된 두 당사자들, 즉 거룩하게 하시는 분과 거룩하게 된 자들을 분명히 포괄하고 있다. 하지만 그 일치의 정확한 근거는 모호하다. 엑스 헤노스(*ἐξ ἑνός*)라는 어구에서 대명사 "하나"는 성에 있어서 남성이거나 여성일 수 있다. 그 표현을 중성으로 이해하는 사람들은 그리스도와 그의 백성들이 공통된 인간 본성을 공유하고 있다는 사실에 대한 언급을 그 본문에서 찾을 것이다(Phillips, "공통된 인간성을 공유하고 있는"; JB, "동일한 근원에 속한", NEB, "한 계통에 모두 속하였다", 참조. P. E. Hughes, 105-6).

대명사를 남성("한 사람으로부터")으로 수용하기를 좋아하는 다른 사람들은 아담이나 아브라함에 대한 암시를 거기서 찾는다(참조. Héring, 19). 그러나 10절에서 하나님에 대한 그리고 11절에서 가족 관계에 대한 문맥상의 언급은 헤노스(ἑνός)가 남성이며 하나님을 언급하는 내용을 지지하는 경향이 있다(TEV, "모두 동일한 아버지를 갖고 있다"; NIV, "동일한 가족에 속한다"). 아들과 아들들이 된 사람들은 모두 아들의 구속의 사명으로 말미암아 하나님의 자녀로 이끄신 하나님의 은혜로운 결정에 근거하고 있는 공통된 가족 관계를 공유한다(참조. Kögel, *Sohn*, 59-62; Spicq, 2:41; Michel, 80; 등등).

뒤이어지는 설명절의 기능은 아들과 아들들이 된 사람들간에 인정된 하나됨에 대한 성경의 지지를 도입하는 것이다. 공유하고 있는 아들됨의 질적인 차이와 성화를 필요로 하는 사람들과 반대되는 성화자로서의 예수의 위치에도 불구하고, 그는 그들이 형제들임을 선언하기를 주저하지 않는다. "형제라 부르시기를 부끄러워 아니하시고"(οὐκ ἐπαισχύνεται -우크 에파이스쿠네타이)라는 형식은 예수와의 관계를 부정함으로써 제자됨의 대가를 회피하는 제자는 높아지신 인자가 그를 부끄러워할 것이라는 예수의 경고를 암시한다("누구든지…나와 내 말을 부끄러워하면[ἐπαισχυνθῇ] 인자도 아버지의 영광으로 거룩한 천사들과 함께 올 때에 그 사람을 부끄러워하리라[ἐπαισχυνθήσεται]", 막 8:38; 눅 9:26).

제자들에 대한 예수의 헌신은 그가 그들을 형제들이라고 부르기를 "부끄러워하지 않으셨다"는 적극적인 선언에서 표명된다. 이런 확증은 청중들이 필요로 하는 용기를 주고, 그 문맥이 명백하게 언약적인 11절의 "하나님이 저희 하나님이라 일컬음 받으심을 부끄러워 아니하시고"(οὐκ ἐπαισχύνεται – 우크 에파이스쿠네타이)라는 나중의 선언을 준비한다.

가족의 이미지는 이 문맥에 적합하다. 거룩한 아들이 자기 자신을 언약 가족과 동일시하고 있기 때문에, 그가 구현하고 있는 하나님에 대한 온전한 성별을 다른 사람들 속에서 이루실 수 있다. 나아가서 10절과의 연계는 예수가 다른 사람들을 형제라 부르기를 부끄러워 아니하셨다는 경우가 하나님이 다른 아들들을 영광으로 이끄신 파루시아(재림)라는 것을 암시한다(참조. Doormann, *BibLeb* 14[1973] 249). 그 선언은 장차 올 세계로의 구속받은 공동체의 종말론적인 입성을 예기(豫期)한다(참조. 5절).

12-13 12절과 13절의 인용은 예수가 하나님의 백성들과 동일시하는 것을 부끄러워하지 않으셨다는 것을 예증한다. 세 가지 성경의 인용이 공통된 인격적 확언의

관점을 공유하고 있기 때문에 그것을 한꺼번에 가져왔다("내가 주의 이름을…선포하고 내가 주를 교회 중에서 찬송하리라", "내가 그를 의지하리라", "나와 및 하나님께서 내게 주신 자녀라"). 첫 번째 인용은 시편 22:22(70인경 21:23)에서 취해진 것이다. 디에게소마이(*διηγήσομαι*)를 아팡겔로(*ἀπαγγελῶ*)(두 용어의 의미는 "내가 선포하리라"를 의미한다)로 번역한 것을 제외하고는 그 본문의 형태는 70인경과 동일하다. 그 인용은 "형제들"이라는 핵심어에 의해 11b절과 연계되어 있다. 하나님에게 성별된 사람들을 "형제들"(*ἀδελφούς* – 아델푸스)이라 부르기를 부끄러워하지 않으신 높아지신 주님은 "내가 주의 이름을 내 형제들에게 선포하고"(*τοῖς ἀδελφοῖς μου* – 토이스 아델포이스 무)라고 확증하신다. 그 진술은 한숨이 기쁨의 감사에 대한 표현으로 바뀌어진 시편의 일부로부터 취해진 것이다. 그것은 고난과 고통 이후에 변호와 승귀의 표현에 적합하다.

히브리서의 저자는 파루시아(재림)에 하나님의 백성들의 모임에서 하나님의 이름을 선포하는 때에 발견할 수 있는, 그리고 찬송하는 제사장으로서 찬양의 노래로 구속받은 공동체를(*ἐν μέσῳ ἐκκλησίας* – 엔 메소 에클레시아스) 이끄시는, 높아지신 주님에 대한 언급을 여기에 위치시킨다(참조. 롬 15:7-12; Doormann, *BibLeb* 14[1973] 247-50).

13절에서 두 인용은 도입 형식어인 카이 팔린(*καὶ πάλιν*, "또 다시")으로 시편집의 구절과 긴밀하게 연관되어 있다. 두 인용 중에 두 번째 것은 분명히 이사야 8:18에서 끌어왔으며 첫 번째 것의 원자료는 아마도 이사야 8:17(참조. 12:2)일 것이다. 카이 팔린(*καὶ πάλιν*)으로 두 선언을 구분함이 이런 주장에 반대를 논증하지는 못한다. 왜냐하면 10:30에서 신명기 32:35-36으로부터의 인접한 인용들이 동일한 형식어로 구분되고 있기 때문이다. 하지만 그 인용은 매우 짧고, 아마도 사무엘하 22장(3절)에 기록된 다윗의 찬송에서 발췌되었을 것이다.

초대 그리스도인들은 분명히 이 찬양을 노래했다. 그것을 오리겐이 기록한 예전 사용에서 채택한 성경 송시들의 목록에서 발견할 수 있다(Origen, GCS 7:501-2; 8:27-28, 80-83을 인용하고 있는 H. Schneider, "Die biblischen Oden in christlichen Altertum," *Bib* 30[1949] 51-52을 참조하라). 양 경우에, 강조적인 인칭대명사 에고(*ἐγώ*, "나")의 첨가에 의해 어순이 바뀌었다. 그것은 주요 동사인 에소마이(*ἔσομαι*)를 끌어오는 효과를 갖는다(Kistemaker, *Psalm Citations*, 33). 다음 구절과 더 민감한 대구로 그 인용을 가져왔던 첨가(그것은 이두 에고[*ἰδοὺ ἐγώ*], "볼지어다")는 예수가 하나님에 대한 절대적인 신뢰와 의존 속에서 자기 자신을 믿음의 공동체와 동일시하고 있음을 강조하는 것을 도왔다. 그 인용은 청중들을 위한 직접적인 연관을 갖는다. 예수의 확신이 고난과 고통을 경험한 후에 온전히 옹호되었다는 사실은 청중들도 역시 어려운 상황에서 하나님을 신뢰할 수 있었다는 것을 확신시켰다(참조. Doormann, *BibLeb* 14[1973] 250-51).

이사야 8:18에서 취해진 세 번째 인용은 예수 그리고 하나님의 행위로 예수와 관련된 사람들간의 유대를 다룬다. 본문의 형태는 70인경과 일치한다. 그것의 본래 문맥에서 그 구절은 선지자 이사야와 그의 자녀들 그리고 당시에 신실한 남은 자들을 형성했던 그의 제자들을 묘사하고 있다. 이 지점에서 그 인용을 적합한 것으로 만들어주는 이사야와 예수의 경험간의 명백한 유사점들이 있었다. 선지자는 백성들에 의해 핍박을 받고 거부되었지만, 믿음의 원기를 놓치지 않았다(참조. Grogan, *VoxEv* 6[1969] 61-62). 예수는 고통을 통해 영광으로 인도함을 받은 새 인류를 대표하는 머리가 되었다(Doormann, *BibLeb* 14[1973] 251). 높아지신 아들의 "자녀들"(*τὰ παιδία*-타 파이디아)로서 하나님의 백성들의 개념이 신약성경의 어느 곳에서도 발견되지 않을지라도, 가족의 이미지는 관계의 밀접성과 하나됨의 개념을 포괄하는 온유함을 암시한다.

14-15 11-13절에서 확증된 하나님의 의미는 미사여구 문장의 균형 잡힌 절들로 발전된다. 그 해석은 이전 인용에 나타난 "자녀들"(*τά παιδία*-타 파이디아)의 반복에 의한 성경의 지지와 원래 관련이 있다(참조. Kögel, *Sohn*, 72). "자녀들"이 공통된 인간 본성을 공유하고 있기 때문에(하이마토스 카이 사르코스[*αἵματος καὶ σαρκός*], "혈육"), 인간들과 자기 자신을 동일시하시는 분이 동일한 온전한 인간(*μετέσχεν τῶν αὐτῶν*-메테스켄 톤 아우톤)을 가정하는 것이 필요했다. 이런 주장은 성육신의 실현 속에서 그리스도와 백성들간의 단일한 연합을 근거로 한다. 성육신에서 초월적인 아들이 모든 인간에 공통된 존재의 양식을 취하셨다.

14a절의 진술에서 동의어적인 대구는 각기 "자녀들"과 아들을 언급하는 동사들간의 셈어적인 차이는 여기서 언급할 필요가 없다는 것을 일러준다. 두 어근의 의미는 실제로 동의어다. 둘 다 모두 공유하고 있는 실제에 온전한 참여를 묘사한다(참조. J. Y. Campbell, "*κοινωνία* and its Cognates in the New Testament," *JBL* 51[1932] 353, 355, 363). 그 구분은 동사의 시제의 변화에 있다. "함께 속하다"(*κεκοινώνηκεν*-케코이노네켄)의 완료형 시제는 인간의 "본래적 자연적" 상태를 특징짓는 반면에 "함께 속하였다"(*μετέσχεν*-메테스켄)라는 부정과거 시제는 아들이 "자기 자신의 선택으로 일시적으로" 인간 본성을 취하셨다는 것을 강조한다(F. F.

Bruce, 41, n. 55).

이런 구분에 의해 성육신하신 아들의 초월적인 특징은 문맥에서 정확히 유지되고, 그 강조가 인간의 조건에 온전한 참여하심에 맞추어진다. 전체적인 모양을 의미하는, "한 모양으로"(*παραπλησίως*–파라플레시오스)라는 부사의 첨가는 다른 사람들에게 공통된 인간경험의 조건에 아들이 참여하고 있는 신분의 정도를 강조한다(참조. Williamson, 82). 그것은 "저가 *범사에*(*κατὰ πάντα*–카타 판타) 형제들과 같이 되심이 마땅하도다"라는 17절의 추론적인 진술을 예기(豫期)한다.

하나님의 초월적인 아들이 인간의 삶으로 들어오신 목적은 확대된 목적절(*ἵνα … καταργήσῃ καὶ … ἀπαλλάξῃ*–히나…카타르게세 카이…아팔락세)에 의해 암시된다. 그는 죽을 인간의 본성을 가정하였는데, 죽음의 권세를 잡고 있던 악한 폭군의 세력을 "없애기 위한" 것이고, 일생에 종노릇하고 있는 자들을 "구원하기" 위해서다. 마귀로서 권세 잡은 자를 지칭함은 인간의 곤경의 깊이를 드러내준다. 마귀는 본래 죽음을 주장할 수 없었으나 인간을 하나님에게 불순종하도록 유혹하였을 때 그런 권세를 획득하였다. 마귀의 일을 봉사하는 심복으로 사망을 묘사하고, 인간의 복종케 하는 도구로서 사망의 위협을 설명함(참조. Michaelis, *TDNT* 3:907)은 헬라적 회당의 전승에서 창세기 3장의 해석에 의존한다: "하나님이 부패하지 않는 인간을 창조하셨고, 그를 하나님의 영원한 형상으로 만드셨으나, 마귀의 시기로 말미암아 사망이 세상에 들어왔고, 마귀의 당에 속한 사람들은 그 사망을 경험한다"(Wis 2:23-24).

피조물들을 통치하기로 되어 있던 인간들(6-8절에서 인용된 시 8:5-7 70인경)이 죽음의 두려움으로 불구가 되어 노예 상태가 된 자신을 발견해야 하는 것은 역설적이다(Kögel, *Sohn*, 80). 죽음에 무력한 복종은 하나님의 관여가 없는 세상의 존재를 특징짓는다(참조. Knauer, *TGl* 58[1968] 155-57). 게다가 죽음의 임재는 근심의 경험 속에서 느껴진다(참조. Sir 40:1-5*a*). 그러나 인간을 "죽음의 두려움"(*φόβῳ θανάτου*–포보 다나투)에 사로잡힌 것으로 축소시킨 마음의 상태의 관한 정의는 거의 확실히 구체적인 언급을 갖는다. 그것은 청중들 안에 있는 경향을 언급하는 것이고, 목회적인 권고로 수신된 심각한 상황에 대한 첫 번째 지적이다. 그들의 직면했던 위기는 사단적인 특징을 갖고 있다.

"사망으로 말미암아…없이 하시며…놓아주려 하심이니"(*ἵνα διὰ τοῦ θανάτου καταργήσῃ… καὶ ἀπαλλάξῃ*–히나 디아 투 다나투 카다르게세…카이 아팔락세). 성육신의 주요한 목표는 죽음에 아들이 참여하는 것이고, 이로 말미암아 하나님의 자녀들을 죽음의 두려움의 종이 되게 한 마귀의 권세를 없이 하였다. 예수의 죽음은 자기 자신을 형제와 자매들과 완전히 동일시한 그의 결정의 논리적 결과이며, 이로 인해 그가 공유하지 않은 인간 경험의 어떤 측면도 없게 되었다.

하지만 이 경우에 죽음은 불순종의 결과에 따른 것이 아니었다. 그것은 하나님의 뜻을 행하기 위한 성별의 표현이었다(10:5-7). 그것은 죽음의 권세를 휘두르는 사단의 권세를 그리스도인들에 대한 관계에서 효과가 없게 만들었다(참조. Delling, *TDNT* 1:453, 그는 딤후 1:10에 관심을 기울인다: "이제는 우리 구주 그리스도 예수의 나타나심으로 말미암아 나타났으니 저는 사망을 폐하시고 복음으로써 생명과 썩지 아니할 것을 드러내신지라"). 따라서 성육신은 마귀의 집정과 죽음의 두려움에서 하나님의 배성들을 긴져내기 위한 합당하고 필연적인 수단이었다.

마귀가 노예로 삼은 사람들을 구원하기 위해서 죽음의 권세를 소유한 압제자를 쳐부수는 챔피언(ὁ ἀρχηγός - 호 아르케고스)으로 예수를 묘사함은 헤라클레스의 전설적인 공적을 상기시킨다. 헤라클레스를 보존하고 있던 옛 전통은 그를 죽음의 정복자와 관련시킨다(Homer, *Iliad* 5.394-400; 참조. Pindar, *Olympian Odes* 9.33). 이 짤막한 기사는 사망과 투쟁함으로써 알게스티스(테살리의 왕 아드메투스의 처 - 역자주)를 구조하는 헬라클레스의 고전적인 전설의 핵심을 제공했다(Apollodorus Mythographus, *Bibliotheca* 1.106). 이 사건에 관한 유리피데스의 각색에서 사망(ὁ θάνατος - 호 다나토스)은 용사 즉 검으로 무장한 "죽음의 검은 옷을 입은 군주"로 의인화된다(*Alcestis*, ll. 76, 843 44).

여전히 후대의 시기에 그 주제는 헤라클레스의 공적인 관한 대중적인 기사로 각색되었는데, 특히 지하세계로 내려가서 지옥을 지키는 감시인인 케르베로스(지옥을 지키는 수문장으로서 머리는 세 개가 달렸고, 꼬리는 뱀의 모양을 하고 있다 - 역자주)를 몰래 빠져 나오는 임무를 조명하였다(Virgil, *Aeneid* 6, ll. 417-23; 8, ll. 293-300). 만약 헬라클레스의 공적을 상기시키는 용어로 하나님의 아들을 묘사하는 것이 저자의 의도였다면, 서사가 의존할 수 있었던 대중적인 개념들의 풍성한 자료가 있었다.

그러나 그것이 구약성경에 근거해 있었기 때문에 저자와 청중들이 철저히 익숙해 있었던 전승의 또 다른 흐름이 있었다. 선지자들은 학대받고 종노릇하고 있는 자기 백성들을 변호하기 위해서 스스로 무장한 거룩한 용사로 때때로 하나님을 묘사했다(참조. P. D. Miller, *The Divine Warrior*). 그 모티브는 우두머리의 경쟁으로 전쟁을 수행하는 옛 관행에 의존하는데, 일상적인 전쟁에서 군인들을 대가로 하는 전쟁을 행하는 대안으로서 말이다(참조. R. de Vaux, "Les combats singuliers dans l'Ancien Testament," *Bib* 40[1959] 459-508; H. A. Hoffner, "A Hittite Analogue to the David and Goliath Contest of Champions?" *CBQ* 30[1969] 220-25). 적대하는 대장들이 두 군대를 대표하는 두 챔피언 또는 그 이상의 챔피언들간의 경쟁의 결과에 따라서 군사적인 문제를 해결하도록 미리 동의했다. 이 관행이 청동기 시대를 넘어서는 확대되지 않았을지라도(참조. Yadin, *Art of Warfare*, 2:265-67, 362), 이 전통은 이스라엘의 챔피언(용사)으로서 하나님에 관한 의미 있는 신학적 모티브를 발전시키는 근거를 선지자들에게 제공했다. 예를 들어, 이사야는 고무적인 용어로 하나님의 개입을 선언한다.

> 여호와께서 용사 같이 나가시며
> 전사 같이 분발하여
> 외쳐 크게 부르시며
> 그 대적을 크게 치시리로다.
> (사 42:13; 참조. 49:24-26; 59:15b-20)

자신의 백성들을 위해서 일대일 전투에 참여한 용사로서 하나님을 묘사한 것은 중간기의 문서에서 묵시적인 전통의 한 흐름으로서 나타난다. 예를 들어, *T. Zeb* 9:8.(b d g)의 어떤 사본의 불확실한 연대와 기원을 갖는 구절에서 예언자는 "그 후에 너의 하나님은 의의 빛으로서 비출 것이고, 구원과 자비가 그의 날개에 있을 것이다. 그는 벨리알의 모든 포로자들을 놓이게 할 것이고, 모든 잘못된 영을 흩으실 것이다"(참조. *T. Levi* 18:10-12). 유사한 예언이 '모세의 승천'(*Assumption of Moses*, 10:1-10; 참조. 11QMelch 2:13)에서 나타난다.

복음서 전승에서 예수가 마귀의 대장인 바알세불과 결탁하였다는 일부 서기관들에 대항하여 그는 용사들간의 투쟁의 비유로 지적한다.

> 강한 자가 무장을 하고 자기 집을 지킬 때에는 그 소유가 안전하되 더 강한 자가 와서 저를 이길 때에는 저의 믿던 무장을 빼앗고 저의 재물을 나누느니라(눅 11:21-22).

바알세불과의 논쟁과 관련한 문맥에서 강한 사람은 마귀의 대장이다. 그리고 그 바알세불을 쳐부수는 더 강한 분이 예수인데, 그는 하나님의 손가락으로 대적자를 물리치시고, 마귀의 집정으로 노예가 되었던 사람들을 놓아주신다(눅 11:18-20). 예수의 축사 사역은 인류의 대적자인 사단과 연관되어 있다. 하지만 이 짤막한 그리스도의 말씀은 예수의 말씀의 전승에서 용사 모티브에 대한 유일하게 명시적인 호소를 제공한다.

히브리서의 저자는 청중들이 직면한 위기에 대한 의미 있는 목회적 반응으로 복음서 전승의 이 흐름을 발전시킨다. 하나님은 그의 백성들이 그의 영광에 참여해야 한다는 것을 의도하셨을지라도, 그들은 죽음의 두려움으로 말미암아 노예상태를 경험했다. 그들은 위협하는 권세를 소유하고 있었던 악한 폭군의 포로가 되었다. 히브리서의 저자는 하나님의 아들이 용사가 되어 자기 백성들의 놓임을 확보하기 위해서 인간이 되셨다는 것을 확증한다. 죽음을 통해, 그는 죽음의 권세를 잡고 있는 대적자를 물리치고 포로된 자들에게 구원을 가져왔다.

14-15절의 특이한 형성은 강한 자를 결박하고 그의 포획물들을 나누는 예수의 말씀과도 일치한다. 그것은 이사야 49:24-26에 제시된 하나님의 백성들의 대장으로서 하나님에 관한 더 오래된 예언적 전통에 의존한 것으로 보인다.

> 용사의 빼앗은 것을 어떻게 도로 빼앗으며 승리자에게 사로잡힌 자를 어떻게 건져낼 수 있으랴마는 나 여호와가 이같이 말하노라 용사의 포로도 빼앗을 것이요 강포자의 빼앗은 것도 건져낼 것이니 이는 내가 너를 대적하는 자를 대적하고 네 자녀를 구원할 것임이라 내가 너를 학대하는 자로 자기의 고기를 먹게 하며 새 술에 취함 같이 자기의 피에 취하게 하리니 모든 육체가 나 여호와는 네 구원자요 네 구속자요 야곱의 전능자인줄 알리라.

히브리서 2:10-16에서 전개된 기독론적인 시각은 이사야의 이 구절에서 가장 분명한 예기(豫期)를 갖는다. 악한 폭군의 포로에서 구원하는 용사로서의 하나님에 관한 예언적인 묘사로부터 한 용사의 약탈을 되돌리는 더 강한 용사와 관련한 예수의 말씀에 이르기까지 히브리서 저자의 독특한 형성에서 전승의 연속성을 추적할 수 있을 것이다. 저자는 하나님이 이스라엘의 구속자로서 행할 것을 약속하신 것을 예수가 이루었다는 것을 확증한다. 예수는 마귀의 세력을 쳐부순 수인공이며, 하나님의 백성들의 구원을 확증했다. 예수의 성육신과 죽음에 대한 이 효과적인 접근은 놓임 받은 상태를 상기시킴으로써 청중들에게 힘을 주는 것으로 의도되었다. 그들은 더 이상 죽음의 두려움에 떨어서는 안 된다. 심지어 제국의 핍박을 경험할 때조차도 마찬가지다.

16 가르($\gamma\acute{\alpha}\rho$)로 도입된 진술의 삽입구적인 특징과 현재 시제의 급격한 변화($\acute{\epsilon}\pi\iota\lambda\alpha\mu\beta\acute{\alpha}\nu\epsilon\tau\alpha\iota$[에피람바네타이], "붙들어주다")는 저자의 의도를 가리켜준다. 그는 자신이 전개하고 있는 논증에 청중들을 참여시키기 위해서 대화적인 자세를

가정한다. 그는 대화의 파트너들이 곧바로 인식했을 "실로", "물론"이라는 데푸($\delta\acute{\eta}\pi o v$) 불변화사로 강화되는 사실적인 진술로 호소한다.

에피람바네타이(*ἐπιλαμβάνεται*) 동사는 불명확하다. 보너스(Bonus, *ExpTim* 33 [1921-22] 235-36)는 페쉬타 시리아역(Peshitta Syriac version)의 사본 전승에서 문장의 주어가 "죽음"이라는 사실에 관심을 기울였다: "죽음이 천사들을 붙잡는 것이 아니라 아브라함의 자손들을 붙잡는다." 여기서 만들어진 요지는 천사들은 죽음과 죽음의 두려움을 경험하지 않지만 아브라함의 자손들은 그러하다. 그러므로 성육신하신 아들은 죽음의 두려움에 사로잡혀 있는 인간들을 구원하기 위해서 죽으셨다. 그러나 16절 이전 절의 주어와 뒤이어지는 절의 주어가 모두 성육신하신 아들이기 때문에, 아들이 역시 16절에서도 주어라고 보아야 한다. 천사들에 대한 언급은 본질적으로 수사적이다. 그것은 5절에서 도입된 해석의 한계를 그어준다. 모든 관심은 성육신하신 아들이 아브라함의 자손들을 하늘의 뜻의 교제로 끌어오기 위해서 붙드신다는 진술에 집중되어 있다(참조. Delling, *TDNT* 4:9).

"아브라함의 자손"(*σπέρματος Ἀβραάμ*-스페르마토스 아브라암)으로 믿음의 공동체를 지칭함은 이사야 41:8-10에 대한 암시를 전달해준다. 그 구절에서 신실한 남은 자들이 하나님의 위로의 대상이 된다: "그러나 나의 종 너 이스라엘아 나의 택한 야곱아 나의 벗 아브라함의 자손아 내가 땅 끝에서부터 너를 붙들며 땅 모퉁이에서부터 너를 부르고 네게 이르기를 너는 나의 종이라 내가 너를 택하고 싫어버리지 아니하였다 하였노라 두려워 말라 내가 너와 함께 함이니라 놀라지 말라 나는 네 하나님이 됨이니라 내가 너를 굳세게 하리라 참으로 너를 도와주리라 참으로 나의 의로운 오른손으로 너를 붙들리라"(스페르마 아브라암…후 안텔라보멘…메 포부 메타 수 가르 에이미…카이 에보에데사 소이[*σπέρμα Ἀβραὰμ… οὗ ἀντελαβόμην… μὴ φοβοῦ μετὰ σοῦ γάρ εἰμι… καὶ ἐβοήθησά σοι*]). 이사야의 구절은 청중들의 상황에 적절했다. 하나님의 임재의 거룩한 약속으로 지지되는, 두려워하지 말라(*μὴ φοβοῦ*-메 포부)는 명령은 15절에서 언급된 "죽음의 두려움"에 대한 하나님의 반응이다.

하나님의 도움의 확신(*ἐβοήθησα*-에보에데사)은 예수가 시험받는 자들을 도우실(*βοηθῆσαι*-보에데사이) 수 있다는 18절의 클라이막스적인 확증을 준비한다. 히브리서에서 에피람바네트다이[*ἐπιλαμβάνεσθαι*]로 이사야 41:9에 있는 동족어 안티람베네트다이(*ἀντιλαμβάνεσθαι*)를 대신한 것은 출애굽이 하나님이 이스라엘을 그 손으로 도우셨다(*ἐπιλαβομένου*-에피람보메누)는 측면에서 묘사되고 있는 예레미야 31(70인경 38):31-32의 형성을 반영한다. 이 본문은 8:9에서도 인용되고 있고, 두 구약성경구절이 공유하고 있는 출애굽 모티브는 저자의 사상에서 함께 연합되는 경향이 있다(고로 Andriessen, *NovT* 18[1976] 308-9). 노예상태의 구원에서 함축된 의미는 14-15절에서 표현된 사상에서 자연스럽게 뒤따라 나온다. 성육신하신 아들이 안전으로 인도하기 위해서 몸소 취하신 억압받는 남녀들을 도우실 수 있다는 것은 수신된 회중의 경험과 일치했다. 그들이 한번 더 인식할 필요가 있었던 것은 이전에 마귀에 의해 휘둘려졌던 냉혹한 권위가 자기 자신을 그들과 동일시하시는 높아지신 아들의 온유한 권위로 대체되었다는 사실이었다.

17 "그러므로 저가 범사에 형제들과 같이 되심이 마땅하도다"(*ὅθεν ὤφειλεν κατὰ πάντα τοῖς ἀδελφοῖς ὁμοιωθῆναι* – 호덴 오페일렌 카타 판타 토이스 아델포이스 호모이오데나이). "그러므로"(*ὅθεν* – 호덴)라는 추론적인 불변화사는 10-16절에서 전개된 논증을 되돌아본다. 3:1-5:10에서 다루어질 주제를 선언하기 전에, 저자는 단일하게 압축된 설로 논증을 요약한다(17a절). 형제들(*τοῖς ἀδελφοῖς* – 토이스 아델포이스)에 대한 언급은 믿음의 가족들과의 예수의 유대를 형제들간의 관계로 처음 언급했던 11b절과 12절의 요지를 취한다. 하지만 성육신하신 아들이 전적으로 형제들과 같이 되셨다는 당위를 제시하고 있는 이 진술에서 강조는 그 절의 강조적인 위치에 놓여 있는 "범사에"(*κατὰ πάντα* – 카타 판타)라는 질량적인 어구에 있다. 문맥에서 그 어구는 주로 시험의 치욕과 죽음의 고통을 언급하지만(18절), 예수가 온전하고 참된 인간존재를 공유하였다는 것을 증명했던 모든 질적인 것들로도 확대된다(참조. 14a절). 나중에 저자는 여타 남녀들과는 구분되는 예수의 흠 없는 특징을 제기함으로써 있을 법한 오해들로부터 자신의 진술을 보호한다(4:15; 7:26). 그러나 여기서 그는 듣고 있는 사람들의 상황과 성육신하신 아들의 전적인 동일시를 강조하기를 원한다(참조. Grogan, *VoxEv* 6[1969] 64-67). 예수는 한 형제가 다른 형제를 닮은 것처럼 실제로 형제들과 닮아야 했다.

"이는 하나님의 일에 자비하고 충성된 대제사장이 되어 백성의 죄를 구속하려 하심이라"(*ἵνα ἐλεήμων γένηται καὶ πιστὸς ἀρχιερεὺς τὰ πρὸς τὸν θεόν* – 히나 엘레에몬 게네타이 카이 피스토스 아르키에류스 타 프로스 톤 데온). "마땅하도다"(*ὤφειλεν* – 호페일렌)라는 용어에서 묵상된 도덕적 당위의 요소는 연속해서 나오는 두 목적절에 의해 명확해진다. 인간과의 유대로 초월적인 하나님의 아들은 자비하고 신실한 대제사장처럼 백성들이 삶에 참여할 수 있게 되었다. 이것과 관련된 것들이, 저자가 자기 자신을 먼저 신실함에 속하고(3:1-4:14) 나아가서 긍휼에 속하는 것(4:15-5:10)으로 언급했을 때, 뒤이어지는 해석에서 설명된다. 17절의 형성은 타 프로스 톤 데온(*τὰ πρὸς τὸν θεόν*)이라는 표현이 "하나님에 관해서"(예. 출 4:16; 18:19)를 의미하는 오경의 표준적인 어구인 70인경의 영향을 반영한다.

이것은 이 연설에서 "대제사장"(*ἀρχιερεύς*-아르키에류스)의 칭호를 처음으로 예수에게 적용한 경우다. 예수의 사역은 특징상 제사장적이었다는 것은 이미 1:3에서 함축되었고, 2:9-11의 제의적 용어들의 도입은 그런 인상을 확인해 주는 경향이 있었다. 하지만 여기서 대제사장으로 예수를 지칭함으로써 오직 함축적이었던 것을 명시적이게 되게 한다. 이 지점 이후에 이 설교를 아주 심오하게 채색하였던 대제사장적 기독론의 자료에 관한 일반적인 일치는 없다(서론의 "제사장직의 차원에서 해석되는 아들됨", "히브리서의 위치"를 보라). 저자가 대제사장의 개념에 관한 어떤 신학적 해석을 제공하기 전에 예수를 대제사장으로 언급할 수 있다는 사실(참조 3:1; 4:14-16)은 대제사장의 개념이 교회의 헬라파들의 공통된 속성이었다는 것을 강력하게 제기한다. 히브리서의 중요한 가치 중의 하나는 헬라주의자들의 통찰의 보전과 발전이다. 5:1-10:18에서 대제사장적인 주제의 취급은 한 선생의 편에서 창조적이고 기발한 묵상의 특징을 담고 있는데, 그는 기독교 공동체의 신학과 삶의 풍성함을 위해 그것의 가치의 통찰력 있는 이해를 전승으로 가져왔다.

2:10-18에서 특이한 것은 용사 또는 주창자(10-16절)로서의 예수의 모습이 제사장적인 범주로 예수를 해석함으로써 곧바로 연설의 본론으로 인도되고 있다는 것이다. 헬라어 '레위의 증언'(*Testament of Levi*)이 아직 해결되지 않은 많은 중요한 문제들을 제기하고 있을지라도(참조. J. H. Charlesworth, *The Pseudepigrapha and Modern Research* [Chico, CA: Scholars Press, 1981] 211-15), 한 구절이 특별한 관심을 끄는데, 제사장과 용사 모티브를 연결해주고 있기 때문이다.

> 그때에 주님은 새 제사장을 세울 것이고…
> 그는 이 땅에 의로운 심판을 행하실 것이다.
> 그는 천국(파라다이스)의 문을 열 것이고
> 아담을 대항하던 위협적인 검을 제거할 것이다.
> 그는 벨리알을 결박할 것이고, 악한 영들을 누를 수 있는 권세를 그의 자녀들에게 줄 것이다.
>
> 레위의 증언(*Testament of Levi*)

하나님을 이스라엘의 용사로서 대변하는 여타 것들처럼 이 본문은 묵시적 관점을 보존하고 있다. 그것은 히브리서 2:10-18에서 전개된 기독론적인 관점을 위한 헬라-유대적 패러다임을 제공한다. 용사와 대제사장의 직무에 공통된 대표자에 관한 요소가 히브리서에서 용사적 관점이 대제사장 기독론의 제시로 부드럽게 넘어가게 할 수 있었다는 사실을 설명해준다.

"하나님의 일에 자비하고 충성된 대제사장"으로 예수를 묘사함은 사무엘상 2:35에 대한 암시를 형성하는데, 그 구절에서 하나님은 "내가 나를 위하여 충실한 제사장을 일으키리니 그 사람은 내 마음, 내 뜻대로 행할 것이라 내가 그를 위하여 견고한 집을 세우리니 그가 나의 기름부음을 받은 자 앞에서 영구히 행하리라"고 선언하신다. 그 암시에 대한 인식은 저자가 "그의 집 맡은 아들로…저가 자기를 세우신 이에게 충성하신"(3:2, 6) 대제사장으로서의 예수에 관한 관심을 불러일으키는 3:1-6의 전환을 준비한다.

"백성의 죄를 구속하려 하심이라"(*εἰς τὸ ἱλάσκεσθαι τὰς ἁμαρτίας τοῦ λαοῦ* – 에이스 토 힐라스케스다이 타스 하마르티아스 투 라우). 두 번째 목적절은 첫 번째 것의 자연스러운 연장이다. 그것은 성육신하신 아들의 활동을 뚜렷한 제사장적인 범주에서 묘사한다. 힐라스케스다이(*ἱλάσκεσθαι*)의 적절한 번역은 학문적인 논쟁의 문제가 되었다. 주어의 온전하고 균형 잡힌 취급으로 모리스(Morris)는 "구속(propitiation)하는 것"이 "속죄(expiation)하는 것"보다 선호되었다는 것을 증명했다. "구속"이 70인경에서뿐만 아니라 세속적인 용법에서도 그 동사와 동족어의 통상적인 의미이기 때문이다(*Apostolic Preaching*, 125-60). 게다가 "죄를 구속하려 하심이라"(*ἱλάσκεσθαι τὰς ἁμαρτίας* – 힐라스케스다이 타스 하마르티아스)는 표현에서 대격은 흔치 않은 헬라어 구성이나, 그 용어를 보존하고 있는 몇몇 실례들에서 그것이 "일반적으로 구속의 사상을 함축하는 것으로 보인다"(175-76). 죄를 구속하려 하심은 하나님의 백성들을 화해케 하는 대제사장의 직무의 주요한 관심을 보여준다. 그 개념은 희생을 함축하고, 이 문맥에서 아들의 구속적인 사역은 다른 사람들을 위해 생명을 내놓은 것이다(참조. 10, 14, 18절).

대제사장이 대신해서 봉사하고 있는 사람들을 "그 백성들"(*τοῦ λαοῦ* – 투 라우)로 묘사한 것은 헬라 성경의 배경을 갖는데, 호 라오스[투 데우](*ὁ λαὸς [τοῦ θεοῦ]*)는 하나님이 선택한 언약 관계로 다른 민족들과는 구분되는 민족을 특징짓는 이스라엘을 가리키는 전문 용어이다(참조. Strathmann, *TDNT* 4:29-57, 특히 54-55). 저자는 기독교 공동체에 이 경칭을 전이시키는 것을 주저하지 않는다. 모든 구약성경은 그에게서 교회를 위한 하나님의 조항의 비유이기 때문이다. 그 표현이 구약의 용어들을 풍성하게 담고 있는 연관관계에 의존하고 있을지라도(참조. 신 7:6-8; 14:2; 21:8), 그것의 궁극적인 적용은 예수의 대제사장적 사역의 수혜자가 되고 있는 새로운 하나님의 백성들에 대한 것이다. "백성"은 16절의 "아브라함의 자손"에 상응하지만, 예수가 하나님의 백성들을 돕기 위해 오셨다는 일반적인 진술은 그들의 죄를 구속하려는 대제사장의 행위와 관련해서 더 정확한 진술을 발견한다.

18 마지막 진술은 10-17절에서의 전개를 공동체와 관련시킨다. 그것은 시험과 갈등 속에 있는 그들을 강건하게 하기 위한 것이다. 저자는 신실(그는 피스토스[πιστός]하시다)과 긍휼(그는 엘레에몬[ἐλεήμων]하시다)에 호소한다. 성육신은 아들을 인간의 삶의 긴장과 갈등에 노출시켰고, 그것은 하나님의 뜻에 대한 순종의 마지막 행위로 죽음의 고통에서 절정을 이루었다(참조. 4:15; 5:2, 7-8). 하나님에 대한 예수의 신실성이 지극한 시험을 통과하게 되는 것이 이 시점이고, 그는 신실한 대제사장이 됨을 입증하였다. 그가 자기 자신을 세상의 인간 경험의 갈등과 분리시키지 않았기 때문에, 그리고 이 특별한 의미로 시험을 받았기 때문에, 그는 지금 시련의 고통에 노출되어 있는 사람들을 도울 수 있다.

따라서 예수는 역시 긍휼하신 대제사장인 것을 입증하신다. 윌리암슨(Williamson)은 예수가 죄에 직면하고 죽음의 고통을 받으신 것이 그로 하여금, 그밖에 어느 것도 이룰 수 없었을 때, 일반적인, 죄 있는, 고통하는 남녀들을 도울 수 있게 되었다"(90)고 언급한다. 따라서 연설의 첫 번째 주요한 항목은 목회적 격려의 논조로 결론을 맺게 된다.

해설

2:10-18의 보다 큰 문맥은 시편 8장의 묵상인데, 그것은 낮아지고 높아지신 인간 예수에 대한 직접적인 관심을 기한다. 예수가 잠시 동안 "천사보다 못하게" 되셨을지라도, "하나님의 은혜에 의해 그는 모든 사람들을 위한 죽음을 맛볼 수 있도록 죽음의 고난 받으심을 인하여 영광과 존귀로 이제 관을 쓰셨다"(9절). 예수의 죽음에 대한 언급은 하나님의 아들의 성육신과 죽음의 적절성에 대한 저자의 묵상을 촉발시킨다. 선재하신 아들은 인간종족으로 들어오셨고, 인간의 조건을 입으셨다. 인류를 구속하기 위해 특히 죽음에 처하셨다. 따라서 그 단락은 예수의 인간됨의 온전하고 진실된 실체와 구속받은 공동체의 의미에 초점이 맞추어져 있다.

전체 구절의 지배적인 개념은 자기 백성들과의 아들의 유대(하나됨)에 관한 개념이다. 그 유대는 백성들을 거룩하게 하신 분과 거룩하게 된 사람들이 동일한 가족에 속해 있다는 진술(11절)과 시편과 이사야서의 인용의 목록으로(12-13절) 확인된다. 시편 기자의 "형제들"은 예수가 하나님을 찬양함에 있어서 그의 목소리를 높인 "신실한 회중들"이다. 그들은 하나님을 신뢰하는 사람들이고, 이사야가 아주 많이 언급했던 영적인 남아 있는 자들이며, 예수에 의해 저자의 날(day)로 대표되고 그의 부르심에 응답했던 모든 사람들이다.

거룩한 아들은 그 백성들을 위해 죽기 위해서 그들과 하나가 되셨다. 이것은 9절에서 매우 일반적으로 확인되었는데, 거기서 "그가 모든 사람들을 위해 죽음을 맛보셨다"는 선언은 그의 죽음이 다른 사람들을 위한 것임을 지적했다. 그러나 그의 죽음으로부터 나온 혜택의 본질은 불명확한 채로 남는다. 뒤이어지는 구절들은 예수의 죽음이 다른 사람들이 하나님의 영광에 참여할 수 있는 길을 열었다는 것을 규명한다. 죽음의 두려움과 마귀에 대한 노예로부터의 구원을 이루면서 말이다(10-16절). 모든 인간과 공통된 존재 양식에 대한 예수의 수용과 믿음의 공동체와의 예수의 동일시는 하나님의 백성들 속에서 인간 가족의 영광의 약속을 보증하였다.

이러한 배경 내에서 예수는 용사와 대제사장으로 제시된다. 개별적이고 대표적인 전투의 모티브에 의존하고 예수를 억압받는 사람들의 주창자로 묘사한 것은 위기 중에 있는 크리스천들에게 위로와 용기의 말을 전달하였다. 용사로서 예수에 관한 묘사는 공동체의 인접한 위기를 넘어서서 하나님의 백성들을 위해 이미 확보된 승리를 가리켰다. 은유 중에 승리주의의 요소는 10절에서 표현된 영광의 신학을 보충했다. 용사 기독론은 하나님이나 예수가 죽음의 폭군에 사로잡힌 사람들을 구하는 용사라는 전승의 관점에서 성육신의 신선한 해석을 제공했다(참조. 사 49:24-26; 눅 11:21-22). 그 용사가 죽음을 통하여 그의 대적자에게 승리했다는 신선한 상기(14-15절)는 아들로 말미암은 공동체에 확대된 하나님의 은혜의 고귀한 특징을 보여주었다(9절).

하지만 아들의 성육신과 죽음에 대한 이런 효과적인 접근은 16절을 넘어서 계속 유지되지는 않는다. 17-18절로 저자는 청중들을 제사장과 희생으로서의 예수에 관한 해석에 전념하는 강화의 본론으로 곧바로 이끌어갈 것을 준비한다. 용사와 대제사장의 개념에 공통된 것은 어떤 특별한 백성들을 대표하며 같이 되었다는 요소이다. 2:10-18에서 예수에 관한 제시는 높아지신 아들이 적대적인 세상에서 치욕과 시험을 받고 있는 하나님의 억압받는 백성들과 자기 자신을 동일시하셨다는 확신을 제공했다.

II. 아들의 대제사장적 성격(3:1-5:10)

참고문헌

Black, D. A. "The Problem of the Literary Structure of Hebrews: An Evaluation and a Proposal." *GTJ* 7(1986) 163-77. **Bligh, J.** *Chiastic Analysis of the Epistle to the Hebrews.* 4-8. ______. "The Structure of Hebrews." *HeyJ* 5(1964) 170-77. **Cladder, H.** "Hebr. 1,1-5, 10." *ZKT* 29(1905) 1-27. **Descamps, A.** "La structure de l'Épître aux Hébreux." *RDT* 9(1954) 251-58. **Dussaut, L.** *Synopse structurelle de l'Épître aux Hébreux.* 33-53. **Gyllenberg, R.** "Die Komposition des Hebräerbriefs." SEÅ; 22-23 (1957-58) 137-47. **Hillmann, W.** "Lebend und wirksam ist Gottes Wort: Einführung in die Grundgedanken des Hebräerbriefes(1,5 4,13)." *BibLeb* 1(1960) 87-99. **Nauck, W.** "Zum Aufbau des Hebräerbriefes." In *Judentum, Urchristentum, Kirche.* FS J. Jeremias. ed. W. Eltester. BZNW 26. Berlin: Töpelmann, 1960. 199-206. **Rice, G. E.** "Apostasy as a Motif and Its Effect on the Structure of Hebrews." *AUSS* 23 (1985) 29-35. **Smothers, T. G.** "A Superior Model: Hebrews 1:1-4:13." *RevExp* 82(1985) 333-43. **Songer, H. S.** "A Superior Priesthood: Hebrews 4:14-7:28." *RevExp* 82(1985) 345-59. **Swetnam, J.** "Form and Content in Hebrews 1-6." *Bib* 53 (1972) 368-85. **Vanhoye, A.** "Discussions sur la structure de l'Épître aux Hébreux." *Bib* 55(1974) 349-80. ______. "Les indices de la structure littéraire de l'Épître aux Hébreux." SE 2(1964) 493-509. ______. "Literarische Struktur und theologische Botschaft des Hebräerbriefs." *SNTU* 4(1979) 119-47; 5(1980) 18-49. ______. *La structure littéraire.* 38-42, 86-114. ______. "*Structure littéraire et thèmes théologiques de l'Épître aux Hébreux.*" In *Studiorum Paulinorum Congressus Internationalis Catholicus 1961.* AnBib 18. Rome: Biblical Institute, 1963. 175-81.

서론

히브리서의 두 번째 주요한 구분은 3:1-5:10으로 확대된다. 저자의 구체적인 관심은 거룩한 아들의 제사장적 성격을 발전시키는 것이다. 이 주제는 공식적으로 2:17에서 선언되었는데, 거기서 예수는 "하나님의 일에 자비하고 충성된 대제사장"

으로 묘사된다. 특징적인 형태로 주요 용어들인 '자비'와 '충성'은 뒤바뀐 순서로 설교의 단락 속에서 다루어신다. 저자는 자기 자신을 먼저 예수의 신실함에 귀속시키고(3:1-6), 나아가서 청중들 역시도 신실함이 필요함을 촉구한다(3:6:b-4:14). 그 다음에 저자는 하나님의 일에 자비하신 대제사장으로서 예수의 긍휼에 관심을 불러 일으킴으로써 용기를 북돋는다(4:15-5:10).

대부분의 주석가들과 모든 영어 번역자들은 4:14에서 통합된 해석과 권면의 더 큰 단위에 대한 결론보다는 새로운 단락의 시작을 발견하기를 좋아한다. 그러나 이런 일치는 문학적 형태와 주제적 고려들에 의해 도전을 받는다. 저자는 이미 1:5-14와 2:5-16에서 해석을 포괄하는 인클루시오(*inclusio*)의 문학적 고안물을 사용했다. 그는 3:1-4:14에서도 역시 이 절차를 따른다.

> 3:1-2a 그러므로 함께 하늘의 부르심을 입은 거룩한 형제들아 우리의 믿는 도리의 사도시며 대제사장이신 예수를 깊이 생각하라 저가 자기를 세우신 이에게 충성하시기를…
>
> 4:14a 그러므로 우리에게 큰 대제사장이 있으니 승천하신 자 곧 하나님 아들 예수시라 우리가 믿는 도리를 굳게 잡을지어다.

'예수', '대제사장', 그리고 '고백'(믿는 도리)이란 의미 있는 용어들의 반복과 사상의 일치는 3:1에서 시작된 전개가 4:14까지 확대된다는 것을 알려준다(Descamps, *RDT* 9[1954] 256; Vanhoye, *La structure*, 38-39). 청자들은 크리스천의 신실성에 대한 자극을 예수의 신실성에서 발견할 것을 촉구받는다.

이 분석의 정확성을 첫 번째 항목에 산재되어 있는 어휘의 단일한 특징으로 어느 정도 확인할 수 있다. 중요한 용어들은 충성과 신실함의 중요한 이슈와 관련이 있다: '충성스러운'(피스토스[*πιστός*], 3:2, 5), '충성'(피스티스[*πίστις*], 4:2), '믿다'(피스튜에인[*πιστεύειν*], 4:3), 불신앙(아피스티아[*ἀπιστία*], 3:12, 19), "못 믿다"라는 의미에서 '불순종하나'(아페이데인[*ἀπειθεῖν*], 3:18), 그리고 "불신앙"이라는 의미에서 불순종(아페이데이아[*ἀπείθεια*], 4:6, 11). 이 어휘가 집중하여 나오는 것은 이 항목의 통일된 특징을 설명해준다.

예수가 3:1과 4:14에서 '대제사장'으로 지칭될지라도, 처음 단락에서 그의 대제사장직의 명백한 해석은 없다. 예수를 '큰 대제사장'(4:14)으로 묘사하는 것의 중요성이 고려되고 있는 것은 두 번째 항목에서다(4:15-5:10). 저자는 두 연속적인 신술에서, 약간의 변화만 두고, 처음의 동일한 표현을 반복함으로써 이 사상의 새로운 단위로 부드러운 전환을 이룬다.

4:14 "그러므로 우리에게 큰 대제사장이 있으니"
에콘테스 운 아르키에레아 메간(*ἔχοντες οὖν ἀρχιερέα μέγαν*)
4:15 "우리에게 있는 대제사장은"
우 가르 에코멘 아르키에레아(*οὐ γὰρ ἔχομεν ἀρχιερέα*)

그 반복은 권면에서 해석으로의 전환을 특징짓고, 또한 예수가 "하나님의 일에 자비한 대제사장"(2:17)이라는 것을 증명하는 새로운 단락의 도입을 가리킨다. 예수의 긍휼하심의 근거는 그 자신이 시험받으심이다(2:18). 결과적으로 그는 시험의 고통에 직면한 공동체에 자비(엘레오스[*ἔλεος*])를 확대하실 수 있다. 시험과 고통에 대한 예수의 복종을 반복해서 언급함(4:15; 5:7-8)은 2:18에서 있었던 진술을 재개하고 그것에 구체적인 내용을 제공한다. 두 번째 항목은 5:9-10에서 정리되는데, 설교의 가장 커다란 중심 부분인 7:1-10:18, 즉 멜기세덱의 제사장직과 같은 대제사장직(7:1-28), 예수의 완전성(8:1-9:28), 그리고 영원한 구원의 근원으로서의 예수(10:1-18)에서 고려되는 주제들을 선언함으로써 그러하다.

새로운 구분이 웅변적인 명령("깊이 생각하라", 3:1)으로 시작할지라도, 최초의 단락(3:1-6)은 해석을 형성한다. 해석에서 권면으로, 장르의 급격한 변화는 첫 항목을 세분하고, 청자들이 충성할 것에 대한 긴 호소(3:7-4:14)를 도입한다. 두 번째 항목은 해석으로 되돌아감을 알려준다(4:15-5:10). 설교를 구성하고 있는 조심스러운 배려는 해석과 권면의 교차를 통해 이루고 있는 균형에서 분명히 알 수 있다. 첫 번째 주요한 구분(1:5-2:18)에서 권면의 짤막한 단위(2:1-4)는 해석의 보다 큰 단위들(1:5-14; 2:5-18)을 분리시킨다. 두 번째 주요한 구분에서 두 짤막한 해석 단락(3:1-6; 4:15-5:10)은 확대된 권면을 묶어준다. 저자가 기술적으로 권면과 해석을 조합함으로써 청자들이 교훈 받고 이에 참여할 것을 의도했음이 분명해진다.

A. 신실하신 하나님의 아들이시기 때문에 믿을 수 있는 대제사장(3:1-6)

참고문헌

Aalen, S. "'Reign' and 'House' in the Kingdom of God: Supplement: 'Kingdom' and 'House' in Pre-Christian Judaism." *NTS* 8(1961) 215-40. **Allen, E. L.** "Jesus and Moses in the New Testament." *ExpTim* 67(1955-56) 104-6. **Andriessen, P.** "La teneur judéo-chrétienne de Hé I 6 et II 14B-III 2." *NovT* 18(1976) 293-313. **Auffret, P.** "Essai sur la structure littéraire et l interprétation d'Hébreux 3, 1-6." *NTS* 26(1979-80) 380-96. **Bartelink, G. J.** *Quelques observations sur Παρρησία dans la littérature paléo-chrétienne.* Supplementa. Nijmegen: Dekker & Van de Vegt, 1970. **Berger, K.** "Zum traditionsgeschichtlichen Hintergrund christologischer Hoheitstitel." *NTS* 17(1970-71) 413-22. **Bornkamm, G.** "Das Bekenntnis im Hebräerbrief." In *Studien zu Antike und Urchristentum: Gesammelte Aufsätze II.* Munich: Kaiser, 1963. 188-203.[Reprinted from *TBl* 21(1942) 56-66.] **Castelvecchi, I.** *La homologia en la carta a los Hebreos.* Montevideo: Pellegrini, 1964. **Chavasse, C.** "Jesus: Christ and Moses." *Theol* 54(1951) 244-50. **D Angelo, M. R.** *Moses in the Letter to the Hebrews.* 65-199. **Dey, L. K. K.** *The Intermediary World and Patterns of Perfection.* 155-83, 227-33. **Grässer, E.** "Mose und Jesus: Zur Auslegung von Hebr 3:1-6." *ZNW* 75(1984) 2-23. **Hamm, D.** "Faith in the Epistle to the Hebrews: The Jesus Factor." *CBQ* 52(1990) 270-91. **Hanson, A. T.** "Christ in the Old Testament according to Hebrews." *SE* 2(1964) 393-98. **Hay, D. M.** "Moses through New Testament Spectacles." *Int* 44(1990) 240-52. **Horbury, W.** "The Aaronic Priesthood in the Epistle to the Hebrews." *JSNT* 19(1983) 43-71. **Jones, P. R.** "The Figure of Moses as a Heuristic Device for Understanding the Pastoral Intent of Hebrews." *RevExp* 76(1979) 95-107. **Kouto, J. K. M.** "Humanité et autorité du Christ-Prêtre: Une approche exégético-théologique de Hé. 2,5-18; 3,1-6 et 4,15-5,10." Dissertation, Pont. Univ. Urbaniana, Rome, 1985. **Laub, F.** *Bekenntnis und Auslegung.* 27-30. **Marrow, S. B.** "*Παρρησία* and the New Testament." *CBQ* 44(1982) 431-46. **Melbourne, B. L.** "An Examination of the Historical-Jesus Motif in the Epistle to the Hebrews."

AUSS 26(1988) 281-97. **Neufeld, V. H.** *The Earliest Christian Confessions.* 133-37. **Oberholtzer, T. K.** "The Kingdom Rest in Hebrews 3:1-4:13." *BSac* 145(1988) 185-96. **Otto, C. W.** *Der Apostel und Hohepriester unseres Bekenntnisses: Eine exegetische Studie über Hebr. 3,1-6.* Leipzig: Deichert, 1861. **Parsons, M. C.** "Son and High Priest: A Study in the Christology of Hebrews." *EvQ* 60(1988) 195-215. **Plooij, D.** "The Apostle and Faithful High Priest, Jesus." In *Studies in the Testimony Book.* Amsterdam: Noord-Hollandische Uitgevers-Maatschappij, 1932. 31-48. **Robertson, O. P.** "The People of the Wilderness." 71-82. **Saito, T.** *Die Mosevorstellungen.* 95-108, 136-49. **Schröger, F.** *Der Verfasser des Hebräerbriefes.* 95-101. **Swetnam, J.** "Form and Content in Hebrews 1-6." *Bib* 53(1972) 369-78. **Tascon, V.** "Jesucristo, sacerdote misericordioso y fiel." *CTom* 100(1973) 139 -90. **Vanhoye, A.** "Jesus 'fidelis ei qui fecit eum'(Hebr 3, 2)." *VD* 45(1967) 291- 305. **Williamson, R.** *Philo and the Epistle to the Hebrews.* 109-14, 449-69.

본 문

1 그러므로 함께 하늘의 부르심을 입은 거룩한 형제들아 우리의 믿는 도리의 사도시며 대제사장이신 예수를 깊이 생각하라	**1** For this reason, holy brothers, sharing in a heavenly calling, observe that[a] the apostle and high priest of whom our confession speaks, Jesus,[b]
2 저가 자기를 세우신 이에게 충성하시기를 모세가 하나님의 온 집에서 한 것과 같으니	**2** was faithful to the one who appointed him in his house[c] (as was Moses also).[d]
3 저는 모세보다 더욱 영광을 받을 만한 것이 마치 집 지은 자가 그 집보다 더욱 존귀함 같으니라	**3** For[e] Jesus[f] has been considered worthy of greater glory than Moses, in the same measure as the builder of a house has greater honor than the house itself.
4 집마다 지은 이가 있으니 만물을 지으신 이는 하나님이시라	**4** For every house is built by someone, but God is the builder of all things.
5 또한 모세는 장래의 말할 것을 증거하기 위하여 하나님의 온 집에서 사환으로 충성하였고	**5** Now Moses was faithful in all God's household as a servant to bear witness[g] to those things which were to be spoken by God in the future,[h]
6 그리스도는 그의 집 맡은 아들로 충성하였으니 우리가 소망의 담대함과 자랑을 끝까지 견고히 잡으면 그의 집이라	**6** but Christ is faithful[i] as the Son[j] presiding over God's household. We are God's household,[k] supposing that[l] we continue to hold firmly to our confidence and the hope of which we boast.[m]

원문주해

a. 거의 모든 번역자들은 "사도…예수"를 동사 카타노에사테(κατανοήσατε, "깊이 생각하라")의 직접목적어로 다루는데, 그것은 관계절(KJV, RV, NEB)이나 새 문장(RSV, JB, NIV)으로 번역하는 한정어로서 2절의 피스톤 온타(πιστὸν ὄντα, "충성하시기를") 분사형 어구를 취한다. 히브리서의 그밖에 다른 곳에서 간접화법을 표현하는 것을 알게 하거나 인식하게 하는 어떤 동사들 다음에 술부에서 분사의 사용(2:8, 9; 10:25; 13:23)은 사람들로 하여금 여기서 그 구성을 인식하게 만든다(참조. Turner, *Grammar*, 3:161; Wikgren, "Greek Idioms", 149).

b. 히브리서에서 그밖에 다른 곳에서처럼(2:9; 6:20; 7:22; 10:19; 12:2, 24; 13:20), "예수"라는 이름은 주요 절과의 동격으로 맨 뒤에 병치된다(2:9의 주석을 보라). 일상적이지 않은 어순의 효과는 그 이름에 상당한 강조를 주기 위해서다.

c. 그 번역은 P[13] P[46] B co Ambr Cyr이 증명하는 엔 토 오이코 아우투(ἐν τῷ οἴκῳ αὐτοῦ) 독법에 의존한 것이다. 이문형 본문인 엔 홀로 오이코 아우투(ἐν ὅλῳ οἴκῳ αὐτοῦ, "하나님의 온 집에서")는 ℵ A C D lat vg sy arm aeth Chry에 의해 지지되지만, 형용사인 홀로(ὅλῳ, "온", "전체")가 5절의 민수기 12:7에 암시의 영향으로 2절에 첨가되었다는 의심에 처하게 된다(더 자세한 것은 Metzger, *Textual Commentary*, 664을 보라). 민수기 12:7에 대한 암시는 "그의 집"이 하나님의 권속을 의미하는 것을 설정한다.

d. 모세에 대한 언급은 삽입구적이다. 그것은 5절의 민수기 12:7에 대한 암시를 보여준다.

e. 접속사 가르(γάρ)는 1-2절에서 표현된 호소를 이 진술과 연결시킨다. 독자들이 예수가 신실하셨다는 것을 유념하도록 촉구하는 이유는 그가 모세보다 더 위대한 영광을 받을 가치가 있다는 것을 유념하라는 것이다.

f. 지시대명사 후토스(οὗτος, "이 분")를 예수로 번역한 것은 1절의 선행에 따른 것이다.

g. 마르투리온(μαρτύριον, "증거하다")에서 선언된 목표나 소명을 나타내는 전치사 에이스(εἰς)의 사용에 대해서는 BAG 228 (4d)을 보라.

h. 그 번역은 톤 랄레데소메논(τῶν λαληθησομένων)의 미래시제와 수동태를 반영한 것이다. 이것은 신약성경의 미래수동태분사의 유일한 사례다. BDF §351(2)을 참조하라.

i. "충성하다"라는 번역은 5절의 모세의 충성에 대한 분명한 언급에 의해 함축된다. 그것은 두 진술의 병행을 어느 정도 요구하는 5-6절의 멘…데(μὲν… δέ) 구문으로 정당화된다.

j. 히브리서에서 자주 그런 것처럼, 명사는 무관사(호스 휘오스[ὡς υἱός])이지만, 분명히 하나님의 아들로서의 예수의 신분을 언급하고 있다. (1:2a절의 원문주해를 보라.)

k. P^{46}과 주요한 서방 증거본(D* 0121b 88 424[c] 1739 it vg Lcf Ambr)이 지지하는 호스(*ὅς*) 독법이 정확한 것으로 보인다(Zuntz, *Text*, 92-93, 117, 287; Tasker, *NTS*[1954-55] 186). 이견에 대해서는 Metzger, *Textual Commentary*, 664-65을 보라. 이 절의 구조에서 "우리는 [그의 집]이라"(에스멘 헤메이스[*ἐσμὲν ἡμεῖς*])는 강조적이다.

l. 그 번역은 다른 조건적 사실과 관련한, P^{46} ℵ A C D^2 ψ과 주요 텍스트들이 지지하는 텍스트상의 변화인 에안페르(*ἐάνπερ*, "참으로, 오직, 한다면")를 반영한다(BDF §454 [2]). 동일한 구성을 13:14에서 발견할 수 있다. 삼등급 조건의 사용(카타스코멘[*κατάσχωμεν*]과 함께 에안페르[*ἐάνπερ*])은 그 결과가 청자들의 반응에 달려 있다는 것을 함축한다.

m. A C D K P ψ 0121b와 주요 텍스트에서 발견되는 한정어 메크리 텔루스 베바이안(*μέχρι τέλους βεβαίαν*, "끝까지")은 3:14의 내삽법으로 보인다. 메츠거(Metzger, *Textual Commentary*, 665)는 저자가 사용하기를 바랬던 성이, 가장 근접한 명사인 토 카우케마(*τὸ καύχημα*)를 한정하면서, 베바이안(*βεβαίαν*)이 아니라 베바이온(*βέβαιον*, 중성)이라고 언급한다. 이 한정어구는 P^{13} P^{46} B sa에서는 생략되어 있다.

양식/구조/배경

히브리서 3:1-6은 하나님의 일에 대제사장으로서의 예수의 충성(2:17)에서 출발점을 발견한 해석의 압축적인 구성 단위를 이루고 있다. 새로운 단위의 시작은 문학적인 양식에서의 변화로 표시된다. 2:5-18에서 그 양식은 훈계적 미드라쉬에 적합했다. 성경 본문이 인용되고 그것의 함축된 의미가 해석을 통해 구축되었다. 하지만 3:1-2a에서 저자는 자신의 주제에 독자들의 관심을 집중시키기 위해서 직접 화법과 웅변적인 명령법을 사용한다: "그러므로 함께 하늘의 부르심을 입은 거룩한 형제들아 우리의 믿는 도리의 사도시며 대제사장이신 예수를 깊이 생각하라."

성경의 증거가 계속해서 중요하지만, 직접적인 인용보다는 암시를 통해 본문이 함축된다. 70인경 민수기 12:7뿐만 아니라 엘리(삼상 2:35)와 나단(대하 7:14)에 대한 말씀에 호소한다. 이런 본문들은 "충성"과 "집"이라는 주제어들을 공통되게 갖고 있다. 저자는 '집'(오이코스[*οἶκος*])이라는 용어에 초점을 맞추고, 그것을 예수가 모세보다 우월함을 증명하기 위한 수단으로 사용한다. 3:2-6에서 여섯 번이나 나타나는 이 특징적인 용어가 그 단락을 함께 묶어준다.

단락의 구조에 관한 고려는 3-6절의 통일성에 관한 질문에 직면한다. 1-2a절이 문장론적으로 함께 속하고 2b절이 5절에 모세에 대한 증언을 예기하는 삽입구임이 분명하다. 5-6a절은 멘…데($\mu \grave{\epsilon} \nu \cdots \delta \acute{\epsilon} \cdots$) 구조("한편으로…다른 한편으로")에 의해 연합된다. 6b절은 연결구절로 기능한다. 독자들을 위한 해석의 관계성을 강조함으로써 그것은 단락의 결론을 나타내고, 뒤이어지는 권면으로의 전환을 제공한다. 결정해야 할 것은 4절에서 주어진 진술과 3절의 정확한 관계의 문제다.

많은 주석가들이 3-6절이 독립적인 진술을 이루고 있다고 결론짓는다.

3절 모세와 예수 사이의 첫 번째 비교
4절 삽입구
5-6절 모세와 예수 사이의 두 번째 비교

그들은 3절의 논리가 예수(3a절)와 "집 지은 자"(3b절)의 동격을 요구한다고 주장한다(참조. Hanson, SE 2[1964] 394-96; Williamson, *Philo*, 461). 하지만 이런 이해로는 4절을 그 전개에 통합시킬 수가 없다. 짓는 행위자가 하나님에세 할당되고 있지 예수에게가 아니기 때문이다. 3절과 4절의 논리에서 해결되지 않은 긴장은 4절이 첫 번째 비교(3절)와 두 번째 비교(5-6절)를 분리시키는 삽입구적인 진술이어야 함을 암시한다(고로 Windisch, 29; Moffatt, 40-43; Spicq, 2:66-68; Buchanan, 57-58).

하지만 이 분석의 약점은 저자의 논증의 발전을 가리키는 분사와 접속사의 사용에 대한 그의 습관을 무시하고 있다는 것이다. 3:1-6에서 가르($\gamma \acute{\alpha} \rho$)와 카이($\kappa \alpha \acute{\iota}$) 접속사가 단락의 내적인 구조를 보여준다. 세 번째 절은 가르($\gamma \acute{\alpha} \rho$)의 출현에 의해 서두의 진술과 통합된다. 3절과 4절에서 연결사가 없는 것은 이 두 절이 한 단위를 형성하고 있음을 암시하고, 4절의 기능은 이전의 진술을 규명하는 것이다. 4절의 시작에서 가르($\gamma \acute{\alpha} \rho$)의 반복은 그것이 독립적인 단위가 될 수 없음을 가리킨다.

마지막으로 5절의 시작에서 카이($\kappa \alpha \acute{\iota}$)는 4절의 가르($\gamma \acute{\alpha} \rho$)를 연장시킴으로써 4절에서 제공된 해석이 5-6절로도 확대된다(Vanhoye, *La structure*, 88-89; Bonsirven, 232; Dey, *Intermediary World*, 166-68, 172-73, 181-82). 저자가 제공하는 문법적인 특징을 관찰함으로써 우리는 저자의 사상의 발전이 다음과 같은 구조를 반영하고 있다고 제기할 수 있다.

1-2절 예수와 모세 간의 비교의 도입
3절 모세에 대한 예수의 우월성의 주장
4-6절 이 주장에 대한 설명
6b절 회중과의 관계

만약 4절이 삽입구가 아니고 주장에서 해석으로의 전환점을 특징짓는다면, 그 해석은 일관되게 발전된다. (이 단락의 내적인 구조에 대한 더 자세한 분석을 위해서는 Vanhoye, *La structure*, 86-92; Auffret, *NTS* 26[1979] 380-96을 보라.)

이스라엘의 언약과 제의의 중재자로서 모세라는 인물은 히브리서에서 비판적인 중요성을 갖는다. 저자는 모세의 시대, 모세의 언약 그리고 모세의 제의를 예수로 말미암아 하나님에 의해 시작된 새로운 상황과 대조한다. 이것은 설교의 서두 소절에서, 선지자들로 말미암아 조상들에게 언급된 말씀과 거룩한 아들로 말미암아 언급된 말씀의 대조 속에서 암시되었다. 천사들이 중재한 모세의 율법은 주님이 그리고 주님으로부터 들었던 사람들이 선포한 구원의 궁극성에 자리를 양도하였음을 2:1-14에서 확인했다. 이런 접근은 히브리서 전체를 통해 견지된다. 모세의 시대와 기독교 예배에서의 하나님에 대한 접근에 초점을 맞춘, 옛 제의와 새 제의의 확장된 비교(4:15-10:31; 12:18-24)는 옛 제의의 중재자로서의 모세와 새 제의의 중재자로서 예수 간의 병행을 발전시킨다. 모세와 광야 세대에 대한 창조적인 언급을 함으로써, 저자는 그리스도를 새 언약의 중재자로서 제시하고, 그리스도인의 실존의 역동적인 특징을 규명한다. 모세는 단지 예수와 비호의적으로 비교되는 몇몇 사람들 중에 한 사람이 아니라, 모세와 예수는 이 설교의 전체를 통하여 함께 결합된다(P. R. Jones, *RevExp* 76[1979] 95-97).

몇몇 저작자들은 히브리서의 저자가 2:14-18에서 심지어 2:10-18에서 3:1-6을 준비했다고 제기했다. 이 구절들의 용어에서 모세 예표론을 발견하면서 말이다(E. L. Allen, *ExpTim* 67[1955-56] 104; Andriessen, *NovT* 18[1976] 304-13; Thurston, *EvQ* 51[1979] 33; Grogan, *VoxEv* 6[1969] 56-57). 그것은 3:1-6을 위한 더 큰 문맥을 인식하는 것이 좋을 것이다. 3:1에서 "그러므로"(*ὅθεν*-호덴)라는 추론적인 분사는 저자가 아들의 초월적인 신성, 즉 하나님의 마지막 말씀의 중재자에 관해 1:1-2:18에서 언급했던 모든 것을 돌아본다. 아들에게 부여된 권위는, 민수기 12:6-8에 따르면, 일상적인 선지자보다 하나님이 긴밀하게 직접적으로 말씀하셨던 인물로서의 모세의 독특한 권위와 비교하는 것을 불가피하게 초래했다. 히브리서 3:2, 5에서 민수기 12:7의 암시는 3:1-6의 모세에 대한 예수의 우월성의 제시가 이미 이 설교의 서두 문장에서 이미 예기되고 있다는 것을 암시한다(P. R. Jones, *RevExp* 76[1979] 97-98; 참조. Saito, *Mosevorstellungen*, 95).

유대 전승의 요소에서 민수기 12:7의 모세에 대한 증언은 모세가 봉사하는 천사들보다 더 높은 서열과 특권을 부여받았다는 것을 입증하는데 사용되었다(D

Angelo, *Moses*, 95-131은 민 12:6-8에 첨부된 *Sipre Zutia*[ed. H. S. Horowitz, 275-76]와 *Sipre* Num 103d[ed. H. S. Horowitz, 101-2]에 관심을 불러일으킨다). 만약 이 해석이 디아스포라 유대 공동체들 중에도 인정되었다면, 아들이 천사들과 먼저 비교되고(1:1-2:16), 그 다음에 모세, 즉 천사들보다 우월한 자와 비교되는 (3:1-6) 히브리서의 구조는 명확해진다. 예수가 천사들보다 우월할 때에 계속해서 모세에 대한 예수의 우월성을 제시하는 것은 결코 낭비가 아니었음을 알려준다.

아프렛(Auffret, *NTS* 26[1979] 385-86)은 3:1-6을 주제적 문학적 고려에 근거하여 1:1-2:18과 연관시킨다.

1:1-4 아들	[짤막한 단위]
1:5-14 천사들에 대한 아들의 우월성	[더 긴 단위]
2:1-14 아들로 말미암아 언급된 구원의 말씀에 상응하는 천사들을 통해 언급된 말씀	
2:5-18 예수	[더 긴 단위]
3:1-6 모세에 대한 예수의 우월성	[짤막한 단위]

이런 분석은 3:1-6의 문맥을 세워주고, 그것의 의미를 인식케 해준다. 예수와 모세의 비교는 설교의 구조에서 전략적으로 두어져 있음을 알려준다.

주석

유대교에서 모세의 중요성과 그가 받는 존경은 아무리 과장해도 지나치지 않다. 유대 헬라적 본문으로 그 언급을 제한한다면, 유세비우스가 인용한 에스키엘 트라지디안(Ezekiel the Tragedian)의 '출애굽'(*The Exodus*)의 한 구절을 상기하는 것이 필요하다. 모세는 하나님이 자신을 하늘의 보좌에 두시고 유일무이한 권위의 상징인 면류관과 홀을 하사하실 것이라는 꿈을 꾸었다(Eusebius, *Preparation for the Gospel* 9.29[ed. E. H. Gifford, 440]). 모세가 구약성경에서 오직 한번만 제사장으로 지칭될지라도(시 99:6), 그의 레위적인 배경(출 2:1-10), 하나님의 특권을 부여받은 계시와 대언에 관한 사역(출 33:12-34:35; 민 12:7-8) 그리고 제단에서의 봉사(출 24:4-8)는 그를 제사장적인 기능을 가진 사람으로 연관된다(참조. C. Hauret, "Moïse était-il prêtre?" *Bib* 40[1959] 509-21). 필로는 모세를 대제사장으로 묘사하기를 주저하지 않는다(예. *The Life of Moses* 2.66-186; *Who Is the Heir?* 182; *On Rewards and Punishments* 53, 56). 이 전승에서 모세는 하나님께 접근할 수 있고 매우 친밀하다는 의미에서 최고의 완전한 예증이 되고 있다(참조. Williamson,

Philo, 449; Dey, *Intermediary World*, 63-68, 157).

그러한 견해들이 헬라적 유대 공동체에 속하는 남녀들의 대화 속에서 공통된 속성이라면, 그것은 3:1-6에서 전개된 예수와 모세간의 비유에 의미를 던져 준다. 저자는 예수와 모세가 모두 "충성하"였지만, 예수가 종으로서의 모세의 신분에 비해 아들로서 우월한 신분을 가졌다는 것을 증명한다.

1-2a 저자는 이 지점에서는 2:1-4에서 그랬던 것처럼 자기 자신을 청중과 동일시하지는 않는다. 그는 처음으로 직접적으로 그들을 호칭한다. 이전 것과의 연결은 추론적인 분사인 호덴(*ὅθεν*, "그러므로")뿐만이 아니라 아델포이 하기오이(*αδελφοί ἅγιοι*, "거룩한 형제들")라는 지칭에 의해서도 이루어진다. 무리에 대한 묘사는 2:11, 12, 17에의 무게 있는 어휘에 근거를 갖는다. "형제들"은 "거룩하다." 그들은 하나님의 백성들을 거룩하게 하는 자로서의 예수의 제사장적 사역에 의해 하나님의 일에 거룩하게 되었기 때문이다(2:11).

"함께 하늘의 부르심을 입은"(*κλήσεως ἐπουρανίου μέτοχοι* – 클레세오스 에푸라니우 메토코이)이라는 부가적인 제한은 신약성경에서의 그밖에 다른 곳에서는 나타나지 않는다(빌 3:14이 병행적인 표현을 제공하지 않고 있다면 말이다). 복수형 메토코이(*μέτοχοι*)는 3:14("그리스도와 함께 참예한 자")과 6:4("성령에 참예한 자")에서 나타나는데, 이는 구원으로의 하나님의 부르심에 응답했던 사람들을 가리키는 전문 용어다(참조. Schmidt, *TDNT* 3:487-93).

3:1에서 저자는 공동체를 하나님께 부름 받은 사람들 즉 하나님께 나아갈 수 있는 특권을 향유한 사람들로 묘사한다. 이런 특이한 지칭은 하나님의 임재의 영광을 향유하는 것으로 인도함을 받은 사람들로서 2:10의 교회에 관한 묘사에 상응한다(참조. 11:16; 12:22). 그들은 모세나 아론에게 자신의 특권을 빚진 것이 아니라 천상에 입성하신 대제사장으로서의 아들에게 빚지고 있다(9:24)(참조. Dey, *Intermediary World*, 161-64). 웅변적인 명령법의 강압적 의미("예수가…충성하였다는 것을 유념하라", *κατανοήσατε*···· *Ἰησοῦν πιστὸν ὄντα* – 카타노에사테…예순 피스톤 온타)는 청중들의 직접적인 반응을 요청하고, 예수에 대한 관심에 예리하게 초점을 맞춘다.

"우리의 믿는 도리의 사도시며 대제사장이신 예수를"(*τὸν ἀπόστολον καὶ ἀρχιερέα τῆς ὁμολογίας ἡμῶν* – 톤 아포스톨론 카이 아르키에레아 테스 호몰로기아스 헤몬). 이런 어구로 저자는 하나님의 아들로서 예수에 관해 언급했던 것들에 집중하고, 그것을 청중들에 의해 표현된 헌신과 관련시킨다. 호몰로기아(*ὁμολογία*, "고백", 한글개역은 "믿는 도리")는 의무와 헌신, 즉 하나님의 행위에 대한 믿음의 응답을 포괄하는 표현을 지칭한다. 그것은 저자가 그의 청중들("우리의 고백")과 공유했던 그리스도인의 확신의 핵심을 함축한다. 수신된 공동체에서, 그 핵심은 하나님의 아들로서의 예수에 관한 인식이었다(4:14)(참조. Neufeld, *Earliest Christian Confessions*, 133-37). 그것은 세례와 관련한 고백("믿는 도리")의 전통적인 예전적 형태(Bornkamm, Das Bekenntnis, 188-93)나 예수의 칭호에 기초한 찬양의 예전(Käsemann, *Das wandernde Gottesvolk*, 105-10)에 호소하고 있다고 논증되지만, 이 문맥에서 고백("믿는 도리")에 대한 언급은 6절에서 하나님의 집을 관장하는 높아지신 아들로서의 예수의 제시를 준비한다(Williamson, *Philo*, 457-58).

"사도"와 "대제사장"의 칭호가 믿음의 고정된 고백에서 나오는 것이라는 증거는 없다. 그것들은 1:1-2:18에서 예수에 관한 제시를 하나님이 구원의 결정적인 말씀을 선포하시고 백성들의 죄를 구속하셨던 분으로서 단순히 요약하고 있다. 아르키에레아(ἀρχιερέα, "대제사장") 앞에 관사가 생략된 것은 그 칭호가 예수의 말씀과 사역의 거룩한 권위의 측면에서 그의 성취를 개관하는 병행적인 지칭임을 암시한다(참조. K. H. Rengstorf, *TDNT* 1:423-24).

하나님 아버지가 "보낸 분"으로서 예수의 개념이 제4복음서에 익숙할지라도, 예수는 결코 호 아포스톨로스(ὁ ἀπόστολος, "그 사도/보내심 받은 자")로 호칭되지 않는다. 신약성경에서는 오직 여기서만 그 용어를 예수에게 적용하고 있다. 기독론적인 칭호로서 그 용어에 대한 자료와 의미를 추적함은 많은 추측을 낳았다(참조. Michel, 171-75). 세 가지 제안들이 관심을 끄는데 다음과 같이 열거할 수 있다.

(1) "대제사장"이 히브리서에서 나타날 때마다 속죄일(Day of Atonement)이 그 배경에 있다. 유대의 자료들은 대제사장이 엄숙한 날에 백성들 앞에서 온전하게 승인된 하나님의 대표(שליח)로 간주되었다는 것을 알려준다(*b. Qidd.* 23b; *Ned.* 35b; *Yoma* 19a-b). 샬락(שליח)의 헬라어로의 번역은 아포스톨로스(ἀπόστολος)가 될 것이다. 히브리서 3:1에 "사도시며 대제사장"이라는 동등 어구는 전승의 이해를 반영한다(Str-B 3:4; W. Manson, *The Epistle to the Hebrews*, 53-54).

(2) 저스틴(Justin)은 자신의 '첫 변증'(*First Apology*)에서 예수를 "하나님의 아들이자 사도"(12:9)로 그리고 "천사/사자(ἄγγελος - 앙겔로스)와 사도"(63:5, 10, 14)로 확인한다. 저스틴은 "천사/사자"라는 지칭을 출애굽기 23:20에서 가져왔다: "내가 사자(ἄγγελος - 앙겔로스)를 네 앞서 보내어"(참조. Justin, *Dialogue* 75). 70인경은 "천사"나 "사자"를 언급하는 맛소라텍스트(MT)와 탈굼과 일치한다. 하지만

두드러진 이문형 독법이 *Sam. Tg.* 출애굽기 23:20, 23에 보존되어 있다. 그 본문은 "천사"(말렉–מלאך) 대신에 "내 사도"(샬락흐–שלחי)라고 읽는다. 동일한 이문 전승이 *Sam. Tg.* 출애굽기 32:34("내 사자가 네 앞서 가리라")과 출애굽기 33:2("내가 사자를 네 앞서 보내어")에서 발견된다. 모든 다른 구절에서 *Sam. Tg.*은 "천사"(מלאך)라는 독법에서 맛소라와 일치한다. 만약 *Sam. Tg.*의 독법이 단순히 지역적인 텍스트가 아니라면, "사도"라는 기독론적인 칭호를 위한 자료는 *Sam. Tg.*에 증거되는 이문형 텍스트의 전승이었다. 저스틴이 사용한 텍스트의 모음에서 출애굽기 23:20의 인용은 본래의 독법인 "천사"(מלאך/*ἄγγελος*)를 이문인 "사도"(שלח/*ἀπόστολος*)와 조합하였다. 히브리서 3:1은 초대 기독교 범주에서 이 이문 전승이 통용되고 있었다는 증거를 제공해준다(Plooij, "The Apostle," 45-47).

(3) 호 아포스톨로스(*ὁ ἀπόστολος*) 칭호는 70인경 출애굽기 3:10에서 사도로 묘사되는 모세라는 인물로부터 나온다(*καὶ νῦν δεῦρο ἀποστείλω σε πρὸς Φαραω βασιλέα Ἀιγύπτου*–카이 눈 데우로 아포스테일로 세 프로스 파라오 바실레아 아이구푸투, "이제 내가 너를 바로에게 보내어"). 모세가 호 아포스톨로스(*ὁ ἀπόστολος*, "사도")로 지칭되지는 않을지라도, 하나님이 부르시고 지명하고 보내신 사람으로서의 모세에 대한 개념이 이 용어의 배후에 있다. 히브리서 3:1의 "사도시며 대제사장"이라는 지칭은 위임받은 대표자들로서 직무를 갖는 예수와 모세 간에 전개되는 비유를 예기(豫期)한다(P. R. Jones, *RevExp* 76[1979] 98).

"사도시며 대제사장"이라는 어구의 대등관계는 저자가 두 직무를 개별적으로 강조하는 것에 관심을 갖는 것에서 나타난다. 예수 안에서 성취된 계시는 단지 말에 의해서나 제사장의 직무만이 아니라 둘의 결합으로 특징지어진다.

청자들은 "예수가 자기를 세우신 이에게 충성하였다는 것을 유념('깊이 생각하라')"할 것을 요청받는다. 예수의 충성에 대한 언급은 2:17에서 처음 나타난 논조를 반복하지만, 부가적인 상세함을 제공하지는 않는다. 예수가 충성스러운 대제사장이라는 것은 2:5-18에서 이미 증거되었다. 여기서 이 주제의 반복은 예수와 모세 간의 비교를 준비한다. 둘 다 각각의 사명으로 임명하신 하나님께 충성하였기 때문이다.

민수기 12:7에 대한 암시를 2절에서 인식하는 것은 공통적이다. 그러나 주요한 암시는 70인경 역대상 17:14인데(*πιστώσω αὐτὸν ἐν οἴκῳ μου*–피스토소 아우톤 엔 오이코 무, "내가 영영히 그를 내 집과 내 나라에 세우리니"), 거기서 능동태의 피스툰(*πιστοῦν*) 동사는 "피스토스(*πιστός*, "충성스러운, 믿을 만한")하게 하다"

나 "임명하다"를 의미한다. "세워진/충성스러운"의 이중적 의미는 2a절의 "저가 자기를 세우신 이에게 충성하시기를"이라는 암시의 형태에 반영되어 있다(D'Angelo, *Moses*, 74-75, 78, 91-92). ("세우다"라는 의미에서 포이에인[*ποιεῖν*]에 대해서는 70인경 삼상 12:6의 큐리오스 호 포이에사스 톤 모유센 카이 톤 아론[*κύριος ὁ ποιήσας τὸν Μωϋσῆν καὶ τὸν 'Ααρων*, "모세와 아론을 세우신 하나님]과 막 3:14의 카이 에포이에센 도데카[*καὶ ἐποίησεν δώδεκα*, "이에 열둘을 세우셨으니"]를 참조하라.)

역대상 17:14에 대한 암시는 나단이 다윗에게 전달한 예언에 대한 언급을 도입한다. 저자는 하나님의 아들의 유일무이한 신분에 대한 증언으로서 "나는 그 아비가 되고 그는 나의 아들이 되리니"(70인경 대상 17:13)라는 형식을 인용했을 때인 1:5b절에서 이미 그 예언을 이용했다. 2a절의 암시에 대한 형태는 사무엘상 2:35의 엘리에 대한 예언의 영향 하에서 나단의 예언에 대한 수정을 반영한다. 두 예언의 상호적인 인식을 전승에서 추적할 수 있다.

> 사무엘상 2:35 MT "내가 나를 위하여 *충실한* 제사장을 일으키리니…내가 그를 위하여 *견고한*('충성한') 집을 세우리니"
>
> 역대상 17:14 MT "내가 그를 내 집과 내 나라에 세우리니"
>
> 탈굼(*Tg.*) 대상 17:14 "나는 나의 거룩한 집에 내 사람들 중에 그를 *충성스러이* 유지할 것이다"
>
> 70인경 역대상 17:14 "나는 그를 내 집에 *충성스럽게* 할 것이다"

수정된 것처럼 나단의 예언은 엘리에 대한 예언과 충성한 제사장에 대한 그 증언과 병행을 제공하면서 왕적인 메시아의 인물에 대한 증언이 되었다. 히브리서의 저자는 왕적인 제사장에 대한 단일한 예언과 증언의 확대로 두 예언들을 간주한 것으로 보이고, 그것은 저자에게 기독론의 주요한 모델을 제공했다(참조. Aalen, *NTS* 8[1961] 233-37; D'Angelo, *Moses*, 71-90). 그 예언은 하나님이 고대의 약속의 성취로 세우신 충성스러운 대제사장으로서의 예수에 대한 증언을 제공했다. 예수와 모세 간의 비교를 형성하는 것이 2a절에서 도입된다.

2b "모세도 역시"(*ὡς καὶ Μωϋσῆς* 호스 카이 모우세스). 모세에 대한 언급을 삽입으로 취급할 때, 2절의 강조는 예수가 "하나님의 집에 그를 세우신 분에 대해 충성했다"는 진술로 적절하게 변한다. 이 기독론적인 예언은 해석의 구조적인 근거를 제공하고, 모세에 대한 증언이 그 안에 설정되어 있다. 12:7에 대한 암시가

함의되어 있지만 명확한 것은 5절까지 보류된다. 저자의 의도는 언어에 있어서 거의 동일한 두 본문을 병치하는 것이다: 예수에 대한 증언과 함께 역대상 7:14/사무엘상 2:35에 근거하여 인용된 예언과 민수기 12:7에서 모세에 대한 증언. 이것이 저자에게 예수와 모세 간의 차이점보다는 유사성에 대한 비교를 하게 한다. 둘 다 그들을 세우신 하나님에게 충성했다. 예수가 모세보다 우월하다는 증거의 근거를 "충성한"이라는 용어에서 찾는 사람들은 이 요지를 오해한다(참조. Spicq, 2:62-63; Williamson, *Philo*, 457; 등등).

3-4 충성이라는 요지에서 예수와 모세 간의 연속성을 강조했던 저자는 모세보다 예수의 우월성과 불연속성을 강조하기 시작한다. 모세가 아무리 충성했을지라도, 예수는 그보다 더 우월하다. 그는 더 큰 영광을 받으실 분이기 때문이다(3a절). 모세의 영광(*δόξα*–독사)은 민수기 12:7에서 하나님으로부터 받은 찬사이고, 예수의 영광은 승귀 시에 영광과 존귀(*δόξα καὶ τιμή*–독사 카이 티메)로 관 쓰신 것에서 그 성취가 있는 충성한 제사장과 관련한 기독론적인 예언이다(2:9의 주석을 보라).

히브리서를 수신하고 있는 고통을 당하고 있는 신자들에게 불분명했던 예수의 궁극성에 대한 주장이 직접적인 논증으로 3-6a절에서 명백히 강조된다. 3절과 4절은 유추에 근거한 비교 논증의 형태를 가정한다. 그러한 논증은 일대일의 동등성과 관련한 것이 아니라 유추되고 있는 비교를 통해 균형의 관계를 설정한다(참조. Dey, *Intermediary World*, 167-68, 72-73, 81-82).

유추의 최초의 근거는 집을 지은 자가 지은 집보다 더 존귀하다는 일반적인 원리다(3b절). 그 유추는 2절에서 "하나님의 집"에 대한 언급으로 암시되었으나 3b절의 진술은 신학적인 의미는 갖지 않는다. 4a절의 유사한 진술에서처럼("집마다 지은이가 있으니"), 그것은 단순히 자명한 이치를 밝히고 있을 뿐이다.

신학적 진술이 4절에서 제공되고, 그 구절에서 하나님은 모든 것을 지으신 자로 확인된다. "만물"(*πάντα*–판타)을 "집"(*οἶκος*–오이코스)으로 대체하고, 동사 "지으신"(*κατασκευάζειν*–카나스큐아제인)을 사용한 것(참조. 사 40:28; 45:7 70인경; Wis 7:27; 9:2; 11:24; 13:4)은 염두에 두어진 분이 창조자로서의 역할을 하는 하나님이시라는 것을 알려준다. 4절의 기능은 3a절에서 주장한 비교를 규명하는 것이다. 그것은 먼저 다른 일반적인 원리(4a절)와 연관지음으로써, 나아가서 하나님이 만물의 창조자가 되신다는 신학적 원리를 연계함으로써 유추의 다른 측면(3b절)을 설명한다. 논증의 구조는 교차법적으로 전개된다.

A 예수는 모세보다 더욱 영광을 받을 만하다
  B 집을 지으신 자가 집보다 더 존귀를 받는다
  B′ 모든 집마다 지은이가 있다
A′ 하지만 만물을 지으신 이가 하나님이시다

예수가 하나님이 창조하신 우주보다 더 존귀를 받는 것과 마찬가지로, 모세보다 더 영광을 받을 만하시다. 고로 삽입구가 없는 4절은 3:1-6에서 제시된 논증의 중심이 된다(Dey, *Intermediary World*, 173; Auffret, *NTS* 26[1979-80] 388-90).

5-**6**a 이 절들의 기능은 3a절에서 모세에 대한 예수의 우월성에 관한 주장을 확장하고 있으며, 그것을 성경 원문에 근거하여 설명하고 있다. 모세는 하나님의 집의 종의 직무를 수행했고, 예수는 집을 관장하도록 임명된 아들이었다. "종"(*θεράπων*-네라폰)과 "아들"(*υἱός*-휘오스) 간의 구분과 전치사 엔(*ἐν*, "집에서")과 에피(*ἐπί*, "집을 맡은") 간의 구분에 의존한다.

5절에서 70인경 민수기 12:7에 대한 암시는 모세의 예언적 권위의 유일무이한 특징에 대한 분명한 증언을 제공한다. 이 형식은 2절에서 인용된 왕적인 제사장에 관한 예언과 어휘가 유사한 것으로 특징지어진다. 주제어들인 "충성한"과 "집"이 반복될 뿐만 아니라, 이 용어들의 의미가 유사하다. 핵심어 피스토스(*πιστός*)는 이중적인 의미("임명된"/"충성한")를 담고 있는 것으로 보인다. 모세는 하나님의 집에 탁월한 예언자로서의 직무에 임명되었고 충성했다. 게다가 민수기 12:7에서 '집' 이라는 용어는 하나님의 백성을 언급하는 것으로 보인다. *Tg. Ps.-J.* and Tg. Onq. 에서 이것은 명시적이 된다(참조. D'Angelo, *Moses*, 91-92, 97-104).

신약성경에서 오직 여기만 나타나는 "종"(*θεράπων*-데라폰)의 공식적인 칭호는 70인경에서 유래하는데, 그 용어는 민수기 12:7에서 뿐 아니라 그밖에 다른 곳에서도 오직 모세에 관해서만 사용된다(출 4:10; 14:31; 민 11:11, 신 3:24; 수 1:2, 8:31, 33; 대상 16:40; Wis 10:16; 18:21). 문맥에서 그것은 위엄과 존엄의 논조를 함의하고 모세와 여호와간의 친밀함과 신뢰의 관계를 묘사한다(참조. C. Spicq, "Le vocabulaire de l esclavage dans le Nouveau Testament," *RB* 85[1978] 214-16). 모세는 언약백성들과 하나님의 전 구성원들 사이에서 "존귀한 종"으로 서 있다(*Neof.* 민 12:7의 부가적인 독법인 "내 온 궁정에서 나의 종 모세가 신뢰를 받고 있다"). 모세의 위엄의 근거는 그가 신뢰를 입증한 하나님과의 관계에 있었다.

하지만 성경에 근거한 모세의 충성을 확증한 저자는 모세의 봉사가 장차 올 계시에 대해 증거하는 데 맞추어져 있음을 진술함으로써 곧바로 모세가 갖고 있는 권위의 정도와 그 목표를 정확히 제시한다(5b절). 이런 자격 부여는 원시적인 기독교 종말론의 관점을 반영한다. 모세의 예언은 새 구원을 세워주는 것이었고, 그 구원은 예수의 설교에서 그 표현을 발견하기 시작했다(2:3). 미래 수동태분사 톤 랄레데소메논(*τῶν λαληθησομένων*, "장래의 말할 것")은 1:1-2a; 2:2-3의 "말하다"(*λαλεῖν* – 랄레인)의 사용을 생각나게 한다. 하나님이 모세를 충실한 종으로 변호하셨던 때, 그는 "내가 대면하여 명백히 말하고"(*στόμα κατὰ στόμα λαλήσω*[미래!] *αὐτῷ* – 스토마 카타 스토마 랄레소[미래] 아우토, 70인경 민 12:8)라고 했다. 이런 식으로 모세의 봉사를 정의함으로써 저자는 종으로서의 모세의 직위가 구원의 상속자들의 종인 천사들의 직위에 상응함을 가리킨다.

예수의 뛰어난 직위는 "아들"(*υἱός* – 휘오스)이라는 지칭과 하나님의 집을 관장하는(에피[*ἐπί*] – over) 임직으로 지적된다. 저자가 "아들"로 이해한 것은 1:3-6에서 증거되었고, 그 구절에서 저자는 보좌에의 즉위, 찬사 그리고 천사들의 경배로 아들의 승귀와 신성을 언급한다. 여기서 동일한 아들의 높아지신 신분을 집안의 종과 집안의 행정을 관장하는 아들간의 대조로 확증한다. 6a절에서 예수의 신성에 관한 주장은 10:21a의 찬사("하나님의 집 다스리는 큰 제사장이 계시매")를 예기한다. 이 언급은 예수가 하나님의 우편에서 제사장적인 역할을 수행하시는 천상의 성막에 관한 것이다(참조. 7:26; 8:1-2; 9:11, 24; 10:19-21). 청자들은 하나님의 일에 완벽한 최고의 예증으로서 모세를 생각하는 것이 아니라, 그 영광이 모세의 직분을 능가하는 높아지신 아들이신 예수를 생각해야 한다(참조. Dey, *Intermediary World*, 174-75).

6b 사무엘상 2:35에 따르면 하나님은 충실한 제사장을 세우실 뿐만 아니라 충실한 집을 세울 것을 약속하셨다. 이런 후자의 약속은 6b절에서 취해진다. 에스멘 헤메이스(*ἐσμὲν ἡμεῖς*, "우리가…이다")의 강조적인 위치는 "하나님의 집"으로서의 교회의 집합적인 개념을 강조한다. 예수와 집간의 상관관계는 충실한 제사장과 충실한 집간의 관계이다(Aalen, *NTS* 8[1961] 236). 공동체의 제사장적 봉사는 하나님의 일에 대제사장으로서의 예수의 충성에 기초한 확신과 소망을 표현했던 그들의 고백을 붙드는 것이다. 청자들은 그리스도인의 고백과 소망으로 말미암아 하나님의 집이 되었다. 이제 그들은 헌신의 자세를 유지해야 한다(10:19-22의 문맥에서 10:23의 "우리가 믿는 도리의 소망을 움직이지 말고 굳게 잡아"를 참조하라).

저자의 호소에서 그 강조는 하나님의 가정의 구성원의 특징인 "담대함"(*παρρησία* – 팔레시아)과 "소망"(*ἐλπίς* – 엘피스)에 있다. 세속 헬라어에서 팔레시아

(*παρρησία*)는 국가에서 시민들의 솔직하고 열린 관계성을 묘사하지만, 헬라 유대교에서 그 용어의 의미는 하나님 앞에서 믿음의 사람의 담대함을 함축하는 것으로 확대된다(Philo, *Who Is the Heir?* 5-7; Jos., *Ant.* 2.52; 5.38). 그리스도로 말미암아 하나님께 자유로이 나아갈 수 있게 된 종말론적 공동체의 확신을 나타내는 것이 6b절에서 표현된 제의적 뉘앙스다. 예수가 하나님의 일에 충실한 대제사장이기 때문에 그리스도인들은 하나님께 접근할 수 있는 권리를 갖고(참조. 4:15-16), 흔들리지 않는 소망에 근거한 믿음을 공개적으로 인정할 수 있다(참조. W. C. van Unnik, "The Christian's Freedom of Speech in the New Testament," *BJRL* 41[1961-62] 48-86; W. S. Vorster, "The Meaning of *ΠΑΡΡΗΣΙΑ* in the Epistle to the Hebrews," *Neot* 5[1971] 51-59).

해설

히브리서 3:1-6은 훈계의 구조 내에서 특이한 중요성을 갖는 난락이다. 저자의 기독론이 논증의 전개와 모세의 특징을 조절한다. 이 단락은 역대하 17:14와 사무엘상 2:35의 해석을 반영하는 왕적인 제사장과 관련한 복합적인 예언과 관련하여 구성되어 있다. 민수기 12:7에서 모세의 유일무이한 권리에 대한 증언이 그 예언과 관련이 있다. 저자는 모세와 예수의 각 신분을 비교한다. 둘 다 자신의 직무에 충실함으로써 하나님께 충성했다. 하지만 모세는 종으로서 예수는 높으신 아들로서 그리하였다.

성경에 따르면, 예수는 승귀하심으로 하나님이 모세에게 부여한 것보다 더한 영광과 권위가 부여되었다. 왕적인 제사장이 3:1-6의 배후에 있다는 인식은 예수의 제사장직이 주제가 3:1-4:14에서 보류되는 것이 아니라 2:17-18의 선언에 뒤이어 곧바로 취해진다는 것을 가리킨다. 해석의 과정을 통해, 저자는 예수가 왕적인 제사장이며, 하나님의 아들로서의 그의 신분이 모세보다 앞선다는 확신을 전달한다.

예수와 모세간의 비교는 저자가 예수의 탁월성을 언급하거나 자신의 주해적 능력을 보이게 하는 문학적 양식이 아니다. 만약 그랬다면, 그는 모세가 충성하지 않았다고 강조했을 것이다(참조. 민 20:12). 저자는 모세의 충성을 인정하는 것을 선택했다. 이것이 그가 설교하고 있는 남녀들에 대한 의미 있는 고려였기 때문이다. 그들은 모세에 대한 대단한 존경을 갖고 있었다. 하나님에 대한 특별한 계시로 말미암아 하나님과 직접 대면하여 말할 수 있었던 사람이기 때문이었다. 필로가 증거한 헬라 유대교의 전승에서 모세는 하나님의 직접적인 임재를 향유한 대제사장으로 존경받는다.

청자들에게 제시된 이 이슈는 실제적이었다. 그들은 천상의 높은 곳으로 부름 받았던 사람들로서 수신하고 있다. 그들은 대제사장으로 말미암아 천상의 자리로 자유로이 접근할 수 있게 되었다. 저자는 예수의 궁극성을 확증하기 위한 논증의 요지로서 필연적인 예수와 모세간의 비교를 한다. 충성한 아들이 충성한 종보다 우월하다는 주해적이고 신학적인 증거는 해이해진 회중들의 혼란에 대한 변증적이고 목회적인 반응이다. 그것은 그들의 고백을 버리게 만드는 압력 앞에서 그리스도에게 충성하라고 청자들을 설득하는 계속된 노력의 시작이다. 결과적으로 히브리서 3:1-6은 히브리서의 주요한 목적 중 하나에 대한 의미 있는 단서를 제공해준다.

B. 두 번째 경고: 하나님의 말씀을 믿는 것을 거절하는 위험 (3:7-19)

참고문헌

Abels, P. S. "The Rest of God." Dissertation, Dallas Theological Seminary, 1977. **Arowele, P. J.** "The Pilgrim People of God(An African s Reflections on the Motif of Sojourn in the Epistle to the Hebrews)." *AsiaJT* 4(1990) 438-55. **Barrett, C. K.** "The Eschatology of the Epistle to the Hebrews." 363-73. **Bater, R. B.** "The Church in the Wilderness: A Study in Biblical Theology." Dissertation, Union Theological Seminary, New York, 1962. **Betz, O.** "The Eschatological Interpretation of the Sinai-Tradition in Qumran and in the New Testament." *RevQ* 21(1967) 89-107. **Bonnard, P.** "La significàtion du désert selon le Nouveau Testament." In *Hommage et Reconnaissance*. FS K. Barth. ed. J. J. von Allmen. Paris: Delachaux & Niestle, 1946. 9-18. **Clendenen, E. R.** "Yahweh's 'Rest' in Psalm 95." Dissertation, Dallas Theological Seminary, 1975. **Coats, G. W.** *Rebellion in the Wilderness*. Nashville: Abingdon, 1968. **Davies, G. H.** "Psalm 95." *ZAW* 85(1973) 183-95. **Dey, L. K. K.** *The*

Intermediary World and Patterns of Perfection. 227-33. **Dussaut, L.** *Synopse structurelle de l'Épître aux Hébreux.* 33-39. **Fabris, R.** "La lettera agli Ebrei e l'Antico Testamento." *RivB* 32(1984) 237-52. **Fischer, F. L.** "The New and Greater Exodus: The Exodus Pattern in the New Testament." SWJT 20(1977) 69-79. **Fontecha, J. F.** "La Vida christiana como Peregrinación según la Epistola a los Hebreos." In *Studium Legionense.* Leon, 1961. 2:251-306. **Frankowski, J.** "Requies, Bonum promissum populi Dei in *VT* et Judaismo(Hbr 3,7 4,11)." *VD* 43(1965) 124-49, 225-40. **Guillet, J.** "Thème de la marche au Désert dans l Ancien et le Nouveau Testament." *RSR* 36(1949) 161-81. **Hofius, O.** *Katapausis.* 51-58, 117-43. **Johnsson, W. G.** "The Pilgrimage Motif in the Book of Hebrews." *JBL* 97(1978) 239-51. **Kaiser, W. C.** "The Promise Theme and the Theology of Rest." *BSac* 130(1973) 135-50. **Käsemann, E.** *Das wandernde Gottesvolk.* 5-45. **Kistemaker, S.** *The Psalm Citations in the Epistle to the Hebrews.* 35-36, 85-86, 108-16, 141-42. **Laub, F.** *Bekenntnis und Auslegung.* 246-53. **Losada, D. A.** "La Reconciliación como 'Reposo.'" *RevistB* 36(1974) 113-28. **Machado, J. B.** "A redenção, caminho do santuário." *RCB* 3(1966) 31-49. **Marshall, I. H.** "The Problem of Apostasy in New Testament Theology." *PRS* 14(1987) 65-80. **Miller, M. P.** "Targum, Midrash and the Use of the Old Testament in the New Testament." *JSJ* 2(1971) 29-82. **Mugridge, A.** "Warnings in the Epistle to the Hebrews: An Exegetical and Theological Study." RTR 46(1987) 74-82. **Nestle, E.** "Hebrews 3:8, 15." *ExpTim* 21(1909-10) 94. **Nixon, R. E.** *The Exodus in the New Testament.* London: Tyndale, 1963. **Oberholtzer, T. K.** "The Kingdom Rest in Hebrews 3:1-4:13." *BSac* 145(1988) 185-96. **Obermüller, R.** "Una mística del camino: El tema de la peregrinación en la carta a los Hebreos." *RevistB* 33(1971) 55-66. **Oudersluys, R. C.** "Exodus in the Letter to the Hebrews." In *Grace upon Grace.* FS L. J. Kuyper. ed. J. I. Cook. Grand Rapids, MI: Eerdmans, 1975. 143-52. **Peter, N. E.** "Bible Study—Practical Exhortation: Hebrews 3:7-15." *AsiaJT* 3(1989) 576-81. **Rice, G. E.** "Apostasy as a Motif and Its Effect on the Structure of Hebrews." *AUSS* 23(1985) 29-35. **Robertson, O. P.** "The People of the Wilderness. TheConcept of the Church in Hebrews." 107-28. **Schröger, F.** *Der Verfasser des Hebräerbriefes als Schriftausleger.* 101-15. **Solari, S. K.** "The Problem of *Metanoia* in the Epistle to the Hebrews." Dissertation, Catholic University of America, 1970. 135-42. **Spicq, C.** *Vie chrétienne et pérégrination.* 77-111. **Stuart,**

S. S. "The Exodus Tradition in Late Jewish and Early Christian Literature." 55-63, 98-103, 145-48. **Toussaint, S. D.** "The Eschatology of the Warning Passages in the Book of Hebrews." *GTJ* 3(1982) 67-80. **Vanhoye, A.** "Longue marche ou accès tout proche? Le contexte biblique de Hébreux 3,7-4,11." *Bib* 49(1968) 9-26.

본 문

7 그러므로 성령이 이르신바와 같이 오늘날 너희가 그의 음성을 듣거든
8 노하심을 격동하여 광야에서 시험하던 때와 같이 너희 마음을 강퍅케 하지 말라
9 거기서 너희 열조가 나를 시험하여 증험하고 사십 년 동안에 나의 행사를 보았느니라

10 그러므로 내가 이 세대를 노하여 가로되 저희가 항상 마음이 미혹되어 내 길을 알지 못하는도다 하였고
11 내가 노하여 맹세한 바와 같이 저희는 내 안식에 들어오지 못하리라 하셨다 하였으니
12 형제들아 너희가 삼가 혹 너희중에 누가 믿지 아니하는 악심을 품고 살아 계신 하나님에게서 떨어질까 염려할 것이요
13 오직 오늘이라 일컫는 동안에 매일 피차 권면하여 너희 중에 누구든지 죄의 유혹으로 강퍅케 됨을 면하라

14 우리가 시작할 때에 확실한 것을 끝까지 견고히 잡으면 그리스도와 함께 참예한 자가 되리라

15 성경에 일렀으되 오늘날 너희가 그의 음성을 듣거든 노하심을 격동할 때와 같이 너희 마음을 강퍅케 하지 말라 하였으니
16 듣고 격노케 하던 자가 누구뇨 모세를 좇아 애굽에서 나온 모든 이가 아니냐

17 또 하나님이 사십 년 동안에 누구에게 노하셨느뇨 범죄하여 그 시체가 광야에 엎드러진 자에게가 아니냐
18 또 하나님이 누구에게 맹세하사 그의 안식에

7 So then, as the Holy Spirit is saying, "Today, if you hear his voice,
8 do not harden your hearts as you did in the rebellion, on the day of testing in the wilderness,
9 where your fathers put me[a] to the test through their distrust,[b] even though[c] they saw my judgments[d] for
10 forty years. For that reason I was angry with this generation, and said, 'Their hearts are always going astray.' But they have not known my ways.
11 So[e] I declared by an oath in my anger, 'They shall certainly not[f] enter my rest.'"
12[g] Be careful, brothers, that no one[h] among you has an evil, unbelieving[i] heart that turns away[j] from the living God.[k]
13 But encourage one another every day, so long as it is still[l] called[m] "Today," so that no one among you allows himself to be hardened[n] by the delusive attractiveness[o] of sin.
14 For we have become[p] partners with Christ, supposing that we hold firmly to the end the basic position[q] we had at the beginning.
15 As has just been said: "Today, if you hear his voice, do not harden your hearts as you did in the rebellion."
16 For who were they who heard[r] and rebelled? Were they not really[s] all those Moses led out of Egypt?
17 And with whom was he angry for forty years? Was it not with those who sinned, whose bodies fell in the desert?
18 And to whom did he declare by an oath that

들어오지 못하리라 하셨느뇨 곧 순종치 아니하던 자에게가 아니냐

they would not enter his rest, if not to those who had refused to obey?[t]

19 이로 보건대 저희가 믿지 아니하므로 능히 들어가지 못한 것이라

19 So[u] then we see that they were unable to enter because of unbelief.

원문주해

a. 메(*με*, "나를")가 P^{13} P^{46} ℵ A B C D* 33 sa Cl Lcf를 갖는 성경 텍스트에 생략되어야 할지라도, 번역에서 그것의 삽입은 함축된 의미를 나타낸다.

b. 엔 도키마시아(*ἐν δοκιμασίᾳ*)는 난해하다. 명사 도키마시아(*δοκιμασία*)는 70인경에서 오직 한번만 나오고(Sir 6:12), 신약성경에서는 오직 여기서만 나온다. 히브리서 3:9의 어구는 모호하다. 그것이 능동("나에 대한 그들의 불신으로")과 수동의 의미("그들의 시험의 때에")로 취해질 수 있기 때문이다. 번역은 능동의 의미를 반영하고, 도키마시아(*δοκιμασία*)가 하나님의 말씀에 대한 반응으로 보여줄 수 있는 근본적인 믿음에 반대되는 태도를 묘사하고 있다는 호피우스의 주장(*Katapausis*, 213, n. 797)을 수용한 것이다. 믿음은 모든 상황에도 불구하고 하나님의 약속을 신뢰할지라도, 불신앙은 하나님의 약속을 신뢰하기 전에 증거와 확신을 요구하는 불신과 의심으로 반응한다.

c. 접속사 카이(*καί*)는 역접의 의미로 사용된다(참조. Hofius, *Katapausis*, 129).

d. 성경 텍스트는 타 에르가 무(*τὰ ἔργα μου*, "나의 행사")라고 읽지만, 그 언급은 분명히 심판의 행위에 관한 것이다. 그것은 하나님이 이 세대에 왜 진노하셨는지를 설명한다(고로 Schröger, *Verfasser*, 103).

e. 불변화사인 호스(*ὡς*, 그것은 보통 비교를 표현한다)는 결과를 나타내는 의미로 사용된다(BAGD 898).

f. 미래직설법을 갖는 구문인 에이(*εἰ*)는 익숙한 히브리어 구문에 상응하는데, 거기서 동사가 뒤따르는 불변화사 אם(그것은 보통 "if"를 의미한다)가 강조적인 부정을 표현한다. Moule, *Idiom-Book*, 179; BDF §372(4)을 보라.

g. 히브리서 3:12-15는 고전적인 헬라어 형태로 집구된, 길고, 인위적인 미사여구 문장이다. 그것은 영어형태의 문장에서는 번역상 깨어진다. 1:1-4; 2:2-4, 14-15의 주석을 보라.

h. 신중한 주장에서 부정의 불변화사인 메/메포테(*μή/μήποτε*)는 자주 영어의 "아마도"에 상응한다 그 뉘앙스가 경고의 블레페테…메포테(*βλέπετε…μήποτε*)에 내재되어 있다면 번역은 "조심하시오, 아마도 당신들 중에…인 어떤 이가 있을 것이오"가 될 것이다. Moulton, *Grammar*, 1:192-93을 참조하라.

i. 그 속격(*ἀπιστίας*-아피스티아스)은 마음의 특징을 정의하는 질량의 속격이다(BDF §165).

j. 부정사를 갖는 엔 토(ἐν τῷ) 구문은 주해적이고 설명적이다. 그것은 "악한 마음"의 내용이나 표현을 가리킨다. Turner, *Grammar*, 3:166을 보라; BDF §404(3)을 참조하라: "(숙달된) 배교의 형태로."

k. 아포 데우 존토스(ἀπὸ θεοῦ ζῶντος) 어구에서 관사의 생략은 위격과는 구분되는 하나님의 성격에 관심을 맞추게 한다. Moule, *Idiom-Book*, 114을 보라. 그 표현은 9:14; 10:31; 12:22에서 다시금 나타난다. 그리고 각각의 경우에 하나님에 대한 언급은 무관사다.

l. 고전적이고 헬라적인 용법에 비추어 관용어 아르크리스 우(ἄχρις οὗ)의 논의에 대해서는 W. L. Lorimer, "Romans xiii.3, Hebrews iii.13," *NTS* 12(1965-66) 390-91을 보라.

m. 파라칼레이테(παρακαλεῖτε, "권면하다")와 칼레이타이(καλεῖται, "일컫다")간에 모양과 소리의 유사성에서 두드러진 언어유희는 번역에서는 실제로 반영할 수가 없다.

n. 스클레룬데(σκληρυνθῇ)의 형태에서의 수동은 허락의 수동으로 이해할 수 있다(참조. BDF §314).

o. 번역은 아파테(ἀπάτη)라는 말에서 표현하는 유혹과 즐거움의 이중적인 뉘앙스를 나타낸다(참조. BAGD 82[2]).

p. 게고나멘(γεγόναμεν)에서 완료형 시제의 함축은 강조인 것으로 보인다: "우리가 참예한 자(파트너)가 되고(그리고 결과적으로 여전히 동일한)."

q. 휘포스타시스(ὑπόστασις)의 뉘앙스의 결정은 난해하다. 쾨스터(Köster, *TDNT* 8:585-88)는 히브리서 1:3의 언어에 근거하여 그 용어가 현재 세계의 일시적이고 그림자적인 모습에 숨겨진 하나님의 실재를 나타낸다고 주장한다(Swetnam, *Bib* 53[1972] 378-82). 되리(H. Dörrie, *Ὑπόστασις*: "Wort und Bedeutungsgeschichte," NAWG 3[1955] 39)는 3:14의 용어를 3:6에서 묘사하고 있는 마음의 구조와 관련하여 "마음의 틀"로 해석한다. "확신", "확증"이라는 의미는 제거되어야 한다. 이런 뉘앙스를 갖는 단어의 예증들을 초기 자료에서 발견할 수 없기 때문이다(참조. Schlatter, *Glaube*, 614-17). "본질적인 확신"이라는 번역에 대해서는 BAG 854; BAGD 111을 보라. 그 말의 뉘앙스에 관한 정확한 이해를 위해서는 14절의 휘포스타시스(ὑπόστασις)가 12절의 아포스테나이(ἀποστῆναι, "떨어지다")의 반대를 제기한다는 것을 유념하는 것이 필요하다(고로 Schlatter, *Glaube*, 617; Grässer, *Glaube*, 18, 46-48; Hofius, *Katapausis*, 133). 보른캄(Bornkamm, *TBl* 21[1942] 191, n. 8을 참조하라): 아르케 테스 휘포스타세오스(ἀρχὴ τῆς ὑποστάσεως)는 신자들이 예수가 하나님의 아들이라는 고백을 하는 의무 아래 자기 자신을 두었을 때, 신자들의 기독교적인 자리의 시작을 의미한다.

r. 부정과거 분사 아쿠산테스(ἀκούσαντες)는 "강퍅하게 하다, 반항하다"라는 동사 파라피크라네인(παραπικράνειν)에 선행하는 행위를 표현한다. 분사가 양보라면, "그들이 들었을지라도 강퍅한 자들이 누구인가?"다.

s. 역접의 접속사라기보다는 부사 불변화사로서의 알라(ἀλλά, 보통은 "그러나"로 해석된다)의 사용은 문학적인 헬라어에서 잘 입증된다. 그 용법은 강조의 개념을 발견할 수 있는 수사적인 질문과 주장 다음에 나타난다. 또 다른 예증을 히브리서 10:3의 주장에서 인식할 수 있다. Wikgren, "Greek Idioms," 150-51을 보라.

t. P[46]은 유일하게 아페이스데사신(ἀπειθήσασιν, "그들이 순종하기를 거부했다") 대신에 아피스테사신(ἀπιστήσασιν, "그들이 믿기를 거부했다")으로 읽는다. 이것은 이 사본에서 편집적인 선호를 표현하는 것으로 보인다. 그것은 일관되게 히브리서가 불순종에 관해 언급하는 곳에서 불신앙을 표현하는 동족어로 대치된다(참조. 4:6, 아피스티안[ἀπίσ-τιαν, 거기서 P[46]은 ℵ와 bo에 합류한다]; 4:11, 아피스티아스[ἀπιστίας, P[46]만]; 11:31, 아피스테사신[ἀπιστήσασιν, P[46]만]). Hoskier, *Text*, 36, 54; Beare, *JBL* 63 [1944] 386을 보라.

u. 접속사 카이(καί)는 결과적인 의미로 사용된다. "이로 보건대." BDF §442(2)을 참조하라.

양식/구조/배경

형태, 양식, 그리고 장르의 변화는 공동체를 위해 준비된 설교에서 사상의 다음 단위의 도입을 예고한다. 3:1-6에서 저자는 모세에 대한 예수의 우월성의 해석의 근간이었던 성경 본문을 단순히 암시했었다. 3:7-11에서 그는 구약성경 본문을 직접적으로 그리고 길게 인용한다. 그 본문의 진술은 그의 목적에 아주 중요해서, 그는 3:15; 4:3, 5, 그리고 7절에서 다시금 그것을 도입한다. 청자들에게 그들의 상황 속에서 설명되고 반복되고 적용되는 명백한 인용에 대한 호소는 훈계적인 미드라쉬로 되돌아가는 것을 가리킨다(2:5-9에 관한 양식/구조/배경을 보라). 전체 단위는 시편 95(70인경 94):7b-11의 주석의 형태를 가정하는데, 저자는 하나님의 백성들의 연속되는 세대와 하나님의 행위의 일관성 사이의 상응하는 점을 전제하고 있다.

설교의 엷은 구조 속에서 해석과 권면의 층이 교대한다. 청자들의 반응에 달려 있는 3:1-6에서 마지막 진술을 만듦으로서("우리가 소망의 담대함과 자랑을 끝까지 견고히 잡으면 그의 집이라"[6b절]), 저자는 이어지는 권면에 대한 부드러운 전환을 이룬다. 그의 관심은 공동체가 고결성을 유지해야 하고, 하나님의 약속에 따라 계속해서 살아야 한다는 것이다. 이와 관련해서 이스라엘의 실패의 기억이, 시편 95편에서 제시된 것처럼, 정신이 번쩍 들게 하는 경고의 근간을 제공해주는데, 하나님의 음성을 듣지 않고 순종으로 응답하지 않는 것은 약속된 기업을 잃게 되는 비극을 경험하게 될 것이다.

3:7-11에서 인용으로 도입되는 삽입적인 단락은 4:14까지 확대된다. 그러나 3:7-19을 주요 본문(7-11절)과 그것에 대한 최초의 주석(12-19절)을 형성하는 분리된 문학적 단위로 고려하는 것이 적절하다. 주석의 첫 번째 항목은 12절과 19절에서 동사 블레페인(*βλέπειν*)과 명사 아피스티아(*ἀπιστία*)의 반복에 의해 구성되어 있다.

> 12절 "형제들아 너희가 삼가 혹 너희 중에 누가 믿지 아니하는(아피스티아스[*ἀπιστίας*])…악심을 품고…염려할 것이요(블레페테[*βλέπετε*])."
> 19절 "이로 보건대(블레포멘[*βλέπομεν*]) 저희가 믿지 아니하므로(아피스티안[*ἀπιστίαν*]) 능히 들어가지 못한 것이라."

히브리서에서 여기서만 나타나는 아피스티아(*ἀπιστία*)의 선택은 저자가 단위의 한계를 긋는 인클로시오의 문학적 기술을 사용하려고 했다는 것을 알려준다. 신학적으로 그는 하나님의 말씀에 대한 반응이 불신앙이 될 수 있다는 것을 강조한다(참조. Vanhoye, *La structure*, 94-95; Losada, *RevistB* 36[1974] 123). 12절과 19절에서 불신앙에 대한 경고는 14절에서 중심적으로 두어졌던 신앙의 근본적인 자세를 유지하라는 훈계의 문학적이고 신학적인 틀을 제공해준다.

수사학에 대한 저자의 형식적 훈련은 12-19절의 저작에서 분명히 보인다. 그 주석은 웅변적인 명령법으로 도입된다(블레페테[*βλέπετε*], "조심하라", "염려하라"[12절]). 그것은 말투의 효과에 의존하는 언어유희를 발휘함으로써 개진된다(*ἀπιστίας ἐν τῷ ἀποστῆναι ἀπο* – 아피스티아스 엔 토 아포스테나이 아포, "떨어지는 불신앙"[12절], *παρακαλεῖτε…καλεῖται* – 파라칼레이테…칼레이타이, "권면하고…일컫다"[13절]). 헬라어 문자 알파(*α*)로 시작하는 단어들이 집중하여 나타나는 것은 이스라엘의 경향과 공동체에 직면한 위험을 묘사한다(12절의 아피스티아스[*ἀπιστίας*], "믿지 아니함"; 13절의 아파테 테스 하마르티아스[*ἀπάτη τῆς ἁμαρτίας*], "죄의 유혹"; 17절의 토이스 하마르테사신[*τοῖς ἁμαρτήσασιν*], "죄를 지은 사람들"; 18절의 토이스 아페이데사신[*τοῖς ἀπειθήσασιν*], "불순종하는 사람들"; 19절의 아피스티안[*ἀπιστίαν*], "믿지 아니함"). 예술적인 산문의 표현을 갖는 12-15절의 미사여구적인 문장은 16-18절의 일련의 수사적인 질문이 뒤따른다. 의문형으로 제시되는 대답과 함께 의문의 형태는 서브이시오(*subiectio*)라 지칭되는 인정된 수사적 방법론이었다. 그것은 고정된 대화 형태를 형성하는데, 그 속에서 화자는 일련의 신속한 질문과 대답을 통해 보다 생생하게 살아있는 개념에 대한 움직임을 추구했다. 이 수사적 형태는 B.C. 3세기에 살았던 견유학파 텔레스(Teles)의 설교에서 보여지는데, 그것은 비평적인 형태에 대한 표준적인 특징이 되었다(참조. H. Lausberg, *Handbuch der literarische Rhetorik* [Munich: Beck, 1960] 381-83). 히브리서 3:16-18에서 서브이시오(*subiectio*)의 사용은 웅변적이 되었고, 독자들로 하여금 이스라엘의 실패에 대한 정신들게 하는 실제를 깨닫게 했다. 16-18절에서 일련의 부정과거 시제 이후에 19절에서 현재 시제의 사용(*καὶ βλέπομεν*－카이 블레포멘, "이로 보건대")은 형태적으로 효과적이고, 청중들에게 불신앙이 재앙이라는 피할 수 없는 결론을 가져온다.

주석

3:7-19에서 시편 95편의 인용은 종말론적인 구원의 약속에 민감하라는 권고의 근간을 제공해준다. 저자는 자신의 말로 성경 텍스트의 두드러진 말과 사상들을 소개하고 그것을 청자들의 상황과 관련시킨다. 성경 텍스트에 대한 그의 해석은 민수기 14장에 대단히 영향을 받았다. 민수기 13-14장에 따르면 가나안으로 들어가는 길목에서 이스라엘은 바란 광야의 가데쉬에서 진을 치고 있었다. 그 땅으로 들어가는 것이 출애굽의 목표였고, 약속의 성취를 위해 필연적이었다. 정탐을 위해 가나안으로 보내졌던 사람들이 나쁜 보고를 갖고 돌아왔을 때, 이스라엘 사람들은 그곳에 들어가기를 거부했다. 그들은 불신앙으로 말미암아 그 약속을 버렸다.

시편 95편은 그들의 이런 성향이 하나님의 진노를 일으켰다는 것을 상기한다. 이스라엘은 그들이 불순종 때문에 하나님이 약속하신 안식에 들어가지 못한다. 그리스도인 공동체는 하나님의 약속의 성취 앞에 서있는 것과 비교할 수 있는 상황을 발견한다. 출애굽 세대의 하나님에 대한 반응의 엄숙한 개관은 가데쉬에서 이스라엘의 불신앙을 따르지 말 것을 공동체에 경고하는 것을 돕는다.

7a 저자는 3:6과 시편 95편의 권면간의 본질적인 연관을 구축한다. "그러므로"(*διό* 디오)는 6b절에서 조건적으로 표현된 사상을 가져오고, 그것을 8절의 "너희 마음을 강퍅하게 하지 말라"는 훈계와 연관시킨다. 디오(*διό*)를 명령어 블레페테(*βλέπετε*, "염려하라, 유념하라")와 연관시키고, 7b-11절을 삽입구적인 사상으로 간주하는 대안적인 주장(고로 Kistemaker, *Psalm Citations*, 85)은 거부되어야 한

다. 그 주장은 훈계의 의미를 무디게 하고 전체 항목에 대한 인용의 중심적인 중요성을 약화시킨다.

도입 형식어구(*καθὼς λέγει τὸ πνεῦμα τὸ ἅγιον*–카도스 레게이 토 프뉴마 토 하기온, "성령이 이르신 바")는 유대 자료의 그밖에 다른 곳에서도 발견된다(참조. *m. Soṭa* 9:6, 성경의 인용이 뒤따르는 "성령이 그들에게 선포하시나니"). 그것은 성경에 대하여 저자가 갖고 있는 높은 개념을 보여준다. 9:8에서 제의적인 절차의 세부 설명은 "성령이 알려주는" 수단으로서 인용된다. 10:15에서 예레미야 31장의 인용은 "성령이 우리에게 증거하시나니"라는 형식어구로 도입된다. 저자는 성경을 기록한 사람을 절대로 언급하지 않고, 하나님의 은혜로운 활동으로 그것을 연관시킨다(참조. Schröger, *Verfasser*, 101, n. 3).

동사 레게이(*λέγει*)의 현재시제는 중요하다. 성경의 인용으로 말미암아 성령이 지금 '말씀하고 계신다.' 따라서 성경의 증언은 과거에서 현재로 진행되는데, 이는 독자들의 경험과 성경말씀을 동시적이게 한다. 수세기 전에 광야 세대와 관련하여 쓰여지거나 언급된 것이 수신하고 있는 공동체와 직접적인 연관을 갖는다(P. E. Hughes, 141).

7b-11 이 인용은 고대헬라역을 따르는 시편 95(70인경 94편):7b-11에서 취해진 것이다. 금요일 저녁과 안식일 아침에 회당 예배의 전문으로서 시편 95편의 예전적인 사용은 잘 구축되어 있다(Elbogen, *Der jüdische Gottesdienst*, 82, 108, 113). 따라서 히브리서를 수신하고 있는 공동체는 이 시편의 세부적인 것들에 익숙했을 것이다. 이 시편의 전반부에서 이스라엘은 경배와 찬양으로 부름을 받지만(2, 6절), 후반부는 광야 세대가 보여준 마음의 강퍅을 닮아서는 안 된다는 경고를 전달한다.

맛소라텍스트(MT)에 따르면 시편 기자는 맛사와 므리바를 언급하는데(8절; 참조. 출 17:1-7; 민 20:2-13), 거기서 이스라엘 사람들은 물부족으로 인해 다투었다(참조. S. Lehming, "Massa und Meriba," *ZAW* 71[1961] 71-77). 하지만 또한 시편 기자는 불순종한 광야의 조상들이 가나안에 들어갈 수 없다는 맹세를 하나님이 선언하신 가데쉬에서의 사건을 언급했다(11절; 참조. 민 14:20-23, 28-35). 70인경에서 맛사와 므리바에 대한 구체적인 언급은 "불순종"(*ὁ παραπικρασμός*–호 파라피크라스모스)과 "시험"(*ὁ πειρασμός*–호 페이라스모스)이라는 지명을 번역한 해석으로 흐릿해진다. 그 대역은 시편 95:7b-11을 이스라엘이 약속된 땅에 들어갈 것을 거부함으로써 하나님의 진노를 산 민수기 14장에 비추어 해석하려는 번역자의 의도를 암시한다. "너희 열조가 나를 시험하여 증험하고"라고 적절히 묘사된 것이

이 사건이다. 재앙적인 반항의 기억은 자료의 폭넓은 범위에서 지울 수 없는 표지를 남겼다(참조. 민 32:7-13; 신 1:19-35; 9:33; 느 9:15-17; 시 106:24-26; CD 3:6-9; Ps-Philo, *Bib Ant.* 15; *Sipre* Num 82 to 10:33; 4 Ezra 7:106; 고전 10:5-10; 이 자료들의 논의에 대해서는 Hofius, *Katapausis*, 44-45, 52, 118-27을 보라).

가데쉬는 이스라엘의 불순종의 상징이 되었다. 하나님의 과거의 구속이 잊혀지고 하나님의 약속이 더 이상 백성들에게 순종을 강요하지 않게 했던 장소가 되었다. 70인경은 시편 95:7b-11을 민수기 14장에 대한 묵상으로 제시하고, 이런 관점은 히브리서의 해석에 근본이 된다(참조. Vanhoye, *Bib* 49[1968] 10-21; Hofius, *Katapausis*, 127-31; Schröger, *Verfasser*, 103-4).

이 인용에서 민수기 14장의 영향은 상당하다(특히 Hofius, *Katapausis*, 118-31의 분석을 보라). 서두의 소절 즉 "오늘날 너희가 그의 음성을 듣거든"(7절)은 가데쉬의 에피소드에 이어지는 언급에서 반영된 기소인, 민수기 14:22("내 목소리를 청종치 아니한")에서 하나님이 제기한 비난에 대한 반응이다(신 9:23*b*; 시 106[70인경 105]:25b; CD 3:7-8; Ps-Philo, *Bib Ant.* 15.5). 70인경의 다른 곳에서는 나타나지 않고, 시편을 번역했을 당시에 동족어 동사 파라피크라네인(*παραπικράνειν*, "불순종하다")에 근거하여 분명히 주조된 8절의 파라피크라스모스(*παραπικρασμός*, "불순종"[한글개역은 "격동"])라는 드문 용어(하지만 왕상 15:23 Aq.; 잠 17:11 Theod.을 참조하라)는 민수기 14:35의 불순종의 개념을 전달하기 위해서 선택되었다. "광야에서 시험하던 때"는 민수기 14:11b, 21-22의 분명한 언급을 취한다. 그때에 이스라엘 사람들은 특히 잘못된 방식으로 하나님을 대적했다. 그들이 애굽과 광야에서 하나님의 기적적인 간섭을 경험했던 사실에도 불구하고 말이다.

"저희가 항상 마음이 미혹되어"(10b절)는 민수기 14:22b, "열 번이나 나를 시험하고"에 상응한다. 그것은 하나님의 진노(참조. 민 14:11, 23, 43b)가 발생한 것은 단일한 사건에 의해서가 아니라 하나님의 지시를 거부한 일관된 경향에 의해서임을 가리킨다. 마지막으로 하나님의 엄숙한 맹세에 관한 인용은 민수기 14:21-23, 28-30을 재개한다. 11절의 형성은 민수기 14:30("너희로 거하게 하리라 한 땅에 결단코 들어가지 못하리라")의 말에 상응한다. 그것이 보증하고 있는 하나님의 맹세와 심판의 최종성은 이스라엘의 비극적인 노선에 대한 정의롭고 적합한 보상으로 보였음이 틀림없다(Hofius, *Katapausis*, 126).

이전의 예전적 용법을 반영하는 스펠링, 동사의 형태, 그리고 형태적인 변화와 관련한 사소한 변화는 예외로 하더라도, 저자는 성경 텍스트 내에 있는 구절의 해석을 제공한다. 프로소크디사(*προσώχθισα*) 앞에 불변화사 디오(*διό*)의 삽입("그러므로 내가 이 세대를 노하여")은 마침표를 변경하는 효과를 가져서 "40년"(10절)에 대한 언급이 이전 진술에 부여된다. 맛소라텍스트(MT)와 70인경에서 40년은 하나님의 진노의 해이다. 그 40년을 하나님이 심판을 통해 부여하셨던 은혜와 축복과 관련시킨 것은 저자에 의해 70인경 텍스트의 해석에서 가장 특색 있는 요소다(참조. Schröger, *Verfasser*, 102-3; Kistemaker, *Psalm Citations*, 35-36, 85; McCullough, *NTS* 26[1979-80] 369-72). 인용의 재배열은 공동체 앞에 그 상황을 직접적으로 가져오는 것을 돕는다.

12-13 공동체에 대한 시편 95편의 적용은 미드라쉬 페세르(*pesher*)로 지칭되는 주해의 방법을 보여준다(참조. Schröger, *Verfasser*, 113-15; Kistemaker, *Psalm Citations*, 111). 저자는 독자들에게 적절하다고 여겨지고 자신의 목회적 가르침에 효력이 있는 인용으로부터 어떤 말과 사상을 선택했다. 하나님으로부터 "떨어진" "악한 마음"에 대한 언급, "오늘날"이라는 현재 기간의 묘사 그리고 죄로 "강팍해지지"(13절) 말 것에 대한 경고는 인용과의 해석적인 연계가 있다.

부정의 불변화사와 직설법의 동사가 뒤따라 나오는 명령법의 "염려하라, 유념하라"(*βλέπετε*—블레페테)는 예리한 경고를 도입한다. 저자는 공동체가 하나님의 약속에 대한 반응에 확신을 갖지 못하고 있음을 우려한다. 배교의 위험에 노출된 사람들이 있음을 인식한 그의 목회적 관심은 회중의 모든 구성원들에게 확장된다(12절의 *τινὶ ὑμῶν*—티니 휘몬, "너희 중에 누가"; 3:13; 4:1, 11; 6:12; 12:15을 참조하라). "악심을 품고"라는 언급은 10절("항상 마음이 미혹되어")의 표현을 해석한다. 그것은 구약의 용어에서 "살아 계신 하나님으로부터 떨어져나가는 것"으로 묘사된다.

특별한 중요성이 아피스티아(*ἀπιστία*) 즉 불신("믿지 아니함")이라는 용어에 부여되는데, 그것이 저자의 주석의 시작과 말미에 도입되고 있기 때문이다(12, 19절). 시편 95편이 그 요소에 영향을 준 것은 아니다. 불신에 대한 책망은 오경의 가데쉬에 이스라엘과 관련한 전승과 밀접하게 관련된다(민 14:11, "어느 때까지 나를 믿지 않겠느냐"; 신 1:32; 9:32; 시 106:24을 참조하라).

포네라(*πονηρά*, "악한")로 마음을 묘사한 것은 민수기 14장의 영향을 역시 반영한다. 거기서 이 용어는 "이 *악한* 회중"(민 14:27)이라는 표현으로 두 번 나오지만(민 14:27, 35), 오경의 다른 어느 곳에서도 나오지 않는다(Vanhoye, *Bib* 49[1968]

19). 민수기 14장의 암시는 중요하다. 왜냐하면 불신앙은 믿음이나 신뢰의 부족이 아님을 알려주고 있기 때문이다. 불신앙은 하나님을 믿는 것을 거부하는 것이다. 불신앙은 불복종의 고의적인 행위로 불가피하게 하나님으로부터 떨어져 나가게 된다. 아피스티아스 엔 토 아포스테나이(ἀπιστίας ἐν τῷ ἀποστῆναι, "떨어져 나감으로 믿지 아니함")는 떨어져 나가는 것과 불신앙이 동일한 성향을 반영한다는 사실을 강화한다(참조. Hofius, *Katapausis*, 124, 131-32). 12절의 목회적 훈령은 민수기 14:9의 여호수아와 갈렙의 탄원("오직 여호와를 거역하지 말라")을 취한다(참조. 신 1:28, "우리의 형제들이 우리로 낙심케 하여"). 그것은 기독교 공동체가 광야 세대에 의해 표현된 완고한 영에서 면제받지 않았음을 인식한다.

배교를 피할 것은 단순히 개인적으로 조심할 것을 요구하는 것이 아니라 서로서로 공동체의 각 구성원을 끊임없이 돌볼 것을 요구한다(13절). "매일 피차 권면하여"라는 훈계는 상호적인 격려를 할 수 있는 가정교회의 매일의 모임을 실제 전제한다(참조. Windisch, 31; Michel, 106). 동사 파라칼레인(παρακαλεῖν)은 격려뿐만 아니라 경고와 견책을 망라하는데, 이는 견책이 형제적이고 사랑스러운 방법으로 주어져야 한다는 것을 함축한다(Forkman, *Religious Community*, 47-50). 호혜대명사 알레루스(ἀλλήλους, "서로")를 대신하여 여기서 사용된 재귀대명사 헤아우투스(ἑαυτούς, "피차")는 공동체의 각 구성원이 다른 사람들에게 느껴야 하는 상호적인 책임을 강조한다.

격려와 견책의 절박함은 믿음의 공동체가 위험과 약속 사이에 해결되지 않는 긴장을 경험하고 있음이다. 죄와 배교에 유혹될 수 있는 위험은 "오늘"이라 불리는 요구와 기회의 순간이 유효한 한 지속된다. 시편 95:7b의 인용에서 최초의 단어인 "오늘"(σήμερον – 세메론)은 청자들 앞에 예리하게 성경적인 진술을 가져오기 위한 표제어를 저자에게 제공한다. "오늘"은 더 이상 시편기자의 상황에서 개요된 과거의 오늘이 아니라, 성경과 복음서 전승을 통해 날마다 말씀하시는 하나님의 음성으로 계속되는 현재의 오늘이다. 게다가 그것의 관점은 현재에서 다가오는 파루시아와 심판으로 확대된다("'오늘'이라 일컫는 동안에"; 참조. 9:27-28; 10:37-39). 그 날의 특징은 약속의 날이다(참조. 4:1). 하지만 그것은 공동체에 가데스의 이스라엘이 직면했던 믿음과 순종이냐 불신앙과 불순종이냐라는 동일한 양자택일을 강조한다(민 14:34b). "죄의 유혹으로 강퍅케 됨"에 관한 시각은 오직 하나님의 계시에 반응해서다.

스클레룬데(σκληρυνθῇ – "강퍅케 되다")의 수동태는 중요하다. 그것은 불가피하게 희망 없는 상태로 사람들을 속이고 이끄는 대리자로서 죄를 함축하고 있음을 알려주기 때문이다. 이 문맥에서 "죄"(ἁμαρτία – 하마르티아)는 구체적인 의미를 담고 있다. 그것은 하나님을 순종할 것을 거부하고 그의 약속을 따라 행하지 않는 죄를 말한다(민 14:19, 34, 70인경; 참조. Käsemann, *Das wandernde Gottesvolk*, 25).

14 12-15절로 확대되는 미사여구 문장에서 공동체가 그리스도와의 확고한 관계를 향유하고 있다는 확신은 매우 중요하다. 그것은 이 설교에서 중심적인 확신 중 하나인데, 독자들로 하여금 참되고 인내하는 믿음을 보이도록 요구할 때조차도 그것은 강력한 격려를 준다(참조. 3:6; 4:14). 호피우스(Hofius, *Katapausis* 133, 215, n. 820)는 메토코이(μέτοχοι)가 천상의 주인인 주님의 무리들을 지칭하는 종말론적인 전문 용어라고 주장한다(참조. *1 Enoch* 104:6[헬라어 단편]; *Epistle of the Apostles* 19).

메토코이(μέτοχοι, "참예한 자")라는 용어는 공통적으로 파피루스에서 "동료"라는 뉘앙스를 전달한다. 또한 "확고히 잡다"라는 베아이안(βεβαίαν)은 비즈니스 용어를 반영한다(MM 107, 406; Wikgren, "Greek Idioms," 147). 이 용어들은 여기서 비유적으로 사용되고 있다. 그리스도와 공동체의 관계가 비즈니스 파트너쉽의 확고한 교류 속에서 고려되어진다. 공동체는 그리스도의 신실함에 의존할 수 있지만(참조. 3:1-2), 공동체의 구성원들도 역시 "좋은 신앙"을 보여야 한다. 그들은 이런 의무 하에 두어져 있다.

에안페르(ἐάνπερ, "…하면")로 도입되는 조건절은 3:6의 에안페르(ἐάνπερ)를 재개하고, 그것은 관계의 임시적인 특징을 강조한다. 14절에서 시작할 때에 가졌던 근본적인 입장을 확고하게 지키라는 호소는 12절의 "떨어지다"(ἀποστῆναι – 아포스테나이)와의 대조를 보여준다(Hofius, *Katapausis*, 133). 그것은 백성들이 자신들의 자리를 지키고 하나님의 약속을 따라 행하기보다 새 지도부를 선출하여 애굽으로 돌아갈 것을 결정했던 가데쉬에서의 이스라엘의 성향에서 그것의 감정적인 의미를 가져온다(민 14:3-4). 독자들은 약속의 실제적인 실현의 때까지 인내하고 하나님의 백성들을 위해 준비된 종말적인 안식에 들어가기 위해서 "그리스도와 함께 참예한 자"가 되어야 한다는 것을 상기하게 된다. 공동체는 대망의 기다림으로 부름받고 있다.

15 시편(95[70인경 94]:7*b*-8*a*)의 서두 소절의 신선한 인용은 (Hofius, *Katapausis*, 133-37이 주장한 것처럼) 논증에서 새로운 국면을 특징짓기보다는 그 시점까지 제기된 논증을 요약한다. 12-15절의 미사여구 문장의 인식은 그것을 분명하게

해준다. 저자는 수신하고 있는 그리스도인들에게 시편에서 쓰여진 것이 그들의 삶에 직접적인 의미를 갖는다는 것을 보여주기를 원했다. 그 인용은 12-13절에서 해석된 핵심어들과 개념들을 함께 가져와서 그들과 직접적인 연관을 갖는 형태로 공동체 앞에 권면을 제기하게 해준다. 완고한 불순종으로 하나님의 음성에 반응하지 말 것을 성령이 경고하는 것을 들을 때 공동체가 가데쉬에서의 광야 세대의 반응을 순간적으로 잊을 수 있기 때문이다.

16-18 불순종의 실제와 그것의 재앙적인 결과는 일련의 수사적인 질문들의 형성으로 강화된다. 세 가지 병행적인 질문들이 제기되고, 첫 번째 두 경우에 그 질문들에 대한 대답은 의문사 형태로 주어지고, 세 번째에서는 질문에 편입된 절의 형태로 제기된다. 시편 95편의 용어들은 16a절, 17a절, 그리고 18a절에서 취해지고, 반면에 그 반응들은 민수기 14장의 가데쉬에서의 이스라엘에 관한 잘 알려진 기사에 근거하여 형성되어 있다. 논증의 과정을 다음과 같은 도표로 제시할 수 있다.

16a절	(시 95:7-8)	16b절(민 14:13, 19, 22)
17a절	(시 95:10)	17b절(민 14:10, 29, 32)
18a절	(시 95:11)	18b절(민 14:30, 33, 43)

이스라엘의 반응은 반항적인 불신앙의 기후를 보여주는 방식으로 강조된다: 그들은 하나님을 격노케 했으며(16절), 하나님께 범죄했고(17절), 하나님을 순종하기를 거부했다(18절). 하나님의 진노는 이런 불순종의 성향에 대한 정당한 반응이었다(참조. Losada, *RevistB* 36[1974] 123-24).

16a절에서 동사 파라피크라네인(*παραπικράνειν*, "격노케 하다")은 15절에 동족어 명사인 파라피크라스모스(*παραπικρασμός*, "격동케 함")로 표현된 불순종의 사상을 담고 있다. 그것은 이스라엘이 광야를 통한 순례의 고난을 불평했을 때의 수많은 도발들을 상상할 수 있을 것이다. 그러나 문맥은 가데쉬에서의 불순종을 암시한다. 16b절에서의 반응은 3:2, 5에서 충성에 대해 찬사를 받았던 모세를 출애굽에 참여한 사람들의 지도부와 연관시킨다. 그것의 강조는 애굽을 떠난 "모든 사람들"이 하나님의 음성을 들었고 "모든 사람들"이 불순종했다는 사실에 있다. 심지어 그들이 하나님의 구속의 능력을 목격했을지라도 말이다.

17a절의 형태는 맛소라텍스트(MT)와 70인경의 시편 95:10의 구두법을 반영하지만, 9-10절의 인용과 균형관계에 있다. 그 인용에서 "40년"은 심판에서 보여주셨던 하나님의 은혜와 복과 연관이 있다. 반면에 17a절에서 "40년"은 진노에 관한 시

간들이다. 매력적인 제안은 저자가 하나님의 서약으로 분리되는 두 가지 서로 다른 시기를 생각하고 있다는 것이다(Losada, *RevistB* 36[1974] 122). 두 시기의 차이는 구약성경 자체에 의해 고무된다. 어떤 본문들(출 16:35; 신 2:7; 느 9:21)은 이스라엘이 하나님의 은혜로운 양식을 경험했을 시기 동안의 40년을 언급한다. 한편으로 민수기 14:33-34; 32:13과 같은 본문들은 분명히 진노의 40년에 관해 언급한다. 저자는 시편 95편의 해석에서 두 전승의 흐름을 통합했다. 9절에서 저자는 구원의 시기로서의 40년을 생각하고 있는 반면에, 17절에서는 파멸의 시간을 언급한다.

관점에서의 이런 변화는 그 시편을 공동체의 경험으로 가져오는 것을 돕는다. 하나님의 은혜와 자비의 40년은 하나님으로부터 떨어져 나갔던 사람들의 태만을 강화시킨다. 그것은 하나님의 진노와 배제의 맹세(17b절)를 적절한 시각에 두게 한다. 하나님의 임재와 약속을 인식하지 못한 결과는 광야에서의 죽음의 근본적인 훈련이었다. 크리스천 공동체도 역시 하나님의 구속의 은혜를 경험했다. 그들은 이스라엘의 죄를 영속시켜서는 안 된다(참조. Hofius, *Katapausis*, 129-30).

마지막의 수사적 질문(18절)은 배제의 맹세를 불순종의 죄와 연관시킨다. 18b절의 형태(*τοῖς ἀπειθήσασιν*-토이스 아페이데사신, "순종치 아니하던 자")는 70인경 민수기 14:43을 반영하는데, 거기서 모세는 "너희가 불순종으로 여호와를 배반하였다"(*ἀπεστράφητε ἀπειθοῦντες κυρίῳ*-아페스트라페테 아페이둔테스 큐리오)라고 말한다. 그 구절 이전에 광야 세대는 "열 번이나 나를 시험하고 내 목소리를 청종치 아니한 그 사람들"로 묘사된다(Kistemaker, *Psalm Citations*, 115, n. 1에 따르면, 출 5:21; 14:11; 15:24; 16:2; 17:2, 3; 32:1; 민 11:1, 4; 12:1; 14:2와 관련한 민 14:22). 불신앙의 절정은 하나님에 대한 공개적인 반항이었고, 하나님이 약속하신 안식에 들어가지 못하게 한 것이 바로 그것이었다.

19 불신앙의 결과는 하나님이 약속하신 안식에서 배제되었다는 결론이 그 논증에서 움직일 수 없게 흘러나온다. 시편 95:7b-11의 불신앙에 대한 언급은 없을지라도, 아피스티아(*ἀπιστία*)라는 용어는 민수기 14:11에서 풍부한 지지를 발견하고, 12절에서의 아피스티아(*ἀπιστία*)에 대한 언급을 보충한다. 19절의 새로운 요소는 가데쉬에서 하나님에게 도전한 비극적인 결정의 결과에 대한 암시다. 이스라엘 사람들이 자신들의 어리석음을 깨달았을 때, 그들은 회개를 추구했다. 이런 염치없음 속에서, 그들은 하나님의 엄숙한 맹세에도 불구하고 가나안으로 결국 들어갈 것을 결정했다. 그들의 사명은 실패하고 완전히 패했다(민 14:39-45; 참조. 신 1:41-44).

하나님의 맹세는 최종적인 것이다. 그것이 "저희가 믿지 아니하므로 능히 들어가지 못한 것이라"라는 진술과 관련한 가데쉬에서의 처리와 관련한 서언(에필로그)이다(Vanhoye, *Bib* 49[1968] 22-23). 따라서 그 결론은, 이 설교의 후반부에 온전한 취급을 예기하는, 배교 이후에 두 번째 회개가 불가능하다는 모티브를 도입한다(6:4-8; 10:26-31; 12:16-17; 참조. Hofius, *Katapausis*, 137). 청자들은 불신앙이 가데쉬에서의 이스라엘 사람들과 동일한 위험스러운 상황에 노출시킬 것이라는 절박한 인상을 받게 된다.

해설

히브리서의 주요한 주제는 크리스천들이 광야세대처럼 구속과 안식, 약속과 성취간의 지극한 경험의 긴장을 경험하는 하나님의 백성들이라는 것이다. 구속의 목표에 도달하는데 광야 세대가 비극적이게도 실패한 것을 닮아서는 안 된다는 하나님의 목소리에 대한 응답의 형태에 관심을 불러일으킨다. 그 사실이 이미 시편 95:7b-11에서 인식되어 있고, 그 시편을 회당과 교회에서 회중을 예배로 부르기 위해서 사용할 때마다 읊어졌다. "오늘날 너희가 그의 음성을 듣거든 노하심을 격동할 때와 같이 너희 마음을 강퍅케 하지 말라"는 탄원은 백성들 앞에서 가데쉬에서의 이스라엘의 기억을 가져오는 것으로 의도되었는데, 이는 각 세대가 하나님의 말씀에서 표현된 하나님의 요구하심 앞에서 엄숙한 책임을 갖고 있다는 경건한 상기였다. "오늘"은 역사와 전기의 신선한 순간을 나타내며, 이것은 순종이나 불순종, 믿음이나 불신앙의 반응에 따라 결정된다.

저자는 시편 95편을 인용하여 청자들로 하여금 신앙을 보존하라는 진지한 요청을 확대한다. 그리스도와의 파트너쉽을 세례 시에 고백에서 인정한 근본적인 위치를 흔들리지 말고 고수해야 함이 긴요하다. 충성과 인내에 대한 요구를 약속과 안식이 지원한다. 하지만 저자는 하나님의 음성에 어느 누구도 적절하게 반응할 수 있기 위해서 공동체의 구성원들 상호간에 돌봄과 관심을 가져야함을 촉구한다.

시편기자는 가데쉬의 광야 세대의 반응을 가지고 하나님에 대한 반응의 문제를 자기 세대에게 제기했다. 이런 이해가 히브리서에서 시편 95편의 해석을 제어한다. 저자는 크리스천의 경험을 광야를 방랑하던 긴 시기와 비교하지 않고, 순례가 거의 끝나고 하나님이 약속하신 것을 획득할 시점에 있는 사람들의 상황에 비교한다. 저자의 종말론적인 확신은 크리스천들이 하나님의 안식에 들어가는 것과 비교할 수 있는 상황에 있다는 것이다. 가데쉬의 이스라엘과 수신하고 있는 크리스천 공동체와의 비교의 근거는 시련과 위험에 직면한 순간에서 하나님의 약속 앞에 서 있는 미해결의 긴장이다.

저자는 이 설교의 항목을 작성할 때, 민수기서를 펼쳐 놓고 있었던 것으로 보인다. 3:1-6에서 저자는 민수기 12:7을 붙잡고 모세의 충성에 대한 증언에서 예수와 모세를 비교할 수 있는 사례를 발견했다. 민수기 13:1-25에서 그는 가데쉬 즉 가나안 입구에서 진치고 있던 이스라엘에 대해 읽었고, 또한 약속된 땅을 살피기 위해서 정탐꾼을 보낸 것을 읽었을 것이다. 정탐꾼들의 보고(민 13:26-33)에 의해 이스라엘은 하나님께 대적하여 애굽으로 돌아갈 것을 결정했다. 여호수아와 갈렙의 확신에도 불구하고 말이다. 그들의 불순종은 가나안 땅으로 들어가지 못하게 할 것이라는 하나님의 엄숙한 맹세를 불러일으켰다(민 14:1-35).

저자는 광야를 통한 이스라엘의 여행의 첫 국면을 하나님의 백성들의 삶에서 규범으로서 간주했는데, 그것은 영적인 형성의 시기였기 때문이었다. 사막의 고독과 황폐 속에서 이스라엘은 하나님을 만났지만, 그들은 하나님의 음성에 복종하면서 순례에 참여하는 사람이 되어야 한다는 것을 잊었다. 하나님을 가데쉬에서 불순종한 결정은 이스라엘이 불평과 불순종과 불신앙으로 하나님을 자극했던 일련의 에피소드들의 절정이었다.

광야 세대의 근본적인 실패는 하나님이 실제로 그들과 함께 하시며 말씀으로 인도하신다는 사실을 믿지 않음에 있다. 하나님의 임재와 음성을 인정하지 않은 그들은 하나님의 안식에 들어갈 수 있는 가능성을 상실했다. 이스라엘의 운명을 상기시킨 저자는 공동체에 하나님의 임재에 대한 믿음을 상실하지 말 것을 경고하며, 하나님의 말씀을 들을 때마다 복음서 전승이 선포될 때마다 그것을 잊지 말 것을 상기시킨다.

가데쉬에서 진을 친 세대와 특색 있는 상황에 있는 크리스천 가정 교회와의 비교는 예표론과 예표론적 주해의 유산에 관한 저자의 이해를 반영한다. 예표론은 과거 사건의 실제를 인식하고, 과거와 현재에 구원하고 심판하시는 하나님의 활동간에 순전한 일치를 전제한다. 그것은 피상적인 유사성에 근거하지 않고, 계시에 의해 형성된 말씀의 구조 내에서의 하나님의 거룩한 활동의 일관성에 근거한다. 히브리서 3:7-19에서 예표론적 주해는 종말론적 신앙을 육성하고 형성하는 역사적 상기를 사용하는 것과 관련이 있다.

가데쉬에서 이스라엘이 직면했던 축복과 저주의 대조적인 양자택일은 하나님의 약속에 대한 신앙이냐 불신앙이냐에 달려 있다. 하나님을 믿는 것을 거부함이 약속의 실현에서 이스라엘의 배제를 가져왔다. 3:7-19에서 공동체는 하나님을 믿는 것의 거부로 인해 있게 되는 위험을 인식할 것을 요청 받는다. 거룩한 약속의 성취에 대한 조건은 순종으로 표현되는 능동적인 믿음과 그리스도인의 신앙고백을 고수하는 것이다.

C. 하나님의 백성들을 위한 안식일 기념으로서의 안식(4:1-14)

참고문헌

Abels, P. S. "The Rest of God." Dissertation, Dallas Theological Seminary, 1977. **Arowele, P. J.** "The Pilgrim People of God(An African s Reflections on the Motif of Sojourn in the Epistle to the Hebrews)." *AsiaJT* 4(1990) 438-55. **Attridge, H. W.** "'Let Us Strive to Enter that Rest': The Logic of Hebrews 4:1-11." *HTR* 73(1980) 279-88. ______. "New Covenant Christology in an Early Christian Homily." *QuartRev* 8(1988) 89-108. **Baba, K.** "A Great High Priest(Heb. 4:14)." *ExpTim* 34(1922-23) 476-77. **Bourgin, C.** "La Passion du Christ et la nôtre: Hé 4:14 16; 5:7-9." *AsSeign* 21(1969) 15-20. **Clavier, H.** "*Ο ΛΟΓΟΣ ΤΟΥ ΘΕΟΥ* dans l'Épître aux Hébreux." In *New Testament Essays.* FS T. W. Manson. ed. A. J. B. Higgins. Manchester: University of Manchester, 1959. 81-93. **Clendenen, E. R.** "Yahweh's 'Rest' in Psalm 95." Dissertation, Dallas Theological Seminary, 1975. **Coats, G. W.** *Rebellion in the Wilderness.* Nashville: Abingdon, 1968. **Dussaut, L.** *Synopse structurelle de l'Épître aux Hébreux.* 36-41. **Ellingworth, P.** "Jesus and the Universe in Hebrews." *EvQ* 58(1986) 337-50. **Fabris, R.** "La lettera agli Ebrei e l'Antico Testamento." *RivB* 32(1984) 237-52. **Fontecha, J. F.** "La Vida cristiana como Peregrinación según la Epistola a los Hebreos." In *Studium Legionense.* Leon, 1961. 2:251-306. **Frankowski, J.** "Requies, Bonum Promissum populi Dei in *VT* et in Judaismo(Hebr 3,7-4,11)." *VD* 43(1965) 124-49, 225 40. **Gaffin, R. B.** "A Sabbath Rest Still Awaits the People of God." In *Pressing Toward the Mark.* ed. C. G. Dennison and R. C. Gamble. Philadelphia: The Orthodox Presbyterian Church, 1986.

33-51.**Galling, K.** "Durch die Himmel hindurch-geschritten(Hb. 4,14)." *ZNW* 43 (1950-51) 263-64. **Graham, R.** "A Note on Hebrews 4:4-9." In *The Sabbath in Scripture and History*. ed. K. Strand. Washington, DC: Review and Herald, 1982. **Hamm, D.** "Faith in the Epistle to the Hebrews: The Jesus Factor." *CBQ* 52(1990) 270-91. **Hofius, O.** *Katapausis*. 22-115, 137-43. **Hutton, W. R.** "Hebrews iv.11." *ExpTim* 52(1940-41) 316-17. **Kaiser, W. C.** "The Promise Theme and the Theology of Rest." *BSac* 130(1973) 135-50. **Kistemaker, S.** *The Psalm Citations in the Epistle to the Hebrews*. 36-37, 108-16. **Kuist, H. T.** "Hebrews 4:11-13." *BibRev* 16(1931) 579-81. **Laub, F.** *Bekenntnis und Auslegung*. 104-7, 246-53. **Lauterbach, J. Z.** "The Sabbath in Jewish Ritual and Folklore." In *Rabbinic Essays*. Cincinnati: Hebrew Union College, 1951. 437-70. **Lincoln, A. T.** "Sabbath, Rest, and Eschatology in the New Testament." In *From Sabbath to Lord's Day: A Biblical, Historical, and Theological Investigation*. ed. D. A. Carson. Grand Rapids: Zondervan, 1982. 177-201. **Lombard, H. A.** "*Katápausis* in the Letter to the Hebrews." *Neot* 5(1971) 60-71. **Losada, D. A.** "La Reconciliatión como 'Reposo.'" *RevistB* 36(1974) 113-28. **Marshall, I. H.** "The Problem of Apostasy in New Testament Theology." *PRS* 14(1987) 65-80. **Martin, A. D.** "*Σαββατισμός*." *ExpTim* 26(1914-15) 563-65. **Miller, M. P.** "Targum, Midrash and the Use of the Old Testament in the New Testament." *JSJ* 2(1971) 29-82. **Mugridge, A.** "Warnings in the Epistle to the Hebrews: An Exegetical and Theological Study." RTR 46(1987) 74-82. **Oberholtzer, T. K.** "The Kingdom Rest in Hebrews 3:1-4:13." *BSac*145(1988) 185-96. **Proulx, B.**, and **Schökel, L. A.** "Heb 4, 12-13: componentes y estructura." *Bib* 54(1973) 331-39. **Rad, G. von.** "There Remains Still a Rest for the People of God: An Investigation of a Biblical Conception." In *The Problem of the Hexateuch and Other Essays*. tr. E. W. T. Dicken. London: Oliver & Boyd, 1966. 94-102. **Rice, G. E.** "Apostasy as a Motif and Its Effect on the Structure of Hebrews." *AUSS* 23(1985) 29-35. **Riesenfeld, H.** "Sabbat et Jour du Seigneur dans le Judaïsme, la prédication de Jésus et le christianisme primitif." *ASNS* 18(1959) 52-70. **Robertson, O. P.** "The People of the Wilderness." 107-28, 167-71. **Rordorf, W.** *Der Sonntag*. Zurich: Zwingli, 1962. 88-111. **Rose, C.** "Verheissung und Erfüllung: Zum Verständnis von *ἐπαγγελία* im Hebräerbrief." *BZ* 33(1989) 60-80. **Schaefer, K. T.** "*κρατεῖν τῆς ὁμολογίας* (Hebr 4,14)." In *Die Kirche im Wandel der Zeit*. FS J. Höffner. Cologne: Hanstein, 1971.

59-70. **Schrenk, W.** "Hebräerbrief 4, 14-16: Textlinguistik als Kommentierungsprinzip." *NTS* 26(1980) 242-52. **Schröger, F.** *Der Verfasser des Hebräerbriefes als Schriftausleger.* 106-15. **Sherman, C. P.** "'A Great High Priest'(Hebrews iv.14)." *ExpTim* 34(1922-23) 235-36. **Swetnam, J.** "Jesus as *Λόγος* in Hebrews 4, 12-13." *Bib* 62(1981) 214-24. **Tetley, J.** "The Priesthood of Christ in Hebrews." *Anvil* 5(1988) 195-206. **Toussaint, S. D.** "The Eschatology of the Warning Passages in the Book of Hebrews." *GTJ* 3(1982) 67-80. **Trompf, G.** "The Conception of God in Hebrews 4:12-13." *ST* 25(1971) 123-32. **Vanhoye, A.** "Longue marche ou accès tout proche? Le contexte biblique de Hébreux 3, 7 4, 11." *Bib* 49(1968) 9-26. ______. "La parole qui juge: Hé 4, 12-13." *AsSeign* 59(1974) 36-42. **Williamson, R.** "The Incarnation of the Logos in Hebrews." *ExpTim* 95(1983-84) 4-8. ______. *Philo and the Epistle to the Hebrews.* 130-32, 241-44, 386-409, 544-57. **Wood, C. M.** "On Being Known." *TToday* 44(1987) 197-206.

본 문

1 그러므로 우리는 두려워할지니 그의 안식에 들어갈 약속이 남아 있을지라도 너희 중에 혹 미치지 못할 자가 있을까 함이라

2 저희와 같이 우리도 복음 전함을 받은자이나 그러나 그 들은 바 말씀이 저희에게 유익되지 못한 것은 듣는 자가 믿음을 화합지 아니함이라

3 이미 믿는 우리들은 저 안식에 들어가는도다 그 말씀하신 바와 같으니 내가 노하여 맹세한 바와 같이 저희가 내 안식에 들어오지 못하리라 하셨나 하였으나 세상을 창조할 때부터 그일이 이루었느니라

4 제 칠일에 관하여는 어디 이렇게 일렀으되 하나님은 제 칠일에 그의 모든 일을 쉬셨다 하였으며

5 또 다시 거기 저희가 내 안식에 들어오지 못하리라 하였으니

6 그러면 거기 들어갈 사름이 남아 있거니와 복음 전함을 먼저 받은자들은 순종치 아니함을 인하여 들어가지 못하였으므로

1 Therefore, while a promise of entering[a] his rest remains open, let us begin to fear[b] that[c] even one among you would seem[d] to be excluded from it.[e]

2 For we also have had good news preached[f] to us, just as they did; but the word which they heard[g] did not benefit them, because they did not share the faith of those who listened.[h]

3 For we[i] who have believed do enter[j] that rest, just as God has said, "So I declared by an oath in my anger 'They shall certainly not[k] enter my rest,'" and yet[l] his work has been completed since[m] the foundation of the world.

4 For somewhere he has spoken about the seventh day in this manner, "And on the seventh day God took rest[n] from all his works,"

5 and furthermore, in this context[o] he has said, "'They shall certainly not enter my rest.'"

6 Therefore, since the fact remains that some are to enter rest, and those who formerly[p] had good news proclaimed to them did not enter because of their disobedience,

7 오랜 후에 다윗의 글에 다시 어느 날을 정하여 오늘날이라고 미리 이같이 일렀으되 오늘날 너희가 그의 음성을 듣거든 너희 마음을 강퍅케 말라 하였나니

7 God again appointed a certain day, saying in the Psalter,[q] so much later, "Today," in the text already quoted: "Today, if you hear his voice, do not harden your hearts."

8 만일 여호수아가 저희에게 안식을 주었더면 그 후에 다른 날을 말씀하지 아니하셨으리라

8 For if Joshua had given them rest,[r] God would not have spoken of another time later on.

9 그런즉 안식할 때가 하나님의 백성에게 남아 있도다

9 Consequently,[s] there remains a Sabbath celebration[t] for the people of God.

10 이미 그의 안식에 들어간 자는 하나님이 자기 일을 쉬심과 같이 자기 일을 쉬느니라

10 For whoever enters God's rest has also rested[u] from his own work, as God did from his.

11 그러므로 우리가 저 안식에 들어가기를 힘쓸지니 이는 누구든지 저 순종치 아니하는 본에 빠지지 않게 하려 함이라

11 Let us, therefore, make every effort[v] to enter that rest; otherwise,[w] one of you might perish[x] through[y] the same example of disobedience.[z]

12 하나님의 말씀은 살았고 운동력이 있어 좌우에 날선 어떤 검보다도 예리하여 혼과 영과 및 관절과 골수를 찔러 쪼개기까지하며 또 마음의 생각과 뜻을 감찰하나니

12[aa] For the word of God is living[bb] and effective.[cc] Sharper than any double-edged sword, it penetrates so as to separate soul and spirit, both joints and marrow,[dd] and is able to judge the thoughts and deliberations of the heart.

13 지으신 것이 하나라도 그 앞에 나타나지 않음이 없고 오직 만물이 우리를 상관하시는 자의 눈앞에 벌거벗은 것같이 드러나느니라

13 Nothing in creation is hidden from God's sight, but[ee] everything is uncovered and exposed[ff] to the eyes of the one to whom we must give account.[gg]

14 그러므로 우리에게 큰 대제사장이 있으니 승천하신 자 곧 하나님 아들 예수시라 우리가 믿는 도리를 굳게 잡을지어다

14 Therefore, since we have a great high priest who has gone into[hh] heaven, Jesus the Son of God, let us continue to hold fast[ii] to our confession.

원문주해

a. 부정과거 부정사 에이셀데인(εἰσελθεῖν)은 약속에 대한 설명적 보족어다.

b. 동사 포베도멘(φοβηθῶμεν)의 위치는 문장의 구성상 강조적이다. 부정과거 가정법은 자주 이전의 삶의 방식과 새로운 삶의 방식간의 대조를 함축하는데 사용된다. 그러한 경우에 동사는 여기서처럼 도입적이다. BDF §337(1)을 참조하라.

c. 동사 포베도멘(μήποτε) 이후에 목적절을 도입하는 메포테(μήποτε)의 사용은 보편적이라기보다는 문학적 양식의 특징이다. Turner, *Grammar*, 3:99; BDF §370(1)을 보라.

d. 도케(δοκῇ)가 "발견되다"라는 법정적인 개념을 갖고 있다는 주장에 대해서는 Rienecker, *Linguistic Key*, 328을 참조하라.

e. 파피루스에 기초한 대안적인 해석(참조. MM 661)은 휘스테레케나이(ὑστερηκέναι)에서 '아주 늦게 온다'는 개념을 인지한다(고로 Zerwick and Grosvenor, *Gramma-*

tical Analysis, 660; 참조. JB: "너희 중에 누구도 그가 그것을 위해 너무 늦게 온다고 생각해서는 안 된다"). 채택한 번역에 대해서는 BAGD, 849을 참조하라.

f. 분사의 완료형 시제는 복음 전함의 완전성을 강조하고, 따라서 복음 전파가 부적절하거나 부족하다는 핑계를 댈 여지가 없다(고로 Rienecker, *Linguistic Key*, 329).

g. 형용사적 속격 테스 아코에스(*τῆς ἀκοῆς*)는 "말씀"을 한정하기 위해 묘사적으로 사용되고 있다. Moule, *Idiom-Book*, 175을 보라.

h. 사본들은 당황하게 할 정도로 다양한 독법을 보존하고 있고, 몇몇 비판가들은 성경 원문에 원초적인 변질이 있었다고 의심한다. 이 번역은 UBSGNT를 위해 채택된 성경 원문을 수용한 것이다. 대격의 복수형 숭케케라스메누스(*συγκεκερασμένους*)는 알렉산드리아(Alexandrian)와 서방(Western) 형태의 성경 텍스트들(P^{13} P^{46} A B c D* Ψ 69 81 88 1739 2127 vg^{w} sy^{h} bo $sa^{3\ mss}$ Chr Theodore of Mopsuestia Aug)로부터 초기의 다양한 지지를 받았다. 참조. JB: "왜냐하면 그들은 (여호수와와 갈렙과 관련하여) 들었던 사람들의 믿음을 공유하지 않았기 때문이다." 이런 조명 속에서 이해된 믿는 소수에 대한 언급은 가데쉬에서 이스라엘 사람들이 들었던 좋은 소식들의 근거를 규명해주고, 아울러 8절을 예기해준다. 보다 쉬운 주격 단수의 숭케케라스메노스(*συγκεκερασμένος*) 독법은 덜 강력하게 증거되지만(ℵ 57[102] it $vg^{s,cl}$ sy^{p} $sa^{2\ mss}$ Ephr Lcf), 많은 더 발전된 주석들과 현대적 해석들에 의해 선호된다(RSV, NEB, TEV, NIV). 그 의미는 들은 말씀이 믿음의 응답으로 충족되지 않았다는 것이다. 성경 원문상의 이슈에 관한 논의에 대해서는 Metzger, *Textual Commentary*, 665을 보라. 그리고 이문형 독법의 다른 조합의 번역과 더불어 다른 관점에 대해서는 P. E. Hughes, 157-58, n. 62을 보라.

i. 일인칭은 한정 동사인 에이세르코메다(*εἰσερχόμεθα*)로 알려져 있다(참조. Zerwick and Grosvenor, *Grammatical Analysis*, 661).

j. 에이세르코메다(*εἰσερχόμεθα*)는 문장 구성상 강조를 위해 앞에 두어져 있다. 현재 시제는 "우리가 이미 들어가는 과정에 있다"는 개념을 표현할 수 있었다(고로 Rienecker, *Linguistic Key*, 329).

k. 미래 시설법을 갖는 에이(*εἰ*) 구문은 강조적인 부정적 주장의 의미를 갖는데, 9절에서 그 진술이 반복된다. BDF §372(4); 454(5)를 보라.

l. 도입적인 불변화사 카이토이(*καίτοι*)는 고전과 후대의 헬라 문학에서 흔한데, 분사에서 양보적인 개념을 분명히 하거나 강화하기 위한 것에 사용된다(참조. Moule, *Idiom-Book*, 73).

m. 전치사 아포(*ἀπό*, 그것은 자주 "…로부터"를 의미한다)는 여기서 시간적인 의미로 사용되고 있다(참조. Moule, *Idiom Book*, 73).

n. "쉬셨다"를 의미하는 카테파우센(*κατέπαυσεν*)에 대해서는 Turner, *Grammar*, 3:52을 보라.

o. 엔 투토(ἐν τούτῳ)라는 표현은 "여기서" 또는 "이곳에서"를 의미하고, 결과적으로 "이 상황에서"를 의미한다.

p. 여기서 부사적으로 사용된 프로테론(πρότερον)이라는 단어는 두 행위들 중에서 첫 번째 것을 언급한다. 그 언급은 가나안으로 들어가는 초대에 관한 것이다. 7절에 팔린(πάλιν, "다시")과 비교하라. BDF; §62를 참조하라.

q. 다양하게 쓰이는 전치사 엔(ἐν)은 여기서 공간적인 의미("다윗 속에서")를 갖는데, "다윗"은 시편서를 분명히 언급한다(BDF §219[1]). J. W. C. Wand의 의역인 "시편에서의 옛 초대"(*The New Testament Letters*[London: Cambridge UP, 1944] 179)를 참조하라.

r. 두 번째 부류의 조건절의 사용(직설법에서 과거시제와 함께 하는 조건절에서 에이[εἰ]; 전제절에서 안[ἄν]을 갖는 직설법에서의 동사의 과거 시제)은 성취되지 않은 조건을 표현한다(BDF §360[4]; Zerwick, *Biblical Greek* §313). 그 사실은 여호수아가 그들에게 안식을 주지 못했다는 것이다.

s. 불변화사 아라(ἄρα)는 이전 논증으로부터의 결론을 도출한다. Thrall, *Greek Particles*, 36-39을 참조하라.

t. 희귀한 명사인 사바티스모스(σαββατισμός)는 동족동사인 사바티제인(σαββατίζειν, "안식일을 준수하거나 기념하다"에서 분명히 만들어졌다(참조. 출 16:30; 레 23:32; 26:34-35; 고후 36:21 LXX). Moulton and Howard, *Grammar*, 2:409을 보라. 그것은 안식일 준수의 찬양과 축제를 고려하고 있다. 도움이 되는 논의를 위해서는 특히 Hofius, *Katapausis*, 106-10을 보라.

u. 카테파우센(κατέπαυσεν)의 부정과거시제는 예변(豫辨)적이다. 조건의 결과로 선언된 것("하나님의 안식에 들어가는 자마다")은 그것이 이미 발생한 것처럼 표현되고 있는데, 즉 성취된 것으로 간주되어지는 조건이다(Zerwick, *Biblical Greek* §257을 보라).

v. 권면적인 가정법 스푸다소멘(σπουδάσωμεν)에서 부정과거 시제는 아마도 기동(起動)적이다("열심을 다하자", "최선을 다하자").

w. 이 번역은 목적절이라기보다는 결과절을 도입하면서, 최종적인 것으로서 히나 메(ἵνα μή)를 취급하는 결정을 반영한다.

x. 동사 피프테인(πίπτειν, 일반적으로 "떨어지다"를 의미한다)은 여기서 "멸망하다"라는 뉘앙스를 갖고 있음을 Zerwick and Grosvenor, *Grammatical Analysis*, 661는 인식한다. 3:17에서 동일한 동사의 사용을 참조하라. 거기서도 그것은 분명히 그 뉘앙스를 표현하고 있다.

y. 피프테인(πίπτειν) 다음에 전치사 엔(ἐν)은 "어느 누구도 떨어지지 않도록" 또는 "함으로써"의 결과적인 의미를 갖는다(고로 Turner, *Grammar*, 3:257).

z. BAGD(844)는 그 논조에서 휘포데이그마(ὑπόδειγμα, "본")가 불순종의 예를 언급

하는 것이 아니라 불순종의 결과로서 파멸에 빠진 예를 언급하는 것이라고 주장한다. 성경 텍스트에 대한 이런 의역적인 접근은 "빠지다"(즉 "멸망하다")라는 뉘앙스가 동사 피프테인(πίπτειν)에 인식되어 있다면 그것은 불필요한 것이 될 것이다.

aa. 12-13절은 미사여구적인 문장의 또 다른 예증을 제공한다(위의 1:1-4; 2:2-4, 14-15; 3:12-15을 보라). 그 문장은 영어 형태의 번역에서는 깨어진다.

bb. 문장의 구조에서 존(ζῶν)이 서두에 위치함은 강조적이다. 즉 "living is the word of God"("하나님은 살아 계시다").

cc. B와 제롬의 일부에서 보존되고 있는 이문형 독법인 에나르게스(ἐναργής, 에네르게스[ἐνεργής]에 반대되는 것으로서)는 "분명한" 또는 "명백한"이라는 말을 묘사한다. 진지한 고려를 요구하지 않는 이문은 그럼에도 불구하고 흥미가 있는데, 성경 텍스트를 하기(下記)했을 때 듣는 것에서 실수가 있었음을 나타낸다.

dd. 저자는 테…카이(τε…καί) 구문을 사용하여 두 요소들을 연결할 뿐만 아니라, 두드러지게 하고자 하는 의도를 갖고 있다. 즉 "관절과 골수."

ee. 이전의 부정어 절 다음에 온화한 역접인 데(δέ)는 알라(ἀλλά)의 더 강력한 역접의 의미를 갖게 된다(고로 Turner, *Grammar*, 3:331).

ff. 완료형 분사 테트라켈리스메나(τετραχηλισμένα)로 표현되는 은유의 근거와 관련하여 상당한 의견 차이가 있다. 레슬링에 적합한 용어로서 "목을 잡다"라는 동사 트라켈리제인(τραχηλίζειν)의 용법은 필로에게서 생생한 예증을 발견할 수 있다. 예를 들어 *On Dreams* 2.34을 보라: 악한 사람들은 선한 것을 전복시키는 것을 옳다고 생각하는데, 말하자면 "교묘하고 복잡한 속임수를 사용하여 상대의 목을 잡고 머리를 목덜미에 밀착시키고서(ἐκτραχηλίζειν-에크트라켈리제인), 아울러 상대를 땅에 넘어뜨리기 위해서 상대의 다리를 와해시킴으로써" 그리한다. *On Rewards and Punishments* 29: "강력한 라이벌을 이기기 위해서 머리를 목덜미에 밀착시킨(ἐκτραχηλιζόμενος-에크트라켈리조메노스) 운동선수처럼." 13절에서 굼나(γυμνά, "드러나다", "발가벗다")라는 완료형 분사는 하나님의 엄밀한 심사 앞에 드러난 상태를 표현한다. Simpson, *EvQ* 18 (1946) 38을 참조하라.

gg. 적대적이거나 친근한 관계를 나타내는 전치사 프로스(πρός)의 사용에 대해서는 BDF §239(5); Moule, *Idiom-Book*, 52-54을 보라. "상관하신다"(또는 "계수하신다")라는 의미의 로고스(λόγος)에 대해서는 히브리서 13:17을 참조하라. Zerwick and Grosvenor (*Grammatical Analysis*, 662)은 "우리에게 달려 있는 정산" 또는 "우리의 책임이 있는"이라고 번역한다. Trompf (*ST* 25[1971] 125, n. 9)는 이런 의미의 로고스(λόγος)가 비즈니스 세계에 해당하는 Oxyrhynchus 파피루스의 수많은 예증들에 관심을 기울인다.

hh. 디엘레루도타(διεληλυθότα)의 중심적인 의미는 "통해서 가다"이다. 대제사장이 속죄일에 하나님의 존전에 서는 지성소로 나아가기 전에 성소를 통과하는 것처럼, 예수는 승천(천상)하심을 통해 하나님의 존전에 나아갔다. 유감스럽게도 "승천을 통해 나아가셨다"라는 개념을 영어에서는 전달할 수가 없다.

ii. 권면적인 가정법 크라토멘(*κρατῶμεν*)의 번역은 현재시제의 계속적인 상태를 표현하는 것을 시도한다.

양식/구조/배경

3:7-19에서 소개된 훈계적 단위는 4:1-14에서 완성되게 된다. 저자는 시편 95:7b-11의 세부적인 것들을 인용하고 해석하면서, 독자들의 상황에 그 인용을 적용하기 위해 훈계적인 미드라쉬의 형태를 사용하기를 계속한다. 4:1-11에서의 새로운 전개는 광야 세대를 배제시켰던 안식의 특징을 분명히 하기 위해서 창세기 2:2를 사용함으로써 시편 95편의 해석에 풍부함을 더해준다. 그 논증은 70인경 창세기 2:2에서 하나님이 "쉬셨다"(*κατέπαυσεν*-카테파우센)는 것을 진술하는데 사용된 동사가 시편 95(70인경 94):11의 "안식"(*κατάπαυσις*-카타파우시스)에 대한 용어와 동족어라는 사실에 의존한다. 이 동족어의 사용은 95:11의 "내 안식"이 창세기 2:1-3에서의 창조사역에 뒤이은 최초의 하나님의 안식의 측면에서 적절히 해석되어진다는 추론을 허락했다.

랍비적 해석에 통상적인 단어들의 유추에 근거한 추론의 의존은 히브리어로 게제라 솨와(*gĕzērâ šāwâ*)라 지칭한다(참조. Hofius, *Katapausis*, 55). 저자와 저자의 글을 받아보고 있는 사람들이 헬라어로 된 성경 본문을 읽고 있었다는 사실은 이 경우에 매우 중요한데, 맛소라텍스트(MT)는 두 단락에서 하나님을 안식을 묘사하는데 서로 다른 히브리 어근을 사용하였기 때문이다.

4:1-14의 구조는 병행적인 구문과 접속사들에 의해 충분히 암시된다. 첫 번째 문학적 단위는 권면적인 가정법의 사용과 1절과 11절에서 "안식에 들어가다"라는 어구로 형성된 인클시오(*inclusio*)로 형성되어 있다.

1절 "그러므로 우리는 두려워할지니 그의 안식에 들어갈 약속이 남아 있을지라도"(*φοβηθῶμεν οὖν… εἰσελθεῖν εἰς τὴν κατάπαυσιν αὐτοῦ*-포베도멘 운…에이셀데인 에이스 텐 카타파우신 아우투)

11절 "그러므로 우리가 저 안식에 들어가기를 힘쓸지니"(*σπουδάσωμεν οὖν εἰσελθεῖν εἰς ἐκείνην τὴν κατάπαυσιν*-스푸다소멘 운 에이셀데인 에이스 에케이넨 텐 카타파우신)

이외에도 그 단위는 하나님의 안식에 들어감에 관한 반복된 사상과 긴밀히 연관되어 있다.

1절 "그의 안식에 들어갈 약속"
3a절 "우리들은 저 안식에 들어가는도다"
3b절 "저희가 내 안식에 들어오지 못하리라"
5절 "저희가 내 안식에 들어오지 못하리라"
6절 "거기 들어갈 자들이 남아 있거니와"
10절 "이미 그의 안식에 들어간 자는"
11절 "저 안식에 들어가기를"

"안식에 들어가다"(*εἰσέρχεσθαι κατάπαυσιν* – 에이세르케스다이 카타파우신)는 이 단락에서 특징적인 표현이고, 각 경우에 그 표현의 근거는 시편 95:(70인경 94):11의 사용에 있음이 분명하다(참조. Attridge, *HTR* 73[1980] 281; Losada, *RevistB* 36[1974] 125).

4:1-11 내에서도 1절과 5절 그리고 6절과 11절간의 인클루시오에 근거하여 두 단락을 구분하는 것이 가능하다.

1절 "그의 안식에 들어갈"(*εἰσελθεῖν εἰς τὴν κατάπαυσιν αὐτοῦ* – 에이셀데인 에이스 텐 카타파우신 아우투)
5절 "내 안식에 들어오지"(*εἰσελεύσονται εἰς τὴν κατάπαυσίν μου* – 에이셀류손타이 에이스 텐 카타파우신 무)
6절 "순종치 아니함을 인하여 들어가지 못하였으므로"(*οὐκ εἰσῆλθον δι' ἀπείθειαν* – 우크 에이셀돈 디 아페이데이안)
11절 "그러므로 우리가 저 안식에 들어가기를…이는 누구든지 저 순종치 아니하는 본에 빠지지 않게 하려 함이라(*εἰσελθεῖν… τις ὑποδείγματι πεσῃ τῆς ἀπειθείας* – 에이셀데인…티스 휘포데이그마티 페세 테스 아페이데이아스)

가정법의 "순종치 아니함"(*ἀπείθεια* – 아페이데이아)의 출현은 그것이 6절과 11절에서 나오기 때문에 그리고 히브리서의 어느 곳에서도 발견할 수 없기 때문에 특히 두드러진다. 그것의 문학적 기능은, 정확히 저자가 3:12과 19절에서 "믿지 아니함"(*ἀπιστία* – 아피스티아)이라는 관련된 용어를 사용한 것처럼, 단락의 한계를 특징짓는다(참조. Vanhoye, *La structure*, 96-97).

두 단락은 각각의 중심에 시편 95편의 인용(3절=시 95:11; 7절=시 95:7b-8a)

이 있도록 배열되어 있다. 세심하게 구성된 배열을 가지고서 저자는 독자들 앞에 성경의 인용에 관한 상세한 설명을 유지하고, 그것들을 성경 텍스트에 대한 저자 자신의 묵상과 관련시킨다. 첫 번째 단락은 하나님의 안식에 들어가는 개념을 강조하고, 그 안식의 독특한 특징을 규명한다. 두 번째 단락은 "오늘"이라는 용어의 의미를 해석하고, 그것을 수신하고 있는 회중들의 기회와 위험에 연관시킨다. (두 단락의 각 부분에 동심원적인 대칭의 상세한 분석을 위해서는 Vanhoye, *La structure*, 98-99을 보라.)

12-13절에서 하나님의 말씀과 관련한 진술은 접속사 가르(*γάρ*, "for")에 의해 이전 단위와 연결되어 있다. 그것은 11절에서 부과된 하나님의 안식에 들어가기 위해 힘쓸 것을 지원하는 이유를 제공해준다. 12-13절을 이전의 문맥과 구분하고, 그것을 전환이나 4:14-5:10에서 대제사장으로서의 예수의 직무를 고려하는 서문으로 취급하려는 시도는 잘못 방향이 맞추어진 것이다(Kuist, *BibRev* 16[1931] 579-81; Trompf, *ST* 25[1971] 127). 시편 95편의 고려에서 이 구절의 기능은 3:7-4:13의 구조 내에서 그것들을 생각할 때에 분명해진다. 그 단위는 3:17-11에서 시편 95:7b-11의 인용과 함께 시작한다. 성경 텍스트의 훈계적 미드라쉬는 3:12에서 4:11로 확대된다. 저자는 4:11에서 힘쓸 것에 대한 호소와 4:12-13에서 그것에 상응하는 이유를 가지고 그 해석에 대한 요점적인 결론을 제공한다.

3:7-4:13의 구조 내에서 4:12-13의 위치는 3:7-11에서의 성경 인용의 배치와 균형을 이룬다. 3:7-11에서 하나님의 말씀에 관한 인용은 4:12-13에서 하나님의 말씀의 뚜렷한 특징과 관련한 경고로 보충된다. 따라서 처음의 그리고 결론적인 단위들은 3:12-4:11에서 시편 95편의 해석을 위한 문학적 틀을 제공해준다(Vanhoye, *La structure*, 101-3).

몇몇 주석들은 12-13절에서 저자가 시(Poem)(Michel, 197-98)나 찬송(Kuss, 67; Nauck, "Zum Aufbau des Hebräerbriefes," 205: "a Logos-hymn"; Spicq, 1:51: "a hymn to the Word")을 포함시켰다고 주장한다. 이런 주장은 설득력이 없다. 미사여구적인 문장은 운율적인 형태를 사용하는 산문의 대단히 윤색된 단편들이다(그 단위의 수사적인 특징에 대한 분석을 위해서는 Proulx and Schökel, *Bib* 54[1973] 331-33을 참조하라).

그러나 오직 12절만이 "하나님의 말씀"에 관해 언급하고 있고, 13절에서 반복된 아우투(*αὐτοῦ*) 즉 "그 앞에", "눈앞에"는 하나님 자신만을 언급한다. 12-13절에서 저자 자신이 책임 있는, 즉 11절에서 인용에 대한 실증을 제공하고 있는 사려 깊은 형태를 인식하는 것이 더 좋다(따라서 Riggenbach, 115; Hofius, *Katapausis*, 138-39도 역시 보라). 12-13절의 진술은 3:7에서 성경 텍스트의 인용으로 시작했던 시편 95편의 설교적 전개의 극치를 이루고 있다.

14절의 기능은 더욱 복합적이다. 그것은 접속사 "그러므로"(*οὖν*-운)에 의해 3:7-4:13의 권면적인 단락에 부착된다. 저자는 자신이 시편 95편에 근거하여 발전시키고 있는 묵상들을 살피고, 마지막 훈계에서 3:7-4:11의 권면을 요약한다: "믿는 도리를 굳게 잡을지어다." 이런 관점에서, 14절은 살피고 있는 더 큰 단위의 결론을 표시해준다. 그러나 예수를 대제사장으로서만이 아니라, "믿는 도리"에 대한 언급은 3:1의 특징적인 어휘로 되돌아감을 특징짓는다. 이런 관점으로부터 14절은 대제사장으로서 예수의 신실함에 근거한 필연적인 단위로서 3:1-4:14을 포괄하는 인클루시오를 형성한다(3:1-2a의 주석을 보라). 14절에서 충성에 대한 호소는 이미 3:1-6, 특히 3:6a에 함축되었다. 따라서 14절은 4:1-14 항목을 결론지을 뿐만 아니라 더 큰 단위인 3:1-4:14의 결론을 특징짓는다.

주석

4:1-11에서 저자는 시편 95편의 해석을 새로운 단계로 발전시킨다. 3:12-19의 초점은 노골적인 불신앙과 불순종으로 인해서 하나님의 안식에 광야 세대가 배제되는 것에 관한 것이다. 하나님에 대한 믿음에 실패함으로써 광야에서의 비극적인 죽음은 청자들에 대한 경고의 근본을 이룬다. 4:1-11에서 그 강조는 하나님의 안식으로 들어갈 약속의 상속자로서의 기독교 공동체에 할당된다.

이 항목에서 저자의 임무는 예리한 용어로 지금 하나님의 새로운 백성들이 직면하고 있는 위험과 안식간의 양자택일을 제기하는 것이다. 권면적인 논증의 과정에서 저자는 제시하고 있는 인식의 특징과 성경에서 하나님의 음성으로 형성된 공동체에 수반하는 책임을 더욱더 정확하게 규정한다.

1 권면적인 가정법의 사용은 저자가 청자들로 하여금 한 삶의 양태나 성향에서 다른 사람의 양태나 성향을 가질 것을 요청할 때에 흔하다(BDF §337[1]). 단락의 서두에서 "두려워할지니"(*φοβηθῶμεν*-포베두멘)를 강조적인 위치에 둔 것은 공동체 내에서 현재 성경의 하나님의 말씀에 대한 태도를 용인할 수 없음을 함축한다. 더욱더 민감한 태도에 대한 호소는 가정교회 내의 모든 개인들에 대한 진지한 목회적 관심이 동기부여가 되었다("너희 중에 혹 미치지 못할 자가 있을까 함이라"; 참

조. 3:12, 13; 4:11). 하나님의 안식에 들어갈 약속이 공개적으로 남아 있다고 하는 사실은 이 권면에서 표현한 것이 얼마나 긴급한 것인가를 설명해준다.

"약속"(*ἐπαγγελία* – 에팡겔리아)은 저자의 어휘에서 의미 있는 용어이고, 여기서 처음으로 나타난다. 이 땅에 크리스천들은 하나님이 약속의 형태로 말씀하신 실제를 소유하고 있다는 것이 저자의 특색 있는 이해이다. 그는 믿는 공동체를 하나님의 약속에 대한 상속자로 간주한다(참조. 1:14; 6:12, 17; 9:15). 신약성경의 다른 문서들의 특징인 약속과 성취의 패턴(즉 하나님이 조상들에게 약속한 것을 그리스도 안에서 이루셨다)은 히브리서에서 수정된다. 그 강조는 하나님이 조상들에게 약속하신 것을 새 언약의 백성들에 대한 확신으로 반복되었다는 사실에 있다. 그들은 약속의 궁극적인 성취의 보증을 예수의 대제사장적인 직무에서 발견하게 된다(참조. 8:6; 10:23, 36; 11:39-40).

하나님의 안식에 들어갈 약속이 유효함은 "오늘날 너희가 그의 음성을 듣거든… 너희 마음을 강퍅케 하지 말라"(참조. 시 95:7b-8a)는 서두의 인용에서 나온 논리적 귀결이었다. 광야의 불순종한 조상들이 안식에 들어가지 못한다는 하나님의 맹세에 따른 문맥에서(시 95:11), 그것은 약속의 말씀에 응답했던 사람들을 위한 안식의 영원한 유효성을 함축했다. 3:12-19에서 시편 95:7b-11의 해석에 상당히 영향을 주었던 민수기 14장의 가데쉬 내러티브는 저자에게 약속이 폐지되지 않았다는 확신에 대한 명확한 지지를 제공해주었다. 1절의 형성은 거부된 약속이 광야 세대의 자녀들에게 확대되는 14:31을 고려하고 있다. 하나님은 그 자녀들을 그 땅에 들어가서 향유하게 하실 것이다(Vanhoye, *Bib* 49[1968] 23). 민수기 14장에서 가데쉬의 이스라엘에 관한 기사는 약속과 갱신된 약속의 형태에 대한 성경적인 근거를 제공해주었다.

출애굽 세대의 약속에 관한 맥락에서 "안식"(*κατάπαυσις* – 카타파우시스)이라는 개념은, 이스라엘이 혼란으로부터 구원을 그리고 대적자들로부터 안전할 수 있는, 가나안으로 들어가는 지역적인 의미를 함축하고 있었다(참조. Deut 12:9-10). 하지만 시간의 과정에서 회당 설교와 학문적 논쟁을 통해 아마도 안식의 독특한 종말론적 개념이 발전했을 것이다. 초기 2세기의 유대 교사들은 광야의 조상들을 안식에 들어가지 못하게 하신 하나님의 맹세가 구속의 완성에서 그들이 장차 올 세대에 참여하지 못하게 되었다는 것을 함축하고 있는지를 민수기 14:35와 시편 95:11에 근거하여 논쟁했다(*t. Sanh.* 13:10[Zuck. 435]; *b. Sanh.* 110*b*[Baraitha]; *y. Sanh* 10.29*c*[Baraitha]; *ʾAbot R. Nat.* 36; 참조. Hofius, *Katapausis*, 44-47, 52).

시편 95:11의 "내 안식"에 관한 종말론적 이해는 1절에서 전제되었고, 그것은 4:1-11에서 하나님의 안식에 들어간 것을 힘쓰라는 권고에 근본이 된다. 청자들이 헬라적 유대 회당과의 오랜 연관으로 말미암아 이 개념에 이미 익숙해 있었다고 하는 것이 가능하다. 불신앙이 하나님의 안식에 들어가지 못하게 됨을 초래했다는 원리(3:19)는 현재에도 유효하며, 종말론적인 의미에서 안식을 이해할 때 매우 심오한 의미를 갖게 된다.

2 2a절은 접속사 가르(*γάρ*, "for")에 의해 이전 권고와 연결된다. 하나님의 안식에서 배제될 위험은 약속의 말씀 앞에 서 있는 특권적인 위치 때문에 정확히 발생하게 된다. "우리도 복음 전함을 받은 자이나"(*καὶ γάρ ἐσμεν εὐηγγελισμένοι* -카이 가르 에스멘 유앙겔리스메노이)는 2:3-4의 형태를 반영하고, 거기서 저자는 주님의 말씀을 들었던 증인들과 메시지가 은사의 부여로 확증되었던 사람들의 설교로 말미암아 믿음에 이르게 되었던 사람들로서의 청자들과 자기 자신을 동일시하였다.

출애굽 세대가 들었던 복된 소식의 메시지는 가나안 땅이 하나님이 보시기에 좋고 그것을 소유할 수 있다는 갈렙과 여호수아의 선언이었다(민 13:30; 14:7-9, 참조. Vanhoye, *Bib* 49[1968] 22). 갈렙과 여호수아에 대한 암시는 가데쉬에서의 좌절과 불신앙의 부정적 반응(참조. 민 13:26-29, 31-14:4, 10)과 믿음의 적극적인 반응간에, 2b절에서 전개된, 대조를 준비한다.

과거 세대는 들은 말씀을 믿기를 거부했기 때문에 헛되게 약속을 받았다(14:11; 참조. 3:12, 19). 그들은 하나님의 약속을 듣고 확신하였던 갈렙과 여호수아의 신앙을 공유하지 못했다. 히브리서에서 이미 나타났던 피스티스(*πίστις*, "믿음")는 미래에 대한 확신 있는 기대를 분명히 담고 있다(참조. 6:12; 10:38-39; 11: 1). 믿음은 하나님의 약속에 적합하고 하나님에 대한 신뢰를 인정하는 반응의 질이다. 2b절에서 믿음은 "들은 바 말씀"(*ὁ λόγος τῆς ἀκοῆς* - 호 로고스 테스 아코에스)과 관계가 있는데, 그것은 하나님의 계시된 말씀으로서의 12절에 호 로고스(*ὁ λόγος*)의 사용을 예기하는 표현이다.

광야 세대는 들었다, 하지만 아직 증명되지 않은 말씀을 신뢰하지 않았기에 약속된 것을 향유할 수 있는 자격에서 배제되었다. 주님을 통해서 전달된 하나님의 마지막 말씀에 근거하여 믿음으로 부름을 받은, 수신하고 있는, 남너에게서 피스티스(*πίστις*)는 미래의 실제에 대한 현재적 이해인 종말론적인 믿음이다(참조. Grässer, *Glaube*, 13-16). 좋은 소식의 메시지를 들음이 약속된 것을 받을 수 있음을 보증하지는 못한다. 미래에 대한 확신 있는 기대로서의 오직 믿음만이 약속된 실제를 확보할 수 있다.

3-5 하나님의 안식이 여전히 열려 있다는 증거가 해석학적으로 이루어진다. 저자는 "내 안식"(시 95:11)의 표현에 나오는 용어인 카타파우시스(*κατάπαυσις*)를 자신의 본질적인 내용을 지원하는 방식으로 정의한다. 약속된 안식에 들어가지 못한 출애굽의 세대의 실패가 그 안식의 실제와 존재를 폐기하지 못한다. 그 논증은 성경의 두 단락에서 동족 어휘의 존재가 상호 관계에 관심을 불러오는 것으로 지칭되는 랍비적 원리와 해석을 사용한다(위의 4:1-11에 관한 양식/구조/배경에서 *gĕzērâ šāwâ*를 보라). 창세기 2:2의 동족 동사 카테파우센(*κατέπαυσεν*)의 존재는 시편 95:11에서의 하나님의 안식이 창조 사역의 완성을 특징지었던 하나님의 최초의 안식을 언급한다는 추론을 가져올 수 있게 했다. 창세기 2:2은 하나님의 약속된 안식이 그 시간 이래로 준비되고 유효하다는 것을 가리킨다(참조. Attridge, HTR 73[1980] 281-83).

저자가 시편 95편을 해석하고 그것의 진술을 청자들의 상황에 적용하기를 계속할지라도, 그의 접근은 전략적인 방향전환을 이룬다. 경고는 더 이상 표면적인 것에 있지 않고 세부 진술은 소망과 격려를 위한 근거를 제공한다. 불신앙이 출애굽 세대를 하나님의 안식에 못 들어가게 했고, 반면에 신앙의 응답은 하나님의 안식에 들어가게 할 것이다. 3a절의 주장은 2절과 대조를 이룬다: 약속을 믿을 것을 거부한 사람들에게 상실된 것이 하나님의 믿는 사람들의 소유가 되었다(참조. [갈렙에 관한] 민 14:24).

"이미 믿는 사람들"(*οἱ πιστεύσαντες*-호이 피스튜산테스)로 공동체를 묘사함은 2절에서 "믿음"(*πίστις*-피스티스)과 "들은 바 말씀"(*λόγος τῆς ἀκοῆς*-로고스 테스 아코에스)에 관하여 진술한 것을 반영한다. 그들은 약속의 빛 속에서 현재 살고 있고 확신으로 메시지에 응답하는 사람들이다(참조. Grässer, *Glaube*, 13-17). 믿음은 보이지 않고, 하늘에 속한, 미래의 것들의 실제를 현재로 가져온다. 그 때문에 믿었던 사람들이 이미 하나님의 안식에 들어갔다고 말할 수 있는 것이다(Lincoln, "Sabbath, Rest, and Eschatology," 191).

결과적으로 "저 안식에 들어가는도다"(*εἰσερχόμεθα γὰρ εἰς τὴν κατάπαυσιν*-에이세르코메다 가르 에이스 텐 카타파우신)라는 담대한 주장은 하나님이 약속하신 것을 예변적으로 향유한다는 것 이상을 함축한다. 동사의 현재 시제는 진정한 현재로서 간주되어지고, 단순히 미래를 언급하는 것으로 여겨지지 않는다. 하나님의 약속은 실제를 서술하고 있으며, 신자는 시편 95:11의 인용에서 언급한 안식을 이미 향유하고 있다(참조. Kistemaker, *Psalm Citations*, 109; H. Montefiore, 83).

3절의 마지막 어절은 성격상 양보적이며 4절의 창세기 2:2의 인용을 준비한다. 광야 세대는 하나님의 안식에서 배제되었지만(*καίτοι*-카이토이), 그 안식은 하나님이 창조의 사역을 완성하신 이래로 유효했다. 창세로부터 준비된 실제 중 하나로서 종말론적인 안식처로서의 개념은 묵시적이고 랍비적인 문헌에서 풍성한 병행들을 발견할 수 있다(참조. Hofius, *Katapausis*, 53-54, 91-97). 하지만 이 개념을 3c절의 해석에서 도입해서는 안될 것이다. 하나님의 안식이 창조의 사역 중 하나였었다고 한다면 그것이 적절했을 것이다. 사실상 저자는 하나님의 안식을 하나님의 사역과 구분함으로써 조심스럽게 창세기 2:1-3을 따른다.

마지막 어절의 의미는 약속된 안식이 인간을 위해 준비된 미래의 실제에 대한 첫 번째 경우로 언급하고 있는 것이 아니라 인간의 역사 바깥에서 이전에 서 있는 하나님 자신의 휴식에 대한 근본적인 언급임을 강조하는 것이다. 창조 사역과 약속된 안식의 관계에 대한 적절한 이해는 10절에서 하나님과 믿는 공동체간에 가져올 수 있는 병행을 준비한다(고로 Attridge, *HTR* 73[1980] 282, n. 8; 283, n. 14).

4절에서 "제칠일"(*τῆς ἑβδόμης*-테스 헤브도메스)의 안식에 대한 호소는 3c절의 하나님의 사역의 완성에 대한 언급에서 자연스럽게 뒤따라 나온다. 창세기 2:2의 인용에 대한 도입의 형식어구가 명확하지는 않을지라도(*εἴρηκεν γάρ που*-에이레켄 가르 투, "어디 이렇게 일렀으되"; 참조 2:6), 동사의 주어는 분명히 하나님이다(Schröger, *Verfasser*, 109). 그러한 표현은 미쉬나(*m. Nazir* 9:5; *Soṭa* 6:3)와 필로(Philo, *On Drunkenness* 14; *On the Unchangeableness of God* 16; *On the Preliminary Studies* 31)에게서는 드물게 나타나지만 클레멘트 1서에서는 아주 흔하다(15:2; 21:2; 26:2; 28:2; 42:5). 창세기 2:2는 70인경에서 약간의 변화를 이룬 채 인용된다(참조. Kistemaker, *Psalm Citations*, 37).

안식일의 시작을 위해 회당의 예전에서 시편 95:1-11의 노래가 창세기 2:1-3에 이어 나온다(Elbogen, *Der jüdische Gottesdienst*, 110, 115). 금요일 저녁의 기도 예배에서 두 성경 텍스트의 연관과 순서는 디아스포라에서 아마도 헬라어로 시행되었을 것인데, 이는 4절에서 취해진 교훈적 조치를 암시하는 것이다. 저자는 의인화된 표현인 시편 95:11(3, 5절)에서 "내 안식"(*κατάπαυσίν μου*-카타파우신 무)을 하나님이 "쉬셨다"(*κατέπαυσεν*-카테파우센)는 동족어를 함유하고 있는 창세기 2:2의 관점으로부터 해석한다. 용어의 유추적 사용은 창세기 2:2에서 보고된 하나님의 최초의 안식이 모든 후대의 안식의 경험에 대형이며, 따라서 하나님의 백성들을 위해 의도된 안식을 정형화하고 있다는 추론을 허락했다(참조. Padva, *Les citations de l'Ancien Testament*, 63; Harder, *ThViat* 1[1939], 35-36, 40).

5절에서 시편 95:11b의 반복은 창조에 뒤이은 안식을 구속의 목표였던 안식의 약속과 연결시킨다(참조. Schröger, *Verfasser*, 109-10, 114). 저자의 의도는 공동체를 격려하기 위한 약속의 특징을 정의하는 것이다. 그 때문에 아마도 시편 95:11a절에서 하나님의 진노에 대한 언급은 시편 95:11이 두 번째로 인용될 때에 억제된다.

6-8 이전의 논증이 6절에서 요약되고, 주해적인 추론이 그것으로부터 나온다. 안식의 거룩한 목적은 하나님이 자기 자신을 위한 것일 뿐만 아니라 자기 백성들을 위해서 안식을 제공하셨다는 것을 가리킨다. 배제의 맹세는 가데쉬에서 진치고 있었던 사람들에 대한 것이므로 또 다른 사람들은(*τινάς*-티나스) 하나님의 안식에 들어갈 것임을 함축한다. 불순종함으로 인해 하나님의 안식에서 배제되었던(6b절; 참조. 민 14:11-12, 21-23), 시편 95:8-11에서 묵상한, 출애굽 세대로 첫 번째 그룹을 지칭함(참조. 민 13:26-14:9)은 3:16-18과 4:2에서 전개된 논증을 요약한다. 그럼에도 불구하고 하나님의 약속은 유효하며 하나님의 안식에 들어갈 또 다른 그룹으로 관심의 방향을 돌린다. 그 그룹이 시편 95:7b-8a에서 묵상되는데, 그 공동체는 성령으로 언급된 경고에 유념하고(히 3:7a) 믿음과 순종으로 하나님의 음성에 반응하는 모든 사람들로 형성된다.

3절과 5절에서 인용하고 있는 시편 95:11로부터 6-8절에서 시편 95:7b-8a로 초점의 전환은 독자들이 유념해야할 또 다른 요소를 도입한다. 저자는 안식의 개념에 대한 더 깊은 이해를 위해 근본적인 중요성을 갖는 "오늘"(*σήμερον*-세메론)이라는 용어를 붙잡는다. 시편 95:7b-8a에서 이스라엘의 불순종에 관한 경건한 개관으로 도입된 훈계는 하나님이 자신의 안식을 이용할 수 있게 만든 미래의 시기를 결정하였다는 예언적 선언이었다.

하나님의 안식에서 광야 세대를 배제시킨 지 약 4세기가 지난 후에 하나님은 새로운 기회의 날, 즉 하나님의 음성이 들려지고 안식으로 들어갈 수 있는 약속이 실현되어지는 "오늘"을 시편 기자를 통하여 예언적으로 선언하셨다. 이 선언은 시편 기자의 시대까지 어느 누구도 하나님의 완전한 안식에 들어가지 못하였다는 것을 함축했다. 그것이 그렇다면, 문제는 이스라엘이 여호수아와 갈렙의 지도 하에 가나안에 들어간 후 수세기를 고려하고 있지 않다는 것이다. 따라서 시편 95편은 "안식"(*κατάπαυσις*－카타파우시스)의 종말론적인 이해를 요청하고 있는 것이다.

시편 95:7b-8a의 훈계는 하나님의 백성들에 대한 긴급한 요청이면서도 구원의 종말론적 시대의 선언이다. 그 시기가 왔다. 그것은 아들로 말미암아 하나님이 말씀하시기를 시작하였던 구속 역사의 마지막 시기다(1:1-2a). 그것은 그리스도인 공동체를 위한 구원의 현재적 시간이며, 하나님의 안식에 들어가는 문제는 이들을 위해 여전히 유효하다(참조. Hofius, *Katapausis*, 56-57, 106-7; Lombard, *Neot* 5 [1971] 66).

육경(Hexateuch)에서 약속에 관한 내용은 가나안의 정착과 연관이 있었다(참조. 신 3:20; 12:9; 25:19; 수 1:13). 가나안 정복 후에 안식의 약속이 성취된 것으로 언급된다(수 21:44; 22:4; 참조. Frankowski, *VD* 43[1965] 125-41). 8절에서 저자는 전승과 시편 95편에 표현된 다른 시각간의 내적인 긴장을 언급한다. 가나안의 정착은 거룩한 약속의 성취를 특징짓는 것이 아니라, 또 다른, 더욱더 근본적인 실재를 가리켰다. 사실상 여호수아가 약속된 안식을 이루었다면, 시편 95편에서 약속의 새롭게 하심을 필요치 않았을 것이다. 따라서 가나안에서의 안식의 경험은 하나님이 자기 백성들을 위해 뜻하셨던 완전한 안식의 대형 또는 상징일 뿐이며, 그것은 하나님의 안식일 휴식으로 예표되었다(참조. Frankowski, *VD* 43[1965] 141-46; Attridge, *HTR* 73[1980] 286).

9-10 논증의 이전 소절들이 9절에서 요약된다. 그 진술은 6a절의 형태와 구조적으로 유사하다.

> 6a절: "거기 들어갈 자들이 남아 있거니와"(*ἀπολείπεται τινὰς εἰσελθεῖν εἰς αὐτήν*－아폴레이페타이 티나스 에이셀데인 에이스 아우텐(=텐 카타파우신[*τὴν κατάπαυσιν*])
>
> 9절: "안식할 때가 하나님의 백성에게 남아 있노다"(*ἀπολείπεται σαββατισμὸς τῷ λαῷ τοῦ θεοῦ*－아폴레이페타이 사바티스모스 토 라오 투 데우)

9절에서 저자는 6a절의 결론을 반복하지만 사바티스모스(*σαββατισμός*)라는 용어가 카타파우시스(*κατάπαυσις*)라는 특징적인 용어를 대치한다. 형식상의 대구법은 그 대체가 하나님의 백성들에게 약속된 미래적 안식의 성격을 더 정확하게 정의함을 의미한다고 주장한다(Hofius, *Katapausis*, 106). 오직 "하나님의 백성들을 위한 안식의 휴식이 남아 있다"라고 말하는 것이 저자의 의도였다면(참소. RSV, NEB, NIV), 그는 카타파우시스(*κατάπαυσις*)라는 단어를 보유하였을 것이다.

4절에서 그는 제칠일에 하나님의 안식을 카타파우시스(κατάπαυσις)와 연관시켰고, 그 단어가 70인경에서 안식일 휴식을 위해 사용되었다는 것을 확실히 알고 있었다(출 35:2; 2 Macc 15:1). 여기서 현존하는 헬라 문학에서 가장 이른 출현을 갖는 사바티스모스(σαββατισμός)의 의도적인 선택은 카타파우시스(κατάπαυσις)에서는 발견되지 않는 뉘앙스를 사바티스모스(σαββατισμός)가 전달하였다는 사실을 가리킴이 틀림없다.

사바스티스모스(σαββατισμός)라는 용어는 "안식일을 준수하다/기념하다"라는 동족어 동사 사바티제인(σαββατίζειν)에서 만들어진 것으로 보인다. 비기독교문학에서 그것의 유일한 출현을 보면(Plutarch, *Concerning Superstition* 3[Moralia 166 A]), 그 용어는 안식일 준수를 의미한다. 히브리서 4:9과는 무관한 네 가지 서로 다른 문헌에서 그 용어는 안식일 기념이나 축제를 나타낸다(Justin, *Dialogue with Trypho* 23.3; Epiphanius, *Against All Heresies* 30.2.2; *The Martyrdom of Peter and Paul*, chap. 1; ApostConst 2.36.2; Hofius, *Katapausis*, 103-6의 논의).

그 용어는 안식과 찬양이 함께 속하는 것임을 강조하는 출애굽기 20:8-10에 근거해서 유대교에서 발전된 안식일 지침에서 특별한 뉘앙스를 얻었다(참조. 2 Macc 8:27; *Jub.* 50:8; Ps-Philo, *Bib. Ant.* 11.8). 사바티스모스(σαββατισμός)라는 용어는 하나님을 기념하고 찬양하는 것을 표현하는 축제와 감사의 특별한 측면을 강조한다(참조. Hofius, *Katapausis*, 106-10; Losada, *RevistB* 36[1974] 127). 9절에서 이런 뉘앙스는 종말(완성)에 하나님의 백성들을 기다리고 있는 약속된 안식의 특징을 정의해준다.

10절의 주장은 9절과 인과적인 관계가 있고, 종말론적인 안식에서 사바티스모스(σαββατισμός)가 왜 가능한지를 규명한다. 종말적인 안식에 들어가는 자마다 하나님이 창조 후에 그리하셨던 것처럼(3c-4절), 하나님의 사역의 완성을 경험할 것이고, 안식일을 기념하는 축제와 찬양에 필요한 안식을 향유할 것이다. 결합해서 9-10절은 하나님의 임재 속에서 멈추지 않는 찬양과 경배가 있는 영원한 안식일을 축하하는, 하늘의 성소에서의 하나님의 제사장적 백성들의 축제를 예기한다(Hofius, *Katapausis*, 109-10).

11 공동체에 이제 요구된 안식일 준수는 약속의 말씀 속에서 믿음을 준수하며 성경에서의 하나님의 음성에 순종으로 응답함으로 말미암아 하나님의 안식에 들어가기를 힘쓰는 것이다(참조. Lincoln, "Sabbath, Rest, and Eschatology," 193-94). 하나님의 안식에 들어가기 위해 힘쓰라고 하는 권고는 3절에서 언급된 것을 전제하

는데, 즉 하나님의 안식은 믿음으로 들어가는 것이다.

그것은 또한 불신앙과 불순종으로 말미암아 하나님의 안식에 들어가지 못한 이스라엘의 실패를 고려하고 있다(2, 6절). 하나님이 안식일 휴식으로 인간을 위해 의도하셨던 모든 것이 실현될 종말의 안식은 미래에 있게 될 것이고, 그것은 부주의와 굳은 성향의 마음으로 말미암아 상실될 수 있다.

11b절의 엄격한 경고는 불순종으로 말미암아 광야에서 죽었던 사람들의 세대를 언급했던 것을 재요약한다(3:17-18; 4:6). 심지어 회중의 한 일원에게 제기된 징후에 맞춘 초점(*ἵνα μὴ… τις… πέσῃ* – 히나 메…테스…페세, "이는 누구든지 저 순종치 아니하는 본에 빠지지 않게 하려 함이라")은 1절의 형성과 유사하며 공동체의 모든 구성원들에 대해 저자가 느꼈던 진심 어린 관심에 의해 동기부여가 되었다.

12-13 3:7에서 시작한 휴계적 단위는 12-13절에서 간단하고 활력 있는 결론으로 인도된다. 그 구절에서 저자는 11절에서 부과한 근면("힘쓸지니")을 지원하는 이유를 제공한다(위의 주석을 보라). 출애굽 세대에 아주 효과적으로 부과되었던 하나님의 말씀의 제재는 오늘날도 활동하며, 기독교 공동체를 안식과 진노의 동일한 양자택일에 직면하게 한다(참조. Trompf, *ST* 25[1971] 123).

성경의 하나님의 음성에 민감한 사람들은 하나님의 말씀이 역시 치명적인 무기라는 것을 발견할 것이다. 과거 세대가 하나님의 맹세에 저촉하여 가나안에 들어가려고 했을 때, 그들은 아말렉과 가나안인들의 검(*μάχαιρα* – 마카이라)에 쫓겨남을 당하고 베임을 당했다(민 14:43-45). 하나님의 말씀은 어느 날선 검보다 더 위협적이고 예리한 심판을 제기한다(마카이라[*μάχαιρα*], 12절). 왜냐하면 하나님의 말씀은 마음의 의도를 드러나게 하고 하나님의 살피시는 응시 앞에 인간은 무기력할 수밖에 없기 때문이다(참조. Hofius, *Katapausis*, 139; Lincoln, "Sabbath, Rest, and Eschatology," 187).

하나님의 맹세와 무관한 가데쉬의 이스라엘의 어리석음과 모세의 경고에 대한 암시(민 14:43)는 "하나님의 말씀"(*ὁ λόγος τοῦ θεοῦ* – 호 로고스 투 데우)이라는 표현이 3:7-4:11에서 아주 광범위하게 인용된 성경 본문, 특히 시편 95:7b-11에 대한 구체적인 언급을 가져야함을 가리키고, 이것은 12절에서 로고스로서의 예수에 대한 인격적인 언급을 발견하기 위한 끊임없는 바람 속에서 확증되어야 할 필요가 있다(Clavier, "*Ὁ ΛΟΓΟΣ ΤΟΥ ΘΕΟΥ*," 81-93; Williamson, *Philo*, 390, 398; Swetnam, *Bib* 62[1981] 214-24).

12절에서 로고스의 인성화는 없다(Trompf, *ST* 25[1971] 123-27에 의해 옳게 주장된다). 그 언급은 살아있고 찔러 쪼개는 하나님의 말씀이 비판적인 형태로 이 세대에 언급하며, 충성의 유일한 다른 택일로서 오로지 사망의 선택만을 제기하는 시편 95:7b-11에 대한 것이다.

하나님의 말씀의 역동적인 개념은 성령의 말씀(3:7a)으로서 시편 95:7b-11의 인용의 도입에 대한 적절한 추론이다. "살았고 운동력이 있는"(*ζῶν⋯ καὶ ἐνεργής* -존⋯카이 에네르게스) 하나님의 말씀에 대한 묘사는 그 말씀이 활동적임을 의미한다. 말씀은 언급된 것을 효력 있게 하는 능력을 갖고 있다. 정의상으로, 말씀하시는 분이 하나님의 말씀에 같이 서있는 것을 말한다. 그것은 3:7-11에서 시편 95:7b-11과 관련하여 증거되었고(참조. Caird, *Language and Imagery of the Bible*, 20-25), 그것은 성경에서 표현된 약속의 말씀에 대한 태도에서 부주의했던 공동체와 직접적인 연관성을 갖는다.

12b절에서 하나님의 말씀을 묘사하는데 해당되었던 술어들(*διϊκνούμενος⋯ κριτικός*-디크누메노스⋯크리티코스, "찔러 쪼개기까지 하며⋯감찰하나니")은 찔러 쪼개는 지극한 능력의 개념을 효과적으로 전달하는 비유적이고 대중적인 용어를 도입하고 있다. 하나님의 말씀은 인간의 성격의 가장 깊은 곳에 이를 수 있다(시 95:10*b*; 참조. Wis 1:6). 인간의 마음과 의도를 분별하심은 말씀의 찔러 쪼개고 벗기는 능력을 보여주는 정선 과정과 관련이 있다(참조. Simpson, *EvQ* 18[1946 37-38).

하나님의 임재로 전적인 드러남(*γυμνά*-굼나)과 무방비(*τετραχηλισμένα*-테트라켈리스메나)에 관한 인상이 13절에서 더욱 정교하게 표현된다. 창조된 어느 것도 하나님의 시야에서 숨을 수 없다는 것이 유대의 상식이다(예. *Tg. Neof.* Gen 3:9, "주 하나님은 인간을 부르시고, 이렇게 말씀하셨다: 보라. 내가 창조한 온 세계가 내 앞에 드러나 있다. 어둠과 빛이 내 앞에 드러나 있다. 너희가 서 있는 곳이 내 앞에 드러나지 않는다고 생각하느냐?" 참조. *Tg. Neof.* 창 4:14; *Tg. Ps.-J.* 창 3:9; 24:62; 신 1:17; 29:8; 32:34; 그리고 많이).

하나님에 관해 서술된 감독은 다함이 없다. 어느 것도 하나님의 감시를 피할 수가 없다. 발가벗음(*γυμνά*-굼나)과 무방비적인 두러남(*τετραχηλισμένα*-테트라켈리스메나, 위의 원문주해 ff를 보라)은 창조자와 심판자를 속일 수 있다고 믿는 사람들의 곤경을 생생하게 표현해준다. 문맥에서 13절의 의미는 성경 말씀에 드러남은 하나님 자신의 노출과 관련이 있음을 주장하는 것이다.

14 11-13절에서 공동체에 제기되었던 심판의 두려운 관점은 천상의 성소에서

예수의 대제사장적 사역을 상기함으로써 균형을 이룬다. "큰 대제사장"(ἀρχιερέα μέγαν – 아르키에레아 메간)으로서 예수를 묘사함에 있어서, 메간(μέγαν)은 탁월함을 나타내는 질적인 것이다(참조. 1 Macc 13:42, "대제사장[ἀρχιερέως μεγάλου – 아르키에레오스 메갈루]이요 유대인의 대장과 지도자인 시몬"; Philo, *On Dreams* 1.219). 그의 위대함은 초월적인 용어로 표현된다. 그는 천상을 통해(διεληλυθότα τοὺς οὐρανούς – 디엘레류도타 투스 우라누스) 하나님의 존전으로 나아가셨다(참조. 9:24).

하지만 천상의 성소에 대한 함축된 언급은 4:1-11에서의 안식의 장소에 관한 논의와는 다른 차원을 제공한다. 예수의 대제사장적 사역은 하나님의 백성들이 하나님의 존전에서 안식을 축하할 것이라는 보증이다.

예수의 대제사장적 사역을 고무함은 계속해서 고백을 붙들 것에 대한 권고(14b절)가 온당함을 강조한다. "굳게 잡다"(κρατεῖν – 크라테인)는 동사의 사용은 "믿는 도리"(ὁμολογία – 호몰로기아)가 공동체의 구성원들이 언젠가 인정하고 인식했던 믿음의 구체적인 형태를 언급하고 있다는 결론을 지원해 준다. 이 문맥에서 "하나님 아들"(τὸν υἱὸν τοῦ θεοῦ – 톤 휘온 투 데우)로서 예수를 지칭함은 거의 확실히 "믿는 도리"(고백)의 반영이다(고로 Bornkamm, *TBl* 21[1942] 190, 192-94, 201-2; Neufeld, *Earliest Christian Confessions*, 135-37). "대제사장"으로 예수를 묘사함은 "믿는 도리"(고백)에서 취한 것은 아니고 그것을 해석한 것이다(3:1에 관해서 보라).

믿는 도리를 굳게 잡을 것에 대한 호소는 영적인 진실함과 확고부동함에 대한 관심의 부족을 보이고 있었던 때에 공동체의 충성을 촉진하는 기능을 한다(참조. 2:1; 3:6b; 10:23). 그것은, 대제사장으로서의 예수의 충성이 회중의 구성원들에게 충성을 요청하는 문맥을 형성하는, 3:1에서 도입된 단위를 적절하게 결론짓는다(3:1의 주석을 보라).

해설

3:7-19에서 시편 95:7b-11을 소개하는 목적은 불신앙과 불순종의 심각한 결과를 보여주는 것이다. 출애굽과 광야를 통한 순례의 목표를 이루는 지점의 가데쉬에서 이스라엘은 하나님에게 반항하고 약속의 말씀을 믿을 것을 거부했다. 뒤이은 약속의 상실과 광야에서의 죽음은 냉냉한 성향과 배교의 위험에 대해 경고하기 위해

청자들 앞에 강력하게 제기되었다.

4:1-13에서 경고의 논조는 가데쉬에서의 이스라엘의 불신앙과 불순종에 대한 구체적인 언급(2, 6, 11절)과 냉냉한 공동체의 위험을 드러내는 권고의 형태로 지원된다. 하지만 그 경고는 하나님의 안식에 들어갈 약속이 무효가 되지 않았다는 격려로 고무된다. 약속된 안식에 들어가지 못한 출애굽 세대의 실패가 안식의 실제와 근접을 폐기하지 못한다. 하나님의 안식에 들어가는 문제를 각 세대가 직면해야 한다. 4:1-11에서 시편 95:7b-11의 해석에 관한 연속성은 저자가 안식의 신학을 발전시키게 만든다.

성경 내에서의 안식의 개념은 확장하는 범위 중 하나다. 가데쉬의 이스라엘과 일반적으로 육경에서 안식의 약속은 가나안으로 들어가는 것을 함의했다. 하지만 시편 95편에서 하나님의 안식에 들어가지 못한 이스라엘의 실패에 관한 개관은, 여호수아 하에서 그 땅을 정복하고 정착한 지 오랜 뒤에도, 그 사건들이 하나님의 뜻을 다 이루지 못했다는 것을 가리킨다. 가나안 정복과 정착은 오직 하나님의 백성들에게 약속된 안식의 전형일 뿐이었다.

3:12-19에서 이미 시편 95:7b-11의 예표론적인 해석은 가데쉬의 이스라엘이 대형(antitype)에 대한 전형으로서 기독교 공동체와의 관계에 서 있었음을 제기했다. 4:1-11에서 전개된 논증은 더욱더 복합적이다. 시편 95:11에서 "내 안식"이란 표현은 창세기 2:2에서 선언된 하나님의 최초의 안식을 상기하였다. 창조의 노고 후에 하나님이 가지신 완성과 조화의 상태는 모든 뒤이어지는 안식의 경험에 관한 목표요 원형이다. 하나님의 백성들을 위해 의도된 안식은 하나님의 안식하심으로 전조되었다.

4:1-11에서 전개된 안식의 신학은 원형(하나님의 최초의 안식, 4절), 전형(여호수아 하에서의 가나안 땅의 점령, 8절), 그리고 대형(종말의 안식일 축제, 9절)의 형태를 고려한다. 하나님의 안식에 들어갈 약속이 시편 95:7b-8a에서 새롭게 되어졌다는 또 다른 날에 관한 예언적 선언이 공동체의 상황에 전달되었고, 하나님의 안식의 종말론적 이해를 지원했다. 그것은 사역의 완성과 안식의 경험이 하나님에 대한 축제와 찬양으로 특징지어지는 안식일 축제에 대한 배경을 제공하는 완성(종말)을 예기했다(9절). 공동체의 임무는 약속에 관한 하나님의 말씀 안에서 믿음과 성경 속에서의 하나님의 음성에 대한 순종적인 응답을 통해 그 안식에 들어가는 것이다(11-13절).

14절에서 대제사장으로서의 직무 속에서 예수에 대한 언급은 추가적인 표현이 아니라 전체 논증의 의도된 결론이다. 공동체에 중요한 이슈는 그들이 기독교적인 자세를 유지하느냐 하는 것이다. 그 이슈는 3:6b에서 조건적으로 제기되었고, 3:14에서 더 요점적으로 제기되었다. 그리고 그것은 믿는 도리를 굳게 붙잡으라는 권면으로 14절에서 다시금 강력하게 제기되는데, 이는 그리스도인들을 믿음으로 들었던 말씀에 응답했던 사람들과 동일시한다(참조. 2절). 하나님의 일에 충성하신 대제사장으로서 천상의 성소에 들어가신 예수의 사역은, 하나님의 백성들이 최초의 확신을 굳게 붙잡는다면, 하나님의 임재 속에서 안식일을 기념할 것이라는 약속에 대한 확신을 제공한다.

D. 긍휼하신 하나님의 아들이시기 때문에 우리가 믿을 수 있는 대제사장(4:15-5:10)

참고문헌

Allen, W. "The Translation of *ἀπὸ τῆ σεὐλαβείας* at Hebrews 5.7." *BIRBS* 1(1989) 9-10. **Andriessen, P.** "Angiosse de la mort dans l'Épître aux Hébreux." *NRT* 96 (1974) 282-92. ______ and **Lenglet, A.** "Quelques passages difficiles de l'Épître aux Hébreux(5, 7, 11; 10:20; 12,2)." *Bib* 51(1970) 207-20. **Attridge, H. W.** "'Heard Because of His Reverence'(Heb 5:7)." *JBL* 98(1979) 90-93. ______. "New Covenant Christology in an Early Christian Homily." *QuartRev* 8(1988) 89-108. **Bachmann, M.** "Hohepriesterliches Leiden: Beobachtungen zu Hebr 5:1-10." *ZNW* 78(1987) 244-66. **Bertetto, D.** "La natura del sacerdozio secondo Heb 5,1-4, e le sue realizzazioni nel N. T." *Sal* 26(1964) 395-440. **Biser, E.** "Die älteste Passionsgeschichte." *GL* 56(1983) 111-18. **Boman, T.** "Das Gebetskampf Jesu." *NTS* 10(1963-64) 261-73. **Bornhäuser, K.** "Die Versuchungen Jesu nach dem Hebräerbrief." In *Theologische Studien.* FS M. Kähler. Leipzig: Deichert, 1905. 69-86. **Bourgin, C.** "La Passion du Christ et la nêtre: Hé 4, 14-16; 5:7-9." *AsSeign* 21(1969) 15-20. **Brandenburger, E.** "Text und Vorlagen von Hebr. V 7-10: Ein Beitrag zur Christologie des Hebräerbriefs."

NovT 11(1969) 190-224. **Braumann, G.** "Hebr 5, 7-10." *ZNW* 51(1960) 278-80. **Caird, G. B.** "Son by Appointment." In *The New Testament Age.* FS B. Reicke. ed. W. C. Weinrich. Macon, GA: Mercer University Press, 1984. 1:73-81. **Coste, J.** "Notion greque et notion biblique de la 'souffrance éducatrice'(A propos d Hébreux, v,8)." *RSR* 43(1955) 481-523. **Dibelius, M.** "Der himmlische Kultus nach dem Hebräerbrief." *TBl* 21(1942) 1-11. **Dörrie, H.** *Leid und Erfahrung: Die Wort- und Sinn-Verbindung παθεῖν μαθεῖν im griechischen Denken.* Wiesbaden: Steiner, 1956. **Dukes, J.** "The Humanity of Jesus in Hebrews." *ThEduc* 32(1985) 38-45. **Dunbar, D.** "The Relationship of Christ's Sonship and Priesthood." 26-39, 50-72, 83-106. **Dyck, T. L.** "Jesus Our Pioneer." 85-95. **Ellingworth, P.** "Just Like Melchizedek." *BT* 28(1977) 236-39. **Eminyan, M.** "A Note on Christian Affectivity." *Mel Theol* 37(1986) 1-12. **Estrada, C. Z.** *Hebreos 5,7-8: Estudio histórico-exegético.* Rome: Pont. Inst. Biblico, 1990. ______. **Feuillet, A.** "L'evocation de l'agonie de Gethsémani dans l'Épître aux Hébreux(5:7-8)." EV 86(1976) 49-53. ______. "Une triple préparation du sacerdoce du Christ dans l'Ancien Testament(Melchisédec, le Messie du Ps 110, le Serviteur d Is 53): Introduction a la doctrine sacerdotale de l'Épître aux Hébreux." *Div* 28(1984) 103-36. **Friedrich, G.** "Das Leid vom Hohenpriester im Zusammenhang von Hebr. 4,14-5,10." *TZ* 18(1962) 95-115. **Galot, J.** "Le sacerdoce catholique: III. Le sacerdoce du Christ selon l'Épître aux Hébreux." EV 91(1981) 689-96. **Gambiza, F. K. M.** "*Teleiosis* and *Paideia* as Interpretation of Sufferings: The Perfection of Jesus and the Disciplining of Christians in the Letter to the Hebrews." Dissertation, Christ Seminary-Seminex, 1981. **Grässer, E.** "Der historische Jesus in Hebräerbrief." *ZNW* 56(1965) 63-91. **Hamm, D.** "Faith in the Epistle to the Hebrews: The Jesus Factor." *CBQ*52(1990) 270-91. **Harnack, A.** "Zwei alte dogmatische Korrekturen imHebräerbrief." SPAW(1929) 69-73. **Harris, J. R.** "The Sinless High Priest." *ExpTim* 33(1921-22) 217-18. **Horbury, W.** "The Aaronic Priesthood in the Epistle to the Hebrews." *JSNT* 19(1983) 43-71. **Javierre, A. M.** "Réalité et transcendance du sacerdoce du Christ: Hé 5, 1-6." *AsSeign* 61(1972) 36- 43. **Jeremias, J.** "Hbr 5,7-10." *ZNW* 44(1952-53) 107-11. **Käsemann, E.** "Hebräer 4,14-16." In *Exegetische Versuche und Besinnungen.* Göttingen: Vandenhoeck & Ruprecht, 1970. 1:303-7. **Kouto, J. K. M.** "Humanité et autorité du Christ-Prêtre: Une approche exégético-théologique de Hé. 2, 5-18; 3, 1-6 et 4, 15-5, 10." Dissertation,

Pont. Univ. Urbaniana, Rome, 1985. **Laub, F.** *Bekenntnis und Auslegung.* 104-43. **Lescow, T.** "Jesus in Gethsemane bei Lukas und im Hebräerbrief." *ZNW* 58(1967) 215-39. **Lightfoot, N.** "The Saving of the Savior: Hebrews 5:7ff." *RestQ* 16(1973) 166-73. **Lightner, R. P.** "The Savior's Sufferings in Life." *BSac* 127(1970) 26-37. **Longenecker, R. N.** "The Obedience of Christ in the Theology of the Early Church." In *Reconciliation and Hope.* FS L. L. Morris. ed. R. Banks. Grand Rapids: Eerdmans, 1974. 141-52. **Luck, U.** "Himmlisches und Irdisches im Hebräerbrief." *NovT* 6(1963) 192-215. **MacKay, C.** "The Order of Melchizedek, Heb. v.6." *CQR* 138(1944) 175-91. **Marrow, S. B.** "*Παρρησία* and the New Testament." *CBQ* 44(1982) 431-46. **Maurer, C.** "'Erhört wegen der Gottesfurcht' Hebr 5,7." In *Neues Testament und Geschichte.* FS O. Cullmann. ed. H. Baltensweiler and B. Reicke. Tübingen: Mohr, 1972. 275-84. **McPheeters, W. M.** "The Testing of Jesus." *BibRev* 4(1919) 517-36. **Melbourne, B. L.** "An Examination of the Historical-Jesus Motif in the Epistle to the Hebrews." *AUSS* 26(1988) 281-97. **Olson, S. N.** "Wandering but Not Lost." WW 5(1985) 426-33. **Omark, R. E.** "The Saving of the Savior: Exegesis and Christology in Hebrews 5:7-10." *Int* 12(1958) 39-51. **Parsons, M. C.** "Son and High Priest: A Study in the Christology of Hebrews." *EvQ* 60(1988) 195-215. **Pérez, A.** "Procedimientos derásicos de Sal 2,7b en el Nuevo Testamento: 'Tu eres mi hijo, yo te he engendrado hoy,'" *Est Bib* 42(1984) 391-414. **Peterson, D. G.** "An Examination of the Concept of 'Perfection' in the 'Epistle to the Hebrews.'" 124-72, 326-31. **Rasco, E.** "La oración sacerdotal de Cristo en la tierra según Hebr. 5,7." *Greg* 43(1962) 723-55. **Reid, J. K. S.** "Tempted, Yet without Sin." *EvQ* 21 (1949) 161-67. **Rinaldi, G.** "L uomo del Getsemani(Ebr 5, 7-10)." BibOr 24(1982) 15-17. **Rissi, M.** "Die Menschlichkeit Jesu nach Hebr. 5, 7-8." *TZ* 11(1955) 28-45. **Roloff, J.** "Der mitleidende Hohepriester: Zur Frage nach der Bedeutung des Irdischen Jesus für die Christologie des Hebräerbriefes." In *Jesus Christus in Historie und Theologie.* FS H. Conzelmann. ed. G. Strecker. Tübingen: Mohr, 1975. 143-66. **Schenk, W.** "Hebräerbrief 4, 14-16: Textlinguistik als Kommentierungsprinzip." *NTS* 26(1979-80) 242-52. **Schille, G.** "Erwägungen zur Hohepriesterlehre des Hebräerbriefs." *ZNW* 64(1955) 81-109. **Schmidt, A.** *Hebr. IV, 14 bis V,10 Ein exegetische Studie.* Duberan: Rehse, 1898. **Schröger, F.** *Der Verfasserdes Hebräerbriefes als Schriftausleger.* 115-27. **Serra, A. M.** "Passione e preghiera di Cristo secondo Ebrei 5, 7-10." *Serv* 4(1970) 441-48.

Songer, H. S. "A Superior Priesthood: Hebrews 4:14-7:28." *RevExp* 82(1985) 345-59. **Stewart, R. A.** "The Sinless High-Priest." *NTS* 14(1967-68) 126-35. **Strobel, A.** "Die Psalmengrundlage der Gethsemane-Parallele Hbr 5, 7ff." *ZNW* 45(1954) 252-66. **Swetnam, J.** *Jesus and Isaac.* 178-84. **Tascon, V.** "Jesu Cristo, sacerdote misericordioso y fiel." *CTom* 100(1973) 139-90. **Teodorico, P.** "Il sacerdozio celeste di Cristo nella lettera agli Ebrei." *Greg* 39(1958) 319-34. **Tetley, J.** "The Priesthood of Christ in Hebrews." *Anvil* 5(1988) 195-206. **Thúren, J.** "Gebet und Gehorsam des Erniedrigten(Hebr. v 7 10 noch einmal)." *NovT* 13(1971) 136-46. **Vanhoye, A.** "Situation et signification de Hébreux V.1 10." *NTS* 23(1976-77) 445-56. **Vos, G.** "The Priesthood of Christ in the Epistle to the Hebrews." *PTR* 5(1907) 423-47, 579-604. **Williamson, R.** "Hebrews 4:15 and the Sinlessness of Jesus." *ExpTim* 86(1974-75) 4-8. ______. *Philo and the Epistle to the Hebrews.* 25-30, 51-64, 84-88. **Woschitz, K. M.** "'Erlösende Tränen: Gendanken zu Hebr 5,7." *BLit* 56(1983) 196-201. ______. "Das Priestertum Jesu Christi nach dem Hebräerbrief." *BLit* 54(1981) 139-50. **Wrege, H. T.** "Jesusgeschichte und Jüngergeschick nach Joh. 12, 20-23 und Hebr. 5, 7-10." In *Der Ruf Jesu und die Antwort der Gemeinde.* FS J. Jeremias. ed. E. Lohse. Göttingen: Vandenhoeck & Ruprecht, 1970. 259-88. **Yarnold, E. J.** "*Metriopathein apud* Heb 5, 2." *VD* 38(1960) 149-55. **Zimmermann, H.** *Das Bekenntnis der Hoffnung.* 60-79, 153-54, 176-80.

본 문

15 우리에게 있는 대제사장은 우리 연약함을 체휼하지 아니하는 자가 아니요 모든 일에 우리와 한결같이 시험을 받은 자로되 죄는 없으시니라	**15** For[a] we do not have a high priest who is unable to feel our weaknesses[b] with us,[c] but one who has been tested[d] in every respect, in quite the same way as we are, only without the result of sin.[e]
16 그러므로 우리가 긍휼하심을 받고 때를 따라 돕는 은혜를 얻기 위하여 은혜의 보좌 앞에 담대히 나아갈 것이니라	**16** Therefore, let us draw near[f] to the throne of grace[g] with a bold frankness, so that we may receive mercy and obtain grace at the right time when we are in need of help.
5:1 대제사장마다 사람 가운데서 취한자이므로 하나님께 속한 일에 사람을 위하여 예물과 속죄하는 제사를드리게 하나니	**5:1** For every high priest selected from among men is appointed to act on their behalf in the service of God,[h] to offer[i] both gifts and sacrifices[j] for the purging of sins.
2 저가 무식하고 미혹한 자를 능히 용납할 수 있	**2** He is able to deal gently[k] with those who sin

는 것은 자기도 연약에 싸여 있음이니라

through ignorance and are going astray,[l] since he too is subject to weakness.

3 이러므로 백성을 위하여 속죄제를 드림과 같이 또한 자기를 위하여 드리는 것이 마땅하니라

3 That is why he is under obligation[m] to offer sacrifices for[n] his own sins, just as he does for the sins of the people.

4 이 존귀는 아무나 스스로 취하지 못하고 오직 아론과 같이 하나님의 부르심을 입은 자라야 할 것이니라

4 And no one takes this office[o] of his own accord, but he receives it[p] when called by God, just as Aaron also was.

5 또한 이와 같이 그리스도께서 대제사장 되심도 스스로 영광을 취하심이 아니요 오직 말씀하신 이가 저더러 이르시되 너는 내 아들이니 오늘날 내가 너를 낳았다 하셨고

5 In the same way, the Christ did not take for himself the honor of becoming[q] high priest, but he was called by God, who said to him, "You are my Son; Today I have become your Father,"

6 또한 이와 같이 다른 데 말씀하시되 네가 영원히 멜기세덱의 반차를 좇는 제사장이라 하셨으니

6 even as he says in another place, "You are a priest[r] forever, just like[s] Melchizedek."

7 그는 육체에 계실 때에 자기를 죽음에서 능히 구원하실 이에게 심한 통곡과 눈물로 간구와 소원을 올렸고 그의 경외하심을 인하여 들으심을 얻었느니라

7 During his life on earth[t] Jesus, having offered both prayers and earnest entreaties with fervent cries and tears to God, who was able to save him from death, and having been heard[u] because of his godly fear,[v]

8 그가 아들이시라도 받으신 고난으로 순종함을 배워서

8 although he was the Son,[w] he learned obedience from what he suffered,[x]

9 온전하게 되었은즉 자기를 순종하는 모든 자에게 영원한 구원의 근원이 되시고

9 and once made perfect,[y] he became the source of eternal salvation for all who obey him,

10 하나님께 멜기세덱의 반차를 좇은 대제사장이라 칭하심을 받았느니라

10 being designated[z] by God a high priest just like Melchizedek.

원문주해

a. 접속사 가르(γάρ)는 천상의 대제사장으로 높아지신 본질과 위치가 적대적인 세상에서 교회의 어려움과 연약함에 일체감을 가지신 그의 능력을 흐리게 할 수 있다는 잘못된 추론을 경계하기 위해서다(고로 Vos, *PTR* 5[1907] 582-83; Zerwick and Grosvenor, *Grammatical Analysis*, 662).

b. 여격의 타이스 아스데네이아이스(ταῖς ἀσθενείαις)는 연합적인 개념인 "우리의 연약함에(with)"로 사용되고 있다(A. T. Robertson, *Grammar*, 530). 그것은 인간을 유혹과 죄에 민감하게 하는 인간 본성의 본실적인 연약함에 대해 언급하고 있다.

c. 보완적인 부정사 숨파데세이(συμπαθῆσαι)는 어떤 이의 경험을 공유함을 의미한다. 그것은 심리적인 의미("공감하다")로 이해해서는 안 되고 실존론적인 의미로 이해해야 한다. 높아지신 대제사장은 시험받는 사람의 연약함을 함께 고통하시며 능동적인 도움을

제공하신다(참조. Schenk, *NTS* 26[1979-80] 247, 그는 16절 마지막의 강조적인 위치에 있는 동의어 "돕는"[*βοήθεια*–보에데이아]에 관심을 불러일으킨다: W. Burkert, "Zum altgriechischen Mitleidsbegriff"[Dissertation, Erlangen, 1955] 63-66).

d. 수동태 분사 페페이라스메논(*πεπειρασμένον*)의 완료형 시제는 예수의 신분의 완성된 상태와 계속된 결과를 강조한다. 시험을 승리적으로 견디신 예수는 영원히 서 있고 시험받으신다(Zerwick and Grosvenor, *Grammatical Analysis*, 662).

e. 아트킨슨(B. F. C. Atkinson)은 전치사 코리스(*χωρίς*)를 "없는"으로 번역하고, 이 전치사가 배분형용사 파스(*πᾶς*, "모든, 각각의")에 뒤따라 나올 때, 그것의 자연스런 의미는 "제외하고서"라고 제기했다. 그는 그 어구를 "죄는 없으신 채로 우리와 같은 모든 점들로 시험받으시고"라고 번역했고, 예수가 다른 이들이 갖고 있는 모든 것들로 시험받으셨을지라도–슬픔, 피곤, 박해, 적대–그의 죄 없으신 본성은 죄의 유혹에 반응할 수 없었다는 신학적인 결론을 이끌어내었다(*Theology of Prepositions*, 5). 채택한 번역의 변호를 위해서는 Vos, *PTR* 5[1907] 583을 보라. 그는 코리스 하마르티아스(*χωρὶς ἁμαρτίας*)를 "그의 경우에 죄의 결과가 없으신"으로 의역한다.

f. 동사 프로세르케스다이(*προσέρχεσθαι*)는 70인경에서 제사장의 봉사로 하나님에게 나아가기 위한 것에 사용되었다. 프로세르코메다(*προσερχώμεθα*)에서의 가정법은 권면적이다("나아가자"). 현재 시제는 그렇게 할 수 있는 기회가 아직 유효함을 강조한다(고로 F. Rienecker, *Linguistic Key*, 331).

g. "은혜의(테스 카리토스[*τῆς χάριτος*]) 보좌"라는 표현에서 속격은 질량의 속격, 즉 "은혜로 특징지어지는 보좌"이다. 그러한 표현은 히브리적이다. 터너(Turner)는 그것을 70인경에서 "영광의 보좌"라는 흔한 표현법에서 유추한 "70인경주의"(septuagintalism)라고 묘사한다(*Grammar*, 4:110). 언어학적인 관점으로부터, 그 표현은 하나님의 임재에 대한 '속격-비유"로 분류할 수 있을 것이다(Schenk, *NTS* 26[1979-80] 248). 참조. NEB: "우리의 은혜로우신 하나님의 보좌에 접근하자": TEV: "은혜가 있는 하나님의 보좌로 나아가자."

h. 타 프로스 톤 데온(*τὰ πρὸς τὸν θεόν*)이라는 어구는 고전적인 용법에서는 자주 나오지만 코이네에서는 여격으로 거의 전적으로 대체되어진 목적의 대격에 관한 사례를 제공한다(참조. BDF §160: Moule, *Idiom-Book*, 33). 그 표현은 2:17에서도 나온다.

i. 히브리서에서 19번 나타나지만, 바울과 신약성경의 그밖에 다른 곳에서는 결코 나타나지 않는 동사 프로스페레인(*προσφέρειν*)은 70인경의 희생제사의 어휘에서 그 근원을 갖는다.

j. 테 카이(*τε καί*) 구문의 의도는 연결뿐만 아니라 구분하는 것이다: "예물과 속죄하는 제사." 8:3과 9:9에서도 나타나는 그 구문은 드림의 두 부류를 구분한다.

k. 헬라어 성경에서 여기만 나타나는 동사 메트리오파데인(*μετριοπαθεῖν*)은 아파데

스(ἀπαθής, "무관심한")라는 스토아 철학적인 언어와 반대되는 소요학파 전통에서 사용되는 형용사 메트리오파데스(μετριοπαθής)에서 나왔다(고로 Moulton and Howard, *Grammar*, 2:284). 그것은 무관심과 감상적인 방종 사이에 "빛나는 중용"을 함의한다. 필로, 요세푸스, 그리고 풀타르크에게서 그것은 "진노를 자제하거나 중화하는 것"을 나타낸다(Yarnold, *VD* 38[1960] 149-55). 아파데이아(ἀπάθεια)의 상태보다 더 열등한 것으로 메트리오파데이아(μετριοπάθεια)의 상태를 생각했던 필로에게서 특징적인 단어의 특별히 철학적인 용법의 증거는 여기서 없다(*Concerning Abraham* 257; *Allegorical Interpretation of the Law* 3.129, 134, 140-44; Williamson, *Philo*, 25-30이 논의한 *Moses* 195). 그 용법은 Jos., *Ant.* 12.128에 더 가까운데, 거기서 그것은 관용이나 긍휼의 긍정적인 뉘앙스를 담고 있다.

l. 토이스 아그누신 카이 팔라노메노이스(τοῖς ἀγνοοῦσιν καὶ πλανωμένοις)라는 표현에서, 두 분사들이 한 관사를 공유하고 단일한 범주나 부류를 가리킨다. 즉 "무지로 말미암아 잘못한 사람들"(참조. Zerwick, *Biblical Greek* §184). 그것은 부주의로 지지른 죄에 대한 것을 말한다(참조. 레 4:2; 22:14 LXX: 아그눈테스[ἀγνοοῦντες]; 히 9:7, 거기서 대제사장의 사역은 "사람들의 잘못"[ἀγνοημάτων-아그노에마돈]을 위한 것으로 언급된다).

m. 동사 오페일레이(ὀφείλει)는 도덕적 의무를 함축한다. 현재 시제는 항상 참인 것을 나타내는 격언적이다(참조. Burton, *Moods*, 8).

n. 전치사 페리(περί)는 여기서 "말미암아, 때문에"를 의미하는(BDF §229[1]; 참조. Zerwick, *Biblical Greek* §96) 휘페르(ὑπέρ)의 뜻으로 사용되고 있다. 사실상 1절에 휘페르 하마르티온(ὑπὲρ ἁμαρτιῶν, "속죄를 위한")과 3절에 페리 하마르티온(περὶ ἁμαρτιῶν) 어구간의 뉘앙스를 구분할 수 없다. 그 전치사는 호환적으로 사용할 수 있다(Riesenfeld, *TDNT* 6:55; 8:512).

o. 티메(τιμή)라는 용어는 통상적으로 "존귀"를 의미하는데, 대제사장의 "직무"를 나타내는 것으로 요세푸스에게서 사용되었다(*Ant.* 3.188-89).

p. 제르위크(Zerwick)와 그로스베노(Grosvenor)(*Grammatical Analysis*, 662)에 의하면, "그것을 취하다"라는 의미로 람바네이(λαμβάνει)의 두 번째 출현을 이해하는 것이 필요하다.

q. 부정사 게네데나이(γενηθῆναι)는 설명적 보족어의 의미로 사용되고 있고, 이전 동사인 에독센(ἐδόξασεν)에 의해 함축된 행위의 내용을 더 긴밀하게 정의한다(고로 Moule, *Idiom-Book*, 127). 그 번역은 4절과 5절의 최초 단위의 비교를 명확하게 하는 것을 추구한다.

r. 호스키어(Hoskier)는 P[46]의 독특한 독법에 관심을 불러일으켰다(에퓩스[ἐπεύξ], "제사장"[ἱερεύς-히에류스] 대신에 기도와 찬양의 리더인 "선창자"). 하지만 그는 동사

에퓨코마이(*ἐπεύχομαι*, "기도하다")로부터 아마도 유래한 에퓩스(*ἐπεύξ*)가 모든 현존하는 헬라어 문헌의 어느 다른 곳에서는 나타나지 않는다는 것을 관찰하지 못했다. 그것은 비어리(Beare, *JBL* 63[1944] 382)가 명명한 "놀라운 실수"로 적절히 분류할 수 있을 것이다. 준츠(Zuntz)는 P^{46}의 서기자가 라틴어 "P"에 익숙했을 것이고, 아마도 그것을 헬라어 "P"(그것은 문자 "R"에 비교된다)와 혼돈했을 것이라고 주장했다(*Text*, 253, n. 7).

s. 여기서와 5:10; 6:20; 7:11, 17에 탁시스(*τάξις*)란 용어는 흔히 "순서"나 "계승"이라는 의미로 이해된다(RSV: "멜기세덱의 반차를 따라"; NEB: "멜기세덱을 계승하여"). 하지만 그 용어의 엄격한 의미에서, 멜기세덱의 계승이란 없다(참조. 7:3, 8). 멜기세덱과 그리스도, 이 두 제사장은 계승을 하지 않았다. 히브리서의 저자는 반열의 개념을 강조하고 있는 것이 아니다(참조. Moffatt, "with the rank of Melchizedek"). 그는 탁시스(*τάξις*)라는 용어를 사용하여 멜기세덱이 "하나님의 아들과 방불하"(7:3)거나 그리스도가 "멜기세덱과 같"(7:15)다는 것을 말할 때처럼 그와 동일한 의미를 전달하고자 하는 것이다. 그 문제에 대한 개관과 채택된 번역의 옹호를 위해서는 P. Ellingsworth, "Just like Melchizedek," *BT* 28(1977) 236-39을 보라.

t. 엔 타이스 헤메라이스 테스 사르코스 아우투(*ἐν ταῖς ἡμέραις τῆς σαρκὸς αὐτοῦ*)란 표현은 "그의 육체에 속한 날들에"를 의미하는 것이 아니라 "그의 육체의 날들"을 의미한다. 히브리어와 아람어에서, 구성된 상태의 조합은 말미에만 대명사적인 접미어를 관용한다(즉 지배하는 명사가 아니라 지배를 당하는 명사와 함께). 그때에 접미어는 전체 표현과 관계가 있다. 그 구성이 70인경을 통해 헬라어에 전수되었다. 7절에서 그 표현은 단순히 예수의 인간 경험을 언급한다.

u. 예수의 기도가 들려졌었다면, 그는 임박한 죽음에서 건짐을 받았을 것이라는 가정하에 하르낙(A. von Harnack)은 성경 텍스트가 모든 성경사본에 전달되었을 때에 변질되었다고 추측한다. 본래 그는 부정어 불변화사인 우크(*οὐκ*)가 수동 분사인 에이사쿠스데이스(*εἰσακουσθείς*) 앞에 있었어야 했다고 주장했다. 하르낙에 의해 재구성된 성경 텍스트는 "그가 아들일지라도, 그의 고통에서 들려지지 않았다(그래서 구조되지 않았다)"라고 읽는다. 당연하게도 그 주장은 교리적인 근거에 거슬리며, 하르낙(Harnack, SPAW [1929] 69-72)에 따르면, 부정어 불변화사는 바로 첫 단계에서 성경 텍스트에서 삭제되었다. 이런 추측적인 수정은 일부 주저함이 있었을지라도, 윈디쉬(Windisch, 43-44)에 의해 그리고 더 확신하는 정도로 불트만(Bultmann, *TDNT* 2:753)과 사이드바일러(F. Scheidweiler, "*καίπερ* nebst einem Exkurs zum Hebräerbrief," *Hermes* 83[1955] 224-26)에 의해 수용되었다. 그 주장은 불필요할 뿐만 아니라 저자의 의도를 실제로 무너지게 한다는 폭넓은 일치가 있다.

v. 아포 테스 율라베이아스(*ἀπὸ τῆς εὐλαβείας*) 어구는 전치사 아포(*ἀπό*)와 실명사 율라베이아(*εὐλάβεια*)의 의미가 논쟁이 되어지기 때문에 난해하다. 문법학자들은 원인

적인 의미로 모호한 전치사 아포(ἀπό)를 이해하는 경향이 있는데(즉 "때문에"), 그것은 70인경에서 풍성한 예증을 발견할 수 있는 용법이다(예. A. T. Robertson, *Grammar*, 580; BDF § 210[1]; Turner, *Grammar*, 4:11). 그러나 메이서(Mayser)는 아포(ἀπό)가 진정한 속격적인 기능으로 한 사건의 출발점을 여기서 나타낸다고 주장한다(*Grammatik*, 2:376). 이런 이해에 따르면, 아포(ἀπό)는 "때문에"(because)를 의미하지 않고, "이후에"(after), 즉 "그의 고뇌의 경험 후에 들으심을 받았다"를 의미한다. 안드리센(Andriessen)은 저자가 아포(ἀπό)를 히브리서에서 23번 사용하지만 어느 다른 경우에도 원인적인 의미를 담고 있지 않다는 것을 주목했다. 만약 아포(ἀπό)를 메이서가 제기한 의미로 이해한다면, 그것은 예수가 들으심을 얻었을 그 순간을 지칭한다. 즉 "그는 고뇌 직후에 들으심을 받았다"(*NRT* 96[1974] 286-87; Andriessen and Lenglet, *Bib* 51[1970] 208-12). 더욱 최근에 안드리센은 선지사 아포(ἀπό)가, 의미와 관련되는 한, 8절에서 곧바로 뒤이어지는 것, 즉 아프 혼(ἀφ' ὧν)과 실제로 동등하다라고 주장했다. 두 표현들은 거의 교차대구법을 형성한다: 고난 이후에 들으심은 얻은 예수는 고통을 받으신 것으로부터 배우셨다(*En lisant*, 13-15). 이 주장의 적용성은 율라베이아(εὐλάβεὶα)의 의미의 결정에 달려 있다.

명사 율라베이아(εὐλάβεια)는 5:7과 12:28에 나타나는데(신약성경의 다른 어느 곳에서도 나타나지 않는다), 그것은 "두려움", "고뇌" 또는 "경외, 경건"을 의미할 수 있다. 7절에서 율라베이아(εὐλάβεια)가 임박한 죽음의 현상에 직면했을 때에 예수가 느낀 두려움의 감정을 나타내는 것이라면, 아포(ἀπό)는 "…부터"(from)를 의미하고 그 어구는 "두려움으로부터 들으심을 얻었다(그리고 구조되었다)"를 의미할 것이다. 이것이 latt (*exauditus a metu*; 참조. Ambrose: *exauditus ab illo metu*, "그는 두려움에서 들으심을 얻었다[그래서 구조되었다]") sa bo sy의 이해였다. 그러나 그것은 아주 정교한 저자가 그랬을 것이라고 예상할 수 없는 다소 거친 생략과 관련된다. 더욱이 저자는 이미 2:15에서 "죽음의 두려움"을 언급했다. 거기서는 저자가 포보스 다나투(φόβος θανάτου)를 썼고, 율라베이아(εὐλάβεια)를 사용하지 않았다. 예수가 그런 두려움에서 흔들렸다면, 죽음의 두려움에서 다른 사람들을 어떻게 구조할 수 있을 것인가를 상상하기가 어렵다.

분사 율라베데이스(εὐλαβηθείς)가 11:7에 나타나는데, 거기서 그것은 경건한 삶의 맥락 내에서 주의 깊은 경청을 의미한다. 12:28에서 명사 율라베이아(εὐλάβεια)는 하나님의 뜻에 대한 경청과 경건한 경외를 함의한다. 이것이 역시 7절에서의 그 용어의 뉘앙스일 것이다. 이런 이해는 아포(ἀπό)가 "…부터" 또는 "이후에"를 의미하는 것을 차단하고 "그의 경외하심을 인하여 들으심을 얻었다"는 번역을 지지하게 만든다(참조. Jeremias, *ZNW* 44[1951-52] 107-11; Rissi, *TZ* 11[1955] 38; Lescow, *ZNW* 58[1967] 227; Attridge, *JBL* 98[1979] 90-93).

w. 7절의 성경 텍스트를 수용하자는 하르낙의 제안에서 주요한 고려는 카이페르 혼

휘오스(*καίπερ ὢν υἱός*) 어절이 이전 것을 한정하는 것이지 뒤이어지는 것이 아니라는 확신이었다(SPAW [1929] 71). 소속하고 있는 주부 절 앞에 그러한 어절을 둔 것에 대한 충분한 선례(참조. 잠 6:8*c* LXX; 2 Macc 4:34; 3 Macc 5:32; 4 Macc 3:10; 4:13; 15:24; *T. Jos.* 10:5)가 헬라 그리스어, 특히 70인경에 있다는 예레미아스(Jeremias, *ZNW* 44[1952-53] 108, n. 4)와 스트로벨(Strobel, *ZNW* 45[1954] 261, n. 30)의 반대는 사이드바일러(F. Scheidweiler, "*καίπερ* nebst ein Exkurs zum Hebräerbrief," *Hermes* 83 [1955] 220-30)에 의해 기각되었다. 그는 카이페르(*καίπερ*)가 뒤이어지는 것과 연계되는 어절을 도입할 때, 그것은 이전 것의 연계를 돕는 것 앞에 어떤 또 다른 단어를 갖고 있음을 논증했다(예. 4 Macc 3:15, *ὁ δὲ καίπερ*, "그러나 목마름으로 열망했을지라도 그는 그렇게 추론했다"; 15:11, *ἀλλ' ὅμως καίπερ* "그럼에도 불구하고 도리어 많은 고려들"). 만약 예레미아스가 옳다면, 카이 가르 카이페르 훈 휘오스(*καὶ γὰρ καίπερ ὢν υἱός*, "왜냐하면 심지어 그가 아들이었을지라도")의 형태를 예상할 수 있을 것이다. 사이드바일러는 카이페르의 문장론적인 사용에 근거하여 "그가 아들이실지라도"를 이전 것과 단절시키는 어느 해석도 그럴 것 같지 않다고 결론지었다(225-26). 사이드바일러가 카이페르(*καίπερ*)의 용법에서 지배적인 경향을 증명했음은 의심의 여지가 없다. 그럼에도 불구하고 크레머(Brandenburger, *NovT* 11[1969] 220, n. 1에 의해 인용된 H. Krämer; Krämer는 Homer, *Iliad* 2.270을 주목한다; Hesiod, *Theogony* 533; Pinder, *Isthmian Odes* 8.5; Thucydides 4.41.3; Xenophon, *Anabasis* 5.5.17-18; Aristotle, *Nicomachean Ethics* 2.2, p. 1104a, 10)에 따르면, 카에페르(*καίπερ*)와 함께 조건절의 도입은 고전 헬라어에서 흔하다.

x. 에마덴 아프 훈 에파덴(*ἔμαθεν ἀφ' ὧν ἔπαθεν*, "받으신 고난으로 순종함을 배워서")라는 표현에서 음운변화를 번역에서 표현하기는 실제로 불가능하다. 수사적인 효과를 위해 서로 다른 단어들의 음운의 유사성에 의존하는 것을 *parechesis*라 부른다(참조. Coste, *RSR* 43[1955] 485). 히브리서에서 "죽음의 고난을 당하다"라는 의미에서 파스케인(*πάσχειν*)의 특별한 의미에 관해서는 이전의 2:9에 대해 보라.

y. 부정과거 수동태 분사 펠레이오데이스(*τελειωθείς*)는 시제적 또는 원인적이 될 수 있다. 그것을 시제적인 의미로 이해하는 결정은 정형 동사 에게네토(*ἐγένετο*)를 고려하는 것인데, 이것의 출현은 단번에 모든 것이라는 특징을 소유함을 확증한다(참조. Maurer, "Erhört wegen der Gottesfurcht," 283). 히브리서에서 동사 텔레이운(*τελειοῦν*)의 사용은 오경의 70인경 번역자의 관례를 따른다. 그것은 "하나님 앞에 어떤 이를 와서 설 수 있는 자리에 둔다"는 것을 의미한다(참조. 레 21:10; 히 7:19; 10:1을 인용하고 있는 Delling, *TDNT* 8:82). 하나님은 아들에게 자격을 부여하여 제사장적인 행위로 "하나님 앞에 올 수 있게" 했다. 따라서 분사는 "그리고 단번에 자격이 부여되었다"라고 번역될 수 있었다.

z. 동사 프로사고류에인(προσαγορεύειν)은 존귀적인 칭호의 공식적이고 엄숙한 귀속에 관한 개념을 담고 있다(Moulton and Howard, *Grammar*, 2:399). 찬사의 감정에서 "인사하다, 환호하다, 환영하다"라는 의미로의 그 동사의 사용은 파피루스에서 예증을 찾을 수 있다(MM 545).

양식/구조/배경

2:17에서 저자는 예수가 하나님의 일에 긍휼하고 충성스런 대제사장이 될 수 있도록 "그의 형제들처럼" 되는 것이 필요했다고 선언했다. 3:1-6에서 저자는 예수를 임명하신 하나님에 대한 그의 충성에 근거하여 대제사장으로서 예수의 권위의 측면을 발전시키기를 시작했다. 그 권위가 3:7-4:14에서 공동체에 언급되는 충성에 대한 호소의 배후에 있다. 4:15-5:10에서 저자는 예수가 "하나님의 일에 긍휼하신 대제사장"이라는 주장을 펼친다. 따라서 주요한 갈래로서 3:1-5:10의 목적은 제사상적 묵상의 시행에 필요한 두 관계성, 즉 예수가 충성한 하나님과의 관계성과 예수가 긍휼을 보이신 사람들과의 관계성을 생각하는 것이다.

2:17에 선언된 주제가 3:1-5:10에서 취해지는 순서는 첫 번째 주요한 갈래(1:5-2:18)에 상응한다. 거기서 저자는 하나님의 아들의 높아지신 지위(1:5-14)를, 그 다음에 고난을 통한 다른 사람들과의 유대(2:5-18)를 제시했다. 설명의 동일한 순서가 세 번째 갈래(7:1-10:18)에서도 분명해 보인다. 영광을 입으신 그리스도의 제사장직이 먼저 고려되고, 그 다음에 그의 제사장직의 희생적 측면(8:1-10:18)이 고려된다. 일관되게, 해석의 출발점은 하늘의 주권적인 권위로 믿음의 공동체에 말씀하시는 높아지신 아들과 제사장으로서의 그리스도의 현 신분이다.

그 다음에 저자는 예수의 높아지심의 전주인 치욕과 죽음의 고통을 생각한다. 이런 반성적인 묵상은 그리스도가 이제 하나님의 존전에 좌정하신 초월적인 아들이실지라도, 그가 낮아지고 고통을 당하고 있는 공동체의 경험과 관련을 갖고 있다는 사실에 그 강조가 있다. 영광으로 이끌림은 받은 방식은 인간의 조건과의 완전한 일치의 방식이었다(참조. Vanhoye, *NTS* 23[1976-77] 452-55).

기도에 대한 단일한 권면(4:16)을 제외하고서, 4:15-5:10은 해석의 형태로 주어진다. 이전 항목으로부터의 유연한 전환이 4:15에서 이루어지는데, 4:14에서 발견되는 동일한 최초의 표현에 약간의 변화만을 갖고 반복되고 있다(이전의 주석을 보라). 하지만 분명히 중복된 표현은 권면에서 해석으로의 전환을 표시하고, 통합된 사상의 새로운 단위를 도입한다. 저자는 이제 2:17-18에서 소개된 많은 모티브를

취한다: 고난으로 하나님의 백성들과의 예수의 동일시, 예수의 제사장적인 긍휼, 죽음의 고난을 통한 예수의 시험의 경험, 시험의 시련에 처해 있는 사람들을 돕는 예수의 능력. 4:15-16의 형태는 2:17-18에서 선언된 이런 주제들의 선언을 상기하고, 5:1-10에서 대제사장적 직무로의 예수의 임명에 관한 해석을 준비한다(참조. A. Vanhoye, *La structure*, 105-7).

5:1-10을 독자적으로 확립된 단위로 간주하는 것이 흔할지라도(예. Gyllenberg, *SEÅ* 22-23[1957-58] 141; Michel, 214), 4:15-16과의 관계성이 5:1에서 가르(γάρ, "for") 접속사에 의해 확립되고(Riggenbach, 123-24; Mora, *La Carta*, 162), 면밀한 심사는 5:1-10의 적용이 4:15-16에서 설명된 주제들이 결정하고 있다는 것을 보여준다. 5:1-4에서 레위적 대제사장에 관한 묘사는 제사장적인 긍휼(4:16, 엘레오스[ἔλεος])의 논조와 인간의 상태에 몸소 참여함으로써 나타난 긍휼을 보인 대제사장의 자격(4:15)으로 제한된다. 관심이 5:5-10에서 그리스도에게로 향할 때, 고통을 경험한 모든 사람들과의 유대 그리고 시험과 고난 받음에 대한 명백한 언급이 있는데(5:7-8), 그것을 통해 예수는 제사장적 직무에 자격이 구비되었다(5:9-10). 이런 강조들은 4:15에서의 진술을 강화하고, 그것에 구체적인 내용을 전달해 준다(참조. Vanhoye, *NTS* 23[1976-77] 446; Mora, *La Carta*, 165-71).

4:15-5:10의 문학적 구조는, 4:15-16이 5:1-10에서 전개된 관점을 선언하는 기능을 갖고 있음을 인식한다면, 명확해진다. 동심원적인 대칭이 해석에 주어져 있다.

A 대제사장의 옛 직무(5:1)
  B 사람들과의 대제사장의 유대(5:2-3)
    C 대제사장의 낮아짐(5:4)
    C′ 그리스도의 낮아지심(5:5-6)
  B′ 백성들과의 그리스도의 유대(5:7-8)
A′ 대제사장의 새로운 직무(5-10)

5:1-10의 문학적 구조는 저자가 대제사장과의 예수의 본질적인 유사성을 이 시점에서 강조하게 만든다. 그가 그리스도의 유일무이한 제사장직을 레위적 제사장직과 구분케 만드는 심오한 차이들을 정확하게 인식하고 있을지라도 말이다(참조. Schröger, *Verfasser*, 115; Vanhoye, *NTS* 23[1976-77] 446-48; Mora, *La Carta*, 162-65). 한 단위로서 4:15-5:10은 7:1-10:18에서 예수의 제사장직에 가장 중심적인 해석을 위한 기초를 놓고 있는데, 거기서는 그 강조가 레위적 제사장직과의 예수의

차이점에 주어진다. 해석의 주제들이 5:9-10에서 선언된다: 멜기세덱이 향유한 것과 같은 대제사장직(7:1-28), 예수의 직무를 그의 자격(8:1-9:28), 그리고 영원한 구원의 근원으로서의 예수(10:1-18).

몇몇 학자들은 이 단락의 설교의 주요한 근원은 원시적인 기독교 찬송이나 신조였을 것이라고 주장했다(Schille, *ZNW* 64[1955] 81-109; Rissi, *TZ* 11[1955] 28-45; Friedrich, *TZ* 18[1962] 95-115; Lescow, *ZNW* 58[1967] 224-39; Brandenburger, *NovT* 11[1969] 190-224). 7절의 시작에서 갑작스런 남성 관계대명사 호스(*ὅς*)의 도입과 7-10절의 특징적인 분사형들은 예전적인 단편을 감지할 수 있는 여타 신약 성경구절들에서 공통된 특징들이다. 쉴레(Schille, 84-87)는 7-10절에서 히브리서의 다른 곳에서는 발견되지 않는 일련의 단어들이 나타나고 있음을 주목했다(데에시스[*δέησις*, "기도"], 히케테리아[*ἱκετηρία*, "간구"], 크라우게[*κραυγή*, "통곡"], 에이사쿠스데이스[*εἰσακουσθείς*, "들음"]).

게다가 히브리서에서 다른 곳에서 나타나는 용어들이 여기서와 다른 뉘앙스를 보인다는 것이다("구조"나 "구원"[참조. 7:25]의 의미로 소제인[*σῴζειν*], "죽음의 영역"이란 의미로 다나투스[*θάνατος*, 참조. 2:9, 14-15; 7:23], 가능하지만 그럴 것 같지 않은 "고뇌"의 의미로 율레베이아[*εὐλάβεια*][참조. 11:7; 12:28], "높아지심"의 의미로 텔레이오데이스[*τελειωθείς*][참조. 9:15-16; 11:5]). 또한 프리드리히(Friedrich, 104-7)는 많은 무관사 명사와 이중적인 표현들("통곡과 눈물", "간구와 소원")을 주목했다.

쉴레는 나아가서 히브리서의 다른 곳에서 발견되는 것과는 다른 신학을 5-10절이 표현하고 있다고 주장했다. 여기서 예수는 지상의 삶을 사는 동안에 자기에게로 돌리지 않은, 제사장적 직무를 부여하신 하나님 앞에서 고통과 고난을 경험해야 했다는 것이 강조되고 있다. 그런데 이런 개념과는 반대로, 쉴레는 예수가 제사장적 희생으로 자기 자신을 드렸을 때인 수난의 시기에 적어도 대제사장이 되었음을 히브리서의 저자가 지워한다고 주장했다. 쉴레는 5-10절이 저자에게서 기원하지 않고 대체로 전승에서 그가 취한 것이라고 결론지었다. 그의 재구성은 예수를 아들과 제사장으로 기념했던 각기 세 수절을 포함하는 네 절의 원시적 찬송을 단언했다(*ZNW* 64[1955] 84-109).

쉴레의 주장은 뒤이은 학자들에 의해 채택되고 수정되었는데, 그들은 7-10절의 시적인 배열과 5-6절의 보다 산문적인 형성을 구분하려는 경향을 보였다(참조. Friedrich, 99-111; Rissi, 28-45; Lescow, 224-30). 예를 들어, 프리드리히의 재구성은 예수의 낮아지심과 높아지심의 주제를 기리는, 각기 세 소절을 갖는 두 절의 찬송을 주장하였다. 그는 7-10절의 배후에 옛 유대 기독교의 "대제사장의 찬송"에 관한 인식이, 대제사장으로서의 예수의 개념이 히브리서 저자의 독특한 가르침이 아니라 원시 기독교의 신앙과 예전에서 상당히 구현되었던 전승의 요소였다는 것을 입증하는 의미 있는 결론을 이끌어내었다(*TZ* 18[1962] 109-11).

그럼에도 불구하고, 그것에 의존한 가정과 결론이 갖는 어려움이 있다. 전승에서 빌려온 원시적인 자료들을 재구성하였다는 주장들을 비교하였을 때, 그 문제들이 표면에 나타나기를 시작한다. 예를 들어, 브란덴버르거(Brandenburger)는 형태적인 근거하에 8-10절을 구분하고, 그것들은 저자가 가지고 온 두 가지 서로 다른 전승들을 대표한다고 주장했다(*NovT* 11[1969] 195-224; 이견에 대해서는 Thurén, *NovT* 13[1971] 136-46을 참조하라). 레스코(Lescow, *ZNW* 58[1961] 229-30)는 각기 세 소절을 갖는 두 절의 찬송을 인식할 수 있었다는 관점에 대한 자신의 분석을 제련하여, 그 배후에 각기 두 소절을 갖는 두 절의 옛 찬송이 있음을 추구하였다. 즉

그리스도는 자기 자신을 높이지 않으시고
고통을 통해 순종을 배웠다
그리고 그를 순종하는 모든 사람들을 위해
영원한 구원의 근거가 되셨다

이런 재구성은 어떤 다른 것보다 더 신임을 주장할 수 없었다. 그것은 주로 흥미적이다. 대제사장으로서의 그리스도에 대한 언급을 담고 있지 않기 때문이다. 대제사장으로서의 예수의 개념이 원시 교회의 공통된 속성이었다는 쉴레와 프리드리히의 주장은 자료의 재구성에 근거해서는 입증할 수가 없다.

저자는 자신의 설교를 작성함에 있어서 초기의 신조와 찬송적인 단편들을 이용했을 것이다. 하지만 그가 난해하면서도 훈련된 그러면서도 명석한 문장의 대가라는 것을 기억해야 한다(1:1-4; 2:2-4, 14-15; 3:12-15; 4:12-13). 5:1-10의 해석은 미사여구적인 문장으로 도입되고(1-3절), 또 다시 미사여구적인 문장으로 결론을 맺는다(7-10절). 7-10절의 형태는 저자의 독자적이면서도 문학적 양식을 갖는, 창조성을 갖는, 일관성을 보이고 있다. 그는 궁극적으로 5-10절의 일관되고 연속된 흐름에 책임이 있는 사람이다(따라서 Maurer, "Erhört wegen der Gottesfurcht," 278도 보라).

또 다른 관찰이 이 문제에 의미를 가져다준다. 시편, 특히 7절에서 시편의 병행들은 자주 지적된다(참조. 시 22[70인경 21]:3, 25; 31[70인경 30]:23; 39[70인경 38]:13; 69[70인경 68]:4). 스트로벨(Strobel)은 7-9절과 시편 116편의 관계를 관찰한 첫 번째 사람이었다. 그가 광범위한 언어와 개념적인 병행들을 학계에 제시했을 때, 쉴레와 여타 학자들이 히브리서 5:7-10의 배후에 초기 기독교 찬송이 있다고 단언하게 만든 대부분의 언어적 변이들을 시편 116편에 근거하여 설명할 수 있었다(70인경 114, 115)(Strobel, *ZNW* 45[1954] 256; 참조. Schröger, *Verfasser*, 121-22).

유월절을 기념하여 노래했던 시편들 중에 하나로서 그것은 저자와 청자들에게 익숙했을 것이다. 만약 시편 116편을 암시하는 것이 저자의 의도였다면(70인경 114, 115), 7-9절의 형성에 대한 이떤 다른 자료를 단정하는 것은 불필요하다. 그리스도기 시편 110(70인경 109):4에 근거한 대제사장이라는 것을 5-6절에서 확증한 저자는 시편에 상응하는 의미 있는 단어를 통해 그리스도의 낮아지심을 묘사했다(Strobel, 255-63).

스트로벨의 주장은 쉐레거(Schröger)에 의해 설득력 있게 확인되었는데, 쉬레거는 시편 116편이 7절의 배후에 있다면, 카이 에이사쿠스데이스(*καὶ εἰσακουσθείς*, "들으심을 얻었다") 독법의 정확성은 명확하고(참조. 시 116[70인경 114]:1: *ὅτι εἰσακούσεται κύριος τῆς φωνῆς τῆς δεήσεώς μου* – 호티 에이사쿠세타이 큐리오스 테스 포네스 테스 데에세오스 무, "여호와께서 내 음성과 내 간구를 들으시므로"), 하르낙(원문주해 5:7을 보라)이 제기한 추측적인 수정은 쓸모 없음을 증거했다(Schröger, *Verfasser*, 122, n. 6). 쉐레거는 히브리서의 저자가 시편 2, 110(70인경 109) 그리고 116편(70인경 114, 115)의 메시아적 해석에 근거하여 대제사장으로서의 예수의 개념을 형성하고 발전시켰다고 결론지었다(*Verfasser*, 126-27).

주석

4:15-5:10의 목적은 대제사장에게 요구된 조건을 그리스도가 만족시켰다는 것을 보여주는 것임을 공통되게 진술한다. 5:1-4에서 두 조건들이 제시된다: (1) 그는 자신이 봉사하는 사람들의 연약성을 공감할 수 있어야 한다(1-3절). (2) 그는 하나님에 의해 부름을 받아야 한다(4절). 두 번째 단락(5:5-10)에서는, 예수가 이 조건들을 이루셨다는 것이 성경과 복음서 전승에 기초하여 증거된다: (1) 예수는

하나님에 의해 부르심을 받았다(5-6절). (2) 예수는 인간의 감정과 시험의 온전한 범위에 노출되신 후에 대제사장으로 임명되었다(7-10절). 사상의 흐름의 방향은 아론에서 그리스도에게로다.

이 구조가 저자의 의도를 대변하는 것인지는 의심스럽다. 그가 병행적인 형태로 두 단락들을 전개하고자 하는 시도를 하지 않은 것은 분명하다. 5:1-4에서 레위적 대제사장직의 짤막한 개관은 4:15-16에서 묵상한 예수의 제사장적 사역과 관계가 있음을 인식하는 것이 좋을 것이다. 그것은 레위적 제사장직과 이 설교의 뒷 부분(7:1-10:18)에서 그리스도의 유일무이한 제사장직을 상세히 발전시키게 될 대조를 준비하기 위해서 여기에 제시되고 있다.

5:1-3의 내적인 성향에 대한 강조는 레위적 대제사장의 묘사가 4:15에서 그리스도에 관한 설명에 따른 것임을 보여준다(참조. 7:3). 사상의 흐름의 방향이 아론에서 그리스도에게로가 아니라 그리스도에게서 아론과 그의 계승자들에게로다. 4:15-5:10의 전체 항목은 예수가 하나님의 일에 긍휼하신 대제사장이라는 확신을 발전시킨다(2:17).

15 "우리에게 있는 대제사장은 우리 연약함을 체휼하지 아니하는 자가 아니요"(*οὐ γὰρ ἔχομεν ἀρχιερέα μὴ δυνάμενον συμπαθῆσαι ταῖς ἀσθενείαις ἡμῶν* -우 가르 에코멘 아르키에레아 메 두나메논 슘파데사이 타이스 아스데네이아이스 헤몬). 천상에서 대제사장으로 높아지신 예수의 신분은 적대적인 세상에서 고통하며 낙담하고 있는 교회를 상관하지 않는 분이 아니심을 함축하는 주장이 15절에서 예기된다. 저자는 이중 부정(*οὐ…μή*)에 호소하여 예수가 현재 막막함을 느끼고 있는 사람들과 자기 자신을 동일시하였다는 것을 강력하게 주장한다. 예수의 중보적인 대제사장적 사역은 그들을 위해서 효과적이다. 슘파데사이(*συμπαθῆσαι*)의 특별한 뉘앙스(원문주해 c를 보라)는 감정의 공유(긍휼)를 넘어서 확대되는데, 그것은 능동적인 도움의 요소를 항상 포함한다(참조. 10:34; 4 Macc 4:25; 13:23; *T. Sim.* 3:6; *T. Benj.* 4:4). 이 문맥에서 그 강조는 무기력한 사람들을 돕는 높아지신 대제사장의 능력에 있다(Schenk, *NTS* 26[1979-80] 246-47, 251).

이 능력은 그리스도가 온전히 인간성에 참여하심에서 나온다(참조. 2:17-18). 예수가 그 직무를 천상에서 시행할 수 있는 것은 그가 지상의 사역을 온전하게 이룬 것에서 기인한다. 저자는 그리스도가 높아지신 영광의 상태에서 수행하신 사역과 낮아지신 상태에서의 사역간의 어떤 차이도 인정하지 않는다. 예수가 낮아지신 동안에 인내하신 고통과 고난의 경험이 그로 하여금 공감을 이루게 하여 고통과 시험 속에 있는 언약백성들을 지원하게 한다.

"모든 일에 우리와 한결 같이"(*κατὰ πάντα καθ' ὁμοιότητα* – 카타 판타 카드 호모이오테타) 예수가 "시험받았다"는 공감적인 진술은 그가 인간의 의지에 본질인 연약성과 연결된 모든 시험들에 노출되셨다는 것을 함축한다(참조. Cullmann, *Christology*, 95). 이것은 돕는 제사장의 사역을 이행하는데 필요한 동료애 감정을 구비하는데 필요한 조건이었다. 고통을 참아냄으로 공감을 이루어내었다.

"죄는 없으시니라"(*χωρὶς ἁμαρτίας* – 코리스 하마르티아스)라는 한정어가 그리스도의 시험과 청자들이 당하고 있는 시험간의 유추를 약화시키지는 않는다. 그것은 시험의 모양을 제한하는 것이 아니라 오로지 그것의 결과와 관련이 있다, 즉 "하지만 예수의 경우에는 죄로 인한 것이 아니다"(Vos, *PTR* 5[1907] 583; 참조. Schenk, *NTS* 26[1979-80] 252).

이런 결론을 부카난(Buchanan)은 도전했다. 그는 "이것은 [예수]가 자신의 삶에서 도덕적인 범법을 저지르지 않았다"거나 십자가 이전에 죄가 없었다는 것을 "필연적으로 의미하지는 않는다"고 주장한다. 예수를 대제사장으로 제시하는 한, 저자는 백성들의 죄뿐만 아니라 자기 자신의 죄를 정결하게 하기 위해서 속죄일에 제사를 드린 것으로 십자가상에서의 죽음을 이해했을 것이다. 이것이 5:3(8, 82, 130-31)에서 일관된다. 부카난은 윌리암슨(Williamson)에 의해 지지를 받았다. 그는 "예수가 죄의 경험에 실제적인 참여를 포함하는 인간의 소건을 온전히 공유하지 않았다면…어떻게 예수가 죄인들을 구원할 수 있었겠는가"(*ExpTim* 86[1974-75] 7)라고 묻는다. 5:8에 호소하면서, 윌리암슨은 예수가 불순종 즉 십자가상에서의 희생적 죽음의 순간까지 완전하지 않았던 과정을 극복함으로써 순종을 배워야 했다고 강조한다(4-8).

우리가 인정하듯이 이런 주장들은 지지할 수가 없다. 15절에 "한결 같이"(*καθ' ὁμοιότητα* – 카드 호모이오테타)라는 표현은 동질성을 배제하는 유사성과 독특성을 동시에 포함하고 있다. 어느 곳에서도 저자는 구속을 이루기 위해서 예수가 타락한 인간과 순전히 동질화되셔야 했다고 주장하지 않는다. 사실상 7:27에서 저자는 예수가 "대제사장들이 먼저 자기 죄를 위하고 다음에 백성의 죄를 위하여 날마다 제사 드리는 것과 같이 할 필요가 없고", "저가 단번에 자기를 드려 이루셨음이니라"고 진술한다.

그리고 9:14에서 예수는 "흠 없는 자기를 하나님께 드렸다"고 확인된다. 저자가 예수의 제사장적 사역을 위한 자격을 언급할 때, 그가 죄가 없으셨다는 조항을 첨가하고 있는 것은 아주 두드러진다(참조. 7:26-28). "죄는 없으셨다"는 임명하신 분에 대한 예수의 충성과 관련한 언급이고(3:2), 예수의 시험에 관한 이슈를 묘사한다. 그것은 자비함으로 도우시는 예수의 공급이 왜 유일무이한 덕성과 효력을 갖추고 있는가를 설명해준다(참조. Michaelis, *TDNT* 5:933-36; Seesemann, *TDNT* 6:33; Michel, 211-13; Peterson, "Examination," 326-31).

16 15절에서 제공된 격려는 일관된 기도에 대한 권면으로 보충된다. 프로세르코메다(*προσερχώμεθα*)의 현재시제의 의미는 "은혜의 보좌 앞에 다시금 가까이 나아가자"(Schenk, *NTS* 26[1979-80] 252)이다. 용어법의 근원은 제의적이다. "은혜의 보좌"는 하나님의 임재의 장소이고, 그것으로부터 은혜가 하나님의 백성에게 흘러나간다. 모세율법의 조항 하에서 "가까이 나아갈" 수 있게 허락된 유일한 사람은 대제사장이고, 그는 속죄일에, 일년 한 번만, 성막의 지성소의 제단에 접근할 수 있었다. 이 대제사장의 사역이 용인되면, 심판의 제단이 자비가 백성들에 분여되는 곳이 되었다(참조. 레 16:2-34; 히 9:5).

예배의 언어의 담대한 확장으로 저자는 예수의 대제사장적 사역으로 말미암아 이스라엘이 결코 향유하지 못했던, 즉 하나님께 직접적인 접근과 항상 가까이 나아갈 수 있는 자유를 공동체들을 위해 그리스도가 이루셨음을 인식할 것을 요청한다(7:19, 25; 9:8-12, 14; 10:1, 22; 참조. Käsemann, "Hebräer 4:14-16," 304). 그들은 은혜로 받을 것이라는 확신을 가지고 기도를 통해 하나님께 나아갈 수 있다.

"담대함"(*παρρησία*-파르레시아)으로 기도할 것에 대한 가르침은 헬라적 유대교에서 처음 나타났던 이 용어의 의미의 전개를 살피는 것이 유익하다. 세속 헬라어에서 그 용어는 시민들과 자유로운 공개적 대화에 서로 참여함을 나타내지만, 결코 기도의 내용으로는 사용되지 않았다. 하지만 헬라적 유대교에서 그 용어의 범위가 하나님께 말씀드리는 것에 적용하는 것으로 확대되었다(예. Jos., *Ant.* 2.52; 5.38). 아트리지(Attridge)는 필로의 작품인 *Who Is the Heir?* 5에 대한 관심을 불러일으켰다. 거기서 창세기 15:2-3에 관한 언급에서 아브라함은 "용기와 적합한 솔직함"(*παρρησία*-파르레시아)으로 하나님께 나아온 것으로 묘사된다. 이것이 히브리서의 청자들이 하나님과의 대화에서 갖도록 격려 받은 정확히 그 태도이다(91-92). 그들은 공감하시는 대제사장이 계시기 때문에 은혜의 보좌로 솔직하게 나아갈 수 있고, 낙심의 때에 적절한 도움을 얻을 수 있다. 담대한 솔직함으로 하나님께 나아갈 수 있는 자유로운 권리는 그리스도의 희생으로 주어졌다(참조. W. C. van Unnik, "The Christian's Freedom of Speech in the New Testament," *BJRL* 44

[1961-62] 485).

지탱하는 "은혜"(*χάρις* – 카리스)로 수반된 "긍휼"(*ἔλεος* – 엘레오스)을 받을 것이라는 약속은 하나님의 사랑의 긴밀하게 연대된 본질적인 측면들을 언급한다. 그 사랑은 유카이론 보에데이안(*εὔκαιρον βοήθειαν*), 즉 너무 늦게가 아니라 적절한 시간에 도달하는 보호적 도움을 나타내는데, 그 사랑의 도달의 순간이 하나님의 판단에 두어져 있기 때문이다(참조. Delling, *TDNT* 3:462; Käsemann, "Hebräer 4:14-16," 304).

5: [1] 4:15-16에서 연약한 사람들과 높아지신 천상의 대제사장의 일치에 관한 고려가 5:1-3의 해석을 위한 논조를 이룬다. 새로운 단락과 이전의 구절들과의 연관은 접속사 가르(*γάρ*, "for")에 의해 확립된다. 그 관심은 "모든 제사장마다"(*πᾶς ἀρχιερεύς* – 파스 아르키에류스)가 참인 것과 관련이 있다.

전치사 어구의 효과적인 사용으로 저자는 레위직 제사장이 대변하고 있는 사람들과 일치를 이루고 있음을 주장한다. 그는 "사람 가운데서"(*ἐξ ἀνθρώπων* – 엑스 안드로폰) 취해지고, "사람을 위하여"(*ὑπὲρ ἀνθρώπων* – 휘페르 안드로폰) 임명되어 하나님 앞에서 그들을 대변한다. 대제사장에 대한 직무의 관심은 속죄일에 행해지는 사역에 상당히 초점이 맞추어져 있는데, 이때에 대제사장은 지성소에서 죄를 정결하게 하기 위한 희생을 드렸다(참조. 3절).

저자는 대제사장이 "예물과 속죄하는 제사를 드리"(*ἵνα προσφέρῃ δῶρά τε καὶ θυσίας ὑπὲρ ἁμαρτιῶν* – 히나 프로스페레 도라 테 카이 두시아스 휘페르 하마르티온)기 위해서 세워졌다고 진술한다. 제의적 용어인 프로스페레인(*προσφέρειν*, "드림")은 "희생을 이루다"라는 특별한 뉘앙스를 갖는 것으로 사용된다(Weiss, *TDNT* 9:67). "예물"(*δῶρα* – 도라, 즉 평화와 곡물 제사)과 "속죄 제사"(*θυσίαι* – 두시아이, 즉 죄와 범법을 위한 제사)를 구분하는 것이 자연스러울지라도, 구약의 후대 진술에서 보는 제사들이 속죄를 이루고 죄를 제거하는 일을 담고 있었다(참조. 겔 45:15-17). 속죄일의 피 제사는 여기서와 히브리서의 그밖에 다른 곳에서 레위직 제사장의 희생 제사 사역의 논의에 전경(前景)을 이룬다(참조. 7:27; 10:4, 12, 26).

[2] 2절에서 표현된 사상은 당대 유대교의 자료에서 분명한 병행이 없다. 예를 들어, 필로는 대제사장이 속죄일에 지성소에서 자신의 의무를 이행하고 있을 때, 대제사장의 인산성이 유예되었다고 주장하기 위해서 레위기 16:17에 대한 왜곡된 주해에 호소했다(그 성경 텍스트의 논의에 대해서는 Stewart, *NTS* 14[1967-68]

131-35을 참조하라). 따라서 2절에서 대제사장에 대한 내적인 성향과 그도 역시 연약함에 처해 있다는 강조는 눈에 띈다. 그것은 하나님이 그러한 제사장직을 의도하셨다는 것을 인식하게 만든, 4:15에서 대제사장으로서의 예수에 관한 저자의 이전 묵상에 영향을 받았다(참조. W. Manson, *The Epistle to the Hebrews*, 107-8).

그러나 두 절들은 병행이 아니다. 4:15에서 저자는 죄의 근원, 즉 인간의 연약성과 대제사장의 관계를 강조한다. 예수는 사람들처럼 시험에 노출되셨기 때문에 다른 사람들의 연약함을 느끼실 수 있다. 5:2에서의 강조는 죄지은 자와 레위적 대제사장과의 관계에 두어진다. 그는 자기 자신의 한계를 알고 있기 때문에 인내와 긍휼을 보이실 수 있다(참조. 7:28, "율법은 약점을 가진 사람들을 제사장으로 세웠거니와"). 동사 숨파데사이(*συμπαθῆσαι*, 4:14)와 메트리오파데인(*μετριοπαθεῖν*, 5:2)은 동의어가 아니라(위의 원문주해 c와 k를 보라), 메트리오파데인(*μετριοπαθεῖν*)은 감정을 자제하고 완화하여, 온화하고 일관되게 다른 사람들을 다루는 것을 의미한다(참조. Yarnold, *VD* 38[1960] 149-55).

필로는 이런 성향을 아파데이아(*ἀπάθεια*, "중립")라는 스토아철학의 특성보다 열등한 것으로 간주했다(참조. Williamson, *Philo*, 26-30). 하지만 이 문맥에서 그것은 긍정적인 특성으로 간주하고 있음이 분명하다: 자기 자신의 연약성과 죄에 대한 인식이 대제사장으로 하여금 사람들의 죄에 대한 정당한 불쾌감과 진노를 완화하게 만든다. 그러나 그의 긍휼은 무지와 실수로 죄를 지은 사람들에게로만 확대된다(참조. 9:7; 레 4:2, 13, 22, 27; 5:2-4). 의도적으로 지은 죄들은 이스라엘의 회중에서 배제되는 것과 관련된다(참조. 민 15:30-31).

3 처음에 대제사장의 직무에 관한 비범한 거룩성을 강조했다(출 28:1-2; 참조. Sir 45:6-13; 50:5-11). 저자는 이 통상적인 관점에서 벗어나서 4:15-16에 정의된 특별한 적용을 취하기 위해서다(Vanhoye, *NTS* 23[1976-77] 447). 그는 대제사장이 인간의 연약과 필요에서 인간 남녀들과 하나됨이 이스라엘의 다른 사람들을 위해서만이 아니라 자기 자신을 위한 속죄제사를 드리는 계속된 의무로 활성화되고 있음을 주장한다(참조. 7:27; 9:7). 이것은 구약의 대제사장을 총괄하는 해석에 관한 특색 있는 해석을 이룬다. 대제사장의 삶이 개인적인 훈련을 이룸으로써 도덕적으로 흠이 없어야 하고, 또한 삶을 관리하게 하는 규제들이 일반적인 제사장에게 영향을 주는 것보다 더 엄격할지라도(참조. 레위기 21장), 그는 연약한 상태에 있고, 따라서 그가 죄를 지었을 때에 적절한 희생을 위한 조항이 만들어졌다(레 4:3-12; 9:7).

속죄일에 그는 이스라엘의 회중을 위해서만이 아니라 자기 자신을 위한 속죄를 하도록 요구되었다(16:6, 11, 15-17; 참조. *Yoma* 4:2-5:7). 제2성전 시대에 대제사장은 속죄일에 희생하는 소와 염소에게 손을 얹었을 때 습관적으로 세 가지 기도를 했다. (1) 자기 자신의 죄와 자기 가족들의 죄를 위해서(*Yoma* 23:8); (2) 자기 자신과, 자기 가족들과 아론의 제사장들의 죄를 위해서(*Yoma* 4:2); (3) 이스라엘의 집을 위한 죄를 위해서(*Yoma* 6:2). 구약도 당대의 유대교도 "죄가 없었던"(*χωρὶς ἁμαρτιάς*－코리스 하마르티아스, 4:15; 참조. Stewart, *NTS* 14[1967-68] 126, 130-31) 대제사장에 대한 기대를 고무시키지 않았다.

4 아론의 거룩한 임명과 그의 직무의 세습적인 성격은 오경에서 분명히 확증되고 있다(출 28:1; 민 3:10; 18:1; 참조. Sir 45:6-7*a*; Jos., *Ant.* 3.188-92). 대제사장이 인간들로부터 그 직무를 받은 것이 아니라, 아론처럼 하나님의 부르심으로 인한 것을 강조하면서 저자는 자신이 1-3절에서 전개한 관점에 충실하다. 그의 진술이 직접적으로 표현하고 있는 것은 그 직무와 관련된 위엄이나 하나님의 부르심의 위대함이 아니라, 오히려 그 직부에 대해 하나님의 임명에 의존하는 대제사장에게 요구된 겸손이다. 그의 겸손은 약점이 있는 인간들과의 유대와 일치한다(참조. Vanhoye, *NTS* 23[1976-77] 447).

5-6 3:1-6에서 예수와 모세와의 비교의 출발점은 그들의 모양이었다: 둘 다 그들을 임명한 하나님에게 충성했다(3:1-2). 그 다음에 모세에 대한 예수의 우월함이 확인되고 옹호된다(3:3-6a). 아론과 그리스도와의 비교에서도 이와 유사한 패턴을 볼 수 있다. 처음에 그 강조는 아론과 예수간의 연속성에 주어지는데, 그들은 대제사장의 직무에 스스로 오른 것이 아니라 하나님에 의해 임명되었다. 그것은 결과를 나타내는 비교급 절로 형성되어 있다: "오직 아론과 같이…또한 이와 같이 그리스도께서…되심도"(*καθώσπερ καὶ Ἀαρών… οὕτως καὶ ὁ Χριστός*－카도스페르 카이 아론…후토스 카이 호 크리스토스(4b-5a). 그때에 저자는 시편 110:4을 인용하여 아론에 대한 그리스도의 우월성과 불연속성을 암묵적으로 주장하지만, 7:1-25까지는 그 성경 테스트의 해석을 연기한다(참조. Kistemaker, *Psalm Citations*, 118; Vanhoye, *NTS* 23[1976-77] 455).

"그리스도"(*ὁ Χριστός*－호 크리스토스, "기름 부음을 받은 자")라는 공식적인 칭호의 사용(참조. 9:28)은 하나님의 임명하였다는 사실을 이미 확증하고 있다. 예수가 그의 직무에 필요한 겸손을 보이셨고, 스스로 대제사장이 되는 존귀를 취하지 않으셨다는 주요한 증거는 성경에 근거하여 제시된다. 저자는 시편 2:7을 혈통이 아니라 임명의 선언으로 정확히 해석한다. 그는 이전에도 이 본문을 인용하여 아들이 보좌에 오르고 찬사를 받은 결정적인 요인이 하나님의 직접적인 증거임을 증거하였다(1:5의 주석을 보라. 참조. Barth, "The Old Testament in Hebrews," 63). 그 인용은 왕권적인 능력과 권위를 갖는 아들의 서임을 언급한다. 5절에서 그 인용은 하나님의 선언적인 행위를 강조한다.

동일한 강조가 시편 110:4의 인용에서 명백하다. 그 성경 텍스트는 예수가 그의 직무로 임명되고 능력을 입게 된 데 따른 선언을 언급한다. "아들"과 "제사장"이란 칭호와 관련한 두드러진 관심이 5-6절에서 시편의 연속적인 인용에서 명백히 보인다. 그리스도의 아들됨과 제사장됨의 상호관계가 이 설교의 서언에서 "죄를 정결하게 하는" 제사장의 기능이 초월적인 아들에게 귀속되었을 때에 함축되었지만, 이제 여기서는 명백하게 제기된다. "아들"과 "제사장"은 저자의 기독론의 주요한 모델이다. 1:1-4:14에서는 하나님의 아들로서 예수를 대변함이 지배적이지만 4:15-10:22에서는 주요한 초점이 "제사장"이나 "대제사장"의 칭호에 있다.

헤이(*Glory*, 114-45)는 5:5-10에서 저자가 "아들"과 "제사장"의 칭호를 연결하기 위해서 1장의 보좌등극에 관한 묘사를 의도적으로 재진술하고 있다는 시사적인 주장을 제기했다. 두 항목간의 형식적인 유사성은 인상적이다. 5:7-10에서 예수의 겸손의 기간과 현재의 높아지신 신분간의 케리그마적인 대조가 있는 미사여구적인 문장은 1:3-4에서의 고백과 두드러진 병행을 제공한다. 5:5-6에서 인용된 하나님의 예언들은 시편 2:7과 110:4이며, 반면에 1:5-14에서 최초의 인용은 시편 2:7에서 가져오며, 마지막 인용은 시편 110:1에서 가져온다. 5:5-10과 1:3-13의 일반적인 유사성은 저자가 예수를 하나님의 아들이며 동시에 하늘에 계신 제사장으로 찬양하고 있다고 이해하였음을 함축하기에 충분하다.

6절에서 시편 110:4의 인용의 주요한 기능은 예수가 스스로 제사장직을 자칭한 것이 아니라 하나님에 의해 그 직무로 직접 부름을 받았다는 것을 입증하는 것이다. 예수는 레위적 제사장에게 요구되는 낮아짐을 보이셨다. 하지만 그 인용의 부차적인 기능은 시편 110:4을 예수에 대한 증언의 논의로 가져오는 것이다. 이 시기의 어떤 다른 기독교 저자도 시편 110:4에 대해 관심을 갖지 않았지만, 히브리서에서는 어떤 다른 성경 텍스트보다 시편 110:4에 대해 더 많은 언급을 한다. 그 구절에 대한 세 번의 직접적인 언급(5:6; 7:17, 21)과 더불어 5, 6, 7장에 여덟 번의 암시가 있다. 그리고 각각의 암시는 형태와 기능에서 특색이 있다(특히 Hay, *Glory*, 46-47의 "Chart 4: Early Christian Interpretation of Psalm 110:4"을 보라).

히브리서에서 시편 110:4을 강조하는 주요한 이유는 그것이 저자의 제사장적 기독론의 성경적 근거를 제공하였다는 것이다. 그 본문은 예수가 하늘의 대제사장이라는 논증을 실세화하기 위해서 반복적으로 소개되고 있다. 신약성경 시대에 뒤이어, 시편 110:4은 자주 예수의 영속적인 제사장직의 증거로서 기독교 저자들에 의해 인용되었다. 이런 전개에 따른 히브리서의 영향은 아주 명백한데, 예를 들어, 5-6절의 선언을 재진술하고 있는 *Apost Const* 2.27.4에서 그러하다: 예수는 제사장적 직무에 스스로 나선 것이 아니라, 시편 110:4에서 표현된 아버지 하나님의 부름을 기다리셨다(Hay, *Glory*, 47-50).

7-10절의 선언은 그리스도의 낮아지심과 높아지심을 제사장직의 임명에 관한 주제와 연결시키는 성격상 신앙고백적이다. 운율적인 산문으로 만들어져 있고, 선행하는 5a절의 "그리스도"(*ὁ Χριστός* – 호 크리스토스)를 언급하는 관계대명사 호스(*ὅς*)로 갑자기 도입되는, 6절과 7절을 연결하는 접합은 대부분의 해석자들에게서 명백해 보인다. 그 선언은 초기 기독교 찬송이나 신조의 적용으로 흔히 간주된다(위의 양식/구조/배경을 보라). 하지만 그럼에도 불구하고 저자가 확실히 책임이 있는 대단히 압축된 진술들(예. 2:2-4; 3:12-15; 4:12-13; 5:1-3; 7:26-28)과 일치하고, 하나님의 임명에 관한 주제를 반복하는 시편 110:4의 결론적인 암시가 그 배경에 설정되어 있다.

7절의 해석은 순전히 언어적이거나 문장론적인 근거 하에서는 해결할 수 없는 애매한 진술 때문에 난해하다(위의 양식/구조/배경을 보라). 문제의 해결은 문맥적인 고려사항들을 숙고함으로써만 가능하다.

(1) 7절에서 예수의 지상 사역의 케리그마적인 요약은 그가 인간의 조건에 온전하게 참여했고, 모든 면에서 우리처럼 시험을 받으셨다는 내용을 제공하고 있는데, 이는 우리가 느끼는 것을 느낄 수 있는 대제사장이 되기 위해서다(4:15). 통곡과 눈물, 간구와 소원이라는 감동적인 어휘들은 예수가 인간 조건에 해당하는 것에 얼마나 강력하게 참여하셨는지를 표현해준다. 맨슨(W. Manson)은 신약성경에서 어느 다른 저자들보다 예수의 이야기에서 저자로 하여금 더욱더 감상적이게 만든 것이 제사장으로서의 예수의 특징에 관한 묵상이었다고 주장했다(*The Epistle to the Hebrews*, 109-10).

(2) 예수가 "기도와 간구를 드렸"(*προσενέγκας* – 프로세네그카스)다고 저자가 진술했을 때, 희생제사의 전문적인 제의 용어를 사용함은 의도적이다(Maurer, "Erhört wegen der Gottesfurcht," 279-81). 그는 1절에서 레위적 대제사장의 묘사

와의 병행을 인식하도록 의도했다. 대제사장이 죄를 위해 드리는(*προσφέρειν*—프로스페레인) "예물과 속죄제"에 상응하는 것이 예수가 드린 기도와 간구이다. 기도와 찬양과 관련한 프로스페레인(*προσφέρειν*)의 사용은 당대의 유대 자료에 이미 확립되었다(참조. *T. Levi* 3:8; *T. Gad* 7:2; Jos. *J. W.* 3.353). 예수의 기도는 희생적인 제사이다(참조. Rasco, *Greg* 43[1962] 734-44). 7절은 그리스도의 사역의 특별한 순간에 관한 것이 아니라 그의 대제사장적 봉사의 전체를 언급하고 있다(고로 Maurer, 283-84).

(3) 7절의 마지막 어절인 "그의 경외하심을 인하여 들으심을 얻었느니라"는 바로 이전의 분사절 즉 "심한 통곡과 눈물로 간구와 소원을 올렸고"를 한정한다. "그가 들으심을 받았다"는 확증은 하나님이 예수의 드림을 받으셨다는 것을 진술하는 것에 상응한다(고로 Boman, *NTS* 10[1963-64] 268; Rissi, *TZ* 11[1955] 42-44; Maurer, 278-80, 284).

저자는 대제사장의 제사가 항상 용납되지는 않았다는 전승을 생각했을 것이다. 따라서 레스코(Lescow, *ZNW* 58[1967] 226-28)가 주장하는 것처럼, 7절의 논리를 복잡하게 하는 "불행한 삽입어구"와는 거리가 먼 "그가 들으심을 받았다"는 확증은 강조적이며, "큰 대제사장"(4:14)으로서의 예수에 관한 저자의 제시에 필수적이다. 7절의 선언은 다른 사람들을 위해서뿐만 아니라 자기 자신을 위해서 희생제사를 드리는 레위적 대제사장의 의무와 관련한 3절의 진술과 분명한 대조를 이루고 있다. 4:15의 "죄는 없으시다"는 자격으로 제기된, 그리스도와 레위적 대제사장간의 결정적인 구분이 "그의 경외하심을 인하여 들으심을 얻었느니라"는 어절이 있는 7절에서 다시금 표현된다.

이런 고려들이 성경 텍스트에 분명함을 가져오기 위해서 필요한 것들이고, 따라서 7절에 대한 어떤 공통된 접근을 불가능하게 한다. 예수가 "들으심을 얻었다"는 진술은 "자기를 죽음에서 능히 구원하실 이"이라는 하나님에 대한 묘사와의 관계 속에서 자주 고려되었다. 그런 접근은, 그가 다가올 죽음에서 구조를 받지 않은 한, 자연스럽게 어떤 의미에서 예수가 들으심을 얻었는가라는 질문으로 이끌려졌다(예를 들어, Bultmann, *TDNT* 2:753을 보라). 이런 억측은 "들으심"이 죽음으로부터의 예수의 구원만을 한정하였다는 것이다. 그 질문에 대한 한 가지 반응은 구약성경에서 하나님은 에크 다나투(*ἐκ θανάτου*)에서(즉 "사망의 영역에서")(참조. 욥 33:28, 30; 시 30[70인경 29:4; 잠 23:4) 생명을 구원하실 수 있는 분으로 인식되고 있다는 인정이었다. 예수는 사망의 경험에서 배제된 것이 아니라 사망이 그에게 영속적인 지배를 하지 못했다. 그는 부활로 말미암아 죽음의 영역에서 빠져나왔고(13:20), 그런 의미에서 그는 들으심을 얻었다(Vos, *PTR* 5[1907] 585; Friedrich, *TZ* 18[1962] 104-5).

또는 대안적으로 예수의 기도의 목적은 영광이었다(요 12:27; 17:5). 그의 기도는 아버지의 우편으로 높아지고 좌정하셨다는 의미에서 들으심을 얻었다(Jeremias, *ZNW* 44[1951-53] 109-10; Attridge, *JBL* 98[1979] 91). 희생제사를 언급하는 문맥과 관련하여 "들으심을 얻었다"는 진술을 해석하고, "자기를 죽음에서 능히 구원하실 이"(*ὁ δυνάμενος σῴζειν αὐτὸν ἐκ θανάτου* – 호 두나메노스 소제인 아우톤 에크 다나투)가 단지 하나님에 대한 전통적인 완곡한 표현임을 인식하는 것이 보다 좋을 것이다(참조. 호 13:14; 시 32[MT 33]:19 70인경; 약 4:12). 그것은 예수의 기도의 내용이 아니라 구원의 성취를 행하시는 생명의 주로서의 하나님의 특징을 정의한다(Rissi, *TZ* 11[1955] 39).

예수의 기도와 간구를 겟세마네의 공관복음 전승(예. Omark, *Int* 23[1958] 40-41; Jeremias, *ZNW* 44[1952-53] 109; Lescow, *ZNW* 58[1967] 223-39; Maurer, "Erhört wegen der Gottesfurcht," 279; Feuillet, EV 86[1976] 49-53; Serra, *Serv* 4[1970] 441-48)이나 골고다의 고뇌(예. Andriessen, *NRT* 96[1974] 287)와 연결하는 것은 불필요하다. 7절에서 예수의 수난은 온전히 대제사장적 기도로 묘사되는데, 이는 예수의 수난에 비추어 기독교 공동체 내에서 해석되었던 시편들의 표현을 활용하고 있다(참조. Dibelius, *TBl* 21[1942] 8-9; Strobel, *ZNW* 45[1954] 256-66; Rasco, *Greg* 43[1962] 728-33).

"기도와 간구"(한글개역은 "간구와 소원" – 역자주)의 이중적인 표현에 근거한 변화는 70인경(욥 40:27), 필로(Philo, *On the Cherubim* 47), 그리고 헬라 자료의 그밖에 다른 곳(예. Isocrates, *Concerning Peace* 138; Polybius 3.112.8)에서 나타난다. 아트리지(Attridge, *JBL* 98[1979] 90-93)에 따르면, 7절에서의 묘사를 이해하기 위한 적절한 배경이 필루의 작품인 *Who Is the Heir?* 1-29에서 제시된 것처럼, 헬라 유대교의 기도 전승에 있다. 아브라함처럼, 예수는 열정적인 통곡으로 기도했고(14), 모세처럼 깊은 감정(19)으로 기도했다. 아브라함처럼 그의 기도는 하나님의 주권에 대한 인식과 하나님의 의지에 대한 복종 속에서 표현된 경건한 두려움인 율라베이아(*εὐλάβεια*)가 수반되었다(22, 24-29). 히브리서를 효과적인 기도에 관한 헬라 유대적 전승들과 구분하는 것은 예수의 수난에 관한 의미에 대한 강조에 있다.

8 "그가 아들이시라도"(*καίπερ ὢν υἱός*-카이페르 혼 휘오스)라는 양보절을 뒤이어지는 것과 연결하는 결정(위의 원문주해 w를 보라)은 8절의 해석에 중요한 의미를 갖는다. 그것은 예수가 본질적으로 그리고 고유적으로 하나님의 아들이라는 확증이 그리스도의 순종에 관한 논의를 한정함을 가리킨다(참조. Longenecker, "The Obedience of Christ," 148-52). 8절의 진술을 "아들들"(sons)이 아들들이기 때문에 훈련을 받는다는 것을 진술하는 12:5과 대조하는 것은 유익하다. 8절에서 접속사 카이페르(*καίπερ*)와 "아들"(*υἱός*-휘오스)이 양보적으로 사용되고 있다는 인식이 "아들들"의 모든 기능을 제쳐놓는다. 예수가 하나님의 영원한 아들일지라도, 성육신과 희생적 죽음을 통해 아들됨의 경험의 새로운 차원으로 들어가셨다.

"받으신 고난으로 순종함을 배워서"(*ἔμαθεν ἀφ' ὧν ἔπαθεν*-에마덴 아프 혼 에파덴)는 헬라 문헌의 오랜 역사를 갖는다(Coste, *RSR* 43[1955] 485-97; Dörrie, *Leid und Erfahrung*, 3-42). 두 단어의 어근(*μαθ-* / *παθ-*)이, 음운학적인 유사성을 갖는 단순한 사실로부터, 수사적 효과의 다양한 조합이 자연스럽게 발생했다. 언어유희는 상대적으로 필로에게서 흔한데(참조. Coste, 508-17), 그는 그것을 인내로부터 배워야 하는 젊은이들과 어리석은 자들에게 적용시킨다(예. *On Flight and Finding* 138).이런 관점으로부터 예수에 대한 전통적인 잠언의 적용은 대담하다.

하지만 헬라문헌의 병행들이 8절을 이해하는 중요한 요인은 아니다. 일반적으로 "고난을 당하다"를 의미하는 동사 파스케인(*πάσχειν*)은 히브리서에서 예수의 수난에만 오직 사용되고, "죽음"의 뉘앙스를 취한다(2:9, 10; 9:26; 13:12; 참조. Rengstorf, *TDNT* 4:410-12; Michaelis, *TDNT* 5:917, 934-35). 8절에서 에파덴(*ἔπαθεν*, "[죽음의] 고난을 받다")이란 용어는 그의 제사장적인 직무를 이행하는 아들의 유일무이한 구속적 고난을 간주한다. 예수는 하나님이 그에게 직무와 위엄을 주실 것을 확신하면서, 하나님의 뜻의 확실한 수용으로 고난 받음으로써, 하나님을 주권을 가지신 분으로 경외하고, 하나님께 의탁했다.

"배웠다"(*ἔμαθεν*-에마덴)란 용어는 성경 헬라어에서 발전된 뉘앙스를 담고 있는데, 성경에서 배움이란 하나님의 말씀으로서의 성경의 수용에서 발생한다(참조. Rengstorf, *TDNT* 4:408-9, 411). 성경 특히 시편에서 예수는 자신의 수난이 하나님의 구원하시는 뜻에 기초하고 있으며, 하나님의 부르심과 단절될 수 없었다는 것을 배웠다. 따라서 예수가 "받으신 고난으로 순종함을 배웠다"는 선언에서 "순종"(*τὴν ὑπακοήν*-텐 휘파코엔)이란 용어는 매우 특별한 의미를 갖는다: 그것은 하나님의 계시하신 뜻에 따른 죽음으로 고난 당하는 부르심에의 '순종'이다(참조. Vos, *PTR*

5[1907] 584-85). 예수는 죽음의 고통을, 성경과 성경을 통해서 하나님이 예수의 직무를 위해 이 희생으로 그를 임명하셨기 때문에, 자의로 수용하였다.

예수에 대한 함축성 있는 재담의 적용에서 새로운 요소는 순종의 배움이 아니라(고로 Spicq, 2:117; Cullmann, *Christology*, 96-97), "그가 [죽음으로] 고난 받으셨다"(ἀφ' ὧν ἔπαθεν – 아프 혼 에파덴)라는 표현에서 나타난 것처럼 그것의 본질과 방식이다. 이 잠언적인 격언의 강조는 "그가 고난 받으셨다"(ἔπαθεν – 에파덴)에 있다(고로 Coste, *RSR* 43[1955] 520; Rengstorf, *TDNT* 4:412). 결과적으로 도입절인 "그가 아들이시라도"(καίπερ ὢν υἱός – 카이페르 온 휘오스)를 초월적인 아들이 죽음의 고통으로 준비되었다는 역설에 견주어 이해해야 한다. 그는 자신의 유일무이한 아들됨을 함축하고 있는 특권적인 신분에 집착하지 않고, 십자가의 죽음의 치욕을 당하신 직후에 하나님으로부터 그것을 받는다(참조. 12:2). 예수는 구원을 이루고 영원한 대제사장으로서의 자신의 직무에 온전히 자격을 구비하기 위해서 수난을 통해 순종을 경험적으로 배웠다(2:10; 5:9-10).

9-10 지극히 압축된 형태로, 예수의 구속의 성취와 승귀가 9-10절에서 표현된다. "온전하게 되었은즉"(καὶ τελειωθείς – 카이 텔레이오데이스)이라는 때를 나타내는 절은 예수가 백성들의 제사장적인 대표로서 바치신 완전한 순종을 하나님이 유효한 것으로 선언하신다. 그것은 하나님이 예수에게 명하신 목표를 이루게 한 고난을 반영한다. 예수는 이 고난을 통해 완전한 대제사장이 되셨다(참조. Vos, *PTR* 5[1907] 580, 588-89; Meeter, *Heavenly High Priesthood*, 89-94). 오경에 대한 70인경 해석자들은 동사 텔레이운(τελειοῦν)에 제사장적인 봉사로 성별하는 특별한 제의적 의미를 주었고(참조. 출 29:9, 29, 33, 35; 레 4:5; 8:33; 16:32; 21:10; 민 3:3), 이 직무적인 개념이 9절의 텔리이오데이스(τελειωθείς)의 배후에 있다. 그것은 예수가 제사장적인 행위로 하나님 앞에 올 수 있도록 온전히 구비되었다는 것을 의미한다(참조. Delling, *TDNT* 8.83).

고통과 구속의 사명을 완수하심으로 말미암아, 예수는 백성의 제사장으로 하나님에 의해 온전하게 되었고, 하나님의 존전으로 높임을 받으셨다(참조. Klappert, *Eschatologie*, 54-57, 그는 2:10과 7:28의 고난과 완전의 형태에 관심을 불러일으킨다). 7절에서 분사 "들으심을 얻었다"(εἰσακουσθείς – 에이사쿠스데이스)라고 제기된 예수의 희생의 수용이 분사 텔레이오데이스(τελειωθείς)로 9절에서 다시금 암시된다(Maurer, "Erhört wegen der Gottesfurcht," 283-84).

이런 행위의 결과가 9절의 주동사로 표현된다. 예수는 순종하는 모든 사람들을 위한 영원한 구원의 근원이 되시었다(ἐγένετο – 에게네토). 예수에게 순종하는 사람들로서 믿음의 공동체를 묘사함은 8절에서 예수의 근본적인 순종에 대한 강조와 잘 어울린다. 하나님의 뜻에 응답하여 죽음의 고통으로 순종의 의미를 경험하셨던 분으로서 예수는 따르는 자들의 순종을 인식하시고, 그들을 위해서 중보의 대제사장적 사역을 수행하신다(참조. Vos, 586). 이런 확증은 4:16의 "때를 따라"라는 주제를 반복하고 그것을 그리스도의 성취된 희생의 사실과 연관짓는다. 그가 제공하신 구원은 시간을 초월하기 때문에 "영원할" 뿐만 아니라 참이기 때문에 인간적이 아니라 천상적이다(9:23-24; 참조. Williamson, *Philo*, 84-88).

하나님이 멜기세덱과 같은 대제사장(10절)으로서 예수를 지칭함은 그의 희생의 수용에 수반하는 것이다. 하나님의 거룩한 찬사는 예수의 직무에 대한 자격을 확인해준다. 10절에서 시편 110:4에 대한 언급의 주요한 기능은 하나님이 예수를 대제사장으로 임명하신 것(5-6절)을 재확인하는 것이다. 하지만 그 암시는 예수의 제사장직을 구원의 사역과도 연결하도록 돕는다(Hay, *Glory*, 46).

해설

4:15-5:10에서 저자는 예수가 "하나님의 일에 자비한 대제사장"(2:17)이 되어야 했다는 선언을 취한다. "자비한"은 그의 사역에 의존하는 사람들을 이해하고 도울 수 있는 역량을 함의하며, 그것은 저자에 의해 예수의 구속의 성취와 관련된다. 그 강조는 예수의 온전한 인간됨과 연약과 시험에 노출된 사람들과의 일치에 있다(4:15).

예수가 인간이 받는 시험에 노출되셨기 때문에, 그는 인간과 관련된 것을 경험적으로 아신다. 하나님의 백성들과 동료적인 감정을 가지셨던 분이 대제사장적 변호사로서 하나님의 존전에 계셔서 긍휼과 도움을 부여하시고, 그들이 어떠한 상황에도 인내하고 약속된 구원을 얻을 수 있음을 보증하신다.

그 해석에 주어진 적용은 확실히 실제적이다. 천상의 대제사장이 연약한 공동체와 일체가 되심은 정직한 기도를 위한 강력한 동기부여를 제공한다. 인간의 조건에 철저히 익숙하시고, 죽음의 고통으로 고난 당하신, 따라서 새로운 힘을 중재하실 수 있는 자격을 부여받으신 분에게 가까이 나아가자는 요청(4:15-16)은 기독교적인 삶의 리듬에서 기도의 중요성을 인식하라는 호소다. 저자는 공동체가 과거의 충성에서 벗어나서 새로운 적대적 위험에 노출되어 있다는 것을 알았다(참조. 10:32

34; 12:1-4). 그들은 그리스도인의 소명을 이루기 위해서 기도가 제공하는 또 다른 경험의 질을 필요로 했다.

하나님의 임재로 나아가는 제사장적인 접근으로 기도를 묘사함은 공간이 허락하지 않을 때에도 기도가 성소를 만들어준다는 통찰을 발전시켰다. 압력에 노출되고 영적인 갈증 하에 피곤에 지친 흐름에서 그들은 기도 속에서 하나님의 놀라우신 자비와 지탱케 하시는 은혜에 대한 열림에서 나오는 새로움을 발견할 것이고, 적당한 때에 도달하시는 도움을 받을 것이다.

"대제사장"이란 칭호가 2:17에서 도입되었을지라도, 그 지칭은 4:15-5:10까지는 규명되지 않는다. 그런데 여기에서 구약성경의 공식적인 요소들에 대한 사용이 그것의 전개를 지원해주고 있다. 처음으로 저자는 대제사장적 기독론에 대한 영적인 근거를 설정하며 레위적 대제사장과 유일무이한 예수의 대제사장직을 비교하기를 시작한다.

5:1-4에서 대제사장직에 대한 묘사는 레위적 제도의 일반적인 정의를 형성하고 있는 것이 아니라, 이전 구절들(4:15-16)에서 결정된 특별한 의미, 즉 백성들과 제사장의 일치의 관한 의미에서 전적으로 적용된다. 오경에서 대제사장은 '하나님을 위해' 임명되었음이 강조되지만(출 28:1, 3, 29:1), 히브리서 5:1에서는 대제사장이 '인간을 위해' 임명되었다. 저자는 레위적 대제사장과 예수간의 병행을 설정하기 위해서 긍정적인 형태로 구약성경의 형식을 채택한다.

아론과 예수는 5:4-6에서 직접적인 비교로 가져오게 된다. 이 비교의 근거는 대제사장의 직무에 스스로 자기를 높이는 것을 거절함을 보여준 겸손이다. 그들은 하나님의 임명에 의해서 오직 대제사장직을 받았다. 이것은 예수의 제사장적 사역이 권위로 이루어졌기 때문에 효과적이었다는 요지를 갖는다(5:5-6, 10).

그러나 아론과 예수의 유사성은 시편 110:4의 인용으로 분산된다. 성경에 최초로 언급된 제사장으로서 모든 제사장직의 전형이 되는 멜기세덱에 대한 호소는 예수의 제사장직이 레위적 제사장직과 다르고 우월함을 인준한다. 그리스도는 아론과의 비교이 영역과는 다른 탁월함을 향유하신다. 그는 "죄가 없으시며"(4:15), "영원한 제사장"으로 부르심을 받았다(5:6). 그의 제사장적 임무는 영원히 유효한 구원의 질서를 세우는 것이며(5:9), 그것은 아론적 제도를 옛 것으로 만드는 효력을 갖는다.

아론과 그리스도의 병행은 각각이 제사장적 기능에 관한 묘사에서 상당히 무너진다. 레위적 대제사장에 대한 언급에서 저자는 속죄일 제사의 제의적 사역과 연약한 사람들에 대한 관용의 확대를 언급하는(5:2-3) 반면에, 그리스도의 대제사장직은 하나님의 계시된 뜻에 온전하게 순종함으로써 고난을 겪은 그의 생명의 드려짐에서 정점을 이룬다. 이런 자기 희생은 구약의 원형보다 우월할 뿐만 아니라, 레위적 대제사장의 사례에서 나타났던 것보다 연약한 사람들과의 동일시를 비교할 수 없을 정도로 깊고 근본적으로 나타낸다. 예수의 완벽한 희생의 수용은 "들으심을 얻었다"(5:7)는 고백적인 확증으로 찬미되고, 대제사장적 중재로 하나님 앞에 나아갈 수 있는 "자격을 구비한 것"으로 선언된다(5:9). 이에 근거하여 저자는 믿음과 순종으로 공동체의 인내를 구비한 인간 가족과 하나님간의 새로운 구속적 관계성을 시작시켰다.

III. 아들의 대제사장적 직무(5:11-10:39)

참고문헌

Attridge, H. W. "The Uses of Antithesis in Hebrews 8-10." *HTR* 79(1986) 1-9. **Black, D. A.** "The Problem of the Literary Structure of Hebrews: An Evaluation and a Proposal." *GTJ* 7(1986) 163-77. **Bligh, J.** *Chiastic Analysis of the Epistle to the Hebrews.* 8-21. ______. "The Structure of Hebrews." *HeyJ* 5(1964) 170-77. **Cladder, H.** "Hebr. 5,11-10, 39." *ZKT* 29(1905) 500-524. **Descamps, A.** "La structure de l'Épître aux Hébreux." *RDT* 9(1954) 251-58; 333-38. **Dussaut, L.** *Synopse structurelle de l'Épître aux Hébreux.* 54-115. **Gourgues, M.** "Remarks sur la 'structure centrale' de l'Épître aux Hébreux." *RB* 84(1977) 26-37. **Gyllenberg, R.** "Die Komposition des Hebräerbriefs." SEÅ; 22-23(1957-58) 137-47. **Hillmann, W.** "Der Höhenpriester der künftigen Güter: Einführung in die Grundgedanken des Hebräerbriefes(4,14-10,31)." *BibLeb* 1(1960) 157-78. **Nauck, W.** "Zum Aufbau des Hebräerbriefes." In *Judentum, Urchristentum, Kirche.* FS J. Jeremias. ed. W. Eltester. BZNW 26(1960) 199-206. **Rice, G. E.** "Apostasy as a Motif and Its Effect on the Structure of Hebrews." *AUSS* 23(1988) 29-35. ______. "The Chiastic Structure of the Central Section of the Epistle to the Hebrews." *AUSS* 19(1981) 243-46. **Songer, H. H.** "A Superior Priesthood: Hebrews 4:14-7:28." *RevExp* 82(1985) 345-59. **Swetnam, J.** "Form and Content in Hebrews 1-6." *Bib* 53(1972) 368-85. ______. "Form and Content in Hebrews 7-13." *Bib* 55(1974) 333-48. **Thien, F.** "Analyse de l'Épître aux Hébreux." *RB* 11(1902) 74-86. **Vanhoye, A.** "Discussions sur la structure de l'Épître aux Hébreux." *Bib* 55(1974) 349-80. ______. "Les indices de la structure littéraire de l'Épître aux Hébreux." SE 2(1964) 493-509. ______. "Literarische Struktur und theologische Botschaft des Hebräerbriefs." *SNTU* 4(1979) 119-47; 5(1980) 18-49. ______. *La structure littéraire.* 42-60, 115-82. ______. "Structure littéraire et thèmes théologiques de l'Épître aux Hébreux." In *Studiorum Paulinorum Congressus Internationalis Catholicus 1961.* AnBib 18. Rome: Biblical Institute, 1963. 175-81.

서론

세 번째이자 중심 되는 갈래가 5:11-10:39로 확장된다. 길이와 주제적인 문제라는 측면에서, 저자는 이 갈래에 특별한 관심을 기울인다. 그것은 이 설교 작품에 할당된 길이의 2/5에 거의 해당한다. 뿐만 아니라 공동체의 상황과 관련한 예비적인 권고가 공식적인 방식의 해석을 준비하고 있으며(5:11-6:20), 결론적인 권고가 그 상황에서 발전된 통찰들을 적용하고 있는(10:19-39) 유일한 중심적인 갈래이다.

저자의 근본적인 관심은 아들의 대제사장적 직무의 특징을 제시하는 것이다. 이 주제의 세 가지 측면이 5:9-10의 예수의 높아지심의 묘사에서 주제적으로 선언되었다. 예수가 "온전하게 되었다"는 선언에 관련된 것이 해석의 중심적인 위치를 점유하고 있으며 충분한 전개를 형성한다(8:1-9:28). 그리고 다른 두 항목이 또 이 단위의 틀을 형성하는데, 그것은 "멜기세덱과 같은 대제사장"(7:1-28)과 "영원한 구원의 근원"(10:1-18)으로서 예수를 지칭한 의미에 주해를 제공한다(참조. Vanhoye, *La structure*, 42-60).

새로운 갈래의 시작은 해석(4:15-5:10)에서 권면(5:11-6:20)으로의 단순한 전환에 의해 암시된다. 저자가 "이에 관하여는 우리가 할 말이 많으나"(JB)라고 진술했기 때문에, 5:9-10에서 선언한 주제를 논의하겠다는 의도를 분명히 표명하였다. 스웨트남(Swetnam)은 그것이 한 해석을 뒤따르는 권면의 본질과 보다 일치하며, 이것은 히브리서의 통상적인 절차라고 주장했다. 결과적으로 그는 5:11-6:20을 이전 단위와 연결했다(*Bib* 53[1972] 385).

그러나 이 경우에, 권면은 독자들의 관심을 얻고, 저자가 가장 중요하다고 간주하는 것의 해석 이후가 아니라 해석 앞에 적절하게 나타난다(고로 Vanhoye, *Bib* 55[1974] 372). 분명히 그 권면은 7:1-10:18에서의 대제사장으로서의 예수의 직무와 그의 희생적 드림에 관한 논의를 예기한다. 예비적인 언급의 끝부분은 예수가 "멜기세덱의 반차를 좇아 영원히 대제사장"(6:20)이 되었다는 선언으로 표기된다. 그 확증은 그 주제의 한 측면의 두 번째 선언을 형성하는데(5:10), 그것은 7:1-28에서 조직적으로 전개된다. 예비적인 권면의 결론에서 해석의 첫 번째 항목으로의 전환은 "멜기세덱"(7:1)이란 적합한 이름의 반복으로 이루어진다

한 항목으로서 7:1-28은 많은 특징적인 용어들을 담고 있다. 적합한 이름인 멜기세덱이 7:1, 10, 11, 15, 17에 나타나고, 이후로는 더 이상 나타나지 않는다. 5:10의

주제의 선언과 관련한 또 다른 용어들이 해석의 과정에서 취해진다: "대제사장"(7:26, 27, 28), "제사장"(7:1, 3, 11, 14, 15, 17, 20, 21, 23), "제사직분"(7:11, 12, 24, 그리고 신약성경의 다른 곳에서는 나타나지 않는다), "영원히"(7:17, 21, 24, 28), 그리고 "멜기세덱의 반차를 좇는"(7:11, 17). 이런 제사장적 범주는 "율법"(7:5, 12, 16, 19, 28), "레위적" 계통 하에서의(7:11; 신약성경의 다른 곳에서는 나타나지 않는다) "레위"의 임명(7:5, 9; 히브리서의 그밖에 다른 곳에는 나타나지 않는다)과 관련하여 고려된다. 제사장적 직무에 관한 취지를 담고 있는 어휘의 집중이 이 항목에 특색을 이룬다(고로 Vanhoye, *La structure*, 42-43).

7:1-28의 예수의 유일무이한 제사장직에 관한 해석은 28절의 대조로 요약된다.

> 율법은 약점을 가진 사람들을 제사장으로 세웠거니와 율법 후에 하신 맹세의 말씀은 영원히 온전케 되신 아들을 세우셨느니라

이 구설에서 "온전케 되신"(*τετελειωμένον*–테텔레이오메논)이라는 한정어는 강조를 위해 문장의 말미에 할당되었다. 그것은 5:9의 주제의 선언, 즉 카이 텔레이오데이스(*καὶ τελειωθείς*, "온전하게 되었은즉")를 반복하고, 해석의 중심 항목(8:1-9:28)에 전환점을 이룬다. 문학적 구조는 저자가 이 선언된 주제의 전개로서 8:1로 시작하는 항목을 생각했다는 것을 분명히 보여준다. 7:26-28에서 그는 공동체의 필요를 충족시키는 이상적인 대제사장, 즉 "영원히 온전케 되신 아들"을 묘사한다. 그때에 8:1에서 그는 "이러한 대제사장이 우리에게 있는 것이라"를 승리적으로 선언한다. 그 선언은 7:26-28을 되돌아보게 하고, 7:28에서 주제적으로 선언된 해석을 예기한다. 그것을 "말의 중요한 것"(8:1)으로 지칭함으로써 이 새로운 단위의 중요성을 공동체에 강조한다(참조. Vanhoye, *La structure*, 44, 134-35; *Bib* 55 [1974] 359).

중심 항목의 주제는 예수가 하나님께 드려졌다는 대제사장적 희생이다. 이 단위의 특징적인 어휘는 제의적 용어로 구성된다: "드림"(프로스페레인[*προσφέρειν*]: 8:3, 4; 9:7, 9, 14, 25, 28), "예물과 제사"(8:3; 9:9; 그밖에 다른 곳으로는 오직 5:1), "성소"(8:2; 9:1, 8, 12, 24, 25; 그밖에 다른 곳으로는 오직 10:19; 13:11), "장막"(8:2, 5; 9:2, 3, 6, 8, 11, 21; 그밖에 다른 곳으로는 오직 11:9; 13:10), "피"(9:7, 12, 13, 14, 18, 19, 20, 21, 22, 25), 그리고 "언약"(8:6, 8, 9, 10; 9:4, 15, 16, 17, 20). 어휘의 단일한 특징은 이 항목의 제시에 특징적인 색깔이 무엇인지를 제시해준다.

그 논증은 "이와 같이 그리스도도 많은 사람의 죄를 담당하시려고 단번에 드리신 바 되셨고 구원에 이르게 하기 위하여 죄와 상관없이 자기를 바라는 자들에게 두 번째 나타나시리라"(9:28 NIV)는 선언에 요약되어 있다. 다시 한번 중요한 용어인 소테리안(*σωτηρίαν*, "구원")이 마지막의 강조적인 위치에 할당되어 있다. 그것은 예수가 "자기를 순종하는 모든 자에게 영원한 구원의 근원이 되시고"라는 5:9의 진술을 상기시킨다.

9:28의 마지막 절은 5:9의 주제의 선언을 반복하고, 그 측면에 헌신하고 있는(10:1-18) 해석의 세 번째 단락의 전환점을 특징짓는다. 그것에 상응하는 단락 직전에 전개될 주제의 선언은 이 설교의 가장 중심적인 갈래의 해석의 과정에서 청중들로 하여금 구두적인 단계로 따라올 수 있도록 돕기 위한 저자의 관심을 보여준다. 이와 관련해서 그의 일관된 실천(6:20; 7:28; 9:28)은 해석의 구조를 분명히 하기 위해 의도된 문학적이고 수사적인 절차를 따르고 있음을 단호하게 증거한다(Vanhoye, *La structure*, 44, 160; *Bib* 55[1974] 360).

중심 항목의 마지막 단락(9:23-28)에서 율법 하에서의 희생제의의 계속된 반복은 그리스도의 희생의 유일무이하고, 단일한 특징과 대조된다. 세 번째 항목은 예수 그리스도가 제공한 희생의 우월한 효과에 대한 이유를 규명하면서, 그가 제공한 구원의 본질을 전개한다. 그것의 특징적인 용어들은 희생적인 제사(드림)와 관련한 것들이고: "드리다"(*προσφέρειν*–프로스페레인, 10:1, 2, 8, 11, 12), "드림"(*προσφορά*–프로스포라, 10:5, 8, 10, 14, 18, 그리고 신약성경에는 그밖에 다른 곳에서는 나타나지 않는다), "희생"(10:1, 5, 8, 11, 12), 그러한 드림의 결과로 인한 것들이다: "거룩"(10:10, 14), "온전케 함"(10:1, 14), 정결하게 함(10:2), "사함"(10:18), 그리고 "죄를 없애다"(10:4, 11; 또한 10:2, 3, 6, 8, 12, 17, 18의 "죄"를 참조하라)(Vanhoye, *La structure*, 44). 그 논증은 "이것을 사하셨은즉 다시 죄를 위하여 제사 드릴 것이 없느니라"(10:18)는 두드러진 선언으로 요약되고, 종결된다.

문학적 장르의 변화는 결론적인 권면의 전환을 특징짓는데(10:19-39), 그것은 이전 항목에서 전개된 통찰을 공동체의 상황에 적용시킨다(예를 들어, 10:19과 함께 9:12을 참조하라). 19절과 35절에서 명사 파르레시아(*παρρησία*, "담력")란 어휘의 반복은 단위의 처음과 끝을 특징짓는 인클루시오를 제공하며, 이것은 청중들로 하여금, 10:36-39의 인내와 구원하는 믿음이라는, 네 번째 주요 갈래에서 전개될 주제의 선언을 준비시킨다.

예비적인 권면(6:19-20)의 마지막 진술과 결론적인 권면(10:19-20)의 처음 진술의 형태에서 유사성을 관찰하는 것은 도움이 된다. 그 어휘와 개념은 유사하지만, 7:1-10:18의 해석을 이용할 수 있는 10:19-20에서는 더 정밀함이 있다. 10:19-20에서 6:19-20의 본질을 재형성하면서, 저자는 교회의 믿는 도리에 대한 확신과 흔들리지 않는 고수를 반복하여 호소한다.

여러 학자들이 5:11-6:20과 10:19-39간의 구조적인 대구법을 인식했다(참조. Thien, *RB* 11[1902] 79; Descamps, *RDT* 9[1954] 335; Vanhoye, *La structure*, 45, 173). 그것은 히브리서의 해석에 의미를 갖는 형식적인 대칭을 세 번째 주요한 갈래에 제공한다.

a 예비적인 권면(5:11-6:20)
A 멜기세덱과 같은 제사장(7:1-28) (28개 절들)
B 죄에 대한 단일하고 인격적인 희생(8:1-9:28) (41개 절들)
C 영원한 구원의 성취(10:1-18)(18개 절들)
a′ 결론적인 권면(10:19-39)

동심원적인 대칭은 "말의 중요한 것"(8:1)으로 분명히 도입되고, 길이의 측면에서도 특권적인 취급을 받는, 중심적인 항목(B)에 관심을 기울이게 하는 효과를 갖는다. 중심적인 갈래의 중앙에 유일무이한 예수의 희생에 관한 해석을 위치시킴은 저자가 그의 메시지의 이 면에 돌리고 있는 중요성을 알게 한다. 이 점에 있어서, 주제적인 분석은 완전히 문학적 분석의 결과를 확인해준다: 히브리서의 중심 주제는 구속적 희생이다(고로 Vanhoye, *La structure*, 59-60, 237-42, 247-51, 256-58).

A. 세 번째 경고: 영적인 미성숙의 위험(5:11-6:12)

참고문헌

Adams, J. C. "The Epistle to the Hebrews with Special Reference to the Problem of Apostasy in the Church to Which It Was Addressed." Dissertation, Leeds University, 1964. ______. "Exegesis of Hebrews VI. 1f." *NTS* 13(1966-67) 378-85. **Albani,**

J. "Hebr. v,11 vi,8: Ein Wort zur Verfasserschaft des Apollos." *ZWT* 47(1904) 88-93. **Anderson, J. C.** "Repentance in the Greek New Testament." Dissertation, Dallas Theological Seminary, 1959. **Andriessen, P.** "La communauté des 'Hébreux,' était-elle tombée dans le relâchement?" *NRT* 96(1974) 1054-66. ______. "L'Eucharistie dans l'Épître aux Hébreux." *NRT* 94(1972) 269-77. ______ and **Lenglet, A.** "Quelques passages difficiles de l'Épître aux Hébreux(5,7.11; 10,20; 12,2)." *Bib* 51(1970) 207-20. **Ballarini, T.** "Il peccato nell' epistola agli Ebrei." ScC 106(1978) 358-71. **Barker, P. R. P.** "Studies in Texts: Hebrews 6:1f." *Th* 65(1962) 282-84. **Barnhart, D.** "The Life of No Retreat: An Exegetical Study of Hebrews 6:1-12." *CentBibQ* 19(1976) 16-31. **Campbell, A. G.** "The Problem of Apostasy in the Greek New Testament." Dissertation, Dallas Theological Seminary, 1957. **Carlston, C. E.** "Eschatology and Repentance in the Epistle to the Hebrews." *JBL* 78(1959) 296-302. **Collins, B.** "Tentatur nova interpretatio Hebr. 5,11-6,8." *VD* 26(1948) 144-51, 193-206. **Costanzo, J.** "Il Peccato e la sua Remissione nella Lettera agli Ebrei." Dissertation, Gregorian Pontifical University, Rome, 1964. **Coterill, D. R.** "The Concept of Maturity in Hebrews 5:11-14." Dissertation, Dallas Theological Seminary, 1971. **Cox, L. G.** "Let Us Go unto Perfection: Hebrews 6:1." *ASem* 18(1964) 49-59. **Cruvellier, J.** "Impossible de ramener à la repentance!(à propos de deux passages difficiles de l'Épître aux Hébreux)." *EEv* 12(1952) 135-40. **Custer, S.** "The Awfulness of Apostasy." *BV* 2(1968) 15-20. **Delville, J. P.** "L'Épître aux Hébreux à la lumière du prosélytisme juif." *RevistCatT* 10(1985) 323-68. **Dunham, D. A.** "An Exegetical Examination of the Warnings in the Epistle to the Hebrews." Dissertation, Grace Theological Seminary and College, 1974. **Dunn, J. D. G.** *Baptism in the Holy Spirit.* Philadelphia: Westminster, 1970. 205-11. **Dussaut, L.** *Synopse structurelle de l'Épître aux Hébreux.* 54-58. **Elliott, J. K.** "Is Post-Baptismal Sin Forgivable?" *BT* 28(1977) 330-32. **Fernández, J.** "La teleíosis o perfección cristiana en la epístola a los Hebreos." *CB* 13(1956) 251-59. **Goguel, M.** "La doctrine de l'impossibilité de la seconde conversion dans l'Épître aux Hébreux et sa place dans l'évolution du Christianisme." *AEPHE* (1931) 4-38. **Grundmann, W.** "Die *νήπιοι* in der urchristlichen Paränese." *NTS* 5(1958-59) 188-205. **Gyllenberg, R.** "Zur Exegese von Hbr. 5,11-6,12. In *Commentationes philologicae.* FS I. A. Heikel. ed. discipuli. Helsinki: Suomal. kirjall. kirjapaion osakleyhtiö, 1926. 73-82. **Hamm, D.** "Faith in the Epistle to the

Hebrews: The Jesus Factor." *CBQ* 52(1990) 270-91. **Hohenstein, H.** "A Study of Hebrews 6,4-8." *CTM* 27(1956) 433-44, 536-46. **Hughes, P. E.** "Hebrews 6:4-6 and the Peril of Apostasy." *WTJ* 35(1973) 137-55. **Kawamura, A.** "'Αδύνατον in Heb 6:4." *AJBI* 10(1984) 91-100. **Kiley, M.** "Melchisedek's Promotion to*archiereus* and the Translation of *ta stoicheia tēs archēs*." SBLASP 25(1986) 236-45. ______. "A Note on Hebrews 5:14." *CBQ* 42(1980) 501-3. **Lang, W.** "L'Appel à la pénitence dans le christianisme primitif." *CMech* ns 29(1959) 380-90. **Marshall, I. H.** *Kept by the Power of God: A Study of Perseverance and Falling Away*. London: Epworth, 1969. 132-54. ______. "The Problem of Apostasy in New Testament Theology." *PRS* 14(1987) 65-80. **McCullough, J. C.** "The Impossibility of a Second Repentance in Hebrews." *BibTh* 20(1974) 1-7. **Mora, G.** *La Carta a los Hebreos como Escrito Pastoral*. 11-48, 69-118. **Mugridge, A.** "Warnings in the Epistle to the Hebrews: An Exegetical and Theological Study." RTR 46(1987) 74-82. **Nicole, R.** "Some Comments on Hebrews 6:4-6 and the Doctrine of the Perseverance of God with the Saints." In *Current Issues in Biblical and Patristic Interpretation*. FS M. C. Tenney. ed. G. F. Hawthorne. Grand Rapids: Eerdmans, 1975. 355-64. **Oberholtzer, T. K.** "The Thorn-Infested Ground in Hebrews 6:4-12." *BSac* 145(1988) 319-27. **Owen, H. P.** "The 'Stages of Ascent' in Hebrews V.11-VI.3." *NTS* 3(1956-57) 243-53. **Perkins, R. L.** "Two Notes on Apostasy." *PRS* 15(1988) 57-60. **Peterson, D. G.** "An Examination of the Concept of 'Perfection' in the 'Epistle to the Hebrews.'" Dissertation, University of Manchester, 1978. 305-25. ______. "The Situation of the 'Hebrews' (5:11 6:12)." RTR 35(1976) 14-21. **Poschmann, B.** *Paenitentia Secunda: Die kirchliche Busse im ältesten Christentum bis Cyprian und Origenes*. Bonn: Hanstein, 1940. 38-52. **Proulx, P.** and **Schökel, L. A.** "Heb 6,4 6: *εἰς μετάνοιαν ἀνασταυροῦντας*." *Bib* 56(1975) 193-209. **Rice, G. E.** "Apostasy as a Motif and Its Effect on the Structure of Hebrews." *AUSS* 23(1985) 29-35. **Rigaux, B.** "La *στερεὰ τροφη* de l'Épître aux Hébreux." *NTS* 4(1957-58) 257-62. **Rose, C.** "Verheissung und Erfüllung: Zum Verständnis von *ἐπαγγελία* im Hebräerbrief." *BZ* 33(1989) 60-80. **Rowell, J. B.** "Exposition of Hebrews Six." *BSac* 94(1937) 321-42. **Sabourin, L.** "'Crucifying Afresh for One's Repentance'(Heb 6:4 6)." *BTB* 6(1976) 264-71. **Sailer, W. S.** "Hebrews Six: An Irony or a Continuing Embarrassment?" *EvJ* 3(1985) 79-88. **Sauer, R. C.** "A Critical and Exegetical Re-examination of Hebrews 5:11-6:8."

Dissertation, University of Manchester, 1981. **Schnackenburg, R.** "Typen der 'Metanoia' Predigt im Neuen Testament." *MTZ* 1(1950) 1-13. **Solari, J. K.** "The Problem of *Metanoia* in the Epistle to the Hebrews." Dissertation, The Catholic University of America, 1970. **Spicq, C.** "La penitencia impossible." *CTom* 244(1952) 353-68. **Sproule, J. A.** "*Παραπεσόντας* in Hebrews 6:6." *GTJ* 2(1981) 327-32. **Thüsing, W.** "'Milch' und 'feste Speise'(1 Kor 3, 1f. und Hebr 5,11-6,3): Elementarkatechese und theologische Vertiefung im neutestamentlicher Sicht." *TTZ* 76(1967) 233-46, 261 -80. **Tongue, D. H.** "The Concept of Apostasy in the Epistle to the Hebrews." *TynBul* 5-6(1960) 19-26. **Toussaint, S. D.** "The Eschatology of the Warning Passages in the Book of Hebrews." *GTJ* 3(1982) 67-80. **Vanhoye, A.** "Héb 6:7-8 et le mashal rabbinique." In *The New Testament Age.* FS B. Reicke. ed. W. C. Weinrich. Macon, GA: Mercer UP, 1984. 2:527-32. **Verbrugge, V. D.** "Towards a NewInterpretation of Hebrews 6:4-6." *CTJ* 15(1980) 61-73. **Vitti, A.M.** "Rursum crucifigentes sibi metipsis Filium Dei et ostentui habentes." *VD* 22(1942) 174-82. **Weeks, N.** "Admonition and Error in Hebrews." *WTJ* 39(1976) 72-80. **Williamson, R.** "The Eucharist and the Epistle to the Hebrews." *NTS* 21(1974-75) 300-12. ______. *Philo and the Epistle to the Hebrews.* 23-25, 114-16, 118-22, 233-41, 245-63, 277-308. **Wuest, K. S.** "Hebrews Six in the Greek New Testament." *BSac* 119(1962) 45-53. **Young, N. H.** "Is Hebrews 6:1-8 Pastoral Nonsense?" *Coll* 15(1982) 52-57.

본 문

11 멜기세덱에 관하여는 우리가 할 말이 많으나 너희의 듣는 것이 둔하므로 해석하기 어려우니라

11 We have much to say about this subject, and it is hard to explain intelligibly,[a] since[b] you have become sluggish in understanding.[c]

12 때가 오래므로 너희가 마땅히 선생이 될 터인데 너희가 다시 하나님의 말씀의 초보가 무엇인지 누구에게 가르침을 받아야 할 것이니 젖이나 먹고 단단한 식물을 못 먹을 자가 되었도다

12 In fact, although by this time you ought[d] to be teachers, you need someone to teach you[e] again the elementary truths of God's revelation; you are at the stage of needing[f] milk, and not solid food.

13 대저 젖을 먹는 자마다 어린 아이니 저희는 말씀을 경험하지 못한 자요

13 Anyone who lives on a diet of[g] milk is inexperienced with the teaching about righteousness, for he is an infant;

14 단단한 식물은 장성한 자의 것이니 저희는 지각을 사용하므로 연단을 받아 선악을 분변하는 자들이니라

14 but solid food is for adults, who have their faculties trained by constant use[h] to distinguish between good and evil.

6:1 그러므로 우리가 그리스도 도의 초보를 버리고 죽은 행실을 회개함과 하나님께 대한 신앙과

2 세례들과 안수와 죽은 자의 부활과 영원한 심판에 관한 교훈의 터를 다시 닦지 말고 완전한 데 나아갈지니라

3 하나님께서 허락하시면 우리가 이것을 하리라

4 한번 비췸을 얻고 하늘의 은사를 맛보고 성령에 참예한바 되고

5 하나님의 선한 말씀과 내세의 능력을 맛보고

6 타락한 자들은 다시 새롭게 하여 회개케 할 수 없나니 이는 자기가 하나님의 아들을 다시 십자가에 못 박아 현저히 욕을 보임이라

7 땅이 그 위에 자주 내리는 비를 흡수하여 밭 가는 자들의 쓰기에 합당한 채소를 내면 하나님께 복을 받고

8 만일 가시와 엉겅퀴를 내면 버림을 당하고 저주함에 가까와 그 마지막은 불사름이 되리라

9 사랑하는 자들아 우리가 이같이 말하나 너희에게는 이보다 나은 것과 구원에 가까운 것을 확신하노라

10 하나님이 불의치 아니하사 너희 행위와 그의 이름을 위하여 나타낸 사랑으로 이미 성도를 섬긴 것과 이제도 섬기는 것을 잊어버리지 아니 하시느니라

11 우리가 간절히 원하는 것은 너희 각 사람이 동일한 부지런을 나타내어 끝까지 소망의 풍성함에 이르러

12 게으르지 아니하고 믿음과 오래 참음으로 말미암아 약속들을 기업으로 받는 자들을 본받는 자 되게 하려는 것이니라

6:1 So then, let us leave standing[i] the elementary Christian teaching,[j] and be carried forward[k] to the goal of spiritual maturity,[l] not laying again a foundation consisting of repentance[m] from works that lead to death and of faith in God,

2 the catechetical instruction[n] concerning cleansing rites[o] and laying on of hands, the resurrection of the dead and[p] eternal judgment.

3 And we will do this if, that is,[q] God allows.

4 For it is impossible[r] when those who have once[s] been brought into the light, and who have experienced[t] the gift from heaven, and who have received a share in the Holy Spirit,

5 and who have experienced the goodness of God's word[u] and the powers of the coming age,

6 and then have fallen away,[v] to restore them to repentance, because[w] to their loss[x] they are crucifying the Son of God again[y] and exposing him to public shame.

7 For the field which soaks up the frequent rain which falls upon it, and which yields a useful crop to those for whom it is cultivated, shares a blessing from God.

8 But if it produces thorns and thistles, it is useless, and a curse hangs over it;[z] in the end it will be burned over.

9 But even though we speak like this, dear friends, in your case we remain sure[aa] of the better things which accompany your salvation.[bb]

10 For God is not so unjust as to overlook[cc] your work and the love which you demonstrated[dd] with regard to him[ee] when you served and continue to serve fellow Christians.[ff]

11 But we want each one of you to demonstrate the same earnest concern with regard to the realization of your hope until the end,

12 so that you will not become sluggish, but[gg] imitators of those who with faith and steadfast endurance inherit the promises.

원문주해

a. 고전문학적으로 들리는 로고스 카이 두세르메뉴토스 레게인(*λόγος καὶ δυσερμήνευτος λέγειν*)이란 구문에서, 부정사 레게인(*λέγειν*)은 형용사 두세르메뉴토스(*δυσερμήνευτος*)를 보완한다. 그것의 기능은 형용사를 설명하는 것이다: "해석하기 어려운", 즉 "명확하게 설명하기 어려운." BDF §393(6); A. T. Robertson, *Grammar*, 1075; Moffatt의 "당신에게 알아들게 하기 어려운"을 참조하라.

b. 원인절의 에페이(*ἐπεί*)에 관한 해석("때문에, 왜냐하면")을 안드리에센(Andriessen, *NRT* 96[1974] 1057-59; 참조. Andriessen and Lenglet, *Bib* 51[1970] 212-14)이 도전했다. 그는 11절에서 "그렇지 않으면"(참조. 9:26; 10:2)이라고 번역되는 접속사의 생략적인 용법을 생각한다. 이 생략은 의미를 위해 공급되어져야 하는 감추어진 조건을 함의한다. 따라서 그는 이렇게 번역한다: "이 주제에 관해서 우리는 해야할 상세하고 어려운 설명이 있다. 그렇게 하지 않으면 듣는 이들을 둔하게 할 것이다." 이런 이해에 따르면, 11-12절은 비실제적인 상황을 표명한다. 즉 공동체는 사실상 둔하거나 퇴보하고 있지 않았다.

페터슨(Peterson, *RTR* 35[1976] 14-16)은 안드리에센의 주장을 효과적으로 반박했다. 그는 에페이(*ἐπεί*)를 "때문에"보다 "그렇지 않으면"이라는 의미로 사용할 때마다, 그 문맥은 비실제적이거나 반대의 사실을 함축함을 가리킨다는 점을 지적한다. 히브리서 9:26과 10:2이 그 경우인데, 거기서 그것은 "함축된 조건절"을 논리적으로 갖고 있는 문장의 부류를 확인해준다(Moule, *Idiom-Book*, 151을 보라). 다음절(9:26, *νυνὶ δέ*–누니 데, "그러나 이제")이나 문장(10:3, *ἀλλ'*–알라, "그러나")에서 역접이 있음은 이전 문장이 "비실제적"임을 분명히 가리킨다.

에페이(*ἐπεί*)를 사용한 전적으로 다른 문장론적 패턴은 다른 문맥에서 분명히 나타난다(2:14; 4:6; 5:2; 6:13; 9:17; 11:11). 그 구절들의 각각의 경우에, 관계절은 반복된 논증으로 묘사되는 더 발전된 긍정적 진술을 나타낸다. 11절에서 에페이(*ἐπεί*) 절은 구문론적으로 후자 그룹의 언급에 속하는 것이지 전자 그룹이 아니다. 안드리에센은 그 절의 의미를 "그렇지 않으면"으로 번역하기 위해서, 저자가 공동체의 현 상태에 대해 알고 있는 상태를 묘사하는 게고나테(*γεγόνατε*, "당신이 되었다")의 의미를 무시했다. 게고나테(*γεγόνατε*)는 "이것을 시작했을 때 과거에 어떤 명확한 지점을 아마도 암시하는 완료형 시제이다"(15).

더욱 최근에 안드리에센은 대안적인 주장을 제기했는데(*En lisant*, 22-23), 그것은 반응이 오직 부정적이었을 때 의문사 구절을 도입하는 그리스 고전에 의한 자유로운 에피(*ἐπεί*)의 사용에 기초했다. 11절에서 직접화법의 존재는 접속사의 자유로운 사용을 설명하는 것이며, 그것은 "또는, 그렇지 않으면"(or)으로 번역해야 한다: "우리는 이 중요한 주제를 더 깊이 있게 다루어야 한다. '그렇지 않으면'(or) 당신은 이해하는 것에 늦어지게 되고, 마땅히 선생이 되어야 할 너희가 다시 하나님의 말씀의 초보가 무엇인지 누구에게 가르침을 받아야 하겠느냐?" 이 새로운 제안도 동등하게 술부 게고나테(*γεγόνατε*)의 완료형 시제를 간과한다.

c. 노드로이…타이스 아코아이스(*νωθροὶ…ταῖς ἀκοαῖς*)라는 표현을 "듣는데 둔한" 또는 "듣기 어려운"(고로 BAG 549)으로 번역할 수 있었다. 히브리서에서 하나님의 음성을 경청하는 것에 대한 반복된 강조가 이 뉘앙스를 암시한다(2:1; 3:7-8, 15; 4:2, 7). 그러나 복수형 아코아이스(*ἀκοαῖς*, 듣는 기관으로서의 "귀들")는 수용과 이해를 나타낸다. 참조. JB, "이해에 아주 늦은"; Zerwick and Grosvenor, *Grammatical Analysis*, 663, "수용성에 둔한."

d. 동사 에케테(*ἔχετε*, "네가 갖고 있다")가 양보를 나타내는 분사 오페일론테스(*ὀφείλοντες*)의 이인칭 복수를 알려준다.

e. 속격의 부정관사(*τοῦ διδάσκειν*－투 디다스케인)는 명사 크레이안(*χρείαν*)의 보족어다. 그것은 필요한 것을 가리킨다(참조. Turner, *Grammar*, 3:141).

f. 그 번역은 대격과 현재분사(*χρείαν ἔχοντες*－크레이안 에콘테스)가 뒤따르는 동사 게고나테(*γεγόνατε*)의 완료형 시제를 고려한 것이다: "너희가 필요한 사람이 되었다"(Zerwick and Grosvenor, *Grammatical Analysis*, 663).

g. 현재분사 메테콘(*μετέχων*)은 어떤 것의 참여를 나타내나, 이 문맥에서는 "(음식으로) 살아가는"이다(참조. BAG 515).

h. 헥시스(*ἕξις*)라는 용어는 상태("조건, 역량")로서 수동적으로 해석하거나 과정("연습, 사용")으로서 능동적으로 해석할 수 있다. 필로는 자주 이 용어를 첫 번째 의미로 사용한다(예. *Allegorical Interpretation of the Law* 3.210: "고정된 상태의 결과로서"); 헥시스(*ἕξις*)가 연습에 의해 획득된 기술을 나타내는 Prologue to Sir 10은 두 번째 용법을 예증한다. 14절을 "하지만 분별할 수 있는 인식을 훈련받은 성숙한 사람들을 위해 단단한 음식이 있다"고 번역한 H. Montefiore(101)는 킬리(Kiley, *CBQ* 42[1980] 501-3)에 의해 최근에 신선한 지지를 받았다. 그는 중기 플라톤 철학자인 알비누스(주후 2세기 중반)는 헥시스(*ἕξις*)를 어린이가 습득으로 얻을 수 있는 "특징적 상태"라는 의미로 사용했다. 유사하게 히브리서의 저자는 "(성인으로서) 특징적인 상태 때문에 좋은 것과 나쁜 것을 분간할 수 있는 감각을 훈련받은 사람들"(503)로 칭찬한다. 그러나 14절의 경우에 인접한 언어적 문맥이 그 번역을 결정하도록 해야 한다. 분사 게굼나스메나(*γεγυμνασμένα*, "훈련된")가 있는 것은 헥시스(*ἕξις*)를 "연습, 실천, 오랜 사용"이라는 능동적인 의미로 해석해야 하는 것으로 보인다. 고로 R. Williamson, *Philo*, 118-21; 참조. RSV: "훈련으로"; NEB: "오랜 사용으로."

i. 분사 아펜테스(*ἀφέντες*)는 경멸이나 초보적인 가르침의 포기를 함축하지 않는다

(참조. Owen, *NTS* 4 [1957-58] 248-49, "초보를 생략하고"; 253, "그는[저자는] 데멜리오스[*θεμέλιος*, '기초']의 본질을 전적으로 버리고"). 2:8에서 동사의 사용(참조. 마 22:22, 25; 24:2; 요 11:48; 14:27)은 그 용어가 "서 있다, 그대로 있다"를 의미하는 것으로 보인다. 그들이 오래 전에 알았던 기초(5:12)는 단단하다. 분사는 권면적 가정법 페로메다(*φερώμεθα*, "앞으로 나아가자")로부터 명령적 의미를 갖는다.

j. 톤 테스 아르케스 투 크리스투 로곤(*τὸν τῆς ἀρχῆς τοῦ Χριστοῦ λόγον*, "그리스도도의 초보")이란 표현에서 속격 투 크리스투(*τοῦ Χριστοῦ*)는 목적격이 될 수 있었거나(즉 "그리스도에 관한 초보적 가르침"; 참조. JB, NIV, "그리스도에 대한 초보적 가르침"), 주격이 될 수 있었다(즉 "그리스도의 최초의 가르침"). 아담스(NTS 13[1966-67] 381-84)는 "그리스도의 본래적 가르침을 한쪽에 두고 성숙을 향해 나아가자"를 의미하는 후자의 번역을 논증했다. 그는 공동체가 그리스도 자신의 가르침의 내용에 전념했지만, 그의 인격과 사역의 의미를 붙잡지 못했다는 이해의 측면에서 분사 아펜테스(*ἀφέντες*)를 "뒤에 두다"를 의미하는 것으로 해석한다(383). 그것은 기독교의 가르침을 묘사하는 목적의 속격으로서 그 구절을 해석하는 것이 더 좋아 보인다. 참조. TEV: "기독교 메시지의 첫 번째 교훈."

k. EV는 권면적인 페로메다(*φερώμεθα*, 예 RSV, NIV: "두고…나아가자"; TEV: "나아가자")에서의 수동태를 간과하는 경향이 있다. 수동은 하나님의 대리를 함의하고, 목표에 대한 인간적인 노력보다는 하나님의 능동적인 영향에 순복하는 사상을 전달한다(고로 Westcott, 145).

l. 텔레이오테스(*τελειότης*)의 번역은 난해하다. 그 용어는 과정보다는 목표를 묘사한다. 이 단어를 "성숙"(한글개역은 "완전")으로 번역하는 문제점은 발전의 계속적인 단계에 의해 점차적으로 이루어지는 상태를 묘사하는 의미를 갖는다. 하지만 묘사되고 있는 것은 예수 그리스도를 통한 하나님의 성취다. 영어의 "완전"을 점차적인 성격의 변화보다는 심판자이신 하나님에 의한 행위의 소명에 따른 것(소유라기보다는)으로 분명히 이해하는 것이 적합할 것이다.

m. 메타노이아스(*μετανοίας*)는 동격이나 한정의 속격으로 사용되고, 그것은 이전의 명사 데멜리온(*θεμέλιον*, "초보")이 형성하는, 즉 "회개를 형성하는" 본질을 가리킨다(Turner, *Grammar*, 3:214-15).

n. 그 번역은 주요한 텍스트의 대표적인 형태(ℵ A c D I K P 33 81 614 1739 Byzantine Lectionaries it vg sy^h co arm)의 강력한 지지를 받는 속격 디다케스(*διδαχῆς*)보다는 P^{46} B와 OL *d* 그리고 시리아 페쉬타(Syriac Peshitta)에 의해 지지되는 디다켄(*διδαχήν*, 대격)의 독법을 반영한다. 디다켄(*διδαχήν*)의 지지가 상대적으로 미약할지라도, 그것이 더 초기적이고 무게가 있다. 아마도 그 주변의 속격이 사본 전승의 상기 속에서 디다케스(*διδαχῆς*)로 본문의 변화를 이끌었을 것이다(고로 Zuntz, *Text of the Epistles*, 93-94;

Tasker, *NTS* 1[1954-55] 186; Beare, *JBL* 63[1944] 394; 참조. BDF §168[2]; 대격의 디다케[διδαχήν]이 아주 많은 속격을 피하기 위해 도입된 후대의 형태적 발전이라는 반대의 의견에 대해서는 Metzger, *Textual Commentary*, 666을 보라). 디다켄(διδαχήν) 독법의 의미는 하나님 안에서 사망과 신앙으로 인도하는 사역에서 회개를 세례와 안수를 뒷받침하는 교리문답과의 실제적인 동일시에 있다. 왜냐하면 디다켄(διδαχήν)은 데멜리온(θεμέλιον, "초보")을 보충하는 말이기 때문이다.

o. 저자가 "세례" 또는 복수 밥티스몬(βαπτισμῶν)(단수는 밥티스모스[βαπτισμός])을 사용했을 때의 "정결하게 하는 의식인 세정식"을 언급하고 있는지를 결정하기가 어렵다. 신약성경에서 세례에 대한 관습적인 용어는 밥티스마(βάπτισμα)이다. 요세푸스가 요한의 세례를 언급할 때에 밥티스모스(βαπτισμός)를 사용했을지라도(*Ant.* 18.117), 신약성경의 그밖에 다른 곳에서는(막 7:8; 히 9:10), 그 용어가 정결적인 "세정"을 나타내지 세례가 아니다. 그 번역은 복수형 밥티스몬(βαπτισμῶν)이 유대와 기독교 정결의식 간의 비교를 제기하는 것으로 취해졌다는 확신을 반영한다. 참조. BDF §109(2); Adams, *NTS* 13[1966-67] 383.

p. 테(τε)에서 카이(καί)로 접속사의 변화의 효과(τε…τε…καί)는 그 구절의 다른 측면들보다도 더 긴밀하게 "부활"과 "심판"을 연결하기 위한 것이다(BDF §444[4]).

q. 그 번역은 접속사 에안페르(ἐάνπερ)의 의미를 표현하기를 추구한다; 조건적인 접속사 에안(ἐάν)과 함께 사용되는 분사 -페르(-περ)는 반대에도 불구하고 그 행위가 있다는 것을 강조한다. 즉 "반대에도 불구하고 하나님이 허락하시면"(BDF §237).

r. 문법적으로, 4-6절은 길고 복잡한 문장을 형성하는데, 그것은 술어(아두나톤[ἀδύνατον], "불가능한")로서의 형용사와 함께 강조적으로 시작하고, 6절에서 보어로서 부정사를 갖고 있다(아나카이니제인[ἀνακαινίζειν], "새롭게 하는, 회복시키는"). 그 진술은 잘 구분되는 분사의 두 단위로 제시되는데, 첫 번째 단위는 정관사를 갖는 다섯 개의 부정과거로(4-6a절), 두 번째 단위는 정관사가 없는 두 개의 현재 분사로 구성되어 있다(6b절). 4절에 부사 하팍스(ἅπαξ, "한번")와 6절에 팔린(πάλιν, "다시")은 진술의 언명을 나타낸다. 문장론적인 구조는 서로 다른 해석에 열려 있다.

그 번역은 6절의 부정사를 형용사 아두나톤(ἀδύνατον)과 연관시켜, 공통되게 수용하는 해석을 반영한 것이다. 관사로 도입되는 다섯 개의 부정과거 분사는 부정사의 직접 목적격을 공급하는 반면에, 에이스 메타노이안(εἰς μετάνοιαν, "회개")은 간접 목적격이다. 즉 "회개로 새롭게 할 수 없나니…이는…다시 십자가에 못 박기 때문이다."

또 다른 해석을 Proulx and Schökel(*Bib* 56[1975] 197-201)이 제기했다. 그들은 에이스 메타노이안(εἰς μετάνοιαν) 어구를 부정사 아나카이니제인(ἀνακαινίζειν, 즉 "회개로 새롭게")이 아니라 현재분사 아나스타우룬타스(ἀνασταυροῦντας, 즉 "회개로 다시 못 박게")에 의존하게 만든다. 그들은 "한번 타락한 자들에 대해, 회개로 다시 새롭게 할 수 없나니, 그들을 회개하게 하기 위해서는 하나님의 아들을 다시 십자가에 못 박아 욕을 보임이라"고 번역한다. 대안적으로 그들은 주부절과 종속절의 기능을 서로 바꿀 수 있다는 것을 제기한다(참조. Zerwick, *Biblical Greek* §263). 그 경우에, 번역은 "타락한 사람을 다시 새롭게 하기 위하여 그를 욕보이면서 우리의 회개로 하나님의 아들을 두 번 십자가에 못박는 것은 불가능하다"라고 읽을 수 있을 것이다(논증의 노선에 대한 것들을 영어로 재현하기 위해서는 Sabourin, *BTB* 6[1976] 264-71을 보라).

s. 이것은 중요한 용어인 하팍스(*ἅπαξ*, "한번")의 첫 번째 출현이다(6:4; 9:7, 26, 27, 28; 10:2; 12:26, 27). 그것은 히브리서에서 단순히 수적인 뉘앙스보다는 질적인 뉘앙스를 담고 있다. 그것은 그리스도가 이루시고 이루고 계신 것의 충족성, 유효성, 그리고 영원성을 함축한다. 참조. A. Winter, "*ἅπαξ ἐφάπαξ* im Hebräerbrief," Dissertation, Gregorian Pontifical University, Rome, 1960; Wikgren, *NTS* 6[1959-60] 162: "그리스도의 희생이 에파팍스(*ἐφάπαξ*, '단번에 모든 것을') 사건이기 때문에 신자들이 그것에 참여하는 것도 마찬가지다."

t. 여기서와 5절에서 분사 규사메누스(*γευσαμένους*)의 사용은 "경험하다"라는 의미에서 "맛보다"라는 헬라의 그리스를 통해 흔하게 사용된 은유적 용법을 반영한다(필로의 예증을 위해서는 Williamson, *Philo*, 305을 참조하라; 히 2:9, "죽음을 경험하다").

u. 칼론 규사메누스 데우 레마(*καλὸν γευσαμένους θεοῦ ῥῆμα*)라는 표현에서 동사의 직접 목적격은 사실상 명사절이다. 즉 "하나님의 선한 말씀"이 아니라 "하나님의 말씀의 선하심"이다(NASB, JB에서처럼). 참조. Moule, *Idiom-Book*, 36; F. Zorell, Notae lexicales in N. T., *Bib* 1(1920) 264-65.

v. 부정과거 분사 파라페손타스(*παραπεσόντας*)는 조건이 될 수 있다. 즉 "그들이 타락한다면"(고로 RSV, NIV; 참조. P. E. Hughes, *WTJ* 35[1973] 150).

w. 모울톤(Moulton, *Grammar*, 1:230; 참조. RSV, NEB, TEV, NIV)에 따르면, 현재분사 아나스타우룬타스(*ἀνασταυροῦντας*)와 파라데이그마티존타스(*παραδειγματίζοντας*)는 원인적("그들이 십자가에 못박고 욕을 보이기 때문에")인 것으로 취급할 수 있다. 엘리오트(J. K. Elliott, *BT* 28[1977] 330-32)는 원인적인 의미보다는 동시 발생적이고 시간적인 의미로 두 분사를 취하고, "그들의 손으로 하나님의 아들을 못박고 그의 죽음을 욕되게 하고 있는 동안에, 그들을 다시 회개로 돌리게 하는 것은 불가능하다"라고 번역한다. 이런 이해에 다르면, 타락은 돌이킬 수 없는 것이다. "죄인인 사람들이 여전히 그렇게 하고 있는 동안에, 회개는 불가능하다"(331). 하지만 이것은 진술의 의미를 손상시키는 틀에 박힌 문구이다. 이 문맥에서 시간적이라기보다는 원인적으로 분사를 취하는 것이 더 적절하다. 그것들은 그러한 사람들이 회개함으로 회복하는 것이 불가능한 이유를 가리켜준다(참조. F. F. Bruce, 124).

x. 재귀대명사 헤아우토이스(*ἑαυτοῖς*)는 손실의 여격으로 사용된다. 즉 "스스로에 대

항하여" 또는 "그들의 손해로"(A. T. Robertson, *Grammar*, 539; 참조. BDF §61, "그들 자신을 해치게").

y. 동사 아나스타우룬(ἀνασταυροῦν)은 반복의 의미를 갖지 않는, 단순한 형태를 의미하는 것과 자주 동의어가 된다(고로 Jos. *JW* 1.97; 2.75, 241, 253, 306; 5.449; *Ant.* 2.73; 6.374; 11.246; *Life* 420). 하지만 그 동사 이전에 팔린 아나카이니제인(πάλιν ἀνακαινίζειν, "다시 회복하다, 새롭게 하다")이란 어구가 있음은 "두 번 못박다"라는 번역을 지지하게 해준다(고로 Schneider, *TDNT* 7:583-84).

z. 카이 카타라스 엥구스(καὶ κατάρας ἐγγύς)라는 압축된 표현에 대해서 Zerwick and Grosvenor(*Grammatical Analysis*, 665)는 그 번역을 "저주로 위협을 받다"라고 번역한다.

aa. 완료시제 페페이스메다(πεπείσμεθα)의 저사의 선택은 공동체의 구성원들 속에 그의 확신을 잘 전달해준다. 즉 "우리가 확신하고 있다."

bb. 카이 에고메나 소테리아스(καὶ ἐχόμενα σωτηρίας)라는 어구는, 일반적인 묘사적 용어가 의미하는 것을 설명하면서, 타 크레이소나(τὰ κρείσσονα, "이보다 나은 것")를 주해하고 있다.

cc. 부정사 에필라데스다이(ἐπιλαθέσθαι)는 계속적 의미("잊는 정도로")나 결과("잊지 않도록")를 표현하는 자유로운 방식으로 사용된다. 참조. BDF §391(4); Moulton, *Grammar*, 1:204, 210; Burton, *Moods and Tenses* §371.

dd. 에네데익사스데(ἐνεδείξασθε)의 부정과거 시제는 그 자체로는 중립적이다. 그것은 한 경우 또는 많은 경우를 언급할 수 있다. 부정과거 분사 디아코네산테스(διακονήσαντες, "섬겼을 때")는 특별한 사건이 염두에 두어져 있음을 암시한다(참조. 10:32-34).

ee. 전치사 구 에이스 토 오노마(εἰς τὸ ὄνομα)는 모호하다. 그것은 "하나님을 위해서" 행한 것으로서 하나님의 백성들에 대한 과거와 현재의 봉사에서 보여진 사랑이나(참조. RSV, NEB), 하나님을 위해서 보여진 것으로서의 사랑을 한정할 수 있다(즉 "그의 이름은 위해서", NIV). 또는 사랑이 행위가 하나님에게 바쳐지는 것을 나타내는, 헬라의 법저 상업저 파피루스에서 발견되는 형시을 반영할 수 있다. R. G. Bratcher, "The 'Name' in Prepositional Phrases in the New Testament," *BT* 14(1963) 74-75을 보라.

ff. 그 번역은 오히 하기오이(οἱ ἅγιοι)로서의 하나님의 백성들에 대한 익숙한 지칭을 반영한다(고로 TEV, RSV, "성도"; NEB, NIV, "그의 백성들").

gg. 부정어 메(μή) 다음에 데(δέ)는 4:13에서처럼 알라(ἀλλά)의 강력한 역접의 의미를 갖는다(고로 Turner, *Grammar*, 3:331).

양식/구조/배경

5:11-6:20이 히브리서의 구조 내에서 문학적 단위를 형성하고 있음을 공통적으로 인식할지라도, 그것의 특징이나 논리적 구조와 관련한 일반적인 일치가 없다. 5:11-6:20을 대제사장으로서의 그리스도에 관한 해석을 중단시키는 갑작스런 삽입구적 탈선으로 간주하는 폭넓은 경향이 있다(예. Riggenbach, xxviii; Michel, 231; Kuss, 5; F. F. Bruce, 106; Buchanan, 100-101). 이것은 이 설교의 중심적인 부분으로 취급되는 주제의 선언을 하는 5:9-10에서의 주요한 갈래에 관한 결론을 인식하지 못한 불가피한 결과다. 만약 주요한 갈래가 4:14(예. F. F. Bruce, lxiii, 84)이나 5:1(예. Buchanan, 1, 84)에 나타나 있다면, 더 진전된 권면을 위해 자신의 논증을 "전환하거나", "중단하는" 것으로 저자를 묘사하는 것은 자연스럽다. 이 단위를 7:1-10:18로 뒤이어지는 중심적인 해석에 적절한 서론을 제공하는 예비적인 권면으로 간주하는 것이 더 좋다(5:11-10:39의 서론을 보라).

5:11-6:20의 내용에 대한 고려는 두 항목, 즉 첫째는 5:11-6:8로 둘째는 6:9-6:20로 확대되는, 이 단위의 상식적인 나눔에서 주요한 요소인 것으로 보인다. 이 구조 내에서 공동체가 5:11-6:8에서 비판받고 있었던 심각성이 6:9-20에서 확장되는 격려에 의해 균형을 이루게 된다. 따라서 6:8의 두드러진 구성은 첫 단락의 결론으로 간주되고, 반면에 분위기의 변화와 6:9에서 구원의 관점에 대한 언급은 새 단락의 도입을 표시하는 것으로 간주된다(고로 Riggenbach, 138; Michel, 230; Spicq, 2:141; Teodorico, 103-4; Collins, *VD* 26[1948] 144-51, 193-206).

불행하게도, 이 갈래는 텍스트의 문학적 지침들에 의해서는 지지를 받지 못한다. 색채가 풍부한 단어인 5:1과 6:12의 노드로이(*νωθροί*, "둔한")의 도입과 반복은 의도적이며, 5:11-6:12을 문학적 단위로 틀을 형성하는 인클시오를 이룬다. 이 단어는 히브리서에서 오직 여기만 나타나고, 신약성경에서는 아주 나타나지 않는다. 그것의 문학적 기능은 시편 95:7b-11의 성경 인용을 언급하는 단락의 한계를 가리키는 3:12과 3:19에서의 아피스티아(*ἀπιστία*)의 사용에 상응한다(3:7-19의 양식/구조/배경을 보라).

독자들과 청자들이 이 설교의 개념적 발전을 따라갈 수 있게 하는 문학적 과정에 대한 저자의 입증된 의존은 이 항목의 한계를 결정하는데 중요한 고려사항이 된다(고로 Vanhoye, *La structure*, 115; Andriessen, *NRT* 96[1974] 1055-56; Gyllenberg, "Zur Exegese," 73-82; Peterson, RTR 35[1976] 14-15; Mora, *La Carta*, 18).

이 분석의 정확함은 5:11-6:12이 권고를 형성하고 있다는 사실에 의해 확인된다. 6:13에서는 문학적 장르에서 변화가 있다. 더 이상 권면의 말을 하고 있다고 하기에는 어울리지 않고, 하나님께 신실한 사람들에게 이르게 되는 약속에 관한 확고한 특징을 해석하고 있다(Vanhoye, *La structure*, 121).

5:11-6:12에서 "둔한"(*νωθροί* –노드로이)의 수사학적 기능에 대한 인식은 이 단위에 제기되는 자료비평에 중요한 의미를 갖는다. 예를 들어 코스말라(Kosmala, *Hebräer, Essener, Christen*, 17-31)는 히브리서의 원 자료가 보간법(또는 내삽법)에 의해 확장되었다고 확신했다. 그는 분명하게 대조되는 현재의 텍스트를 제거하기 위해서는 5:11b-14와 6:5, 6b의 삭제를 주장했다. 사본 전승에서 지지를 받지 못하는 이런 주장은 텍스트의 문학적 구조 분석에 의해 충분히 논박된다. 5:11에서 인클루시오를 형성하는 핵심 단어인 노드로이(*νωθροί*)가 그 삭제에 의해 영향을 받을 것이다(Vanhoye, *La structure*, 115, n. 14).

히브리서를 준비하도록 영향을 주었던 역사적 환경을 결정하기 위한 이 단위의 중요성은 일반적으로 인정된다. 예를 들어, 초기 기독교의 목회적 돌봄의 문서로서 히브리서를 탐구했던 모라(Mora)는 5:11-6:20을 "히브리서의 해석을 위한 핵심 본문"으로 간주한다(*La Carta*, 18; 참조. Peterson, RTR 35[1976] 14-21; Andriessen, *NRT* 96[1974] 1054-66과 대조하라).

케제만(Käsemann)은 5:11-6:12에서 히브리서의 영지주의적 해석을 위한 주요한 지원을 발견했다(*Das wandernde Gottesvolk*, 117-24). 그는, 신비주의 종교에서처럼 영지주의에서, 최고의 계시(로고스 텔레이오스[*λόγος τέλειος*], 즉 "완전한" 사람들을 위한 말씀)를 받으려는 사람들은 그들의 가치와 그들이 노출되어 있는 시험과 관련하여 의문하게 된다는 것을 지적했다. 바나바서(*Barnabas*, 1:5; 4:11; 5:4)에 표현된 것과 병행한다는 주장에 근거하여, 케제만은 5:11-6:12이 이 예비심사에 상응하며, 반면에 7:1-10:39의 가르침은 로고스 텔레이오스(*λόγος τέλειος*) 그 자체라고 주장했다. 그러나 영지주의에 결정적인 전문 용어가 히브리서에는 없으며, 심지어 로고스 텔레이오스(*λόγος τέλειος*)라는 표현도 케제만 자신이 만들어낸 것이다.

게다가 성장의 개념이나 계몽의 연속된 단계를 통한 완전으로의 발전적 입문이 5:11-6:12에 없다. 저자는 어린 시절과 성인 시절간의 중간적인 단계를 인식하고 있지 않다. 그는 공동체 내에서의 영지(비밀스런 "지식")의 부족이 구속의 부족이나 하나님께 나아갈 수 없는 무능력을 함의한다고 제기하지 않는다. 저자는 "단단한 음식"이 더 깊은 진리에 드러나 있고, 더 높은 존재의 단계에 이른 소수의 입문자들의 특권이 아니라 모든 크리스천들을 위해 의도된 것임을 확신하고 있다(고로 Thüsing, *TTZ* 76[1967] 233-34, 240-41).

저자에게서 "단단한 음식"은 구속에 관한 그리스도와 그의 사역을 깊이 인식함으로 뒷받침되는 기독교의 진리를 대변한다. 5:11-14에서 "젖"은 초보적 가르침을 나타내지만 영지주의에서 그것은 지식의 말씀으로 입문하는 "완전자들"의 음식이다(참조. *Odes Sol.* 19). 따라서 5:11-6:12의 해석에서 영지주의적 전제를 삼가고, 본문으로 하여금 공동체의 상황에 관한 특색 있는 시각을 결정하게 하는 것이 필요하다.

주석

수신하고 있는 공동체가 신앙과 이해에 있어서 성숙하지 못했고, 결과적으로 7:1-10:18에서 제시된 그리스도의 제사장직과 희생에 관한 발전된 해석보다는 오히려 초보적인 가르침을 필요로 했다는 것을 5:11-6:3에 근거하여 공통되게 추정한다. 상황의 이런 재구성이 갖는 문제는 본문의 상세한 부분들이 그것을 지지하지 않는다는 점이다. 1:1-5:10에서 기독론의 성경적 해석과 제시는 발전된 기독교적 교훈 그리고 유아식이 아닌 단단한 음식을 소화할 수 있는 성인에 상응하는 이해의 수준을 전제한다.

게다가 저자는 기독교 믿음의 근본적인 요소들을 청자들에게 개관하려는 경향을 보여주지 않고 있다. 그는 청자들을 성숙한 사람들로서 분명히 간주했다. 그는 그들이 상당한 기간 이상을 다른 사람들을 가르칠 수 있는 교육을 받았음을 상기시킨다(5:12). 결과적으로 젖으로 양육되고 있는 유아로서 그들을 묘사한 것은 공동체의 구성원 모두 또는 일부에 대한 실제적인 묘사가 아니다. 그것은 그들을 부끄럽게 하고 그들의 경험(6:4-5, 10)과 소망(6:9-12)에 상응하는 확신과 용기의 자세를 상기시키려는 역설이다.

그 공동체는 듣는 것이 둔함으로써 이전의 경로에서 이탈하였다(참조. 10:32-34). 유아로의 후퇴는 꽤 최근의 전개를 나타냄이 틀림없다. 그것은 그들을 박해하고 경멸하는 세계에서 책임을 면해보려는 시도임이 분명하나, 그것이 그들의 신실성을 위협하였다. 5:11-6:12의 목적은 그들이 경험했고, 복음으로 말미암아 소유했던 것을 상기시킴으로서 그러한 탈선으로부터 공동체를 보호하고자 하는 것이다

(참조. Riggenbach, 142-7, 158).

11a "우리가 할 말이 많으나"(*περὶ οὗ πολὺς ἡμῖν ὁ λόγος καὶ δυσερμήνευτος λέγειν*-페리 우 폴루스 헤민 호 로고스 카이 두세르메뉴토스 레게인). 9-10절에서 언급된 주제의 전개로 공동체를 준비시키기 위해서 저자는 그것을 충분히 취급하기 위한 의도를 형식적으로 선언한다. 페리 우(*περὶ οὗ*)라는 표현에서 10절의 선행하는 멜기세덱을 위해서 갖는 남성관계사(즉 "그에 대해서", "Williamson, *Philo*, 278)로서보다는 전체성 속에서 그리스도의 제사장직(즉 "이 주제에 대해서", JB; Spicq, 2:140)을 언급하는 중성으로서의 관계대명사 후(*οὗ*)를 고려하는 것이 더 좋다. 저자의 기술(skill)과 공동체의 관심을 요구하는 것은 논의 하에 있는 전체 주체이지 단순히 멜기세덱과 같은 제사장직이 아니다.

저자의 수사학적 훈련은 11-14절에서 문학적 어휘, 관용구, 그리고 사상의 풍부함에 반영되어 있다. 그 논의는 대단히 박식한 청중을 목표로 하고 있음이 분명해 보인다. 교육받은 사람으로서 저자는 중요한 주제의 전환을 특징짓는, 연사와 저자들이 사용하는, 웅변적인 절차에 익숙해 있다. 폴루스 호 로고스(*πολὺς ὁ λόγος*)라는 표현은 "할 말이 많다"는 것을 표현하기 위한 흔한 문학적 구절이다(예. Dionysius of Halicarnassus, *Roman Antiquities* 1.23.1; *First Letter to Ammaeus* 3; Lysias, *Against Pancleon* 11; Philo, *Who Is the Heir?* 133, 221). 이 자료들에서, 그 관용구는 저자가 취급할 주제의 중요성에 관심을 부각하기 원하는 문맥에서 나타난다.

"해석하기 어려우니라"(*δυσερμήνευτος*-두세르메뉴토스)라는 형용사는 헬라어 성경에서 여기서만 나타난다. 헬라 저자들 중에서 그것은 상술하려는 현상에 부대적인 어려움이 아니라 본질적인 어려움, 즉 저자나 그의 청중의 기술의 부족이라기보다는 현상의 복합성에서 나오는 어려움을 묘사하기 위해서 공통적으로 사용된다. 이것은 꿈, 빛의 색깔, 쓰거나 난 맛, 빛의 경로, 영혼의 본질, 세상의 창조, 또는 부활의 문제와 같은 것우다(참조. Artemidorus, *On Dreams* 3.66; Diodorus Siculus, *World History* 2.52; Galen[ed. C. G. Kühn] 9.454; *Catalogus codicum astrologorum Graecorum*[ed. F. Cumont] 1.114.22-24; Philo, *On Dreams* 1.188; Origen, *On John* 1:21[SC 157, 193], *Against Celsus* 5.59[SC 150, 85], 4.37[SC 136, 276]). 이것은 현상 자체가 어려울 때에만 70인경과 신약성경에서 사용되는 접두사 두스(*δυς*)로 형성된 형용사의 용법과 일치한다(참소. Wis 17:1; 눅 11:46; 벧후 3:16). 9-10절에서 언급된 중요하고 깊은 주제가 11a절에서 관찰된다(Andriessen,

NRT 96[1974] 1058; *En lisant,* 16-17).

11b 독자들에게 언급된 주제의 중요성을 경각함이 필요한 이유는 그들이 "듣는 것에 둔하고"(*νωθροὶ ταῖς ἀκοαῖς*-노드로이 타이스 아코아이스), "이해에 부족"하다는 것이다(참조. Preisker, *TDNT* 4:1126). 이 용어들의 선택은 예수를 "순종하는 모든 자에게 영원한 구원의 근원이 되신다"(*τοῖς ὑπακούουσιν*-토이스 휘파쿠오신)라고 지칭하는 9절의 문맥에 의미가 있다. 수용에서 무디고 듣지 않으려 함은 철저한 순종으로 부름을 받은 사람들에게는 위험스러운 상태이다. 책임 있게 듣는 것의 중요성을 이 설교는 반복해서 강조한다(2:1; "모든 들은 것을 우리가 더욱 간절히 삼갈지니"[*τοῖς ἀκουσθεῖσιν*-토이스 아쿠스데이신]; 참조. 3:7b-8a, 15; 4:1-2, 7b).

11절에서 영적으로 둔감하다는 비판은 이전의 권면적인 항목에서 표현한 도전을 재개하고 그것을 더욱더 분명하게 공동체와 직접적으로 연관시킨다(고로 Peterson, RTR 35[1976] 15-16). 함축되어 있는 것은 복음에 대한 응답의 부족이요, 그리스도인의 헌신에 대해 더 깊은 의미를 생각하고 믿음과 순종으로 응답하는 것을 기꺼워하지 않음이다(2:1-4; 4:1-2). 만약 이 무감각한 태도를 제어하지 않으면, 그것은 영적인 무기력으로 이끌어 믿음과 소망의 상실을 가져올 것이다.

12 12-14절의 해석의 열쇠는 아이러니가 있음을 인식하는 것이다. 12절에서 주관된 책망은 외부인들과의 접촉을 꺼리고 이것이 전제하는 확실성의 상실이라는 경향과 관련되어 있다. 그들이 마땅히 "선생"(*διδάσκαλοι*-디다스칼로이)이 되어야 한다는 내용이 이런 주장을 지원해 준다. 선생이 된다는 것은 다른 사람들과 신앙을 교신하는 능력을 특히 언급한다(참조. Spicq, 2:143). "너희가 다시 하나님의 말씀의 초보가 무엇인지 누구에게 가르침을 받아야 할 것이니"라는 관련된 진술은 공동체의 실제적인 상태에 대해 저자가 생각하고 있는 판단으로 통상적으로 취해진다. 하지만 이런 이해는 성숙한 크리스천과 관련하여 그들에게 반응했던 저자의 결정과 화합하기가 어렵다(참조. 6:1, 3). 그것은 아마도 청자들 자신이 저자에게 또는 그밖에 다른 사람들이 초보적인 가르침의 필요를 표현했던 것으로 보인다(참조. Nairne, *The Epistle of Priesthood,* 333; Peterson, RTR 35[1976] 17). 그것이 12a절의 형식에서 냉소적인 다룸뿐만 아니라, "단순한 시작"(*τὰ στοιχεῖα*-타 스토이케이아, 근본적인 원리의 개념이 위에 "초보"라고 번역된 테스 아르케[*τῆς ἀρχῆς*]에 의해 강화된다. 참조. Delling, *TDNT* 7:687; NEB: "하나님의 말씀의 ABC")이라는 표현에서 다소 경멸적인 뉘앙스를 설명해준다. 그때에 12b절에서의 저자의 반응

은 반어적(역설적)이다.

"젖"(*γάλακτος* – 갈락토스)과 "단단한 식물"(*στερεᾶς τροφῆς* – 스테레아스 트로페스)의 근원은 헬라적 대중 철학에서 양육하는 교육과 융합했다. 윤리적인 전통에서 교육의 초보적인 단계에 있는 사람들과 발전된 단계를 획득한 사람들 간의 구분은 흔히 젖의 음식을 요구하는 유아들과 단단한 음식을 먹을 수 있는 성인간의 비교로 표현된다(Thüsing, *TTZ* 76[1967] 233-34; 필로와 관련한 구절들의 개관을 위해서는 Williamson, *Philo*, 280-85; 참조. 1 Cor 3:1-3). 12b-14절에서 수사적 관례가 있는 것은 저자가 성경적 신학의 이해 또는 그리스도 사건에 비추어 해석했을 때, 구약 또는 성경신학에 관한 이해에서 더 커다란 진보를 이룰 필요가 있었던 공동체를 설득하기 위한 "교육학적인 고안"으로서 특징지을 수 있다. 예를 들어, 윌리암슨은 저자가 "음식에 의한 교육의 이해와 인간 발육의 다양한 '단계'를 고려했다"고 주장하고, 오웬(H. P. Owen)은 5:11-6:3의 증거를 "향상의 단계"를 언급하는 것으로 발견한다(*NTS* 3[1956-57] 243-53). 이런 특징적인 방식은 에픽테투스(Epictetus)나 필로에게 적절할 수 있을지라도, 유아와 성인간의 중간단계에 대해 본문이 언급하지 않고 있기 때문에 히브리서에서는 그것이 적절하지 않다. 공동체에 연설함에 있어서, 저자는 오직 이것이냐 저것이냐만을 인식하고 있다. 발전적인 단계나 성숙을 향한 성장과 진보에 관한 개념이 그의 심중에 없었던 것으로 보인다. 따라서 이것은 통상적인 교육학에 관한 것이 아니다. 그것은 유아의 퇴보나 책임 있는 성인의 인정 이외의 어떤 대안을 인식하고 있지 않다. 통렬한 아이러니를 가지고서, 저자는 공동체에 이 세상에서 책임 있는 사람을 위한 윤리적이고 신학적인 결과가 갖는 성숙을 인식할 것을 공동체에 요청한다.

13-14 13절의 해석은 "의의 말씀을 경험하지 못한(또는 익숙하지 못한)", 또는 "의의 말씀에 숙련되지 못한"(*ἄπειρος λόγου δικαιοσύνης* – 아페이로스 로구 디카이오수네스)이라는 어구의 적절한 이해에 달려 있다. 그러나 로고스 디카이오수네스(*λόγος δικαιοσύνης*)란 표현은 특이하게 난해하며, 아래에 언급한 다양한 주장이 제기된다.

(1) 디카이오수네스(*δικαιοσύνης*)의 속격이 정의 중 하나다. 그러한 표현은 "의로운 말씀"을 의미하고, 네피오스(*νήπιος*, "유아")를 이야기하는 인접한 문맥에 비추어 해석된다. 유아적인 사람은 올바르게 말하는 것이 불가능하거나 통상적인 언어의 의미를 이해하지 못한다(Riggenbach, 144-45; Michel, 236-37).

(2) 그 표현은 5:11-14의 윤리적인 어휘들과 조화하는 방식으로 해석되어야 한

다. 유아는 "무엇이 옳은지"(NEB)를 알지 못하고, "도덕적인 기준"이나 "의의 원리"가 부족하다. 결과적으로 그는 윤리적인 추론에 익숙하지 못하다(T. H. Robinson, 67; Spicq, 2:144; Owen, *NTS*: 3[1956-57] 244). 그는 "하나님의 뜻과 관련한 교훈"을 필요로 한다(Delling, *TDNT* 8:77). 이런 주장에 관한 변화들은 그 형식이 윤리적인 교사로부터 나왔다는 것을 인정하지만, 히브리서에서 언급하고 있는 것은 "정확한 신학"이다. 13절에서 묘사된 사람은 해석상의 근본적인 구분을 하는데 익숙하지 못함으로써 결과적으로 기독론이나 기독교 사상의 더 큰 문제들의 논의에 참여함을 준비하지 못한 사람이다(Williamson, *Philo*, 288-92, 299; Peterson, *RTR* 35[1976] 20).

(3) 그 형식은 12절과 14절에서 "단단한 음식"이란 비유적인 표현과 유사하다. 그것은 7:1-10:18에서 내재된 가르침에 대한 특별한 언급을 갖고 있고, "기독교 신앙의 가르침"과 대체로 동등하다(Williamson, *Philo*, 288-92, 299; Peterson, *RTR* 35[1976] 20).

(4) 그 형식은 기독교 신앙에 기초적인 "의에 관한 가르침", 즉 "우리의 의로서의 예수에 관한 강조"를 나타낸다(P. E. Hughes, 191).

그런데 이 모든 주장들은 확고한 언어학적인 기초에 근거하고 있지 않다고 할 수 있다. 그것들은 주요한 근거를 인접한 문맥이나 보다 멀리 떨어져 있는 문맥에 의존하고 있다. 따라서 그 어구를 순교와 분명히 연관시킨 2세기초에 형성된 것의 전문적인 사용을 고려하는 것이 더 좋을 것이다. 기독교인의 소망을 끊임없이 보존하며 인내할 것을 요청한 폴리갑은 그리스도 예수에게 호소하며, 다음과 같이 말한다. "그는 모든 것을 참으셨습니다. 따라서 우리는 그의 인내하심을 닮아야 합니다. 우리가 그의 이름을 위해 고통을 당할 때마다 그를 영화롭게 해야 합니다. 고로 저는 여러분들에게 '의의 말씀을 순종하며'(*πειθαρχεῖν τῷ λογῷ τῆς δικαιοσύνης*–페이다르케인 토 로고 테스 디카이오수네스), 인내–여러분들이 사도 바울과 여타 사도들뿐만 아니라 복 받은 사람들인 이그나티우스, 조시무스, 루퍼스 또한 당신의 교회의 교인들 속에서 교훈을 가질 수 있는 인내–를 끝까지 실천할 것을 호소합니다"(*Phil.* 8.1-9.1). 클라이스트(J. A. Kleist)는 토 로고 테스 디카이오수네스(*τῷ λογῷ τῆς δικαιοσύνης*)에 대해 이렇게 코멘트한다: "폴리갑은 크리스천들이 받은 위대하고 탁월한 '거룩의 교훈'은 순교를 위한 준비를 붙드는 것임을 지금 보여주고 있다"(ACW 1:193, n. 65[따옴표한 것은 필자의 것이다]). 끝까지 인내함에 관한 모티브와 "의의 말씀"을 순종했던 사람들로서 알려진 순교자들을 언급하는 문맥에서 유사한 것들을 폴리갑이 사용함은 히브리서의 해석에 암시적이다(참조. 히 6:11-12; 10:36; 13:7). 이것이 13절을 해석하기 위한 적절한 언어학적 맥락이라면, 공동체의 퇴보와 관련한 것이 날카로운 신학적 통찰에서보다 도덕적 성격에서 실패였다는 것을 암시한다.

아페이로스 로구 디카이오수네스(*ἄπειρος λόγου δικαιοσύνης*)란 표현은 폭력적인 죽음의 두려움으로 인해 악화된 근본적인 도덕적 연약성을 인식한다(참조. 2:14-15). 공동체의 사람들이 순교를 준비하지 못했기 때문에 외부인들과의 접촉을 피하기를 시작했다면, 12절의 비판, 14절에서 도덕적 결정의 영역에서 능력을 다듬을 것에 대한 언급, 다시금 하나님의 아들을 십자가에 못 박고, 6:6에서 공개적인 부끄러움에 처하게 한다는 관점은 당시의 사회적 배경을 설정해준다.

유아(13절)와 대비되는 "장성한 자"(*τέλειοι*-텔레이오이)는 "단단한 식물"(*στερεὰ τροφη*-스테레아 트루페, 14절)을 먹는 사람들이다. 이 문맥에서 "단단한 식물"은 7:1-10:18에서 제시된 그리스도의 대제사장직에 관한 실제적 가르침을 언급하는데, 그것은 공동체에 위탁된 근본적인 진리에 함축되어 있음을 분명히 한다(고로 Thüsing, *TTZ* 76[1967] 239-41, 275; 6:1-2의 주석을 보라). 그러나 14절의 강조는 선과 악을 구분하는 경험으로 훈련된 영적인 능력을 갖고 있는 사람들로서의 장성한 자들의 자격에 있다. 스토아파 철학자들은 아이스데테리온(*αἰσθητήριον*)을 감각 기관을 위한 전문적인 용어로 사용했다. 그런데 그것이 비유적인 확장에 의해 윤리적인 의미를 담게 되었다(예. 렘 4:19 LXX). 복수형은 도덕적 결정의 능력들의 다수를 언급하는 것이며, 그것은 계속된 사용을 통해(*ἕξις*-헥시스) 구체적인 특징들로 발전된 것이다(참조. Delling, *TDNT* 1:188; Williamson, *Philo*, 114-16). 14b절의 형태는 영적인 분별의 능력을 함축하는 것이지 단순히 도덕적 식별능력을 말하고 있지 않다(Michel, 237). 12절에서 상고된 시기(*διὰ τὸν χρόνον*-디아 톤 크로논, "때가 오래므로")는 공동체에 건강한 식별을 할 수 있는 도덕적 영적 성숙의 조건을 이룰 수 있는 기회를 제공했다. "선악" (*καλοῦ τε καὶ κακοῦ*-칼루 테 카이 카쿠)이라는 언어유희는 창세기 3:22에 관한 탈굼의 언급("많은 사람들이 그로부터 나오고, 그로부터 선악을 분별할 수 있는 한 백성이 나올 것이다", *Tg. Neof.* and *Tg. Ps.-J.* Gen 3:22)에서 보존된 유대적 소망의 한 요소를 상기시킨다.

13-14절에서 제시된 대조에서 저자가 단수(*νήπιος*-네피오스, "어린 아이")와 복수(*τελείων*-텔레이온, "장성한 자")를 교대하고 있는 것은 의미가 있다. 최근의

퇴보와 축소 이전에 공동체를 묘사하고 있는 것이 복수의 사람들을 묘사하고 있는 14절이다. 11-14절에서 저자는 효과적으로 아이러니를 사용하여 수반된 책임을 갖는 성인으로서의 그들의 신분을 재개할 것을 가정교회에 호소한다.

6:[1]-[2] 5:11-14에서 표현된 경고는 6:1-12에서 계속해서 강조된다. 장 구분은 보증된 것은 아니며, 적당하지도 않다. 그러므로(*διό*-디오)라는 첫 단어는 저자가 가정교회의 구성원들이 젖을 요구하는 유아들과 같은 것으로 생각하고 있지 않다는 것을 분명히 보여준다. 그렇지 않았다면, 건전한 교육적 접근과 목회적 관심이 저자로 하여금 초보적인 주요한 교훈을 상고하게 만들었을 것이다. 실제로, 그는 그들이 단단한 식물을 먹을 수 있는 준비가 되어 있기 때문에 "영적인 성숙의 목표를 향해 나아갈 수 있도록" 격려해야 한다는 것을 알았다. 그들은 건전한 것과 건전하지 않은 것을 구분하기 위한 것들을 경험했고, 훈련했다(참조. Riggenbach, 158). 5:11-14에서 아이러니와 이 구절들과 6:1간의 확고한 연결을 인식하지 못한 실패는, 예를 들어, 오웬(H. P. Owen)이 "디오(*διό*)의 폭력"에 관해 언급할 때 명확해진다(*NTS* 3[1956-57] 248).

저자가 독자들에게 그리스도의 도의 초보를 "버리고"(*ἀφέντες*-아펜테스, 위의 원문주해 i를 보라)라고 촉구할 때, 그는 그것을 기각하라는 것이 아니라 그 가르침에 대한 온전한 인식과 적용에 대한 긴급한 필요가 있음을 설정하고 있는 것이다. 저자는 공동체에 대해서 전적으로 낙천적이다: 기초는 놓여 있으므로(참조. 2:3-4), 다시 놓을 필요가 없고, 다시 놓아서도 안 된다(6:1, 4). 6:1-12에서 공동체에 확장된 권면은 정확히 그 단단한 기초를 상기하는 것이다. 1절(한글개역은 2절-역자주)의 두 번째 어절("다시 닦지 말고")은 부정적인 방식으로 적극적인 명령의 의미를 분명히 한다("…버리고…나아갈지니라"; 참조. Peterson, RTR 35 [1976] 19). 텐 텔레이오테타(*τὴν τελειότητα*), 즉 "영적인 성숙의 목표", "완전"으로 나아감은 보다 단순한 형태나 설교의 내용에서 멀어질 것을 요청하는 것이 아니라 공동체에서 하나님의 역동적인 영향에 인격적으로 순복할 것을 요청하는 것이다("완전한 데[하나님께] 나아갈지니라"). 이런 문맥에서 영적인 성숙은 받은 전승을 능동적으로 수용하고 반응하는 것을 함축하며(5:14), 나아가서 소망의 온전한 실현에 대한 진실한 관심(6:11), 흔들리지 않는 신앙과 끊임없는 인내(6:12)를 담고 있다.

5:12의 "하나님의 말씀의 초보"(*τὰ στοιχεῖα τῆς ἀρχῆς τῶν λογίων τοῦ θεοῦ*-타 스토이케이아 테스 아르케스 톤 로기온 투 데우)와 6:1의 "그리스도 도의 초

보"(τὸν τῆς ἀρχῆς τοῦ Χριστοῦ λόγον – 톤 테스 아르케스 투 크리스투 로곤)간에 차이가 있을 수 있다. 5:12에서 아이러니하게 언급된 가르침은 그리스도에 대한 구체적인 언급이 없는 구약성경에 기초하고 있는 예비적이고 불충분한 가르침을 언급하는 것일 수 있다. 6:1에서 언급된 주요한 기독교적 가르침은 기독교적인 삶을 위한 확고한 기초로서 긍정적으로 묘사된다. 그런데 6:1-2에서 언급된 여섯 항목 중에 어느 것도 특별히 기독교적인 어떤 것을 언급하고 있지 않다는 근거 위에서 이런 결론은 의문을 불러일으킨다(예. Adams, *NTS* 13[1966-67] 379-84; Weeks, *WTJ* 39[1976] 74-76). 하지만 여섯 개의 항목은 기독론적인 기초의 구성을 분명히 해주는 뒤이어지는 장들에서 전개되는 대제사장적인 기독론과 연계되어 있다. 하나님께 대한 신앙과 죽은 행실을 회개할 것에 대한 요청은 예수의 구속적인 성취의 관점에서 9:14에서 개관된다. 거기서 "죽은 행실"은 이 세상의 성소에서 일하는 레위적 대제사장직과 연관된 외적인 규제로서 정의된다(9:10). 한편으로 쓸모 없는 세정과 다른 한편으로 그리스도의 피에 의한 정결간의 구분(9:9-10, 19; 10:22) 또는 율법에 따른 (연약함으로 하나님의 백성들의 완전함을 이룰 수 없었던) 안수에 의해 임명된 제사장들과 하나님의 맹세와 파괴될 수 없는 생명의 능력으로 임명된 대제사장(5:1-6, 7:5, 15-28)간의 구분은 7:1-10:18에서 제공되는 기초적인 가르침과 발전된 가르침간의 관계를 입증해준다. 따라서 6:1-2에서 저자는 다른 것을 위해서 기독교적인 가르침의 한 측면을 버릴 것을 공동체에 요구하는 것이 아니라 그들에게 이미 놓인 단단한 기초 위에 더 세울 것을 요청하고 있는 것이다(Thüsing, *TTZ* 76[1967] 233-46, 261-80; Peterson, RTR 35[1976] 19).

신앙의 여섯 조항들을 하나님에 관한 지식과 봉사, 제의와 종말론을 고려하는 동종의 것들로 배열할 수 있을지라도(고로 Thüsing, 243), 2절에서의 디다켄(διδαχήν, "교훈")의 다양한 독법에 관한 수용은 또 다른 배열을 요청한다. "침례들과 안수와 죽은 자의 부활과 영원한 심판에 관한 교훈의 터"는 "죽은 행실을 회개함과 하나님께 대한 신앙"의 "조보"와 동격으로 서 있다. 이것은 기초적인 터가 교리문답적인 가르침의 조항을 형성했었다는 것을 의미한다(고로 Michel, 238; F. F. Bruce, 112). 이 해석의 의미는 회개와 신앙이 2절에서 언급된 신앙의 조항들에 관한 특색있는 기독교적 시각을 발전시켰던 가르침에 의해 적어도 부분적으로 촉발하였다는 것이다(고로 Dunn, *Baptism*, 208).

3 "우리가 이것을 하리라"는 진술은 1절에서 제기된 주장에 대한 구체적인 언급이다. 동시에 그것은 5:11-6:2에서 언급했던 선언을 재개한다(고로 Vanhoye, *La*

structure, 116). 저자는 자신이 언급했던 사람들이 다른 사람들과의 접촉에서 퇴보와 후퇴를 용납하지 않을 것을 인식할 것임을 확신한다. 적대적인 세상에서 그리스도를 위한 담대한 자세를 전제하는 것이 위험과 관련됨에도 불구하고 말이다.

하나님께서 허락하시면"이란 성격을 단순히 경건한 관례로 이해해서는 안 된다(Moffatt, 76; 참조. Spicq, 2:149). 영적인 성숙의 목표에 도달하는 것뿐만 아니라 기본적인 조항들의 기독론적 구조의 전개는 저자와 청중을 하나님의 복에 대한 의존 속에 두게 한다(참조. 1a절과 7절).

4-6 3절에서 저자의 결심의 이유는 접속사 가르(*γάρ*)에 의해 4-6의 경고와 연결되었을 때 분명해진다(Solari, "The Problem of *Metanoia*," 75). 공동체의 풍부한 경험은 저자가 그리스도의 대제사장직에 관한 설명을 전개할 수 있는 확신에 대한 근거를 제공한다. 그들이 설교와 가르침을 접수할 수 있는 것은 하나님이 그들에게 그리고 그들과 어떤 것을 행하셨기 때문이다(4-5절). 하지만 배교의 위험은 매우 현실적인 문제이고, 단순히 가정만이 아니므로, 그는 중대한 경고를 하고 있는 것이다(6:4-6의 해석의 역사에 관한 조망을 위해서는 Solari, 1-7을 보라).

저자는 인상적인 긍정적인 진술의 목록으로 시작한다. 문장의 시작에 강조적으로 두어져 있는 아두나톤(*ἀδύνατον*, "할 수 없나니", 한글개역에서는 6절 중반부에 두어져 있다 – 역자주)은 어떤 사건과 사실에 의해 만들어지고, 부여된다. 하나님과 공동체간의 확고하고 역동적인 관계가 설정되어 있는데, 복음의 수용으로 발생한 상술은 계승된 구원의 사건을 묘사하는 것이 아니라 다른 측면과 증거들로 보여진 구원의 한 사건을 묘사한다(P. E. Hughes, *WTJ* 35[1973] 143). 각각의 긍정적인 진술들은 한정적인 발생의 개념을 전달하는 아팍스(*ἅπαξ*, "한번")란 제한으로 조건이 부여된다(참조. Stählin, *TDNT* 1:382).

복음의 능력의 경험(참조. 2:3-4)은 마음과 정신의 구원하는 비추임이 발생한다(참조. 2:3-4). 세례에 대한 언급을 때때로 포티스텐타스(*φωτισθέντας*, "비추임을 얻고")라는 용어에서 인식할 수 있다(예. Käsemann, *Das wandernde Gottesvolk*, 119; H. Montefiore, 108; Conzelmann, *TDNT* 9:355). 시리아의 페쉬타(Syriac Peshitta)가 4절의 표현을 "한번 세례를 받은 사람들"이라고 번역했을지라도, 그것은 시리아 역과 여타 더 오래된 역본들에서만 이런 이해를 취한다. 동사 포티제스다이(*φωτίζεσθαι*)의 가장 이른 사용과 세례를 위한 그것의 동족명사는 저스틴(Justin, *First Apology* 61.12; *Dial.* 39.2; 122.1-2, 6)에게서 발견되는데, 세례를 비추임으로 묘사함은 이때부터 대중성을 얻은 것으로 보인다. 하지만 2세기 중반 이

전에는 포티제인(φωτίζειν)이 "세례를 받다"를 의미한다는 분명한 증거가 없다. 신약성경에서 그 용어는 하나님의 행위로 말미암아 또는 복음의 설교로 말미암아 무지를 없애주는 영적이거나 지적인 조명을 비유적으로 언급하는데 사용되었다(참조. 요 1:9; 골 4:5 엡 1:18; 딤후 1:10; 계 18:1). 의미하고 있는 바는 그것이 단순히 구원을 위한 가르침만이 아니라 마음과 삶의 갱신이라는 것이다. 히브리서의 유사한 구절에서 4절의 포피스텐타스(φωτισθέντας)에 상응하는 진술은 10:26의 "우리가 진리를 아는 지식을 받은"이다. 비추임은 세례에 의해 영향을 받은 것이 아니라 오히려 세례에 의해 증거된다(참조. Dunn, *Baptism*, 209-10).

아팍스 소티스텐타스(ἅπαξ φωτισθέντας)가 나타내는 것은 뒤이어지는 구절들에 의해서 더 상세하게 묘사된다. 문자적으로 동사 "맛보다"(γεύεσθαι – 규에스다이)는 실제적이고 개인적인 경험에 적절하다(참조. Hughes, *WTJ* 35[1973] 141). 반복된 분사 규사메누스(γευσαμένους)로 도입된 두 어절들은 회개의 내적 외적 측면을 드러낸다. 하나님의 은혜로운 선물로서 구속을 묘사한 "하늘의 은사"와 성령의 수용을 회중들이 내적으로 경험했다. 하나님의 말씀의 선하심과 공동체에 은사적인 선물을 부여하심(2:4)은 그들이 보고 들었던 것이다(고로 Dunn, *Baptism*, 209). 협력하여 그 어절들은 수신하고 있는 크리스천들이 누리고 있었던 개인적인 구원의 경험의 실제를 생생하게 묘사한다. 성령이 공동체를 형성했을 뿐만 아니라 종말론적인 성취로 그 공동체를 데려가고 있었다. 그리스도로 말미암아 공동체에 깊게 침투한 다가올 세대의 능력이 이미 현 시기에 작용했다. 따라서 4-5절에서 저자는 하나님의 구원과 임재가 그들의 삶에 확실한 실제라는 사실의 증인으로서 회중을 간주한다.

그때에 충만하고 참된 크리스천의 경험을 누렸던 사람들이 타락한다면, 회개로 새롭게 되는 것은 불가능하다(6절). 문체적으로 마지막 부정과거 분사 파라페손타스(παραπεσόντας, "타락한")는 이전의 네 가지(그것은 공동체의 경험의 긍정적인 특징을 표현했다)와 내비되어 비극적이고 부당한 것을 나타낸다(Proulx and Schökel, *Bib* 56[1975] 196). 부정과거 시제는 배교의 어떤 결정적인 참여의 순간을 나타낸다. 70인경에서 파라핖테인(παραπίπτειν)이란 용어는 하나님에 대한 의도적이고 계획된 거부를 반영하는 전반적인 태도를 표현하는 말이다(겔 20:27; 22:4; Wis 6:9; 12:2; 참조. Michaelis, *TDNT* 6:171; P. E. Hughes, *WTJ* 35[1973] 146-50). 히브리서에서 그 용어는 3:12의 "살아 계신 하나님에게서 벌어질까"(ἀποστῆναι ἀπὸ θεοῦ ζῶντος – 아포스테나이 아포 데우 존토스)라는 표현에 상응한다. 배교는 하나님의 선물에 대한 단호한 거부와 관련된다. 그것은 가데쉬에서 출애굽 세대가 저지른 하나님의 약속에 대한 거부와 유사하다(3:7-4:2; 참조. McCullough, *BibTh* 20[1974] 2-3). 히브리서에서 하나님에 대한 경멸을 보여주는 죄의 특징적인 용어들은 파라(*παρα-*) 합성어이며, 그중에 많은 것들이 신약성경에 전혀 나타나지 않는다: 파라데이그마티제인(*παραδειγματίζειν*, "현저히 욕을 보임이라", 6:6), 파라피크라이네인(*παραπικραίνειν*, "반항하다", 3:16), 파라피크라스모스(*παραπικρασμός*, "불순종", 3:8, 15), 파랄레인(*παραρρεῖν*, "흘러 떠내려가다", 2:1), 파라페레인(*παραφέρειν*, "끌리다", 13:9), 그리고 파레이메노스(*παρειμένος*, "연약한", 12:12)(Proulx and Schökel, *Bib* 56[1975] 198). 6절의 분사 파라페손타스(*παραπεσόντας*)의 뉘앙스는 현재분사 아나스타우룬타스(*ἀνασταυροῦντας*, "하나님의 아들을 다시 십자가에 못 박아")와 파라데이그마티존타스(*παραδειγμτίζοντας*, "현저히 욕을 보임이라")에 의해 날카롭게 제기되고, 그것은 하나님의 은사를 저버리는 결정의 유쾌하지 못한 결과를 표현한다.

"하나님의 아들"이라는 구체적인 언급은 공동체로 하여금 세례시의 고백을 상기시킨다(4:14). 6절의 표현하고 있는 것은 십자가에 못박힌 하나님의 아들에 대한 믿음에서 떠나 있는 모든 형태이다. 이것은 단지 개인적인 이득을 위해서 관리들과 적대적인 무리들의 압력 하에서 그리스도에 대한 공개적인 신앙을 부인하는 것뿐만 아니라 유대인들이 갖는 확신과 실천으로 되돌아가는 것과 관련이 있다(참조. Mark 8:34-38; *Herm. Sim.* 8.8.2; 9.19.1).

"타락한 자들은 다시 새롭게 하여 회개케 할 수 없나니"라는 주장은 1절의 회개와 관련한 기초를 다시 놓는다는 개념과 유사하다. 거기서 그리스도와 관련한 주요한 말씀이 기초이며, 그것은 기반으로 남겨져야 하며 개조할 수 없다. 그 사상은 6절에서 정확히 반복되어지며, 하나님의 백성들에게 놓여지고 지탱되고 있는 것과 다른 기초를 놓을 수 없다. 유대의 중간기와 후대의 문헌에서, 회개는 하나님의 선물임이 강력히 강조된다(Wis 12:10: "당신이 그들에게 회개할 기회를 주셨습니다"; Pr Man 8: "당신이 죄인인 저에게 회개를 주셨습니다"; 참조. 행 5:31; 11:18; *1 Clem* 7:14). 히브리서의 종말론적인 관점에서 예수 그리스도로 말미암아 하나님이 주신 것과 다른 회개란 없다. 하나님의 구속 행위의 마지막 시기에 하나님의 아들에 의해 이루어진 죄의 정결 이외의 다른 구원은 없다(1:1-3). 4절에서 제한 없이 절대적으로 사용된 아두나톤(*ἀδύνατον*, "불가능한", "없는")은 배교가 회개를 확장시킬 수 있는 유일한 근거를 거부하는 것이기 때문에 불가능함을 표현한다(참조. Williamson, *Philo*, 249-51). 그리스도를 거부하는 것은 "절대 불가한 것"을 붙잡은 것이다.

7-8 가르(*γάρ*, "for")의 존재가 7-8절이 4-6절의 논증에 없어서는 안될 부분임을 설정해준다. 가르(*γάρ*)의 의미는 원인적이거나 설명적일 수 있다. 베르브루게(Verbrugge, *CTJ* 15[1980] 62-63)는 원인적인 개념을 선호한다. 잦은 비와 경작으로 물을 잘 흡수한 땅이라도 유용한 경작물 대신에 가시와 잡초를 낸다면 파괴에 직면할 수 있음을 알고 있기 '때문에' 저자는 4-6절에서 표현된 주장을 할 수 있다는 것이다.

또한 그것은 가르(*γάρ*)를 더 발전된 설명적인 의미를 갖는 것으로 간주하는 것이 동등하게 타당한 것으로 보인다. 경작의 예증은 4-6절의 경고가 적합함을 규명해준다. 4-5절에서 공동체가 누린 혜택과 복에 관한 상술은 그들이 잦은 비를 받고 하나님이 돌보신 땅과 같다는 것을 보여준다(참조. 신 11:11-12). 거기에 공동체가 하나님으로부터 더 발전된 복을 받을 것이라는 확신의 확고한 근거가 있다(v 7b; 참조. 13:7, 17). 하지만 기독교 공동체가 배교를 한다면, 그것은 마치 물을 잘 흡수하고 경작되었으나 가시와 엉겅퀴를 낸 들과 같다(8절). 비유에서 모든 관심은 경작에 있지 성장의 예비적인 단계에 있지 않다. 결정적인 것은 생산이다. 그 이슈는 유용한가 무가치한가이다. 묘사된 최초의 혜택은 동일하다. 다른 것은 마지막 결과일 뿐이다(참조. Williamson, *Philo*, 233-41).

이런 종류의 농업적인 예증의 사용은 고대에 흔했다(예. Plato, *Republic* 492A; 사 5:1-7; 28:23-29; 겔 19:10-14; 참조. 마 3:10; 7:16). 8절의 형태는, 가시와 엉겅퀴가 자라난 것이 인간의 불순종으로 말미암은 저주의 결과라는, 창세기 3:17-18을 분명히 암시해준다. 8절에 따르면, 배교의 냉혹한 결과는 가시와 엉겅퀴를 생산하는 저주받은 들판으로 생명을 위탁하는 것이 될 것이고, 그것의 "종말"(*τέλος*-텔로스)은 불에 태워짐을 당하는 것이다. 그러한 이미지의 의미는 뒤이어지는 히브리서에서 불이 하나님의 대적자들을 소멸할 종말론적인 심판의 엄격함과 연결될 때 명확해진다(10:27; 12:29; 6:2을 보라; 참조. Priesker, *TDNT* 2:331).

복(7절)과 저주(8절)의 모티브는 언약적 맥락에 확고하게 그 논의를 둔다. 복의 약속이 순종에 주어지지만, 저주의 허용은 배교와 불순종을 상기시킨다(참조. 신 11:26-28). 7-8절에서 저자는 요단 평원의 악명 높은 도시들을 생각했을 것이다. 그곳은 "여호와의 동산같이 물이 많았"(창 13:10)지만, 하나님의 심판을 받아 불로 태임을 당했다(창 13:10). 이 도시들은 언약 백성들에게 하나님을 버리고 언약을 멸시한 사람들이 받을 것들을 예증하는데 사용되었다(신 29:22-25; 참조. Verbrugge, *CTJ* 15[1980] 65-66). 회중의 구성원들은 하나님의 구원의 복을 경험했다. 배교를 저지른 사람들은 언약의 저주에 처하게 될 것이다(참조. 10:29; Williamson, *Philo*, 246).

9 1-3절에서 표현된 회중과 관련한 낙천주의가 9절에서 반복된다("확신하노라"). 저자의 확신의 근거는 하나님의 참된 역사가 그들 중에 발생했다는 것이다. 그들이 수용적이지 못하고(5:11) 다른 사람들과의 접촉을 꺼리기 때문에 배교의 결과를 엄격하게 경고하는 것이 필요했을지라도, 그럼에도 불구하고 그들은 하나님의 복의 명백한 증거를 보여주었다(2:4; 6:4-5, 7; 참조. Ballarini, *ScC* 106[1978] 368-71). (고로 Vanhoye, *La structure*, 119-20; Andriessen, *NRT* 96[1974] 1060; Peterson, RTR 35[1976] 20-21).

4-8절의 심각성이 저자가 공동체를 처음으로(그리고 오직 여기서만) 아가페토이(*ἀγαπητοί*, "사랑하는 자들아")로 부를 때에 완화된다. 그들의 경우에 저자는 "이보다 나은 것"(*τὰ κρείσσονα*—타 크레이스소나)을 확신하고 있고, 거기서 관사는 의미가 있으며 7-8절에서 묵상된 두 선택 중에 더 좋은 것을 고려하고 있다. 그들은 7절에서 묘사된 들판과 같다. 하나님의 복을 이미 받았지만 아직 더 나은 복을 경험하지 못하였다(고로 Vanhoye, *La structure*, 119-20; Andriessen, *NRT* 96[1974] 1060; Peterson, RTR 35[1976] 20-21). "구원에 가까운 것"(*καὶ ἐχόμενα σωτηρίας*—카이 에코메나 소테리아스)이란 표현은 이런 확고한 기대를 구속받은 공동체를 위한 하나님의 활동과 연관시킨다.

10-12 공동체가 보여준 헌신이 참이었다는 저자의 설득은 과거의 행위를 회상함에 기초해 있다. 어떤 특별한 경우를 10a절에서 고려하고 있다면, 그것은 거의 확실히 10:32-34에서 상기된 사건들과 동등할 것이다. 그때에 회중의 구성원들은 예수의 이름에 부여된 낙인과 자기 자신을 동일시하고 공개적으로 예수와 다른 사람들을 위한 사랑을 보여주었다. 10a절을 10:32-34에 비추어 읽을 때, 하나님이 잊지 않으실 "행위"는 박해자들 앞에서의 담대함과 학대받고 갇힌 사람들에 대한 실제적인 관심 그리고 자신의 소유를 빼앗기는 것을 즐거이 수용했다는 언급임이 틀림없다. 그 경우에 그리스도와 서로에 대한 충성은 사랑과 마찬가지로 확고한 충성과 지치지 않는 소망(10:34)의 표현이었다. 이런 관점에서 "그리고 너의 사랑"(*καὶ τῆς ἀγάπης*—카이 테스 아가페스, "사랑으로"—한글개역)은 "너희 행위"(*τοῦ ἔργου ὑμῶν*—투 에르구 휘몬)에 대한 주해이거나 해석이라기보다는 하나님을 위

한 사랑으로서 담대한 자세를 위한 동기부여의 궁극적인 원인과 동일시된다(참조. Peterson, RTR 35[1976] 21).

10b절의 현재분사 디아코눈테스(*διακονοῦντες*, "이제도 섬기는 것")는 과거 공동체의 특징이었던 동료 크리스천들의 모범적인 봉사가 지금도 어느 정도 행해지고 있음을 인식한다. 그럼에도 불구하고 회중 내에서의 사랑의 표현이 깊어지고 확장될 필요가 있었다는 히브리서에서 중요한 암시가 있다(참조. 10:24; 12:14a; 13:1, 3, 6). 사랑(10절), 소망(11절), 그리고 믿음(12절)의 개념들을 첨예하게 구분하는 것은 현명하지 못하다. 마치 회중들이 소망과 믿음에서만 부족했던 것처럼 말이다(Michel, 249-50). 저자가 상기하고 있는 것은 모든 면에서 이전의 열심을 새롭게 되살리는 것이다(참조. 10:22-24).

11-12절의 훈계는 가정교회의 각 사람들에게 해당된다(*ἕκαστον ὑμῶν*-헤카스톤 휘몬, "너희 각 사람이"). 그들이 모두 소망의 실현을 위해 "동일한 부지런(관심)"(*τὴν αὐτὴν… σπουδήν*-텐 아우텐…스푸덴)을 보이는 것이다. 그들은 이전에는 그 소망을 보여주었다(참조 10:34). 이것이 함축하는 바는 크리스천의 확신을 행동으로 변환하는 능력인데, 그것은 교회를 당대의 다른 클럽과 사회와 구분시키는 소망의 특징을 표현한다(참조. Bertram, *TDNT* 4:920). "끝까지"(*ἄχρι τέλους*-아크리 텔루스)라는 어구는 3:14의 종말론적인 강조를 반복하며, 소망이 온전히 성취될 때인 파루시아를 상기시킨다(참조. 9:28).

5:11-6:12의 확장된 권면의 배후에 있는 주요한 관심이 12절의 목적절로 표현된다(*ἵνα μὴ νωθροὶ γένησθε μιμηταὶ δέ*-히나 메 노드로이 게네스데 미메타이 데, "게으르지 아니하고…본받는 자 되게 하려는"). 흔치 않은 용어인 노드로이(*νωθροί*, "게으르고", "비수용적인")는 5:11b에서 형성된 비판을 상기하며, 이 지점에서 도입된 권면적인 항목을 문학적으로 감싸는 역할을 한다. 가정교회의 구성원들은 둔하고 비수용적이 되었지만(5:11b), 과거에 보여주었던 것과 동일한 신실한 관심을 새롭게 함이 그들이 계속해서 게으르지 않을 것임을 확신시켜줄 것이다.

하나님의 약속의 상속자로 칭함을 받은 사람들을 "본받는 자"(*μιμηταί*-미메타이)가 되라는 요청은 6:13-20으로의 전환을 준비시킨다. 이들을 닮으라는 주제는 13:7에서 재현되고, 두 경우에 믿음이 하나님의 약속을 좇는 끊임없는 인내로 간주된다(참조. Grässer, *Glaube*, 121-26).

"믿음과 오래 참음으로"(*διὰ πίστεως καὶ μακροθυμίας*-디아 피스테오스 카이 마크로두미아스)의 자격은 아마도 11:1-12:3의 전개를 예기하면서 다수의 특징들을 포함하는 언급으로 확장된다. 그러나 본래 그것은 유대 전승에서 아브라함과 관련한 의례적인 용어였고(참조. *Jub.* 17:7; 19:1-9), 6:13-15에서 이 용어들을 상술하는 것은 이런 제한적인 의미에서다.

해설

저자는 하나님의 아들의 대제사장적 직무에 관한 주제를 전개하기 전에, 그가 글을 쓰고 있었던 공동체가 복음의 요청에 둔하고 비수용적이게 되었다는 사실을 언급하는 것이 필요했다. 그들은 믿음과 순종의 더 깊은 의미를 수용하는 것을 기꺼워하지 않았다. 이것은 이전에도 그의 설교에서 함축되었지만(2:1-4; 4:1-2, 11), 이제는 아주 명시적으로 제기된다. 이해에 둔함은 순종으로 부름 받은 사람들에게는 매우 위험한 상태였다(5:9, 11). 가정교회의 구성원들은 외부인들과의 접촉을 꺼렸고, 더 이상 신앙을 전파하는 일을 준비하지 않았다(5:12).

그들은 풍성한 가르침을 받았던 오래 시기 동안에 획득했던 영적인 성숙의 수준에서 퇴보하였다. 상대적으로 최근에 나타난 것으로 보이는 이런 영적 퇴보 현상의 전개는 믿음과 소망을 심각하게 손상하는 증상이었다. 그들은 이전에 회중들에 의해 보여졌던 담대함과 성숙한 헌신의 상태(10:32-34)에서 상당히 일탈하였음을 보여주었다. 그리스도와 복음에 대한 헌신이 손해를 초래하고 심지어 순교를 당하게 될지도 모른다는 실제적인 현실이 그런 현상을 유도하였을 것이다(5:13).

5:11-14의 목적은 공동체로 하여금 7:1-10:18의 핵심적인 가르침을 단지 간접적으로 준비하게 하는 것이다. 그런데 이 직접적인 의도는 그들이 성숙함을 인식하게 함으로써 지금의 상태를 부끄럽게 여기게 하고, 적대적인 사회에서 영적으로 성숙한 크리스천의 그룹에 발생하는 책임들을 전제하게 한다.

저자는 젖의 음식을 요구하는 어린아이들을 언급할 때 효과적으로 아이러니와 풍자를 사용한다(5:12-13). 하지만 이것은 저자가 보내고 있는 남녀들의 실제적인 상황을 묘사한 것은 아니다. 그것은 단지 경고일 뿐이다. 저자가 실제로 자신의 의도된 청중으로 믿고 있는 것은 성인들의 이미지로 표현되고, 이것은 그들이 받았던 단단한 식물로 확인된다. 공동체는 성숙하다. 그들이 보여준 퇴보의 표시는 그들의 신실성을 손상시키고 그들의 영적인 전쟁을 위험스럽게 했던 일탈현상이다. 의도적인 배교의 행위는 그리스도가 획득한 모든 혜택들의 영구한 상실로 귀결될 것이다. 5:11-6:12의 호소는 소망을 버리지 말고 그것이 이루어질 때까지 확고하게 붙들라

(6:11-12)는 말씀의 확대된 권면이다.

저자는 회중들에 대하여 낙천적이다. 그들이 흔들리지 않는 기초에 세워져 있음을 알고 있기 때문이다. 공동체에 확대된 권면은 정확히 단단한 기초에 대한 상기다. 6:4-6의 엄격한 경고의 의도는 결과적으로 긍정적이다. 거기서 저자는 청중들에게 그들이 소유하고 있는 것과 그리스도로 말미암아 하나님의 구속 활동의 결과로서 경험했던 것을 상기시킨다. 하나님의 임재와 구원은 그들의 삶에 의심할 수 없는 실제다. 그들은 영적인 통찰과 갱신, 성령, 그리고 현 상황에 오시는 에온(aeon)의 능력의 임재에 관한 종말론적인 은사에 참여했다. 만약 그들이 배교의 행위로 그리스도로부터 멀어진다면, 그들은 스스로에 대항하여 증거하는 것이 된다. 그들은 하나님이 기대하시는 유용한 추수를 생산할 수 있는 개간되고 풍족한 물을 흡수한 밭이다(6:7). 그들의 증거를 거부하고 경멸하는 세상에서 하나님의 백성이 되는 것을 지치게 만드는 유혹에 굴복해서는 안 된다. 그리스도를 거부함은 불신앙과 근본적인 불순종과 관련한 것이고, 그것은 불가피하게 언약에 저주를 허락하게 만드는 것이다(6:8).

우리가 잘못된 것을 선택하지 않고, 그리스도 안에서 우리에게 은혜로 주어진 완전을 누리는 것이 6:4-6의 요약이다. 이것은 이전의 어려운 시기에 보여주었던 동일한 신실한 관심의 갱신 즉 공동체가 그리스도의 이름에 부여된 낙인을 공개적으로 동일시하고, 그 사랑과 소망과 믿음에 대한 실제적인 표현을 주었을 때를 요청한다.

5:11-6:12의 경고의 통렬함을 충분히 이해할 만하다. 저자는 자신의 친구들을 위험에 빠지게 하고 파괴하는 상황을 대처했다. 복음에 대한 헌신에서 일탈하고 그들의 사람에 대한 하나님의 요청의 의미를 수용하지 않으려는 경향을 제어하지 않으면, 그들은 그리스도의 희생의 효과를 약하고 경멸적으로 거부할 것이다. 회중은 죄의 희생(10:26)과 회개에 이를 수 있었던 근거(6:6)를 상기할 필요가 있었다.

멀리서 오직 글을 쓰는 것에 의존했던 저자는 영적인 미성숙의 위험을 드러내고 그들의 경험과 기대 속에서 이전에 확신을 가졌던 자세를 상기하는 것들을 언급해야 했다. 그의 친구들에 대한 목회적 관심이 확장된 항목의 모든 소절에 분명히 내재되어 있다. 저자는 독설적인 아이러니, 확고한 확신, 예리한 경고 그리고 따뜻한 격려를 사용하여, 시계를 되돌릴 수 없으며 그들이 경험한 종말론적인 구원의 실체를 부정할 수 없다는 것을 인식케 함으로써, 공동체를 설득하고 있다.

B. 확신과 인내의 근거(6:13-20)

참고문헌

Babel, R. *La foi d'Abraham dans le Nouveau Testament.* Paris: Gabalda, 1970. **Baird, W.** "Abraham in the New Testament: Tradition and the New Identity." *Int* 42(1988) 367-79. **Cassien, J.** "Jésus le Précurseur(Hébr VI, 19 20)." *Th* 27(1956) 104-22. **Colacci, M.** "Il Semen Abrahae alla luce del Vecchio e de Nuovo Testamento." *Bib* 21(1940) 1-27. **Daniélou, J.** "Abraham dans la tradition chrétienne." CSion 5(1951) 68-87. **Démann, P.** "La signification d Abraham dans la perspective du Nouveau Testament." CSion 5(1951) 44-67. **Derescon, K.** "De divino foedere cum patriarchis." *Anton* 27(1957) 11-38. **Dyck, T. L.** "Jesus Our Pioneer." 96-103. **Eitrem, S.** "De Servatore mundi navis gubernature." *ConNT* 4(1940) 5-8. **Ellingworth, P.** "Jesus and the Universe in Hebrews." *EvQ* 58(1986) 337-50. ______. "Just Like Melchizedek." *BT* 28(1977) 236-39. **Gehman, H. S.** "The Oath in the Old Testament: Its Vocabulary, Idiom and Syntax; Its Semantics and Theology in the Masoretic Text and the Septuagint." In *Grace upon Grace.* ed. J. I. Cook. Grand Rapids: Eerdmans, 1975. 51-63. **Grässer, E.** *Der Glaube im Hebräerbrief.* 25-35, 115-17. **Grossouw, W.** "L'espérance dans le Nouveau Testament." *RB* 61(1954) 508-32. **Hilgert, E.** *The Ship and Related Symbols in the New Testament.* Assen: Vangoram, 1962. 9-11, 19-25, 31-45, 133-36. **Hofius, O.** "Die Unabänderlichkeit des göttlichen Heilsratschlusse: Erwägungen zur Herkunft eines neutestamentlichen Theologumenon." *ZNW* 64(1973) 135-45. ______. *Der Vorhang vor dem Thron Gottes.* 1-48, 84-96. **Jacobs, E.** "Abraham et sa signification pour la foi chrétienne." *RHPR* 42(1962) 148-56. **Kennedy, C. A.** "Early Christians and the Anchor." BA 38(1975) 115-24. **Kirsch, J. B.** "Ancre." *DACL* 1:2(1907) 1999-2031. **Köster, H.** "Die Auslegung der Abraham-Verheissung in Hebräer 6." In *Studien zur Theologie der alttestamentlichen Überlieferung.* FS G. von Rad. ed. R. Rendtorff and K. Koch. Neukirchen: Moers, 1961. 95-109. **Laub, F.** *Bekenntnis und Auslegung.* 244-46. **Lindeskog, G.** "The Veil of the Temple." *ConNT* 11(1947) 132-37. **Mayer, G.** "Aspekte des Abrahambildes in der hellenistisch-jüdischen Literatur." *EvT* 32(1972) 118-27. **Mel-**

bourne, B. L.** "An Examination of the Historical-Jesus Motif in the Epistle to the Hebrews." *AUSS* 26(1988) 281-97. **Mora, G.** *La Carta a los Hebreos como Escrito Pastoral.* 205-7. **Nicolau, M.** "La esperanza en la Carta a los Hebreos." In *La esperanza en la Biblia*(XXX Semana Bíblica Española, 1972). 187-202. **Rice, G. E.** "The Chiastic Structure of the Central Section of the Epistle to the Hebrews." *AUSS* 19(1981) 243-46. ______. "Hebrews 6:19: Analysis of Some Assumptions Concerning *ΚΑΤΑΠΕΤΑΣΜΑ*." *AUSS* 25(1987) 65-71. **Robinson, W.** "The Eschatology of the Epistle to the Hebrews: A Study in the Christian Doctrine of Hope." Enc 22(1961) 37-51. **Rogers, C.** "The Covenant with Abraham and Its Historical Setting." *BSac* 127(1970) 214-56. **Rose, C.** "Verheissung und Erfüllung: Zum Verständnis von *ἐπαγγελία* im Hebräerbrief." *BZ* 33(1989) 60-80. **Schröger, F.** *Der Verfasser des Hebräerbriefes.* 127-30, 202-3. **Spicq, C.** "*Ἄγκυρα ετπρόδρομος* dans Hébr. VI. 19-20." *ST* 3(1949) 185-87. ______. "L'Épître aux Hébreux et Philon: Un cas d insertion de la littérature sacrée dans la culture profane du Ier siècle(Hébr. V, 11 VI, 20 et le 'De sacrificiis Abelis et Caini' de Philon)." *ANRW* 25.4(1987) 3602-18. **Swetnam, J.** *Jesus and Isaac.* 90, 184-88. **Teodorico, P.** "Metafore nautiche in Ebr 2,1 e 6,19." *RivB* 6(1958) 33-49. **Vernet, J. M.** "Cristo, él que abre el camino." *Sal* 47(1985) 419-31. **White, H. E.** "The Divine Oath in Genesis." *JBL* 92(1973) 165-79. **Williamson, R.** *Philo and the Epistle to the Hebrews.* 201-12.

본 문

13 하나님이 아브라함에게 약속하실 때에 가리켜 맹세할 자가 자기보다 더 큰 이가 없으므로 자기를 가리켜 맹세하여

13 When God made a promise[a] to Abraham, since he could swear by no one greater he swore by[b] himself,[c]

14 가라사대 내가 반드시 너를 복주고 복 주며 너를 번성케 하고 번성케 하리라 하셨더니

14 saying, "Yes,[d] I will certainly[e] bless you and give you numerous descendants."

15 저가 이같이 오래 참아 약속을 받았느니라

15 And thus after steadfast endurance,[f] Abraham received the promise.

16 사람들은 자기보다 더 큰 자를 가리켜 맹세하나니 맹세는 저희 모든 다투는 일에 최후 확정이니라

16 For men swear by someone greater than themselves, and the oath serves as confirmation and puts an end to all argument.

17 하나님은 약속을 기업으로 받는 자들에게 그 뜻이 변치 아니함을 충분히 나타내시려고 그 일에 맹세로 보증하셨나니

17 Because[g] God wanted to make especially plain[h] to the heirs of his promise the irrevocable character of his resolve, he confirmed it by means of an oath,

18 이는 하나님이 거짓말을 하실수 없는 이 두 가지 변치 못할 사실을 인하여 앞에 있는 소망을 얻으려고 피하여 가는 우리로 큰 안위를 받게 하려 하심이라

18 so that by two irrevocable facts in which it is impossible for God[i] to lie, we who had fled for refuge might have strong incentive to hold fast[j] to the hope which is placed in front of us.

19 우리가 이 소망이 있는 것은 영혼의 닻 같아서 튼튼하고 견고하여 휘장 안에 들어 가나니

19 We have this hope as an anchor for life,[k] safe and secure.[l] It enters[m] the inner sanctuary behind the curtain,

20 그리로 앞서 가신 예수께서 멜기세덱의 반차를 좇아 영원히 대제사장이 되어 우리를 위하여 들어 가셨느니라

20 where Jesus has entered on our behalf[n] as forerunner, having become a high priest forever, just like Melchizedek.[o]

원문주해

a. 부정과거분사 에팡게일라메노스(ἐπαγγειλάμενος)는 주동사와 동시적인 행동을 표현하는 시간적인 것이다.

b. 맹세의 동사와 함께 사용된 전치사 카타(κατά)의 특별한 용법은 "스스로 맹세했다"는 결과적인 의미를 준다(Moule, *Idiom-Book*, 60).

c. 문학적인 헬라어에서 주행위는 분사로 자주 표현되고, 종속 행위는 주동사로 표현된다. 6:13의 주요한 개념이 약속이고, 맹세의 선언은 오직 부대적인 상황일 뿐이기 때문에, 이것은 분사와 정동사의 전환문의 사례가 될 것이다. 그렇다면, "(하나님이 더 큰 분으로 맹세할 수 없었기 때문에) 스스로 맹세함으로 아브라함에 대한 약속을 하시고, 말씀하시었다…"라고 번역한다. 구문에 대해서는 Zerwick, *Biblical Greek* §§ 263, 376와 6:6의 주석에서 분사와 부정사와의 관계의 중요성에 관한 논의를 보라.

d. 불변화사 에이 멘(εἰ μήν, P[46] ℵ A B C D)은 신약성경에서 히브리에서만 유일하지만, 70인경과 파피루스에서 엄숙한 선언이나 맹세의 확증의 불변화사로서 매우 잘 증거된다. Turner(*Grammar*, 3:366)는 그것을 "그렇다"("yes", 한글개역은 "반드시")라고 번역해야 한다고 주장한다(참조. BDF §441[1]; A.T. Robertson, *Grammar*, 192-93, 1024, 1150).

e. 70인경에서 히브리어 절대 부정사는 정동사에 동족어나 관계부사를 추가함으로써 그 표현에 강조나 확실성을 제공하는 것으로 습관적으로 번역되었다(Zerwick, *Biblical Greek* §§60, 369; BDF §442; Moule, *Idiom-Book*, 178).

f. 분사 마크로두메사스(μακροθυμήσας)는 원인적이 아니라 정황적인 것으로 이해해야 한다. 이것은 12절에서 디아(διά)를 갖는 속격의 용법을 따른다(διὰ πίστεως καὶ μακροθυμίας－디아 피스테오스 카이 마크로두미아스, "믿음과 오래 참음으로 말미암아"). 그것은 믿음과 인내가 약속을 얻은 전말(정황)이지 원인(그렇다면 그것은 대격을 갖는 디아[διά]로 표현될 것이다[고로 Swetnam, *Jesus and Isaac*, 185])이 아니다.

g. 엔 호(ἐν ᾧ)의 표현은 2:18에서처럼 원인절을 도입한다(참조. Moule, *Idiom-Book*, 131-32; BDF §219[2]).

h. 형용사 페리스소테론(περισσότερον)이 형태상 비교일지라도, 그 의미는 강조적이며 고무적이다. 코이네 헬라어에서는 최상급 형태의 사용이 쇠퇴함으로써 비교급이 최상급을 대신하였다(BDF §60[1]와 2:1; 13:19에서 부사형의 페리스소테로스[περισσοτέρως]를 참조하라). 그 형용사를 비교급으로 간주한다면, 그것을 "더 강하게", "더 설득력 있게"로 번역해야 할 것이다.

i. 저자는 일반적으로 명사 데오스(θεός)를 관사와 함께 사용하고(참조. 10, 13, 17절), 관사 톤(τόν)은 P[46] ℵ A C P 33 1739에서 그리고 Eus, Did, Chr, *Cyr*의 인용에서 증거된다. 관사가 있음은 "우리의 하나님"으로 번역하도록 요청한다. 준츠(Zuntz, *Text of the Epistles*, 130)는 B와 D 그리고 후대의 권위 있는 주요한 것들에서 관사가 없음은 정정한 것이며, 무관사 데온(θεόν)은 실제 분사절로 기능한다고 주장했다: "*하나님이신 분이* 죽는 것은 불가능하다"(It is impossible for *one who is God* to lie).

j. 부정사 크라테시이(κρατῆσαι)는 목적과 결과를 표현할 수 있었다. 터너(Turner, *Grammar*, 3:72)는 그 용어를 기동적인 부정과거로 읽을 것을 제안했다. 즉 "이해하기를 시작하다"(참조. Zerwick, *Biblical Greek*, § 250).

k. 때로 "영혼"으로 번역되는 푸쉬케(ψυχή)라는 용어는 10:38, 39; 13:7에서처럼 전인(全人)으로 사용된다.

l. 번역상에서처럼 헬라어 텍스트에서 형용사 아스팔레 테 카이 베바이안(ἀσφαλῆ τε καὶ βεβαίαν)은 강조를 위해서 그것이 한정하는 명사(즉 ἄγκυραν－앙쿠란, "닻")와 떨어져 있다(참조. A. T. Robertson, *Grammar*, 417-18).

m. 카이 에이세르코메넨(καὶ εἰσερχομένην) 어구의 구문은 논쟁이 되어진다. 번역은 선행사가 엘피도스(ἐλπίδος, "소망")라는 판단을 반영하고 있으며, 19절의 관계사 헨(ἥν)은 직접 보어이며 에이세르코메넨(εἰσερχομένην)은 소망의 세 가지 속성 중에 세 번째이다(고로 Cassien, *Th* 27(1956) 109-10). 대안적으로 카이(καί)를 "닻"을 설명하는 것으로 이해할 수 있는데, 그때에 분사 에이세르코메넨(εἰσερχομένην)이 원인적인 뉘앙스를 갖는다: 닻은 "들어가 있기 때문에" 안전하고 흔들리지 않는다(고로 Hofius, *Vorhang*, 87, n. 226).

n. 휘페르 헤몬(ὑπὲρ ἡμῶν, "우리를 위하여")을 프로드로모스(πρόδρομος, "앞서 가신 분")보다 정동사 에이셀덴(εἰσῆλθεν, "들어가셨느니라")에 의존하는 것으로 간주하는 것이 더 자연스러워 보인다(참조. 9:24, 거기서는 휘페르 헤몬[ὑπὲρ ἡμῶν]이란 표현이 동사에 부착되어 있다). 이 문제에 관한 논의를 위해서는 Cassien, *Th* 27(1956) 104-6을 보라.

o. 카타 텐 탁신 멜기세덱(κατὰ τὴν τάξιν Μελχισέδεκ)이란 어구의 번역을 위해서

는 원문주해 5:6을 보라.

양식/구조/배경

6:13에서 새로운 문학적 단위의 도입은 장르의 단순한 변화로 암시된다. 저자는 권면에서 해석으로 전환하는데, 그것은 그리스도의 대제사장적인 사역으로 말미암아 크리스천들에게 확장된 거룩한 약속에 관한 책임을 설명한다. 이전 단위로부터의 전환은 6:12에서 도입된 표제어들을 반복함으로써 부드럽게 이루어진다. 6:12에서 믿음과 인내로 말미암아 하나님의 약속을 획득한 사람들을 본받으라는 호소는 더 구체적인 것들을 요청하며, 이것은 6:13-29에서 아브라함에 대한 언급에 의해 제공된다.

믿음의 혹독한 시련을 참아낸 후에 아브라함은 그 약속과 하나님의 확증하시는 맹세를 받았다(13-15절; 참조. 창 22:1-18). 그의 확고한 신앙, 순종과 인내가 지금 하나님의 약속의 상속자들이 된 사람들과의 관계는 16-20절에서 펼쳐진다. 하나님의 약속과 맹세는 그리스도인의 소망의 객관적인 내용을 확고하게 붙들라는 강력한 권고를 제공해주며(16-18절; 참조. 6:11), 그것은 특색 있는 제의적 용어들로 정의된다(19-20절). 멜기세덱과 같은 대제사장이 되신 예수에 대한 결론적인 언급(20절)은 이전에 5:10에서 선언된 주제를 새롭게 언급하고, 7:1-28에서의 이 주제에 관한 전개를 준비시킨다(참조. Vanhoye, *La structure*, 121-23).

6:13-18에서는 법정적인 용어들이 상당히 집중되어 있다. 창세기 22:16에서 하나님의 맹세에 관한 의미를 설명하고 강조하는 논평을 제공하려는 결정이 전문적인 법적 표현들로 가득 차 있는 문맥의 원인이다. 어휘의 특징은 70인경과 파피루스에 보전되어 있는 계약들 속에서 충분한 예증을 발견할 수 있다. "맹세"(*ὅρκος*-호르코스, 16-17절), "다투는 일"(*ἀντιλογία*-안틸로기아, 16절), "맹세하다"(*ὀμνύειν*-옴누에인, 13, 16절)의 사용은 70인경(파피루스의 예증을 위해서는 MM 48, 448, 457을 참조하라)에서 잘 증거된다. 맹세의 보증을 의미하는 속격의 명사가 뒤따르는 카타(*κατά*)의 특별한 사용(13, 16절)은 70인경(참조. 창 22:16)과 법정적인 파피루스(MM 322)에서 나타난다. 14절에 인용된 맹세는 에이 멘(*εἰ μήν*)으로 도입되고, 그것은 행위의 사법적인 엄숙함을 강화하는 의미가 있다(참조. Trites, *Witness*, 219). 통상적으로 "중재하다"를 의미하는 동사 메시튜에인(*μεσιτεύειν*)은 17절에서 "보증을 제공하다"라는 특별하고 법정적인 의미로 사용된다(MM 399; 참

조. Oepke, *TDNT* 4:620). 일반적으로 "보이다"를 의미하는 동사 에피데이크누나이(ἐπιδεικνύναι)는 "입증하다"라는 특별한 뉘앙스를 갖는다(17절, 참조. 행 18:28; MM 237). 16절에서 "확정"으로서 에이스 베바이오신(εἰς βεβαίωσιν)의 형식은 거래에서 법적인 보증을 위한 전문적인 표현으로서 수세기 동안 지속되어왔다(MM 108). "변치 못할"(ἀμετάθετος – 아메타데토스)란 용어는 유산과 계약에서 무시하거나 폐지할 수 없는 어떤 규정을 의미하는데 사용되었다(MM 26). 이런 함의들에 대한 인식은 6:16-18에서 회중들에게 다가간 격려의 의미를 상당히 가중시킨다.

헬라 회당을 통해 전수된 유대 전승에서 대중적인 모티브는 하나님이 맹세하심으로 아브라함에게 약속하셨다는 것이다(창 22:16). 이런 전승의 요소들이 필로의 몇몇 구절들 속에 보존되었다(*Allegorical Interpretation of the Law* 3.203-7; *On the Sacrifices of Abel and Cain* 91-96; *On Abraham* 273). 쾨스터(Köster)는 이 구절들을 히브리서 6:13-20과 비교하고 기저를 이루고 있는 공통된 전승을 식별했다("Die Auslegung," 98-103; 참조. Sowers, *Hermeneutics*, 70-71). 히브리서와 필로의 구절들간에는 용어상에서뿐 아니라 특별한 모티브의 흐름에서도 유사성이 있다. 쾨스터는 히브리서가 사용한 전승의 두 요소를 다음과 같이 구분했다. (1) 하나님이 아브라함을 확신시켰던 거룩한 맹세에 관한 강조 (2) 하나님을 신뢰한 사람의 원형으로서 아브라함의 전형. 쾨스터에 따르면, 히브리서의 저자는 필로보다 성경 텍스트의 문자적인 해석에 더 보수적이었다.

필로와 히브리서간의 유사성은 해석의 공통된 전승을 암시한다. 그럼에도 불구하고 그것의 의미를 과장하지 않는 것이 중요하다. 유사성의 정도를 이전이나 당대의 해석에 대한 증거에 비추어 평가해야 하는데, 필로가 자신의 개념 이외에 다른 것들을 개관하며 언급할 때 그 논증의 구조 속에서 그것을 볼 수 있다. 필로는 하나님이 맹세하셨다고 말할 수 있는지에 대한 문제에 상당한 모호함을 보여준다. 그는 *Abraham* 273에서 논의 없이 하나님이 맹세하실 수 있다는 사실을 수용하는 것으로 나타난다. 하지만 *Allegorical Interpretation* 3.203-7에서 그는 하나님이 맹세를 하시는 것으로 묘사하는 것의 적절성에 관하여 심각한 반대가 제기되었다는 것을 공개적으로 인식한다. *Sacrifices* 91-96에서 그는 창세기 22:16의 의인화를 반대했던 많은 사람들과 제휴하고, 그것은 인간의 약점에 대한 모세의 용인이었다고 결론짓는다(참조. Williamson, *Philo*, 206-9; Moxnes, *Theology in Conflict*, 141-46). 유사한 관점이 알렉산드리아의 교사 아리스토불루스(Aristobulus)가 작성한 오경의 초기 주석 단편에서 보존되어 있다는 사실(Eusebius의 *Preparation for the Gospel* 13.12.9

-16에 보존되어 있다; 참조. N. Walter, *Der Thoraausleger Aristobulos*[Berlin: Akademie, 1964] 141-48)은 알렉산드리아 "학파"의 전통적인 가르침에 더 가까웠던 것이 이 해석임을 암시한다.

그런데 히브리서에서는 그러한 반대 감정이 병존해 있음이 나타나지 않는다. 만약 거기서 그 논증이 기저에 있는 공통된 전승을 반영하는 것이라면, 히브리서는 전승과 무관한 독자적인 적용을 대변하고 있음이 분명하다.

케제만(E. Käsemann)은 히브리서 6:19-20의 하늘의 휘장으로 들어가는 예수에 대한 언급이 히브리서가 영지주의적 해석의 영향 하에 있다는 의미 있는 증거를 제공한다고 주장하였다(*Das wandernde Gottesvolk*, 135, 145-49). 그 개념의 근원은 "하늘과 땅 사이에 있는 휘장에 사로 잡혀 있었던 영지주의파의 전승"이다(135). 이 전승에서 우주의 휘장은 우주(cosmos)에서 충만(pleroma, 147)으로 가는 영혼의 천상 여행을 방해하는 것으로 간주된다(147). 케제만에 따르면, 구세주로서 예수에 관한 저자의 대변, 즉 우주의 나뉘어진 벽을 통과하시는 예수에 관한 표현은 "앞서 가신 선구자"(*πρόδρομος*-프로드로모스)로서의 예수에 관한 개념의 근거인 영지주의적인 구속자 신화에 의존하고 있음을 보여준다(81-82; 참조. 79-82, 152-55).

케제만의 이런 주장은 호피우스(Hofius, *Vorhang*, 24-48)의 예리한 비판에 직면하였다. 오래된 유대 자료에서 천상의 휘장에 관한 전승을 추적한 호피우스는 그것이 영지주의에 대한 것이 아니라 하나님의 옥좌의 이륜마차에 관한 초기 유대의 머카바(Merkabah) 신비주의와 사색적 개념에 관한 것임을 지적하였다(4-27, 74-75). 그는 히브리서 6:19-20이 영광의 보좌 앞에서의 천상의 휘장에 관한 옛 유대적 개념의 가장 이른 증거를 제공한다고 주장한다. 케제만의 해석을 논박하는데 결정적인 것으로 보이는 요소는 히브리서에서 하나님의 백성들을 막는 것으로서의 휘장에 관한 사상이 없다는 것이다(84; Hofius는 계 11:19; 15:5에 관심을 불러일으키는데, 거기서 지성소가 "열려 있는" 것으로 묘사된다). 케제만과 여타 사람들(예. Grässer, *Glaube*, 34, 112, n. 284)이 지지를 호소한 주요한 근거들의 조심스러운 개관은 그들이 영지주의적 전제를 입증하는데 실패했음을 보여준다(Hofius, 89-94).

주석

13-15 히브리서에서는 아브라함에 대한 지속적인 관심이 있다(2:16; 6:13-15;

7:4-5; 11:8-19). 13-15절에서 충성스런 인내의 원형으로서 아브라함에 대한 호소는 12절의 권면에 대한 구체적인 내용을 제공해준다. 아브라함에 대한 하나님의 이전의 약속(창 12:2-3; 15:5)과 맹세의 확증을 반복하고 상술하게 만든 사례가 된 것은 아들 이삭을 바치라는 하나님의 명령에 대한 족장 아브라함의 순종이었다(창 22:1-12). 하나님은 아브라함의 이런 순종에 반응하여 아브라함을 복주리라는 약속을 하셨고, 그것은 하나님 자신의 이름으로 그 말씀의 보증자를 거명하는 맹세로 강화되었다(창 22:16; 참조. White, *JBL* 92[1973] 173). 이삭을 바친 아케다(*'Aqeda*)의 기사는 회당과 교회의 예전에서 확고한 위치를 차지하였고, 그것은 회중들에게 철저히 익숙했을 것이다(Werner, *The Sacred Bridge*, 79, 87-88, 123; 참조. Swetnam, *Jesus and Isaac*, 23-75).

하나님이 스스로 맹세하셨던 선언(*καθ' ἑαυτοῦ*–카트 헤아우투)은 하나님이 맹세할 수 있었던 더 큰이가 없기 때문인데, 이것은 필로에게서도 나타난다(*Allegorical Interpretation* 3.203). 이는 "내가 스스로 맹세하다"(*κατ' ἑαυτοῦ*–카트 에아우투, 창 22:16 70인경)라는 텍스트의 진술로부터 가져온 단지 논리적 추론이다. 그러나 두 저자들이 하나님의 맹세의 목적을 언급할 때, 서로 달라진다. 필로는 하나님이 "믿음을 돕기 위해서"(*Allegorical Interpretation* 3.204, 207) 아브라함에게 맹세를 했다고 결론짓는 반면에, 히브리서의 저자는 맹세의 목적이 하나님의 약속으로 표현된 결심을 돌이킬 수 없는 것임을 입증하는데 있다(17절). 하나님이 자기로 맹세하신다는 개념(참조. 출 32:13; 사 45:23; 렘 22:5; 49:13)은 그분이 특성상 자신의 말씀에 묶인다는 것을 의미한다. 거룩한 맹세는 의심을 배제하고 약속의 내재하는 유효성을 확증하는 보증을 제공한다.

14절에서 창세기 22:17의 인용은 70인경과 맛소라텍스트(MT)의 구절과는 다르다. 70인경 텍스트 "내가 너의 씨를 번성케 할 것이다"(*πληθυνῶ τὸ σπέρμα σου*–플레두노 토 스페르마 수)를 "내가 너를 번성케 할 것이다"(*πληθυνῶ σε*–플레두노 세)로 바꾼 결과는 동일한 마무리를 짓는 두 어절로 구성된 약속이다("내가 너를 복주고 내가 너를 번성케 할 것이다"[I will bless you and I will multiply you]). 이런 수정으로 복의 약속은 아브라함에게 예리하게 초점이 맞추어진다(Schröger, *Verfasser*, 128). 창세기 22:17에 따르면, 하나님의 맹세는 수많은 후손들에 대한 약속과 땅의 소유로 확대된다. 오직 수많은 후손들의 약속만을 구체화함으로써 히브리서의 저자는 청자들로 하여금 11:17-19의 강조를 준비시키는데, 그 구절에서 그는 다시금 아케다(*'Aqeda*)를 언급하고 이삭을 통해 약속한 번성으로의 아브라함에 대한 배려에 초점을 맞춘다(참조. Swetnam, *Jesus and Isaac*, 185).

아브라함은 믿음과 인내로 혹독하게 시험을 받은 후에 하나님의 약속의 명확한 확증을 받았다(15절; 참조. 창 22:1, 15-18). 그가 하나님으로부터 받은 약속의 성취(창 12:2; 15:5)는 이삭에 의존했다. 아브라함이 자기 아들을 바치라는 명령을 받았을 때에 보여주었던 하나님의 약속의 말씀에 대한 끊임없는 신뢰는 현재에 하나님의 약속의 상속자가 된 사람들에게 정확히 적합한 헌신의 특징이다. 아브라함의 인내(*μακροθυμήσας*-마크로두메사스, 15절)에 대한 저자의 강조는 "믿음과 오래 참음(*μακροθυμίας*-마크로두미아스)으로 말미암아 약속들을 기업으로 받는 자들을 본받으라"는 12절의 명령에 대한 구체적인 내용을 제공한다. 많은 주석가들은 에페투켄 테스 에팡겔리아스(*ἐπέτυχεν τῆς ἐπαγγελίας*)라는 선언에서 아브라함이 "약속한 것을 받았다"는 즉 그의 아들 이삭이나 손자인 에서와 야곱을 얻었다(예. Michel, 251; Spicq, 2:160; Köster, "Die Auslegung," 103-4; 참조. RSV, NEB, JB, NIV)는 지침을 발견한다. 하지만 인접한 문맥은 이삭이 아브라함에게로 회복된 후에 수많은 후손들에 대한 강화된 약속의 개념임을 가리킨다(창 22:15-17). 13-15절에서 저자의 해석은 아브라함의 믿음과 인내를 필적하라는 공동체를 위한 성경적 근거를 제공한다. 하나님이 그들에게 약속하신 것을 받을 것이라는 확실한 기대 속에서 말이다(참조. Swetnam, *Jesus and Isaac*, 90, n. 22, 184-85).

16 하나님이 아브라함에게 맹세했다는 사실은 맹세를 확증을 위한 최종적인 것과 관련시키는 인간의 보편적인 관습과 비교한다(참조. Cicero, *Topica* 20.77; Philo, *On Noah's Work as a Planter* 82). 공통된 정의에 따르면, 맹세는 언급한 말의 결정적이고 구속력 있는 확증이며, 이미 만들어진 진술의 어느 모순도 무효로 만들어준다. 구약성경에서 맹세는 여호와의 이름으로 해야 한다고 규정하였고(신 6:13; 10:20), 맹세 하에서 거짓말을 하는 것은 제3계명을 위반하는 것으로 정죄되었다(출 20:7; 신 5:11; Zech 5:3-4; Wis 14:29-31; 참조. Trites, *Witness*, 28-29, 219; Horst, "Der Eid im Alten Testament," *EvT* 17[1957] 366-71). 실제로 맹세는 주장된 것과 약속된 것의 명확한 진실을 비준해달라는 하나님에 대한 경건한 요청과 관련이 있다. 그래서 필로는 "맹세는 어떤 논쟁적인 문제에 하나님이 증인이 되어달라고 요청하는 것에 해당한다"(*On the Special Laws* 2.10)고 선언한다. 저자는 아브라함 자신이 하나님으로 맹세했고, 다른 사람들도 그리 할 것을 요청했다는 사실을 염두에 두었을 것이다(14:22; 21:23-24; 24:3).

17-18 아브라함은 17절을 통해서도 여전히 상고되고 있다. 하나님이 "맹세로

보증하셨다"(ἐμεσίτευσεν ὅρκῳ－에메시튜센 호르코)는 진술, 즉 그의 약속으로 표현된 내용의 돌이킬 수 없는 특징은 창세기 22:16-17의 구체적인 언급을 갖는다. 하지만 해석의 초점은 족장에게서 "약속을 기업으로 받는 자들"(οἱ κληρονόμοι τῆς ἐπαγγελίας－호이 클레로노모이 테스 에팡겔리아스, 12절)로 지칭된 그리스도인들에게로 예리한 전환을 이룬다. 그리스도로 말미암아 약속을 전수한 사람들로서 그들은 자신들에 대한 성경의 기사와의 관계성을 인식한다. 성경에 기록된 것은 그들을 위한 하나님의 목적이 변개할 수 없다는 확신으로 그들을 강화시키는 것에 있다. 하나님의 맹세의 이 확신이 그들에게도 확장된다(참조. Michel, 252; Spicq, 2:165; Foerster, *TDNT* 3:785). 아브라함에게 서약하신 맹세를 그리스도인들과 연관시킴은 하나님이 약속하신 행위를 절대적으로 신뢰할 수 있나는 증거에 있다(Köster, "Die Auslegung," 106). 하나님의 불변하시는 목적은 아브라함의 믿음과 인내를 닮으라는 강력한 이유를 제공해준다.

"이 두 가지 변치 못할 사실"(δύο πραγμάτων ἀμεταθέτων－두오 프라그마톤 아메타데톤)은 크리스천의 소망의 내용이 되고 이미 하나님의 사람들을 위해 준비된 복을 받을 것이라는 확신에 있다(18a절). 두 목록이 본문에 구체적으로 나와 있지는 않을지라도, 그것은 거의 확실히 하나님의 약속과 그의 맹세를 언급한다(13, 17절; 참조. Michel, 253; Kuss, 84; Köster, "Die Auslegung," 100; Hofius, *ZNW* 64[1973] 135-36). 하지만 쉬뢰거(F. Schröger)는 시편 2:7과 110:4에서 하나님의 선언적인 말씀을 상고하기를 좋아하는데, 그것은 5:5-6에서의 하나님의 아들을 제기하고 적용한다(*Verfasser*, 128-29). 또한 라이즈너(E. Reisner, 122)는 히브리서에서 두드러지게 보이는 두 가지 하나님의 맹세인 창세기 22:16과 시편 110:4을 상고한다. 하지만 문맥과 17-18절에서 기독교 공동체에 대한 초점에 비추어 볼 때, 그것은 아브라함에게 주어진 약속과 그리스도 안에서 새 언약의 공동체에 주어진 대형소모시의 맹세의 확증과 관련이 있다고 하는 것이 적절할 것이다. 클라퍼트(B. Klappert)는 6:13-20과 7:19-21간의 확증에서 유사성을 인식했다. 그것은 6:16-20의 약속이 맹세로 도입된 대제사장직과 동일하다는 것을 가리킨다(*Eschatologie*, 27-28, 32; 참조. Köster, "Die Auslegung," 105-8; Hofius, *Vorhang*, 85, n. 207). 그리스도는 그 자신이 약속의 종말론적 말씀이시며(1:2), 그의 구속의 성취는 변개할 수 없는 맹세로 확증되었다(시 110:4; 참조. 히 5:6, 10; 6:20; 7:17, 21, 28).

하나님이 약속과 맹세를 취소할 수 없음은 "하나님이 거짓말을 하실 수 없다"는 관계절로 강조된다. 이 추론은 구약성경에 뿌리를 두고 있으나 어떤 단일한 구절로부터 나온 것은 아니다(참조. 민 23:19; 삼상 15:29; 시 89[70인경 88]:35; 사 31:2). 호피우스(O. Hofius)는 구약성경에서 하나님의 말씀과 맹세 그리고 하나님의 말씀과 계획 간에 강력한 연관성이 있음을 증명하였다(*ZNW* 64[1973] 137-39). 그는 히브리서의 진술과 아주 유사한 병행을 랍비적 텍스트의 민수기 23:19에서 발견하였는데, 거기서 하나님의 불변하시는 뜻과 관련한 확신이 언약에 대한 그의 신실하심에 두어진다(141-44). 히브리서에서 18절의 사상이 고백적인 형태, 즉 "약속하신 이는 미쁘시니"(*πιστὸς ὁ ἐπαγγειλάμενος*-피스토스 호 에팡겔라메노스, 10:23; 참조. 11:11)라는 말로 재개된다.

도망하는 사람으로서 그리스도인들에 대한 정의(*οἱ καταφυγόντες*-호이 카타푸곤테스, "피하여 가는 우리")는 시사적이지만 더 이상 발전시키지는 않는다. 70인경에서 합성어 카타퓨게인(*καταφεύγειν*)은 복수자로부터 피난처인 아쉴람으로 도망하는데 사용되지만(신 4:42; 19:5; 수 20:9), 파피루스에서 그 단어는 도움을 위해 어떤 사람에게 도망하거나 의지하는 청원자들을 위해 사용되는 전문적인 용어다(MM 334). 크리스천들은 아쉴람(피난처)과 하나님으로부터의 궁극적인 구원을 찾는 도망자이다. 그들이 "큰 안위를 받게 하려"는 것이 하나님의 뜻이었다(18b절). 공동체의 앞에 놓여 있는 것으로서 '소망'의 특징(*προκειμένης ἐλπίδος*-프로케이메네스 엘피도스)은 하나님이 그리스도로 말미암아 자기 백성들에게 확대된 객관적인 은사로 소망을 정의한다. 히브리서에서 "소망"이란 단어는 주관적인 태도(즉 "우리의 소망" 또는 "소망스러움")를 묘사하는 것이 아니라 현재와 미래의 구원을 구성하는 소망의 객관적인 내용을 항상 나타낸다(고로 Michel, 253; Grässer, *Glaube*, 32-33; Mora, *La Carta*, 205-6). 18-20절에서 공동체는 소망의 특징을 "약속"과 "실제"(11절), 즉 선언과 성취(참조. 7:19)로 생각하도록 이끌고 있다. 크리스천 공동체의 종말론적 구원의 소망은 하나님의 돌이킬 수 없는 약속과 그리스도 안에서 이미 이루신 실제로 말미암은 이중적인 확신을 획득했다고 저자는 선언한다(Schierse, *Verheissung*, 200). 이것이 회중에게 제공하는 격려와 위로는 확신을 유예하라는 모든 공격과 유혹에 저항할 수 있는 능력이 된다(Schmitz, *TDNT* 5:797).

19-20 해양 은유로서 닻의 문학적 사용은 고대 세계에 널리 퍼져 있었다(참조. Wettstein, *Η ΚΑΙΝΗ ΔΙΑΘΗΚΗ*, 406-7; Hilgert, *The Ship*, 22, 135; Eitrem, *ConNT* 4[1940] 6; Spicq, *ST* 3[1949] 185-86). 이 은유의 근원은 "닻의 끝의 확고한 갈고리가 배를 떠내려가지 않게 붙들어준다"는 지중해 항의 뱃사람들의 공통된 경험이었다(Virgil, *Aeneid* 6, ll. 3-5). 헬라 문학에서 그 은유는 덕을 붙잡음으로써,

특히 소망을 붙듦으로써 제공되는 안정성의 개념을 상기하는 것으로 항상 사용되었다. 그 비유의 근거는 확고한 정박이 배를 위해 제공하는 보증이었다(예. Epictetus, *Fragment* 30: "우리는 배를 한 작은 닻에 묶어서도 안 되고, 우리의 삶을 한 단순한 소망에 묶어서도 안 된다"; 참조. Philo, *On Dreams* 1.277; 행 27:29, 40). 거의 동의어적인 용어들인 "튼튼하고 견고하여"(ἀσφαλῆ τε καὶ βεβαίαν-아스팔레 테 카이 베아이안)는 움직이지 않는 확고성과 충분한 안정성을 갖는 어떤 것을 묘사하는 데 사용되었다(예. Wis 7:23; 3 Macc 5:3; 4 Macc 17:4). 히브리서에서 베아이오스(βέβαιος)는 확실한 것을 위해 꽤 선호되어 사용된다(2:2; 3:6, 14; 6:19; 9:17). 용어의 쌍은 그 은유에 적합하고(참조. Sextus Empiricus, *Against the Logicians* 2.374; Dio Chrysostom, *Orations* 74.24), 여기서는 선행하는 "소망"을 수식한다. 배가 닻으로 정박되었을 때에 떠내려가지 않게 확고부동한 것처럼, 크리스천의 삶은 하늘의 성소에 들어가신 그리스도에게 그 삶을 묶어두는 소망으로 확립된다(Hofius, *Vorhang*, 85-87).

소망을 그리스도가 대제사장으로 입성하신 "휘장 안에 들어간" 것으로 특징지음은 소망의 개념에 정확히 종말론적인 뉘앙스를 준다. 분사 에이세르코메넨(εἰσερχομένην, "들어간")이 "닻"(ἄγκυραν-앙쿠란)을 수식하는 개념, 그리하여 "휘장 안에 들어간" 것이 "닻"이 되게 함은 많은 주석가들에게 닻을 예수와 동일시하는 원인이 되었다(Windisch, 59; Käsemann, *Das wandernde Gottesvolk*, 147, n. 3; Grässer, *Glaube*, 116, n. 302; Köster, "Die Auslegung," 106; Schröger, *Verfasser*, 151, 211 등등). 그것은 바로 이전의 단어인 엘피도스(ἐλπίδος, "소망")가 선행사이며 그것의 관계대명사가 헨(ἥν)이 보어를 이루고 있음을 인식하는 것이 좋을 것이다(고로 Kuss, 85; Michel, 253-54; Spicq, 2:165). 휘장으로 들어간 것이 소망임은 저자가 곧바로 "더 좋은 소망이 생기니 이것으로 우리가 하나님께 가까이 가느니라"(7:19)를 언급할 때 확인된다. 약속된 소망의 객관적인 내용은 구속의 완성으로 공동체가 제사장직인 봉사로 하나님께 가까이 나아갈 수 있다는 확신이다(고로 Hofius, *Vorhang*, 86; 참조. Michel, 273). 그들은 이미 기도를 통해 "가까이 나아갈" 수 있도록 격려를 받았다(4:16).

하나님의 보좌 앞에 휘장은 70인경에서 빌려온 용어로 묘사된다. 거기서 "지성소"(τὸ ἐσώτερον τοῦ καταπετάσματος-토 에소테론 투 카타페타스마토스)는 하나님의 성소를 성소와 구분시켜주는 휘장 안쪽을 의미한다(레 16:2, 12, 15; 참조. 출 26:31-35; 레 21:23; 24:3; Philo, *Moses* 2.86.101; Jos., *Ant.* 8.75; 히

9:3). 이 곳은 대제사장만이 들어갈 수 있었고, 그것도 오직 속죄일에만 가능했다(레 16:2). 우리를 위해서 하늘의 성소에 들어가신 것으로서 예수의 대표성(20절)은 제의적 배경을 전제한다. "우리를 위하여"(*ὑπὲρ ἡμῶν*-휘페르 헤몬)라는 표현은 그리스도인의 확실성의 근거로서 유일무이한 대제사장 예수의 희생의 모티브를 도입한다: 예수는 우리를 위해 하나님의 진정한 임재를 여신 영원한 대제사장이시다(참조. 10:19-21). 휘장 안쪽에 그리스도의 임재는 우리도 역시 휘장을 지나 지성소에 들어갈 것이라는 확고한 약속이다(10:19, 22; 참조. Hofius, *Vorhang*, 88-89).

"앞서 가신"(*πρόδρομος*-프로드로모스, "선구자")이란 지칭은 흥미가 있으며 다양한 주장을 유도한다(참조. Bauernfeind, *TDNT* 8:235; Cassien, *Th* 27[1956] 106-8; Spicq, *ST* 3 [1949] 186-87). 그러나 그 용어의 기원에 관한 문제는 여전히 해결되지 않고 있다. 그 단어는 고전이나 헬라 문학의 자료에서 단수로는 거의 나타나지 않고, 파피루스에서는 전혀 발견되지 않는다. 복수로 그 단어(*πρόδρομοι*-프로드로모이)는 군대의 정찰병이나 주요 군대보다 앞서간 대원들(Herodotus, 1.60; 4.121, 122; Arrian, *Anabasis* 1.12; Polybius, 12.20.7), 선봉에 선 함대(Alciphron, *Letters* 1.14.1; 참조. Livy, 36.41.7), 처음 익은 과일(민 13:20; 사 28:4), 또는 무리의 접근을 알리는 사신(Herodotus, 7.203; 9.14)을 지칭한다. 쥴리어스 폴룩스(Julius Pollux)는 운동 경기의 의미에서 단수로 그 말을 정의했는데, 그것은 그룹에서 두드러져서 경기에서 승리한 가장 빠른 선수를 언급한다(*Onomasticon* 3.30.148).

이런 언급에 공통된 개념은 선재의 의미다. 프로드로모스(*πρόδρομος*)는 순서를 함의하는 "선각자" 또는 "선구자"와 같은 관계적 용어이다. 오직 한 가지 제안이 인접한 문맥과의 진지한 고려를 하고 있는데, 카시엔(Cassien)은 20b절의 결론적인 어구가 히브리서의 용법을 설명하고 있다고 주장했다(*Th* 27[1956] 106-7). 저자는 예수에게 돌리고 있는 선구자의 특성을 그의 대제사장적 사역에 의존하게 만든다. 예수는 멜기세덱과 같은 대제사장처럼 그 직무에서 선각자로서 휘장 안으로 들어가신 선구자(*πρόδρομος*-프로드로모스)시다. 하나님의 약속의 보증된 특성은 예수의 삶, 죽음, 입성 그리고 대제사장적 수여 속에서 확증된다(참조. Bauernfeind, *TDNT* 8:235).

5:7-10에 따르면, 예수는 고난과 순종의 지상 사역 후에 대제사장의 직무로 확증되었다. 그의 승천과 대제사장직은 동시에 발생했다. 이와 동일한 이해가 20절에서

반영되어 있는데, 그것은 예수가 그의 죽음으로 말미암아 하늘의 성소에 들어가셨음을 가리키며, 하나님의 백성들로 하나님께 가까이 나아갈 수 있는 정결을 보증한다(참조. 10:14). "멜기세덱의 반차를 좇은"(즉 멜기세덱과 같은) 대제사장은 5:10에서처럼 20절에서 예수의 구원하시는 사역에 합세한다(Hay, *Glory*, 145-46). 또한 결론적인 어구는 5:10의 주제의 새로운 선언으로 기능하는데, 그것은 7:1-28의 예수의 대제사장적 직무에 관한 설명을 준비한다.

해설

저자는 5:11-6:12에서 영적인 미성숙의 위험을 표출한 후에, 회중에 대한 하나님의 약속의 말씀의 전적인 신뢰를 확인하는 게 필요하다는 부담을 느꼈다. 6:13-20의 강조는 하나님의 약속의 상속자들로서 하나님의 새 백성들의 아브라함과의 연속성에 있다. 회중과 관련한 저자의 낙전주의는 약속과 맹세의 말씀에 서있음을 보여준다. 하나님의 맹세에 대한 언급으로 도입되는 새 요소는 하나님의 말씀의 강력함에 있다. 하나님의 맹세는 말씀의 절대적인 진실성에 관한 그의 가장 거룩하고 경건한 선언이며, 하나님의 백성들에게 하나님이 약속을 이루실 것임을 알게 하기 위해 주어진다. 맹세로 확인된 약속의 말씀은 하나님의 뜻의 폐할 수 없는 성격을 드러내 주며, 하나님의 백성들에게 흔들리지 않는 확신으로 하나님께 순종하라는 강력한 경고를 제공한다.

자기 백성들에 대한 하나님의 불변하시는 목적은 하나님의 말씀에 관한 인간의 경험의 역사를 배제할 수 없다. 하나님이 말씀하신 텍스트로서 창세기 22:16-17의 저자의 선택은 의미가 있다. 이삭을 바치라는 명령(창 22:1)은 아브라함에 대한 하나님의 이전의 약속(창 12:2; 15:5)을 곤란에 처하게 했다. 아브라함의 순종은 확고한 신뢰와 인내를 요했다. 하지만 아브라함의 순종의 응답으로 그 약속은 확증하는 맹세로 재확인되고 보증되었다. 하나님의 말씀의 역사는 하나님이 하시겠다고 말씀하신 것을 거짓으로 돌릴 수 없음을 입증한다. 아브라함의 경험은 구속의 역사의 어떤 순간들에서 약속을 받은 사람들이 하나님의 폐할 수 없는 결심의 특성을 인식할 수 있게 하기 위해서 하나님이 말씀을 맹세의 형태로 주셨음을 가리킨다.

6:13-20에서 저자는 아브라함을 신뢰와 인내의 전형(paradigm)으로 아브라함을 묘사한다. 하지만 그 이상을 하기를 원했다. 그는 아브라함에 대한 하나님의 약속과 맹세를 하나님이 크리스천 공동체에 행하신 방식의 상징으로서 묘사하기를 소망했

다. 아브라함을 복주신 약속이 하나님이 예수 안에서 새 백성에게 주신 구원의 전형(prefiguration)이다. 하나님과의 아브라함의 경험은 하나님이 신실하시고, 그의 말씀은 믿을 수 있으며, 그는 약속을 지키신다는 증명을 최고로 보여준다. 예수의 대제사장적인 사역으로 말미암아 확보된 약속하신 구원은 하나님이 보증하신 것이기에 확실하다. 현재는 확신과 인내로 소망하는 시간이다. 예수의 희생적인 죽음으로 말미암아 그가 자기 백성들을 위해서 하나님의 존전에 입성하셨고, 그들이 제사장적인 봉사로 하나님께 접근할 수 있을 수 있게 하셨기 때문이다. 한 단위로서 6:13-20은 뒤이은 7:1-10:18의 해석을 맹세로 확증하신 약속의 사건의 측면에 두게 한다.

C. 왕권적인 제사장, 멜기세덱(7:1-10)

참고문헌

Aptowitzer, V. "Malkizedek." *MGWJ* 70(1926) 93-113. **Auberlen, C. A.** "Melchizedek's ewige Leben und Priestertum: Hebr. 7." *TSK* 30(1857) 453-504. **Bamburg, C. C.** "Melchisedech." *EuA* 40(1964) 5-21. **Bandstra, A. J.** "Heilsgeschichte and Melchizedek in Hebrews." *CTJ* 3(1968) 36-41. **Bardy, G.** "Melchisédech dans la tradition patristique." *RB* 35(1926) 469-509; 36(1927) 25-45. **Carmignac, J.** "Le document de Qumran sur Melkisédeq." *RevQ* 27(1970) 343-78. **Carmona, A. R.** "La figura de Melquisedec en la literatura targúmica." *Est Bib* 37(1978) 79-102. **Casalini, N.** "Ebr 7,1-10: Melchisedek prototipi di Cristo." *SBFLA* 34(1984) 149-90. ______. "Una *Vorlage* extra-biblica in Ebr 7,1-3?(Verifica delle ragioni letterarie dell' ipotesi)." *SBFLA* 34(1984) 109-48. **Cockerill, G. L.** *The Melchizedek Christology in Heb. 7:1-28.* Ann Arbor: University Microfilms International, 1979. **Cominskey, J. P.** "The Order of Melchizedek." *TBT* 27(1966) 1913-18. **Déaut, R. le.** "Le titre de 'Summus Sacerdos' donné à Melchisédech est-il d'origine juive?" *RSR* 50(1962) 222-29. **Delcor, M.** "Melchizedek from Genesis to the Qumran Texts and in the Epistle to the Hebrews." *JSJ* 2(1971) 115-35. **Demarest, B.** "Hebrews 7:3, A *Crux*

Interpretum Historically Considered." *EvQ* 49(1977) 141-62. ______. *A History of Interpretation of Hebrews 7,1-10 from the Reformation to the Present.* BGBE 19. Tübingen: Mohr, 1976. **Dey, L. K. K.** *The Intermediary World and Patterns of Perfection.* 185-214. **Ellingworth, P.** "'Like the Son of God' : Form and Content in Hebrews 7,1-10." *Bib* 64(1983) 255-62. **Emerton, J. A.** "The Riddle of Genesis 14." *VT* 21(1971) 403-39. ______. "Some False Clues in the Study of Genesis 14." *VT* 21(1971) 24-47. **Fabris, R.** "La lettera agli Ebrei e l'Antico Testamento." *RivB* 32(1984) 237-52. **Feuillet, A.** "Une triple préparation du sacerdoce du Christ dans l'Ancien Testament(Melchisédec, le Messie du Ps 110, le Serviteur d Is 53): Introduction à la doctrine sacerdotale de l'Épître aux Hébreux." *Div* 28(1984) 103-36. **Fisher, L. R.** "Abraham and His Priest-King." *JBL* 81(1962) 264-70. **Fitzmyer, J. A.** "Further Light on Melchizedek from Qumran Cave 11." *JBL* 86(1967) 25-41. ______. "Now this Melchizedek...(Heb. 7,1)." *CBQ* 25(1963) 305-21. **Friedländer, M.** "La sect de Melchisédech et l'Épître aux Hébreux." *RÉJ* 5(1882) 1-26, 188-98; 6(1883) 187-99. **Gammie, J. G.** "Loci of the Melkizedek Tradition of Genesis 14:18-20." *JBL* 90(1971) 385-96. **Gianotto, C.** *Melchisedek e la sua tipologia: Tradizioni giudaiche, cristiane e gnostische(sec. II a.C.-sec. III d. C.).* Supplementi alla Rivista Biblica 12. Brescia: Paideia, 1984. **Hay, D. M.** *Glory at the Right Hand.* 28-29, 134-50, 152-53. **Horbury, W.** "The Aaronic Priesthood in the Epistle to the Hebrews." *JSNT* 19(1983) 43-71. **Horton, F. L., Jr.** *The Melchizedek Tradition: A Critical Examination of the Sources to the Fifth Century a.d. and in the Epistle to the Hebrews.* SNTSMS 30. Cambridge: Cambridge UP, 1976. **Hunt, I.** "Recent Melchizedek Study." In *The Bible in Current Catholic Thought.* ed. J. L. McKensie. New York: Herder and Herder, 1962. 21-33. **Jérôme, F. J.** *Das geschichtlichen Melchisedech-Bild und seine Bedeutung im Hebräerbrief.* Freiburg: Caritasdruckerei, 1920. **Jonge, H. J. de.** "Traditie en exegese: de hogepriester-christologie en Melchizedek in Hebreeën." *NedTTs* 37(1983) 1-19. **Jonge, M. de** and **Woude, A. S. van der.** "11Q Melchizedek and the New Testament." *NTS* 12(1965-66) 301-26. **Kennedy, G. T.** *St. Paul's Conception of the Priesthood of Melchisedech: An Historico-Exegetical Investigation.* Washington, DC: Catholic University, 1951. **Kirkland, J. R.** "The Incident at Salem: A Re-examination of Genesis 14:18-20." *StudBibTh* 7(1977) 3-23. **Kobelski, P. J.** *Melchizedek and Melchirešaʿ.* CBQMS 10. Washington, DC: The

Catholic Biblical Association of America, 1980. **Lang, G. H.** "Melchizedek." *EvQ* 31(1959) 21-31. **Laub, F.** *Bekenntnis und Auslegung*. 31-41, 236-43. **Longenecker, R. N.** "The Melchizedek Argument of Hebrews: A Study in the Development and Circumstantial Expression of New Testament Thought." In *Unity and Diversity in New Testament Theology*. FS G. E. Ladd. ed. R. Guelich. Grand Rapids: Eerdmans, 1978. 161-85. **Mackay, C.** "The Order of Melchizedek." *CQR*(1944) 175 91. **Marshall, J. L.** "Melchizedek in Hebrews, Philo and Justin Martyr." SE 7(1982) 339-42. **McCullough, J. C.** "Melchizedek's Varied Role in Early Exegetical Tradition." *ThRev* 1 (1978) 52-66. **Meeter, H. H.** *The Heavenly High Priesthood of Christ*. 56-85. **Milik, J. T.** "*Milkî-sedeq* et *Milkî-reša*ʿ dans les anciens écrits juifs et chrétiens." *JJS* 23(1972) 95-144. **Neal, M.** "Melchizedek and Christ(Hebrews 7)." BV 2(1968) 21-27. **Panosian, E. M.** "Hebrews: 'Neither Beginning of Days Nor End of Life.'" BV 2(1968) 9-14. **Paul, M. J.** "The Order of Melchizedek(Ps 110:4 and Heb 7:3)." *WTJ* 49(1987) 195-211. **Pearson, B. A.** "The Figure of Melchizedek in the First Tractate of the Unpublished Coptic-Gnostic Codex IX from Nag Hammadi." In *Proceedings from the XIIth International Congress of the International Association for the History of Religions*. ed. C. J. Bleeker, G. Widengren, E. J. Sharpe. Leiden: Brill, 1975. 200-208. **Petuchowski, J. J.** "The Controversial Figure of Melchizedek." *HUCA* 28(1957) 127-36. **Rábanos, R.** "Sacerdocio de Melquisedec, sacerdocio de Aarón y sacerdocio de Cristo." *CB* 13(1956) 264-75. **Rusche, H.** "Die Gestalt des Melchisedek." *MTZ* 6(1955) 230-52. **Schröger, F.** *Der Verfasser des Hebräerbriefes*. 130-44, 156-59, 258-59. **Sen, F.** "La nueva figùra de Melquisedec(11QMelch)." *CB* 29(1972) 93-107. **Sheehan, J. F. X.** "Melchisedech in Christian Consciousness." *ScEc* 18(1966) 127-38. **Simon, M.** "Melchisédech dans la polémique entre juifs et chrétiens et dans la légende." *RHPR* 17(1937) 58-93. **Smith, R. H.** "Abraham and Melchizedek(Gen. 14:18-20)." *ZAW* 77(1965) 129-53. **Soubigou, L.** "Le chapitre VII de l'Épître aux Hébreux." *ATh* 7(1946) 69-82. **Spicq, C.** "Melchisédech et l'Épître aux Hébreux: La sacerdoce de la nouvelle alliance." EV 87(1977) 206-8. **Stork, H.** *Die sogenannten Melchisedekianer mit Untersuchung ihrer Quellen auf Gedankengehalt und dogmengeschichtliche Entwicklung: Historische Studien zum Hebräerbrief*. FGNK 8/12. Leipzig: Deichert, 1928. **Theissen, G.** *Untersuchungen zum Hebräerbrief*. 13-33, 130-52. **Thompson, J. W.** "The Conceptual Background and Purpose of the Midrash in Hebrews VII." *NovT* 19(1977) 209-23. **Verme, M. del.** "La 'prima decima' guidaica nella pericope di Ebrei 7,1-10." *Hen* 8(1986) 339-63. ______. "La 'prima decima' nel giudaismo del Secondo Tempio." *Hen* 9(1987) 5-38. **Watson, J. K.** "Melkisédec et le Fils de Dieu." *CCER* 30(1982) 49-60. **Willi, T.** "Melchisedek: Der alte und der neue Bund im Hebräerbrief im Lichte der rabbinischen Tradition über Melchizedek." *Judaica* 42(1986) 158-70. **Williamson, R.** *Philo and the Epistle to the Hebrews.* 20-23, 103-9, 434-49. **Woude, A. S. van der.** "Melchisedek als himmlische Erlösergestalt in den neugefundenen eschatologischen Midraschim aus Qumran Höhle XI." OTS 14(1965) 354-73. **Wuttke, G.** *Melchizedek, der Priesterkönig von Salem: Eine Studie zur Geschichte der Exegese.* BZNW 5. Giessen: Töpelmann, 1927. **Yadin, Y.** "A Note on Melchizedek and Qumran." *IEJ* 15(1965) 152-54. **Zimmermann, H.** *Das Bekenntnis der Hoffnung.* 79-99, 145-53.

본 문

1 이 멜기세덱은 살렘 왕이요 지극히 높으신 하나님의 제사장이라 여러 임금을 쳐서 죽이고 돌아오는 아브라함을 만나 복을 빈 자라

1 Now this Melchizedek was king of Salem and priest of God Most High.[a] He met Abraham as he was returning from the defeat of the kings[b] and blessed him,

2 아브라함이 일체 십분의 일을 그에게 나눠 주니라 그 이름을 번역한 즉 첫째 의의 왕이요 또 살렘 왕이니 곧 평강의 왕이요

2 and Abraham allotted him a tenth share of everything. Translated, his name means first "king of righteousness"; then[c] also "king of Salem" means "king of peace."

3 아비도 없고 어미도 없고 족보도 없고 시작한 날도 없고 생명의 끝도 없어 하나님 아들과 방불하여 항상 제사장으로 있느니라

3 His father, mother, and line of descent are unknown,[d] and there is no record of his birth or of his death, but having been made to resemble the Son of God, he remains a priest continuously.[e]

4 이 사람의 어떻게 높은 것을 생각하라 조상 아브라함이 노략물 중 좋은 것으로 십분의 일을 저에게 주었느니라

4 Consider how great[f] a man this must have been to whom the patriarch[g] Abraham gave a tenth of the choicest spoils of war.

5 레위의 아들들 가운데 제사장의 직분을 받는 자들이 율법을 좇아 아브라함의 허리에서 난 자라도 자기 형제인 백성에게서 십분의 일을 취하라는 명령을 가졌으나

5 Now the descendants of Levi who receive the priestly office[h] have a commandment in accordance with the law to exact a tenth from the people—that is to say, their brothers—although their brothers are descended from Abraham.

6 레위 족보에 들지 아니한 멜기세덱은 아브라함에게서 십분의 일을 취하고 그 얻은 자를 위하여

6 This man, however, did not trace his descent from them, yet he collected a tenth from Abraham

복을 빌었나니	and blessed[i] him who had the promises.
7 폐일언하고 낮은 자가 높은 자에게 복 빎을 받느니라	**7** (Now unquestionably, the person of lesser status[j] is blessed by the one of greater status.)
8 또 여기는 죽을 자들이 십분의 일을 받으나 저기는 산다고 증거를 얻은 자가 받았느니라	**8** In the one case, mortal men[k] exact a tenth, but, in the other case, one to whom witness is borne that he lives.[l]
9 또한 십분의 일을 받는 레위도 아브라함으로 말미암아 십분의 일을 바쳤다 할 수 있나니	**9** And one might almost say[m] that even Levi, who received the tenth,[n] paid the tenth through Abraham,
10 이는 멜기세덱이 아브라함을 만날 때에 레위는 아직 자기 조상의 허리에 있었음이니라	**10** because Levi was still in the body of his ancestor when Melchizedek met Abraham.

원문주해

a. 7:1-3은 장엄한 미사여구적인 문장의 또 다른 예증이며, 그것은 영어 형태로 인해 번역상에서는 깨어진다. 그 문장의 주요절은 "이 멜기세덱은… 항상 제사장으로 있느니라"다. 예술적인 미사여구의 또 다른 예증을 위해서는 1:1-4; 2:2-4, 14-15; 3:12-15; 4:12-13; 5:1-3, 7-10을 보라.

b. MS 460은 창세기 내러티브가 제시하는 교훈적인 난외주 해석의 분명한 예증인 "모든 빼앗겼던 재물과 자기 조카 롯과 그 재물과 또 부녀와 인민을 다 찾아왔더라"를 덧붙인다.

c. 프로톤 멘…에피이타 데(*πρῶτον μὲν… ἔπειτα δέ*)란 표현은 한 생각을 다른 생각과 구분하는 열거의 방식을 나타내며, 이는 쉽게 구분하기 위한 것이다(A. T. Robertson, *Grammar*, 1153).

d. 세 개의 아파토르(*ἀπάτωρ*), 아메토르(*ἀμήτωρ*), 아게네알로게토스(*ἀγενεαλόγητος*)는 헬라어 성경의 다른 곳에서는 나타나지 않는 용어들로 구성되어 있다. 번역의 열쇠를 마지막 단어가 제공하는데, 그것은 저자에 의해 주조된 것으로 보인다. 헬라어 문학의 다른 곳에서는 이 구절과 관련하여서만 나타나기 때문이다. 그것은 멜기세덱의 제사장직의 기반으로서 족보적 기록이 부재하다는 것을 언급하는 "제사장적 족보가 없음"을 나타낸다(참조. 6절). 풀타르크처럼, 파피루스에서 아파토르(*ἀπάτωρ*)라는 단어는 "아버지가 없음"을 의미한다기보다는 "아버지가 알려져 있지 않음"을 의미한다(LSJ 181; MM 54-55). 아메토르(*ἀμήτωρ*)란 용어는 파피루스에서는 나타나지 않지만 이 특별한 표현을 관념적으로 공유한다. 시리아 페쉬타(Syriac Peshitta)의 번역은 유익하다: "그의 아버지와 어머니가 족보에 들어 있지 않다". 더 자세한 것은 Cockerill, *Melchizedek Christology*, 42-50을 보라.

e. 에이스 토 디에네케스(*εἰς τὸ διηνεκές*)란 표현은 신약성경에서 히브리서에만 나

타나는 고전적인 어구이다(7:3; 10:1, 12, 14). 그것은 "방해 없이, 영원히, 항상"(Moule, *Idiom-Book*, 164)을 나타낸다.

f. 의문대명사 펠리코스(*πηλίκος*)는 감탄의 용어로 사용된다(Turner, *Grammar*, 3:50). 수사적인 명령법 "생각하라"를 갖는 접속사에서, 그것은 1-3절의 멜기세덱에 관한 장엄한 묘사와 예리하게 대조되는 대화적 스타일을 도입한다.

g. 헬라어 텍스트는 특이한 어순을 보여주는데, 그것은 청중들의 관심을 얻기 위한 것으로 보인다: "그에게 아브라함은 노략한 것의 십일조를 드렸다 – 그 족장이!"(Turner, *Grammar*, 4:107).

h. 히에라테이아(*ἱερατεία*)란 말은 제사장의 직무를 나타낸다. 이는 제사장직의 제도를 언급하는 보다 추상적인 헤에로수네(*ἱερωσύνη*, 11-12, 24절)와 대비된다(참조. Schrenk, *TDNT* 3:247-48, 251).

i. 문법학자들은 6, 9, 11, 16, 20, 23절의 동사들의 완료형 시제를 구약성경을 상술할 때 신약성경에 나타나는 "내러티브 완료형들"이라고 묘사한다. 완료형 시제는 그것이 성경에 기록되어 있음을 나타내고, 따라서 과거를 한정하지만 여전히 관련된 사건으로 간주할 수 있었다. 참조. Moule, *Idiom-Book*, 14-15; Turner, *Grammar*, 3:70.

j. 중성의 형용사 토 엘라톤(*τὸ ἔλαττον*)의 관사형은 그 강조가 여기서처럼 질적인 것이라면 사람들에 대해 사용된다(Zerwick, *Biblical Greek* §141; BDF §§61[1], 138[1]).

k. 실제적으로 형용사적 어구인 무관사형의 구조의 아포드네스콘테스 안드로포이(*ἀποθνῄσκοντες ἄνθρωποι*)에서 분사의 현재형은 반복을 표시한다. 즉 그것은 자주 반복하는 행위를 언급한다. 따라서 그것은 "죽을 사람들, 죽을 운명의 사람들"을 의미한다(Moulton, *Grammar*, 1:114).

l. 모울(Moule)은 마르투루메노스 호티 제(*μαρτυρούμενος ὅτι ζῇ*)를 "살아있음이 증거됨"을 선언하는 "대담하고 다소 특이한 방법"으로 묘사한다.

m. 신약성경에서 여기서만 나타나는 문학적 어구인 호스 에포스 에이페인(*ὡς ἔπος εἰπεῖν*)은 다소 부정확한 한정어구인데, 이는 놀라움의 선언을 제한하거나 포괄적인 진술을 완화하는데 사용된다(참조. Williamson, *Philo*, 103-9).

n. 수식적인 분사 호…람바논(*ὁ… λαμβάνων*)은 여기서 설명적 관계절에 상응한다(Burton, *Moods and Tenses* §426).

양식/구조/배경

7:1 10에서 멜기세덱에 관한 제시는 (성경의 해석이 논증의 구소들 결성하는) 훈계적 미드라쉬의 형태를 가정한다. 그 단위는 이 독특한 형태의 다섯 가지 특징을 보여준다. (1) 해석의 출발점은 구약의 텍스트다. (2) 그 해석은 특징상 훈계적

이다. (3) 저자는 텍스트의 세부적인 분석에 귀를 기울인다. (4) 텍스트는 해석을 통한 현재의 상황과 관련이 있다. (5) 관심의 요지는 단순히 그 특징들만이 아니라 내러티브 기사다(Fitzmyer, *JBL* 86[1967] 305).

6:20에서 천상의 대제사장으로서 그리스도에 관한 묘사에서 시편 110:4의 분명한 암시는 뒤이어지는 미드라쉬의 무대를 설정한다. 7:1-10에서 저자는 창세기 14:17-20을 도입하여 시편 110:4(1-3절)의 멜기세덱을 분석하고, 레위적 대제사장직보다 그의 대제사장직의 우월성을 위한 역사의 근거를 제시한다(4-10절).

칵케릴(G. Cockerill)은 7:1-25이 언젠가 독립적인 미드라쉬였다는 구조적, 언어적, 그리고 개념적 표지가 있다고 주장했다. 그는 7:4-25이 7:1-3에 근거하여 단단하게 연결되고 균형 잡힌 구조적 단위임을 증명하고, 7:26-28의 기능은 7:1-25를 8:1-10:18의 해석과 연관짓는 것임을 보여주고자 추구하였다. 7:1-25의 기독론적인 전승이 2:17-18; 3:1; 4:15-16 그리고 8:1-10:18에서 사용된 전승과 구분되는 것은 확실하다. 그런데 7:1-25을 독립적인 미드라쉬로 간주하는 방식의 가장 어려운 구조적 문제는 미스라쉬의 지배적인 텍스트인 시편 110:4이 처음부터 인용되고 있지 않다는 것이다. 아마도 그 구절이 5:6에서 인용되었다는 사실이 이 지점에서 그것을 형식적으로 도입할 수 없었던 이유를 설명해준다. 7:1-25이 히브리서의 중심적인 갈래에서 전제하고 있는 중요한 위치는 그것의 사상이, 이 설교에서 사용된 다른 전승들과는 다를지라도, 저자에게 적합했음을 가리킨다. 칵케릴은 그 미드라쉬를 저자가 히브리서를 저작하기 이전의 어떤 시기에 준비했음을 암시한다고 제기한다(*Melchizedek Christology*, 290-307).

7:1-10의 미드라쉬의 근거는 게제라 사와의 해석학적 원리이다. 즉 두 개별적인 성경 구절들이 동일한 어휘를 담고 있다면, 그 언어적 유추는 다른 텍스트에 비추어 한 텍스트를 설명하기 위한 충분한 근거를 제공한다는 것이다(참조. 히 1:5; 3:7-4:11; 13:5-6). 7:1-10의 지배적인 텍스트는 창세기 14:17-20이지만 7장에서 창세기 14:17-20은 전반적으로 시편 110:4에 종속적이다(참조. Schröger, *Verfasser*, 156-59; Michel, 256). 또한 두 가지 다른 해석적 원리들을 미드라쉬에서 발견할 수 있다. 심지어 성경의 침묵도 의미에 책임이 있다는 원리를 랍비의 주해(참조. Str-B 3:694-96)와 알렉산드리아의 주해(참조. Philo, *The Worse Attacks the Better* 178; *On Drunkenness*, 68-70; *On the Virtues* 200; *On Flight and Finding* 60; *On the Confusion of Tongues* 12)는 인식하였다. 이런 이해는 3절과 8절의 진술을 알려준다. 또한 더 적은 사례에 적용한 것은 더 큰 사례에 적용할 수 있다는 것을 동의

하였다. 이런 원리에 맞추어, 아브라함은 4절에서 높임을 받고, 레위적 제사장은 5절에서 높임을 받는다. 멜기세덱을 더 높이 찬양하기 위해서다(Schröger, *Verfasser*, 258-59). 이 주해는 이전의 계시가 미래의 종말론적 성취의 약속임을 전제한다. 따라서 7:1-10에서 시편 110:4의 계시가 창세기 14:17-29의 종말론적 의미를 확인해준 것으로 이해할 수 있다(Michel, 255-59).

6:20에서 시편 110:4의 암시는 7:1-28의 그리스도의 대제사장직의 해석으로 인도하기 위한 전환적인 것이다. 7:1의 서두어는 분명히 6:20에서의 주제의 선언을 언급하고, 새로운 단위를 도입하는 것을 돕는다. 그 장의 구조는 저자가 조심스럽게 고안한 계획을 확인해준다: 7:1-10은 창세기 14:17-20의 해석을 제공하고, 7:11-28은 시편 110:4에서의 각 구절의 의미에 관심의 방향을 돌린다. 첫 항목의 범위는 멜기세덱이 아브라함은 만났다는 반복된 진술을 함으로써 1절과 10절 사이에 형성된 인클루시오의 문학적 형태로 확인된다. 그 요지는 흥미롭다. 창세기 14:17에서 아브라함이 소돔왕을 만났다는 것을 진술하고 있기 때문이다. 그 족장이 만났던 것이 멜기세덱이었다는 구체적인 열거는 문맥과 일치하지만, 저자의 논증에 필연적이지는 않았다. 하지만 그것은 문학적으로 개념적으로 그 해석을 용이하게 돕는다.

7:1-10의 구절들은 연쇄적인 사상과 문법적인 구조에 의해 내적으로 연결되어 있다. 만남, 복의 수여, 그리고 십일조의 헌납에 관한 사실은 그 항목에 균형 잡힌 대칭을 제공하면서, 두 단락에서 역순으로 취해진다.

1-3절	4-10절
A 만남(1a절)	C′ 십일조(4절)
B 복(1b절)	B′ 복(6절)
C 십일조(2절)	A′ 만남(10절)

두 단락은 서로 보완적이다: 1-3절은 멜기세덱이라는 불가사의한 인물을 도입하고, 4-10절은 아브라함과 그의 만남의 의미를 탐구한다(참조. Vanhoye, *La structure*, 125-27; Cockerill, *Melchizedek Christology*, 16-20). 균형 잡힌 미사여구인 서두의 문장(1-3절)이 전승적인 시나 찬송의 단편을 보존하고 있다는 다양한 주장들이 있다. 미첼(Michel)은 3절을 네 소절의 간단한 시로 간주했고(259), 반면에 짐머만(Zimmermann)은 전체 문장을 찬송으로 생각했다(*Hohepriester-Christologie*, 13, 15). 쉴러(Schille)는 1a, 2b, 3a, b, d절이 모두 찬송에 포함한다고 주장했다(*ZNW* 46[1955] 84). 그는 저자가 그리스도를 높이는 초기 기독교 찬송을 멜기세

덱에게 전이시켰다고 이론화했다. 데이센(Theissen)은 이런 주장을 지지하였지만, 그 장의 나머지 부분들에서 부가적인 소절들을 그 찬송에 추가하였다(1a, 3a, b, d, 16b, 25, 26b, c, d절). 그는 그리스도와는 본래 관계가 없는 멜기세덱에 관한 헬라 유대 찬송을 단정하였다(*Untersuchungen*, 20-28). 최근에는 칵케릴(307-27)이 그 찬송의 전제를 재고하였는데, 그는 7장에서 전승적인 찬송을 감지하기 위한 기준에 관한 문제를 제기하였다(309-16). 그는 3a, b, d와 관련한 충분한 근거만을 본래의 찬송에서 찾는다. 하지만 심지어 이런 제한적인 주장도 그럴 것 같지 않다. 3d절의 근원도 분명히 저자가 이전에 도입했던 텍스트(5:6, 10; 6:20)인 시편 110:4이고, 3b절은 이 텍스트의 해석이며, 3a절은 창세기 14:18-29의 해석에 근거한 술어로 구성되어 있다(참조. Schröger, *Verfasser*, 142). 예술적인 미사여구를 구성함에 있어서 저자의 기술을 고려할 때, 7:1-3의 형성에 대한 유일한 책임을 그에게로 모두 돌리는 것이 좋을 것이다(5:7-10의 주석을 보라).

7:1-10에서 멜기세덱의 취급에 대한 개념적인 배경을 확실히 하기 위한 일은 히브리서와 동시대에 있었던 문헌들 속에서 멜기세덱과 관련한 다양한 전승들로 인해 복잡해진다. 확실히 묵시적 전승에서 멜기세덱에 대한 관심이 있었다. 하지만 불행하게도 현존하는 쥬빌리서의 에디오피아 사본들(Ethiopic MSS of *Jubilees*)의 네 곳 모두에서 독자들이 창세기 14장의 주요한 사건들을 셈할 수 있는 시점의 13:25의 시작에서 분명한 누락이 있다. 그 기사가 다시 시작될 때에 십일조를 받는 제사장들의 권리에 대한 언급과 소돔왕과의 아브라함의 대화를 언급한다(*Jub.* 13:25*b* -29). 멜기세덱이 아브라함을 만났다는 사실은 복사자들에 의해 삭제되었는데, 전체 텍스트의 다른 곳에서도 그러한 누락이 있었기 때문이다(참조. Longenecker, "Melchizedek Argument," 164-65).

묵시적 전승의 또 다른 요소가 쿰란에 보존되어 있다. 1QapGen xxii.13-17에는 성경 텍스트의 간단한 의역이 있지만, 11QMelch로 알려진 단편에서는 멜기세덱이 벨리알과 악한 무리들에 대한 종말론적인 심판을 수행하는 천상의 인물로 나타난다(van der Woude, OTS 14[1965] 356-73; 텍스트에 수반하는 재구성에 대해서는 Fitzmyer, *JBL* 86[1967] 25-41을 보라; Milik, *JJS* 23[1972] 95-144). 그 문서의 정확한 취지가 그것의 단편적인 상태로 인해 논쟁이 되지만, 멜기세덱이 일세기의 분파적인 유대교의 묵시적 기대에서 높은 위치를 차지하고 있었음을 거의 모든 해석자들이 인식한다.

11QMelch는 텍스트의 세 가지 서로 다른 설정에 관한 미드라쉬가 있다: (1) 레

위기 25:13과 신명기 15:2(ll. 1-9*a*), (2) 시편 82:1-2과 7:8-9(ll. 9*b*-15*a*), (3) 이사야 52:7(ll. 15*b*-26). l. 26에서 레위기 25:9의 암시는 지배적인 텍스트가 레위기 25:13임을 가리키지만 이사야 61:1도 역시 중요하다. 왜냐하면 각각의 세 항목에서 이 인용되지 않은 구절에 대한 암시들이 미드라쉬에 인용된 텍스트들을 해석하는데 사용되고 있기 때문이다(ll. 4, 6, 9, 13, 18). 1-9a의 텍스트는 희년에 의한 역사의 시대구분을 전제하고 있고, 그것의 마지막은 속죄와 종말론적인 구원을 가져올 것이다. 마지막 희년은 "멜기세덱의 해"로 지칭된다. 벨리알과 그의 무리들의 심판의 주제로 확인되는 포로된 자들을 구조하는 선포에서 구원의 주제는 ll. 9b-15a에서 전개된다. 이 소절들은 이 문서의 멜기세덱에 관한 개념을 이해하는데 중요하다. 그는 분명히 하나님의 심판의 대리자이며 기의 확실히 천상의 무리들보다 높아진 천사이다(참조. de Jonge and van der Woude, *NTS* 12[1965-66] 304; Fitzmyer, *JBL* 86[1967] 31, 34; Delcor, *JSJ* 2[1971] 133-34; 근본적으로 다른 주장에 대해서는 Carmignac, *RevQ* 27[1970] 353, 358, 367-68). 그것들의 단편적인 상태로 인해 해석이 어려울지라도, ll. 15*b*-26은 멜기세덱이 왕이나 통치자였음을 선언하는 것으로 보인다(더 자세한 것은 Horton, *Melchizedek Tradition*, 60-82, 167-70; Demarest, *History*, 120-28; Cockerill, *Melchizedek Christology*, 367-70, 412-67, 519-44을 보라).

어떤 학자들은 히브리서의 저자가 쿰란에서의 멜기세덱의 의미를 인식하고서 자신의 논증을 전개했다고 확신한다(예. de Jonge and van der Woude, *NTS* 12[1965-66] 301-26; Yadin, *IEJ* 15[1965] 152-54; Longenecker, "Melchizedek Argument," 173-79; 참조. Fitzmyer, *JBL* 86[1967] 31, 41). 그러나 11QMelch에서는 멜기세덱과 대제사장직 사이에 분명한 연관이 없으며 또한 11QMelch과 멜기세덱을 언급하는 성경본문들, 즉 창세기 14:18-20과 시편 110:4 사이에 어떤 증명할 수 있는 연관이 없음을 인식해야 한다. 멜기세덱과 관련한 11QMelch와 그 전승 그리고 멜기세덱과 그 대제사장직과 관련한 성경구절들이 지배적인 개념을 담고 있는 히브리서 7:1-25에서 전개된 개념간의 직접적인 연관성은 없다(고로 또한 Cockerill, 458-61을 보라).

필로는 다섯 구절들로 멜기세덱을 언급한다(*Allegorical Interpretation of the Law* 3.79, 82; *On the Preliminary Studies* 99; *On Abraham* 235; 그리고 R. Harris이 발견한 짧은 단편들; 불행하게도, *Questions and Answers on Genesis*의 현존하는 텍스트는 창 10:8-9의 필로의 언급과 창 15:7의 언급 사이에 관한 것은 아무것도

없다). 다섯 가지 구절들 중에, 첫 세 개만이 멜기세덱에 관한 필로의 취급을 위한 개념적인 구조의 문제와 상관이 있다. 필로는 그것이 자신의 알레고리적 주해의 자료를 제공하거나 자신의 결론을 강화하지 않는 한, 창세기 14:18-20의 기사의 상세한 부분에는 진정한 관심이 없음을 보여준다. 텍스트에 대한 취급은 그의 작품의 그밖에 다른 곳에서 나타나는 해석의 다양한 패턴들의 일반적인 적용을 보여준다. 그에게서 멜기세덱은 주로 한 개인으로서 "올바른 원리"(*ὁ ὀρθὸς λόγος*-호 오르도스 로고스)(*Allegorical Interpretation* 3.79)의 상징일 뿐이다. 시편 110:4에 근거하여 멜기세덱이 그리스도의 대제사장직과 아들됨과 연관되는 히브리서와는 대비되게, 필로는 멜기세덱을 우주론적인 로고스나 대제사장으로서의 로고스(*λόγος ἀρχιερεύς*-로고스 아르키에류스)로 우화하지 않으며, 시편 110:4을 절대 인용하지 않는다. 몇몇 해석자들이 히브리서 7장에서 보여지는 개념적인 구조가 필로의 가장 밀접한 유추에서 발견된다고 주장할지라도(예. Moffatt, 91-92; Spicq, 2:182, 207; Thompson, *NovT* 19[1977] 222), 이 지점에서 필로가 히브리서의 사상과 언어에 영향을 발휘하지 않았음을 일반적으로 인정한다(참조. Williamson, *Philo*, 434-7, 445-49; Rusche, *MTZ* 6[1955] 238-44; Cockerill, *Melchizedek Christology*, 211, 371, 388-94, 412).

탈굼의 전승에서 멜기세덱은 셈, 즉 노아의 아들과 동일시되고, 그가 "그때에" 하나님을 섬겼다고 구체화되어 있다(*Tg. Ps.-J.* Gen 14:18; 특히 Carmona, *Est Bib* 37[1978] 79-102을 보라). 멜기세덱의 봉사의 한계는 창세기 14:18-20에서 기록된 만남에서 멜기세덱이 그의 직무에 부적합했기 때문에 아브라함과 그의 자손들에게 그 제사장직이 이관되었다는 랍비적 개념과 일치한다. 이 전승에 따르면, 멜기세덱이 상실한 제사장직의 합법적인 계승자가 레위적 제사장이다. 랍비 문헌에서 창세기 14:18-29의 주요한 관심은 아브라함의 위대함에 있고, 일찍이 A.D. 135에 이스마엘(R. Ishmael)이 시편 110:4의 말씀을 그에게 적용시켰다(*Ned.* 326; 참조. Aptowitzer, *MGWJ* 70[1926] 93-113; Wuttke, *Melchizedek*, 18-27; Petuchowski, *HUCA* 28[1957] 127-36; Horton, *Melchizedek Tradition*, 114-30, 160).

요세푸스는 하나님의 첫 번째 대제사장으로 멜기세덱을 간단히 언급하며 그가 예루살렘 성전을 지었고, 아브라함이 소돔왕으로부터 선물을 받을 것을 설득했다고 주장한다(*Ant.* 1.180 91; *J. W.* 6.438). 위-필로(Pseudo-Philo)의 *Biblical Antiquities*에는 창세기 14장의 사건이나 멜기세덱에 관한 언급이 없다.

영지주의 영역에서 멜기세덱의 사상에 대한 끊임없는 관심이 있었다. 한 세기 전에 프리드렌더(Friedländer)는 히브리서 7장이 기독교 이전의 영지주의적 멜기세덱파에 대한 논쟁적인 반응이었다고 가정했고(*RÉJ* 5[1882] 193-94), 우트케(Wuttke)는 히브리서 7:2b-3의 형성 배후에 기독교 이전의 영지주의의 흔적이 있음을 추적했다(*Melchizedek*, 3-17, 27-32). 그러나 확실한 증거가 없는 상태에서 그러한 주장들은 상대적으로 적은 지지를 받았다(참조. Bardy, *RB* 35[1926] 501-9; Stork, *Die sogenannten Melchisedekianer*, 25-35, 75, 81). 케제만(Käsemann)은 영지주의적 인지학(*anthropos*)이나 "제1의 인간" 신화가 히브리서의 대제사장적 기독론에 영향을 주었다고 확신했다. 그는 후기의 유대 전승에서 멜기세덱은 최초의 아담의 재현이었던 엘리야와 미카엘과 동인시되었다는 것을 증명하기를 시도했다(*Das wandernde Gottesvolk*, 124-40). 그러나 이런 내용의 증거는 빈약하다. 예를 들어, 다이센(Theissen)은 영지주의적 최초의 인간을 종말론적인 대제사장과 동일시했던 후기 유대 전승에 관한 케제만의 논지를 용인할 수 없는 학문적 구성이라고 거부한다. 그는 필로와 히브리서에서의 멜기세덱에 관한 해석이 흔하고 유사한 멜기세덱의 사상에 의존하고 있음을 보여주기를 시도했다(*Untersuchungen*, 143-52). 하지만 그의 논증은 심각하게 결함이 있다(Cockerill, *Melchizedek Christology*, 398-99, n. 111을 보라). 나그 함마디(Nag Hammadi, NHC IX.1)에 있는 Codex IX의 새로운 단편적인 멜기세덱 텍스트는 창세기 14:8과 시편 110:4에 근거하여 그것의 사상을 발전시킨 기독교 영지주의의 한 요소를 대표한다(특히 Pearson, "Figure of Melchizedek," 200-208을 보라). 하지만 그것은 케제만과 다이센의 주장에 대한 어떤 주장도 지원하지 못한다(참조. Cockerill, 372-412).

히브리서에서 멜기세덱은 구속자가 아니며 또한 구원하는 행위도 행사하지 않는다. 그는 족보나 법에 근거하지 않은 제사장직의 선례를 돕는 역사적 인물이다. 히브리서의 저자가 멜기세덱과 관련한 몇몇 전승들을 인식하고 비판적으로 서 있었다고 하는 것이 가능하겠지만, 그가 어느 전승을 알고 있었는지를 구체화하는 것은 지금 불가능하다. 멜기세덱에 대한 그의 전개는 본질적으로 성경 이외의 개념과는 무관하다. 그 전개는 창세기 14:17-20에서 나왔고, 시편 110:4의 관점에서 예표론으로 접근되었다.

주석

멜기세덱에 관한 제시는 "해석하기 어려운 주제"(5:11)의 구성요소의 일부를 이룬다. 7:1-28의 저자의 주요한 관심은 예수의 제사장적 직무의 본질을 묘사하고, 그것이 레위적 제사장직보다 우월함을 입증한다. 그의 논증의 근거는 시편 110:4과 멜기세덱의 제사장직과 같은 영원한 대제사장직을 세우시겠다는 하나님의 맹세에 대한 묵상이다. 7:1-10에서 저자는 멜기세덱이 누구이고 그의 대제사장직의 본질을 규명하는데 자유롭게 사용한 창세기 14:17-20의 선별된 요소들에 의존하여 이 주제를 탐구한다. 그는 레위적 제사장보다 우월한 멜기세덱의 우선성을 보여주기 위해 아브라함과 멜기세덱의 만남의 사건을 이용한다. 그 비유는 "멜기세덱의 반차를 좇는" 제사장이 레위적 제사장보다 우월하다는 7:11-28의 증거에 핵심이 된다. 창세기 내러티브와 시편 110:4에서 저자는 멜기세덱의 인격 속에 전조되고 예고된 영원한 제사장직이 레위적 제사장직을 대체할 것이라는 변할 수 없는 의미를 발견한다. 미드라쉬 전체를 통한 관심의 목표는 멜기세덱이 아니라, 시편의 예언에서 약속된 멜기세덱과 같은 대제사장직이 되시는 분이시다.

1-3 서두 문장에서 저자는 두 가지 질문을 한다: (1) 멜기세덱은 어떤 사람인가? (2) 원시 역사에서 아브라함에 대한 이 간단하고 수수께끼 같은 멜기세덱의 출현에 어떤 의미를 부여할 수 있는가? 필로(*Allegorical Interpretation* 3.79)와 요세푸스(*J. W.* 6.438)가 했던 것처럼, 성경에 언급된 첫 제사장으로서 멜기세덱이 모든 제사장직의 원형이었음을 히브리서의 저자가 논증할 것을 기대할 수 있을 것이다(참조. Horton, *Melchizedek Tradition*, 152-60). 그리스도를 "멜기세덱의 반차를 좇은"(즉 멜기세덱과 같은-역자주) 영원한 제사장으로 제시하는 저자의 결심이 일부 그러한 고려에 의해 영향을 받았을 것이지만, 히브리서의 텍스트에서는 그러한 표현이 없다. 오히려, "이제"(*γάρ*-가르)라는 설명적 불변화사는 창세기 14:17-20의 내러티브의 선별된 특징들의 간명한 상술과 해석을 도입한다. 그 자료는 70인경에서 가져온 것이다. 저자가 70인경의 스펠링인 아브람(*᾿Αβράμ*)을 아브라함(*᾿Αβραάμ*)으로 대체하고 있을지라도 말이다. 그것은 신약성경과 사도적 교부들의 여타 문서에서도 증거되는 정자법의 변화일 뿐이다.

멜기세덱의 이름과 칭호(1a절)는 창세기 14:18에서 직접 가져온 것이다. 그러나 그가 "여러 임금을 쳐서 죽이고 돌아오는 아브라함을 만나 복을 빈 자라"는 발전된 수식은 소돔왕을 언급하는 창세기 14:17의 의역이다. 멜기세덱을 "만난 자"(*ὁ συ-*

ναντήσας – 호 수난테사스)로 속성을 부여함은 그 기사의 중심적인 인물에 논증의 초점을 맞추게 한다(Cockerill, *Melchizedek Christology*, 203). 1b-2a절에서 저자는 언급을 위하여 선택한 창세기의 사건(노략물의 1/10을 아브라함이 멜기세덱에게 준 것과 아브라함에 대한 멜기세덱의 축복)을 의역한다. 이것의 세부적인 설명들은 멜기세덱이 아브라함보다 우월했다는 저자의 요지를 지원했다(4-10절). 멜기세덱이 떡과 포도주를 가져와서 아브라함의 필요를 도왔다는 사실(창 14:18)은 언급되지 않는데, 아마도 그런 상황이 아브라함이 실제로 멜기세덱보다 우월하였다는 것을 함축하는 것으로 추론될 수 있기 때문이었을 것이다(Williamson, *Philo*, 445). 멜기세덱의 이름과 두 칭호는 1a절에 주어진 것과 동일한 어순으로 해석된다(2b절). 마지막으로 3절에서 저자는 창세기의 다른 중요한 역사적 인물들과 달리 멜기세덱은 족보도 없고 태생이나 죽음도 없이 나타났다는 사실을 고려하고, 멜기세덱의 제사장직의 의미에 대한 이 침묵의 의미를 발전시킨다(참조. Demarest, *History of Interpretation*, 131-32; Cockerill, 22).

히브리 왕들과 달리, 멜기세덱은 신성적인 왕권의 전통을 대변했다. 그는 자신의 위격에 왕권과 제사장직의 이중적인 영예를 융합했다. 창세기 14:18에서 제공된 묘사에서, 살렘왕으로서의 멜기세덱의 직무가 먼저 언급된다(창 14:18-20에 관한 구약의 학문적인 개관에 대해서는 Kirkland, *StudBibTh* 7[1977] 3-23을 보라). 살렘의 도성은 전통적으로 예루살렘인 것으로 확인된다(시 76:2; Jos., *Ant.* 1.180; 1QapGen xxii.13; *Tg. Neof.* Gen 14:18; 참조. L. H. Vincent, "Abraham à Jérusalem," *RB* 58[1951] 360-71; P. Winter, "Note on Salem-Jerusalem," *NovT* 2[1957] 151-52). 그러나 예루살렘과 살렘의 동일시는 논쟁이 되어지고, 한 강력한 사례는 살렘을 고대의 세겜으로 할당한다(참조. Kirkland, 5-11). 히브리서는 살렘을 예루살렘과 동일시하는 것에는 관심을 보이지 않고, 다만 사실의 진술만 기록한다.

멜기세덱은 창세기에서 아브라함의 하나님인 것으로 가정되는, "지극히 높으신 하나님의 제사장"으로 소개된다. 히브리서에서 이 지칭은 유대교와 초기 기독교에서 "지극히 높으신 하나님"은 하나님의 초월적인 신성을 강조하는 공통된 찬사였다는 사실을 전제한다(예. Philo, *Allegorical Interpretation* 3.82; Mark 5:7 par.; 행 7:48; 16:17; *1 Clem* 59:3; 참조. T. Hanlon, "The Most High God of Genesis 14:18-20," Scr 11[1959] 110-18). 멜기세덱에 관해 기록된 유일한 제사장직 행위는 지극히 높으신 하나님의 이름으로 족장을 축복한 것이다(창 14:19 20a; 히 7:1b). 멜기세덱의 제사장직을 인정한 아브라함은 패배시킨 왕들로부터 회복한 전리품의 1/10을 그에게 주었다. 정동사 에메리센(ἐμέρισεν, "그가 분배했다")은 70인경 텍스트의 동사 에도켄(ἔδωκεν, "그가 주었다")을 대신하는데, 아브라함이 십일조를 냈다는 사실을 강조하기 위해서다(Moffatt, 91-92; Cockerill, *Melchizedek Christology*, 31). 창 14:20b에서 누가 누구에게 십일조를 냈는지가 구체화되어 있지 않지만, 전승에서는 십일조를 멜기세덱에게 준 것이 아브라함이었다고 명확하게 남겨져 있다(Philo, *Harris Fragment; On the Preliminary Studies* 99; Jos., *Ant.* 1.181; 1QapGen xxii.17; *Pirqe R. El.* 27).

2b절에서 "첫째"(πρῶτον μέν－프로톤 멘)는 멜기세덱과 관련하여 창세기에서 인용된 항목과 그 자료의 해석간에 불일치를 특징짓는다. 2b-3절에서 멜기세덱의 정체성은 1절에서 제공된 지칭에 의해 설명된다. 멜기세덱의 히브리 이름과 칭호의 어원학적인 해석은 자연스러운 것이며, 유사한 해석들이 필로(*Allegorical Interpretation* 3.79)와 요세푸스(*Ant.* 1.180; 참조. Fitzmyer, *CBQ* 25[1963] 311-13)에게서 무관하게 나타난다. 저자는 멜기세덱의 특징에서 약속된 메시아의 전조인 "의의 왕"과 "평화의 왕"을 인식했지만(참조. Zimmermann, *Hohepriester-Christologie*, 13), 이 개념들에 관해서는 더 이상 언급하지 않는다. 모든 관심은 멜기세덱의 제사장직에 집중해 있는데, 그것이 3절에서 해석된다. 2b절에서 전달된 인상은 저자가 완정성을 위해서만 오직 "멜기세덱"과 "살렘의 왕"이란 칭호의 간단한 해석을 주었다는 것이다(Cockerill, *Melchizedek Christology*, 34-35, 38).

3절의 정확한 이해는 멜기세덱과 "그와 같은"("그의 반차를 좇은") 제사장의 유일성의 적절한 해석에 필수적이다. 하지만 이 구절에서 네 선언은 성경 텍스트에서는 결코 자증적이지 않다. 저자가 설명한 진술의 항목들이 촉발한 비판적인 견해의 범위는 그것의 난해함의 정도를 가리킨다. 톰슨(J. W. Thompson)은 헬라의 형이상학적 사상에 비추어 3절을 해석한 사람들 중에 대표자인데, 그는 멜기세덱과 관련한 서술을 문자적으로 그에 관한 사실인 것으로 이해한다. 그는 그 특유의 표현은 헬라의 형이상학과 신앙의 오랜 역사를 갖는다고 주장한다: 예를 들어, "아비도 없고"(ἀπάτωρ－아파토르)와 "어미도 없고"(ἀμήτωρ－아메토르)라는 묘사적인 용어는 헬라적 자료에서 신성적인 서술로 잘 알려져 있다(예. Julius Pollux, *Onomasticon* 3.26; 참조. Schrenk, *TDNT* 5:1021-22). 톰슨에 따르면, 저자가 멜기세덱의 "신성적인 특징"(*NovT* 19[1977] 211), 즉 감각 인지적인 세상의 일부가 아닌 천상의 존재임을 주장하기 위해서 그것들을 사용했다(212-14; 참조. Wuttke, *Melchizedek*, 3-13; Windisch, 59-63; Käsemann, *Das wandernde Gottesvolk*, 116-56; de

Jonge and van der Woude, *NTS* 12[1965-66] 318-26; Dey, *Intermediary World*, 190-91, 210-11; Cockerill, *Melchizedek Christology*, 62-64, 189-90). 한편으로 데마레스트(Demarest)는 3절의 진술을 엄격하게 문자적인 의미로 해석한다면 멜기세덱이 "그리스도의 대제사장직을 손상시킬 수 있는 인간이 아닌 특징으로"나타날 것이라고 주장하는 사람들의 대표다(*History of Interpretation*, 9; 참조. Westcott, 173; Riggenbach, 179; Meeter, *Heavenly High Priesthood*, 64; Kuss, 55; F. F. Bruce, 133-38).

저자의 의도와 관련한 이런 정반대의 관점은 핵심적인 3절의 요소들에 대한 서로 다른 평가를 반영한다. 첫 번째 접근에 따르면, 중요한 진술은 3b절인데("시작한 날도 없고 생명의 끝도 없어"), 그것은 저자가 신비적인 천상의 기원을 갖는 초인간적인 특징에 관한 헬라의 신화적인 개념을 발전시키고 있다고 지적한다. 두 번째 다른 접근에 따르면, 의미 있는 요소는 3a절의 세 번째 용어이며("족보도 없고"), 그것에 비추어 다른 선언들이 해석되어진다. 저자는 멜기세덱이 제사장적인 조상이 없는 대표자이며, 그의 위대함에도 불구하고 비레위적인 제사장은 모세의 율법에 수치스러운 관계를 갖는다는 본질적으로 유대적 개념을 발전시키고 있다(참조. Cockerill, 38-41).

둘중 하나를 선택하는 문제를 결정함에 있어서 3절이 간결한 언급의 윤색된 예증임을 인식하는 것이 긴요하다. 저자는 표현에서 엄격한 간소함으로 의미의 최대치를 확보하고 있다(Rendall, *EvQ* 27[1955] 214). 그는 설정하고 설명해야 하는 요지의 간결한 요약을 제시한다. 그 형태는 논쟁적이기보다는 설명적이다. 대단히 압축된 스타일은 구약의 기록과 그 절의 특색 있는 어절간의 해석적인 연결을 찾는 것을 촉발시키는 것으로 의도되어 있다. 그 진술의 주요한 목적은 사실적인 관점을 형성하는 것이 아니라 멜기세덱의 제사장직과 보다 익숙한 레위적 대제사장의 계열간의 존재했던 근본적인 차이를 보이는 것이다. 이 문맥에서 멜기세덱의 부모나 제사장적 가계와 관련한 창세기 내러티브의 침묵은 그것이 기록된 가문의 계열이 제사장적 직무의 계승을 위해 요구되었던 레위적 대제사장과 맞물려 있는 대조 때문에 의미가 있었다(출 28:1; 레 21:13-15; 민 3:10; 18:1; 스 2:61-63; 느 7:63-65).

첫 번째 어절은 알파접두사(ἀ)로 구성되어 있다. 해석에 대한 열쇠는 세 번째 용어인 아게네알로게토스(ἀγενεαλόγητος, "족보도 없고")가 제공한다. 그것은 첫 두 단어들의 의미를 확장하며, 3a절이 기적적인 출생이 아니라 제사장적 특징과 관련되는 것임을 가리킨다(Soubigou, *ATh* 7[1946] 71; Horton, *Melchizedek Tradition*, 162). 저자가 멜기세덱을 신화적인 용어들과 관련시켰다는 것을 4-10절에서 전개하고 있는 논증에서는 어떤 암시도 없다. 그는 지극히 높으신 하나님의 왕권적인 제사장을 초기 역사의 역사적 인물로서 제시한다. 멜기세덱은 "아비도 없고"(*ἀπάτωρ*-아파토르) 어미도 없다(*ἀμήτωρ*-아메토르). 창세기에 그의 아버지와 어머니 또는 그의 가계에 대해 어느 언급도 없기 때문이다. 필로는 사라를 언급하기 위해 두 번 아메토르(*ἀμήτωρ*)를 사용할 때에 성경 텍스트의 유사한 해석을 제공하는데, 그녀의 어머니를 성경 텍스트에서 전혀 언급하고 있지 않기 때문이다(*On Drunkenness* 61; *Who Is the Heir?* 62). 멜기세덱의 부모와 가계와 관련한 성경의 침묵은 저자에 의해 그 유일무이성의 증거로서가 아니라 그의 제사장직의 유일무이성의 개념을 확장하기 위해 강조된다(참조. Horton, 159-60). 그것은 출생과 가계의 외적인 환경이 멜기세덱의 제사장직으로 세우지 않았다는 것을 함축한다. 그것은 하나님의 소명에 기초하고 있는 것이지 레위적 제사장직이 견지하고 있는 혈통적인 과정에 따른 것이 아니다(참조. 5:5-6; 7:14). 기록된 제사장적 족보가 없다면, 멜기세덱이 레위적 제사장직으로 자격이 부여될 수 없었으나, 이 사람은 지극히 높으신 하나님의 제사장이 되었고, 아브라함은 그의 위엄을 인정했다(참조. Demarest, *History of Interpretation*, 133-34; Cockerill, *Melchizedek Christology*, 49-50).

멜기세덱의 출생과 관련한 창세기의 기사의 침묵을 이용하여 저자는 두 번째 어절에서(3b절) 멜기세덱의 제사장직이 시작도 끝도 없다는 것을 선언한다. 미첼(Michel)은 "제사장적 기원이 없는 제사장은 그의 삶과 사역에 성경의 제한이 없었다"(263)는 것을 언급한다. 그는 제사장적 조상도 그의 유일무이하고 끝이 없는 제사장직을 부여받는 계승자도 필요치 않았다. 그것은 그의 삶의 무제한적인 자격을 보여준다. 멜기세덱의 갑작스런 출현과 기록된 역사로부터 동등하게 갑작스런 사람짐은 영원성의 개념을 불러왔다. 그것은 멜기세덱에게서 예표되었고, 그리스도에게서 실현되었다. 결과적으로 멜기세덱은 아주 근본적으로 레위적 제사장직과 달랐다는 점에서 그리스도의 제사장직을 전조했다(참조. Spicq, 2:209; Demarest, *History of Interpretation*, 134-35).

3a, b절의 부정적인 서술에서 3c, d절의 긍정적인 주장으로의 전환은 역접의 불변화사 데(*δέ*, "but")가 영향을 미친다. 세 번째 어절(3c절)은 창세기의 사건을 그들이 예표했던 종말론적인 실재의 관점에서 읽었다는 것을 드러낸다. 멜기세덱은

하나님의 아들과 방불했다. 이것은 멜기세덱에게 적용된 서술이 영원한 아들에 관한 저자의 개념에 의해 채색되었다는 것을 함축한다. 스피크(Spicq)는 멜기세덱의 위격을 약속된 영원한 제사장에 대한 시편 110:4이 고려한 본질적인 측면을 반영하고 있다고 여긴 모범으로서 묘사한다(2:189). 그것은 3절의 멜기세덱에 관한 묘사가 왜 단수 형태로 나타나고 있는가 하는 것의 이유를 설명해준다. 완료수동분사 아포모이오메노스(*ἀφωμοιωμένος*)는 "하나님의 수동태"("[하나님에 의해] 유사하게 되어진")의 한 예이다. 그 용어는 저자가 구약성경의 기록에서 발견한 보다 높은 제사장직의 예증으로서 하나님에 의한 멜기세덱의 임명을 전제한다. 3c절의 형태는 영원한 아들에 대한 멜기세덱의 하위성을 전제하는 것으로 보인다(Horton, *Melchizedek Tradition*, 156). 멜기세덱은 예언적이지만, 구원적이지는 않았다는 의미를 담고 있다.

마지막 어절은 창세기의 텍스트가 보증하는 것을 초월한다. 멜기세덱에게 영원한 대제사장직을 부여함으로써 말이다. 엄격한 의미에서, 그가 항상 제사장으로 있다는 결론은 3b절의 주장에서 나온 논리적 추론이다. 3d절의 형성은 창세기 14:18-29의 해석에 대한 시편 110:4의 영향을 보여준다. "항상"(*εἰς τὸ διηνεκές* – 에이스 토 디에네케스)이란 표현은 시편 110:4의 "영원한"(*εἰς τὸν αἰῶνα* – 에이스 톤 아이오나)을 개선한 말이다. 그것은 저자가 "멜기세덱의 반차를 좇은"(즉 멜기세덱과 같은) 제사장으로 설명되는 영원성의 속성을 정확히 어떻게 이해하였는가를 가리켜준다. 3절의 멜기세덱의 제사장의 영원성에 관한 개념의 가장 분명한 근원은 그리스도의 영원한 제사장직에 대한 저자의 확신이다(Soubigou, *ATh* 7 [1946] 71; Horton, *Melchizedek Tradition*, 170; 참조. Cockerill, *Melchizedek Christology*, 484, 490). 저자는 "멜기세덱의 반차를 좇은" 분의 제사장직의 영원한 성격이 이미 창세기 14장에 함의되었다는 것을 발견한다. 그곳에서 멜기세덱은 전임자로부터 자신의 제사장직 봉사를 물려받지도 않았고, 계승자가 없이 제사장으로 남아 있다. 기록의 침묵은 멜기세덱에게 전이되지 않는, 그러므로 항상 있는 제사장직을 부여하고, 그것은 그리스도의 제사장직의 영원하고 최종적인 성격을 전조한다(Michel, 263; Demarest, *History of Interpretation*, 134-36). 저자는 "있느니라"(*μένει* – 메네이)는 용어를 사용하는데, 그것은 종말론적인 의미에서 영원성의 개념을 상기시킨다. 멜기세덱이 항상 제사장으로 "있다"는 의미는 내재하시고 영원한 제사장으로서의 그리스도에 관한 이해의 정도를 허락한다. 멜기세덱의 제사장직의 "영원"성은 구분되는 특징을 이룬다. 그리스도를 "멜기데섹의 반차를 좇은" 대제사장으로 제시하고자 준비할 때 저자가 관심을 가졌던 것은 다른 어떤 것보다도 이 요소에 관한 것이다(참조. Meeter, *Heavenly High Priesthood*, 65; Spicq, 2: 210; Hay, *Glory*, 147 등등).

따라서 창세기 14장의 내러티브는 레위적 대제사장직을 대체하기 위해 하나님이 의도하셨던 제사장직의 종류, 즉 항상 제사장직을 수행하시는 영원한 제사장의 봉사를 함의한다. 그것은 어느 계승자도 갖지 않는 대제사장의 출현을 예기하는데, 그는 그 어느 것도 필요치 않기 때문이다(Williamson, *Philo*, 439-40). 왕들의 골짜기(Valley of the Kings)의 사건에 관한 사용은 사상의 구속적인 역사적 범주를 유지하고, 멜기세덱과 같은 제사장의 우월성에 대한 역사적 근거를 제공한다. 3절에서 새로운 제사장의 영원성을 지적하기 위해 멜기세덱에 관한 긍정적인 용법의 사용이 주어지고 있다. 결과적으로, 3절의 모든 어절들은 7:1-28에 전개되는 논증에 중요해진다(3a절은 5-6, 13-14절에서 사용되고, 3b절은 8, 15-16, 24, 28절에서, 3c절은 15-16절에서, 3d절은 22-25절에서 사용된다. 특히 Cockerill, Melchizedek Christology, 63-64, 187-90을 보라).

4 4-10절에서 입증된 요지는 멜기세덱이 레위적 제사장보다 우월하였던 제사장이라는 것이다. 멜기세덱에게 아브라함이 십일조를 낸 것이 그 논증의 기본이 되는데(2a절; 창 14:20), 그것은 살렘의 제사장의 위대함에 대한 역사적 진실성을 제공한다. 또한 멜기세덱이 아브라함을 축복했다는 사실이 보충적인 방식으로 소개된다. 논증의 과정에서 저자는 3a, b절에서 효과적인 사용을 한 멜기세덱과 레위적 제사장간의 두 대조를 발전시킨다. 첫 번째 대조에서는(5-6a절), 3a절의 서술을 사용하고, 두 번째 대조에서는(8절) 요점을 위해 3b절의 수수께끼적인 주장을 의존한다. 저자가 창세기 14:17-29에서 기록된 만남을 실제적인 역사적 사건으로 취급하고 있음이 전체 단락을 통해 두드러진다. 그 사건의 "역사성"은 그의 논증에 매우 중요하다(Cockerill, *Melchizedek Christology*, 23, 65-66, 211).

새로운 단락의 주제는 "이 사람의 어떻게 높은 것을 생각하라"는 수사적인 명령법에 의해 훈계적으로 선언된다. 이 항목의 핵심어는 여기서 감탄적인 의미로 사용된 상관적인 대명사인 펠리코스(*πηλίκος*, "어떻게")이다. 하지만 멜기세덱의 위대성은 또 다른 방식으로 강조된다. 멜기세덱에게 물품의 십일조를 아브라함이 드린 것이 4절에서 더 구체적으로 정의되는데, 그것은 전리품의 십일조였다. 노획물의 가장 좋거나 선별된 것을 나타내는 아크로디니온(*ἀκροθινίων*)이란 용어는 멜기세덱의 높은 신분의 인상을 부각시키기 위해 선별된 것으로 보인다. 필로에 따르면,

아브라함이 멜기세덱에게 주었던 것은 "전쟁의 무기들"(*τὰ τοῦ πολέμου ἀριστεῖα* – 타 투 폴레무 아리스테이아)이었다(*Harris Fragment*; Moffatt의 텍스트, 91). 강조하기 위해 문장의 끝에 두어진 "족장"(*ὁ πατριάρχης* – 호 파트리아르케스)란 용어는 이스라엘의 선조로서의 아브라함의 신분을 분명히 나타낸다(4 Macc 7:19; 16:23; 행 7:8-9; 참조. Riggenbach, 186). 하지만 아브라함은 단지 멜기세덱의 신분을 더욱더 강조하기 위해서 찬사를 받은 것이다.

"족장"(한글개역은 "조상")으로서의 아브라함의 지칭은 뒤이어지는 논증에 중요하다: 레위적 제사장직과 아브라함을 통한 멜기세덱간의 비유가 만들어질 수 있는 것은 아브라함이 종족의 족장이었기 때문이다. 그 조상이 그의 가계의 전 그룹을 대표하고, 상징하고, 구현한다. 아브라함은 단지 개인이 아니라 이 문맥에서 대표가 되는 인물이다. "족장"(또는 "조상")이란 용어를 사용함으로써 저자는 레위가 그의 조상(*πατήρ* – 파트레), 즉 아브라함을 통하여 멜기세덱에게 십일조를 냈다는 9-10절의 결론을 준비한다(Cockerill, *Melchizedek Christology*, 66).

5-6a 멜기세덱과 레위적 제사장간의 첫 번째 대조가 멘…데(*μέν… δέ*, "한편으로…다른 한편으로") 구문으로 제시된다. 레위적 제사장의 고귀한 신분이 5절에서 강조되는데, 멜기세덱이 6절에서 그들과 비교될 때 그가 다른 이들보다 가장 뛰어남을 보이기 위한 것이다. 5절 전체에 걸쳐서 현재시제의 사용은 아마도 일반적인 진술의 현재를 대변하는 것이지, 여기와 히브리서의 다른 곳에서도 레위적 제사장직이 기능을 멈추었다는 가르침은 없다(Cockerill, *Melchizedek Christology*, 66).

그 비유는 두 제사장직의 정체성과 그들이 십일조를 받았던 권위에 초점을 맞춘다. 멜기세덱의 비유의 근거는 "제사장의 직분"(*τὴν ἱερατείαν* – 텐 히에라테이안)이란 용어다. 레위적 제사장들은 제사장 직무의 봉사를 위해서 십일조를 받았다(민 18:21-24; 참조. 눅 1:9). "레위의 아들들 가운데…받는 자들이"(*ἐκ τῶν υἱῶν Λευί* – 에크 톤 휘온 레위)란 표현은 그 비유에 근본이 되는데, 그것은 레위적 제사장과 아브라함을 연결해주고, 나중에 9-10절의 논증에서 사용되는 요소인 육체적 가계를 강조한다. 이 제사장들이 모세의 율법의 조항에 근거하여 십일조를 징수했다는 진술은 70인경의 용법에서 나오는데, 거기서 아포데카툰(*ἀποδεκατοῦν*)은 십일조를 징수하는 것에 관해 사용되고(삼상 8:15; 느 10:37), 엔톨레(*ἐντολή*)는 구체적인 명령을, 노모스(*νόμος*)는 계명의 핵심으로서의 율법을 나타낸다(예. 출 16:18; 24:12; 수 22:5; Sir 35:24; 참조. Schrenk, *TDNT* 2:546). 70인경에서 엔톨레(*ἐντολή*)와 노모스(*νόμος*)의 구분이 히브리서에서도 유지되는데, 엔톨레

(ἐντολή)를 사용할 때마다 노모스(νόμος)와 연관하여 사용한다(7:5, 16-18; 9:19; 참조. Schrenk, *TDNT* 2:553; Gutbrod, *TDNT* 4:1078). 칵케릴(Cockerill)은 히브리서에서 율법이 제사장직과 희생의 측면에서 보여지고 있고, 결과적으로 5절의 카타 톤 노몬(κατὰ τὸν νόμον)이란 표현은 "레위적 종교 제도에 따른 것"(*Melchizedek Christology*, 68, 105-7)임을 나타낸다는 요지를 만들었다. 저자는 레위와 아브라함으로부터 계승한 제사장들이 십일조를 부과한 특별 법령이 권위에 관한 전체적인 법적 제도에 의존했음을 5절에서 강조한다. 이에 대조되어, 멜기세덱은 십일조의 수령을 율법이 권위를 부여할 것을 필요치 않는 "그런 이들의 가계를 따르지 않은 분"으로서 확인된다(Cockerill, 67-69).

그 비유의 영향은 십일조를 받은 이들간의 대조에 의해 강화된다. 레위적 제사장이 십일조를 징수했던 사람들은 "백성"과 "자기 형제" 또는 이와 동등한 자들로 정의된다(5b절). 오경에 따르면, 백성들은 십일조를 레위족속에게 냈고, 레위족속은 그 양의 십일조를 제사장들에게 냈다(레 18:21; 민 18:26-28). 이런 관행은 유배에 뒤이은 회복의 시기만큼이나 늦은 시기에도 효력을 발휘했다(느 10:38-39). 하지만 히브리서의 당대의 시기에 제사장들이 백성들로부터 곧바로 십일조를 받았다는 증거가 있다(참조. Jos., *Life* 80; *Ant.* 20.181, 206-7). 저자는 십일조에 대한 레위의 주장을 논쟁하지 않고, 그들과 동등한 부류의 사람들에 의해서가 아니라 족장인 아브라함에 의해 그러한 필요가 인정되었던 사람으로서 멜기세덱을 제시한다(Michel, 264). 이 사람의 고귀한 신분은 그와 같다. 이런 비유로부터 나오는 의미는 레위적 세장장들뿐만 아니라 그들이 십일조를 징수했던 사람들이 아브라함의 후손들이었기 때문에 멜기세덱이 레위적 제사장들보다 우월하다는 것이다(9-10절).

첫 번째 대조에서 아브라함이 멜기세덱에게 물품의 십일조를 바친 것은 멜기세덱이 "족보도 없다"(ἀγενεαλόγητος-앙게네알로게토스, 3a절)는 사실에 견주어 관찰된다. 아론의 부계(출 28:1; 민 3:10; 18:1)와 순수 이스라엘 족속의 모계(레 21:7; 겔 44:2)가 필수적인 합법적인 제사장들과 대비되어, 멜기세덱은 하나님의 임명과 본질적인 가치에 근거하여 제사장적 역할을 수행했다(참조. Cockerill, *Melchizedek Christology*, 71). 6a절에서 멜기세덱의 묘사는 그를 제사장직의 법적인 제한이 없는 것으로 설명하고, 비성직권자인 유다의 가계로부터 내려온 분으로서의 약속된 메사아적 제사장의 모습을 예시한다(13-14절; 참조. Demarest, *History of Interpretation*, 134).

6b-7 아브라함과 레위적 제사장직의 의미보다 우위에 있는 멜기세덱에 관한

인상은 6b절에서 강화된다. 그 어절은 멜기세덱이 아브라함을 축복했다는 1b절의 간단한 진술을 부연하는데, 그 족장을 "그(약속을) 얻은 자"로 밝힘으로써 그러하다. 인접한 문맥에서, 하나님의 약속을 받은 아브라함(6b절)과 율법을 소유한 레위적 제사장(5절)간에 대조가 함의되어 있다. 히브리서에서 신학적으로 의미가 있는 용어인 에팡겔리아(*ἐπαγγελία*, "약속")는 효력과 확신을 내포한다: 하나님은 약속하신 것을 반드시 이루신다(6:13-18; 10:23). 한편으로 "율법"(*νόμος*-노모스)이란 표현은 비효과성을 내포한다(7:19*a*, 28*a*). 이런 방식 속에서 멜기세덱과 레위적 제사장간의 대조가 강화되는데, 레위적 제사장들은 율법에 따라 십일조를 징수했지만, 멜기세덱은 하나님이 확실히 아브라함을 축복할 것이라는 거룩한 약속을 받았었던 아브라함을 축복했기 때문이다(6:13-14; 참조. Cockerill, *Melchizedek Christology*, 71-72).

멜기세덱의 제사장적 축복의 행위가 주는 의미가 7절에서 삽입구적으로 해석된다. 부사구인 코리스 데 파세스 안틸로기아스(*χωρὶς δὲ πάσης ἀντιλογίας*, "폐일언하고")는 저자가 말하고 있는 것의 확실성을 강조하고자 할 때 파피루스에서 흔한 말이다(MM 48). 여기서 그것은 덜 뛰어난 사람이 더 뛰어난 자(*τὸ ἔλαττον ὑπὸ τοῦ κρείττονος εὐλογεῖται*-토 엘라톤 휘포 투 크레이토노스 율로게이타이)에 의해 복을 받는다는 원리의 일반적인 진술을 강조한다. 비교하는 용어인 크레이톤/크레이토노스(*κρείττων/κρείττονος*, "더 좋은, 더욱 뛰어난, 더 위대한")는 가치 판단을 할 때에 저자가 자주 사용한다(1:14; 7:19, 22; 8:6; 9:23; 11:40에 관해 보라). 유대교에서 원시 역사에서 주요한 인물들의 상대적인 위대성을 논증하는 전통이 있었다(Str-B 1:249-50, 774). 저자는 멜기세덱과 아브라함의 상대적인 위대성의 문제가 지극히 높으신 하나님의 제사장을 선호하여 창세기 14:18-20에 결정되어 있다는 것을 전제한다(참조. Cockerill, *Melchizedek Christology*, 73-74, 79-80).

8 멜기세덱과 레위적 제사장간의 두 번째 대조가 8절에 나온다. 그 비교의 근거는 레위적 제사장과 살렘의 제사장이 모두 십일조를 받았다는 것이다. 그러나 그 강조는 자격의 문제에서(3a, 5-6a절) 각각의 사역에 대한 상대적인 지속성의 문제로 전이된다.

8절의 두 절반들은 카이 호데 멘…에케이 데…(*καί ὧδε μὲν… ἐκεῖ δέ…*, "한 경우에…다른 경우에…")의 구문으로 예리하게 대조를 이룬다. 8a절에서 분사 아포드네스콘테스(*ἀποθνήσκοντες*, "죽을")가 죽을 운명의 사람들로부터 십일조를 받는 레위적 제사장들을 특징짓기 위해 수식하는 명사 앞에 두어져 있다. 율법에 의해 제사장적 봉사로 임명된 사람들은 죽을 운명에 처해 있기에 일련의 계승자를 갖는다. "십일조"(*δεκάτας*–데카타스)와 "받다"(*λαμβάνειν*–람바네인)의 적절한 형태가 8b절에서는 반복되고 있지 않을지라도, 그것이 이미 거기에 함의되어 있다. 멜기세덱에게 "저기는 산다고"(*ὅτι ζῇ*–호티 제)라는 예외적인 찬사를 적용하는 것을 정당화시킨 것은 이 사실에서다. 그 어절이 나타내고 있는 것처럼 모든 강조는 멜기세덱이 "저기는 산다고 증거를 얻은 자"라는 놀라운 주장에 있다. "증거를 얻다"(*μαρτυρούμενος*–마르투루메노스)라는 용어는 거의 확실히 성경을 언급하는 말이다(참조. 17절; 10:5). 이 문맥에서 그 선언은 3절로 되돌아간다. 저자는 시편 110:4과 창세기 14:18-20에 근거하여 그것을 해석적으로 명확히 했음을 고려했다. 성경은 멜기세덱에 관하여 그의 존재와 시간적인 제한이 없는 제사장직의 수행만을 선언한다(참조. Schröger, *Verfasser*, 143; Cockerill, *Melchizedek Christology*, 74-78; Demarest, *History of Interpretation*, 136).

이 두 번째 대조에서 레위적 제사장에 대한 멜기세덱의 우월성의 근거는 3b절에서 서술된 멜기세덱의 "영원성"("항상")이다. 그것은 그의 제사장적 직무의 항구성을 고려한다. 이 논증의 중요함에 대한 측면은 15-16절에서 분명해지는데, 거기서 그것은 메시아적 제사장에게 적용된다. 성경의 기록과 관련되는 한, 멜기세덱은 생명의 끝도 없으며 그의 유일무이한 제사장직은 계승자도 없다. 하지만 제한되고 문자적인 의미에서 멜기세덱에게 참인 것은 하나님의 존전에서 대제사장으로 백성들을 돕는 분에게는 절대적으로 참이다(F. F. Bruce, 141-42).

9-10 논증의 절정은 9절에서 이르게 되고 10절에서 완화된다. 그것은 멜기세덱과 레위적 제사장간의 첫 번째 대조의 의미(5-6a절)를 구체화한다. 아브라함이 멜기세덱에게 십일조를 냈다는 사실의 더 깊은 의미를 추론함으로써 말이다(Cockerill, *Melchizedek Christology*, 23-24, 78). 문학적 어구인 "(말)할 수 있나니"(*ὡς ἔπος εἰπεῖν*–호스 에포스 에이페인)는 저자가 사상의 흐름을 단절시키고 그 주제를 더 완전하게 다루기를 원치 않고, 단지 자신이 말해야 하는 것을 가능한 간결하게 요약하기를 원할 때에 자주 사용된다. 여기서 그것은 레위가 멜기세덱에게 십일조를 냈다는 저자의 진술이 문자적으로는 참이 아니라는 것을 분명히 인식했음을 가리키는데, 아브라함이 멜기세덱을 만났을 때인 원시 역사의 그 시기에 레위가 아직 태어나지도 않았기 때문이다. 하지만 그럼에도 불구하고, 레위가 십일조를 드렸다는 진술은 중요한 의미에서 참이고, 그것은 곧바로 이어지는 "아브라함으로 말

미암아"(δι' Ἀβραάμ – 디 아브라암)라는 표현으로 지적된다. 이스라엘을 족장과 연계한 집합적인 단일성은 레위가 아브라함의 행위 속에서 충분히 대변되었다는 것을 함축했다. 따라서 멜기세덱과 관련한 레위의 신분은 아브라함과의 관계성에 의해 영향을 받았다. 결과적으로 레위적 제사장직과 비교한 멜기세덱의 우월성은 단순히 이론적인 것만이 아니라 역사에 근거한 것이다(참조. Riggenbach, 190-91; Williamson, *Philo*, 107-9; Cockerill, *Melchizedek Christology*, 78-80).

9절의 주장은 10절에서 정당화되고, 설명된다. 설명적인 접속사 가르(γάρ, "왜냐하면", 한글개역은 "이는")가 나타내는 것처럼 말이다. 멜기세덱이 아브라함을 만났을 때, 레위가 아직 태어나지 않았을지라도, 아브라함이 멜기세덱에게 주었던 십일조는 레위와 레위적 제사장직이 하나님의 약속된 시간에 시작될 멜기세데이 반차를 좇은 제사장직에 종속될 것임을 예기하는 언사이다.

해설

7장에서 저자는 시편 110:4의 예언에 함축된 그리스도의 제사장직의 새롭고 심오한 개념, 즉 신약성경에 그밖에 다른 곳에서 발견할 수 없는 기독론적인 주제를 상술한다. "멜기세덱의 반차를 좇아" 생겨날 대제사장의 해석에 대한 준비로, 그는 7:1-10에서 메시아적 제사장을 전조했던 고대의 제사장적 모델과 연관을 짓는다. 그리스도의 근본적으로 새로운 제사장직에서 구현된 개념(7:11-28)의 적합한 이해는 멜기세덱과 그의 제사장직의 탁월성에 관한 정확한 이해에 달려 있다. 멜기세덱에 관한 저자의 사용은 명확하다. 그리스도의 영원한 제사장직의 이해는 멜기세덱의 영원한 제사장직의 선별된 특징에 관한 고려에서 얻어질 것이다. 그는 멜기세덱을 성취되어진 모형으로서가 아니라 그가 구약성경에서 전조하고 있다고 발견한 보다 높은 제사장직의 증거로서 간주한다. 멜기세덱은 조상의 가계와는 별개의 특징에 근거하고, 율법과 별개로 하나님이 임명하신 탁월한 제사장직의 선례로서 작용한다. 그는 구약의 제사장직의 공통된 해석의 예외를 대표하는데, 그는 레위적 제사장직의 궁극적인 대체를 예기한다. 멜기세덱의 "상징적인" 의미는 계승자가 없는 제사장으로서 직무의 무시간적인 본질에 있다. 멜기세덱과 그가 시행한 제사장직의 "영원성"의 모티브가 7:1-10의 탁월한 주제를 형성한다.

해석의 근거는 시편 110:4에 함축된 해석에 비추어 창세기 14:17-20의 주해다. 저자의 분석은 성경의 텍스트의 상세한 부분에 대한 깊은 존경을 보이고 있다. 어떤 사실에 관한 제시는 항상 해석의 확실한 정도와 관련되는 한, 그는 창세기 내러티브를 제시의 형태에서 배아(胚芽)적인 해석을 이미 함축하고 있는 것으로 생각하였다. 결과적으로 심지어 성경의 침묵도 의미가 있다. 부모와 가계와 생명의 시작과 끝이 없는 왕권적 제사장적 인물에 관한 묘사는 영원히 제사장직에 있는 한 제사장의 개념을 불러온다. 족장 아브라함과 그로부터 전수한 레위적 제사장보다 한 제사장의 우월함은 멜기세덱의 제사장직의 우월함에 대한 역사적 근거를 설정한 창세기의 세부적인 부분에서 추론된다.

7:1-10에서 멜기세덱에 관한 사용되는 용법은 철저히 기독론적이다. 그는 히브리서에서는 독립적인 의미를 갖지 못하고, 다만 성자를 위해서만 소개된다(7:3c). 그의 기능은 구원론적이 아니라 예언적이다. 멜기세덱이 구속 역사의 주류 바깥에 있을지라도, 그는 더 오래된 것의 부족함과 다가오는 새 시대의 탁월성과 충족성을 지적했던 구약의 예언들을 예증한다. 이런 설득은 저자가 왜 시편 110:4의 관점에서 멜기세덱을 이해하고 있는지를 설명해준다. 영원한 아들의 유일무이한 제사장적 직무의 증거로서 멜기세덱에 대한 사용은 히브리서에서 비범한데, 저자는 다른 어느 곳에서도 그리스도 안에서 이루어진 예언을 설명하기 위해 원시 역사의 사건에 초점을 맞추지는 않는다. 역으로 말해서 멜기세덱은 성자로부터 의미를 갖는다. 멜기세덱과 그의 제사장직의 "영원한" 특징이 확실한 것은 오직 영원하신 아들의 관점에서다. 멜기세덱은 아들의 영원한 특징을 갖고 있지만, 근본이 되는 것은 아들이시다. 따라서 단지 사색이 아닌 기독론은 7:1-10의 멜기세덱에 관한 묘사에서 결정적인 요소다.

D. 멜기세덱의 반차를 좇은 영원한 제사장 예수(7:11-28)

참고문헌

Andriessen, P. *En lisant l'Épître aux Hébreux.* 26-31. **Auberlen, C. A.** "Melchizedek's ewige Leben und Priestertum: Hebr. 7." *TSK* 30(1857) 453-504. **Brooks, W. E.** "The Perpetuity of Christ's Sacrifice in the Epistle to the Hebrews." *JBL* 89(1970)

205-14. **Cockerill, G. L.** *The Melchizedek Christology in Heb. 7:1-28.* Ann Arbor: University Microfilms International, 1979. **Cominskey, J. P.** "The Order of Melchizedek." *TBT* 27(1966) 1913-18. **Culpepper, R. H.** "The High Priesthood and Sacrifice of Christ in the Epistle to the Hebrews." *ThEduc* 32(1985) 46-62. **Demarest, B.** "Priest after the Order of Melchizedek: A History of Interpretation of Hebrews 7 From the Era of the Reformation to the Present." Dissertation, University of Manchester, 1973. [published as *A History of Interpretation of Hebrews 7, 1-10 from the Reformation to the Present.* BGBE 19. Tübingen: Mohr, 1976.] **Dey, L. K. K.** *The Intermediary World and Patterns of Perfection.* 185-214. **Dussaut, L.** *Synopse structurelle de l'Épître aux Hébreux.* 58-64. **Ellingworth, P.** "Jesus and the Universe in Hebrews." *EvQ* 58(1986) 337-50. ______. "Just like Melchizedek." *BT* 28(1977) 236-39. ______. "The Unshakable Priesthood: Hebrews 7:24." *JSNT* 23(1985) 125-26. **Fabris, R.** "La lettera agli Ebrei e l'Antico Testamento." *RivB* 32(1984) 237-52. **Gayford, S. C.** "The Aorist Participles in Heb. 1:3; 7:27; 10:12." *Th* 7(1923) 282. **Gordon, V.** "Studies in the Covenantal Theology of the Epistle to the Hebrews in the Light of Its Setting." Dissertation, Fuller Theological Seminary, 1979. 157-234. **Hay, D. M.** *Glory at the Right Hand.* 130-34, 146-50, 152-53. **Hollander, H. W.** "Hebrews 7:11 and 8:6: A Suggestion for the Translation of *nenomothetētai epi.*" *BT* 30(1979) 244-47. **Horbury, W.** "The Aaronic Priesthood in the Epistle to the Hebrews." *JSNT* 19(1983) 43-71. **Hunt, I.** "Recent Melchizedek Study." In *The Bible in Current Catholic Thought.* ed. J. L. McKensie. New York: Herder and Herder, 1962. 21-33. **Jonge, H. J. de.** "Traditie en exegese: de hogepriester-christogie en Melchizedek in Hebreeën." *NedTTs* 37(1983) 1-19. **Kennedy, G. T.** *St. Paul's Conception of the Priesthood of Melchisedech: An Historico-Exegetical Investigation.* Washington, DC: Catholic University, 1951. **Kistemaker, S.** *The Psalm Citations in the Epistle to the Hebrews.* 116-24. **Kögel, J.** "Der Begriff *τελειοῦν* im Hebräerbrief im Zusammenhang mit dem neutestamentlichen Sprachgebrauch." In *Theologische Studien.* FS M. Kähler. Leipzig: Deichert, 1905. 35-68. **Lach, S.** "Les ordonnances du culte Israélite dans la lettre aux Hébreux." In *Sacra Pagina: Miscellanea Biblica Congressus Internationalis Catholici de Re Biblica.* ed. J. Coppens, A. Descamps, and E. Massaux. Paris: Gabalda, 1952. 2:390-403. **Laub, F.** *Bekenntnis und Auslegung.* 31-41, 236-43. **Lehne, S.** *The New Covenant in Hebrews.* *JSNTSup* 44. Sheffield:

JSOT, 1990. **Loader, W. R. G.** "Christ at the Right Hand Ps. CXI in the New Testament" *NTS* 24(1977-78) 199-217. ______. *Sohn und Hoherpriester*. 39-49, 142-48, 151-60, 203-22. **Lorimer, W. L.** "Hebrews VII, 23f." *NTS* 13(1966-67) 386-87. **Marshall, J. L.** "Melchizedek in Hebrews, Philo and Justin Martyr." SE 7(1982) 339-42. **Mauchline, J.** "Jesus Christ as Intercessor." *ExpTim* 64(1952-53) 355-60. **McCullough, J. C.** "Melchizedek's Varied Role in EarlyExegetical Tradition." *ThRev* 1(1978) 52-66. **Meeter, H. H.** *The Heavenly High Priesthood of Christ*. 86-112, 181-203. **Melbourne, B. L.** "An Examination of the Historical-Jesus Motif in the Epistle to the Hebrews." *AUSS* 26(1988) 281-97. **Neal, M.** "Melchizedek and Christ (Hebrews 7)." BV 2(1968) 21-27. **Nomoto, S.** "Herkunft und Struktur der Hohenpriestervorstellung im Hebräerbrief." *NovT* 10(1968) 10-25. **Olson, S. N.** "Wandering but Not Lost." WW 5(1985) 426-33. **Parsons, M. C.** "Son and High Priest: A Study in the Christology of Hebrews." *EvQ* 60(1988) 195-215. **Paul, M. J.** "The Order of Melchizedek(Ps 110:4 and Heb 7:3)." *WTJ* 49(1987) 195-211. **Peterson, D. G.** "An Examination of the Concept of 'Perfection' in the 'Epistle to the Hebrews.'" Dissertation, University of Manchester, 1978. 174-222, 326-38. **Plessis, P. J. du.** *ΤΕΛΕΙΟΣ: The Idea of Perfection in the New Testament*. 212-33. **Rábanos, R.** "Sacerdocio de Melquisedec, sacerdocio de Aarón y sacerdocio de Cristo." *CB* 13(1956) 264-75. **Schlosser, J.** "La médiation du Christ d après l'Épître aux Hébreux." *RevScRel* 63(1989) 169-81. **Schröger, F.** *Der Verfasser des Hebräerbriefes*. 144-59, 203, 206, 225-29. **Seeberg, A.** "Versuch einer neuen Erklärung von Hebr 7,27." *JDT* 3(1894) 364-74. **Silva, M.** "Perfection and Eschatology in Hebrews." *WTJ* 39(1976) 60-71. **Songer, H. S.** "A Superior Priesthood: Hebrews 4:14-7:28." *RevExp* 82 (1985) 345-59. **Soubigou, L.** "Le chapitre VII de l'Épître aux Hébreux." *ATh* 7(1946) 69-82. **Spicq, C.** "La perfection chrétienne d après l'Épître aux Hébreux." In *Bibliothèque de la Faculté Catholique de Théologie de Lyon* 5. FS J. Chaine. ed. G. Villepelet. Lyon: Facultés Catholiques, 1950. 337 52. **Stott, W.** "The Conception 'Offering' in the Epistle to the Hebrews." *NTS* 9(1962-63) 62-67. **Tetley, J.** "The Priesthood of Christ in Hebrews." *Anvil* 5(1988) 195-206. **Theissen, G.** *Untersuchung zum Hebräerbrief*. 13-33, 130-52. **Thompson, J. W.** "The Conceptual Background and Purpose of the Midrash in Hebrews VII." *NovT* 19(1977) 209-23. **Torm, F.** "Om *τελειοῦν*: Hb." SEÅ: 5(1940) 116-25. **Vanhoye, A.** "La parfait grand prêtre(He 7,23-27)." *AsSeign* 93(1965) 15-31. **Watson, J. K.** "Melkisédec et le Fils de Dieu." *CCER* 30(1982) 49-60. **Williamson, R.** *Philo and the Epistle to the Hebrews*. 81-83, 129-30, 177-80, 441-43, 447. **Zimmermann, H.** *Das Bekenntnis der Hoffnung*. 100-110. **Zorn, R.** "Die Fürbitte im Spätjudentum und im Neuen Testament." Dissertation, Göttingen, 1957. **Zwemer, S. M.** "Melchizedek and Aaron." *EvQ* 23(1951) 164-70.

본 문

11 레위 계통의 제사 직분으로 말미암아 온전함을 얻을 수 있었으면(백성이 그 아래서 율법을 받았으니) 어찌하여 아론의 반차를 좇지않고 멜기세덱의 반차를 좇는 별다른 한 제사장을 세울 필요가 있느뇨

11 If, then, perfection had been attainable[a] through the Levitical priesthood (for the people received regulations concerning the Levitical priesthood[b]), what need would there still have been for a different kind of priest to arise "like Melchizedek" and not one designated[c] like Aaron[d]?

12 제사 직분이 변역한즉 율법도 반드시 변역하리니

12 (For whenever the priesthood is altered,[e] there is necessarily also an alteration of law.)

13 이것은 한 사람도 제단 일을 받들지 않는 다른 지파에 속한 자를 가리켜 말한 것이라

13 The one[f] about whom these things were said belongs to a different tribe, from which no one ever officiated at the altar.[g]

14 우리 주께서 유다로 좇아 나신것이 분명하도다 이 지파에는 모세가 제사장들에 관하여 말한 것이 하나도 없고

14 For it is perfectly clear[h] that our Lord was descended from Judah, in relation to which tribe Moses said nothing concerning priests.

15 멜기세덱과 같은 별다른 한 제사장이 일어난 것을 보니 더욱 분명하도다

15 And it is still more obvious[i] that if, as said before, according to the likeness of Melchizedek a different priest arises,[j]

16 그는 육체에 상관된 계명의 법을 좇지 아니하고 오직 무궁한 생명의 능력을 좇아 된 것이니

16 he does so not by virtue of a legal ordinance concerning physical descent,[k] but by virtue of the power of an indestructible[l] life,

17 증거하기를 네가 영원히 멜기세덱의 반차를 좇는 제사장이라 하였도다

17 for he has witness borne to him as follows: "You are a priest forever like Melchizedek."

18 전엣 계명이 연약하며 무익하므로 폐하고

18 Now there was the annulment[m] of a former commandment, because of its weakness and uselessness

19 (율법은 아무 것도 온전케 못할지니)이에 더 좋은 소망이 생기니 이것으로 우리가 하나님께 가까이 가느니라

19 (for the law perfected nothing), but the introduction of the better hope[n] through which we are drawing near to God.

20 또 예수께서 제사장 된 것은 맹세 없이 된 것이 아니니

20 And insofar as[o] it was not without the swearing of an oath[p] (for others[q] became priests without the swearing of an oath,

21 (저희는 맹세 없이 제사장이 되었으되 오직 예수는 자기에게 말씀하신 자로 말미암아 맹세로 되신 것이라 주께서 맹세하시고 뉘우치지 아니하시리니 네가 영원히 제사장이라 하셨도다)

21 but he became a priest with the swearing of an oath through the one who said to him, "The Lord has sworn and he will not change his mind, You are a priest forever"),

22 이와 같이 예수는 더 좋은 언약의 보증이 되셨느니라

22 just so far Jesus has become the guarantor[r] of a better covenant.

23 저희 제사장 된 자의 수효가 많은 것은 죽음을 인하여 항상 있지 못함이로되

23 Now on the one hand, these many[s] have become priests, because they were prevented by death from continuing in office,[t]

24 예수는 영원히 계시므로 그 제사 직분도 갈리지 아니하나니

24 but on the other hand that one, because he continues forever, has a priesthood which is permanent.[u]

25 그러므로 자기를 힘입어 하나님께 나아가는 자들을 온전히 구원하실 수 있으니 이는 그가 항상 살아서 저희를 위하여 간구하심이니라

25 And so he is able to save absolutely[v] those who approach God through him, because he continually lives in order to intercede for them.

26 이러한 대제사장은 우리에게 합당하니 거룩하고 악이 없고 더러움이 없고 죄인에게서 떠나 계시고 하늘보다 높이 되신 자라

26 Now such a high priest was precisely[w] appropriate for us, one who is devout, guileless, and undefiled; having been separated from sinners,[x] he became exalted even higher than the heavens.[y]

27 저가 저 대제사장들이 먼저 자기 죄를 위하고 다음에 백성의 죄를 위하여 날마다 제사 드리는 것과 같이 할 필요가 없으니 이는 저가 단번에 자기를 드려 이루셨음이니라

27 He does not need to offer sacrifices daily,[z] like those other high priests, first for his own sins, and then for the sins of the people. For he sacrificed for their sins[aa] once for all when he offered himself.

28 율법은 약점을 가진 사람들을 제사장으로 세웠거니와 율법 후에 하신 맹세의 말씀은 영원히 온전케 되신 아들을 세우셨느니라

28 For the law appoints men[bb] as high priests[cc] affected by weakness, but the word sworn on oath, which came after the law, appoints as high priest the Son who has been made perfect forever.[dd]

원문주해

a. 에이 멘 운…엔(*εἰ μὲν οὖν… ἦν*) 구문은 사실의 반대 또는 "성취되지 않은" 상태를 특징짓는다(직설법의 동사가 뒤따르는 에이[*εἰ*]; Zerwick, *Biblical Greek* §313-14; BDF §§360[4], 447[3]). 그러한 구문은 히브리서에서 상대적으로 자주 나타난다(4:8; 7:11; 8:4, 7; 11:15).

b. 에프 아우테스 네노모데테타이(*ἐπ' αὐτῆς νενομοθέτηται*)에서 전치사 에피(*ἐπί*)의 의미를 세 가지 방식으로 이해할 수 있다. (1) 율법이 레위적 제사장직에 '근거하여' 주어졌다(고로 NEB, JB, TEV, NIV, BDF §234[8]), (2) 율법이 레위적 제사장직 '하에서'(또는 통해서) 주어졌다(RSV), (3) 율법이 레위적 제사장직과 '관련하여' 주어졌다

(Hughes, 256).

신약성경에서 히브리서에서만 나타나는(7:11; 8:6) 그 수동태의 동사는 "율법에 의해 규제되었다"는 것을 의미한다(BAGD 541-42). 이런 형태는 그밖에 다른 곳에서도 나타나는데, 속격이 뒤따르는 에피(ἐπί) 전치사 또는 여격이 뒤따르는(히 8:6에서처럼) 에피 전치사를 가지며, 이는 "규제가 '그 경우에'(또는 '관련하여') 율법에 의해 주어졌다"는 뉘앙스를 나타낸다(예. Philo, *On the Special Laws* 2.35, "이것들은 사람들과 관련하여[ἐπ' ἀνθρώπων – 에프 안드로폰] 율법에 의해 주어진 규제들이다; 하지만 동물과 관련하여[ἐπὶ δὲ κτήνων – 에피 데 크테논] 우리는 다음의 규제[νομοθετεῖται – 노모데테이타이]를 갖는다"; *On the Special Laws* 1.235, "무지의 죄와 관련한 규제들이 제시되었다[νομοθετήσας ἐπὶ τοῖς ἀκουσίοις – 노모데테사스 에피 토이스 아쿠시오이스]"). 이 번역은 이런 관용적인 용법을 반영한다: 백성들은 레위적 제사장의 족보적인 가계와 관련한 규제를 받았다(고로 Hollander, *BT* 30[1979] 244-47, Dey, *Intermediary World*, 194, n. 6).

이런 다양한 주장들은 인칭대명사 아우테스(αὐτῆς)가 "제사직분"(ἱερωσύνης – 히에로수네스)을 전제함을 가정한다. 최근에 안드리센(Andriessen)은 그 인칭대명사가 보다 멀리 있는 용어인 텔레이오시스(τελείωσις, "온전함")와 관련되어야 한다고 주장했다. 그는 그 삽입구를 "율법이 백성들에게 주어진 것은 그것(즉 온전함)에 관한 것"이거나 "백성들이 율법에 종속되는 것은 온전함과 관련해서다"(*En lisant*, 26-30; 참조. Michel, 269).

c. 부정어 불변화사 우(οὐ)가 부정사 레게스다이(λέγεσθαι, "지칭되다, 일컫다")와 연결되는지를 결정함이 불가피하게 번역에 차이를 만들어준다. 카이 우(καὶ οὐ)가 부정사 레게스다이(λέγεσθαι)를 규제하는 것이 아니라 "아론의 반차를 좇는"(κατὰ τὴν τάξιν Ἀαρών – 카타 텐 탁신 아론)이란 개념을 규제한다면, 그때에 부정사는 전체 절을 통제하게 된다(고로 BDF §429; 참조. Riggenbach, 194, n. 31). 거기서 여기 부정사와 어떤 연관이 있음을 생각하는 문법학자들이 있다(예. A. T. Robertson, *Grammar*, 1155, 1175; 참조. Moffatt, 96). 이 번역은 레게스다이(λέγεσθαι)가 부정사 아니스타스다이(ἀνίστασθαι, "세우다")와 대비되어 있다고 하는 판단에 따른 것이다. 이런 이유 때문에 부정이는 레게스다이(λέγεσθαι, 고로 또한 Cockerill, *Melchizedek Christology*, 87, n. 213)와 잘 어울린다.

d. 카타 텐 탁신 아론(κατὰ τὴν τάξιν Ἀαρών)은 다른 곳에서는 나타나지 않는데 아마도 저자가 시편 110:4로부터 인용한 카타 텐 탁신 멜기세덱(κατὰ τὴν τάξιν Μελχισέδεκ)에 의존하여 만들어낸 것일 것이다. "아론과 같은"("아론의 반차를 좇는" – 한글개역)이란 번역은 더 오래된 성경어구인 "멜기세덱과 같은"을 번역한 결정을 반영한다(참조. Ellingworth, *BT* 28[1977] 236-39; Cockerill, *Melchizedek Christology*, 103).

e. 속격 절대 구문 메타티데메네스…테스 히에로수네스(μετατιθεμένης… τῆς ἱερωσύνης)는 정황적으로("제사직분이 바뀔 때마다": BAG 515[2]) 또는 조건적으로("제사직분이 바뀐다면": A. T. Robertson, *Grammar*, 1022-23, 1129) 취할 수 있다.

f. 지시대명사 후토스(οὖτος)가 문장의 시작에 함의되어 있다(A. T. Robertson, *Grammar*, 721).

g. 저자의 문학적이고 수사적인 기술에 해당하는 것을 영어 번역에서 나타내는 것은 불가능하다. 그는 그 교훈이 크게 읽혀질 것이라는 사실에 민감하여 청각적인 효과를 이루는데, 그는 이 구절의 두 어절들을 유사한 소리가 나는 전치사구로 도입한다(에프 혼…아프 테스…[ἐφ' ὃν… ἀφ' ἧς…], "…누구에 관해서…그것으로부터"). 소리에 대한 수사학적인 관심이 13절의 텍스트를 결정하는 요인이 된다. 잘 증거되는 메테스케켄(μετέσχηκεν, 완료 시제: "속하다")이 13절에 있음은 프로세스케켄(προσέσχηκεν, 완료 시제: "직무를 행하다")이 13b절에 있는 것을 채택하는 것을 선호한다. 그것은 ℵ B D Ψ 와 주요 텍스트의 지지를 받는다. 두 유사한 소리의 완료시제간의 결과적인 익살스러움은 저자의 문학적 스타일과 일치한다. 변이형의 프로세스켄(προσέσχεν, 부정과거 시제)이 초기의 지지(P[46] A C 33 81 1739)를 받고 텍스트의 의미에 동등하게 잘 어울릴지라도, 그것은 음운학적인 효과에 대하여 저자가 보여주는 특징적인 관심을 반영하지 못한다.

h. 파피루스와 비명들로부터의 예증들은 프로델로스(πρόδηλος)의 접두사 프로(προ-)가 시간적이기보다는 강조적이라는 것을 가리킨다: "완벽하게 분명한", "명확한"(MM 538).

i. 부사 페리소테로스(περισσότερος)는 강조적이고 고무적인 의미로 취해져야 할 가능성이 있다: "그것은 더욱 분명하다"(BDF §60[3]; 참조. Turner, *Grammar*, 3:29).

j. 불변화사 에이(εἰ)는, "전에 말했던 것처럼", 현재의 실제를 언급하는 현재직설법과 함께 사용된다(BDF §372[1]; Turner, *Grammar*, 3:115). "if" 절의 진리를 가정하는 진술은 11절을 상기시킨다.

k. 여기서 대격을 갖는 전치사 카타(κατά)는 전이된 의미로 사용되고, 그것은 "[법에] 의한"을 나타낸다(Moule, *Idiom-Book*, 59). 수식어구인 엔톨레스 사르키네스(ἐντολῆς σαρκίνης)의 번역은 육체적 가계와 항목을 연결하는 법에 대한 언급을 인식한다(RSV, JB, NIV). 피터슨(Peterson)은 내용의 속격으로 그 표현을 해석하기를 좋아한다: "육적 계명을 형성하는 율법"("Examination," 183; 참조. BDF §167; Gutbrod, *TDNT* 4:1078).

l. 아카탈루토스(ἀκατάλυτος)는 드문 용어다. 70인경에서 그것은 마카비 4서 10:11에서만 나타나고, 그것은 "불멸의", "끊임없는" 고통을 언급한다.

m. 아데테시스(ἀθέτησις)는 법적인 포고의 취소나 폐지를 위해 파피루스에서 법적인 용어로 전문적으로 사용된다. 칵케릴(Cockerill)은 아데테시스…기네타이(ἀθέτησις…

γίνεται)를 "(전엣 계명이) 무효가 되다"라고 번역하기를 좋아한다(*Melchizedek Christology*, 91).

n. 아마도 "온전케 하다"라는 말로 채워야 하는 생략이 이 지점에 있다. 그 절의 온전한 의미를 의역할 수 있다: "이제 율법은 어느 것도 완전하게 할 수 없지만, 더 좋은 소망이 옴은 온전을 가져오고, 그 소망을 통해 우리는 하나님께 가까이 나아간다."

o. 20-22절의 복합문장을 영어로 번역하는 것은 어렵다. 저자는 상관적이고 유사한 표현인 카드 호손…카타 토수토(καθ' ὅσον… κατὰ τοσοῦτο …, …함으로…한)가 통제하는 20a절과 22절의 비교를 전개한다. 긴 삽입어구(20b-21절)는 그 비유의 전반부를 설명한다(A. T. Robertson, *Grammar*, 435, 966-67). 이 관계절에서는 비교급이 없기 때문에 로보트슨(Robertson, 966-67)은 원인적으로 해석해야 한다고 생각한다: 예수는 맹세가 없는 제사장이 아니었기 때문에, 그는 더 좋은 언약의 보증이 되었다. 이런 해석은 번역상에서 그 구절의 의미를 잘 표현한다. 그럼에도 불구하고, 통상적으로 비교를 나타내는 관계-유사 구문의 저자의 사용은 그가 염두에 두고 있던 개념이 비교였기 때문이라고 이해할 수 있다. 이 사실은 20b-21절의 삽입구에 의해 증거된다. 그것은 설명적인 접속사 가르(γάρ, "for")에 의해 20a절과 연결되어 있다. 저자는 삽입구적인 구문을 좋아하고 11, 12, 19, 20b-21절에서 그것을 사용했다.

p. 20a절의 생략을 삽입구에 근거하여 아마도 히에류스 게고넨(ἱερεὺς γέγονεν, "그가 제사장이 되었다")으로 완성할 수 있을 것이다(고로 Westcott, 188; Riggenbach, 202). 그러나 다른 해석가들은 그것을 이전 구절로 채워야 한다고 주장했다. "그래서 그것은 이 더 좋은 소망이 도입된 것은 맹세 없이 된 것이 아니었다"(고로 Moffatt, 98; Kuss, 64; Lenski, 233-34; Ketter, 53).

q. 20, 21, 23, 24절에서 호이 멘…호 데…(οἱ μὲν… ὁ δέ …)라는 표현은 명사를 반복하는 것 대신에 레위적 제사장과 예수 사이의 대조를 나타내는데 사용된다(BDF §250).

r. 에구오스(ἔγγυος)라는 용어는 "보증자" 또는 다른 사람이 빚을 갚는 것을 보증하는 사람을 의미하는 법적인 지불약속의 문서의 파피루스에서 사용된다(MM 179; BAG 213; 참조. Cockerill, *Melchizedek Christology*, 124-25).

s. 플레이오네스(πλείονες)의 비교급 형태는 절대적인 것을 위해 여기서 사용되었다. 즉 "다수의"(Turner, *Grammar*, 3:30). 전개된 대조는 "많은 사람"(23절)과 "한 분"(24절)간에 있다.

t. 파피루스로부터의 예증들은 파라메네인(παραμένειν)이 "항상 직무에 있다" 또는 직무를 계속하다를 의미한다(MM 487-88). 대안적인 주장은 24절로부터 테 히에로수네(τῇ ἱερωσύνῃ)를 공급하는 것이다: "그들이 제사직분에 항상 있는 것을 죽음이 방해했다"(고로 Hauck, *TDNT* 4:578).

u. 서술적인 형용사 아파라바톤(ἀπαράβατον)에서 "계승자가 없는" 또는 "전수되지

않는"이라는 자동사적인 의미를 발견하려는 끊임없는 경향이 있었다(참조. Moffatt, 99; Spicq, 2:197; Strathmann, 112; Ketter, 53, 56-57; TEV: "다른 이에게 전수되지 못한다"). 이전의 제사장의 계승과 대조되어, 예수의 제사직분은 전이되지 않는다. 심지어 로리머(Lorimer)는 저자가 본래 "계승자가 없는"의 아메타바톤(*ἀμετάβατον*)이라고 썼고, 그것을 "쓸 것을 의미했다"고 추측했다. 그는 텍스트의 변질을 23절에 파라[메네인](*παρα*[*μένειν*], "항상 있다")의 존재로 돌린다(*NTS* 13[1966-67] 386-87). 그렇지만 로메이어의 추측의 텍스트적인 지원은 없고 아파라바톤(*ἀπαράβατον*)의 능동적인 의미는 다른 곳에서도 언어학적으로 증거되지 않는다. 그 용어는 헬라 그리스어에 널리 사용되고 있으나 항상 "변함없는", "영원한", "침범되지 않는"의 수동적 의미로 사용된다(Simpson, *EvQ* 18[1946] 187-88). 그 용어가 이런 공통된 의미로 취해진다면, 그것은 문맥에 잘 들어맞는다(고로 BAGD 80; Michel, 276; Schneider, *TDNT* 5:742-43; Demarest, "Priest," 14-15, 339; Cockerill, *Melchizedek Christology*, 130, 133-34 등등).

모울(Moule)은 아파라바톤(*ἀπαράβατον*)을 관사와 관련하여 서술적인 위치에 둠으로서 미묘한 점에 관심을 불러일으킨다. 그 관사는 예수가 제사직분을 소유하고 있음이 알려져 있다고 제기한다: 그것은 "그의 알려진(또는 제기된) 제사직분"이다: 하지만 서술적인 형용사는, "영구적인" 제사직분을 예수가 소유하고 있다는 사실을 강조하면서, 관계절의 효과를 갖는다(*Idiom-Book*, 109, 186).

v. 에이스 토 판텔레스(*εἰς τὸ παντελές*) 어구의 뉘앙스와 관련한 논쟁은 이미 고대 역본에서 반영되었다. Vulgate, Syriac, Coptic 역본들은 그들의 지지를 시간적인 의미로 가져왔다("항상": 고로 RSV, TEV, NASS); Armenian 역본은 질적인 의미에서 그 구절을 이해한다("온전히": 고로 NIV; 참조. JB, "전적으로 확실한"). "절대적으로"라는 용어의 선택(고로 NEB)은 동일한 어구에 의해 두 개념들을 다 포함함을 의미한다(고로 Michel, 276; Delling, *TDNT* 8:66-67; P. E. Hughes, 269; Cockerill, *Melchizedek Christology*, 135-36).

w. 이 지점에서 접속사 카이(*καί*)는 정동사 에프레펜(*ἔπρεπεν*)을 강조하는 기능을 한다. 준츠(Zuntz, *Text of the Epistles*, 211)와 로버트슨(A. T. Robertson, *Grammar*, 1181)은 "엄밀히"라는 번역을 제시한다. 카이(*καί*)의 또 다른 예증은 히브리서 11:19-20에서 발견된다.

x. 그 번역은 26c절이 뒤이어지는 절과 관련하여 이해된다는 것을 전제하며, 그리스도의 높아지심의 결과는 그가 죄된 세상에서 떠났다는 것이다. 그런데 26c절이 이전의 절과 관련하여 이해된다는, 따라서 "죄악된 사람들과는 다른"으로 번역된다는 주장은 BAG 898; Peterson, "Examination," 196-97, 201을 보라.

y. 그 번역은 26-28절이 예술적인 산문의 특징을 갖는 미사여구적인 문장의 또 다른 예(1:1-4; 2:2-4, 14-15; 3:12-15; 4:12-13; 5:1-3, 7-10; 6:4-6; 7:1-3)를 형성한다

는 사실을 가져오지 못한다. 그 문장은 영어 형태를 고려하는 과정에서 번역이 깨어진다.

z. 카드 헤메란(καθ' ἡμέραν)이란 표현은 "나날이" "날마다"를 의미한다. 하지만 대제사장의 이중적인 희생제사 즉 첫째는 자기 자신을 위해서 그 다음은 백성들의 죄를 위해서 드린 제사는 속죄일 의식의 중심적인 특징이었고, 저자는 그것이 1년마다 드려지는 사건임을 알고 있었다(9:7, 25; 10:1, 3). 카드 헤메란(καθ' ἡμέραν)을 "그가 바쳐야 하는 매일의 날"(Str-B 3:698)로 해석하는 주장은 그 문제를 해결할 것이나 이는 그 표현의 가장 자연스러운 번역은 아니다. 터너(Turner)는 카드 헤메란(καθ' ἡμέραν)이 히브리어나 아람어 구문을 반영하는 셈어적이며 그 용어는 [속죄]일을 의미한다고 제기한다. 이런 이해에 따르면, 그 표현은 매해년의 날이나 속죄일의 매년의 날로 번역할 수 있을 것이다(*Grammar*, 4:111-12). 그러나 이런 주장에 대한 강력한 반대가 있다. 그 표현을 관용적으로 번역하고, 주해적인 문제의 논의를 27절의 주석으로 미루는 것이 나을 것이다.

aa. 투토 가르 에포이에센(τοῦτο γὰρ ἐποίησεν)이란 표현을 예수가 십자가에 드리셨을 때 백성들의 죄를 위해서 만이 아니라 자신의 죄를 위해서도 희생제사를 드렸다는 의미를 갖는 "그가 이것을 했다"라고 번역할 수도 있었다(고로 Buchanan, 130-31). 그러나 아론적 대제사장들의 제사와의 유추는 예수의 죄 없으심과 관련한 이전의 진술에 비추어 맞지 않는다(4:15; 7:26). 이 번역은 예수가 죄를 위한 개인적인 제사를 드릴 어떤 필요도 갖지 않았다는 저자의 일관된 주장을 반영한다. 따라서 투토(τοῦτο, "이것은")란 불확실한 표현은 에페이타(ἔπειτα, "백성들의 죄를 위해서")에 의해 도입되는 이전 어절만을 언급하고 이중적인 제사와 관련한 전체 진술과는 관련이 없다. (고로 Peterson, "Examination," 198-99, 328-29의 언급도 보라.)

bb. 무관사의 명사들인 안드로푸스(ἀνθρώπους, "인간들")와 휘오스(υἱόν, "아들")는 각각의 비교적인 특징을 강조하고, 독자들로 하여금 인간인 백성들과 아들이신 분 사이에서 그려지는 뒤이은 대조를 이해할 수 있도록 준비시킨다(A. T. Robertson, *Grammar*, 794[2]).

cc. 28a절과의 병행을 견지하기 위해서 "대제사장으로 세우다"라는 말로 그 구절의 후반부를 완성하는 것이 필요해 보인다. 정황적인 "영원히"는 맹세의 형태에서처럼 "대제사장"에게 부착되는 것이지 "아들"에게가 아니다(참조. 5:6, 10; 6:20; 7:17, 21, 24; 참조. Andriessen, *En lisant*, 30-31).

dd. 핵심어인 데텔레이오메논(τετελειωμένον, "온전케 되신")은 강조를 위해 문장의 끝에 두어져 있다. 로버트슨(A. T. Robertson *Grammar*, 418)은 그것의 위치와 관련한 "강조적인 클라이막스"에 관해 언급한다.

양식/구조/배경

설교의 구조 내에서 7:1-28은 분명히 한 문학적 단위로 정의된다. 3절의 "하나님의 아들"에 대한 언급은 28절의 "아들"에 대한 클라이막스적인 언급을 준비한다. 전체 장은 레위적 제사장들보다 우월한 "멜기세덱의 반차를 좇는"("멜기세덱과 같은") 제사장으로서 또는 대제사장으로서 아들과 관련되어 있다. 28절이 레위적 제사직분과 아들로서의 예수와의 비교, 즉 7:1-10에서 예비적인 방식으로 그리고 7:11-28에서 직접적으로 저자를 사로잡았던 주제를 요약하고 결론짓는다는 사실은 특별한 중요성을 갖는다(Vanhoye, *La structure*, 125; Cockerill, *Melchizedek Christology*, 16-20).

해석의 형태는 교훈적 미드라쉬다(7:1-10의 양식/구조/배경을 보라). 피츠마이어(Fitzmyer)는 7:1-28을 저자가 11, 15, 17, 21, 28절에서 보충적인 방식으로 시편 110:4을 도입한 창세기 14:18-20에 관한 미드라쉬로 고려한다("'Now this Melchizedek'[Heb 7, 1]," *CBQ* 25[1963] 305-6). 7:1-28에서 구약에 대한 사용은 특징상 확실히 미드라쉬적이지만, 지배적인 텍스트는 창세기 14:18-20이 아니라 시편 110:4이다. 7:1-10에서 시편 110:4은 창세기 14:17-20에 근거하여 해석되지만 창세기의 텍스트는 그 장의 후반부에는 역할을 하지 못한다. 그러나 저자의 논증에 대한 시편 110:4의 중요성은 7:11-28에서 자명한데, 그 예언이 거기서 구체적으로 상술되고 있기 때문이다(참조. Sowers, *Hermeneutics*, 123-24; Cockerill, *Melchizedek Christology*, 16-18).

7:1-10에서 멜기세덱의 역할은 본질적으로 예언적이다: 수수께끼적인 방식으로 그는 레위적 제사직분의 불충족성을 증거하고, 멜기세덱과 "같은" 영원한 제사장의 오심을 예기한다. 멜기세덱은 그리스도의 예표는 아니지만 더 높은 제사장직의 개념에 레위적 제사장직이 종속될 것이라는 예증이 된다(7:1-10의 해석을 보라). 하지만 7:11-28에서 저자는 구약의 예표론적 주해에 참여한다. 구약의 "예표론적" 해석의 요소에 관한 고펠트(Goppelt)의 분석은 도움이 된다: (1) 해석의 이 형태는 인격, 행위, 사건 또는 제도간의 관계를 식별한다. (2) 그것은 구속 역사의 과정에서 하나님이 이 관계성을 설정하셨다는 것을 견지한다. (3) 이전의 사건들은 더 완벽하고 더 위대한, 후대의 사건의 전형이다. 고펠트가 후대의 사건들은 이전 것의 성취라고 주장할 때, 그는 이런 예표론적인 해석의 종말론적 양상을 보존하고 있는 것이다(*Typos*, 18-19; 참조. Cockerill, *Melchizedek Christology*, 236-38).

7:11-28에서 저자는 레위적 제사직분을 그리스도의 제사직분이 성취한 예표로서 제시한다. 온전함의 목표에 도달하지 못한 레위적 제도의 무능력과 그것을 이룬 그리스도의 능력이 7:11-28에서 증거된다. 하나님의 맹세에 근거하여 새로운 영원한 제사장직을 세우겠다고 선언한 예언으로서 시편 110:4을 해석함으로써 말이다. 맹세의 말씀이 율법의 공포에 뒤이어 일어났다는 문맥으로부터의 논증(28절)은 예표론적 주해에 아주 중요한 구속 역사적인 시각을 보존한다. 저자는 구약의 제사장직의 합법성을 분명히 인식한다: 아론은 하나님에 의해 부름을 받았지만(5:4), 그리스도 사건의 시각에서 구약에서 선언된 새롭고 더 우월한 제사장직의 전조로서 그러하다. 그리스도 사건의 예언의 성취는 옛 질서보다 새 질서가 탁월함을 증명한다. 따라서 7:11-28에서 해석의 형태는 7:1-10의 미드라쉬적인 형태와 대비되어 예표론적 주해로 분명히 정의된다.

이런 형태의 분석은 7:1-28을 주요한 두 부분, 즉 7:1-10과 7:11-28(*La structure*, 125)로 나눈 반호여(Vanhoye)의 구분이 유효함을 전제한다. 7:1-28의 구조에 관한 그의 이해는 논증의 세세한 부분들에 의해 지지를 받는다: 7:10에서 창세기 14:17-20에 비추어 시편 110:4을 고려한 것은 7:11-28에서 시편 110:4의 직접적인 고려로 전환하고, 멜기세덱이 레위적 제사장들보다 우월함을 증거함에서 "멜기세덱의 반차를 좇는" 제사장이 레위적 제사장들보다 우월함을 증거하는 것으로 전환함을 수반한다(Riggenbach, 191). 순전히 형식적인 관점에서 11절의 "온전함"(τελείωσις – 텔레이오시스)에 대한 언급이 28절에서 신학적으로 의미가 있는 말인 "온전케 되신"(τετελειωμένον – 테텔레이오메논)에서 보충된다. 그러나 두 용어들간의 연관은 단지 어휘적일 뿐이다. 7:11-19가 하나님의 백성들의 온전함을 이루는데 율법과 레위적 제사장직의 실패했음과 관련되지만, 28절은 아들의 온전함과 관련되기 때문이다. 두 표현들은 시작부터 결론에 이르는 논증의 흐름을 선언한다: "온전함"은 옛 제사장들로 말미암아 이루어지는 것이 아니라, "영원히 온전케 되신" 아들로 말미암아 이루어진다.

반호여가 7:11-19과 7:20-28을 부수적으로 분리하는 것은 문학적 고려들에 의해 확인되는 관점의 차이를 반영한 것이다. 7:11과 19에서 "온전함"(τελείωσις – 텔레이오시스)과 "온전케 되다"(ἐτελείωσεν – 에텔레이오센)란 말이 각기 인클루시오를 이루는데, 그것은 각기 율법에 대한 언급을 강화한다. 유사하게 7:20과 7:28에서 드문 용어인 "맹세"(ὁρκωμοσία – 호르코모시아)의 반복은 또 다른 인클루시오의 예를 형성한다. 두 갈래에서 관점의 변환은 시편 110:4의 사용에서 만들어진 특이한 사용을 반영한다.

7:11-19에서 저자는 멜기세덱의 이름을 아론의 이름과 대비시켜, 제사장직의 변화가 레위적 제사장직의 불충족성에 의해 촉발되었다는 주제를 발전시킨다. 7:20-28에서는 멜기세덱을 직접적으로 언급하지는 않지만 저자는 "맹세"와 "영원성"의 개념을 붙잡고 새 제사장직의 우월성을 증거한다. 결론 구절(26-28절)은 주요한 주제들을 재진술함으로써 전반적으로 그 장을 요약한다(참조. Vanhoye, *La structure*, 129-36 ; Peterson, "Examination," 175-76 ; Cockerill, *Melchizedek Christology*, 24-29). 또한 그것들은 히브리서의 중심적인 항목에서 다루어진 주제와 논제들의 의미 있는 선언을 형성한다(참조. A. Vanhoye, "La structure centrale de l'Épître aux Hébreux[Hébr 8:1-9:28]," *RSR* 47[1959] 44-56 ; J. Bligh, "The Structure of Hebrews," *HeyJ* 5[1964] 173).

7:1-28의 내용이 문맥에서 확고하게 구현되고 있을지라도, 칵케릴은 7:1-25이 히브리서의 나머지와는 구조적으로, 언어적으로, 개념적으로 독립되어 있는 많은 표지들을 보인다고 주장했다. 그는 이 단위가 그 훈계를 작성하기 이전에 어느 때에 저자가 준비했던 독립적인 미드라쉬였을 것이라고 주장한다(*Melchizedek Christology*, 277-307 ; 7:1-10의 양식/구조/배경을 보라). 칵케릴은 7:4-25이 7:1-3에 근거한 균형 잡힌 구조적 단위임을 증거하였다(그중에 20-25절은 4-10절과 균형을 이룬다). 이 단위의 특징은 비유에 의해 논증이 이루어지는 특별한 양태인데, 그것은 긴밀하게 연관된 방식으로 개진된다. 7:4-19에서 저자는 두 가지 비유들을 전개하고(5-6절, 8절), 독자들을 위해 첫 번째 것의 의미를 끌어낸다(9-10절). 7:11-19에서 그는 7:20-25에서 기독론적인 의미가 강조되는(22, 25절) 또 다시 두 가지 대조의 전개(20-21, 23-24절)를 위한 준비로 멜기세덱에서부터 그리스도에게로 나아간다. 7:25에서 구속받은 공동체를 위한 현재와 미래의 중보 사역에 대한 결론적인 언급은 그리스도의 영원성에 근거한 탁월함을 논증하는 데서 나오는 자연스러운 결과이며, 시편 110:4에 근거한 독립적인 미드라쉬에 적절한 클라이막스로 기능한다(192-96).

언어학적으로 7:1-25은 제사장으로서 영원히 존재하시는 분의 개념과 중보로서의 제사장적 사역의 개념을 표현하는데 사용하는 독특한 용어들이 집중적으로 나타난다. 히브리서에서 다른 어떤 곳에서도 언급되지 않고 발견할 수 없는 이 견해가 7:1-25의 개념적인 특별함에 관심을 불러일으킨다. "율법"과 "새 언약"의 개념은 7:1-10:18의 해석에 중요하나, 율법(*νόμος*-노모스)과 "언약"(*διαθήκη*-디아데케)이 사용되는 방식은 7:1-25의 특색을 강조한다. 7:1-25에서 율법의 개념은 제사장적 가계의 질서와 밀접하게 연관되어 있다. 옛 율법의 거부와 새 언약의 최종성에 대한 근거는 하나님의 맹세와 아들의 영원성이다. 8:1-10:18에서 율법의 거부와 새 언약의 최종성은 그리스도의 단번에 드려진 희생제사와 하늘의 성소에 들어가심에 근거해 있다(*Melchizedek Christology*, 297-301, 303-5). 칵케릴은 언어학적으로 개념적으로 7:1-25이 제의적 술어의 흔한 사용과 어떤 유사한 종말론적 조망보다는 제사장으로서 그리스도의 사역을 발전시키는 히브리서의 다른 구절들과 공통된 것을 약간 더 갖고 있다고 결론짓는다.

7:1-25의 목적은 제사장직의 의해 그리스도의 아들됨의 주제를 발전시키는 것이었다. 7:17 이후에는 언급하지 않는 멜기세덱에 대한 초점과 "멜기세덱 기독론"의 전개는 7:1-25의 특색이다. 칵케릴은 7:26-28이 이 특색 있는 전승을 8:1-10:18에서 전개된 제사장적 전승과 연관시키는 기능을 한다는 것을 보여주었다(*Melchizedek Christology*, 288-90, 306-7). 7:1-25이 독립적인 미드라쉬로 존재함을 증명할 수는 없을지라도, 적어도 7:1-25이 8:1-10:18에서 전개된 제사장적 전승과 구분되는 기독론적인 전승을 나타내고 있다는 결론을 정당화할 수 있는 증거는 있어 보인다.

윈디쉬(Windisch)는 정교한 논증을 제시함이 없이 7:26-28이 압축된 예전 찬송(67-69)이었다고 주장했다. 그리고 미첼(Michel)은 7:26이 찬송적인 단편을 가지고 있다는 보다 정밀한 이유를 제공했다. 그는 서술 양식에서 헬라와 동양간의 차이를 조심스럽게 구분했던 고전주의자 노던(E. Norden, *Agnostos Theos*, 143-207)의 작품에 호소하였다. 헬라 양식의 특징은 삼인칭 서술이며 그 사람은 직접적으로 언급되지 않는다. 존경의 칭호와 속성이나 서술의 분사들을 축적하지만, 그것들은 정관사가 없이 표현된다. 대구법은 동양과 마찬가지로 헬라의 서술양식의 특징이 아니다 이런 기준에 근거하여 미첼은 26절에서 서술의 헬라 양식을 반영하는 네 소절의 찬송을 시별했다. 그는 26c, d절의 두 수시어적인 분사구가 뒤따라 나오는, 특히 26b절의 세 무관사의 형용사들을 지적했다(278; 참조. Nomoto, *NovT* 10 [1968] 12; Buchanan, 127-28).

그러나 다이센(Theissen)은 26절의 첫 소절은 지지의 필체를 반영함을 결론적으로 보여주고, 찬송적인 단편을 26b-d절로 한정하였다(*Untersuchung*, 20-28; 참조. Cockerill, *Melchizedek Christology*, 289, 321-25). 그는 26b-d절의 내용이 7:1-25의 것과 완전히 다르다는 것에 강한 인상을 받았다. 그것은 대제사장의 영원성을 기리는 것이 아니라, 그의 제의-도덕적 정결과 승리적 찬양을 기리고 있다.

하지만 심지어 이런 제한적인 주장도 용인하기 어려운데, 26a절이 7:1-25의 논증을 분명히 전제하고 있고, 나아가서 27절이 26b-d절의 형태에 의존하고 있다는 것을 고려해볼 때 그러하다(참조. Peterson, "Examination," 195, n. 79). 히브리서에서 예전적 단편의 감지와 관련한 일련의 주장들은 예술적인 산문의 단편과 미사여구적인 문장의 사용에 집중되어 있음이 두드러진다(1:2b-4; 5:7-10; 7:3의 주석을 보라). 그것은 7:26-28이 미사여구적인 문장인 여기서도 마찬가지다. 그러한 문장들을 저자의 문학적 용법의 필수적인 요소로 인식하는 것이 옳다.

주석

7:11-28에서 창세기 14:17-20의 고려는 뒤에 남겨지게 된다. 관심의 초점은 더 이상 레위적 제사장에 대한 멜기세덱의 우월성이 아니라 "멜기세덱의 반차를 좇는" 제사장의 우월성이다. 시편 110:4에 방향이 맞추어지고, 그 어법은 논증의 과정을 요구한다. 실제적으로 예언의 모든 어구는 기독론적인 의미를 탐구한다: "멜기세덱의 반차를 좇는"(11-14절), "영원히"(15-19절), "주께서 맹세하시고 뉘우치지 아니하시리니"(20-22절), "영원히"(23-25절; 참조. Hay, *Glory*, 46-47, 146; Cockerill, *Melchizedek Christology*, 18-19).

7:11-19의 주요한 목적은 레위적 제사장과 그것에 근거한 제도의 불충족성을 구체화하는 것이다. 시편 110:4이 다른 종류의 제사장의 임명을 선포했다는 사실은 현존하는 질서의 본질적인 연약함을 함의했다. 또한 제사장직의 투영된 변화는 레위적 제도를 규제하는 율법의 변화를 함의했다. 레위적 제도를 더 좋은 소망이 대체했다는 단정적인 선언의 문맥은 그리스도가 "멜기세덱의 반차를 좇는" 우월한 자질을 갖는 제사장이며, 이 찬사는 시편의 인용에서 선언된 더 좋은 제사장직의 시작을 나타냄(16-19절)을 증명한다.

7:20-28에서 새로운 제사장직의 영구성과 효과성이 상술된다. 새로운 제사장직의 우월성은 그것을 설정했던 거룩한 맹세(20-22절)에 의해, 재직의 영원한 지속에 의해(23-25절), 그리고 영원하고 최종적인 대제사장으로서의 아들의 성격, 성취, 신분에 의해 서술된다.

11 6:20 이후에 중단되었던 사상의 흐름의 재개는 추론적인 불변화사("그때에", "그러므로")와 동등한 멘 운(*μὲν οὖν*)이란 표현으로 선언된다. 저자는 시편 110:4

와 "멜기세덱의 반차를 좇는 영원한 대제사장이 되었던" 예수의 개념으로 되돌아간다. 11절에서 수사적으로 제기된 극적인 질문은 시편 110:4로부터의 추론이다: 레위적 제사장직은 충분하지 않은데, 예언이 "아론의 반차를 좇지" 않고 "멜기세덱의 반차를 좇는" 별다른 한 제사장을 선포했기 때문이다. 레위적 제사장직의 부적절성을 더욱더 지적하기 위한 시도에서, 저자는 "온전함"(τελείωσις – 텔레이오시스)을 이루지 못하는 무능력을 구체화한다. 히브리서에서 오직 여기서만 나타나는 이 용어는 그리스도에게가 아니라 하나님의 백성들에게 적용된 최초의 완전성에 대한 개념이다. 간결함으로 감질나게 하는 새로운 개념의 도입은 설교의 나중 시점에서 이 주제의 온전한 전개를 예기하는데, 이것은 저자가 갖고 있는 상당히 전형적인 수법이다(Peterson, "Examination," 180-81).

델링(Delling)은 저자가 "온전함"이란 어휘를 사용하는데 영향을 준 것은 70인경이라고 주장하는데, 70인경은 텔레이오시스(τελείωσις)를 성경 이외의 헬라어에서 발견되는 보다 넓은 범주의 의미로 사용한다. 델링은 11절의 명사의 제의적 연관성을 강하게 주장한다. 그것은 19절의 동족어 텔레이운(τελειοῦν)의 용법과 관련이 있다. 델링에 따르면, "온전함"은 "하나님께 가까이 나아갈" 수 있음을 형성하는데, 옛 레위적 제도는 죄로부터 인간을 실제로 정결하게 하는 것에 무능했기 때문에, 예배자가 하나님께 가까이 나아갈 수 없었다(참조. 9:9; 10:1). 이런 불완전은 또 다른 종류의 제사장의 필요에 관한 시편 110:4의 선언으로 강조된다(*TDNT* 8:79-86; 참조. Käsemann, *Das wandernde Gottesvolk*, 82-90; du Plessis, *ΤΕΛΕΙΟΣ*, 229; Michel, 269, n. 2; Cockerill, *Melchizedek Christology*, 85-87).

그러나 텔레이오시스(τελείωσις)의 제의적 해석은 문맥으로 지원 받지 못한다. 저자는 옛 언약 백성들이 "하나님께 나아갈 수 있는" 가능성을 절대적으로 부정하고 있지는 않다(10:1; 11:6을 참조하라). 19절에 따르면 하나님의 새 백성들을 특징짓는 의미 있는 차이는 "하나님께 나아갈 수 있는 더 좋은 소망"이다. 프리스커(Preisker)는 이렇게 말한다: "가까이 나아갈 수 있는 실현의 확실성은 이제 구약과 후대의 유대교에서보다 더 강력하고 확실하고 온전하게 되었다"(*TDNT* 2:331). 11절에서 저자는 하나님의 백성들에게 텔레이오시스(τελείωσις, "온전함")를 가져오는데 실패한 레위적 제사장직과 이와 관련한 예수의 성취를 대조하려고 하고 있다. 이런 고려들은 "성취"나 "온전"의 보다 통상적인 뉘앙스가 문맥에 더 적합함을 가리킨다. 그것은 또한 인간을 하나님과의 올바른 관계의 지정된 목표로 가져오기 위한 하나님의 선언된 의도와 저자의 지속적인 관심과도 일치한다.

레위적 제사장직을 통한 인간의 하나님의 목적에 대한 현재의 실현 가능성이 11절에서 가정된 방식으로 묵상한다. 저자는 이 온전함이 레위적 제도를 통해 이루어질 수 있었음을 부정하는데, 실바가 말하는 것처럼, "그것이 본질적으로 잘못된 것이었기 때문이 아니라 하나님의 질서 속에서 본질을 예기하는 그림자로 지정되었기 때문이다. 따라서 그 본질은 그림자를 배격함이 없이 그림자의 '성취'다 – 이것이 온전함이다"(*WTJ* 39[1976] 68). 그러므로 텔레이오시스(*τελείωσις*)의 개념은 종말론적이다: 그리스도의 제사장 사역 속에서 새 언약의 약속의 성취가 하나님께 대한 접근과 이전의 언약 하에서는 불가능했던 하나님과의 관계를 가능하게 한다(참조. Riggenbach, 191-93; Peterson, "Examination," 187-88, 217-22).

"레위 계통"(*Λευιτικός* – 레위티코스, 즉 "레위적")은 드문 용어다. 70인경의 유일한 출현은 레위기서의 타이틀 페이지다. 저자는 그 용어를 확실히 거기서 보았을 것이다. 필로는 레위서 성경책(*Allegorical Interpretation* 2.105; *Who Is the Heir?* 251)에 관해서 또는 레위족속(*On Flight and Finding* 87, 93; *On the Change of Names* 2; *On the Preliminary Studies* 98.132; *Moses* 2.170)에 관해서 그 형용사를 사용했다. 히브리서 7:5-10의 레위에 관한 논의에 비추어, 11절에서 그 용어의 사용은 레위 계통의 제사직분의 족보적인 요구사항을 강조하고 있다(Williamson, *Philo*, 129-30).

"백성이 그 아래서 율법을 받았으니"라는 삽입구적인 진술은 논증의 기본이 된다(에프 아우테스 네노모데테타이[*ἐπ' αὐτῆς νενομοθέτηται*]란 표현의 의미에 관해서는 이전의 원문주해 b를 보라). 그것은 11절에서 시편 110:4의 분명한 암시에 대한 문맥을 형성하고, 제사직분의 변화는 율법의 변화를 필연적으로 함축한다는 12절에서 표현된 전제를 예기한다. 인접한 문맥은 그 언급이 제의적 공동체를 통제했던 희생제사적 규제들의 관점들을 보여주는 모세의 율법임을 보여준다(13, 16절; 참조. Windisch, 66). 새 제사장은 아론의 육체적 가계와 관련한 레위 계통의 규정에 따른 임명을 받는 것이 아니라, "멜기세덱의 반차를 좇는" "별다른 한 제사장"(*ἕτερον ἱερέα* – 헤테론 히에레아)을 선포한 예언에 따라 "세워진다."

12 11절을 확장함에 있어서(접속사 가르[*γάρ*]는 설명적이다), 저자는 일반적인 진술의 현재시제를 사용하고 있다(Riggenbach, 195, n. 32). 그의 추론은 주요 논증에 삽입구적이다. 이것은 13-14절에서 저자가 어떤 의미에서 제사장이 세워졌는가를 규명할 때에 분명해지는데, 그는 "다른 종류"(*ἕτερος* – 헤테로스)의 그리고 "아론의 반차를 좇지 않는"(*οὐ κατὰ τὴν τάξιν Ἀαρών* – 우 카타 텐 탁신 아론) 제사

장으로 묘사된다. 백성들이 하나님과 관련을 갖게 되는 질서로서의 모세 율법의 약점은 저자의 사고 속에서 모세 율법이 규제했던 제사장직의 약점과 연관된다(참조. 28절). 율법은 레위적 제사장의 실체에만 처방을 제공했다. 그것은 어떤 다른 제사장의 출현에 관해서는 어느 것도 예견할 수 없었다. 특히 유다 지파에 속한 분에 관해서 말이다. 시편의 예언에서 그려진 레위적 제의의 대체는 저자가 제사장직과 희생제사의 측면에서 인식했던 모세 율법을 뒤로함과 암묵적으로 관련이 있다(참조. Peterson, "Examination," 181-82; Andriessen, *En lisant*, 28).

13-14 저자는 시편 110:4에서 언급된 새로운 제사장이 13-17절의 아론 계열의 제사장과 어떻게 다른지를 규명한다. 그는 13-14절에서 새 제사장이 어떻게 "아론의 반차를 좇지 않는"가를 설명함으로써 그 논증의 부정적인 측면을 먼저 전개한다. 그 다음에 15-17절에서 새 제사장이 어떻게 "멜기세덱의 반차를 좇는"가를 설명함으로써 그의 탁월한 성격을 지적한다(Riggenbach, 197).

중심적인 논증을 계속 전개하면서, 저자는 새 제사장직으로 예언된 분이 비레위 지파로부터 왔다는 것을 선언한다. 완료형시제 메테스케켄(*μετέσχηκεν*, "다른 지파에 속한", "받들지 않는 지파" – 한글개역)은 역사적이고 공식적인 사실의 상태를 표현한다. 그것은 예언에 선포된 제사장직과 모세 율법에서 묘사된 합법적인 조건에 비추어 개관된 제사장직간의 차이, 즉 가계의 실제로부터 생겨나는, 두 제사장직 간의 비양립을 강조한다(Spicq, 2:192). 서두의 표현인 에프 혼(*ἐφ' ὅν*, "…한 분")은 11절의 선행사를 헤테론…히에레아(*ἕτερον … ἱερέα*, "별다른 한 제사장")에서 찾는 반면에, 일반적인 용어인 타우타(*ταῦτα*, "이것은")는 그 구절에서 시편 110:4을 암시하는 것으로 되돌아간다. 멜기세덱이 "족보가 없음"(*ἀγενεαλόγητος* – 아게네알로게토스, 3a절)이 입증되었던 것처럼, 새 제사장도 법적인 자격을 갖추고 있지 않다(Cockerill, *Melchizedek Christology*, 92-93). 이런 사실의 중요성은 13b절에서 확인된다: 이 지파에 속한 어느 누구도 제단일(*θυσιαστήριον* – 두시아스테리온, 이는 성막이나 성전의 지성소에서 제단의 속죄일과 관련된다; 참조. 레 16:7-9, 18)을 주재하지 않았다. 이런 제사장직 수행의 선례가 없었다. 13절에서 저자는 시편 110:4의 말을 설명하고 있지만, 그는 예수 안에서 역사적으로 이루어진 예언을 분명히 생각하고 있다.

14절의 두 어절들은 13절의 두 어절들을 확증해주고 예언을 형성하고 있는 분으로서 예수를 확인한다. 진술에 대한 호소(*πρόδηλον γάρ* – 프로델론 가르, "확실히 분명하도다")는 13a절의 사실적인 진술의 역사적 진실성을 전제한다: 시편 110:4

에 찬사된 제사장은 제사장 지파에서 그 가계를 추적할 수 없었다. 유다 지파로부터의 기원을 나타내는 "유다로 좇아"(*ἐξ Ἰούδα*-엑스 유다)라는 전치사구가 강조를 위해 어절의 앞부분에 와 있다. 예수가 유다 지파에 속했다는 공통된 역사적 전승에 대한 암시(참조. 마 1:2-3; 2:6; 눅 3:33; 행 2:29-36; 12:23; 롬 1:3; 딤후 2:8; 계 5:5; 22:16)는 그가 "레위사람이" 아니었다는 사실을 강화한다. 그것은 예수의 제사장직이 육체적 가계에 의존한 것이 아니라 근본적으로 새로운 질서에 달려 있음을 입증했다.

흔치 않은 용어인 아나테탈켄(*ἀνατέταλκεν*, "내려오다")이 예수가 유다로 좇아 왔다는 것을 가리키기 위해서 사용된 것은 왕권적인 메시아의 언급을 암시한다. 고전 헬라어, 70인경, 또는 파피루스에서 어떤 가족의 가계를 나타내는 것으로 아나텔레인(*ἀνατέλλειν*)의 사용에 대한 증거는 없다. 하지만 70인경에서 이 동사는 전통적으로 메시아적인 것으로 인식되는 문맥에서 별의 떠오름이나 가지의 돋음에 사용되었다(예. 민 24:17; 참조. 렘 23:5; Schlier, *TDNT* 1:351-53; Buchanan, 123-24; Cockerill, *Melchizedek Christology*, 96-97을 보라). "우리 주"로 예수를 지칭함은 명백히 고백적인 것으로 보인다(Michel, 271). 그것은 2:3의 "주"로서의 예수에 대한 언급을 상기시키고, "우리 주 예수"에 대한 언급을 갖는 마감하는 송영을 예기한다(13:20).

모세가 율법을 주었을 때, 이 지파에는 제사장들에 관하여 말한 것이 하나도 없다는 두 번째 어절의 논증은 13b절의 사상을 발전시킨다. 유다 지파는 제사장적 봉사로 임명되지 않았다. 전치사구의 결합(*εἰς ἣν φυλὴν*-에이스 헨 풀렌, "이 지파와 관련해서"/*περὶ ἱερέων*-페리 히에레온, "제사장들에 관하여")은 모세의 경륜하에서 "이 지파"와 "제사장직"간의 대조를 강조하는 효과가 있다(참조. Cockerill, *Melchizedek Christology*, 95-99).

15-17 새로운 제사장의 우월한 자질을 묘사하기 위한 준비로, 저자는 용어들을 강화한다: "더욱 분명하도다"(*καὶ περισσότερον ἔτι κατάδηλόν ἐστιν*-카이 페리소테론 에티 카타델론 에스틴). 그는 11절로부터 레위제도의 하나님에 대한 접근이 비효과적이며, 그 제사장직을 규제했던 율법이 대체되었음을 분명히 하면서, 시편 110:4의 예언의 의미를 설명하고 있었다(참조. Moffatt; Cockerill, *Melchizedek Christology*, 99-101). 13-14절에서 저자는 "멜기세덱의 반차를 좇는" 약속된 제사장이 내포하고 있는 부정의 의미를 지적하고(그는 레위적인 특징을 갖고 있지 않다), 15-17절에서 그는 "멜기세덱의 반차를 좇는" 새 제사장의 긍정의 의미를 설명

한다(그는 생명의 유일무이한 특징을 소유하고 있다).

"멜기세덱의 반차를 좇는"(*κατὰ τὴν τάξιν Μελχισέδεκ*–카타 텐 탁신 멜기세덱)이란 성경 어구를 이해할 수 있는 방법이 15b절에서 동등한 표현에 의해 의역될 때에 분명해진다: "멜기세덱과 같은"(*κατὰ τὴν ὁμοιότητα Μελχισέδεκ*–카타 텐 호모이오테타 멜기세덱). 호모이오테스(*ὁμοιότης*)란 말은 소크라테스 시대 이전부터 "모양", "같은", 또는 "유사함"을 나타냈다(Schneider, *TDNT* 5:189). 따라서 저자는 탁신(*τάξιν*)이란 용어를 "특징" 또는 "질"을 의미하는 것에서 나온 것으로 이해한다. 그 예언은 창세기 14:18-20과 시편 110:4에서 묘사된 것처럼 멜기세덱과 같은 자질의 제사장을 언급한다. 멜기세덱이 상징하고 있었던 그 약속을 실제로 그리스도가 이루셨으며, 그는 비범률적인 보편적 사역으로 자신의 제사장적 대권을 행사하신 영원한 제사장이시다(Demarest, "Priest," 335-36; Ellingworth, *BT* 28 [1977] 236-39; 7:3; 8의 주석을 보라).

15-16절에서 어절들의 배열은 구문을 사용함에 있어서 진술의 수사적 영향을 확대하는 저자의 기술을 보여준다. 15a절은 조건문의 완료되지 않은 귀결절을 담고 있고, 조건절(또는 "if"절)이 15b절에서 뒤따른다. 그때에 귀결절은 16절의 두 부분의 관계절에 의해서 오직 완성된다. 이런 분리를 고려한 온전한 귀결절은 이렇게 읽을 수 있다: "그가…에 의해서가 아니라…에 의해서 행하신 것이 더욱 분명하도다"(15a, 16절). 귀결절의 두 절반을 분리함으로써 저자는 청자들이, 17절(한글개역은 16절–역자주)에서 시편 110:4의 인용으로 지원되는, "무궁한 생명의 능력"의 승리적 선언을 들을 때까지 긴장을 놓지 않도록 하는 진술을 이룬다.

관계대명사 호스(*ὅς*, "그는")는 15b절에서 가장 가까이 있는 선행사 히에류스 헤테로스(*ἱερεὺς ἕτερος*)를 언급한다. 관계절의 목적은 약속된 제사장이 멜기세덱과 같은 방식으로 있음을 정의하는 것인데, 그것은 먼저 부정(우[*οὐ*])을 제시하고, 그 다음에 대조적인 긍정의 측면(*ἀλλά*–알라, "그러나")을 제시한다. "육체에 상관된 계명의 법을 좇지 아니하고"(*οὐ κατὰ νόμον ἐντολῆς σαρκίνης*–우 카타 노몬 엔톨레스 사르키네스)라는 부정의 표현은 11절의 부정어절(*οὐ κατὰ τὴν τάξιν Ἀαρών*–우 카타 텐 탁신 아론, "아론의 반차를 좇지 않고")을 보충한다. 여기서 율법은 법적인 가계 그리고 육체적인 특징과 의례적인 정결의 기준과 관련한 의식으로 인식된다(Michel, 272). 멜기세덱처럼 그리스도는 모세의 율법에 근거한 제사장이 아님을 선포한다. 모세의 율법은 제사장직이 육체적인 가계에 의존함과 관련된다(Michel, 272-72; Peterson, "Examination," 183-84; Cockerill, *Melchizedek Chri-*

stology, 104-8).

"오직 무궁한 생명의 능력을 좇아 된 것이니"(*ἀλλὰ κατὰ δύναμιν ζωῆς ἀκαταλύτου* – 알라 카타 두나민 조에스 아카탈루투)라는 긍정의 묘사는 11절의 "멜기세덱의 반차를 좇는"(*κατὰ τὴν τάξιν Μελχισέδεκ* – 카타 텐 탁신 멜기세덱)에 상응하는 표현이다. 히브리서에서 "율법"(*νόμος* – 노모스)과 대조되는 "능력"(*δύναμις* – 두나미스)은 효력을 나타낸다. 그것은 하나님의 활동과 현재에 종말론적인 실제의 관여를 표현한다(2:4; 6:5의 주석을 보라). 16절에서 질량적인 속격인 "무궁한"(*ζωῆς ἀκαταλύτου* – 조에스 아카탈루투)에 의한 "능력"의 특징은 17절에서 인용된 시편 110:4의 "영원히"(*εἰς τὸν αἰῶνα* – 에이스 톤 아이오나)를 의미하는 두드러진 의미를 제공한다. 그것은 예수의 부활 후의 존재에 관한 시각에서 나온 새 제사장의 영원성을 지칭한다. 15b절의 "멜기세덱과 같은"이란 어구의 설명으로서, 16b절의 클라이막스적인 어절은 7:3b와 7:8의 멜기세덱에 관한 "영원성"을 고려한 두드러진 진술에 의존한다. 칵케릴은 "멜기세덱과 같은 제사장이 되었다는 것은 무궁한 생명의 능력에 의해 제사장이 되었음을 우리가 배우게 된다"(*Melchizedek Christology*, 110)라고 말한다.

헬라 성경의 그밖에 다른 곳에서는 마카비 4서 10:11에만 나타나는 용어인 "무궁한"(*ἀκατάλυτος* – 아카탈루토스)은 세심하게 선택된 단어인 것으로 보인다. 그 용어는 예수의 인간 생활이 십자가로 말미암은 "파괴"(*κατάλυσις* – 카탈루시스)에 직면하였을지라도, 그의 생명은 십자가상의 고통의 죽음으로 파괴되지 않았음을 인식하게 만드는 아주 적절한 것으로 보인다. "무궁한 생명의 능력"(*δύναμιν ζωῆς ἀκαταλύτου* – 두나민 조에스 아카탈루투)이란 어구는 예수가 그의 부활과 천상 세계로의 높아지심을 통해 부여받은 새로운 생명의 특징을 묘사한다. 이 천상세계에서 예수는 공식적으로 제사장으로서의 직무를 시작했다(Demarest, "Priest," 337-38; Peterson, "Examination," 185-86).

저자는 본질적으로 그리스도에게 속했던 특징에 대한 것보다는 그가 참여했던 객관적인 사건을 언급하고 있다. 부활이 예수에게 수여한 생명의 능력은 그의 제사장직이 육체적 가계에 근거한 유한하고 시간적인 옛 제사장직의 특징에 제한을 받지 않음을 증명했다. 그것은 죽음과 부패를 극복했던 능력으로 뒷받침을 받고, 결과적으로 죽음과 부패의 영역을 넘어선다(Grundmann, *TDNT* 2:305). 예수가 "멜기세덱의 반차를 좇는" 제사장이라는 인식은 그가 부활에 의해 제사장이 되었음을 함축한다(참조. Manson, *The Epistle to the Hebrews*, 116; Williamson, *Philo*, 82, 442,

447).

"증거하기를"(*μαρτυρεῖται γὰρ ὅτι* – 마르투레이타이 가르 호티)은 시편 110:4의 인용을 도입하는데, 예수가 결코 파괴되지 않는 생명을 소유했다는 주장을 지원한다. 인용의 "증거적" 특징을 강조함으로써 저자는 종말론적인 성취에 비추어 성경 텍스트를 읽었다는 것을 가리킨다. 그 인용은 예수의 삶이 그를 제사장으로 특징짓는 이유를 증거해 준다. 그것은 레위적 질서에 의존하지 않는 진정한 제사장직이 존재하며, 그것은 영원한 제사장직으로 특징지어진다는 것을 가리킨다. 16b절의 문맥에서 "영원히"(*εἰς τὸν αἰῶνα* – 에이스 톤 아이오나)라는 어구는 "항상"의 의미를 내포한다. 윌리암슨(Williamson)은 히브리서의 논증에서 시편 110편의 중심적인 위치는 부활이 예수의 무궁한 생명의 절대적인 증거를 제공했다는 저자의 확신에 기인한다고 주장한다(*Philo*, 447). 따라서 7:1-25에서 특색 있는 기독론을 위한 시편 110:4의 관계성에 관심을 이끌어내는 것은 부활신앙이었다.

18-**19** 11절에서 시작한 논증은 18-19절에서 결론에 이르게 된다. 11절에서 저자는 시편 110:4로부터 새로운 제사장직의 예언이 옛 제사장직의 불충족성을 보여 주었음을 추론했다. 12절에서 그는 제사장직의 변화는 그것을 규제했던 율법의 변화를 필요케 했다는 것을 함축했다. 예수가, 우월한 자격을 통해 직무를 보유한, 시편 110:4에서 선포된 종말론적인 제사장이라는 뒤이은 증거는 저자로 하여금 옛 제사장직과 율법이 시편의 예언에 선언된 새 질서에 의해 대체되었다는 것을 단언적으로 확신할 수 있게 했다. 레위적 제사장직과 율법은 새 제사장의 우월한 자질에 근거한 새롭고 "더 좋은 소망"으로 대체되었다(참조. Cockerill, *Melchizedek Christology*, 24-25, 113).

논증의 절정은 멘…데(*μέν … δέ*) 구문("한편으로…하지만 다른 한편으로", 18, 19b절)으로 도입된 대조를 통해 표현된다. 모든 그러한 구문에서 강조는 항상 데(*δέ*) 구절에 있다(Riggenbach, 200). 저자는 12절로부터의 율법의 "변역, 변화"(*μετάθεσις* – 메타데시스)의 개념을 취하여, 그것을 18절에서 부정적으로 설명하고(전엣 것을 "폐하고"), 나아가서 19b절에서 긍정적으로 설명한다(새 것이 "도입").

백성들과 관련한 하나님의 방식의 극적인 변화가 18절에서 정의된다. "폐함"(*ἀθέτησις* – 아데테시스)이라는 용어는 "변역"(*μετάθεσις* – 메타데시스, 12절)보다 더 강한 용어다. 그것의 의미가 파피루스에 제기되는데, 거기서 그것은 포고령의 폐기나 빚의 청산을 위한 전문적인 법적 의미를 전제한다(MM 12). 18절에서 법적

용어의 사용은 율법과 관련한 논증에서 적절하다. "전엣 계명"은 16절에서 언급한 제사장직을 규제하는 특별한 규례에 대한 주요한 언급이다. 저자는 제사장직과 희생의 측면에서 전체 구약 율법을 간주한다(참조. Windisch, 66; 히브리서에서 율법은 "고대의 제의적 공동체의 희생제사에 관한 규례를 담은 핵심"을 말한다).

"전엣 계명"이란 표현에서 프로아구세스(*προαγούσης*, "이전에, 이전 시기에") 란 서술적 용어는 이 논증에 우연한 것이 아니다. 육체적 가계에 근거한 이전의 임시적인 규례가 폐지되었음은 뒤이은 종말론적인 성취에 비추어서다. 시편 110:4의 선포로, 하나님은 전체 레위적 제도를 뒤로하실 의도를 가지셨다. 그 레위적 제도가 목적을 이루는데 효과적이지 않기 때문이다. 그것의 "연약"(*ἀσθενής*–아스데네스)은 율법이나 그 목적에 있는 것이 아니라 율법이 성취를 의존하고 있는 사람들에게 있다(4:15; 5:2; 7:28의 주석을 보라. 전엣 계명의 "무익"(*ἀνωφελής*–아노펠레스)은 율법이 제의적 의미에서 하나님께 나아가는 것을 규제했고 외적으로만 정결할 수 있었다는 사실에 있다(9:9-10, 13, 23; 10:14).

두 용어들은 19a절의 예리한 삽입구적인 언급으로 요약되는데, 쾨겔(Kögel)은 그것을 "율법은 아무 것도 지정된 목적을 이루지 못했다"("Der Begriff," 60)라고 번역한다. 한정동사 에텔레이오센(*ἐτελείωσεν*)은 11절의 동족명사 텔레이오시스(*τελείωσις*)의 사용에서 그것의 의미를 의존한다. 율법은 하나님이 의도하신 종말론적 성취를 가져오지 못했다. 19a절의 특별한 관심은 양심이나 마음의 정결을 통해 하나님과의 올바른 관계로 사람들을 데려오지 못했다는 것이다(9:14의 주석을 보라). 제사장직, 희생제사, 그리고 속죄의 제도는 하나님과의 관계에서 온전한 질서를 이루지 못했다(참조. Riggenbach, 201; Michel, 273; Peterson, "Examination," 186-87, 220-22).

결론의 긍정적인 절반이 19b절에서 그려진다: 율법이 비효과적임이 입증되었을지라도, 그것은 효력 있는 소망으로 대체되었다. 멘…데(*μὲν … δέ*) 구문의 의미는 이전의 표현인 "폐지"(*ἀθέτησις*–아데테시스)와 "도입"(*ἐπεισαγωγή*–에페이사고게)을 강조한다. 전엣 계명은 무익함이 선언되었다: 더 좋은 소망이 들어오게 되었다. 에페이사고게(*ἐπεισαγωγή*)란 말은 대체의 의미로 요세푸스에 의해서도 사용되었는데(*Ant.* 11.196: 새 아내가 옛 아내를 대체하였다), 이 개념이 19b절에서도 역시 내재되어 있는 것으로 보인다. "더 좋은"(*κρείττων*–크레이톤)이란 용어는 히브리서의 새 구속 질서를 특징짓는 단어다(7:22; 8:6; 9:23의 주석을 보라). 그것은 하나님에 의해 지정된 목표로 백성들을 인도하는, 그리스도가 도입한 실재의 확고한 특징을 의미한다(Michel, 273). 이제 백성들에게 이른 소망은 하나님의 신실성으로 보증된(6:18; 10:23) 효과로 "더 좋게"(κρείττων – 크레이톤) 되었다. 그것은 율법과 제사장직이 실현하지 못했던 것과 관련이 있으며, 상징적인 방식으로, 다가올 것 즉 하나님께 대한 직접적이고 지속적인 접근을 가리켰다. 이 "더 좋은 소망"으로 말미암아 하나님의 새로운 백성들은 레위적 제도 하에서는 불가능했던 하나님과의 관계에 접근할 수 있는 특징을 보장했다.

70인경 출애굽기, 레위기 그리고 에스겔에서 에기젠 토 데오(ἐγγίζειν τῷ θεῷ, "하나님께 가까이 가느니라")는 제의적 정결의 상태로 하나님께 나아가는 사람들에 대해 사용된다(예. 출 3:5; 24:2; 레 10:3). 특히 그것은 희생제사의 의무를 위해 성소에 들어간 제사장에 대해 사용된다(출 19:22; 레 21:21; 겔 40:46; 42:13; 43:19; 44:13; 45:4). 이 성경책들 이외에 그 표현은 하나님께 나아가거나 기도에서 하나님께 자신의 생각을 드리는 예배자들에 대해 보다 일반적으로 사용된다(시 31[MT 32]:6; 33[MT 34]:19[18]; 144[MT 145]:18; 148[MT 149]:14; 호 12:6; 습 3:2; 사 29:13; 58:2; Jdt 8:27). 기도 속에서 하나님께 가까이 나아가는 것을 표현하는 에기제인(ἐγγίζειν)의 이런 일반적인 사용은 여기서 그 용어의 사용을 특별한 제의적 의미로 읽는 것을 경고하는 것으로 작용한다. 히브리서에서 "가까이 나아가는 것"은 확실히 미래의 측면을 담고 있을 뿐 아니라(6:18-20의 주석을 보라), 현재에서도 나타나고 위기나 압박의 시기에 필요한 도움을 받는데 필수적이다(4:16의 주석을 보라). 현 구절에서의 강조는 그리스도의 제사장직의 절대적인 효력으로 인한 그리스도인의 유산이 된 "하나님께 가까이 나아가는 것"의 확실성에 있다(Preisker, *TDNT* 2:331; Cockerill, *Melchizedek Christology*, 118-20).

20-22 18-19절에서 다다른 결론의 목회적 의미가 7:20-25에서 더 상세하게 그려진다. 이 단위는 그리스도가 옛 제사장직을 대체한 우월한 제사장이라는 7:11-19에서의 증거와 긴밀하게 연관되어 있는데, 20절과 23절의 시작에 있는 접속어 카이(καί)를 반복함으로써 그러하다. 7:20-22와 7:23-25에서 저자는 시편 110:4의 어구를 취하여, 어떤 특별한 측면에서 멜기세덱과 같은 새 제사장과 옛 제사장직을 대조한다. 7:20-22에서 그는 "주님이 맹세하시고 그 마음을 변개하지 않을 것이라"라는 어절을 해석한다. 7:23-25에서는 "네가 영원한 제사장이다"라는 어절의 의미를 탐구한다. 이 두 작은 단위는 우월한 제사장으로 인해 공동체에 새로운 질서가 올 수 있다는 혜택을 다시 나타낸다. 20-22절에서 요약된 첫 번째 혜택은 새 언약이 그것의 효력을 보증하는 보증자를 갖고 있다는 사실이다. 현재와 미래를 위해서

말이다. 종말론적인 제사장은 맹세에 의해 그 직무를 확보했지만 옛 제사장은 그렇지 않기 때문이다(참조. Cockerill, *Melchizedek Christology*, 26-27, 121-22).

20-22절의 문장 구조는 복합문이다. 20a절에서 도입된 비교는 22절에서 완성된다. 비교의 표현인 카드 호손…카타 토수토…(*καθ' ὅσον … κατὰ τοσοῦτο …*, "…한 것처럼…하므로")는 하나님의 맹세와 더 좋은 언약의 "보증자"와의 관계에 관심을 돌린다: 하나님의 맹세가 보증자의 배후에 있어서 그의 사명을 지원한다(20b-21절). 비교의 근거는 간 삽입구로 설명되는데(20b-21절), 그것은 설명적인 가르(*γάρ*)에 의해 20a절과 연결된다. 저자는 삽입구적으로 하나님의 거룩한 맹세에 의해 정당성을 얻는 새 제사장의 임명과 하나님의 맹세의 혜택 없이 율법에 근거한 레위적 제사장직 간의 대조를 발전시킨다(참조. 28절). 이 대조는 예수와 레위적 제사장간의 차이는 정도의 차이가 아니라(더 작은 것과 더 큰 것), 예수가 새 시대의 종말론적인 제사장임을 나타내는, 종류의 차이임을 강하게 표현한다(Michel, 274; Cockerill, *Melchizedek Christology*, 127-28).

20a절에서 예수가 제사장을 "맹세 없이 된 것이 아니니"(*οὐ χωρὶς ὁρκωμοσίας*-우 코리스 호르코모시아스)라는 표현은 21절에서 그려지는 시편 110:4로부터의 주해적인 추론을 예기한다. 그것은 새 제사장직이 하나님의 거룩한 맹세에 의해 무조건적으로 정당화된 신적인 제도라는 것을 단언적으로 확증한다. 하나님의 맹세는 그리스도의 제사장직의 절대적인 신뢰성을 입증하며, 크리스천 공동체의 소망은 여기에 닻을 내린다(6:18-20). 그 목적의 성취가 확인되고 있다(참조. Schneider, *TDNT* 5:183-84; Thompson, *NovT* 19[1971] 218-29). 6:13-18에서 맹세로 확인된 아브라함에 대한 하나님 약속의 말씀의 이전 해석은 하나님의 맹세가 모든 의심을 배제하고 믿음에 약속의 확신을 제공하는 변함 없는 보증이라는 것을 입증했다. 맹세의 기능은 그 약속을 최종적이며 영원하고 불변한 것으로 특징짓는다. 저자는 6:16-20에서 공동체에 이른 약속이 시편 110:4에서 맹세로 도입된 종말론적인 제사장직과 동일하다는 것을 이제 입증한다(Klappert, *Eschatologie*, 32; 참조. Trites, *Witness*, 220).

시편 110:4의 인용이 21절에서 도입된 특색 있는 방식은 하나님의 말씀의 직접성을 아들에게 돌리는 것을 강화한다. 훈계의 과정에서 시편 110:4을 도입했을 때, 저자는 그 인용을 하나님이 직접적으로 아들에게 언급하시고 그 안에서 이루신 말씀으로 취급했다(5:6a; 참조. 1:6, 7, 10). 이 요지가 21절에서 견지된다. 예수가 "맹세로"(*μετὰ ὁρκωμοσίας*-메타 호르코모시아스) 제사장이 되었다는 것을 강조한 저자는 시편 110:4의 말씀에서 예수를 불렀던 분으로서 하나님을 언급한다.

취임의 공식적 선포는 거룩한 맹세로 비롯되었다. 맹세의 최종성은 주님이 "그의 마음을 변개하지 않으실" 것이라는 조항에 의해 강화되고, 따라서 그것은 약속의 전적인 신뢰를 보증한다(참조. Cockerill, *Melchizedek Christology*, 128-29, 224-26). 영원한 제사장의 제도는 침범할 수 없다. 17절에서 "네가 영원히 제사장이라"는 선언은 "멜기세덱의 반차를 좇는"이란 의미 있는 어구에 의해 여전히 수식을 받았다. 그런데 22절에서 개인 이름인 "예수"의 도입과 더불어, 21절의 그 인용의 형태에서 고대의 제사장적 전임자에 대해 이런 수식하는 언급이 없음은 모든 관심을 약속에 대한 종말론적인 실현에 집중하게 만든다(Demarest, "Priest," 11). 히브리서의 그밖에 다른 곳에서처럼, "예수"라는 개인 이름은 극적인 강조를 위해 문장의 마지막 부분으로 미루어졌다(2:9의 주석을 보라).

하나님의 맹세가 종말론적인 제사장의 임명을 뒷받침하고 있기 때문에 예수는 새 언약에서 선언된 목표가 이루어지는 것을 보증할 수 있다(22절). "더 좋은 언약"(*κρείττονος διαθήκης*–크레이토노스 디아데케스)으로 새 언약을 특징짓는 표현은 19절에서 "더 좋은 소망"(*κρείττονος ἐλπίδος*–크레이코노스 엘피도스)이란 표현의 사용을 상기시킨다. 그것은 히브리서에서 신학적으로 의미가 있는 용어인 "언약"(*διαθήκη*–디아데케)의 첫 번째 출현을 이룬다. 저자의 용법은 70인경을 전제하는데, 거기서 디아데케(*διαθήκη*)는 특별한 뉘앙스가 주어졌다. 파피루스와 일반적으로 헬라의 그리스어에서 그 용어는 "유언" 또는 "의지"를 의미한다. 하지만 70인경의 번역자들은 이 흔한 용어를 이스라엘에 대한 하나님의 주권적이고 은혜로운 성향의 일방적인 특징을 표현하는 것으로 소개했다. 그 용어(*διαθήκη*–디아데케)는 "언약" 또는 "주권적 질서"를 내포하는 것으로 수용되었고, 이 뉘앙스는 구약의 외경과 위서에서 유지되었다(참조. Behm, *TDNT* 2:124-34). 22절에서 저자는 디아데케(*διαθήκη*)를 제의적 관점에서 바라본다. 그것은 하나님이 그를 가까이 하는 사람들을 위해 세우신 질서를 내포한다. 새 언약(참조. 8:8-10; 9:15-20)은 효력을 발휘하기 때문에 "더 좋은" 것으로 묘사할 수 있다: 하나님께 가까이 나아가는 것이 영원한 제사장으로서의 예수의 직무 속에서 예수에 의해 보증되었다(참조. 7:19; 13:20).

언약과 관련하여 예수는 "보증인"(*ἔγγυος*–에구오스)으로 지칭된다. 신약성경에서 여기서만 나타나는 이 용어의 선택은 의도적이다. 파피루스에서 그것은 빚을 청산하거나 약속을 이행할 계약, 담보, 실질적인 보증을 함축했다. 그러나 그것은 다른 사람의 보증인으로서 자기 생명을 제공하는 한 개인을 언급하기도 한다(특히 Sir 29:15-17을 보라). 이 사람과 관련한 의미에서 에구오스(ἔγγυος)는 "중재자"(μεσίτης-메시테스, 참조. 8:6; 9:15; 12:24)보다 더 무게가 있는 책임을 가정한다. "중재자"는 두 파 사이의 갭에 끼여들지만 "보증인"은 그의 인격과 생명을 자신의 말에 건다(참조. Michel, 275). 그의 죽음, 승귀, 하늘의 제사장으로서의 취임을 통해 예수는 새롭고 더 좋은 언약이 폐지되지 않을 것이라는 보증을 제공한다. 예수의 선포에서 그 시작을 갖는 하나님의 구원의 새 역사(2:3)는 필연적으로 그 완성이 뒤따를 것이다(Preisker, *TDNT* 2:329; 참조. Oepke, *TDNT* 4:618-20). 예수는 이 의무를 성취할 것이라는 맹세로서 자기 자신을 드린 에구오스(ἔγγυος, "보증인")가 되었다.

23-25 예수의 대제사장직은 새 언약의 백성들에게 다른 혜택을 가져다주었다. 이것은 "영원한 제사장이라 하셨도다"(시 110:4)라는 어절의 묵상에서 분명하다. 예수가 영원하고 최종적인 제사장직을 시행하시기 때문에 그는 영원하고 궁극적인 구원을 중재할 수 있다. 23-24절에서 옛 제사장직과 새 제사장간의 비교는 전자의 시간적인 제한성의 특징과 후자의 영원성과 최종성을 예리하게 대조시키는 교차대구법의 형태로 발전된다. 대조에서 증거되는 우월성으로 인한 공동체의 혜택이 25절에서 묘사된다(참조. Cockerill, *Melchizedek Christology*, 27, 129).

23-24절에서 주요한 강조는 "많은"과 "한 분" 사이의 대조에 있는 것으로 보인다: "한편은 수효가 많으나…다른 한편은 하나다"(οἱ μὲν πλείονες … ὁ δέ-호이 텔리오네스…호 데). 레위적 질서에서 많은 제사장들이 있었다는 사실은 저자의 논증에 중요하다. 히브리서에서 수효의 많음은 불충분성, 불완전성, 불확정성을 의미한다(예. 1:1; 10:1-4; 참조. Michel, 276; Thompson, 200). 요세푸스(Josephus, *Ant.* 20.227)에 따르면, 아론의 대제사장의 시작에서 A.D. 70년의 성전 예배의 종료 시까지 전체적으로 83명의 대제사장들이 취임했다. 23절에서 저자는 단순히 대제사장의 계승만을 생각하고 있는 것은 아니다. 그의 사고의 방향을 23b절의 원인절이 정확히 알려준다: 많은 제사장들이 있었던 이유는 그들 모두가 죽음이라는 단순한 사실에 의해 직무를 계속할 수 없었다는 것이다. 결과적으로 레위적 제사장직의 연속성은 반복적으로 중단이 되었다.

파라메네인(παραμένειν, "항상 있다")은 70인경에서 드물지만, 요세푸스에 의해 직무를 항시 하는 것으로 사용되었다(*Ant.* 2.309; 9.27, 참조. Hauck, *TDNT* 4:578, n. 3). 출애굽기 40:15 70인경에 따르면 아론과 그의 아들들이 "영원히"(εἰς *τὸν αἰῶνα*－에이스 톤 아이오나) 제사장직에 임명되었지만, 이 무제한적인 표현은 "각 세대로"(*εἰς τὰς γενεὰς αὐτῶν*－에이스 타스 게네아스 아우톤)란 어구에 의해 곧바로 제한을 받는다(참조. 민 25:23 70인경). 레위적 제사장직은 대대로 제사장직의 사역을 할 수 있는 조항으로 인하여서만 영속할 수 있었다.

이와는 대조되어, 예수는 영원하고 최종적인 제사장직이 부여되었다(24절). 그가 영원한 제사장직의 탁월한 봉사자가 되는 이유가 24a절의 원인절에서 제공된다: "예수는 영원히 계시므로"(*διὰ τὸ μένειν αὐτὸν εἰς τὸν αἰῶνα*－디아 토 메네인 아우톤 에이스 톤 아이오나). 23-24절의 교차대구법적 구조에서 두 원인절의 병렬(23b/24a절)은 많은 수효의 제사장들의 시간적 제한의 특징과 한 분의 영원성을 강조한다. 부정사 메네인(*μένειν*, "항상 있다")을 취한 것은 신학적으로 의미가 있다. 70인경에서 메네인(*μένειν*)은 제한된 인간의 존재와 대조되는 하나님의 영속된 삶을 의미한다(예. *θεὸς μένων καὶ ζῶν εἰς γενεὰς γενεῶν ἕως τοῦ αἰῶνος*－데오스 메논 카이 존 에이스 게네아스 게네온 헤오스 투 아이오노스, "대대로 영원히 영속하여 계시는 하나님", 단 6:27-70인경; 참조. Hauck, *TDNT* 4:575-76).

24a절에서 "영원한"(*εἰς τὸν αἰῶνα*－에이스 톤 아이오나)과 더불어 메네인(*μένειν*)은 7:3d의 멜기세덱과 관련한 두드러진 선언을 상기시킨다("항상 제사장으로 있느니라"). 문학적 상징적 방식으로 멜기세덱에게 참인 것이 새 언약의 제사장 안에서 명확한 실현을 이루었다(참조. Cockerill, *Melchizedek Christology*, 132, n. 361). "영원히 계시다"라는 예언은 하나님의 생명에 그리스도의 참여를 함축한다.

16절에서 저자는 그리스도가 "무궁한 생명의 능력"에 의해 제사장이 되었다는 것을 선언했었다. 그는 이제 그 진술을 더 자세히 상술한다. 영원히 계시기 때문에 그는 "영원한"(*ἀπαράβατον*－아파라바톤) 제사장직을 가지신다(위의 원문주해 u를 보라). 사역이 죽음으로 항시 방해를 받는 레위적 제사장들과 대비되어 영원히 살아 계시는 제사장의 사역은 시간적인 제한이 없다. 아들의 영원성(24a절)은 그로 하여금 영원하고 최종적인 사역을 행할 수 있게 했다. 어느 누구도 그리스도의 제사장직을 침범할 수 없다는 명확한 선언은 어느 계승자에게도 전수되지 않는다는 보조적인 개념을 포함한다(Demarest, "Priest," 338-39).

25절의 서두에 추론적인 불변화사 호덴(*ὅθεν*, "그러므로")은 다다른 결론이 23-24절의 논증으로부터의 논리적 추론에 의한 것임을 알려준다. 저자는 이 불변화사를 공동체의 삶에 기독론적인 묵상의 실제적 의미를 알려주기 위해서 자주 사용한다(참조. 2:17; 3:1; 8:3; 9:18). 그의 의도는 확신을 결여하고 있는 공동체를 강화하기 위한 것이다. 25절에서 그는 "온전히"(*εἰς τὸ παντελές*-에이스 토 판텔레스, 위의 원문주해 v를 보라) 구원하실 수 있는, 그리스도의 영원한 제사장직의 한층 더한 혜택을 구체화한다. 믿음과 소망은 자기 백성들을 위한 그리스도의 제사장 사역의 최종성과 지속성의 인식으로 말미암아 단결된다(참조. Thompson, *NovT* 19[1977] 221).

"[하나님께] 항상 나아갈 수 있는 분"(*τοὺς προσερχομένους*-투스 프로세르코메누스)으로서 그리스도가 항상 돌보는 사람들이란 지칭은 19절의 공동체에 관한 묘사와 동등한 표현을 사용하고 있는데, 이는 문맥의 제의적 이미지에 적합하다. 70인경에서 "나아가다"(*προσέρχεσθαι*-프로세르케스다이)와 "가까이 나아가다"(*ἐγγίζειν*-에기제인)란 헬라어 표현은 예배시에 하나님께 나아가는 것에 상호적으로 사용된다(참조. Schneider, *TDNT* 2:683-84).

그리스도의 제사장직 사역의 범위가 부정사 소제인(*σῴζειν*, "구원하다")과 엔튝카네인(*ἐντυγχάνειν*, "간구하다")으로 암시된다. 히브리서에서 "구원"은 미래의 종말론적인 기업으로 표현되는데(1:14; 5:9; 9:28), 그럼에도 불구하고 공동체가 그리스도의 순종과 희생적 죽음 그리고 뒤이은 승귀의 결과로 인해 구원에 참여를 이미 시작했다는 명확한 의미가 있다(참조. 2:3 4; 6:4-5, 9). 소제인(*σῴζειν*, "구원하다")의 현재시제는 공동체의 현재의 경험을 반영하고, 예수의 지원이 각각의 중요한 순간에 유효함을 암시한다. 그는 자기 백성들의 행복에 한결 같은 관심이 있다. 그가 중재하시는 구원의 완전성과 영원성을 그의 제사장직의 확고한 특징이 보증한다.

25b절의 접속사 분사구인 판토테 존 에이스 토 엔튝카네인 휘페르 아우톤(*πάντοτε ζῶν εἰς τὸ ἐντυγχάνειν ὑπὲρ αὐτῶν*, "이는 그가 항상 살아서 저희를 위하여 간구하심이니라")는 두 가지 방식으로 이해할 수 있다. 그것은 온전히 구원하실 수 있는 높아지신 제사장의 능력에 대한 한층 더한 이유를 제공하면서, 원인을 나타낼 수 있다(BDF §418[1]). 그것은 또한 그가 구원하실 수 있는 방식을 나타내면서, 양태적일 수 있다(BDF §418[5]). 그 어절은 현 시대의 과정에서 그리스도의 능동적이고 대표적인 사역을 표명한다. "그가 항상 살아서"(*πάντοτε ζῶν*-판토테 존)라는 부사절은 시편 110:4에서 나온 추론이다. 그것은 자기 백성들을 위한 예수의 효과적인 능력은 무제한이라는 것을 강조적으로 확증한다. 그는 그리스도인들의 모든 필요를 충족하실 수 있다.

예수의 중단되지 않는 사역의 형태를 목적어구인 "저희를 위하여 간구하심이니라"(εἰς τὸ ἐντυγχάνειν ὑπὲρ αὐτῶν－에이스 토 엔튝카네인 휘페르 아우톤)가 가리킨다. 속격이 뒤따르는 휘페르(ὑπέρ)와 함께 하는 동사 엔튝카네인(ἐντυγχάνειν)은 "어떤 사람을 위해서 나아가다"를 의미한다. 그때에 접근되는 분이 하나님일 때는 그 표현은 자주 "기도하다"를 의미한다(참조. Wis 8:21; 16:28; Philo, *Mos.* 1.173). 하늘로 높아지심으로 예수는 자기 백성들을 위한 영원한 중보자가 되셨다. 그의 사역은 억압받는 자들을 위한 하나님의 존전에서 능동적인 변호 역할과 관련이 있다(참조. Murray, "The Heavenly, Priestly Activity of Christ," 44-58). 이 중보 사역의 직접적인 결과는 백성들을 보존하고, 이전 어절에서 언급된 종말론적인 구원에 필요한 모든 것을 보증하는 것이다.

엔튝카네인(ἐντυγχάνειν)이란 용어는, 전승에 속하는 것으로 보이는 구절인, 로마서 8:34에서도 역시 하늘의 중보자와 관련해서 사용되었다(참조. Nomoto, *NovT* 10[1968] 12-13; Loader, *NTS* 24[1977-78] 205-6). 거기서 중보의 사역은 예수의 죽음, 부활, 승천 그리고 하나님 우편에의 좌정과 관련이 있다. 미첼은 로마서 8:34과 히브리서 7:25이 높아지신 그리스도를 "공동체의 변호자"(276)로 간주했던 초기 기독교인들의 고백의 변형된 형태를 보존하고 있다고 주장했다. 유사한 개념들이 요한일서 2:1에 모여 있다(O. Betz, *Der Paraklet* [Leiden:Brill, 1963] 60-64, 149-59을 보라). 이 하늘의 변호자와 관련해서는 멜기세덱이 설 곳이 없다.

25절의 영원한 중보의 개념은 히브리서의 신학에서 "외인적인 요소"이며, 그것이 제사장적인 희생으로서의 예수의 죽음에 대한 저자의 이해와 불완전하게 융합되어 있다는 헤이(Hay)의 견해에 동의하는 것은 불필요하다(*Glory*, 132, 149-50). 헤이는 중보의 능동적인 성격과 그리스도의 죽음의 수동적 성격간에 긴장을 느낀다. 그러나 대제사장의 희생으로서 그리스도의 죽음의 개념은 9장까지 주요한 논증으로서 발전되지 않고 있다. 그 요지 이전에 대제사장의 개념은 매우 시험을 받고 있는 사람들을 돕기 위한 그리스도의 자신심과 일관되게 연관되어 있다(2:18; 4:14-16). 하나님의 우편에의 그리스도의 임재와 항시적인 중보를 많이 말하고 있고, 그것은 하나님의 백성들이 약속된 구원을 얻을 수 있다는 확신을 제공한다. 따라서 7:25은 저자의 신학에서 "외인적인 요소"가 아니라 4:14-16에서의 인내와 기도에 관한 중추적인 권면의 관점을 제공한다.

10:19-21에서 그리스도의 현재의 중보 사역은 그의 희생의 직접적인 결과로 보여지는데, 그것은 하나님께 담대히 나아갈 수 있는 근거를 제공한다. 7:25에서 중

보 사역의 개념은 문맥에 적합하다. 하나님께 나아감에 있어서 백성들의 대표로서 중보하는 것은 대제사장의 임무였다. 사실상 25절의 마지막 어절은 7:1-25의 논증의 축소형이다: 아들의 영속적인 생명은 중단 없는 제사장적 중보의 근거다(참조. Loader, *NTS* 24[1977-78] 205-6; Peterson, "Examination," 192-94; Cockerill, *Melchizedek Christology*, 301, 321).

26 7:11-25의 논증은 7장의 마지막 단락에서 적절히 요약된다. 시편 110:4에 근거하여 저자는 약속된 승귀하신 제사장이 옛 대제사장직을 대신하며, 또 그는 레위적 제사장들이 하지 못하는 일에 능력을 가지셨다는 것을 증명하고 있었다. 그 해석은 26-28절에서 결론에 도달하는데, 대제사장으로서 예수의 성격, 성취, 그리고 신분과 관련한 장엄한 진술을 함으로써 말이다. "제사장"(*ἱερεύς*-히에류스)에서 "대제사장"(*ἀρχιερεύς*-아르키에류스)으로 구절들이 변하고 있는 것은 저자가 시편 110:4의 보증을 넘어서고 있다는 단순한 문학적 고려가 이를 설명해준다. 7:11-25에서 히에류스(*ἱερεύς*)의 사용은 "멜기세덱의 반차를 좇는 제사장"을 선언한 예언의 말씀에 의존함으로써 진술되었다. 그런데 아르키에류스(*ἀρχιερεύς*, 참조. 2:17; 3:1; 4:14-15; 5:5, 10; 6:20)의 재개는 설교의 이전 항목에서 도입한 모티브로 돌아가서 그것을 취하고자 하는 저자의 의도를 나타낸다. 저자는 시편 110:4을 넘어서서 8:1-10:18에서 나오는 하늘의 성소와 그리스도의 희생에 관한 뒤이은 논의를 준비한다(참조. Demarest, "Priest," 346-47; Cockerill, *Melchizedek Christology*, 27-29, 148, 260).

서두의 진술은 저자의 관심이 현 상태의 청중들의 상황에 자신이 말해야 하는 것을 적용하는데 있음을 가리킨다: "이러한 대제사장은 우리에게 합당하니"(*τοιοῦτος γὰρ ἡμῖν καὶ ἔπρεπεν ἀρχιερεύς*-토이우토스 가르 헤민 카이 에프레펜 아르키에류스, 26a절). 신약성경에서 지배적인 경향은 지시사인 토이우토스(*τοιοῦτος*, "이러한" [대제사장])가 이전 것을 언급하는 것인데, 히브리서 11:14; 12:3; 13:6의 경우가 분명히 그러하다. 따라서 7:11-23에서 높아지신 제사장의 영원성과 효과성에 대한 논의를 적어도 어느 정도 언급하고 있다고 견지하는 것은 타당할 것이다(고로 Michel, 278). 하지만 상관어가 지시사를 뒤따라 나올 때, 토이우토스(*τοιοῦτος*)는 뒤에 이어지는 것을 언급한다(8:1에서처럼). 그런데 26a절의 지시사는 상관어적인 의미를 갖는 27절의 관계사 호스(*ὅς*, "그는")가 뒤따라 나온다. 따라서 26a절의 주요한 언급은 뒤에 이어지는 것으로 보인다: 공동체에 적합한 대제사장은 정확히 자기 자신을 드리신 분이시다(고로 또한 F. F. Bruce, 156-57; Cockerill,

Melchizedek Christology, 148-50). 이런 이해에 따르면, 26a절은 26-27절에 대한 지배적인 진술에 해당한다. 공동체의 상황에 맞고, 그들의 모든 필요를 충족시킬 수 있는 대제사장의 종류에 관한 묘사는 그리스도의 십자가에서 발생한다(참조. Michel, 278-79).

대제사장에 관한 묘사를 채우고 있는 26b절에 첨가된 세 형용사는 그의 인격적인 특징을 언급한다. 각각의 용어들의 특별한 뉘앙스를 구분하는 것이 어려울지라도, 세 개의 모든 형용사들은 아마도 제의적이고 제사장적인 관점에서 이해되고 70인경의 관계에서 해석된 것으로 보인다. "거룩하고"(*ὅσιος* - 호시오스)라는 말은 히브리서에서 오직 여기만 나온다. 70인경에서 그것은 하나님과 다른 사람들과의 관계를 묘사하여 약속에 충실한 것을 반영한다(시 12:1; 18:26; 32:6; 79:1-2; 132:9, 16; 149:1-2). 하나님의 봉사에 성별된 분으로서 그는 참된 제사장으로 신앙적으로 자격이 부여되었다(참조. Hauck, *TDNT* 5:492; Spicq, 2:200).

"악이 없고, 순전하고, 순결한"(*ἄκακος* - 아카코스)은 70인경에서 수동적인 도덕적 의미로 주로 사용된다. 그것은 대제사장이 된 예수의 도덕적 자격을 나타내는데 적합한 용어였다. 그것은 예수가 다른 사람들과의 관계에서 흠이 없을 뿐 아니라, 악이 그를 침범하지 않았다는 것을 의미한다(Moffatt, 101; Grundmann, *TDNT* 3:482; F. F. Bruce, 156).

"더러움이 없고"(*ἀμίαντος* - 아미안토스)는 제의적 정결을 나타낸다(2 Macc 14:26; 15:34; Jos., *J. W.* 6.99). 그밖에 다른 곳에서 그것은 사람이 아니라 거의 항상 사물에 적용되지만, 두 구절에서 필로는 히브리서 7:26에서처럼 그 용어를 직접적으로 대제사장에게 적용한다(*On Flight and Finding* 118; *On the Special Laws* 1.113). 26b절에서 제의적 이미지는 하나님의 존전에 들어가는 이 대제사장의 특징을 표현하는 것으로 상징적으로 사용되고 있다(Hauck, *TDNT* 4:647). 세 용어들은 정적인 도덕적 특징들이 아니라, 동일한 인간 생활에 온전하게 참여하셨음에도 불구하고 성육신 하신 성자가 보여준 성향들에 관해서 묘사하고 있다. 더불어 이 세 형용사는 대제사장의 죄 없으심을 묘사한다(Michel, 279; Spicq, 2:201). 오직 의식적인 정결과 육체적 고결만을 요구받는 레위적 대제사장과 대비되어, 크리스천 공동체에 적합한 대제사장은 영적이고 도덕적인 완전으로 자격을 구비하였다.

뒤이어지는 두 분사형의 어구(26c, d절)도 역시 "대제사장"(*ἀρχιερεύς* - 아르키에류스)과 동격을 이루고 있다. "죄인에게서 떠나 계시고"(*κεχωρισμένος ἀπὸ τῶν ἁμαρτωλῶν* - 케코리스메노스 아포 톤 하마르톨론, 26c절)를 이전의 형용사와의 관계에서 이해해야 한다고 주장을 한다; 그 어구는 죄인들과의 대제사장의 도덕적 분리를 반영하고 있다. 그는 "죄인인 인간들과는 다르다"(참조. Buchanan, 128; Peterson, "Examination," 196-97, 201). 하지만 동사 코리제인(*χωρίζειν*)의 수동태("분리되다, 단절되다, 나뉘다")의 언어적 용법에 관한 비교 연구는 이런 주장에 거의 지지를 주지 않는다. 70인경의 후대의 책들 속에서, 특히 에스드라1서, 에스라 그리고 느헤미야서에서 아포(*ἀπό*)가 뒤따라 나오는 코리제인(*χωρίζειν*)의 수동태는 지역적인 분리(그들 주변의 사람들과는 떨어져 있는 이스라엘 사람들에 관해서, 예를 들어, 에스드라 1서, 에스라 9:1; 느 9:2)를 나타내는 관용구다. 수동태에서 코리제인(*χωρίζειν*)은 또한 "…와는 다른"이란 의미로 "분리된"을 나타내는 두 번째 의미를 갖는다. 하지만 코리제인(*χωρίζειν*)이 단순한 차이나 "구분"을 함의할 때, 그것은, 그렇다하더라도, 아포(*ἀπό*) 전치사가 거의 뒤따르지 않는다. 사실상, 이런 함의는 70인경에서 오직 한번만 나타나고(3 Macc 2:25), 필로나 신약성경에서는, 지금 이 구절의 가능성 있는 예외를 제외하고는, 결코 나타나지 않는다. 그 증거는 26c절의 케코리스메노스 아포(*κεχωρισμένος ἀπό*) 관용구가 지역적인 분리를 나타내며, 그 동사의 완료시제는 분리된 상태를 표현하는 것으로 사용됨을 암시한다(Cockerill, *Melchizedek Christology*, 163-69).

그 어절은 죄인들 중에서 같이 거하던 예수의 삶이 승천으로 중단되었다는 것을 확증해준다. 그는 시험과 적대와 고난을 당하는 것으로 특징지어지는 영역을 떠나 하나님의 영역으로 올림을 받으셨다. 그의 분리는 도덕적 완전을 전제하지만 그 강조는 중보의 사역을 이루시는 하나님의 존전으로의 그의 실제적인 입성에 있다. 그것은 대제사장의 장엄을 묘사하며 뒤이어지는 어구와 관련이 있다(참조. Riggenbach, 209; Michel, 280).

26c절처럼 26d절의 어구는 그리스도의 대제사장적 사역의 영역에 초점을 맞춘다. "하늘보다 높이 되신 자라"(*ὑψηλότερος τῶν οὐρανῶν*-휲셀로테로스 톤 우라논)는 표현은 하나님의 보좌에 대한 구체적인 언급이다. 유사한 공간적인 이미지를 "모든 하늘들보다 위에 있는 하늘"의 하나님의 임재에 이르기 위해서 수많은 하늘을 통한 가공적인 여행을 언급하는 묵시적 자료들(예. *Asc. Isa.* 7-8)에서 발견할 수 있다. 26d절에서 저자는 가장 높은 승귀를 나타내기 위해서 공간적인 비유를 사용하였다. 그 어구는 하나님의 존전에 이르기 위해서 "하늘로 들어가신" 대제사장의 모티브를 재개한다(4:14의 주석을 보라).

예수는 자기 백성들을 위하여 대제사장적 사역을 이루게 하시는 하나님께 대한 직접적이고 방해받지 않는 접근을 향유하신다. 하나님의 우편으로 예수가 높아지심이 유사 공간적인 의미에서 교회로부터 멀어지는 것일지라도, 그것은 그가 형제, 자매들로부터 멀어진다거나 그들의 고통에 참여하지 못함을 함의하지 않는다(참조. Michel, 279-81; Cockerill, *Melchizedek Christology*, 170-72).

27 26절의 대제사장 사역으로의 높아지신 영역과 그의 인격적인 특징에 관한 묘사는 27절에서도 계속 전개되고 이는 그의 유례 없는 성취를 반영한다. 두 진술들 간의 연관은 27절의 서두에 상관어구에 의해 확립된다: "날마다 제사 드리는 것과 같이 할 필요가 없으니"(*ὅς ουκ ἔχει καθ' ἡμέραν ἀνάγκην … θυσίας ἀναφέρειν* -호스 우크 에케이 카드 헤메란 아낭켄…두시아스 아나페레인). 그것은 26절로 거슬러 올라가 지시사 "이러한 [제사장]"(*τοιοῦτος* - 토이우토스)을 가리킨다. 적합한 대제사장은 유일무이하게 자신을 드려 레위적 희생제사의 전체 제도를 끝낸 분이시다. 그는 26절에서 묘사된 죄 없으신 대제사장이었기 때문에 최종적인 희생제사를 드릴 수 있었다.

종말론적인 대제사장과 아론 계열의 대제사장간의 비교는 26절에서는 암시적이지만 27절에서는 명시적이 된다. 새 대제사장의 우월성의 차이는 그가 최종적인 희생으로서 자기 자신을 드렸다는 것이다. 7:11-25에서 설정된 법적 제사장직보다 새 제사장의 우월성과 최종성에 관한 증거가 시편 110:4과 "멜기세덱과 같은" 제사장의 약속에 근거하였지만, 27절의 형태는 저자가 그 논증의 노선을 훨씬 넘어서고 있음을 가리킨다. 멜기세덱은 희생과 연관이 없기 때문이다(Cockerill, *Melchizedek Christology*, 172-73).

그리스도가 생명을 바치신 유일무이한 복종이 희생의 이미지 하에서 상고된다: "자기를 드려 이루셨음이니라"(*ἑαυτὸν ἀνενέγκας* - 헤아우톤 아네넥카스). 70인경에서 아나페레인(*ἀναφέρειν*)이란 동사는 "희생을 드리다, 희생을 하다"를 의미하는 전문 용어다(Weiss, *TDNT* 9:60-61). 저자는 하나님에게 자신의 생명을 드린 본질적으로 대제사장의 기능을 수행한 것으로서 그리스도를 제시한다(Zimmermann, *Hohepriester-Christologie*, 15). 그의 희생의 완전함은 동시에 흠 없는 제물이 되신 대제사장의 영적이고 도덕적인 온전함에 상응한다(참조. 9:14). 그가 완전한 희생이 되셨기 때문에, 다른 제사장들이 행하는 희생제사 사역을 영속화시키는 그런 필연성과 개연성을 배제시켰다. 그리스도의 한 희생과 레위적 대제사장들의 수많은 희생간의 대조를 가져오게 하는 것은 바로 이런 두드러진 실제다("하나"와 "많은"간의 관련된 대조에 대해서는 7:23-24의 주석을 보라). 그리스도가 자기 자신을 "단번에 모든 것을 위해"(ἐφάπαξ－에파팍스) 제공하셨다는 사실은 그의 희생의 완전함을 의미한다. 신약성경에서 에파팍스(ἐφάπαξ)는 그리스도의 죽음의 유일무이성과 최종성 그리고 그것이 보증한 구속에 대한 전문 용어다(9:12; 10:10; 참조. Stählin, *TDNT* 1:383-84). 27절에서 이 용어는 "날마다"(καθ' ἡμέραν－카드 헤메란)란 시간적인 표현을 갖는 비교에서 그 의미를 획득하는데, 그것은 레위적 대제사장의 희생제사 사역을 한정하며 그것의 불완정성과 비효과성을 나타낸다.

27절에서 그리스도와 레위적 대제사장간의 비교의 근거는 속죄일의 희생제사에 대한 규정이다. 오직 그 경우에만 대제사장이 자기 자신의 죄와 그 다음에 백성들의 죄를 위한 속죄를 할 수 있다고 규정하고 있다(레 16:6-10; 5:3의 주석을 보라). 저자는 자신이 전개하고 있는 예표론의 중요한 결정으로서 속죄일의 이중적인 희생을 간주하였다(참조. 9:7). 그러나 카드 헤메란(καθ' ἡμέραν)의 세부적인 문제는 논쟁이 된다. 그 이중적인 희생은 "날마다"가 아니라 일년에 한번씩 제공되었기 때문이다(출 20:30; 레 16:1-33). 게다가 저자는 속죄일에 대제사장이 제공한 매년의 희생제사와(97, 25; 10:1, 3)와 통상적인 제사장들이 드리는 매일의 제사간의 근본적인 차이를 충분히 인식하고 있었다(10:11, καθ' ἡμέραν－카드 헤메란, "매일"). 다양한 주장들이 이 문제를 해결하기 위해서 주어졌다. 이것에 대해 살펴보자.

(1) 속죄일의 절차가 일반화되었을 가능성이 있다. 그러므로 저자는 속죄 의식에 견주어 매일의 희생에 관한 모든 것을 해석했다(참조. Riggenbach, 209-15; Michel, 282-83; F. F. Bruce, 157-58; Cockerill, *Melchizedek Christology*, 175-77, n. 488). 아침에 드려지고 저녁에 다시 한번 드려지는 매일의 희생은 전 국민을 위한 양(lamb)과 적절한 곡식 그리고 음료의 제물(출 29:38-46; 민 28:3-10)과 70인경에서 두시아(θυσία, "희생")로 지칭된 대제사장을 위한 곡류 제물로 형성되었다(레 6:9-23; 참조. Jos., *Ant.* 3.257: "[대]제사장도 역시 자신의 잘못에 대해 희생을 드렸고, 각날에 두 번 그리했다"). 이 두 번의 제물은 옛 회당의 예전과 긴밀하게 관련되었으나, 백성들을 위한 제물이 27절의 순서와는 대조되어 대제사장을 위한 제물에 선행하였다(*Yoma* 7:3; *Ta'an.* 4:6; 참조. Philo, *Who Is the Heir?* 174).

(2) 저자는 유대교의 희생제의에서 대제사장의 일상적인 관련을 염두에 두었다. 제사장이 고의적인 아닌 죄를 저질렀을 때 그가 해야 하는 제물이거나 대제사장이

관련된 다른 일상의 제물을 언급하는 것이라면(레위 4:2-18), 속죄일에 견주어 매일의 희생을 해석하는 것은 그리 어렵지 않았을 것이다(Williamson, *Philo*, 177-79).

(3) 그것은 오경에서 규정된 율법을 언급하는 것이 아니라 아론이 자기 자신과 백성들을 위해 매일의 희생을 제공해야 했던 전승에 관한 언급이다(Sir 45:14, "그의 희생을 항상 매일 두 번 온전히 드릴 것이며"). 필로가 대제사장이 매일 희생을 실제로 주재하지 않았던 것을 확실히 알았으면서도, 그는 대제사장이 "매일 기도와 희생을 드리고 복을 구한다"라고 말하는 유사한 진술을 한다(*On the Special Laws* 3.131; 참조. Lach, "Les ordonnances," 392-93).

자기 자신과 백성들을 위한 속죄 제물을 대제사장이 항시 드릴 것에 대한 의무는 레위적 대제사장의 비효과성을 강조하기 위한 것이다. 저자는 모든 희생의 목적을 속죄로 간주했다(5:1의 주석을 보라). 27절의 대조의 요지는 죄 없으신 하나님의 아들이 자기 자신을 백성들의 죄를 위해 드리셨을 때에 있었던 최종적인 희생으로 말미암아 오직 온전하고 완전하게 이루어졌다는 것이다. 9:11-14; 10:1-15는 이런 개념을 더 충분히 발전시킨다.

28 두 제사장직간의 심각한 차이는 전체 장의 논증을 요약하는 결론적인 대조에서 상세히 설명된다. 의미 있는 대조의 수사학적인 효과에 관한 저자의 인식이 특히 여기서 자명해 보인다(참조. Nomoto, *NovT* 10 [1968] 16): (1) 레위적 제도의 근거는 "율법"(*ὁ νόμος* – 호 노모스)이지만 새로운 제사장직의 근거는 "맹세의 말씀"(*ὁ λόγος τῆς ὁρκωμοσίας* – 호 로고스 테스 호르코모시아스)이다, (2) 옛 제사장직은 "사람들"(*ἄνθρωποι* – 안드로포이)로 구성되지만 새 제사장은 "아들"(*υἱός* – 휘오스)이시다, (3) 옛 제사장은 "약점을 가졌지"(*ἔχοντας ἀσθένειαν* – 에콘타스 아스데네이안)만 새 제사장은 "온전케 되신"(*τετελειωμένον* – 테텔레이오메논) 것으로 특징지어진다. 이 세 개의 대조들은 이전 구절들에서 상술된 논증의 노선들을 재진술한다.

첫 번째 대조는 하나님이 자기 백성들을 위해 의도하신 목표를 이루는 제사장직을 세움에 있어서 율법이 비효과적이었다는 논증을 상기한다(11-19절). 결과적으로 하나님은 레위 제도를 대신할 근본적으로 다른 제사장직을 세우실 맹세를 하셨다(20-22절). 22절에서 확인된 대체의 개념은 "율법 후에 하신"(*τῆς μετὰ τὸν νόμον* – 테스 메타 톤 노몬)이란 어구에 의해 28절에서도 함축되어 있다. 시편 110:4의 예언은 약속된 제사장이 나타나서 온전하고 최종적인 희생에 근거하여 자신의 대제사장직의 신분을 변호하실 때 완성되었다.

두 번째 대조는 그 직무가 죽음으로 말미암아 방해를 받는 많은 제사장들과 영원히 계속되는 새 언약의 한 제사장을 대조시킨 논증(23-25절)을 상기시킨다. 저자가 강조하고 있는, 맹세로 보증된 예수의 제사장직의 특별한 측면은 그것의 영원성이다: 그는 "영원한"(*εἰς τὸν αἰῶνα*–에이스 톤 아이오나) 제사장이시다. 이 측면은 3, 8절의 멜기세덱과의 예수의 본질적인 유사성과 레위족속의 제사장직과의 근본적인 차이를 보여준다.

세 번째 대조는 11-25절의 논증의 범위를 넘어서서 26-27절과도 관련된다. 율법은 인간 본성에 공통된 한계에 의해 불완전과 죄에 종속되었던 대제사장의 직무를 가진 사람들을 임명했다. 이 문맥에서 "약점"(*ἀσθένεια*–아스데네이아)이란 용어는 거의 "죄"와 동의어다(5:2; 참조. Stählin, *TDNT* 1:492; Michel, 283-84). 레위적 대제사장의 약점은 백성들의 죄뿐만 아니라 자기 자신의 죄를 위해 반복적으로 희생을 제공할 의무가 있다고 공개적으로 간주되고 있다(5:3; 7:27; 9:7). 새 제사장의 완전성은 백성들의 죄를 위해 충족한 희생으로서 단번에 모든 것으로 자기 자신을 드린 것에서 온전히 이루어지고 증거된다. 자신의 죄 없으심(4:15; 7:26)은 그 자신에 관한 죄의 속제물이 필요 없었고, 속죄의 죽음의 무조건적인 효능을 확신시켰다(참조. Demarest, "Priest," 340-44; Peterson, "Examination," 174, 197-201; Cockerill, *Melchizedek Christology*, 179-80).

28절의 강조는 맹세의 말씀이 대제사장으로 "영원히 온전케 되신 아들"(*υἱὸν εἰς τὸν αἰῶνα τετελειωμένον*–휘온 에이스 톤 아이오나 테텔레이오메논)을 임명한다는 결론적인 구절에 있다. 그 형태는 예수의 소명에 관심의 방향을 돌리고, 그의 대제사장직의 목표의 완전한 실현을 선언한다(참조. Kögel, "Der Begriff," 64). 분사 테텔레이오메논(*τετελειωμένον*)은 카디스타네인(*καθιστάνειν*, "제사장으로 세웠다")에서 표현된 성별을 반복하지는 않지만 전제한다. 아들로서의 그리스도의 온전케 되심은 중재자로서의 그의 자격의 완전함과 하늘의 성소에서 중보의 영원한 사역을 갖는 하나님의 명령에 대한 그의 순종과 관련이 있다.

2:10과 5:9에서 그리스도의 완전성에 관한 "소명적"인 이해는 28절에서 관련된 어구의 의미를 이해하기 위한 문맥을 형성한다. 2:10과 5:9에서 그 강조는 고난을 통한 예수의 완전성에 있다. 이런 배경하에서 읽었을 때, 28절의 완료수동태 분사는 시험과 치욕과 죽음의 고통으로 강조된 인간 경험의 일생이 지금 예수의 배후에 있음을 함축한다(Riggenbach, 214-15). 28절의 결론적인 어구는 삶과 죽음에 그리스

도의 순종을 상기시키고, 이는 천상의 위엄과 권능의 승귀로 인정되었다. 히브리서에서 "온전한"이란 그리스도의 개념은 사도적 설교에서 죽음과 승귀의 모티브에 상응한다(2:10; 5:9; 7:28; 12:2; 참조. Klappert, *Eschatologie*, 34, 57; Silva, *WTJ* 39[1976] 66-67). 하나님의 약속의 성취에서 그리스도의 종말론적인 승귀는 온전함의 구체적인 지칭을 형성한다.

7장의 문맥에서 아들로서의 예수의 온전함은 그가 "멜기세덱과 같은" 영원한 제사장이 되신 것과도 관련이 있다. 예수는 흠 없는 희생으로서 자기 자신을 드린 것에서 절정을 이루었던 일련의 사건들을 통해 자신의 사명의 제사장적 특징을 증명하였다. 그의 뒤이은 승귀는 하나님의 존전에 아무런 방해가 없는 접근을 그에게 가져다주었다. 그것은 영원한 제사장직의 수행에 근본적인 자격이다.

"영원한"(εἰς τὸν αἰῶνα – 에이스 톤 아이오나)란 표현은 그의 제사장적 중보의 항구적인 효력을 강조한다. 따라서 예수가 하나님의 존전에서 그의 영구적인 사역을 위해 봄소 준비되고 소명으로 구비되었던 전체 과정을 언급하는 역동적 의미에서 "온전하다"(τελειοῦν – 텔레이운)란 동사를 이해하는 것이 가장 좋다. 28절에서 그 사역은 성취된 사실로서 묵상되고, 이는 수신된 공동체의 안정에 특별히 중요했다(참조. du Plessis, *ΤΕΛΕΙΟΣ*, 221; Peterson, "Examination," 201-9, 215, 328; Cockerill, *Melchizedek Christology*, 181-84).

해설

레위적 대제사징직과 유일무이한 그리스도의 대제사장직간의 비교는 5:1-10에서 소개된다. 아론과 그리스도를 직접적인 비교로 가져올 때, 비교의 근거는 대제사장의 직무로 스스로 높아지는 것을 거부했던 점에서 보여진 겸손이었다. 그 직은 하나님의 임명에 의해서만 오직 받을 수 있었다(5:4-6). 구약의 제사장직의 유효성은 그 권위에 달려 있었다. 멜기세덱에 대한 호소는 예수의 제사장직이 레위적 제사장직과 다르며 우월했음을 입증했다. "영원한 제사장"으로 부름 받은 분은 아론과 비유되는 영역을 넘어서는 탁월함을 향유한다.

아론과 그리스도간의 유사성은 저자가 각기 그들의 제사장적 기능을 묘사했을 때 극적으로 반전된다. 레위적 대제사장과 관련한 언급은 속죄일 희생의 제의적 사역과 연약한 사람들에 대한 인내의 확장에 관한 것이다(5:1, 3). 이에 비하여 그리스도의 대제사장적 희생은 하나님께 대한 온전한 순종으로 자기 생명을 바치신 대서 절정을 이루었다(5:7-9). 이런 자기 희생은 레위적 대제사장의 경우에서보다도 더 연약한 상태에 있는 남녀들과 심오한 근본적인 일치를 이루셨음을 대변했다.

7:11-28에서 레위적 대제사장직과 그리스도의 유일무이한 제사장직간의 비교가 재개된다. 저자는 곧바로 시편 110:4과 "아론과 같지 않고" "멜기세덱과 같은" 새로운 영원한 제사장에 대한 지칭으로 되돌아간다. 하나님이 아들에게 말씀하시는 임명의 경건한 선포로서 예언의 해석은 하나님의 맹세에 근거한 새 제사장직과 율법에 근거한 옛 제사장직간의 일련의 복잡한 비교에 대한 근거를 형성했다. 이런 비교들은 아들의 영원한 제사장직의 우월성과 최종성을 증거한다. 시편 110:4의 예언에 근거하여, 저자는 새 제사장과 자신의 희생으로 확보했던 언약이 옛 제사장직, 희생, 그리고 언약을 대체했음을 추론한다.

이 비교들을 전개하는 동안에, 저자는 영원이란 시간의 범주에서 구속 역사를 융해시키지 않으려고 조심한다. 하나님의 새로운 행위를 선포한 예언이 율법 이후에 공포되었다는 것이 멜기세덱과 같은 제사장의 우월성을 논증하는데 중요했다(7:11-19, 28). 하나님이 구약과는 다른 우월한 제사장직을 선언하셨다는 것은 레위적 제사장직이 불충분했고 또 폐지되었다는 것을 암시했다. "온전함"의 목표를 이루지 못하는 무능력은 그것의 폐지를 함축했다(7:11-12, 19). 이런 개념의 사용은 근본적이다. 구원의 옛 질서는 본질적인 연약함으로 고통 당했고, 완전히 제침을 당했다. 죽음에 영향을 받지 않는 생명이 부여된 예수의 종말론적인 대제사장직이 그것을 대체했다(7:13-17).

시편 110:4의 해석이 저자로 하여금 아들에 관한 전승을 제사장과 멜기세덱에 관해 예언된 "영원성"과 연관을 짓게 했다. 멜기세덱에 관한 사용은 철저히 기독론적이다. 그의 질적으로 다른 제사장직은 법적인 규정에 근거하지 않고 하나님의 임명에 근거한 종말론적인 제사장직을 예기했다. 새 제사장은 하나님의 맹세에 의해 그 직무를 시작했다. 멜기세덱의 제사장직의 영원한 성격은 새 제사장의 영원성과 최종성을 암시했다. 그리스도의 제사장직은 절대적인 영원성의 차원에서 묘사되는 것이 아니라 영구적이고 최종적인 성격의 차원에 의한 것이다(7:16; 24-25). 아들이 "멜기세덱과 같다"는 것은 영구적인 제사장직을 소유함으로써다. 새 제사장의 종말론적인 우월성의 논증은 25절에 의해 실제로 완전해진다. 멜기세덱에 관해 만들어진 긍정적인 사용은 "멜기세덱 기독론"을 지원한다.

시편 110:4의 해석에 대한 강력하게 실제적인 적용이 있다. 공동체의 구성원들은 그들을 위해서 현재 결정적으로 행하실 하나님의 능력을 의심했던 것으로 보인다. 저자의 관심은 청중들을 도와서 그리스도 안에서의 하나님의 최종적인 행위와 현 상황의 실제를 그들이 대면하게 하는 그리스도의 능력의 실제를 깨닫게 하는 것이다. 그는 그들로 하여금 예수가 하나님의 아들이시라는 그들의 고백의 의미를 새롭게 이해할 수 있도록 돕는 것이었다. 제사장직으로 아들을 해석함으로써 그는 아들이 현 상황과 종국에서 어떻게 공동체의 구성원들을 구원하실 수 있는가를 그들에게 보일 수 있었다. 그들을 위한 예수의 변호 사역의 수행은 그들에게 최종적이고 완전한 구원을 확신시켰다(7:24-25). 7:1-25의 멜기세덱 기독론의 중요한 목적은 아들의 영원한 제사장직의 효력을 입증하는 것이었다. 그것은 예수가 하나님의 아들이시라는 고백의 의미를 이해할 수 있는 신선하고 통찰력 있는 관점을 제공했다.

멜기세덱 기독론의 전개는 공동체를 위한 저자의 목회적 관심이 동기부여가 되었다. 하지만 그것이 히브리서의 대제사장적 기독론의 제시를 위한 유일한 근거는 아니었다. 멜기세덱은 희생과는 아무런 관련이 없었기 때문이었다. 그런 이유 때문에 7:26-28에서 저자는 시편 110:4의 범주를 넘어서서 새 대제사장의 무흠한 성격과 희생적 죽음에 관해 언급한다. 특히 의미가 있는 것은 속죄일의 대제사장의 행위에 관한 암시인데, 그것은 속죄의 희생으로서 예수의 죽음을 제사장적 용어들로 해석하기 위한 문맥을 형성한다. 레위적 제사장직의 희생적인 사역은 하나의 모형이며, 그리스도의 제사장직은 그것을 성취하였다. 이 구절들은 뒤이어지는 해석(8:1-10:18)에서 충분히 전개될 주제들을 건드린다. 그것들은 공동체에 합당하신 대제사장은 자기 자신을 드림으로써 전체 레위적 희생 제도를 끝내신 분이시다. 그의 희생의 완전성과 단일성은 그의 삶의 영적이고 도덕적인 온전함으로 인한 결과였다. 공동체의 상황에 맞는 대제사장에 관한 묘사는 시편 110:4로부터 나오는 것이 아니라 십자가로부터 나온다.

온전히 효과적이고 영구적인 제사장직의 시행에 대한 근본적인 자격은 하나님의 임재로 항시 나아갈 수 있는 것이다. 천상의 성소로 방해받지 않고 나아가실 수 있는 변호의 사역으로 소명에 의해 자격을 부어받은 새 제사장이 높아지신 신분은 영구적인 제사장직의 목표를 온전히 이루실 확신을 제공한다.

E. 성소와 언약(8:1-13)

참고문헌

Attridge, H. W. "The Uses of Antithesis in Hebrews 8-10." *HTR* 79(1986) 1-9. **Beavis, M. A.** "The New Covenant and Judaism." *TBT* 22(1984) 24-30. **Bell, W. E.** "The New Covenant." Dissertation, Dallas Theological Seminary, 1963. **Blumenthal, A. von.** "*τύπος* und *παράδειγμα*." *Hermes* 63(1928) 391-414. **Brandt, W.** "Die Wortgruppe *λειτουργεῖν* im Hebräerbrief und bei Clemens Romanus." *JThSB* 1(1930) 145-76. **Cody, A.** *Heavenly Sanctuary and Liturgy*. 9-46, 77-107, 151-55. **Coppens, J.** "La nouvelle alliance en Jérémie 31, 31-34." *CBQ* 25(1963) 12-21. **D'Angelo, M. R.** *Moses in the Letter to the Hebrews*. 201-58. **Dequeker, L.** "Het Nieuwe Verbond bij Jeremia, bij Paulus en in de Brief aan de Hebreeën." *Bijdragen* 33(1972) 234-61. **Devescovi, U.** "Annotozioni sulla dottrina di Geremia circa la nuovo alleanza." *RevistB* 8(1960) 102-28. **Dunkel, F.** "Expiation et Jour des expiations dans l'épître aux Hébreux." *RevRéf* 33(1982) 63-71. **Dussaut, L.** *Synopse structurelle de l'Épître aux Hébreux*. 66-72. **Ellingworth, P.** "Jesus and the Universe in Hebrews." *EvQ* 58(1986) 337-50. **Estève, H. M.** *De caelesti meditatione sacerdotali Christi iuxta Hebr. 8.3-4*. Madrid: Consejo superior de investigationes cientificas, 1949. **Fabris, R.** "La lettera agli Ebrei e l'Antico Testamento." *RivB* 32(1984) 237-52. **Fischer, J.** "Covenant, Fulfilment and Judaism in Hebrews." *ERT* 13(1989) 175-87. **Gourgues, M.** "Lecture christologique du Psaume CX et fête de la Pentecôte." *RB* 83(1976) 5-24. ______. "Remarques sur la 'structure centrale' de l'Épître aux Hébreux: À l occasion d une réédition." *RB* 84(1977) 26-37. **Hofius, O.** *Der Vorhang vor dem Thron Gottes*. 50-60, 67-69. **Hollander, H. W.** "Hebrews 7:11 and 8:6: A Suggestion for the Translation of *nenomothetētai epi*." *BT* 30(1979) 244-47. **Horbury, W.** "The Aaronic Priesthood in the Epistle to the Hebrews." *JSNT* 19(1983) 43-71. **Hughes, P. E.** "The Blood of Jesus and His Heavenly Priesthood in Hebrews: Part III. The Meaning of 'The True Tent' and 'The Greater and More Perfect Tent.'" *BSac* 130 (1973) 305-14. **Hurst, L. D.** "The Background and Interpretation of the Epistle to the Hebrews." Dissertation, Oxford University, 1981. 24-29, 32-34, 37-41, 67-68.

[Published as *The Epistle to the Hebrews: Its Background of Thought.* SNTSMS 65. Cambridge: Cambridge UP, 1989.] ______. "How 'Platonic' are Heb viii.5 and ix.23f.?" *JTS* 34(1983) 156-68. **Johnsson, W. G.** "The Cultus of Hebrews in Twentieth-Century Scholarship." *ExpTim* 89(1978) 104-8. **Kaiser, W. C.** "The Old Promise and the New Covenant: Jeremiah 31:31-34." *JETS* 15(1972) 11-23. **Laub, F.** *Bekenntnis und Auslegung.* 203-7. **Lee, E. K.** "Words Denoting 'Pattern' in the New Testament." *NTS* 8(1961-62) 166-73. **Lehne, S.** *The New Covenant in Hebrews. JSNTSup* 44. Sheffield: *JSOT*, 1990. **Lempp, W.** "Bund und Bundeserneuerung bei Jeremias." Dissertation, Tübingen, 1955. **Lohfink, N.** *Die niemals gekündigte Bund: Exegetische Gedanken zum christlich-jüdischen Gespräch.* Freiburg/Basel/Vienna: Herder, 1989. **Luz, U.** "Der alte und der neue Bund bei Paulus und im Hebräerbrief." *EvT* 27(1967) 318-36. **MacRae, G.W.** "Heavenly Temple and Eschatology in the Letter to the Hebrews." *Semeia* 12(1978) 177-99. **Martin-Achard, R.** "La nouvelle alliance selon Jérémie." *RTP* 12(1962) 172-96. ______. "Quelques remarques sur la nouvelle alliance chez Jérémie(Jérémie 31, 31-34)." BETL 33. Louvain, 1974. 141-64. **McCullough, J. C.** "The Old Testament Quotations in Hebrews." *NTS* 26 (1979-80) 364-67. **McNicol, A. J.** "The Relationship of the Image of the Highest Angel to the High Priest Concept in Hebrews." Dissertation, Vanderbilt University, 1974. 54-113, 148-71, 189-92. **Michaud, J. P.** "Le passage de l'ancien au nouveau, selon l'Épître aux Hébreux." *ScEs* 35(1983) 33-52. **Moule, C. F. D.** "Sanctuary and Sacrifice in the Church of the New Testament." *JTS* ns 1(1950) 29-41. **Nomoto, S.** "Herkunft und Struktur der Hohenpriestervorstellung im Hebräerbrief." *NovT* 10 (1968) 10-25. **Omanson, R. L.** "A Superior Covenant: Hebrews 8:1-10:18." *RevExp* 82(1985) 361-73. **Peterson, D. G.** "An Examination of the Concept of 'Perfection' in the 'Epistle to the Hebrews.'" Dissertation, University of Manchester, 1978. 222-27. ______. "The Prophecy of the New Covenant in the Argument of Hebrews." RTR 38(1979) 74-81. **Pretorius, E. A. C.** "*Diathēkē*: in the Epistle to the Hebrews." *Neot* 5(1971) 37-50. **Roark, D. M.** "The New Covenant." *ThEduc* 32(1985) 63-68. **Rose, C.** "Verheissung und Erfüllung: Zum Verständnis von *ἐπαγγελία* im Hebräerbrief." *BZ* 33(1989) 60-80. **Sabourin, L.** "Liturge du sanctuaire et de la tente véritable(Héb. VIII.2)." *NTS* 18(1971-72) 87-90. ______. "Sacrificium et liturgia in Epistula ad Hebraeos." *VD* 46(1948) 235-58. **Schierse, F. J.** *Verheissung und*

Heilsvollendung. 26-59. **Schlosser, J.** "La médiation du Christ d après l'Épître aux Hébreux." *RevScRel* 63(1989) 169-81. **Schreiber, R.** "Der neue Bund im Spätjudentum und Urchristentum." Dissertation, Tübingen, 1956. **Schröger, F.** *Der Verfasser des Hebräerbriefes*. 159-68. **Sharp, J. R.** "Philonism and the Eschatology of Hebrews: Another Look." *EAJT* 2(1984) 289-98. **Spicq, C.** "La théologie des deux alliances dans l'Épître aux Hébreux." *RSPT* 33(1949) 15-30. **Teodorico, P.** "Il sacerdozio celeste di Cristo nella lettera agli Ebrei." *Greg* 39(1958) 310-34. **Unnik, W. C. van.** "*Ἡ καινὴ διαθήκη* a Problem in the Early History of the Canon." sup 1(1961) 212-27. **Vanhoye, A.** "De 'aspectu' oblationis Christi secundum Epistulam ad Hebraeos." *VD* 37(1959) 32-38. ______. "La structure centrale de l'Épître aux Hébreux(Héb. 8/1 9/28)." *RSR* 47(1949) 44-60. ______. "Le Dieu de la nouvelle alliance dans l'Épître aux Hébreux." In *La notion biblique de Dieu*. BETL 41. ed. J. Coppens. Louvain, 1976. 315-30. **Vuyst, J. de.** "*Oud en nieuw Verbond" in de Brief aan de Hebreeën*. Kampen: Kok, 1964. 92-216. **Williamson, R.** *Philo and the Epistle to the Hebrews*. 123-29, 142-60. ______. "Platonism and Hebrews." *SJT* 16(1963) 415-24. **Wolmarans, J. L. P.** "The Text and Translation of Hebrews 8:8." *ZNW* 75(1984) 139-44.

본 문

1 이제 하는 말의 중요한 것은 이러한 대제사장이 우리에게 있는 것이라 그가 하늘에서 위엄의 보좌 우편에 앉으셨으니	1 Now the crowning affirmation[a] to what we are saying[b] is this: We do have such a high priest, who has taken his seat at the right hand of the throne of the Majesty[c] in heaven,
2 성소와 참 장막에 부리는 자라 이 장막은 주께서 베푸신 것이요 사람이 한 것이 아니니라	2 the ministering priest[d] of the sanctuary, of the true tabernacle,[e] which the Lord pitched, not man.
3 대제사장마다 예물과 제사 드림을 위하여 세운 자니 이러므로 저도 무슨 드릴 것이 있어야 할지니라	3 Every high priest is appointed to offer both gifts and sacrifices; this being the case, this one too had necessarily to have something to offer.[f]
4 예수께서 만일 땅에 계셨더면 제사장이 되지 아니하셨을 것이니 이는 율법을 좇아 예물을 드리는 제사장이 있음이라	4 So if he had been on earth, he would not be a priest,[g] since there are those who offer[h] the gifts prescribed by the law.
5 저희가 섬기는 것은 하늘에 있는 것의 모형과 그림자라 모세가 장막을 지으려 할 때에 지시하심을 얻음과 같으니 가라사대 삼가 모든 것을 산에서 네게 보이던 본을 좇아 지으라 하셨느니라	5 They serve a sanctuary that is a shadowy suggestion[i] of the heavenly sanctuary, even as Moses was admonished by God[j] when he intended[k] to erect the tabernacle: "Look," (he says),[l] "you must make

everything according to the pattern[m] shown to you on the mountain."

6 그러나 이제 그가 더 아름다운 직분을 얻으셨으니 이는 더 좋은 약속으로 세우신 더 좋은 언약의 중보시라

6 In fact,[n] the ministry which he has attained[o] is as superior to theirs as the covenant of which he is the mediator is superior to the old one, seeing that[p] this covenant has been drawn up on the basis of[q] better promises.

7 저 첫 언약이 무흠하였더면 둘째 것을 요구할 일이 없었으려니와

7 For if that first covenant had been irreproachable, there would have been no occasion sought for a second.[r]

8 저희를 허물하여 일렀으되 주께서 가라사대 볼지어다 날이 이르리니 내가 이스라엘 집과 유다 집으로 새 언약을 세우리라

8 For God finds fault when he says to them:[s] "The time is coming," declares the Lord, "when[t] I will establish a new covenant with the house of Israel and with the house of Judah.

9 또 주께서 가라사대 내가 저희 열조들의 손을 잡고 애굽 땅에서 인도하여 내던 날에 저희와 세운 언약과 같지 아니하도다 저희는 내 언약 안에 머물러 있지 아니하므로 내가 저희를 돌아보지 아니하였노라

9 It will not be like the covenant I made with their forefathers at the time when[u] I took them by the hand to lead them out of Egypt, because they did not remain faithful to my covenant, and I turned away from[v] them," declares the Lord.

10 또 주께서 가라사대 그 날 후에 내가 이스라엘 집으로 세울 언약이 이것이니 내 법을 저희 생각에 두고 저희 마음에 이것을 기록 하리라 나는 저희에게 하나님이 되고 저희는 내게 백성이 되리라

10 "This is the covenant I will make with the house of Israel after that time," declares the Lord. "I will put my laws in their minds and inscribe them on their hearts. I will be their God, and they will be my people.

11 또 각각 자기 나라 사람과 각각 자기 형제를 가르쳐 이르기를 주를 알라 하지 아니할 것은 저희가 작은 자로부터 큰 자까지 다 나를 앎이니라

11 No longer shall another person teach[w] his fellow-citizen,[x] or a man his brother, saying, 'Know the Lord,' because they will all know me, from the least of them to the greatest.

12 내가 저희 불의를 긍휼히 여기고 저희 죄를 다시 기억하지 아니 하리라 하셨느니라

12 For I will be gracious toward their iniquities and will never again[y] remember their sins."

13 새 언약이라 말씀하셨으매 첫것은 낡아지게 하신 것이니 낡아지고 쇠하는 것은 없어져가는 것이니라

13 In that he says[z] "new," he treated the first covenant as obsolete, and what is obsolete and outdated will soon disappear.

원문주해

a 케팔라이온(κεφάλαιον)은 헬라어 저자들에 의해 몇 가지 의미를 갖는 것으로 은유적으로 사용되었다. 그것은 (1) 논증의 "주요한" 또는 "주요 요지", 질문의 본질적인 관점, (2) "요약", "이력서" 또는 주제의 주요 요점의 간단한 "반복", (3) 논의의 "최고의

확증", 어떤 것의 "최고의 예", 그것의 "완성" 또는 마지막 단계. 두 번째 뉘앙스는 8:1에서 배제된다. 저자가 자신이 말하고 있는 것을 요약하고 있지 않고, 8:1-2에서 새로운 요지를 시작하고 있기 때문이다. 대부분의 주석가들과 번역자들은 첫 번째 의미를 갖는 것으로 여기기를 선호한다(BAGD 429; MM 342; 참조. RSV, NEB, NASB, NIV). 위에서 주어진 번역은 그리스도가 하늘의 성소에서 제사장적 사역을 수행하신다는 새로운 확증(8:2)이 진행중인 논증에 "최고의 확증"이라는 확신에 근거하고 있다. 이 번역의 변호를 위해서는 Field, *Notes*, 227-28; W. Manson, 122-23; 그리고 특히 Williamson, *Philo*, 123-29을 보라.

b. 에피 토이스 레고메노이스(*ἐπὶ τοῖς λεγομένοις*)란 표현에서 여격과 함께 있는 전치사 에피(*ἐπί*)의 특별한 뉘앙스는 "[우리가 말하고 있는 것]에 더하여"가 될 것이다. 이것은 고전적인 용법과 일치한다(참조. BAG 286; BDF §235[3]; A.T. Robertson, *Grammar*, 605).

c. 속격 테스 메갈로수네스(*τῆς μεγαλωσύνης*)는 하나님의 위엄을 나타냄으로, "위엄"은 1:3에서처럼 하나님의 이름과 동등한 것으로 취할 수 있다. 8:1의 형태를 12:2의 병행적인 진술("그는 하나님의 보좌 우편에 그의 자리를 취했다"[*τοῦ θρόνου τοῦ θεοῦ*-투 드로누 투 데우])과 비교하는 것은 유익하다. 참조. Schmitz, *TDNT* 3:161, n. 7; Hofius, *Vorhang*, 59, n. 65, 74, n. 141.

d. 여기서 레이투르고스(*λειτουργός*)는 70인경에서처럼 제의적인 의미를 갖는다. 그것은 하늘의 성소에서 일하시는 대제사장 사역의 관점에서 그리스도의 대제사장직을 상고한다(참조. Strathmann, *TDNT* 4:230).

e. 카이 테스 스케네스 테스 알레디네스(*καὶ τῆς σκηνῆς τῆς ἀληθινῆς*)는 거의 확실히 "성소"(*τῶν ἁγίων*-톤 하기온)에 대한 설명이다. NEB("참된 성소, 주님에 의해 있게 된 장막"), NIV("성소, 참된 장막")을 참조하라. 중언법이 "성소와(*καί*-카이) 참 장막"에 의도되어 있다는 것은 뒤이어지는 관계절(*ην ἔπηξεν ὁ κύριος*-엔 에펙센 호 큐리오스)의 대명사 헨(*ἥν*)의 삼인칭 단수("주님이 그것을 하셨다")로부터 분명하다(고로 Riggenbach, 220-31; Moffatt, 105; Spicq, 2:234; Michel, 288; P. E. Hughes, 289). 정반대의 의견에 대해서는 Hofius, *Vorhang*, 59-60을 보라. 그는 타 하기아(*τὰ ἅγια*, 성소의 지성소)와 스케네 알레디네(*σκηνὴ ἀληθινή*, 전체적인 하늘의 성소) 사이의 구분을 위한 근거로서 레위기 16:16, 20, 33에 호소한다. 다른 저자들은 예수가 통과하신 스케네(*σκηνή*, "장막")와 예수가 8:2에서 들어가신 타 하기아(*τὰ ἅγια*, "성소")간의 구분을 두어야 한다는 것을 9:11-12에 근거하여 주장한다(고로 Andriessen, "Das grössere und volkommenere Zelt [Hebr 9:11]," *BZ* 15[1971] 87-88; Vanhoye, "Par la tente plus grande et plus parfait…[Heb 9:11]," *Bib* 46[1965] 4; Sabourin, *NTS* 18[1971] 87-90). 그러나 이 저자들 사이에서 이런 구분의 신학적인 의미에 대한 공통된 일치가 없다. 구분

을 9:11-12에서 두어야지 8:2에서 두는 것은 적절치 않다는, 이 주석에서 취하고 있는 입장에 대한 변호를 위해서는 Peterson, "Examination," 223-24을 보라.

f. 반호여(Vanhoye, *VD* 37[1959] 32-35)는 저자가 레위적 제사장직의 끊임없이 반복되는 희생제사를 언급할 때 (반복의 "측면"을 갖는) 현재시제를 항상 사용하고 있고, 그리스도가 제공한 결정적 희생을 언급할 때는 부정과거 시제(그것의 단회적인 "측면")을 사용하고 있다는 사실에 관심을 기울인다. 8:3에서 프로세넹케(προσενέγκῃ)의 부정과거시제의 뉘앙스를 끌어내기 위해서 반호여는 이렇게 번역한다: "따라서 이 제사장에게서는 (특별한 시간의 순간에) 제공할 어떤 것의 필요성만을 갖는다."

g. 에이…엔…우드 안 엔(εἰ… ἦν … οὐδ' ἂν ἦν)구문은 비실제적(반대의 사실)이거나 성취되지 않은 조건을 표현하는 이등급의 조건문을 나타낸다(4:8의 주석을 보라; 참조. Zerwick, *Biblical Greek*, §§313-14; BDF §360[4]). 동일한 구문이 7절에서 나타난다(εἰ … ἦν … οὐκ ἂν ἐζητεῖτο – 에이…엔…우크 안 에제테이토, "…하였다면 요구할 일이 없었으려니와").

h. 분사가 속격 절대구분인 온톤 돈 프로스페론톤(ὄντων τῶν προσφερόντων)에서 사용되고, 그것은 원인적이다. 분사의 현재시제는 반복을 표시한다. 즉 그것은 반복적으로 일어나고 있음을 표현한다(참조. Zerwick and Grosvenor, *Grammatical Analysis*, 670).

i. 휘포데이그마티 카이 스키아(ὑποδείγματι καὶ σκιᾷ)라는 표현을 서로 구별되는 용어들의 접속("모형과 그림자": RSV, TEV, NIV)이라기보다는 중언법으로 취급하는 것이 바람직해 보인다(Moffatt, 105: "그림자의 윤곽"; 또는 Schlier, *TDNT* 2:33: "그림자의 반영"). 저자의 의도는 모세가 세운 장막과 그 의식이 천상의 본래적인 것에 미완성적인 반영임을 강조하는 것이다. "암시"로서 휘포데이그마(ὑπόδειγμα)의 번역에 대한 변호를 위해서는 리(Lee, *NTS* 8[1961-62] 167-69)를 보라. 그는 "암시"의 개념이 신약성경의 명사에 특징이라는 것을 견지한다. 8:5에서 그것은 "비전과 구분되는 '흐릿한 것', 완전한 표현과 구분되는 부분적인 '암시', 천상의 실제와 구분되는 '그림자'"(168)를 나타낸다.

j. 케크레마티스타이(κεχρημάτισται)의 완료시제는 구약을 설명하는데 사용되는 "내러티브 완료"로 인식된다(7:6의 원문주해 i를 보라; 참조. 7:9, 11, 13, 16, 20, 23): "그는 훈계를 받았다." 모세가 "하나님에 의해" 훈계를 받았다는 수식은 동사의 수동태를 "하나님의 수동"의 경우로 취급한다(2:2의 원문주해를 보라).

k. 멜레인(μέλλειν)이란 동사가 현재 부정사(이 경우에 에피텔레인[ἐπιτελεῖν])와 함께 사용될 때, 그것은 의도된 행위를 함축한다(고로 BAG 502).

l. 표현되지 않은 주어로서 하나님을 취하는 비인칭의 페신(φησίν)의 사용은, 터너(Turner, *Grammar*, 4:108)에 따르면, 유대-헬라 어법의 전형이다.

m. 투포스(τύπος)의 공통된 의미는 밀랍의 도장에 의해 만들어진 이미지인 "인쇄" 또는 "복사"다. 그러나 저자는 안티투포스(ἀντίτυπος, "복사", 9:24)와 짝을 이루게 함으로

써 그것의 의미를 개정한다. 그리하여 토포스(*τύπος*)는 도장의 형태와 유사한 것으로 이해하고 안티투포스(*ἀντίτυπος*)는 도장에 의해 만들어진 인각으로 이해한다(참조. D'Angelo, *Moses*, 208, 224-25).

n. 불변화사 누니(*νυνὶ*, 데[*δέ*])는 시간적이라기보다는 논리적이다.

o. 6절에 공식적인 이름인 "그리스도"(RSV)나 개인 이름인 "예수"를 끼여 넣는 것이 흔한 일이나, 3절의 지시대명사(*τοῦτον*-투톤, "이것")와 6절의 삼인칭 단수(*τέτυχεν*-테투켄, "그가 얻었다")를 이용한 해석의 특징을 보존하는 것이 적절해 보인다. 저자는 예수의 명백한 지칭을 조심스럽게 피했다. 개인 이름에 대한 언급의 상당한 부재 후에, 9:11에서 "그리스도"란 이름의 재출현은 수사적으로 극적이다(참조. Vanhoye, *La structure*, 139-40).

p. 대명사 헤티스(*ἥτις*)는 원인적인 의미를 갖는다(참조. Zerwick, *Biblical Greek* §215; A. W. Argyle, "The Causal Use of the Relative Pronouns in the Greek New Testament," *BT* 6[1955] 165-69).

q. 에피…네노모데테타이(*ἐπὶ*… *νενομοθέτηται*)란 표현에서, 여격을 갖는 에피(*ἐπί*)는 "근거해서"나 "따라서"를 의미한다(고로 BDF §235[2]; Gutbrod, *TDNT* 4:1090). 모펫(Moffatt, 107)은 수동의 네노모데테타이(*νενομοθέτηται*)가 시편 83:7 70인경에서처럼 하나님이 "만드신 것 또는 행하신 것"(*ὁ νομοθετῶν*-호 노모데톤)을 함축한다고 올바르게 주장한다. 여격을 갖는 에피(*ἐπί*)를 "관해서"로 번역하는 대안적인 주장에 대해서는 Hollander, *BT* 30[1979] 244-47을 보라. 홀란더(Hollander)는 6b절을 이렇게 번역한다: "이 언약은 더 좋은 약속과 관련한 규정들을 포함하고 있다." 그러나 8-12절에서 인용된 텍스트의 세부적인 것들은 "관련한"이라기보다는 "근거해서"로 번역하는 것을 더 선호하게 만든다.

r. 원문주해 g를 보라. 이등급의 조건문의 사용은 첫 번째 언약이 비판에 직면하였음을 가리킨다.

s. 그 번역은 텍스트와 구문론에 근거한 비판적인 결정을 반영한다. 사본 전승이 대격의 아우투스(*αὐτούς*, ℵ* A D* 1 K P *ψ* 33 81 it vg co)와 대격의 아우토이스(*αὐτοῖς*, P^{46} $ℵ^{c}$ B D^{c} 614 1739 *Byz* Lect *Or alia*)로 균등하게 나뉘어질지라도, 아우토이스(*αὐτοῖς*)를 초기의 독법으로 채택할 수 있는 좋은 근거가 있다. 그것은 초기의 인상적인 지지를 누린다. 만약 아우토이스(*αὐτοῖς*)를 "결점을 발견한"(*μεμφόμενος*-멤포메노스) 대신에 레게이(*λέγει*, "그가 말하다")와 함께 취한다면, 이전 절과의 논리적인 연결이 유지된다. 하나님은 "그들에게"(즉 사람들)만이 아니라 첫 언약(고로 또한 P.E. Hughes, 298-99, n. 19)에서도 결점을 발견하셨다.

t. 이 지점에서 카이(*καί*)는 시간적인 지칭을 표현하고 "그때에"(BDF §442[4]; Zerwick, *Biblical Greek* §455*d*)를 의미한다.

u. 엔 헤메라(ἐν ἡμέρᾳ)의 시간적인 표현의 번역에 관한 이런 번역에 대해서는 BAG 348; BDF §423(5)을 보라.

v. 관용구인 아멜레인 티노스(ἀμελεῖν τινός)는 "간과하다, 소홀히 하다, 관심을 두지 않다, 또는 어떤 이에게 관심이 없다"를 나타낸다. Zerwick과 Grosvenor는 "내가 그들에 대한 관심을 상실했다"(*Grammatical Analysis*, 671)라는 번역을 주장한다.

w. 그 번역은 P^{46}의 단수 독법의 채택을 반영한다(διδάξῃ ἕτερος – 디닥세 헤테로스). 그것이 본래적인 것으로 보인다. 모든 다른 현존하는 사본들은 디닥소신 헤카스토스(διδάξωσιν ἕκαστος, "그들이 모든 사람을 가르칠 것이다")라고 읽는 70인경으로의 동화로 말미암아 변질되었다. Beare, *JBL* 63(1944) 386-87을 보라.

x. 폴리텐(πολίτην)이란 독법은 P^{46} ℵ A B D K L most minuscules $it^{d,e}$ $sy^{p,h}$ cop arm에 의해 강력하게 증거된다. 변이적인 독법인 플레시온(πλησίον, "이웃", JB, NIV)은 LXX^{A} 텍스트에 따라 그 인용을 가져오면서, P 81 104 326 436 629 630 1985 it vg sy^{hmg} aeth에 의해 읽혀진다.

y. 부정과거 가정법을 갖는 우 메(οὐ μή)의 사용은 여기서 강조적인 부정을 표현한다(참조. Turner, *Grammar*, 3:96).

z. 전치사 엔(ἐν)과 함께 관사가 있는 부정사가 통상적으로 시제적이지만("동안에"), 그것은 가끔 단순히 시제적인 의미로만 나타나지 않는다. 여기서 엔 토 레케인(ἐν τω λέγειν)은 "말함으로" 또는 "그가 말하였으매"라고 번역할 수 있다(BDF §404[3]).

양식/구조/배경

논증의 새 단계가 8:1-2에서 분명히 암시된다. 이전에 저자는 대제사장으로서의 예수의 임명과 온전하게 효과적인 사역의 시행을 위한 그의 소명적인 자질에 초점을 맞추었다(5:6-10; 6:20; 7:11-28). 그는 이제 하늘의 성소에서 대제사장의 봉사자로서 예수에 관한 관심을 불러일으키고, 그것을 이전 논증에 대한 "최고의 확증"으로 지칭함으로써 이 개념의 의미를 강조한다(8:1).

8:1-2에서 도입된 단위는 전적으로 해석에 관한 것으로 형성되어 있다. 그것의 한계는 인클루시오로 나타나 있다: 모든 제사장이 예물과 제사드림을 제공하는(προσφέρειν – 프로스페레인) 것으로 임명된다는 8:3의 진술에 상응하는 것은 9:28에서 백성들의 죄를 단번에 제거하시기 위해 그리스도가 제공했던(προσενεχθείς – 프로세네크데이스) 보완적인 선언이다. 8:1-2에서 선언된 천상의 성소로의 그리스도의 입성의 주제가 9:11-28에서 실제로 전개되고 있음을 보는 것이 이런 제한을 확인해 준다. 새로운 단위는 8:1-9:28로 확장되고, 그 설교의 서사 구조의 중심적

인 항목을 형성한다. 중심 부분에 그것이 위치하고 있음은 저자가 자신의 메시지에서 이 사실에 얼마나 중요성을 두고 있는지를 알려준다(참조. Vanhoye, *RSR* 47 [1949] 44-60; *La structure*, 138-61).

중심항목으로의 전환은 아주 세심하게 준비되었다. 7:26-28에서 기독교 공동체에 적절한 대제사장에 관한 묘사는 8:1에서 "우리가 그러한 대제사장을 갖고 있다"는 승리적인 선언에서 전제된다. 7:27에서 죄에 대한 반복된 보상을 드려야 하는 레위적 대제사장과 레위적 질서를 단번에 끝내신 예수 간에 그려진 대조가 재개된다. 그것은 이 땅에서 예물과 희생제사를 드리는 사람들(8:3-5; 9:9)과 천상에서 구속적인 희생이 드려지는 종말론적 대제사장(8:3, 6; 9:14, 25, 28)간의 구분을 또한 상세히 설명한다. 7:28에서 주장된 "영원히 온전하신" 대제사장으로서 아들에 대한 엄숙한 임명은 그가 천상의 성소에 들어가셨을 때 그리스도가 하나님께 제공했던 결정적인 희생에 의해 상술되고(8:1-2; 9:11-28), 7:26-28에서 주제적으로 선언된 토픽들은 8:1-9:28에서 해석의 과정 속에서 전개된다.

중심적인 항목에 관한 분석에서 반호여는 꽉 짜여진 구조에 관한 문학적 암시에 관한 축적들을 발견했다. 그는 8:1-9:28을 구분하는 단락과 하부구조들의 근거로서 다양한 구조적 요소들에 호소했다. 그는 8:1-2의 기능이 그 항목을 도입하고 9:11-28에서의 그리스도의 사역에 관한 전개를 예기하고 있었다는 것을 증거했다. 그때에 그는 그 항목을 두 단위로 나누어야 하고, 그것의 첫 번째는 8:3에서 9:10이어야 한다고 주장했다. 이 단위는 본질적으로 부정적인 것들을 전개하고, 옛 질서의 결함과 배제를 드러낸다. 9:11-9:28로 확장되는 두 번째 단위는 그리스도의 희생의 효과에 대한 긍정적인 평가들이다. 첫 번째 단위에서 저자는 특징적인 어휘나 어구들로 두드러지는 세 단락들을 구분하고, 두 번째 단위에서 그것에 상응하는 세 가지 단락들을 구분한다. 반호여의 분석은 다음과 같은 도표로 구조적으로 요약할 수 있다.

8:1-9:10
서론 8:1-2
A 이 세상의 성소와 그것의 사역 8:3-6
B 첫 번째 언약 8:3-6
C 옛 질서 하에서의 예배 9:1-10
9:11-28
C' 새 질서 하에서의 예배 9:11-14

B′ 새 언약 9:15-23
A′ 하늘의 성소와 그것의 사역

동심원적인 구조로 배열된 여섯 항목들에 상응하는 대구법은 반호여가 중심 항목에 대한 저작 구조를 발견했던 그의 만족에 일치한다(*RSR* 47[1949] 46-56; *La structure*, 139-61).

이런 분석에 상세한 반응을 주는 것이 여기서 필요하지 않을지라도(상세한 비평을 위해서는 Gourgues, *RB* 83[1976] 28-31을 보라), 중심 항목에서 첫 단위가 8:1-9:10까지 확장된다는 반호여의 내용에 문제가 있음을 지적하고 넘어가자. 해석의 과정을 분석할 때, 8:1-13과 9:1-10 사이에 근본적인 차이를 고려하는 것이 긴요하다. 8:1-13에서 저자는 옛 언약 하에 있는 레위적 질서와의 대조를 강화하기 위해 예수의 사역에 대한 관심을 가져온다. 그 논증은 비유로 전개된다. 9:1-10에서 저자는 장막의 질서와 사역을 위한 그것의 조항에 좁게 집중하고, 비유의 요소는 9:11까지 도입하지 않는다. 이런 차이에 비추어 8:1-13과 9:1-10을 분리된 단위로 취급하는 것이 더 좋다. 8:1-13의 "더 좋은 언약"의 중재자와 제사장적 봉사로서의 예수에 관한 설명은 각기 9:1-10과 9:11-28에서의 제의적 예배와 언약에 관한 논증의 문맥을 형성한다. 이런 관점에서 8:1-13은 뒤이어지는 해석에 전환적인 구절을 형성한다(참조. Hay, *Glory*, 87, 151; Kuss, *MTZ* 7[1956] 263). 8:1-13의 개념적인 통일성은 고그스(M. Gourgues, *RB* 83[1976] 31)가 제시한 다음과 같은 요약에서 보여진다.

A 그리스도, 섬기는 제사장 8:1-5
1. 새로운 사역 8:1-2
2. 그것은 옛 사역과 대조되어 있다 8:3-5
B 그리스도, 새 언약의 중재자 8:6-13
1. 새 사역은 더 좋은 언약과 연관되어 있다 8:6
2. 그것은 옛 언약과 대조되어 있다 8:7-13

이 경우에 내용에 대한 고려가 문학적 구조의 단순히 형식적인 지침들보다 앞선다.

주석

7:11-28에서 저자는 레위적 질서의 결점들에 관심을 불러모았다. 이 가운데 봉

사하는 제사장들의 죽을 운명(7:23)과 제사장 자신과 백성들의 죄를 위한 반복적인 희생의 필연성이 들어 있었다(7:27). 레위적 질서의 두 가지 한층 더한 약점이 8:1-13의 성경에 근거하여 제시된다. 첫째, 하늘과 지상의 장막간의 대조가 새 것과 옛 것의 구분을 보충하기 위해 도입된다. 레위적 제사장들은 그리스도가 자신의 사역을 수행하는 천상의 성소의 그림자적인 암시일 뿐이다. 지상 성소의 사역은 하나님의 존전에서 수행하시는 사역을 불완전하게 상응하는 정도는 결핍으로 특징지어진다. 둘째로 레위적 질서가 제도화했던 언약은 하나님에 의해 폐지된 것으로 취급된다. 새 언약에 관한 묵상은 그리스도의 사역의 종말론적인 우월성과 종말론적으로 새로운 것으로 옛 질서를 대체하시는 하나님의 의도를 증거해 준다.

1-2 그리스도의 대제사장직의 종말론적인 우월성을 설정했던 저자는 성소와 언약의 주제를 그의 대제사장직과 연관짓는 것을 전개한다. 그의 수사적인 훈련이 최초의 어구에서 분명히 내재되어 있다(*κεφάλαιον δὲ ἐπὶ τοῖς λεγομένοις*—케팔라이온 데 에피 토이스 레고메노이스). 그 표현은 진행중인 논증에 최고의 극치를 이루는 새로운 확언의 의미로 공동체의 관심을 끌어오는 것으로 계획되어 있다. 8:1-9:28의 해석은 이전 장에 중요한 고려사항들을 덧붙이고, 케팔라이온(*κεφάλαιον*)은 뒤이어지는 것에 부여되어 있다(위의 원문주해 a를 보라. 참조. Spicq, 2:233). 8:1-2의 저자의 진술은 그가 전개하고 있는 사례의 극치다. "최고의 확증"("말의 중요한 것"—한글개역)은 그리스도인들이 하나님의 우편에 앉으신 대제사장을 단순히 갖고 있는 것만이 아니라(1절), 그분은 천상의 성소에서 봉사하시는 제사장이라는 것이다(2절).

"이러한 대제사장이 우리에게 있는 것이라"(*τοιοῦτον ἔχομεν ἀρχιερέα*—토이우톤 에코멘 아르키에레아)는, 적어도 어느 정도는, 7:26-28에 병행적인 표현을 나타낸다(참조. Michel, 287). 그러나 토이우톤…호스(*τοιοῦτον … ὅς*, "…한 그러한 분")라는 구문에서 관계대명사 호스(*ὅς*)는 상관적인 의미를 가지므로, 토이우톤(*τοιοῦτον*)은 뒤이어지는 것을 주로 언급한다(7:26의 주석을 보라; 참조. Cockerill, *Melchizedek Christology*, 151). 크리스천들은 천상에서 하나님의 우편에 좌정하신 분을 그들의 대제사장으로 갖고 있다.

7:28에서 저자는 제사장직과 아들됨의 개념을 연합했다. 8:1에서 그는 제사장직과 하늘의 좌정에 관한 주제를 연합한다. 하나님의 우편에 예수가 좌정함은 8:1과 10:12-13에서만 오직 그의 제사장 직무와 연결된다. "그가 하늘에서 위엄의 보좌 우편에 앉으셨으니"(*ὃς ἐκάθισεν ἐν δεξιᾷ τοῦ θρόνου τῆς μεγαλωσύνης ἐν τοῖς οὐρανοῖς*-호스 에카디센 엔 덱시아 투 드로누 테스 메갈로수네스 엔 토이스 우라노이스)라는 어구는 성육신하신 아들이 최고의 영예의 자리로 승귀하셨음을 주장하는 시편 110:1을 저자가 암시했던 1:3의 형식을 상기시킨다. 하나님의 우편에의 좌정은 초월적인 위엄에 관한 함축이라기보다는 예수가 천상의 직무를 수행하신다는 의미를 여기서 상기시킨다. 주요한 암시는 시편 110:1에 대한 것이지만 저자는, 하나님의 우편에 앉으신 분이 기름부음 받은 제사장(*καὶ ἔσται ὁ ἱερεὺς ἐκ δεξιῶν αὐτοῦ*-카이 에스타이 호 히에류스 에크 덱시온 아우투, "그 제사장이 하나님의 우편에 있게 될 것이다")이라는, 스가랴 6:13 70인경에 대한 부차적인 암시를 의도했을 것이다(참조. Synge, *Hebrews and the Scriptures*, 25). 레위적 제사장직에 대한 예수의 우월성을 위해서 예수가 천상의 성소에서 봉사하고 있었다는 것은 저자의 논증에 중요한 고려사항이었다. 1절의 형태는 저자가 시편 110:1의 말씀에 대한 이 확신에 근거했음을 증거한다. 4절에서 저자는 시편 110:1에서 주장된 천상의 좌정을 떠나서는, 예수가 전혀 제사장이 되지 않았을 것임을 인식한다. 따라서 시편 110:1은 8:1-5에서 표현된 두 성소에 관한 추론에 본질적인 성분이다(Hay, *Glory*, 87, 151; 참조. Gourgues, *A la droite de Dieu*, 114-18).

대제사장은 "성소의 봉사하는 제사장"(*τῶν ἁγίων λειτουργός*-톤 하기온 레이투르고스)으로 확인된다. 레이투르고스(*λειτουργός*)라는 용어는 여기서 실제로 "대제사장"(*ἀρχιερεύς*-아르키에류스)과 동의어다. 하지만 그것은 직무의 공식적인 측면보다는 제의적인 측면을 강조한다. 그것은 활동(참조. 7:25)을 함축하는 것이지 단순히 신분이 아니다. 톤 하기온(*τῶν ἁγίων*)이란 표현은 70인경에서 자주 그런 것처럼 성소와 지성소 사이를 구분하지 않고(참조. 9:2-3; 고로 Moffatt, 104; Michel, 287-88; P. E. Hughes, 281, n. 54), 일반적으로 성소를 언급하는 것으로 사용된다(참조. 9:1). 코디(Cody)는 지상의 성소의 상응하는 천상의 성소의 개념은 유대교에서 흔하게 유통되는 개념이었다는 것을 증명하였다(*Heavenly Sanctuary*, 9-46; 참조. McNicol, "Relationship," 54-113). 그는 히브리서에서 제시된 주제가 구약의 직접적인 의존을 반영하고(출 25:9, 40; 26:30; 27:8; 민 8:4), 필로에게서보다는 랍비적이고 유대묵시적인 문헌(참조. *T. Levi* 3:4-8; 5:1; *2 Apoc. Bar.* 4:3-6; 4 Ezra 7:26; 8:52; 13:36)과 공통된 것을 더 많이 보여준다고 주장한다. 그러나 한가지 중요한 면에서 저자는 팔레스타인 유대 문헌에서 반영되지 않은 개념을 필로와 공유하는데, 그것은 헬라 철학적 전승, 즉 천상적인 것은 지속적인 가치가 있다는 흐름에 영향을 받았다는 것이다(Cody, *Heavenly Sanctuary*, 36).

"이 장막은 주께서 베푸신 것이요 사람이 한 것이 아닌"(*καὶ τῆς σκηνῆς τῆς ἀληθινῆς*-카이 테스 스케네스 테스 알레디네스) 것으로 천상의 성소를 더 자세히 묘사한 것은 5절의 대조를 예기하는데, 거기서는 하나님이 아니라 모세가 지상 성소의 조성자로 간주된다(참조. 9:11, 24). 2절의 형태는 민수기 24:5-6 70인경의 적용을 반영하는데, 거기서 그것은 주님이 야곱의 장막(*σκηναί*-스케나이)을 베푸신 것으로 언급된다. 여기서 성소에 대한 언급에서 복수가 단수로 바뀐다(Michaelis, *TDNT* 7:376).

형용사 알레디네(*ἀληθινή*)는 "참된 것" 또는 "영원한 것"이란 의미로 사용되고 있다(참조. Bietenhard, *Das himmlische Welt*, 125-30, 136, n. 2). "참"은 효과적인 가치를 갖는 진정한 것을 함축하며, "참 장막"이란 표현은 거짓된 것이 아니라 상징적이고 불완전한 것과 대비되어 사용된다(Cody, *Heavenly Sanctuary*, 151).

그리스도가 구원의 사역을 행하시는 성소가 천상에 있다는 사실은 그의 사역의 장소가 초월적인 질서와 동일시되며, 그것은 인간 즉 세상의 중재자가 없이 하나님으로부터 직접 나온다. 8:1-2의 두 개념의 병치가 보여주는 것처럼 저자는 천상의 성소와 참 장막에 관한 용어를 하나님 우편에의 좌정에 대한 공간적인 표현으로서 사용했다(참조. Nomoto, *NovT* 10[1968] 17-19은 지상과 천상의 성소간의 대조는 알렉산드리아 형이상학에 관한 표현이 아니라 옛 언약과 새 언약간의 예표론적인 관계를 설명하는 저자의 방식이라고 주장한다; 천상의 예전은 구약의 제도가 오직 전조했던 종말론적인 실재이며 두 성소간의 관계는 근본적으로 '시간적'이다). 2절에서 강조된 요지는 레위적이고 세상적인 질서를 통한 하나님께 가까이 나아갈 가능성은 그것의 본질적인 부적절성 때문에 더 이상 존재하지 않는다는 것이다. 천상의 성소에서 봉사하는 제사장을 통해서만 하나님께 나아갈 수 있다.

3-4 제사장직의 개념은 희생의 개념과 논리적으로 관련이 있다. 이 요지는 이전에 5:1에서 주어졌고, 거기서 모든 대제사장은 "예물을 드리고 죄에 대한 속죄를 드리기" 위해 임명되었다고 진술되었다. "죄에 대한" 조건이 3절에 나타나 있지 않을지라도, 저자는 모든 희생을 죄 값에 대한 보상과 죄의 제거의 측면에서 간주했다(5:1의 주석을 보라; 참조. 9:9, 10:11). 5:1의 사상이 여기서 반복되는데, 그것은 "저도 무슨 드릴 것"이 필요했다는 것으로 구체화된다. 존슨은 "그러한 진술에서 우리는, 말하자면, 제의의 핵심을 직접적으로 보게 된다"고 주목했다(*ExpTim* 89 [1978] 106). 3절에서 저자는 죄의 희생으로서 예수의 드려짐을 생각하고 있지만(참조. 7:27), 그의 드려짐의 본질은 9:14까지는 진술되지 않는다. 실제로 예수의

제사장직은 레위적 희생 제도 내에서는 유지될 수가 없었다. 율법이 지상의 제사장직과 관련한 모든 것을 규제했고, 이 율법에 의해서 예수는 제사장 직무에서 배제되었다(7:13-14의 주석을 보라).

저자는 예수의 제사장직이 지상의 제사장직이 아니라 하늘의 영역의 제사장직이라는 것을 강조적으로 선언한다. 그가 지상의 대제사장의 직무에 소명적으로 자격이 부여되었을지라도, 희생과 중보에 대한 그의 실제적인 제사장 사역은 초월적인 천상의 영역으로의 입성과 관련이 있다.

5 레위적 제사장들은 하나님이 재가하신 성소에서 그들의 사역을 행했지만, 그것은 모세가 보았던 것을 불완전하게 재생산했다. 모세에게 인간이 만든 성소로서 뒤따라야 할 "모델"이 보여졌을지라도(9:24), 그가 세웠던 장막은 그리스도가 사역을 행하신 성소에 비하여 열등했다(참조. 9:1, 거기서 모세의 장막은 "지상의 성소"라 불렸고, 그것은 8:5의 "하늘에 있는 것"[*ἐπουράνιος*-에푸라니오스]과 분명히 반의어다).

"모형과 그림자"(*ὑποδείγματι καὶ σκιᾷ*-휘포데이그마티 카이 스키아)라는 서술적인 어구는 장막이 본래의 것임을 암시하고 하나님의 백성들로 하여금 궁극적으로 천상의 실제를 인식하도록 훈련하기 위해 의도된 상기였음을 함축한다(Lee, *NTS* 8[1961-62] 167-69). 그것이 천상의 실제 모형이었다는 사실은 지상의 성소를 변화와 임시적인 것의 영역으로 할당하는 것인데, 그것은 궁극적으로 사라져야 하기 때문에 유효성에 제한이 있다(참조. Cody, *Heavenly Sanctuary*, 17-21, 154-55; Goppelt, *Typos*, 196-205).

5절의 논증은 출애굽기 25:40의 인용으로 구체화되는데(행 7:44), 그것은 모세에게 지상에서 재생산할 수 있었던 일종의 "모델"이 보여졌다는 것을 함축한다. 70인경의 용어인 투포스(*τύπος*)는 맛소라텍스트(MT)의 하바잇트(תַּבְנִית, "건조", "건축")를 번역한 것인데, 그것은 구두적인 지침보다는 보다 구체적인 어떤 것을 나타낸다. 그 인용은 LXX^{A}와는 두 가지 점에서 다르다: 저자는 판타(*πάντα*, "모든")를 추가하고, 동사를 완료분사 데데이그메논(*δεδειγμένον*)에서 부정과거 데이크덴타(*δειχθέντα*, "보여졌다")로 바꾸었다. 그 예언은 장막 세움, 그것의 구성 그리고 제사장의 성별과 관련한 지침을 포함하는 문맥에서 나왔다(출 25-31). 네 구절들은 모세에게 주어진 지침이 예증들을 포함했다는 것을 함축한다(출 25:9[70인경 25:8], 39-40; 26:30; 27:8; 참조. 민 8:4).

출애굽기 25:40의 선택은 투포스(*τύπος*, "유형, 모델, 예증")라는 용어의 존재에 의해 영향을 받았던 것으로 보인다. 그것은 지상의 성소와 그것의 예전의 "그림자적"인 성격을 증거한다. 드안젤로(D'Angelo)는 판타(πάντα, "모든")의 첨가에 의한 예언의 개정은 다른 세 구절들을 저자의 서비스(도움)에 둠으로써 예언의 해석을 확장하기 위한 주해적 고안이었다고 주장했다. 이것은 모세가 패러다임에 따라서 모든 것(πάντα-판타)을 만들 것을 훈계 받는 출애굽기 25:8-70인경을 특히 적용하고 있다. 드안젤로는 저자의 궁극적인 의도가 전체 문맥(출 25:31)을 포함하는 것이었다고 주장하는데, 그가 장막만이 아니라 다가올 것의 전조로서 그것의 역할을 다룰 것을 결정했었기 때문이다(10:1의 주석을 보라). 판타(πάντα)의 첨가로, 출애굽기 25:40은 주해적인 원리 속에서 적용되고, 그것에 따라 모든 제의의 특징들이 그리스도가 성취한 천상의 예전에 단서가 된다(D'Angelo, *Moses*, 205-22).

물질적인 세계와 천상의 세계와의 구분 그리고 모형과 실제와의 대조는 5절에서 저자가 필로나 알렉산드리아학파의 교육에 영향을 받았다는 결론을 불가피하게 만드는 것으로 보인다(참조. Moffatt, xxxiii; Héring, 10; T. H. Robinson, 108; Sower, *Hermeneutics*, 107). 그러나 윌리암슨(R. Williamson)은 플라톤주의와 유사한 부분은 단순히 어휘적이라는 것을 증명했다. 중요한 고려사항은 저자가 예수를 역사의 어떤 특별한 시점에서 온전하고 진정한 삶을 살았고, 이 땅에서 그의 사역을 마친 후에(그것의 절정은 하나님의 뜻에 온전히 순종하여 십자가에서 희생적인 죽음을 당하셨다는 것이다) 천상의 성소에 들어가셨던 분으로 제시하고 있다는 것이다. 이런 관점은 드라마틱한 시간적이고 역사적인 측면을 8:1-5에서 전개된 대조에 도입시키는데, 그것은 플라톤의 추상적이고 비역사적인 형이상학과 대조된다. 전개된 대조는 이 땅의 모형과 천상의 원형만이 아니라 과거의 역사적 상황과 '때가 되어' 그것을 계승한 것간에 있다.

레위적 제사장들의 사역으로 특징짓는 이전 상황 동안에는 하나님의 진정하고 천상적인 임재로 들어감은 없었다. 하나님의 영원한 임재로 온전히 들어가는 것은 예수의 삶과 구속적 성취로만 가능했다. 천상의 성소는 그리스도의 승귀의 순간부터 효과적인 제사장직의 무대가 되었다. 히브리서의 저자에게서 시간적인 대조는 결정적이었다: 장막의 레위적 제사장의 사역은 천상의 성소에서 시행되는 사역에 앞서 있었다. 그것은 후대의 세기에 성취되었던 그리스도의 결정적인 희생 사역을 전조했다("이 모든 날 마지막에", 1:2). 시간과 역사의 범주는 플라톤주의와 조화할 수 없는 방식으로 5절의 사상과 밀접하게 연관되어 있다(Williamson, *SJT* 16

[1963] 415-24, 특히 418-19; id., *Philo*, 142-46, 157-59, 557-65). 8:1-5에서 "이 땅"과 "천상"간의 구분은 철학적이라기보다는 종말론적이다.

6 "그러나 이제"(νυνὶ δέ—누니 데)란 표현은 4절에서 전개된 사실의 반대와 대비되어 설정된 선언을 도입한다("예수께서 만일 땅에 계셨더면 제사장이 되지 아니하셨을 것이니"; 4절에 불변화사 멘[μέν, "한편으로"]은 6절의 불변화사 데[δέ, "다른 한편으로"]를 예기한다). 다른 우월한 사역으로의 예수의 확보는 예수가 제사장이 되지 아니했을 것이라는 가정을 지지할 수 없음을 예리하게 보여준다(Vanhoye, *La structure*, 142). 진리는 레위적 제사장들의 희생 사역은 죽음에 의한 그리스도의 결정적인 제사장적 사역과 하나님의 존전에의 입성을 오직 피상적으로 민 전조했다.

"그가 더 아름다운 직분을 얻으셨으니"(διαφορωτέρας τέτυχεν λειτουργίας—디아포로테라스 테투켄 레이투르기아스)라는 진술에서 동사의 완료시제는 예수가 레위적 제사장들보다 더 탁월한 사역을 이루었고 소유했다는 것을 확증한다. 고전 헬라어에서 레이투르게인(λειτουργεῖν)이란 동사와 그것의 동족어들은 종교적인 내용을 갖지 아니하지만, 히브리서에서는 그 동사와 명사에 제의적 뉘앙스가 주어졌고 오직 신성한 봉사를 위해 사용되었던 70인경을 반영한다. 예수의 사역은 그것이 효과적이기 때문에 더 좋다(참조. Strathmann, *TDNT* 4:226-28).

그 탁월함의 정도는 우월한 언약의 중재자로서 천상의 성소에 들어간 예수에 근거한 비교로 표현된다. 히브리서에서 신학적으로 의미가 있는 단어인 메시테스(μεσίτης, "중보자")는 항상 새 언약과 관련이 있다(8:6; 9:15; 12:24; 참조. 7:22). 새 언약은 새 중보자를 필요로 했다. 완전한 순종의 삶과 죽음으로 예수는 예레미야 31:31-34의 새 언약의 막을 열었다. 천상의 성소로의 입성은 그의 희생에 대한 하나님의 인정과 그가 중재했던 우월한 언약의 조항에 관한 실제를 보증한다. 새 언약은 더 좋은 약속에 근거하고 있기 때문에 우월하다. 의미 있는 요지를 수식어인 "더 좋은"(크레이토노스[(κρείττονος]와 크레이토신[κρείττοσιν])을 두 번 반복함으로써 만드는데, 각 어구에서 강조적인 위치에 그것을 두고 있다.

새 언약의 약속이 제의적 용어들로 표현되고 있지 않고 새 제사장직과 희생과 관련하여 침묵하고 있을지라도, 뒤이은 전개는 이 약속들이 저자의 신학에 영향을 주었던 정도를 보여준다. 제사장직과 언약의 약속에 관한 주제의 연결이 10:15-18에 나오는데, 거기서 새 언약에서 약속된 용서의 근거가 대제사장으로서의 그리스도의 성취인 것으로 증거된다(고로 Peterson, "Examination," 227, n. 39).

7-8a 반호여는 예레미야 31:31-34의 넓은 범위의 인용을 서론과 결론 구절에 넣은 것은 시내산에서 완성된 "저 첫" 언약(*ἡ πρώτη ἐκείνη* [*διαθήκη*] – 헤 프로테 에케이네[디아데케])의 불완전하고 임시적인 특징을 강조한다고 주목했다. 저자는 공동체의 관심을 예언에 포함된 문제점들로 돌리고(8-9절), 새 언약과 관련한 "더 좋은 약속"(6절)의 긍정적인 의미에 관한 취급을 나중의 해석으로 연기한다(10:15-18). 이런 상황에서 예레미야 31:31-34의 인용은 옛 언약의 결점들을 드러내는 근본적으로 부정적인 목적으로 기능한다(*La structure*, 143-44). 7절에서만 새 언약이 "첫째 것"(*ἡ πρώτη* – 헤 프로테)으로서 시내산 언약의 묘사와 관련하여 "두 번째 것"(*δευτέρα* – 두테라)으로 묘사된다. 7절에서 설명된 추론의 유형은 7:11-19의 레위적 질서의 비효과성과 관련한 논증과 병행을 이룬다.

7-8a절에서 두 언약을 다룸은 저자의 종말론적인 조망을 보여준다. 역사적 사건의 차원에서 모세에 의해 중재된 언약은 인간의 편에서 결점들을 발전시켰고, 이것은 더 좋은 질서에 의해 대체되었다. 그리고 옛 언약의 대체는 언약의 규정에 대한 인간의 불성실 때문만이 아니다. 그것은 하나님의 구속적인 목적의 새로운 전개가 발생했기 때문에 일어났다. 그것은 하나님의 편에서의 새 언약의 행위라 불려진다. 하나님이 이스라엘과 새 언약을 세우실 의도를 선언하심에 주도권을 가지신 것(8a절)은 그가 첫 언약을 완전히 잠정적인 것으로 의도하셨음을 가리킨다(참조. R. A. Harrisville, *The Concept of Newness in the New Testament*[Minneapolis: Augsburg, 1960] 48-53). 따라서 하나님은 단순히 사람들에게서만이 아니라, 모세의 언약에 결점(*μεμφόμενος* – 멤포메노스)을 발견하셨다(위에 원문주해 s를 보라). 레게이(*λέγει* – "그가 말하다")란 동사의 현재시제를 저자가 사용한 것은 그 인용을 독자들과 동시대적이게 만든다.

8b-12 예레미야 31(70인경 38):31-34에서 발견되는 책망과 약속에 관한 예언적인 말씀은 LXX^{A} 텍스트와 상당히 실제적인 일치를 갖고 인용되었다. 하지만 비판적으로 형성된 텍스트와는 눈에 띠게 다른 변형들이 있다(E. Nestle, *Das Buch Jeremia greichisch und hebräisch*[Stuttgart: Kohlhammer, 1934] 69을 보라). 70인경 텍스트로부터의 변형들은 해석적인 의미를 갖는 것으로 주장된다(K. J. Thomas, "The Old Testament Citations in Hebrews," *NTS* 11[1964-65] 310-13; 참조. Schröger, *Verfasser*, 162-68). 특히 토마스(Thomas)는 "내가 새 언약을 세울 것이요"(*συντελέσω … διαθήκην καινήν* – 순텔레소…디아데켄 카이넨, 8절)와 "내가 만든 언약"(*τὴν διαθήκην ἣν ἐποίησα* – 텐 디아데켄 헨 에포이에사, 9절)이란 표현은

예레미야서에서의 관용적인 용법을 반영하는데(참조. 렘 41:8, 15, 18 70인경), 그것은 새 언약은 보존되는 반면에 옛 언약은 폐지될 것이라는 것을 가리킨다. 토마스에 의해 감지된 형태에서 미묘한 구분의 의미를 첫 번째 청중들이 인식할 수 있을 것인지에 대한 문제는 별도로 하더라도, 그의 분석은 비판적인 검증을 견디지 못할 것이다(McCullough, *NTS* 26[1979-80] 364-67이 제기한 반대를 보라). 사실상 그 변형은 70인경 텍스트의 다른 변화들이 그러했던 것처럼 사실상 문체적인 변화다. 이 문체적인 변형은 초대교회에서 그 예언의 예전적인 용법을 반영하고 있다고 하는 것이 가능할 것이다(고로 Kistemaker, *Psalm Citations*, 40-42).

예레미야 31(70인경 38):31-34은 질적으로 "새로운" 것으로 묘사되는 하나님과의 결정적인 관계에 관한 미래적 설정을 약속하는 구약의 유일한 구절이다. 새 언약의 중심적인 확증은 하나님의 선물로서 신자들의 마음속에 법의 임재의 약속이다(10절). 그러한 선물에 관한 언급은 구약의 어느 곳에서도 나타나지 않는다(가장 근접한 병행은 렘 24:7이다: 하나님은 자기 백성들에게 하나님을 알 수 있는 새로운 마음을 주실 것이다). 새 언약의 본질적인 새로움에 관한 특징은 하나님의 율법을 제시하는 새로운 방식이지 내용의 새로움을 형성하고 있지 않다. 하나님의 백성들은 법과 하나님에 관한 지식 속에서 내적으로 형성될 것이다. 그 강조는 새 언약을 통한 하나님에 대한 인간의 응답의 내적인 특징에 있다(참조. Coppens, *CBQ* 25[1963] 16-20; van Unnik, *SP* 1[1961] 166-67, 171).

따라서 새 언약은 하나님과 자기 백성들의 관계성에 완성을 가져다주고, 그것은 아브라함으로부터 계시된 모든 언약의 핵심이다. 시내산에서 완성된 언약의 내용이지만 하나님이 설정하신 관계의 조건을 지키지 못한 이스라엘의 과거의 실패에 의해 손상되었다(9절). 구속적인 은혜는 그리스도를 통한 이 약속의 온전하고 최종적인 실현에서 절정에 이르렀다. 하늘의 성소로 종말론적인 대제사장의 입성으로 새 언약이 시작된 것(6절)은 기독교 공동체의 특권적 신분을 가리킨다. 이 인접한 문맥에서 저자는 직접적으로 예수 그리스도에게 "주를 알라"(*γνῶθι τὸν κύριον*—그노디 톤 큐리온, 참조. 2:3; 7:14; 13:20; 거기서 "주"는 예수를 지칭한다)로 가르칠 필요가 없을 것이라는 약속을 적용시켰다. 동일한 예언의 두 번째 축약된 인용이 그리스도의 사역에 관한 중심적인 해석을 결론지을 때(10:16-17), 그 예언은 저자의 신학적 이해에 중요했음이 분명하다(참조. Peterson, *RTR* 38[1979] 74-81).

13 이 시점에서 저자는 새 언약에 부여된 약속에 관심을 보이지 않는다. 그는 인용된 텍스트의 핵심어(*καινήν*—카이넨, "새로운")의 의미에 모든 관심을 집중한

다(참조. 8절). 언약을 "새로운 것"으로 지칭함으로써 하나님이 시내산에서 완성된 언약을 지금은 쓸모 없고 구시대적인 것으로 선언했던 논증(*πεπαλαίωκεν* - 페팔라이오켄, "시대에 뒤진, 고대의")은 하나님이 그것의 유효성을 폐지했다는 추론을 가져온다. 그는 옛 언약과 옛 언약이 자기 백성들을 위한 구속적 목적을 이루기 위해서 작용했던 형태들을 더 이상 사용하지 않을 것을 의도하신다(참조. de Vuyst, *Oud en nieuw Verbond*, 254-55; Seesemann, *TDNT* 5:720). 결과적으로 옛 질서는 사라질 시점에 있다. 하나님의 새로운 행위는 옛 것을 쓸모 없게 한다는 원리(참조. 7:11-12)는 모세와 레위적 제도를 그리스도에 의해 완성되고 대체된 것으로 인식하게 하는 종말론적인 조망을 반영한다.

해설

그리스도의 구속적 성취의 의미에 관한 해석은 저자의 표현에 구약 제의의 조망과 어휘의 심오한 영향을 보여준다. 8:1-5에서 하나님의 우편에 앉으신 분으로서 예수에 관한 원시 기독교의 고백은 하늘의 성소와 예전의 주제에 비추어 재해석된다. 8:1-9:28의 논증을 지배하는 이 주제의 전개는 그리스도의 구원사역에 관한 저자의 해석의 가장 중심적이고 특색 있는 측면을 분명히 이룬다. 천상의 성소의 대제사장적 사역은 구속 역사에서 매우 의미심장한 은유다. 그것은 하나님의 우편에의 좌정과 구원의 종말론적인 역사의 결과로서 하나님의 백성들을 위한 중보를 명료하게 하기 위해서다.

구약의 예표론적 해석을 통해 저자는 그리스도가 대속죄일에 대제사장의 희생제사 행위가 전조했던 것을 이루었다는 것을 주장한다. 하나님의 영원한 임재로 제한 없이 가까이 나아갈 수 있는 참 장막인 천상의 성소로의 그의 입성은 레위적 대제사장의 사역보다 더 우월한 그의 종말론적 제사장적 봉사를 증거한다. 천상의 성소에서 그리스도의 제사장적 사역은 히브리서의 사상에서 최고의 으뜸가는 중요성에 속한다.

희생제의적인 예전과 제사장직을 온전하게 표현하는 천상의 영역에 관한 저자의 개념은 난해하지만, 그것의 근거는 성경적이다. 출애굽기 25:40과 관련한 구절들에 근거하여 저자는 천상과 지상과 관련한 가치론적 관점(즉 가치 판단을 하는 것)을 추론했다. 우주론적으로 개관된 천상과 지상은 통합적인 전체를 이룬다. 하지만 가치론적으로 개관된 하나님의 임재의 "장소"로서의 천상은 모든 실제와 가치의 근거로서의 세상을 초월한다. 천상에서의 하나님의 임재는 "'천상적인 것"을 온전히 실제적인 것으로 자격을 부여하기에 적절했다. 천상과 지상의 양극단에서 천상의 영역의 완전성은 그림자적인 실제로서의 지상 영역의 상관된 불완전성과 예리하게 대조될 수 있다. 지상의 장막과 제사장 사역은 그것이 상응하고 참여하고 언급하는 천상의 유효성과 실제성 때문에 유효하고 실제적일 뿐이다. 그것이 천상의 상응하는 실제에 관한 "그림자와 모형"일 뿐이라는 사실은 오직 제한적인 유용성과 유효성을 갖고 있음을 함축했다. 저자에게서 천상과 지상의 가치론적인 고려는 성소를 구체화하는 요소들의 평가에 결정적이었고, 그 성소를 통해 예전이나 사역은 실제의 두 국면에 그것과 관련되었다.

세한된 유용성과 유효성을 갖는 지상의 구조로부터 실제로 중요한 성소를 구분하는 양식은 천상의 거룩함이다. 그리스도가 들어가신 성소를 상술하고 있는 것이 이 거룩함이다. 성소의 거룩함은 또한 그것을 주재하는 제사장과 그에 의해 성취된 예전과 관련이 있다. 히브리서에서 "천상의 거룩함"은 실제의 근원으로서 그리고 완전하게 실현된 구원의 장소로서 하늘의 개념에 근거한 가치론적 의미를 갖는다. 천상의 구원은 하나님의 임재의 직접성 속에서 완성되는 실제적이고 온전한 구원이다. 8:1-5에서 천상의 범주는 그리스도를 통해 확보된 구원의 실제에 대한 가치론적인 위엄의 차원을 추가시킨다. 이런 개념의 전개에서 저자는 시간적이고 역사적인 관점을 상실하지 않는다. 천상의 성소로의 그리스도의 입성은 종말론적으로 새로운 것으로 제시되고, 그것은 옛 질서를 대체한다. 예수가 그것의 의도를 온전하게 성취했기 때문이다.

예수의 제사장적 사역과 지상의 장막을 봉사하던 사람들의 사역간의 비교는 새롭고 우월한 언약의 중보자로서 예수에 관한 묘사에 의해 더욱 강화된다. 새 언약을 세우신 하나님의 뜻에 대한 묵상과 예레미야 31:31-34의 긴 인용은 옛 언약과 제도의 불완전하고 임시적인 특징을 드러내는 일을 한다(8:6-13). 성소의 주제에 관한 가치론적 평가에 상응하는 것은 언약의 주제에 관한 구속 역사적 평가이다. 옛 언약과 대조되는 새 언약의 중보는 "천상의 성소", "참 장막" 그리고 "더 좋은 제사장 사역"에 가까이 나아갈 수 있게 했다. 그것의 형용사인 "천상의", "참" 그리고 "더 좋은"은 그리스도를 통해 중보된 구원의 완전성을 언급한다.

히브리서(상)

■ 2011년 3월 30일 초판 2쇄 발행
■ 지은이 : 윌리암 레인
■ 옮긴이 : 채천석
■ 펴낸이 : 박영호
■ 펴낸곳 : 도서출판 솔로몬
■ 등록번호 : 제 16-24호
■ 등록일 : 1990년 7월 31일
■ 주소 : 서울시 동작구 사당 3동 207-3
신주빌딩 1층
■ 전화 : 599-1482 FAX: 592-2104

ISBN 978-89-8255-386-X
ISBN 978-89-8255-267-7(세트)